Nathaniel Hawthorne
THE SCARLET LETTER/THE GREAT STONE FACE
주홍글자/큰바위 얼굴
N. 호손/김병철 옮김

동서문화사

디자인 : 동서랑 미술팀

주홍글자
차례

주홍글자
제2판 서문 … 11
세관 … 12
제1장 감옥 문 … 48
제2장 광장 … 50
제3장 인지 … 59
제4장 대면 … 68
제5장 삯바느질하는 헤스터 … 75
제6장 펄 … 84
제7장 총독 저택 객실 … 93
제8장 요정 아이와 목사 … 100
제9장 의사 … 109
제10장 의사와 환자 … 118
제11장 마음속 … 127
제12장 밤샘 기도 … 134
제13장 헤스터의 또 다른 모습 … 144
제14장 헤스터와 의사 … 151
제15장 헤스터와 펄 … 157
제16장 숲 속 산책 … 163
제17장 목사와 신자 … 169
제18장 빛의 홍수 … 179
제19장 시냇가의 어린 요정 … 185
제20장 미로에 빠진 목사 … 192
제21장 뉴잉글랜드의 경축일 … 202

제22장 행렬…210
제23장 드러난 주홍 글자…220
제24장 뒷이야기…228

호손 짧은 이야기
로저 맬빈의 매장…237
나의 친척, 몰리네 소령…258
젊은 시골신사 브라운…278
늙은 투사…295
웨이크필드…302
야망이 큰 손님…311
목사의 검은 베일…320
메리 마운트 오월제 기둥…333
히긴보텀 씨의 참사…345
얼룩점…356
라파치니의 딸…375
천국행 철도…407
이선 브랜드…425
대지의 홀로코스트…442
미를 추구하는 예술가…459
큰바위 얼굴 484

너대니얼 호손 생애와 문학…504
너대니얼 호손 연보…518

The scarlet letter
주홍글자

제2판 서문

이 글을 쓰는 이로서는 무척 놀라울뿐더러 (더 이상 빈축을 사지 않고 말할 수 있다면) 매우 유쾌하게도, 《주홍글자》의 서장으로 쓴 세관원 시절의 스케치가 필자 주변의 덕망 있는 사람들 사이에서 너무 큰 소동을 불러일으켰다. 만약 내가 그 세관에 불을 지르고, 남다른 악의를 품고 있다는 그 위대한 명사의 피로 마지막 불씨를 껐다고 하여도 이렇게 큰 소동으로 번지지는 않았을 것이다. 사회의 정당한 비난은 크게 신경을 쓰는 것이 마땅하므로, 말하자면 나는 모든 오류를 즉시 정정하거나 삭제하고, 또 내가 저질렀다는 극악무도한 짓을 최선을 다해 보상하고자 서장을 꼼꼼히 다시 읽어 보았다.

그런데 내가 볼 때 이 스케치의 두드러진 특징은, 거짓 없는 참된 유쾌함과 글에 등장한 여러 인물의 인상을 묘사한 필치가 대체로 정확하다는 것이다. 그 동기가 개인적이든 정치적이든, 적개심이나 악의가 있다는 비난을 나는 전적으로 부정하는 바이다. 이 스케치는 통째로 생략해도 공공의 손실이 되지 않고 이야기상으로도 크게 문제되지 않을 것이다. 하지만 이제 다시 쓴다 해도, 그 서장을 그처럼 활기차고 호의적으로 쓸 수 없으며, 내 능력을 최대한으로 발휘한다고 한들 그토록 박진감 넘치게 다시 쓸 수도 없으리라고 생각한다.

따라서 나는 어쩔 수 없이 서장으로 삽입된 이 스케치를 단 한 마디도 고치지 않고 다시 싣고자 한다.

1850년 3월 30일, 세일럼에서

세관
《주홍글자》의 서장

　나는 난롯가에 둘러앉아 친구들에게 내 이야기 따위를 시시콜콜 늘어놓는 사람이 아니다. 그런 내가 자전적인 이야기를 쓰고 싶다는 충동을 살면서 두 번이나 느끼고 지금 이렇게 일반 대중에게 말하고 있다. 첫 번째 충동을 느낀 것은 벌써 서너 해 전의 일이다. 그때 나는 너그러운 독자나 뻔뻔한 작가들은 절대 생각할 수 없는 이유로, 구목사관의 깊은 정적에 파묻혀 지낸 내 생활[*1]을 독자들에게 선보였다. 그리고 영광스럽게도 몇몇 독자가 내 이야기를 들어준 것이 대단히 기뻤기에, 이번에 다시 한 번 세상 사람들을 붙들고 세관에서 보낸 3년 동안의 체험을 털어놓고자 한다. 나는 이 이야기를 쓰면서 그 유명한 《이 교구의 서기 P.P 씨의 회고록》[*2]의 양식을 매우 충실히 따랐다.
　사실 작가는 자신의 책을 세상에 처음 선보일 때면, 그 책을 보다가 중간에 내팽개치거나 아예 거들떠보지도 않을 학교 친구나 평생의 반려자보다도 작가를 더 잘 이해하는 몇몇 사람들에게 보내길 원한다. 실제로 어떤 작가들은 한 걸음 더 나아가 자신과 전적으로 공감하는 사람만 이해하고 받아들일 수 있는 방식으로 아주 은밀한 속내를 털어놓는다. 마치 이 넓은 세상에 인쇄된 책이 뿌려지면 조각조각 흩어진 작가의 본성을 반드시 찾아내고 그것과 결합하여 작가의 존재를 완성시킬 수 있다고 말하는 듯하다. 그러나 우리가 아무리 객관적으로 이야기한다 해도 자신의 내면을 남김없이 털어놓는

[*1] 호손은 1842년부터 45년까지 매사추세츠 주 콩코드에 있는 '구목사관'에서 아내 소피아와 함께 살았다. 그 생활을 그린 자전적 스케치가 단편집 《구목사관의 이끼》(1846)에 수록되어 있다.

[*2] 1714년 영국에서 포프, 스위프트, 게이 등이 결성한 스크리블레루스 클럽(Scriblerus Club)의 한 사람이 익명으로 쓴 풍자적 자서전.

것은 예의가 아니다. 그렇지만 말하는 사람과 듣는 사람의 관계가 진실하지 않으면 사고가 얼어붙고 말이 굳어버릴 것이다. 따라서 가장 가까운 친구는 아니지만 상냥하고 이해심 많은 한 친구가 우리 이야기에 귀 기울여 줄 거라고 상상해 보는 것 정도는 괜찮으리라. 그러면 이런 푸근한 상상으로 타고난 경계심이 누그러져, 주변 상황뿐 아니라 우리 자신에 대해 매우 편안하게 이야기하면서도 우리의 가장 내밀한 자아는 베일 뒤에 숨겨 둘 수 있을 것이다. 내 생각에 작가는 이 정도의 테두리 안에서 자전적인 글을 써야 하며, 그렇게 되면 독자들의 권리는 물론 자신의 권리도 침해당하지 않을 것이라고 생각한다.

마찬가지로 이 세관 스케치 역시 문학작품에서 빠질 수 없는 어떠한 규범을 따르며, 뒤이어 나오는 이야기 소재를 어떻게 해서 내가 얻게 되었는지를 설명하고, 그 이야기의 신빙성을 살리는 증거를 제시한다. 실제로 이 책에 들어갈 예정이었던 많은 이야기[*3] 가운데 가장 장황한 작품의 편집자나 그와 비슷한 존재로 내 정당한 자리를 찾고자 하는 소망이 있는데, 이 소망만이 내가 독자들과 친밀한 관계를 맺고자 하는 참된 이유이다. 이 주된 목적을 이루기 위해 한동안 펜을 잡고, 지금까지 묘사된 적 없는 생활양식과, 나와 우연히 어울리게 된 사람들의 모습을 대략적으로 묘사해보아도 좋을 것 같다.

내 고향 마을 세일럼에는 한 세기 반 전, 무역 왕 더비의 전성기 때만 해도 아주 북적거리던 부두가 있었다. 그러나 지금은 다 쓰러져 가는 목조 창고들만 줄지어 있을 뿐 상업 활동이 꽃피었던 흔적은 거의 찾아볼 수 없다. 다만 이따금 긴 부두 중간쯤에서 돛단배나 쌍돛대 범선이 가죽을 하역하거나, 더 앞 쪽에서는 노바스코샤에서 온 대형 스쿠너 범선이 장작 짐을 부리고 있을 뿐이다. 가끔 파도가 덮쳐오는 황량한 부두 끝자락에 늘어선 건물들의 아래쪽과 뒤쪽에 무성히 자란 잡초더미에서 흘러간 세월의 길고 암울한 흔적이 엿보인다. 그 끄트머리에 벽돌로 지은 커다란 건물이 하나 서 있다. 건물 정면에 난 창문 밖으로 맥 빠진 항구 전경이 바라보인다. 지붕 꼭대기에는 정확하게 매일 오전 세 시간 반 동안 공화국 국기가 실바람에 나부끼거

[*3] 결국 '이 책'에는 《주홍글자》만 수록되었다.

나 기운 없이 축 늘어져 있다. 그 국기에는 열세 개의 줄이 수평이 아닌 수직으로 그어져 있다. 미국 정부의 군사 기관이 아니라 민간 시설이라는 뜻이다. 건물 정면에는 발코니를 받친 여섯 기둥이 늘어선 현관이 있고, 그 발코니 아래에는 널찍한 대리석 계단이 도로 쪽으로 나 있다. 현관 위에는 날개를 활짝 펼친 거대한 미국 독수리*4 표본이 앞가슴에 방패를 달고 있으며, 내 기억이 틀리지 않는다면 두 발의 발톱에 화살촉이 달린 화살과 번개 한 다발을 움켜쥐고 있다. 평소 성질은 심약한데도 날카로운 부리와 눈매, 흉포한 자세 때문에 성말라 보이는 이 불길한 새는 죄 없는 대중을 위협하는 듯하다. 특히 제 몸의 안전을 생각한다면 이 건물에 침입하지 말라고 날개를 펼쳐 모든 시민들에게 경고하는 것처럼 보인다. 그런데 이토록 험악한 표정을 짓고 있는데도 많은 사람들은 독수리 가슴이 마치 깃털 베개처럼 부드럽고 아늑할 거라고 생각하는지, 바로 이 순간에도 연방 정부를 상징하는 독수리 날개 밑으로 피신하기를 원한다. 하지만 이 독수리는 기분이 가장 좋을 때에도 그런 부드러움을 보여 주지 않는다. 오히려 머지않아, 아니 금방이라도 발톱으로 할퀴거나 부리로 쪼아대거나 화살촉이 달린 화살로 상처를 입혀 자기 새끼들을 둥지 밖으로 내던져버릴 것만 같다.

지금까지 묘사한 건물은 이 항구의 세관이 틀림없는데, 주변 포장도로의 갈라진 틈 사이마다 잡초가 우거져 있어 요즘에는 그곳을 찾는 사람들이 많지 않음을 알 수 있다. 하지만 1년에 몇 달 동안은 오전 중에 사람들이 매우 활기찬 걸음으로 지나다니곤 한다. 그럴 때면 이곳의 나이 든 시민들은 미영전쟁*5이 일어나기 전, 세일럼이 지금처럼 상인들이나 선주들에게조차 냉대받지 않고 번듯한 항구로서 번창하던 시절을 떠올린다. 지금의 상인과 선주들은 세일럼 부두가 망해가는 것은 거들떠보지도 않으면서, 뉴욕이나 보스턴

---

*4 미합중국의 국장(國章).

*5 1812년 전쟁.

의 상업 경기에 더욱 큰 파도를 끌어들이려고 투기에 열을 올리고 있다. 그러다가 주로 아프리카와 남미에서 오는 배 서너 척이 한꺼번에 도착한다든가, 그쪽 지역으로 배가 출범하는 날 아침이면 대리석 계단을 기운차게 오르내리는 발소리가 끊이지 않는다. 이 세관에서는 방금 입항한 배의 선장이 바닷바람에 벌겋게 그을린 얼굴로 배의 서류가 든 녹슨 양철 상자를 겨드랑이에 끼고 오는 모습을 그의 아내보다도 먼저 맞이하기도 한다. 이곳에는 또 선주도 찾아오는데, 그들은 방금 끝난 항해의 목적이 돈으로 쉽게 바꿀 수 있는 상품으로 되돌아왔는지, 아니면 아무도 거들떠보지 않을 배의 잡동사니 속에 묻히고 말았는지에 따라 유쾌해지거나 우울해지고, 친절해지거나 부루퉁해진다. 또한 장차 이마에 주름이 지고 반백의 수염을 기른 채 일에 찌든 장사꾼이 될 약삭빠른 젊은 점원도 나타난다. 그는 아직 물레방아 연못에 장난감 배나 띄우고 놀 나이인데도, 피 맛을 본 새끼 늑대처럼 벌써부터 무역의 맛을 알고 주인의 배로 투기성 상품을 몰래 실어 나르고 있다. 세관을 찾는 또 다른 인물들은 외항선을 타기 위해 여권을 받으러 오는 선원과 방금 입항하여 병원에 가기 위해 증명서를 받으러 오는 창백하고 허약한 선원들이다. 영국 식민지에서 장작을 싣고 온 녹슨 소형 스쿠너 범선의 선장들도 빼놓을 수 없다. 거칠어 보이는 이 선원들은 양키처럼 약삭빠른 면은 없지만 몰락해 가는 우리의 교역 증진에 제법 중요한 몫을 하고 있다.

이따금 이런 사람들이 한자리에 모이고, 그 집단을 다채롭게 만드는 온갖 다른 사람들까지 찾아오면 세관은 잠깐이나마 꽤 생동감 넘치는 장소로 변한다. 그러나 돌계단을 오르면서 그보다 더 자주 보는 광경은, 존경받는 노신사들이 여름철이면 현관에서, 겨울철이나 날씨가 궂을 때엔 적당한 방에서 벽에 기대놓은 구식 의자에 한 줄로 길게 앉아 있는 모습이다. 그들은 대체로 잠에 빠져 있지만 때로는 말소리인지 코 고는 소리인지 분간이 안 되는 목소리로 이야기를 나누기도 한다. 그들의 목소리에는 자선이나 독점 사업 등, 스스로 노력하지 않고 남에게 기대어 살아가는 구빈원 사람들처럼 생기가 없다. 이 노신사들은 세관 직원들로, 마태*6처럼 세관에 앉아 있긴 하지만 복음을 전도하기 위해 부름을 받을 일은 없어 보였다.

---

*6 마태복음 9 : 9. 예수는 세관에 앉아 있는 마태를 불러내어 제자로 삼았다.

정면 현관으로 들어서면 왼쪽에 15제곱피트 넓이의 천장이 높은 방, 아니 사무실이 하나 있다. 그 사무실에 난 두 아치형 창문으로 앞에서 말했듯 부두를 내려다볼 수 있고, 또 다른 창문에서는 좁은 골목길 건너에 있는 더비 거리가 살짝 보인다. 이 세 창문을 통해 잡화며 도르래며 선구(船具)를 파는 가게들이 한눈에 들어오고, 그런 가게들 근처에서 부두를 어슬렁거리는 늙은 선원들과 부랑자들이 모여서 웃고 떠드는 모습을 언제든지 볼 수 있다. 사무실에는 거미줄이 쳐져 있고 페인트칠도 오래되어 더러워졌다. 또한 예전대로 다른 곳에는 바닥에 잿빛 모래가 깔려 있다. 이런 지저분한 환경으로 보아, 이곳이 빗자루나 걸레 같은 마법 도구들을 든 여자들이 거의 나타나지 않는 장소라는 결론을 쉽게 내릴 수 있다. 가구는 큰 연통이 달린 난로 하나에, 오래된 소나무 책상과 다리가 셋 달린 의자 하나, 그리고 금방이라도 부서질 듯 심하게 흔들거리는 나무 의자가 두세 개 있을 뿐이다. 서가도 빠뜨릴 수 없는데, 책장 몇 개에 법령집 이삼십 권과 두꺼운 조세법규요람이 꽂혀 있다. 천장을 뚫고 연결되어 있는 양철 파이프는 건물의 다른 사무실과 구두 연락을 취할 때 사용된다. 약 6개월 전에 이 사무실을 이리저리 서성대거나 다리가 긴 의자에 앉아 팔꿈치를 책상 위에 올려놓고 조간신문을 훑어보던 사람이 있었다. 그는 독자 여러분도 이미 잘 아는 사람으로 구목사관 서쪽에 있는, 버들가지 사이로 햇빛이 환하게 비치는 아담하고 아늑한 서재로 여러분을 안내한 바로 그 사람*7이다. 하지만 지금은 그 세관에 간다 해도 그 급진파 민주당 수입품검사관을 만나지 못할 것이다. 개혁의 빗자루가 그를 사무실에서 쓸어내 버렸기 때문이다. 그리고 그보다 더 훌륭한 인물이 그의 권위를 이어받아 급료를 제 호주머니에 챙겨 넣고 있다.

 이 낡은 도시 세일럼은 내 고향이다. 나는 어릴 때나 어른이 되어서도 대체로 이곳이 아닌 다른 곳에서 살았지만, 예나 지금이나 이 도시에 깊은 애착을 느끼고 있다. 하지만 그러한 애착을 실제로 내가 이곳에 살던 시절에는 전혀 느끼지 못했다. 사실 이 도시의 겉모습을 보면 평평하고 굴곡 없는 지형 위에 주로 목조건물이 지어져 있는데 건축미라고는 전혀 발견할 수 없다. 들쭉날쭉한 건물들도 아름답거나 특이하지 않고 진부할 따름이다. 길고 지

---

*7 호손 자신을 말함.

루한 거리가 반도를 끝에서 끝까지 가로지르며 길게 이어져 있는데, 거리 한쪽 끝엔 갤로우스힐*8과 뉴기니가 있고 다른 쪽 끝엔 구빈원 건물이 있다. 내 고향의 특징적 모습이 이러하니 어질러진 서양 장기판을 아쉬워하는 정도의 애착밖에 생기지 않는 것도 당연한 일이다. 확실히 다른 지역에 있을 때가 훨씬 행복했지만 그래도 내 마음속에는 옛 세일럼에 대한 그리움이 여전히 남아 있다. 더 좋은 표현을 찾을 수 없으니 지금은 그것을 애정이라 말해두겠다. 이러한 감정은 아마도 내 가족이 예부터 이 땅에 깊이 뿌리를 내려왔기 때문일 것이다. 내 성을 가진 첫 영국인*9이, 지금은 도시로 발전했지만 옛날에는 숲으로 둘러싸여 있던 황량한 식민지에 첫발을 디딘 지 225년이나 흘렀다. 그 뒤로 이 땅 위에서 그의 자손들이 태어나고 죽고, 그들의 육신은 이 땅에 묻혀 흙이 되었으므로 내가 잠깐 동안 이 거리를 걸어다니는 동안에도 땅은 많은 부분이 나의 육신과 공명한다. 따라서 내가 지금 말한 애착도 결국은 흙이 흙을 부르는 감각적 공감이다. 내 고향 사람 중에는 이런 감각의 정체를 아는 사람이 거의 없다. 그들은 번식하기 위해서는 살 곳을 종종 바꿔야 한다고 생각하므로 이런 감정을 굳이 알 필요가 없다고 여긴다.

그러나 이러한 감정에는 정신적인 측면도 있다. 어릴 때부터 내 기억 속에는 가족들의 이야기를 듣고 상상하던, 위엄어린 그 첫 조상의 모습이 어렴풋하게 살아 있었다. 그 모습은 여전히 나를 사로잡고 있으며 도시의 현재 모습과는 상관없이 과거에 대한 일종의 향수를 불러일으킨다. 근엄한 표정에, 수염을 기르고, 검은 망토를 두르고, 끝이 뾰족한 모자를 쓴 이 조상 덕분에 내가 이 땅에서 살아갈 권리를 얻은 것처럼 느끼고 있다. 이 조상은 일찍이 성서를 들고 칼을 차고 건너와 당당하게 이 미개지를 거닐며 전사와 평화의 사도로서 빼어난 역할을 했다. 따라서 아직 이름도 얼굴도 알려지지 않은 나 자신보다 그 조상이 이 땅에 대해 더 확고한 권리를 지니고 있는 것 같다. 그는 군인이자 입법자이며 재판관이었다. 그는 청교도의 장단점을 두루 갖춘 교회 지도자였다. 또한 퀘이커교도들의 사례에서 보듯 잔인한 박해자이기도 했다. 퀘이커교의 기록 가운데 내 조상이 퀘이커 여인을 잔인하게 박

---

*8 악명 높은 세일럼의 마녀재판(1692) 때 '마녀'들을 처형한 곳.
*9 《주홍글자》에도 나오는 존 윈스롭과 함께 1630년에 매사추세츠 식민지로 와서 세일럼에 정착한 윌리엄 호손(1607~1681)을 말한다.

해한 이야기가 있는데, 이 이야기는 그가 이룬 수많은 선행보다도 더 오래도록 사람들의 기억에 남을 것이다. 그의 아들 또한 박해 정신을 물려받아 마녀 처형[*10]으로 악명을 떨쳤으며, 죽은 마녀들의 피로 그의 몸이 물들었다는 이야기가 전해진다. 그 핏자국은 너무나 깊이 스며들어 차터 거리의 묘지에 묻힌 그의 오래되고 메마른 뼈가 완전히 부서져 가루가 되지 않았다면 아직도 그 자국이 고스란히 남아 있을 것이다! 내 조상들이 살아 있을 때 저지른 잔인한 행적을 후회하며 하느님께 용서를 빌고 있는지, 아니면 또 다른 세계에서 무거운 죗값을 치르느라 신음하고 있는지 나는 알지 못한다. 아무튼 이 책을 쓰고 있는 나는 그들의 대표자로서 그들의 수치를 받아들이고 그들이 초래한 모든 저주가, 또한 들리는 소문으로 보나 지난 오랜 세월 동안 우리 가문이 쓸쓸하게 몰락한 상태로 보나 틀림없이 있을 그 저주가 지금 그리고 앞으로는 모두 사라지기를 간절히 바란다.

그러나 근엄하고 우울한 표정의 청교도들은, 오랜 세월이 지나 이끼에 덮인 유서 깊은 가문이라는 늙은 나무등치의 맨 끄트머리 가지에 나 같은 게으름뱅이가 생겨난 것을 본다면, 틀림없이 자신들의 죄악에 대한 당연한 업보라고 생각할 것이다. 그러므로 그들은 내가 오늘날까지 품어온 어떤 목적도 훌륭하다고 여기지 않을 것이다. 설령 내 인생이 가문이라는 테두리 밖에서 빛나는 성공을 거둔다 해도, 그들은 나의 성공을 드러내놓고 부끄러워하진 않겠지만 아무 가치가 없다고 평가할 것이다. "저 녀석은 뭐 하는 놈이야?" 내 조상 유령 하나가 다른 유령에게 중얼거린다. "이야기책을 쓰는 글쟁이라는군! 그게 사람이 사는 데 무슨 쓸모가 있다는 건지. 그걸로 어떻게 하느님을 영화롭게 하고 시대와 인류를 위해 공헌하겠어? 저 타락한 녀석보다야 차라리 딴따라가 낫지!" 이것이 바로 시간의 심연을 가로질러 조상들과 내가 나누는 인사말이다. 그러나 그들이 아무리 나를 멸시한다고 해도 그들의 본성과 내 본성은 결코 끊을 수 없는 고리로 단단히 연결되어 있다.

이 착실하고 정력적인 두 조상 덕분에 이 도시의 유아기와 유년기에 깊이 뿌리내린 우리 가문은 그 뒤로도 줄곧 이 도시에서 살면서 항상 존경받았고, 내가 아는 한 어느 누구도 가문의 이름을 더럽힌 적이 없다. 그러나 그 첫

---

*10 존 호손(1641~1717)은 악명 높은 1692년 세일럼의 마녀재판에서 판사였으며, 이 재판으로 열아홉 명이 교수형에 처해졌다.

두 세대 이후로는 사회에 기억할 만한 업적을 쌓거나 대중의 눈길을 끌 만한 일을 한 사람도 거의, 아니 아무도 없었다. 우리 가문은 서서히 사람들의 시야에서 사라져갔다. 마치 이 거리 곳곳에 흩어져 있는 낡은 집들이 새로 쌓인 흙에 처마까지 반쯤 파묻혀 버리는 것과 같다. 우리 조상들은 아버지 대에서 아들 대까지 100년이 넘도록 바다를 항해했다. 각 세대마다 반백의 선장들이 후갑판에서 집안으로 물러나면, 열네 살짜리 소년이 돛대 앞자리를 물려받아 아버지와 할아버지에게 불어닥치던 물보라와 폭풍우에 과감히 맞섰다. 그 소년 역시 세월이 흐르면 앞 갑판에서 선장실로 들어오고, 세계를 방랑하며 파란만장한 장년기를 보내고 돌아와 늙어 죽으면 그 몸뚱이를 고향 땅으로 되돌려준다. 한 집안이 한 장소에서 계속 태어나고 묻히면서 이처럼 오랫동안 연관을 맺으면 사람과 땅 사이에도 어떤 유대관계가 형성된다. 그것은 아름다운 주변 풍경이나 도덕적 풍토와는 아무 상관이 없다. 그것은 사랑이 아니라 본능이다. 본인이 외국에서 건너왔건 그 아버지나 할아버지가 건너왔건, 새로운 이주민들은 세일럼 주민이라고 불릴 자격이 없다. 그들은 3세기 전에 건너와 몇 세대에 걸쳐 뿌리를 내린 주민들이, 굴처럼 끈적끈적하게 이곳에 달라붙어 있는 것을 결코 이해하지 못한다. 이 고장이 따분하다거나, 낡은 목조건물, 진흙 덩어리와 먼지, 평평한 땅과 단조로운 정서, 차가운 동풍, 그보다 더 싸늘한 사교계 분위기 따위에 진저리가 난다거나, 이 고장에서 보고 상상할 수 있는 모든 결함을 하나하나 나열한다 하더라도 그런 것은 전혀 문제가 되지 않는다.

태어난 고향은 지상의 낙원과 같아서 사람을 끌어당기는 마력이 있다. 나의 경우도 그러했다. 나는 거의 숙명처럼 세일럼을 고향으로 여겼다. 한 집안의 대표자가 무덤 속으로 들어가면 다른 사람이 대신하여 중심가를 돌아다니기 마련이므로, 일찍이 이 고장에서 흔히 보던 얼굴 생김새와 성격이 보잘것없는 나의 대(代)에 이른 지금은 더욱 두드러지게 나타날 것이다. 그런데도 이런 감정 자체가 이제는 불건전한 것으로 변질되어 버렸다. 땅과의 관계를 끊어버려야 할 근거가 되기 때문이다. 감자와 마찬가지로 인간도 몇 세대에 걸쳐 양분이 고갈된 땅에 오랫동안 뿌리를 내리고 있으면 활력이 사라지기 마련이다. 내 자식들은 다른 곳에서 태어났다. 아이들의 운명이 내 손안에 있는 한, 나는 아이들을 낯선 땅에 뿌리내리게 할 것이다.

그러려면 나는 구목사관에서 나와 최근에 만들어진 곳으로 가도 되었고, 사실 그 편이 더 나았을지도 모른다. 하지만 나는 이 기이하고 나른하고 반갑지 않은 애착심 때문에 고향으로 돌아와 합중국 정부의 벽돌로 지어진 세관에서 근무하게 되었다. 나는 운명에 사로잡혀 있었다. 다시는 돌아오지 않겠다며 고향을 떠난 일이 한두 번이 아니었건만, 마치 세일럼이 우주의 궁극적인 중심인 것처럼 나는 늘 그곳으로 돌아올 수밖에 없었다. 그리하여 어느 화창한 날 아침에 나는 대통령의 임명장을 가슴 호주머니에 넣고 화강암 계단을 올라가 나의 막중한 책임을 보좌해 줄 신사들에게 세관의 최고행정관[11]으로 소개되었다.

미합중국에서 어느 공무원이나 군부 어느 쪽이든 나처럼 그렇게 노련한 원로 군단을 휘하에 거느려 본 사람이 또 어디 있을지 매우 궁금하다. 아니, 사실 궁금할 것도 없다. 그 사람들을 둘러보는 순간 최고참이 누구인지 대번에 알아볼 수 있었다. 지난 20년이 넘는 세월 동안 그 세금 징수관은 임기 무제한의 특별직을 보전해 왔으며, 근속 기간을 일시에 무용지물로 만들어 버리는 정치적 소용돌이도 세일럼 세관은 비켜갔다. 밀러 장군[12]은 뉴잉글랜드에서 가장 탁월한 군인이었다. 그는 화려한 무공의 대좌 위에 서서 굳건히 자리를 지켰으며, 그가 재직했던 역대 정부의 사려 깊은 관용 덕에 지위를 보장받았고, 나아가 위험하고 가슴 아픈 순간이 닥쳐왔을 때에는 자기 부하들의 안전까지도 지켜주었다. 밀러 장군은 철저한 보수주의자였다. 천성적으로 상냥한 성격이 습관의 영향을 받아 친한 사람들에게 강한 애착을 보였고, 변화로 확실히 진보를 이룰 수 있을 때조차 쉽게 생각을 굽히지 않았다. 내가 세관 최고행정관으로 취임했을 때 부하라고는 거의 노인들뿐이었다. 그 노인들은 대개 예전의 선장들이었는데, 일곱 바다에서 온갖 풍랑을 겪고 인생의 돌풍에 완강히 맞서 싸운 끝에 이 조용한 만(灣)으로 흘러들어 온 사람들이었다. 그곳에는 정기적으로 찾아오는 대통령 선거라는 두려움 말고는 그들을 귀찮게 하는 것이 거의 없었으므로, 그들은 하나같이 새로운 삶

---

[11] 생활이 어려워진 호손은 14대 대통령(1852~1857)으로 선출된 대학 친구 프랭클린 피어스의 도움으로 1846년에 세일럼 세관 검사관으로 취임했다.
[12] 제임스 밀러(1776~1851). 1812년 전쟁에서 혁혁한 공을 세워 아칸소 주지사를 역임하고 21년 동안 세일럼 세관장으로 근무.

을 살았다. 물론 그들도 다른 동년배들처럼 노령과 질병에서 벗어나지는 못했지만 죽음이 접근하지 못하도록 가로막는 부적 같은 것을 지니고 있었음이 분명했다. 그들 가운데 두세 명은 중풍이나 류머티즘을 앓느라 늘 병상에 누워 있었으므로 거의 1년 내내 세관에 출근할 엄두조차 내지 못할 정도였다. 그렇지만 죽음과 같은 겨울이 지나면 5월이나 6월의 따스한 햇볕 속으로 기어나와 빈둥거리며 자기들이 의무라고 부르는 일을 느릿느릿 수행했다. 그러다가 한가하거나 눕고 싶을 때는 다시 침대에 드러누워 버린다. 나는 공화국의 이 존경스러운 공무원 여러 명의 수명을 단축시킨 죄를 인정한다. 나의 건의에 따라 그들은 힘든 일을 쉬게 되었다. 그러자 살아가는 유일한 목적이 국가에 헌신하는 것이었다는 듯이 곧바로 더 좋은 세상으로 떠나버리고 말았다. 내 간섭 덕분에 세관원이면 으레 빠져들기 쉬운 부패와 나쁜 습성에 대해 다시 생각해 볼 여유를 충분히 가졌다는 점이 그나마 내게는 위안이 되었다. 세관의 문은 정문이든 후문이든 결코 천국의 길로 이어지지 않는다.

내 부하들은 대부분 휘그당*13원들이었다. 신임 검사관인 내가 비록 원리와 원칙에 충실한 민주당원이지만 정치가가 아니며 정치적인 술수로 그 지위를 얻지 않았다는 점이, 그 존경스러운 동료들에게는 다행스러운 일이었다. 그렇지 않고 야심 많은 정치가가 이 영향력 있는 지위에 취임하여 병 때문에 집무를 보지 못하는 휘그당원 징수관을 가차 없이 해임시켰더라면, 그 저승사자가 세관 계단을 밟은 지 한 달 만에 늙은 관리들은 아무도 공직 생활을 유지하지 못했을 것이다. 이런 문제는 관례에 따르자면, 백발노인들의 머리를 남김없이 단두대의 칼날 밑으로 끌고 가는 것이 정치가의 의무이다. 그 노인들은 혹시나 내가 그런 난폭한 처사를 단행하지 않을까 두려워하고 있음이 분명했다. 내가 나타나자 그 때문에 전전긍긍하는 그들을 바라보는 일이 괴로우면서도 재미있었다. 반 세기 동안이나 폭풍우에 시달려 깊게 주름잡힌 뺨들이 나처럼 무해한 사람의 눈빛 하나에도 얼굴이 창백해지는 것이다. 지난날에는 확성기를 대고 북풍의 신도 입을 다물게 할 만큼 걸걸한 목소리로 호통치던 그들이 지금은 나에게 몇 마디 말을 걸면서도 부들부들 떨었다. 그 훌륭한 노인들은 이미 오래전부터 세상의 규칙에 따라, 또 몇몇

───────────
*13 남북전쟁 이전에 민주당과 더불어 미국의 양대 정당이었다.

은 자신에게 사무처리 능력이 부족함을 인정하고, 우리 공화국 정부에 봉사하려면 그들보다 정치적으로 정통파이고 능력상으로도 훨씬 유능한 젊은이들에게 자리를 양보해야 마땅함을 스스로도 알고 있었다. 물론 나 또한 그 점을 잘 알고 있었지만 그런 지식을 행동으로 옮길 마음이 좀처럼 들지 않았다. 따라서 나로서는 상당히 수치스럽고 공직자로서의 내 양심에도 크게 위배되는 일이었지만, 그들을 내 재임 기간 동안 내내 부두를 어슬렁거리고 세관 돌계단을 오르내리게 놔두었다. 그들은 늘 하던 대로 한쪽 구석에서 의자를 벽에 기대놓고 낮잠을 자면서 하루의 대부분을 보냈다. 그러나 오전에는 한두 번 일어나 자기들끼리 통하는 은어나 통속적인 말로 옛날 항해하던 시절의 이야기나 이미 질리도록 들었던 시시껄렁한 농담을 수없이 되풀이하면서 서로를 따분하게 만들곤 했다.

생각건대 그들은 신임 검사관이 크게 악의를 품고 있지 않다는 것을 이내 알아차린 듯하다. 그래서 이 선량한 노신사들은 즐거운 마음으로, 비록 사랑하는 조국에 도움이 되진 않지만 적어도 본인들에게는 유용한 일을 하고 있다는 행복을 느끼며 잡다한 사무들을 처리하였다. 그들은 안경 너머로 짐을 싣는 배 화물칸을 자못 의기양양하게 기웃거렸다. 사소한 일에는 야단법석을 떨면서 이따금 그보다 훨씬 중대한 일은 놓치고 마는 그들의 둔감함은 참으로 놀라울 따름이었다! 그런 중대한 일이 벌어지면, 예를 들어 사륜마차 한 대 분량의 값진 밀수품들을 대낮에, 그것도 그들 코앞에서 이미 들여온 사실을 알아채면, 그들은 그 밀수선의 모든 출입구에 이중으로 열쇠를 채우고 테이프를 감고 밀랍으로 봉인을 한다. 그 신중하고 신속한 대응에는 감탄이 절로 나온다. 일을 초래한 부주의를 질책하기보다는, 오히려 일이 벌어진 뒤의 빈틈없는 경계 태도와 더는 손쓸 방법이 없을 때 그들이 보여주는 신속한 열정을 칭찬해야 할 것만 같다.

나는 어지간히 불쾌하지만 않으면 다른 사람에게 친절히 대하는 어리석은 습성이 있다. 상대에게 장점이 있으면 그 점을 최대한 존중하고, 그 사람을 인식하는 기준으로 삼는 것이다. 늙은 세관원들은 대부분 성격이 좋은데다가, 나는 그들의 아버지나 보호자와 같은 입장이다 보니 쉽게 호감을 느끼게 되었고 결국 그들 모두를 좋아하게 되었다. 다른 사람이라면 완전히 녹아 버릴 만큼 뜨거운 열기도 노인들의 반쯤 잠든 몸에는 기분 좋고 따스하게 느껴지는 여름날 오전에, 그들이 평소처럼 뒷문이 있는 쪽 벽에 한 줄로 기대어 잡담을 나누는 소리를 듣고 있느라면 참으로 유쾌했다. 그럴 때면 꽁꽁 얼어붙어 있던 지난 세대의 익살이 녹아서 거품과 함께 그들의 입술에서 흘러나왔다. 겉으로 보면 노인들의 명랑함은 아이들의 들뜬 기분과 아주 비슷한데, 사실 깊게 뿌리내린 유머감각과 지성은 나이와 거의 상관이 없다. 상관이 있는 것은 바로, 노인에게나 아이들에게나 표면을 간질이며 초록빛 나뭇가지와 잿빛으로 썩어가는 그루터기를 똑같이 찬란하고 쾌활하게 만드는 광채이다. 아이들의 경우에는 그것이 진짜 햇빛이라면, 노인의 경우에는 썩어가는 나무가 뿜어내는 인광과 아주 흡사하다.

  나의 뛰어난 늙은 동료들을 모두 노망난 늙은이로 여긴다면 매우 슬프고 부당한 일임을 독자들도 이해할 것이다. 먼저 내 부관들이 하나같이 노인은 아니었다. 그 중에는 혈기 왕성한 장년도 몇 명 있었다. 그들은 뛰어난 재능과 정력을 지녔으며, 단지 불운하여 이런 생활에 발을 들이게 되었지만 결코 나태하고 의존적인 생활에 굴복하지 않았다. 게다가 노년의 백발이, 성숙한 지성이 사는 공동주택의 잘 손질된 초가지붕이라고 판명될 때도 있었다. 그러나 우리 노병 군단의 전체적인 특징을 설명할 때, 그들 대다수가 저마다의 다양한 인생 경험 속에서 보존해 둘 만한 것이라고는 아무것도 얻지 못한 따분한 늙은이 집단이라고 뭉뚱그려 말한다 해도 부당하지는 않을 것이다. 그 황금 같은 지혜의 낟알들을 수확할 기회가 그렇게 많았건만 그들은 알맹이는 내다버리고 쭉정이만 기억 속에 소중히 간직하고 있는 듯했다. 그들은 4, 50년 전에 난파당한 일이나 젊은 시절에 직접 목격한 세상의 온갖 경이로운 현상들이 아니라, 오늘 아침식사와 어제, 오늘, 내일의 저녁식사에 대한 이야기를 가장 신나게 떠들어댔다.

  세일럼 세관의 아버지, 이 작은 관리 집단뿐 아니라 말하자면 미국 전역의 명예로운 세관의 감독관 집단을 대표하는 이 우두머리는 일종의 종신 감독관이었다. 그는 태어날 때부터 고귀하고 혈통이 우수한 세무 제도의 적자(適者)로 불릴 만했다. 독립전쟁 당시 혁명군 대령이며 옛날에 이 항구의 세관장을 지낸 그의 아버지가, 이제는 기억하는 사람도 거의 없는 아주 오래전에 세관에 자리를 하나 만들어 아들을 임명했기 때문이다. 내가 이 감독관을 처음 보았을 때 그는 이미 여든 살가량의 노인이었는데, 한평생 찾아다녀도 만나기 힘들 만큼 보기 드문 만년 젊은이의 표본 같은 사람이었다. 불그레한 볼에 금단추가 달린 푸른 코트를 맵시 있게 차려입은 탄탄한 몸, 민첩하고 힘찬 걸음걸이, 전체적으로 기운차고 정정한 용모로 볼 때, 비록 젊어 보이지는 않아도 대자연의 어머니가 발명한 노령이나 질병과는 전혀 상관이 없는 인간처럼 새로운 존재 같았다. 그의 목소리와 웃음소리는 세관 건물 안에 끊임없이 울려 퍼졌지만; 노인 특유의 떨림이나 째지는 소리는 전혀 찾아볼 수 없었다. 그의 목소리는 마치 수탉 울음소리나 나팔 소리처럼 그의 양쪽 폐에서 힘차게 솟아 나왔다. 그를 단순히 동물로 보자면—사실 달리 볼 방법도 없지만—완벽하게 건강한 신체와 넘치는 활력, 그리고 노년임에도 자신이 목표하거나 생각한 쾌락을 거의 모조리 즐길 수 있는 능력으로 볼 때 그는 참으로 모자란 것이 없는 존재였다. 정기적인 수입이 보장되고 파면당할 염려가 조금도 없다 보니 그의 세관생활은 더없이 태평스러웠다. 하지만 더욱 근본적이고 주된 원인은, 그의 동물적 특성이 비할 바 없이 완벽한 반면 지성은 평범한 수준이고, 도덕적 요소와 정신적 요소는 아주 조금밖에 갖추지 못했다는 점이다. 그것은 정말 정도가 미미하여 이 노신사가 네 발로 기어다니는 신세를 간신히 면한 정도였다. 그에게는 사고력과 심오한 감정은 물론 까다로운 감수성도 없었다. 요컨대 그는 아주 평범한 몇 가지 본능밖에 지니지 못했지만, 육체적 행복에서 필연적으로 생기는 쾌활한 기질의 도움을 받아 그 본능만으로 제법 훌륭하게 업무를 처리하며 호평까지 받았던 것이다. 이 감독관은 아내를 셋이나 두었으나 모두 오래전에 죽었다. 또한 그는 자녀를 20명이나 두었는데 대부분은 어린 시절이나 청년기에 흙으로 돌아가고 말았다. 상황이 이러면 제아무리 명랑한 사람이라도 음울한 그림자에 완전히 파묻히고 말리라 생각할 것이다. 그러나 우리의 늙은 감독관은 그렇지 않았다! 그는 짧은 한숨 한 번으로 암울한 기억을 모조리 날려버렸다. 그러자마자 그는 아직 바지도 입지 않은 어린애처럼 장난치고 놀기 시작했다. 그 모습은 감독관의 젊은 비서도 흉내조차 못 낼 정도였다. 비서는 19살인데도 감독관보다 훨씬 더 나이 들고 근엄해 보였다.

　나는 내 관심을 끈 다른 어떤 사람보다도 이 아버지 같은 인물에 왕성한 호기심을 느끼며 관찰하고 탐구했다. 그 감독관은 정말 특이했다. 어떤 관점에서 보면 나무랄 데 없이 완벽했지만, 다른 모든 점에서는 천박하기 그지없고 종잡을 수 없으며 참으로 보잘것없는 인물이었다. 나는 그가 영혼도 감정도 지성도 없으며, 앞에서 말했듯이 오로지 본능만 가진 사람이라는 결론을 내렸다. 그러나 그의 성격을 이루는 몇 안 되는 특성들이 교묘하게 맞물려 큰 결함을 가려주었으므로 나는 있는 그대로의 그에게 매우 만족했다. 그는 아주 세속적이고 본능적인 사람이었으므로 과연 내세에서는 어떻게 될지 상상하기 어려웠고, 사실 끝까지 상상할 수 없었다. 어쨌든 그는 들짐승보다도 도덕적 책임감이 없었지만 그것들보다 더 큰 쾌락을 누렸으며, 들짐승처럼 노년의 쓸쓸함과 우울함을 느끼지 않는 축복을 받았으므로, 그가 마지막 숨을 거두는 것과 동시에 이승에서의 삶이 끝난다는 점을 생각하더라도 그다지 부당하다고 할 수 없다.

감독관이 네발짐승보다 훨씬 뛰어난 점 한 가지는, 근사한 만찬을 생각해내는 능력이었다. 맛있는 음식을 먹는 것이 그의 행복 가운데 적잖은 부분을 차지했기 때문이다. 그의 식도락은 참으로 뛰어난 특기였다. 그가 구운 고기에 대해 이야기하는 것을 들으면 피클이나 굴을 먹을 때처럼 식욕이 솟았다. 그는 그보다 고상한 자질을 갖추지 못했으므로 위장의 이익과 쾌감을 위해 정열과 재능을 모두 바친다 해도 그의 정신적 자질이 희생되거나 훼손될 걱정은 없었다. 따라서 그가 생선이며 새고기며 가축 고기며 그에 가장 알맞은 조리법을 장황하게 지껄여 대는 소리를 들으면 언제나 즐겁고 만족스러웠다. 그의 만찬에 얽힌 추억담을 듣다 보면 아무리 옛날 일이라 해도 돼지고기나 칠면조 고기 냄새가 콧구멍 속으로 풍겨들어오는 것만 같았다. 그의 입 안에는 6, 70년이 넘도록 맛이 사라지지 않고, 아침식사로 이제 막 먹은 양고기 맛처럼 생생하게 남아 있는 것 같았다. 한번은 그가 만찬 석상을 떠올리며 입맛을 쩝쩝 다시는 소리를 들은 적이 있는데, 그 만찬에 참석했던 손님들은 그를 빼고는 모두 땅 밑에서 벌레의 먹이가 된 지 오래였다. 그런데 지난날 함께 식사를 했던 그 망령들이 원한이나 복수 때문이 아니라 맛있게 먹어주어 고맙다는 인사를 하기 위해 감독관의 눈앞에 나타나, 흐릿한 몸뚱이로 식욕을 자극하는 끝없는 연회를 재현하는 모습을 관찰하는 것은 참으로 진귀한 경험이었다. 그는 첫 애덤스 대통령 시절[*14]에 그의 식탁을 장식

[*14] 2대 대통령 존 애덤스(1797~1801)는 6대 대통령 존 퀸시 애덤스(1825~1859)의 아버지이다.

했을 소 등심살, 송아지 우둔살, 돼지 갈비, 최상의 닭고기, 별미인 칠면조 고기 등을 결코 잊지 못했다. 그러나 그 뒤 우리 민족에게 일어난 사건들과 그의 개인적인 경력에 명암을 드리운 여러 사건은 스쳐지나가는 미풍처럼 아무 흔적도 남기지 않았다. 내가 볼 때 이 노인의 평생에서 일어난 가장 비극적인 사건은 20년인가 30년 전에 태어나 죽은 거위에 얽힌 재난이다. 그 거위는 무척 먹음직스러워 보였는데 막상 식탁에 올려놓고 보니 살이 어찌나 질기던지 그 큰 고기칼로도 잘리지 않아 결국 도끼와 톱으로 간신히 자를 수 있었다고 한다.

이제 슬슬 이 스케치도 끝내야 하겠지만 조금만 더 들어주기 바란다. 내가 아는 사람 중에 이 감독관만큼 세관 관리에 어울리는 사람은 아무도 없기 때문이다. 사람들은 대부분 하나하나 언급하기도 힘든 수많은 이유로 이 독특한 세관 생활에서 도덕적인 손상을 입게 된다. 하지만 이 늙은 감독관은 전혀 그렇지 않았다. 그가 죽을 때까지 그 자리를 지킨다 할지라도 그는 여전히 건강하고 변함없이 왕성한 식욕을 느끼며 식탁 앞에 앉을 것이다.

여기 볼 만한 초상화가 하나 더 있는데, 이것이 없으면 내가 그리는 세관의 초상화 화랑은 어딘지 불완전할 것이다. 그러나 나는 그를 관찰할 기회가 별로 없었기 때문에, 그에 대해서는 아쉽지만 단순히 윤곽을 그리는 정도로만 그쳐야 할 것 같다. 그 초상화의 주인은 바로 우리의 용감한 장군이자 세관장인 밀러 씨이다. 장군은 혁혁한 무공을 세우고 미개한 서부지방을 통치하다가 20년 전 다채롭고 명예로운 인생의 만년을 보내기 위해 이 땅에 왔다. 이 용사는 그때 일흔을 바라보거나 이미 넘긴 상태였으므로, 지난날 사기를 북돋우던 추억 속의 군사 행진곡으로도 덜어내지 못하는 묵직한 마음의 짐을 짊어지고 이 땅위에서의 남은 행진을 천천히 계속할 생각이었다. 돌격할 땐 언제나 선두에 섰던 그의 두 발도 이제는 기운이 빠졌다. 그는 급사의 도움을 받아 한 손을 쉬 난간에 힘겹게 얹고, 아주 느릿하고 고통스럽게 세관 계단을 올라가 사무실을 가로질러 난롯가에 있는 자기 자리에 앉았다. 그는 언제나 그곳에 앉아 초점 없는 고요한 표정으로 드나드는 사람들을 바라보았다. 바스락거리는 서류 소리, 선서하는 소리, 업무 내용을 토론하는 소리와 일상적인 잡담이 오가는 가운데 있었지만, 이 모든 소리와 정황들은 단지 그의 감각을 어렴풋이 건드릴 뿐 내부의 사고 영역까지는 꿰뚫고 들어

가지 못하는 듯했다. 이렇게 가만히 있을 때 그의 얼굴 표정은 부드럽고 다정해 보였다. 그러다가도 무언가에 관심이 쏠리면 호의적이고 호기심 어린 빛이 그의 얼굴에서 반짝거렸다. 그의 내부에 아직 빛이 있는데도 밖으로 빠져나오지 못하는 것은 오로지 지성의 램프라는 외부 매개체가 방해하기 때문이었다. 그가 지닌 정신의 실체에 가까이 다가가면 다가갈수록 그것은 더욱더 건강해 보였다. 말하고 듣는 일 자체가 그에게는 힘에 부치긴 했으나 아무도 말을 걸지 않으면 그는 곧바로 예전의 다정한 평온 속으로 되돌아가 버렸다. 이런 표정을 보고 있어도 딱히 애처롭거나 하진 않았다. 약간 멍하긴 했지만 노인성 치매는 아니었기 때문이다. 강인하고 건장하게 타고난 그의 기본적 성격이 아직은 파괴되지 않았던 것이다.

그러나 이토록 불리한 상황에서 그의 성격을 관찰하고 규정하기란, 마치 폐허가 되어버린 잔해만 바라보며 타이콘데로가[*15]와 같은 옛 요새를 상상 속에서 새로 짓는 일 만큼이나 어렵다. 군데군데 성벽 일부가 원형 그대로 남아 있을 순 있지만, 다른 곳에는 형체도 알아보기 힘든 흙무더기만 거추장스럽게 쌓여 있고, 오랫동안 평화가 이어진 탓에 찾아오는 이도 없이 잡초만 무성하게 자라 있는 것이다.

그렇기는 하지만 이 노병을 애정 어린 눈으로 바라보는 사이에 그의 초상화에 나타난 주요한 특징들을 알아볼 수 있었다. 우리 사이에는 대화가 거의 없었지만 그에 대한 내 감정은, 그를 알고 있는 모든 두발동물과 네발동물들의 감정이 그렇듯 애정이라 불러도 문제가 되지 않을 것이다. 그에게는 고귀하고 영웅적인 여러 기질이 뚜렷이 드러나 있어서, 그가 얻은 명성이 단순한 우연의 산물이 아니라 당연한 결과임을 말해주었다. 내가 볼 때 그는 절대 경솔하게 행동할 위인이 아니었다. 그도 분명히 살아오면서 행동하기 위해 어떤 자극제가 필요할 때가 있었을 테지만, 일단 일어서면 장애물을 극복하고 목표를 달성할 때까지 결코 좌절하거나 실패하지 않았다. 일찍이 그의 천성 속에 침투했던 열정은 아직도 꺼지지 않았는데, 그것은 불꽃처럼 겉으로 타오르지 않고 용광로 속의 무쇠처럼 안에서 이글거리며 달아올랐다. 중후함과 충실함과 건실함이란 내가 지금 이야기하는 시기엔, 비록 때 이르게 늙어

[*15] 뉴욕 주 동북부에 위치한 샹플랭 호수 근처에 있는 요새. 독립전쟁 때 영국군과 격전을 벌인 곳.

쇠약해지긴 했지만, 그것은 장군이 편안히 쉴 때 얼굴에 떠오르는 표정을 설명하는 말이다. 그러나 그때도 그의 활력은 완전히 꺼진 것이 아니라 단지 잠들어 있을 뿐이므로, 활력을 일깨워줄 우렁찬 나팔 소리만 있으면 장군은 당장이라도 병자의 잠옷 같은 자신의 노쇠함을 떨쳐 버리고 노인용 지팡이 대신 전투용 칼을 집어 들고서 다시 한 번 전사로 일어설 수도 있을 것 같았다. 그리고 그 격렬한 순간에도 장군의 태도는 여전히 침착할 것이다. 그러나 그런 일은 단지 머릿속으로만 그려볼 뿐 예상하거나 기대해볼 수는 없다. 내가 그의 내면에서 발견한 것은, 앞에서 가장 적절한 비유로 들었던 타이콘데로가처럼 난공불락의 성벽만큼이나 아주 굳건한 인내심과 정직성, 그리고 자비심 같은 성질이다. 그 인내심이 젊은 시절에는 고집으로 여겨졌다고 해도 전혀 이상할 것이 없다. 그의 정직성은 다른 대부분의 자질이 다 그렇듯, 어떤 묵직한 덩어리로 존재하며 철광석 1톤처럼 처치하기 곤란하고 다루기도 어려웠다. 마지막으로 자비심은, 그가 치폐와 포트 이리*16에서 용맹하게 돌격대를 지휘하면서도 당시 말뿐이던 박애주의자들을 스스로 행동하게 만들 만큼 진실했다. 잘 모르겠지만 그는 자기 손으로 사람들을 죽였을 터였다. 적어도 그가 용기를 불어넣어 이끌었던 그 돌격전에서 낫으로 풀 베듯 많은 사람들의 목숨을 거두었을 것이다. 그러나 그의 마음속에는 나비 날개에서 솜털을 털어낼 만큼의 잔인성도 없었다. 이 사람만큼 그 타고난 온정에 마음을 열고 기대고 싶다는 생각이 드는 사람을 나는 아직까지 본 적이 없다.

  이 스케치에 박진감을 주는 많은 특징들은 내가 장군을 만나기 전에 이미 사라졌거나 희미해져 버렸다. 고상한 속성들은 대체로 가장 덧없기 마련이다. 대자연은 타이콘데로가 요새 터에 개망초 씨앗을 뿌려 꽃을 피우지만, 폐허의 틈새에 뿌리를 내리고 자양분을 빨아들이는 그 아름다운 꽃봉오리로 쇠잔한 인간의 육체를 장식해 주지는 않는다. 그렇지만 우아함과 아름다움과 관련해서 여전히 주목할 만한 점은 몇 가지 있었다. 때로 번뜩이는 유머가 어둑한 장애물의 장막을 뚫고 나와 우리 얼굴을 밝게 비추며 웃음을 자아낼 때도 있다. 소년기나 청년기가 지난 남자들에게서는 좀처럼 나타나지 않지만, 꽃의 모양과 향기를 사랑하는 장군의 취향에는 타고난 우아함이 묻어

---

*16 두 곳 모두 나이아가라 국경의 옛 전쟁터.

났다. 흔히 노병은 이마를 장식한 피투성이 월계관만을 소중히 여긴다고 생각하기 쉽다. 그런데 여기에 꽃을 사랑하는 소녀 같은 마음을 지닌 노장군이 있었던 것이다.

용맹한 노장군은 늘 벽난로 옆에 앉아 있었다. 나는 장군과 이야기를 나누는 고역을 되도록 피하기 위해 거의 말을 걸지 않고 멀찍이 서서 고요히 잠든 듯한 장군의 얼굴을 즐겨 바라보았다. 장군은 우리로부터 불과 몇 미터밖에 떨어져 있지 않은데도, 마치 아득히 먼 곳에 있는 듯했다. 우리가 그의 책상 바로 옆을 지날 때도 장군은 저 머나먼 곳에, 우리가 손을 뻗으면 닿을 거리인데도 도저히 손이 닿지 않는 곳에 있었다. 그는 세관 사무실이라는 어울리지 않는 환경보다는 추억 속에서 더욱 활기차게 살고 있었다. 당당한 열병식 행진, 아수라장 같은 전투, 30년 전에 들었던 힘찬 군악대의 팡파르, 이러한 정경과 소리들이 모두 그의 추억 속에 선명하게 살아 있었다. 그러고 있는 동안에도 장사치들과 선주들, 멋쟁이 점원들과 촌뜨기 선원들이 계속 들락거렸다. 이런 상업 활동과 세관업무의 나직한 소음이 그의 주변에서 끊임없이 웅성거렸지만, 장군은 그런 사람들이나 업무와는 아무 상관도 없어 보였다. 그는 그 자리에 어울리지 않았다. 비록 지금은 녹슬었지만 한때는 전투가 벌어지던 최전선에서 번뜩였으며, 아직도 그의 칼끝에는 그때의 찬란한 빛이 남아 있는 낡은 칼이 부세관장의 책상 위에 놓인 잉크병과 서류철, 마호가니 자 사이에 엉뚱하게 놓여 있었다.

나이아가라 국경의 그 군인을 진실하고 강건함의 본보기로 다시 태어나게 해 준 일이 하나 있다. "해보겠습니다, 각하!" 이 잊을 수 없는 한 마디에 얽힌 일화이다. 그는 위험한 줄 알면서도 거의 불가능해 보이는 영웅적인 작전행동에 목숨을 걸고 임해 뉴잉글랜드의 담대한 정신을 구현했다. 만일 나라에서 문장(紋章)을 내려 그 용기를 치하한다면, 누구나 쉽게 말하지만 위험과 영광을 수반하는 임무 앞에서는 오직 그만이 할 수 있었던 그 말이야말로, 장군의 문장을 장식하기에 가장 어울리는 글귀일 것이다.

나와 전혀 다른 부류의 사람들과 교제하는 습관은 도덕적 건강과 지적 건강 증진에 매우 도움이 된다. 그들은 내가 추구하는 것에도 별로 관심이 없지만 그들의 영역과 능력을 이해하려면 나의 껍데기를 깨고 밖으로 나와야 하기 때문이다. 나도 그런 유익한 인생경험을 많이 겪어왔지만, 이 세관에서 근무하던 시절만큼 그렇게 충만하고 다양한 이익을 얻은 적은 없었다. 특히 한 인물의 성격을 관찰함으로써 나는 사람의 재능에 대해 새로운 생각을 하게 되었다. 그의 타고난 실무가로서의 재능은 누구와 견주어도 손색이 없을 만큼 민첩하고 예리하며 정확했다. 복잡하게 뒤얽힌 것들을 꿰뚫어보는 안목이 있어 마법사가 지팡이를 한번 휘두르듯 그것들을 순식간에 해결해 냈다. 그는 어릴 때부터 이 세관에서 잔뼈가 굵었고, 세관이 곧 그의 주요 활동 무대였다. 중간에 끼어든 사람은 도저히 감당할 수 없는 복잡한 온갖 사무도 그의 눈에는 완벽하게 딱 맞아떨어지는 질서 정연한 체계를 갖추고 있었다. 내 생각에 그는 그가 속한 단체에서 가장 이상적인 인물이었다. 그는 세관 그 자체였다. 아니면 적어도 세관의 여러 톱니바퀴를 움직이는 중심 태엽이었다. 왜냐하면 이러한 관청에서는 업무 수행에 적합한지 어떤지를 따져보지도 않고 단지 자신의 이익과 편의를 위해 관리들을 임명하므로, 그들은 자신이 갖추지 못한 능력을 다른 사람에게서 구할 수밖에 없기 때문이다. 우리의 이 실무가도 자석이 철가루를 끌어들이듯 아주 당연하게 모든 사람에게 맞닥뜨린 어려운 문제를 혼자서 모조리 떠맡았다. 그와 같은 사람들의 눈에는 거의 범죄나 다름없게 보일 우리의 무지에도 그는 너그러운 인내와 관용을 베풀어 어려운 문제를 손가락 하나만으로 명쾌하게 해결해주곤 했다. 우리 못지않게 그의 실력을 잘 알고 있는 장사꾼들 역시 그를 높이 평가했다. 그의 성실함은 완벽했다. 그에게 성실함은 선택이나 원칙의 문제라기보다는 자연의 원리와 같았다. 그렇지 않다면 그토록 정직하고 정확한 사무 처리는 단지 그의 명석하고 치밀한 지능 덕분이었을 것이다. 그는 자기 직무와 관련하여 양심에 오점이 남을 만한 일이 생기면, 장부의 계산이 틀렸다든가 하얀 종이에 잉크 방울이 떨어졌을 때만큼, 아니 그 이상으로 매우 괴로워했다. 한마디로 말하자면, 나는 내가 처한 상황에 완벽하게 적합한 사람을 만난 것이었다.

이들이 내가 관계를 맺게 된 사람들의 일부이다. 내 과거 습관과 전혀 상관없는 사람들 속에 섞이게 된 것을 신의 섭리로 여기며 이에 감사하고, 그곳에서 얻을 수 있는 이익을 최대한 긁어모으기 위해 나는 진지하게 노력했다. 이전에 나는 브룩 농장[17]에서 몽상적인 동료들과 함께 노동하고 비현실적인 계획도 세워가면서 우정을 쌓았고, 에머슨[18]과 같은 신비한 지성의 영향 아래서 3년을 지냈으며, 엘러리 채닝*19과 함께 마른 나뭇가지를 모아 모닥불을 피워놓고 공상적인 사색을 즐기며 아사베스 강가에서 자유로운 나날을 보냈고, 월든에 있는 오두막에서 소로*20와 소나무나 인디언 유적에 대한 이야기를 나누었으며, 고전적이고 멋스러운 힐러드*21의 교양에 공감하여 기호가 까다로워졌고, 롱펠로*22의 난롯가에 앉아 시적 감성을 키웠다. 이 모든 일을 경험하고 나서 마침내 나는 내 본성에 있는 다른 능력을 활용하여, 이제까지는 별로 구미가 당기지 않았던 음식으로 나에게 영양을 공급해야겠다는 생각을 했다. 그 늙은 감독관조차도 올컷*23에 식상한 사람의 입맛을 돋우기에는 나무랄 데가 없었다. 내가 이런 동료들을 떠올리면서 전혀 다른 성격의 사람들과 금방 사귀고, 더욱이 그러한 환경 변화에 불평 한 마디 하지 않았다는 사실은, 내가 태어날 때부터 균형이 잘 잡혀 있으며 완전한 생명체로서 가장 중요한 부분에 결함이 없는 인간임을 입증하는 증거라고 생각한다.

  문학의 실천과 목표도 지금은 큰 문제가 되지 않았다. 이때는 책에도 관심이 전혀 없었다. 책은 내게서 멀어져 갔다. 인간 내면의 자연인 본성을 제외한 대자연, 즉 하늘과 땅에 펼쳐진 모든 자연은 어떻게 보면 내게 숨어 있었다. 자연을 영적으로 해석하는 창조적인 기쁨이 나를 떠나갔다. 하늘이 내린 재능은 비록 사라지지는 않았지만 내 몸 속에서 공중에 붕 뜬 채 멈춰 있었다. 내가 과거에 소중히 여겼던 것들을 언제든지 다시 불러낼 수 있다는 확신이 없었다면 참으로 슬프고 암담했을 것이다. 하기야 이런 생활이 언제까지나 아무 탈없이 이어질 리는 없었다. 만약 그렇다면 나는 영원히 내가 아닌 다른 존재가 되어 내가 취해야 할 본디 내 모습을 찾지 못했을 것이다. 하지만 나는 그 생활을 과도기적인 것으로만 여겼다. 나는 언제나 한 가지

---

*17 보스턴 근교에 자리한, 자급자족과 청경우독을 지향하는 유토피아 공동체(1841~1847). 이 공동체 생활을 바탕으로 《브라이스데일 로맨스》(1852)를 썼다.
*18 1803~1882. 미국의 사상가이자 시인.
*19 1818~1901. 초절주의 시인.
*20 1817~1962. 시인, 수필가, 자연주의자.
*21 1808~1879. 변호사, 저작가.
*22 1807~1882. 미국의 국민시인.
*23 1799~1888. 브룩 농장 시절에 알게 된 초절주의자.

예감을 느꼈다. 머지않아 내 행복을 위해 꼭 습관을 바꾸어야 할 때가 오면 틀림없이 새로운 변화가 찾아올 것이라는 나직한 귀엣말이 들려왔다.

이처럼 나는 관세 검사관이었고, 내가 볼 때 가장 유능한 검사관이었다. 사상과 상상력과 감수성을 지닌 사람이라도(검사관의 자질보다 이러한 재능을 열 배나 더 가지고 있다 하더라도) 마음만 먹으면 언제든지 실무가가 될 수 있다. 내 동료 직원들과 업무상 알고 지낸 장사꾼이나 선장들은 나를 실무가로만 보았으며 다른 내 모습은 알지도 못했다. 그들 중 내 작품을 한 페이지라도 읽어본 사람은 아무도 없었고, 설령 내 작품을 모조리 읽었다 하더라도 그 때문에 나를 더 존경하거나 하는 일은 결코 없었을 것이다. 또한 그처럼 아무 도움도 되지 않는 내 책이, 나처럼 젊은 시절 세관원이었던 번스[24]나 초서[25] 같은 사람의 필력으로 쓰였다 할지라도 나에 대한 평가가 더 높아지지는 않았을 것이다. 문학적 명예를 꿈꾸고 세계의 문호와 어깨를 나란히 하고자 하는 사람이, 현재 인정받고 있는 좁은 세계에서 한 걸음 벗어나면 그 세계 바깥에서는 그가 성취한 업적과 목표한 일들이 전혀 통하지 않음을 깨닫는 것이 때로는 견디기 힘들어도 좋은 교훈이 된다. 나는 그 교훈이 경고로서든 질책으로서든 특별히 필요하다고 여기지 않았지만 어쨌든 그 교훈을 뼈저리게 깨달았다. 지금은 좋은 추억이지만, 그 진리를 깊이 터득했을 때에도 나는 고통스럽지 않았고 한숨을 쉬며 그 깨달음을 거부할 필요도 느끼지 않았다. 그도 그럴 것이, 나와 함께 세관에 근무하다 나보다 조금 늦게 퇴직한 한 뛰어난 해군사관이 그가 좋아하는 나폴레옹이나 셰익스피어에 대해 종종 말하며 나와 문학적인 토론을 벌였기 때문이다. 소문에 따르면 미국 정부의 관용 편지지에다 (몇 미터 거리에서 봤을 때) 시 같은 것을 빼곡히 채워 넣곤 했다는 세관장의 비서도 나라면 알 것이라고 생각했는지 때때로 나에게 책 이야기를 하곤 했다. 내가 나눈 문학적인 교제는 이것이 다였지만, 내게 필요한 부분은 모두 충족되었다.

내 이름이 책 표지에 인쇄되어 널리 알려지는 일은 이제 그만 포기하고 있었는데, 그 이름이 다른 형태로 세상에 퍼져나가자 나도 모르게 웃음이 났다. 세관의 검사직원이 내 이름이 새겨진 도장과 검은 잉크를 들고, 후추 부

---

[24] 1759~1796. 스코틀랜드의 국민시인.
[25] 1343?~1400. 중세 영국 최대의 시인.

대, 잇꽃나무 열매 바구니, 여송연 상자, 그밖에 세금이 붙는 온갖 물품의 짐짝에다 관세를 지불하고 정식 통관절차를 마쳤다는 증거로 내 이름을 일일이 찍어댔다. 이처럼 기묘한 명성의 전달수단을 통해 나라는 존재의 정보가 내 이름과 더불어 일찍이 가보지도 못했고 두 번 다시 가고 싶지도 않은 곳까지 널리 알려지게 되었다.

그러나 과거는 죽지 않았다. 이따금 오래도록 조용히 잠을 자던 예전의 생기 있고 활발했던 생각들이 되살아났다. 지나간 시절의 습관이 내 속에서 눈을 떴다는 가장 큰 증거는, 지금 내가 쓰고 있는 이 스케치를 독자들에게 보이는 것을 문학가로서 타당하게 여긴다는 사실이다.

세관 2층에 커다란 방이 하나 있는데, 그곳은 벽에 판자를 대거나 회반죽을 바른 적이 없어 벽돌 부분과 맨 서까래가 그대로 드러나 있었다. 애당초 이 건물은 당시 항구의 상업 활동 규모에 맞춰 기획되고, 결국 실현되지 않았지만 후세의 번영까지 고려하여 지어졌으므로 지금의 직원들에게는 지나치게 널찍했다. 그래서 세관장실 위에 있는 통풍이 잘되는 넓은 방은 오늘날까지도 건축이 마무리되지 않은 채 방치되어 검은 대들보에 오래된 거미줄이 걸려 있는데도 여전히 목수와 석수장이의 손길을 기다리고 있는 듯 보였다. 방 한쪽 구석에는 공문서 뭉치로 가득찬 통들이 잔뜩 쌓여 있었다. 그리고 비슷한 쓰레기들이 마룻바닥에도 나뒹굴고 있다. 이런 곰팡내 나는 서류들이 지금은 애물단지로 전락하여 두 번 다시 사람들의 눈에 띄는 일 없이 한쪽 구석에 방치되어 있었다. 그 서류들을 작성하느라 몇 날, 몇 주, 몇 해의 노고가 헛되이 낭비되었다고 생각하니 참으로 서글프기만 하다. 그러나 얼마나 많은 원고들이, 틀에 박힌 관청의 무미건조한 문서가 아니라 두뇌의 독창적인 발상과 마음 깊은 곳에서 우러나는 감정으로 가득 찬 무수한 원고들이 그와 마찬가지로 망각의 심연으로 가라앉아 버렸을까! 더구나 그 원고들은 여기에 산더미처럼 쌓여 있는 서류들과는 달리 전혀 쓸모가 없었으며, 무엇보다도 가장 슬픈 사실은 그 글을 쓴 작가들에겐 세관 서기들이 글씨를 갈겨쓴 대가로 누리는 안락한 생활도 전혀 제공되지 않았다는 점이다! 그러나 이런 서류들이 역사적 자료로서 가치가 없지는 않다. 이 속에는 세일럼의 옛 상업 통계와 무역왕 더비, 빌리 그레이, 사이먼 포레스터를 비롯한 다른 여러 호상(豪商)들의 옛 영화가 기록되어 있을 것이다. 하지만 그들의 허연 머리가 무덤 속에 묻히기가 무섭게 그 산더미 같은 재물이 줄어들기 시작했다. 오늘날 세일럼의 귀족 계급을 이룬 대다수 가문의 설립자들이 독립전쟁이 끝난 뒤로 보잘것없는 장사치로 시작하여 그 자손들이 가문의 확고한 기반을 확인하기까지의 과정을 여기서 찾아볼 수 있을 것이다.

독립 혁명 이전의 기록은 그리 많지 않다. 이전 문서는 영국 국왕의 관리들이 영국군을 따라 보스턴에서 도망칠 때 아마도 핼리팩스[*26]로 옮겨갔을 것이다. 이점은 내가 매우 안타깝게 여기는 부분이다. 크롬웰의 호민관 정치 시대까지 거슬러 올라간 서류들에는 이미 잊혔거나 아직도 회자되는 사람들은 물론 고대 관습을 언급한 부분이 틀림없이 있을 것이며, 그것들을 보며 나는 구목사관 근처 들판에서 인디언의 화살촉을 주웠을 때와 똑같은 기쁨을 맛보았을 것이기 때문이다.

그런데, 어느 비 오는 나른한 날에 나는 운 좋게도 제법 흥미로운 발견을 하게 되었다. 나는 방 한구석에 쌓인 잡동사니를 뒤적여 이런저런 고문서를 펼쳐들고, 먼 옛날 바다에 가라앉았거나 부두에서 썩어버린 배의 이름이나 지금은 보스턴 거래소에서 전혀 들리지도 않고 이끼 낀 묘비에서도 읽어내기가 쉽지 않은 상인들의 이름을 읽어보며, 한때는 살아 숨쉬던 사람들에게 슬프고 따분하고 썩 달갑지 않은 호기심을 느끼며 바라보고 있었다. 그리고 꽤 오래 사용하지 않아 무디어진 상상력을 발휘하여 이 말라빠진 뼈다귀에서 인도를 새로 발견하고, 세일럼만이 인도로 가는 길을 알고 있던 화려한 옛 시절의 그림을 그려보려고 애쓰고 있었다. 그때 우연히 오래되어 누렇게 변한 양피지로 단단히 싸인 작은 꾸러미가 하나 내 손에 들어왔다. 그것은 지금의 서기들보다 더 딱딱한 서체로 빳빳한 종이에 커다란 글씨가 적힌 아주 오래전의 공문서 같았다. 거기에는 본능적으로 호기심을 자극하는 무언가가 있어서, 나는 보물 상자를 여는 기분으로 그 꾸러미에 묶여 있는 빛바랜 붉은 끈을 풀었다. 단단하게 접힌 양피지를 펼쳐 보니, 그것은 조너선 퓨를 매사추세츠 만 식민지 세일럼 항의 왕실 세관검사관으로 임명한다고 셜리 총독이 서명하고 날인한 사령장이었다. 순간 나는 (아마도 펠트 연보에서) 검사관 퓨가 80년쯤 전에 사망했다는 글을 읽은 기억이 났다. 그리고

[*26] 캐나다.

최근에는 성 베드로 교회를 개축하다가 그 작은 묘지에서 퓨의 유골을 발굴했다는 신문 기사도 생각났다. 내 기억이 틀림없다면 존경하는 선임자의 유물은 손상된 해골과 옷 조각들, 그리고 위엄 있는 곱슬머리 가발밖에 없었다. 가발은 원래 그것을 쓰고 있던 머리 상태와는 달리 보존상태가 매우 훌륭했다. 그런데 양피지 사령장에 둘둘 말려 있던 서류들을 살펴보니, 곱슬머리 가발이 존경할 만한 두개골에 남긴 흔적보다도 이 서류에 퓨의 정신적인 면과 두뇌 활동의 흔적이 훨씬 많이 남아 있다는 사실을 알게 되었다.

그것들은 공문서가 아니라 사적인 서류였다. 적어도 개인으로서 그가 직접 쓴 것이었다. 그러한 문서가 세관 잡동사니더미에 파묻혀 있는 까닭은, 퓨가 갑작스럽게 사망했으며, 그 전에 그가 문서를 사무실 책상 서랍 안에 넣어 놓는 바람에 유족들 눈에 띄지 않았거나 세무 서류로 착각했기 때문이라고 설명할 수 있다. 공문서를 핼리팩스로 옮길 때에도 그 꾸러미는 공무와 관계가 없다고 판단하여 남겨진 뒤로 아무도 열어보지 않고 그대로 방치되어 있었던 것이다.

그 시절에는 관청에 일이 별로 없었는지, 그 초창기 검사관은 남아도는 시간에 이 지방의 향토사를 연구하거나 그와 비슷한 조사를 하며 지냈던 것 같다. 이러한 연구가 어쩌면 녹슬어 버렸을지도 모를 그의 머리에 사소하나마 활동거리를 제공해 주었다. 그런데 그가 수집한 사실 일부는 이 작품집에 수록되어 있는 〈메인 스트리트〉[*27]라는 작품을 준비할 때 매우 큰 도움이 되었다. 나머지 부분도 다음에 가치 있는 목적에 맞춰 잘 쓰이리라고 확신한다. 내가 태어난 땅에 대한 존경심에 이끌려 세일럼 역사를 편찬하는 경건한 과업을 추진할 때에도 제법 유용하게 쓰일 것이다. 어쨌든 돈벌이와는 거리가 먼 작업을 내 대신 맡아줄 생각이 있고 역량까지 갖춘 분이 있다면 언제라도 이 자료를 제공하고 싶다. 이 문서를 처분할 마지막 수단으로 에섹스 역사학회에 기탁하는 방법도 고려 중이다.

그런데 이 이상한 꾸러미 가운데 몹시 낡고 빛바랜, 아름다운 주홍색 천이 다른 무엇보다도 내 주의를 끌었다. 그 헝겊에는 금실로 수를 놓은 자국이 남아 있었지만, 심하게 해어지고 더러워져 금빛 자수의 광택은 조금도 남아

---

*27 이 작품은 《눈인형》(1851)에 수록되었다.

있지 않았다. 하지만 놀라운 자수 솜씨는 한눈에 알아볼 수 있었다. 그 솜씨는 (자수에 능통한 여성들에게 직접 확인한 바에 따르면) 지금은 사라진 기법이라 실을 뜯어내어 복원할 수 있는 수준이 아니었다. 오랫동안 사용하여 낡은데다가 벌레까지 파먹어 너덜너덜해진 그 주홍색 천을 자세히 살펴보니 글자가 새겨져 있었다. 대문자 A였다. 정확히 측정해 보니 A자 양쪽 다리의 길이가 정확히 3인치 4분의 1이었다. 그것이 옷에 다는 장식이었다는 점은 의심의 여지가 없는데, 어떤 식으로 달았으며 과거에 어떤 지위와 명예와 권위를 나타냈는지는(이러한 점에서 세계의 유행은 금방금방 변하기 마련이므로) 도저히 알아낼 방법이 없었다. 그런데도 이상하게 그 글자에 마음이 쏠렸다. 내 눈동자는 그 낡은 주홍 글자 위에 못 박혀 꼼짝도 하지 않았다. 확실히 그 글자에는 해석할 가치가 있는 어떤 깊은 의미가 있으며, 그 의미가 신비로운 상징물에서 흘러나와 내 감수성을 미묘하게 자극했지만 막상 머리로 분석하려고 하면 홀연히 사라져 버리고 말았다.

나는 당혹해하면서도 한편으로는 여러 가지 가설을 세워보고 특히 백인들이 인디언의 관심을 끌기 위해 궁리해 낸 장식일지도 모른다고 생각하면서 글자를 무심코 가슴에 대보았다. 그때 나는—독자들은 웃을지 모르지만 내 말을 믿어주기 바란다—완전히 육체적이지는 않지만 그에 아주 가까운 불타는 듯한 강렬한 열기를 느꼈다. 마치 그 글자가 붉은 헝겊이 아니라 시뻘겋게 달아오른 무쇠로 되어 있는 것 같았다. 순간 소름이 오싹 끼치면서 나도 모르게 그 헝겊을 마룻바닥에 떨어뜨리고 말았다.

나는 주홍 글자에만 온 신경이 쏠려 있었기 때문에 그때까지 그것을 싸고 있던 때 묻은 종이 뭉치를 살펴볼 생각조차 못하고 있었다. 그제야 종이를 펼쳐보니, 반갑게도 옛 검사관의 필체로 사건의 경위가 비교적 완벽하게 설명되어 있는 것이 아닌가. 나는 무척 만족스러웠다. 커다란 종이 몇 장에, 우리 조상들의 관점에서 보면 꽤 주목을 끌었을 헤스터 프린이라는 여인의 생애와 인간관계에 대한 자세한 설명이 빼곡히 적혀 있었다. 헤스터 프린은 매사추세츠 식민지 초창기부터 17세기 말까지 살았다. 검사관 퓨 씨는 그 시절 이미 노인이 된 사람들의 구두 증언을 바탕으로 이 이야기를 만들었는데, 그 노인들이 젊었을 때 본 헤스터 프린을, 이미 매우 노령이었으나 노쇠하지 않은 당당하고 근엄한 여인으로 기억하고 있었다. 그녀는 거의 기억나지 않을 아득한 옛날부터 간호 봉사를 하며 시골 마을을 돌아다니고 선행을 베풀었다. 또한 그녀는 모든 문제, 특히 감정 문제에 대한 조언을 아끼지 않았다. 이러한 말과 행동 때문에, 이런 부류의 사람들이 다들 그렇듯이 그녀도 대체로 많은 사람들에게서 천사로 추앙받았지만, 다른 일부 사람들은 주제넘고 성가신 존재로 여겼던 것 같다. 원고를 계속 읽어 보니 이 별난 여자가 겪은 다른 일과 고난에 대한 기록이 나왔다. 그 대부분의 기록을 독자는 〈주홍글자〉라는 제목의 이야기에서 확인할 수 있을 것이다. 다만 이 이야기 속의 주요한 사건들이 검사관 퓨 씨의 문서를 근거로 신빙성이 확인되었다는 점은 명심하기 바란다. 원본 서류들은 참으로 기묘한 유품인 그 주홍 글자와 함께 지금도 내가 보관하고 있는데, 이 이야기에 큰 흥미를 느끼고 한번 보길 바라는 사람에게는 자유로이 공개할 생각이다. 그러나 내가 이야기를 구상하고 등장하는 여러 인물에 영향을 미친 동기나 열정을 상상할 때 오로지 그 검사관이 쓴 원고 몇 장에만 얽매어 있었다고는 생각하지 말아주길 바란다. 오히려 이야기에 나오는 사실들은 거의 대부분 내가 만들었다고 할 수 있을 만큼 자유롭게 썼다. 다만 내가 주장하는 바는 이 이야기의 큰 윤곽이 이미 확증된 사실에 입각한다는 것이다.

  이 우연한 사건은 내 마음을 어느 정도 예전의 길로 다시 불러들였다. 여기에 한 이야기의 기반이 있는 듯했다. 마치 옛 검사관이 100년 전에 입던 옷을 입고, 그와 함께 묻혔으나 무덤 속에서도 썩지 않았던 불멸의 가발을 쓰고서 세관의 그 인기척 없는 방으로 나를 만나러 온 것만 같았다. 국왕의 사명을 받들며 눈부시게 빛나는 옥좌의 광채까지 고스란히 내려받은 사람답게 온몸에 위엄이 넘쳐흘렀다. 아! 민중의 하인이며, 가장 비열한 주인보다 더욱 비열하고, 가장 비천한 주인보다 더욱 비천한 들개 같은 공화국 관리들과는 얼마나 다른가! 흐릿하지만 당당해 보이는 퓨 씨는 망령 같은 손을 나에게 내밀어 그 주홍색 상징과 원고 다발을 건넸다. 그는 스스로를 당연히 나의 선임자라 여기고, 망령 같은 목소리로 나에게 후임자로서의 의무와 선배에 대한 존경을 표하라고 경건하게 요구하며, 그 곰팡내 나고 벌레 먹은 너덜너덜한 작품을 세상에 발표하라고 권했다. "이 일을 해 보게." 검사관 퓨 씨의 망령은 그 잊을 수 없는 가발을 쓰고 당당하게 보이는 머리를 힘주어 끄덕이며 다짐을 받듯이 말했다.

"그리 하게. 이득은 모두 자네 몫이 될 거네! 머지않아 자넨 돈이 필요할 걸세. 옛날 우리네 시대에는 관직이 평생직이었고 때로는 아들에게 물려줄 수도 있었지만 이제 자네 시대는 다르지 않은가. 다만 이 늙은 프린의 이야기에 관해서는 자네 선임자의 기억을 전폭적으로 신뢰해주기를 바라는 바이네!"

나는 검사관 퓨 씨의 망령에게 대답했다.

"그렇게 하겠습니다!"

나는 헤스터 프린의 이야기에 깊이 빠져들었다. 방 안을 이리저리 거닐고, 세관 정문에서 옆문까지의 긴 거리를 백 번이나 왔다 갔다 하면서 오래도록 그 주제에 대해 생각했다. 몇 시간씩 이어진 내 시끄러운 발소리에 낮잠을 방해받은 늙은 감독관과 계량관(計量官)과 검량관(檢量官)들은 틀림없이 매우 짜증이 나고 못마땅했을 것이다. 그들은 자신들의 옛 생활 습성을 떠올리면서 검사관이 후갑판을 거닐고 있다고 말했다. 저녁식사 때 식욕이 나게 하려는 모양이라고 자기들끼리 결론을 내렸을 것이다. 하기야 제정신인 사람이 스스로의 의지로 움직이는 유일한 목적은 아마 그 정도일 것이다. 게다가 솔직히 그러한 끈질긴 운동으로 얻은 유일하고 귀중한 결과는, 복도를 통해 불어오는 동풍에 자극받아 식욕이 생겨났다는 것 정도였다. 세관 분위기는 상상력과 감수성을 섬세하게 발산하기에는 적합하지 않았으므로, 만일 내가 그 뒤로 대통령 임기가 열 번이나 되풀이되는 동안 그곳에 머물렀더라면 《주홍글자》를 일반 독자 앞에 선보이지 못했을지도 모른다. 내 상상력은 부옇게 흐려진 거울이었다. 내가 아무리 갖은 애를 써도 그 거울은 내가 열심히 비추려고 하는 사람들의 모습을 잘 비추지 못하거나 간신히 성공한다 해도 처참하리만큼 희미한 그림자밖에 보여 주지 못했다. 이야기 속 인물들은 내가 지성의 용광로에서 아무리 달구어도 뜨거워지거나 녹지 않았다. 그들은 뜨거운 정열도 온화한 감정도 드러내지 않고 시체처럼 굳은 채 반항적으로 비웃으며 나를 뚫어지게 바라볼 뿐이었다. 그 표정은 마치 "우릴 어쩔 셈이오?"라고 말하는 듯했다. "당신은 예전에 허구의 인물에게 어느 정도 영향력을 발휘했지만 이제는 그 힘도 다 사라져버렸소! 당신은 그 힘을 관리의 하찮은 수당과 맞바꿔 버렸지. 그러니 가서 품삯이나 버시오!" 요컨대 아무리 정당한 이유가 있다 해도, 거의 시체나 다름없는 내 공상 속의 산물들이

나의 무능함을 조롱하는 것이었다.

　국가가 내 하루 중에서 자기 몫으로 떼어간 세 시간 반 동안에만 이런 비참한 무력감에 사로잡혔던 것은 아니다. 내가 구목사관 문턱을 나서자마자, 나에게 생생한 사고와 활기를 준 대자연의 상쾌한 매력을 찾아 아주 가끔 거의 의무적으로 바닷가를 산책하거나 들판을 어슬렁거릴 때에도 그 무력감은 계속 나를 따라다녔다. 지적 분투를 벌일 때도 마찬가지여서, 그 무감각은 집까지 따라 들어와 서재라는 우스꽝스러운 이름의 방으로 숨어들어 나를 무겁게 짓눌러 댔다. 늦은 밤 홀홀 타오르는 석탄 불빛과 달빛만 가득한 텅 빈 거실에 앉아, 다음날이면 다채로운 묘사로 가득 빛날 책장 위에 흘러넘쳐야 할 상상 속의 온갖 장면들을 그려내려고 애쓸 때에도 그 무력감은 내 곁을 떠나지 않았다.

　그러한 시간에 상상력이 발동하지 않는다면 사태는 거의 절망적이다. 달빛이 익숙한 방 안으로 흘러들어와 양탄자 위에 하얀 빛을 뿌리며 그 무늬들을 하나도 남김없이 또렷하게 보여줄 때, 모든 사물들을 아침이나 정오에 볼 때와는 전혀 다른 각도에서 아주 세세하게 비출 때, 달빛은 로맨스 작가가 그의 희뿌연 손님들과 친해지는 데 더없이 좋은 매개체가 된다. 늘 보아온 방 안에는 소박한 가정 풍경이 있다. 개성 있는 의자들과 반짇고리와 책 한두 권, 불 꺼진 램프가 놓여 있는 탁자, 소파, 책꽂이, 벽에 걸린 그림 같은 평범한 물건들 하나하나가 이토록 분명하게 보이는데도 신비로운 빛 때문에 초현실적인 것이 되어 실체를 버리고 관념적인 사물로 변한다. 아무리 작고 하찮은 물건이라도 이런 변화를 겪으면 신성한 기운을 두르게 된다. 어린애 구두, 작은 고리버들 마차에 탄 인형, 목마처럼 낮에 사용했거나 가지고 놀았던 모든 것들이 한낮의 햇빛 아래에서처럼 생생하게 존재하면서도 일종의 야릇한 비현실성을 띠는 것이다. 따라서 우리의 친숙한 방바닥은 현실 세계와 공상 세계의 어느 중간에 위치한 중립지대가 된다. 그곳에서는 실체적인 것과 상상적인 것이 뒤섞여 서로 상대의 본질에 물들어 버리는지도 모른다. 이런 곳에서는 유령이 나타난다 해도 놀라지 않을 것이다. 주위를 돌아보다가, 이미 세상과 작별한 사랑하는 사람이 멀리서 돌아왔는지 아니면 집 난롯가에서 한 번도 떠난 적이 없었는지 알 수 없는 모습으로 이 마술적인 달빛 아래에 고요히 앉아 있는 것을 발견하더라도, 그곳의 정경과 너무나 잘 어울리기 때문에 조금도 이상하게 여기지 않을 것이다.

　조금 어둑한 석탄 불빛은 내가 설명하고자 하는 효과를 만들어내는 데 아주 중요한 역할을 했다. 그 불빛은 벽과 천장을 옅은 붉은색으로 물들이고 가구의 광택을 반사시키면서 온 방 안에 은은한 색조를 던졌다. 이 따스한 불빛은 달빛의 차가운 영성(靈性)과 섞여서, 공상으로 만들어낸 온갖 형상에 인간적인 마음과 부드러운 감수성을 불어넣는다. 그 불빛은 형상들을 눈사람에서 진짜 인간 남녀로 바꾼다. 거울을 바라보면 명계의 깊은 심연에서, 반쯤 꺼져가는 석탄 불빛과 방바닥을 비추는 하얀 달빛, 그 정경의 모든 빛과 그림자가 현실 세계에서 한 걸음 멀어지고 상상의 세계로 한 걸음 다가간 것처럼 보인다. 따라서 그러한 시간에 혼자 있으면서도 신비로운 일을 꿈꾸고 사실처럼 보이게 할 수 없는 사람은 로맨스를 쓰려고 애쓸 필요조차 없다.

　그런데 세관에서 근무하는 동안 나에겐 달빛과 햇빛과 흐릿한 난로 불빛이 모두 똑같이 보였고, 그 어느 것도 흔들거리는 촛불보다 더 나은 점이 없었다. 내 모든 감성과 그에 따른 재능이, 비록 풍성하거나 높이 평가할 만한 수준은 아니었지만 내가 타고난 능력 중에서는 가장 나은 그 재능이 나에게서 떠나가버린 것이다.

　하지만 다른 종류의 글을 쓰려고 했다면 내 재능이 그처럼 방향을 잃고 무력하지만은 않았으리라고 믿는다. 예를 들어 감독관 중 하나인 노련한 선장의 이야기를 썼더라면 그런대로 만족했을지도 모른다. 그는 타고난 이야기꾼이라 그의 이야기에 배꼽을 잡거나 감탄하지 않은 날이 단 하루도 없었으므로 그에 관해 쓰지 않는다면 배은망덕한 짓이 될 것이다. 그의 생동감 넘치는 입담과, 이야기를 익살스럽게 윤색하는 타고난 재주를 글로 옮길 능력만 있더라면, 나는 문학계에서 누구와도 견줄 수 없는 인물이 되었으리라고 장담한다. 아니면 좀 더 제대로 된 직업을 찾았을지도 모른다. 세속적인 일상생활이 너무나도 무겁게 나를 압박할 때 다른 시대로 돌아가려고 하거나, 비눗방울처럼 손에 잡히지 않는 나의 미적 관념이 어떤 실제 상황과 거칠게 접촉하여 부서질 때 환상적인 소재를 가지고 현실과 비슷한 다른 세계를 창조하고자 한 것은 참으로 어리석은 일이었다. 좀 더 현명한 방법은, 사고와 상상력을 현재의 불투명한 물체에 침투시켜 그 물체를 밝고 투명하게 만들며, 어깨를 무겁게 짓누르는 부담을 영적인 것으로 승화시키고, 지금은 잘 알고 있는 사소하고 지루한 사건이나 보통 사람들 속에 숨어 있는 진실하고 불멸한 가치를 단호하게 탐구하는 것이리라. 다 내 잘못이었다. 눈앞에 펼쳐진 인생이라는 책이 지루하고 심심하게 보인 까닭은, 내가 그 깊은 뜻을 읽어내지 못했기 때문이었다. 그 책은 내가 도저히 쓸 엄두도 내지 못할 만큼 훌륭했다. 그 책은 흘러가는 시간이라는 현실의 손으로 한 장 한 장 쓰였으며 쓰이자마자 이내 사라져 버렸는데, 그것도 단지 내 두뇌가 통찰력이 부족하고 내 손이 그 내용을 옮겨 적을 만큼 노련하지 못했기 때문이다. 언젠가 내가 그 글귀의 흩어진 조각 몇 가지를 기억해 내고 글로 옮긴다면, 그 글자들은 책장 위에서 황금처럼 찬란하게 빛날 것이다.

 이러한 깨달음은 너무 뒤늦게 찾아왔다. 깨닫고 나니 한때 기쁨이었던 것이 이제는 절망스럽고 고통스러웠다. 그러나 크게 슬퍼할 이유는 없었다. 나는 이미 형편없는 이야기나 수필을 쓰는 작가 일을 그만두고 제법 유능한 세관 검사관이 되어 있었기 때문이다. 단지 그뿐이다. 하지만 그럼에도 지성이 차차 메말라 버리거나 자기는 의식하지 못하지만 유리병에 들어 있는 에테르를 들여다볼 때마다 줄어들 듯 지성이 증발하고 있다는 근심에 사로잡히는 일은 결코 유쾌하지 않았다. 그러한 사태가 벌어지고 있다는 사실은 의심의 여지가 없었다. 공직 생활이 성격에 미치는 영향을 나 자신과 다른 사람들의 경우에서 살펴본 결과, 나는 그것이 지금 이야기하는 생활양식에 그다지 바람직하지 않다는 결론을 내렸다. 어쩌면 앞으로는 다른 형태로 그 영향을 받을지도 모른다. 하지만 세관에 오래 근무하면 여러 가지 이유에서 칭찬과 존경을 받을 만한 인물이 될 수 없다는 사실만 말해 두겠다. 그 이유 중 하나는 세관원의 종신재직권 때문이다. 또 다른 이유는 세관 업무의 성격 자체에 있는데, 그 직무가 정직한 일임에는 틀림없지만 온 인류가 다 같이 노력하여 헤쳐 나가는 종류의 일은 아니기 때문이다.

 정도의 차이는 있지만 관청에 근무하는 모든 사람에게 나타난다고 생각하는 악영향의 한 가지는, 공화국의 튼튼한 팔에만 안겨 있는 사이에 자기 고유의 힘을 잃고 만다는 점이다. 타고난 의지가 강건한지 유약한지에 따라 자립 능력을 상실하고 만다. 만일 그 사람이 남보다 유난히 뛰어난 활력을 타고 났거나 기운을 빼앗아가는 마력에 그리 오래 노출되지 않았다면 그는 잃었던 힘을 회복할 수도 있을 것이다. 쫓겨난 관리들은 다행히도 악질적인 농간으로 쫓겨났기 때문에 경쟁사회에서 분투하는 행운을 얻고 마침내 본디 자신으로 돌아가서 과거의 모습을 완전히 되찾을지도 모른다. 하지만 이렇게 운이 좋은 경우는 아주 드물다. 대개는 한번 자리를 꿰차고 앉으면 늙어 빠질 때까지 딱 들러붙어 있다가, 그제야 늙은 몸뚱이를 채찍질하며 험난한 인생의 곁길을 비틀비틀 걸어갈 따름이다. 그는 자기가 그동안 길러온 강직함과 탄력성을 상실하여 무력함을 자각하고 외부에서 자신을 부양해 줄 무언가를 찾아 계속 주위를 두리번거린다. 그리고 머지않아 상황이 운 좋게 맞아떨어져 원래의 자리로 복직하게 되리라는 꿈을 버리지 않는다. 그 꿈은 절망스런 상황에도 꺾이지 않고 불가능한 것도 대수롭지 않게 여기며 평생 그를 사로잡았다가 죽은 뒤에도 얼마 동안, 조금 이상한 비유일지 모르나 콜레라 환자가 죽은 뒤에도 계속 경련하듯 그를 좀먹는다. 이 신념은 다른 무엇보다도 그가 실행하고자 꿈꾸는 모든 계획을 실천할 힘과 능력을 모조리 빼앗아 버린다. 조금만 있으면 국가가 자기를 끌어 올려 받쳐 줄 텐데 스스로 진흙 구덩이에서 빠져나오려고 애쓸 필요가 어디 있겠는가? 이제 곧 정부의 호주머니에서 다달이 나오는 번쩍이는 금화를 한 무더기씩 받으며 행복해질 텐데, 무엇하러 여기서 입에 풀칠하기 위해 일하고 금덩이를 캐러 외진 캘리포니아까지 가겠는가? 관직의 맛을 살짝 본 것만으로도 사람들이 이런 이상한 병에 이토록 쉽게 걸리는 것을 보면 참으로 가슴이 아프다. 이러한 관점에서 봤을 때 미국 정부가 주는 금화에는(훌륭한 정부에게 무례를 범할 생각은 없지만) 악마가 주는 보수와 같은 마력이 있다. 그 금화에 손을 대는 사람은 스스로 조심해야 할 것이다. 그렇지 않으면 그 거래가 독이 될 것이다. 그 거래로 영혼을 빼앗기지는 않겠지만, 영혼이 지닌 훌륭한 특성인 강건함, 용기와 지조, 성실성, 자부심, 그리고 남자다운 성격을 북돋아 주는 모든 미덕을 잃을 수 있기 때문이다.

멀리 내다봤을 땐 얼마나 전망이 밝았던가! 검사관인 내가 공직의 교훈을 절실히 깨달았기 때문도, 직책을 유지하든 쫓겨나든 파멸을 피할 수 없다고 체념했기 때문도 아니다. 나는 아무리 열심히 생각해 보아도 마음의 평화를 얻지 못했다. 나는 점점 울적하고 불안해져서, 끊임없이 마음속을 뒤적이며 내 하찮은 자질 가운데 어떤 것이 사라져버렸고 아직 남아 있는 것들은 얼마나 훼손되었는지 알아내고자 했다. 또 앞으로 오랫동안 세관에서 근무를 하더라도 번듯한 사내로서 세관을 떠날 수 있을지를 끊임없이 저울질해 보았다. 사실 가장 큰 걱정거리는 나처럼 조용한 사람을 해고하는 것은 관청의 정책 원리에 어긋나며, 또 공직에 있는 관리가 스스로 사임하는 경우는 거의 없다는 점이었다. 따라서 내 진짜 고민은 검사관직에 계속 머무르다가 백발 늙은이가 되어 그 늙은 감독관처럼 짐승 수준으로 전락할지도 모른다는 것이었다. 내 앞에 놓인 따분한 관리 생활을 계속해 나가다 보면 결국 그 존경스러운 친구처럼 나도 결국에는 식사 시간을 하루의 중심으로 삼고 나머지 시간은 늙은 개처럼 햇볕 아래나 그늘에서 낮잠이나 자며 보내게 되지 않을까? 자신의 재능과 감수성을 남김없이 발휘하여 살아가는 것이야말로 가장 큰 행복이라고 정의하는 사람에게는 그 얼마나 끔찍한 앞날인가! 하지만 나는 그 동안 쓸데없는 걱정에만 빠져 지낸 셈이었다. 하느님은 내가 상상했던 것보다 훨씬 좋은 것을 미리 준비해 두셨다.

P. P의 말투를 빌리자면, 내가 검사관이 된 지 3년째 되는 해에 일어난 주목할 만한 사건은 테일러 장군이 대통령으로 당선된 일이었다. 관리 생활의 이익을 정당하게 평가하려면 반대당이 정권을 잡았을 때 재직자를 살펴보아야 한다. 그럴 때에 그의 직위는 보통 사람이 상상할 수 없을 만큼 따분하고 불쾌하기 짝이 없는 것이 된다. 최악의 사태가 최선의 사태로 돌아설 수도 있다지만 이러니저러니 해도 좋은 일은 거의 일어나지 않는다. 그러나 자신의 이해관계가 자기를 사랑하지도 이해하지도 않는 사람들의 손에 달려 있음을 깨닫고 그들에게 사랑받을지 이해받을지를 선택해야 한다면 은혜를 입느니 차라리 상처를 받는 편이 더 낫다고 생각하는, 자부심이 높고 감수성이 풍부한 사람에게는 참으로 이상한 경험이다. 또 선거 기간 내내 침묵을 지키다가 승리를 거둔 순간부터 시작되는 피 튀기는 복수전을 바라보며 자신도 그들에게는 복수의 대상이라는 사실을 깨닫는 것도 정말 야릇한 경험이다. 내가 목격한 인간 본성 가운데 남에게 해를 끼칠 수 있는 권력을 가졌다는 이유만으로 잔인하게 변해 버리는 것만큼 추악한 성향은 없었다. 공직자의 물갈이 때 자주 사용되는 '단두대'가 더없이 적절한 비유가 아니라 진짜 단두대라면, 승리당의 열성 단원들은 몹시 흥분하여 우리의 목을 모조리 잘라 버리고 그 기회를 준 하느님에게 감사했을 것이다! 패배했을 때나 승리했을

때나 차분하고 호기심 많은 관찰자였던 내가 본 바로는, 우리 당이 그렇게 자주 승리했을 때에는 휘그당이 승리했을 때처럼 흉악하고 과격한 적개심이나 복수심이 전혀 눈에 띄지 않았다. 민주당원들은 원칙적으로는, 관직에 그들이 필요하고 또 예부터 관행으로 이어져온 정쟁의 규칙이 그러했으므로 관직을 받아들였다. 다른 제도가 도입되지 않는 한 규칙에 대해 왈가왈부하는 것은 나약하고 비겁한 짓이기 때문이다. 그러나 민주당원들은 승리에 익숙했기 때문에 관대했던 것이다. 그들은 경우에 따라서는 용서할 줄도 알았고, 벌을 내릴 때에도 비록 도끼날은 날카로울지언정 내리치는 도끼날에 악의의 독을 바른 적은 없었다. 또 막 잘라낸 머리를 비웃으며 걷어차는 관습도 없었다.

다시 말해서 내 처지가 딱히 유쾌하진 않았지만, 내가 승리자 쪽이 아니라 패배자 쪽에 있는 것을 축복할 이유는 충분히 있었다. 나는 지금까지 열성적인 당원은 아니었지만 이러한 위기와 역경의 순간을 앞두자 내가 체질적으로 어느 정당에 어울리는지를 꽤 민감하게 의식하기 시작했다. 또 조금 원통하고 부끄럽긴 했으나 여러 가지 가능성을 냉정하게 따져 보고, 내가 자리를 보전할 가망이 다른 민주당 동료들보다 훨씬 더 크다고 판단했다. 그러나 누가 한 치 앞의 미래를 내다볼 수 있으랴. 내 모가지가 가장 먼저 잘려 나가고 말았던 것이다!

목이 잘려 나갈 때가 내 생애에서 가장 기분 좋은 순간일 리는 결코 없다고 나는 생각한다. 하지만 대부분의 불행이 다 그렇듯 아무리 심각하고 예상 밖의 일이라도 그 사람이 주어진 상황을 악화시키지 않고 최선을 다해 대처한다면 나름의 구제책과 위안을 얻을 수 있다. 내 경우에도 위안이 될 좋은 일이 바로 생겼고, 사실 그 일에 덤벼들 필요가 생기기까지 깊이 생각할 시간도 충분히 있었다. 나는 오래전부터 공직생활에 염증을 느끼고 막연히 그만둘 뜻을 품고 있었으므로, 내 운명은 자살을 생각하고 있는데 뜻밖에도 남의 손에 살해당하는 행운을 누린 사람과 어딘가 비슷했다. 구목사관에서 그랬던 것처럼 세관에서도 3년을 보냈다. 지친 머리를 쉬게 하기에도, 낡은 지적 습관을 버리고 새로운 습관을 만들기에도 충분히 긴 시간이었다. 또한 그 누구에게 유익하지도 유쾌하지도 않은 일만 하고 내 마음속에서 꿈틀거리는 충동을 진정시킬 만한 일은 일부러 하지 않는 그 부자연스러운 상태에서 살기에는 충분하다 못해 지나치게 긴 시간이었다. 더구나 전임 검사관인 나는 단박에 목이 잘리고 휘그당의 적으로 간주되었다는 사실도 그다지 불쾌하게 생각하지 않았다. 나는 한집안 형제들조차 제각기 갈라져서 가야 하는 좁은 골목길보다는 온 인류가 만날 수 있는 너르고 평온한 들판을 자유로이 거닐기 좋아하는 성미여서 활발하게 정치활동에 뛰어들지는 않았으므로, 같은 민주당 동료들조차 내가 적인지 아군인지 판단하지 못할 때도 가끔 있었기 때문이다. 하지만 이제 나는 순교자 왕관을 얻었으므로(그 왕관을 쓸 머리는 이미 잘려나갔지만) 그 문제는 해결되었다고 보아도 좋을 것이다. 비록 영웅도 그 무엇도 아니지만, 나보다 훨씬 훌륭한 사람들이 수두룩하게 몰락해 가는 상황에서 나 혼자 살아남아 적어도 앞으로 4년 동안 반대당 정부의 자비를 구하다가 4년째 되는 해에 다시 입장을 분명히 하여 소속 정당에 더 굴욕적인 자비를 구걸하느니, 지금 민주당을 휩쓰는 파멸의 물결에 함께 휩쓸려나가는 것이 더 명예로운 일처럼 보였다.

그러는 동안에 언론이 내 사건을 기사화하여 나는 한두 주 동안 어빙의 '목 없는 기사'*28와 같은 모습으로 온갖 공공 인쇄물을 장식했다. 정치적으로 죽은 사람이 누구나 그렇듯 창백해진 나는 어서 빨리 매장되기만을 바라고 있었다. 나에 대한 비유는 이 정도로 해 두겠다. 진짜 나는 그동안 머리통을 안전하게 어깨 위에 올려놓고 만사가 좋게 해결되었다며 만족스러운 결론을 내렸으니 말이다. 그리고 잉크와 종이와 펜을 사서 오랫동안 사용하지 않은 책상 서랍을 열고 나는 다시 문필가로 돌아갔다.

그리고 그제야 옛 선임 검사관 퓨 씨의 노작(勞作)이 머릿속에서 꿈틀거리기 시작했다. 오랫동안 사용하지 않아 녹슬어 버린 나의 지적인 기관이 이 이야기를 재료로 그럭저럭 만족스러운 효과를 거두기까지는 얼마간 시간이 필요했다. 마침내 나는 그 작업에 완전히 푹 빠져들었지만 그래도 여전히 그 이야기는 가혹하고 음울했다. 부드러운 햇빛에도 전혀 밝아지지 않았고, 자연과 실생활의 모든 장면들을 부드럽게 누그러뜨리고 묘사까지 부드럽게 하는 친밀한 감화력으로도 안정을 얻을 수 없었다. 이처럼 반갑지 않은 효과를 끌어낸 데에는 그 바탕이 된 이야기의 시대가 혁명이 완전히 끝나지 않아 여

---

*28 워싱턴 어빙의 〈슬리피 할로우의 전설〉에 나오는 귀신.

전히 혼란스럽던 때였다는 사실이 크게 작용했을 것이다. 하지만 그것이 작가인 내 마음이 유쾌하지 않았기 때문이라는 증거는 아니다. 왜냐하면 나는 이 햇빛도 들지 않는 환상 세계의 어둠 속을 방황하면서 구목사관을 떠난 이래 그 어느 때보다도 가장 큰 행복을 느꼈기 때문이다. 이 책에 수록된 몇몇 단편도 뜻하지 않게 공직의 노고와 영예에서 물러난 뒤에 쓴 것들이며, 나머지는 일찍이 연간지나 월간지에 실렸던 것으로 옛날에 발표되어 독자들 사이에서 맴돌다가 다시 돌아온 것들이다. *29 정치적 단두대의 비유를 계속하자면, 이 책 전체를 '목 잘린 검사관의 유고집(遺稿集)'으로 보아야 할 것이다. 따라서 이쯤에서 끝내고자 하는 이 짧은 스케치가 지나치게 자전적이어서 신중한 사람이라면 살아생전에 출판하려고 하지 않겠지만 무덤 저편에서 글을 쓰고 있을 신사에게는 크게 문제되지 않을 것이다. 온 세상에 평화가 있을지어다! 내 친구들에게는 축복이 있을지어다! 나의 적들은 용서받을지어다! 나는 평온한 저승에 있도다!

지금 세관 생활은 흘러간 꿈처럼 저 뒤편에 있다. 그 노감독관—참고로 그는 얼마 전에 가엾게도 말에서 떨어져 죽었는데, 그 일만 없었다면 아마 영원토록 살았을 것이다—과 수납실에 앉아 있던 다른 모든 노인들은 그림자에 지나지 않았다. 그동안 곧잘 떠올렸던 백발에 주름투성이 모습들을 이제는 완전히 떨쳐 버렸다. 여섯 달 전만 해도 귀에 딱지가 앉도록 들었던 핑그리, 필립스, 셰퍼드, 업튼, 킴볼, 버트럼, 헌트 같은 고전적인 상인들의 이름과 세계에서 중요한 지위를 맡고 있는 듯한 다른 여러 무역업자들 모두와 현실에서뿐 아니라 추억의 영역에서도 어쩌면 그렇게 빨리 인연을 끊어 낼 수 있었는지! 지금의 나는 그들 몇몇의 모습과 이름조차도 애를 써야 간신히 떠올릴 수 있을 정도이다. 이와 마찬가지로 머지않아 내 고향 마을도 온통 안개에 싸여 몽롱한 기억을 통해 아련하게 떠오르게 될 것이다. 마치 현실 속 대지의 일부가 아니라 공상 속 구름 나라에 뭉게뭉게 피어오르는 마을처럼, 그곳에선 상상 속의 주민들이 나무로 만든 집에 살면서 스산한 골목길과 멋없이 길기만 한 중심가를 거닐고 있을 뿐이다. 그 마을은 이제 내 삶 속에 살아 숨쉬는 현실이 아니다. 나는 다른 곳에 속하는 시민이다. 친애하

---

*29 이 글을 쓸 때 필자는 《주홍글자》와 함께 단편소설 몇 편과 스케치를 출판할 예정이었다. 그러나 그 예정은 연기하기로 마음을 바꾸었다.

는 고향 마을 주민들은 내가 없어도 그다지 애석해하지 않을 것이다. 나는 문학을 갈고 닦아 그들의 눈에 중요한 인물로 비치고 내 수많은 조상들이 살다가 묻힌 그 땅에 나를 위한 즐거운 기억을 남기는 것을 가장 중요한 목표로 삼았지만, 그 땅은 문학가가 잘 익은 정신의 열매를 풍성하게 거둘 수 있는 쾌적한 분위기를 제공하지 않았다. 따라서 나는 다른 지방 사람들 속에서 더 잘 지낼 수 있을 것이다. 그리고 말할 필요도 없지만 이 친숙한 마을 사람들 역시 내가 없어도 잘 지낼 것이다.

하지만 어쩌면 (아! 얼마나 황홀하고 가슴 벅찬 생각인지!) 훗날 골동품 연구가들이 마을의 중요한 유적으로 공동 펌프가 있던 곳을 꼽게 된다면, 현 세대의 중손자들이 먼 옛날의 이 하찮은 문필가를 이따금 따스한 마음으로 기억해 줄지도 모른다.

제1장
감옥 문

　턱수염이 더부룩하고, 충충한 잿빛 옷에 끝이 뾰족한 모자를 쓴 남자들이 한 목조 건물 앞에 모여 있었다. 그 무리에는 두건을 쓴 여자며 맨머리로 나온 여자들도 섞여 있었다. 참나무로 된 두툼한 문짝에는 커다란 쇠못이 줄줄이 박혀 있었다.
　새 식민지의 개척자들은 아무리 인간적인 미덕과 행복이 넘치는 유토피아를 꿈꾸었다 하더라도 처녀지의 한쪽을 공동묘지와 감옥터로 할당하는 일을, 무엇보다 먼저 해야 할 실제적인 필요 사항으로 여겼다. 이런 관례에 따라 보스턴에 정착한 조상들도 콘힐 근처에 최초의 감옥을 세웠고, 그 시기 전후로 아이작 존슨[*1]의 땅에 그의 묘를 중심으로 한 최초의 묘지를 설정한 것이라고 보아도 무방할 것이다. 존슨의 묘는 그 뒤 킹스 채플[*2]의 옛 경내에 형성된 수많은 무덤의 중심이 되었다. 보스턴 거리가 생긴 지 15년 내지 20년이 지나자, 목조 감옥은 이미 비바람에 시달린 나머지 세월의 흔적을 뚜렷이 드러내게 되었고, 그렇잖아도 잔뜩 찌푸린 듯 음산한 건물 앞면은 한층 침울해 보였다.
　그런데다 튼튼한 참나무 문짝에 박힌 육중한 쇠붙이에 슨 녹은 신세계의 그 무엇보다도 고색창연한 빛을 띠고 있었다. 범죄와 관련된 것이 모두 그러하듯이, 이 문짝 또한 싱그러운 청춘 시대라고는 전혀 모르고 지낸 듯 보였다. 이 우중충한 건물과 큰길 사이에는 풀이 우거져 있었다. 우엉·명아주·나팔꽃과 같은 볼썽사나운 것들이 제멋대로 자라 있는데, 이 잡초들은 일찍부터 문명사회에 검은 꽃을 피워 온 감옥과 뭔가 일맥상통하는 점이 있는 듯했다. 그러나 감옥 문 한쪽 문턱 바로 옆에 서 있는 찔레나무에는 때가 6월

---
*1 ?~1630. 1630년에 매사추세츠로 이주한 청교도 부호.
*2 보스턴에서 가장 오래된 교회 중 하나.

인 만큼 구슬을 뿌려 놓은 듯 귀여운 꽃들이 함빡 피어 있었다. 찔레꽃의 그 옥한 향기와 가냘픈 아름다움은, 감옥으로 들어가는 죄수나 형 집행을 받으러 나오는 사형수에게 동정과 자비를 베풀고자 하는 대자연의 깊은 마음의 표시라고 할 수 있으리라.

이 찔레나무는 이상한 인연으로 역사의 눈바람을 견디고 살아남게 되었다. 그러나 과연 이 찔레나무가, 그 위에 그림자를 드리우고 있던 거대한 소나무나 참나무가 베어진 훨씬 뒤까지도 이 황량한 원시 들판에 그저 살아남은 데 불과한 것인지, 아니면 성자(聖者)로 추앙받은 앤 허친슨*3이 감옥 문으로 들어설 때 발밑에서 솟아난 것인지(그렇게 믿을 만한 근거가 충분하다 하더라도)는 여기서 단정짓지 말기로 하자. 어쨌든 그 불길한 그림자가 깃든 감옥 문에서부터 시작되는 이 이야기의 첫머리에서 찔레꽃을 발견한 지은이가 할 수 있는 일은, 기껏해야 찔레꽃 한 송이를 꺾어 독자들에게 바치는 정도일 뿐이다. 더불어 그 꽃송이가 이야기의 진행과 함께 떠오를 부드러운 미덕의 꽃을 상징하든가, 아니면 인간의 나약함과 슬픔이 수반되는 이야기의 암담한 결말을 조금이라도 누그러지게 해주었으면 하는 간절한 바람이다.

---

*3 1509~1643. 영국에서 매사추세츠 주로 이주했으나 신앙 지상주의자라는 이유로 추방당함.

제2장
광장

　지금으로부터 200년 전 어느 여름날 아침, 감옥 거리에 있는 감옥 앞 풀밭에는 많은 보스턴 시민이 모여 있었다. 그들의 눈은 쇠빗장을 지른 참나무 문짝을 응시하고 있었다. 다른 고장의 주민들이거나, 뉴잉글랜드라 하더라도 훨씬 후세의 일이었다면, 수염 텁수룩한 선량한 시민들의 딱딱하게 굳은 얼굴은 뭔가 대단한 사건이 일어나고 있다는 징조로 보였을 것이다. 이미 일반 대중이 내린 평결(評決)을 인정하는 데 불과한 법정의 판결에 따라, 누군가 이름 있는 죄수가 처형되리라는 사실을 예감하고 있는 것인지도 모른다. 그러나 초기 청교도들의 엄격한 성격을 감안하면, 그 같은 추측이 항상 옳지는 않았다. 왜냐하면 관리의 손에 넘겨진 게으름뱅이 하인이나 불효막심한 자식 놈이 형장에서 곤장을 맞는 정도의 일일 수도 있고, 아니면 신앙 지상주의자나 퀘이커 교도 같은 이교도가 곤장을 맞고 시외로 추방되거나, 인디언이 백인들이 마시는 위스키를 마시고 거리에서 취해 날뛰다가 매를 맞고 숲 속으로 쫓겨가는 경우일 수도 있기 때문이다. 아니면 꽤 까다롭던 판사의 미망인 히빈스 부인[*1] 같은 마녀가 교수대의 이슬로 사라지려는 경우일는지도 모른다. 어느 경우건 상관없이 구경꾼들의 얼굴에는 비슷하게 근엄한 표정들이 나타나 있었다. 종교와 법률이 일치되어 대중의 의식 속에 완전히 융합되어 있어, 공적인 처벌 행위는 그 정도를 불문하고 모두 신성하며 범할 수 없다고 믿고 있는 국민에겐 아주 잘 어울리는 표정이었다. 당연히 죄인이 처형장에 모여드는 구경꾼들에게 바랄 수 있는 동정은 보잘것없고 냉담했다. 오늘날에는 웃어넘길 수준의 하찮은 형벌도 그 시절에는 사형에 못잖은 준엄한 위엄을 지녔던 것이다.

---

*1 1656년에 마녀로 판결받아 처형됨.

이 이야기가 시작되는 그 여름날 아침, 군중 틈에 끼어 있던 몇몇 여인이 머잖아 집행될 형벌에 이상하리만큼 흥미를 갖고 있다는 점은 주목할 만한 일이다. 이 시대는 예절이 그다지 세련되지 못했으므로 페티코트나 파딩게일[*2]을 입은 여자들이 함부로 공적인 장소에 나가고, 경우에 따라서는 그 작지도 않은 몸뚱이로 군중들 틈을 비집고 들어가 형이 집행되려는 처형대 가까이 가서 자리를 잡아도 흉을 보는 사람은 아무도 없었다. 영국 땅에서 태어나 자란 그들 부인이나 처녀들은 육체적으로나 정신적으로, 예닐곱 세대 지난 뒤의 그들 자손인 여성에 비하면 성격이 매우 거칠었다. 윗대의 어머니들에게서 대대로 내려온 힘과 고집스러움이 결여된 성격까지는 아니더라도 훨씬 창백한 안색과 보다 섬세하고 나약한 아름다움과 연약한 뼈대를 딸에게 물려주었기 때문이다. 지금 그 감옥 문 둘레에 모여선 여자들은 저 남성적인 엘리자베스 여왕이 여성의 대표로서 모자람이 없었던 시대로부터 불과 50여 년 뒤의 사람들이다. 그들은 엘리자베스 여왕과 같은 영국 사람이며, 조국인 영국의 쇠고기와 맥주와, 마찬가지로 볼품없는 정신이 양식적 인간 됨됨이에 많은 영향을 미치고 있었다. 그러기에 그날 아침의 밝은 태양은, 먼 섬나라에서 어엿한 여자로 자랐고 뉴잉글랜드의 거친 바람을 쐬어도 여위고 창백해지는 일 없는 그녀들의 발그레한 볼이며 넓은 어깨며, 풍만한 가슴을 비추고 있었다. 게다가 부인들의 말소리에는 내용이나 음량면으로 보아도 오늘날 사람들을 깜짝 놀라게 할 만한 대담함과 무례함이 깃들어 있었다.

"이것 보세요, 부인들." 위엄 있게 생긴 50대 여인이 말했다. "내 생각은 이래요. 우리는 다 분별 있는 나이에다 뒷손가락질 받을 만한 일이라곤 조금도 없는 신도이니, 우리가 직접 헤스터 프린같은 못된 여자를 처벌하는 것이 사회에도 더 도움이 될 겝니다. 당신들은 어떻게 생각하세요? 그 잡년이 여기 모인 우리 다섯 사람 앞에 끌려나와 재판을 받는다면 훌륭하신 판사님이 내리신 벌만 받고 끝나겠어요? 천만의 말씀이죠!"

"들리는 소문으론," 다른 여자가 말했다. "그 여자의 목사이신 딤스데일 선생 말예요. 자기 교구 사람이 이런 추문을 일으켰다고 몹시 가슴아파하신

[*2] 허리둘레가 좁고 통이 넓은 치마.

다고 그럽디다."

"판사님들은 신심이 두터운 것은 사실이지만 인정이 너무 많아서 탈이라니까요." 또 다른 중년 부인이 끼어들었다. "아무리 생각해도 헤스터 프린의 이마빡에 달군 쇠로 낙인 정도는 찍어 줬어야 했어요. 그랬더라면 헤스터 부인도 혼쭐이 났을 텐데. 하지만 그 여자는, 그 잡년은 옷 앞가슴에 뭘 달더라도 눈 하나 깜짝 안 할 거예요! 두고 봐요, 틀림없이 브로치나 망측한 장신구로 가리고는 여전히 뻔뻔스럽게 돌아다닐 테니!"

"그렇지만." 어린아이의 손목을 잡고 있던 젊은 여자가 좀더 부드러운 어조로 말을 막았다. "그 여자가 아무리 가슴의 표적을 가린들, 마음속의 고통이 어딜 가겠어요."

"앞가슴에 표적을 달건, 이마에 낙인을 찍건 무슨 소용이겠어요?" 재판관을 자처하고 나선 여자들 가운데 가장 못생기고 냉혹하게 생긴 여자가 큰소리로 외쳤다. "그 년은 우리 모두의 얼굴에 먹칠을 한 년이니까 죽어야 마땅해요. 그 년을 처벌할 법률이 없는 줄 아세요? 성서에도 있고 법률 책에도 엄연히 있단 말예요. 그런데도 판사님들은 그 법률을 적용하려고 하지도 않았으니, 자기네 부인이나 딸자식이 탈선한다 하더라도 아무 말도 못할 거예요."

"너무하는군요, 부인." 사람들 틈에 끼어 있던 한 남자가 말했다. "여자들은 교수대를 두려워하는 마음이 없으면 정숙해질 수 없단 말인가요? 너무 지독한 말만 하시는군요! 자, 조용히들 하세요. 감옥 문 열쇠가 돌아가고 있어요. 드디어 문제의 프린 여사가 나오게 될 겁니다."

감옥 문이 안쪽에서부터 활짝 열렸다. 먼저, 햇빛 속으로 모습을 드러내는 검은 그림자처럼 허리에 칼을 차고 손에는 방망이를 든 험상궂은 얼굴을 한 간수가 모습을 드러냈다. 청교도의 가혹하고 엄격한 법률이 이 사나이의 모습에 그대로 나타나 있었다. 그는 위반한 사람에게 단호히 그 법을 집행하는 것이 맡은 바 의무였다. 그는 왼손에 방망이를 쳐들고 오른손으로 젊은 여인의 어깨를 붙잡아 끌어내왔다. 문 가까이 오자, 그 여인은 타고난 위엄과 강인한 의지를 드러내기라도 하듯 간수를 뿌리치고, 자신의 자유로운 의사에 따르는 것처럼 바깥세상으로 걸어 나왔다. 여인에게 안긴 생후 3개월쯤 된 아기는 너무 밝은 햇살이 눈을 찌르자 그 작은 얼굴을 찌푸렸다. 태어나서 지금껏 어두컴컴한 지하 감방이나 침침한 감방의 희미한 빛에만 익숙해 있었기 때문이다.

 젊은 여인—그 아기의 어머니—은 군중 앞에 완전히 모습을 나타낸 순간, 아기를 가슴에 꼭 끌어안는 것같이 보였다. 어머니로서의 애정에서 나오는 충동이라기보다는 옷에 수를 놓았거나 꿰매 붙인 어떤 표시를 감추기 위한 행동이었다. 그러나 다음 순간, 그 치욕의 증거를 감춰 봤자 또 다른 치욕의 증거인 아이는 감추지 못한다는 사실을 깨달았는지 다시 아이를 한쪽 팔로 안고 볼을 빨갛게 붉히면서도 당당히 미소를 띠며, 부끄러워하는 기색도 없이 거리의 사람들과 모여선 군중들을 둘러보았다. 여인의 윗옷 가슴에는 깨끗한 빨간 천에 금실로 정교하게 수를 놓고 독특한 무늬로 둘레를 두른 A자[*3]가 붙어 있었다. 그것은 아주 멋있고, 사치스러운 느낌마저 들 정도로 호화찬란하여 마치 지금 입고 있는 옷에 더없이 잘 어울리는 장신구처럼 보였다. 그 옷 또한 당시의 기호에 맞는 호화로운 것으로, 당시 식민지의 사치 금지법이 허용하는 범위를 훨씬 넘어선 것을 입고 있었다.

 키가 큰 이 젊은 여인의 모습에는 나무랄 데 없는 고상한 기품이 어려 있었다. 검고 숱이 많은 머리는 햇빛에 반사되어 윤기가 자르르 흘렀다. 단정하고 뚜렷한 이목구비며 화사한 살결은 말할 것도 없고, 훤한 이마와 끝이 보이지 않는 새까만 눈동자는 어딘지 모르게 사람을 끄는 데가 있었다. 또한 당시의 상류 귀부인답게 위엄과 품위가 있었다. 당시 상류 여성의 기품은 오늘날 여성들처럼 섬세하고 연약한 우아함과는 달랐다. 게다가 헤스터 프린이 감옥 문을 나설 때처럼 기품이 있어 보인 적도 없었다. 전부터 헤스터를 알고 있던 사람들은 불길한 구름에 덮여 그녀의 모습이 흐려졌으리라고 기대했기에 몸을 감싼 불행과 불명예가 오히려 후광처럼 그 아름다움을 빛나게 해주는 것에 대해 놀라움을 금치 못하였다. 그러나 찬찬스런 눈길을 지닌 사람에겐 어딘가 아픔의 구석이 엿보이는 것도 사실이었다. 그 옷은 이날을 위해 자기 마음에 들게끔 그녀가 감옥 안에서 직접 수를 놓아 만든 것이었다. 그 분방하고 독특한 취향은 오히려 그녀의 정신적인 자세, 절망하여 자포자기한 기분을 나타내고 있었다. 그러나 모든 사람들의 눈길을 끌어당길

[*3] 주홍 글자 A는 간통(Adultery)을 뜻한다.

정도로 그 옷을 입은 여인이 달라 보이게 만든 것은—헤스터 프린과 전부터 알고 지내던 사람들까지도 처음 만난 듯한 인상을 받았던 것이다—이상스러운 자수로 가슴을 장식한 주홍 글자였다. 그 글자는 주문(呪文)과 같은 효과가 있어서, 헤스터를 평범한 인간관계에서 분리시켜 고립된 세계에 가두어 버렸다.

"저년은 바느질 솜씨 하나만은 일품이야." 구경꾼들 속에 섞여 있던 한 여자가 말했다. "하지만, 이런 식으로 솜씨 자랑을 한 건 저 뻔뻔스런 년이 처음이야! 사실 말이지, 이건 아무리 생각해도 신앙심 깊은 판사님들을 코앞에서 비웃어 대면서 그 훌륭한 분들이 내린 형벌을 오히려 자랑으로 여긴다고 볼 수밖에 없으니 말예요."

"좋은 방법이 있어요." 나이 든 여자들 가운데 가장 무섭게 생긴 부인이 말했다. "헤스터의 화려한 윗옷을 저 가느다란 어깨에서 벗겨 버리는 거예요. 저 대단하게 수놓은 주홍 글자만이라도 떼어 버리고 그 자리에다 내 류머티즘에 쓰는 찜질 헝겊 조각을 대 주면 썩 잘 어울릴 거예요!"

"좀 조용히들 하세요!" 가장 젊은 여자가 작은 소리로 말했다. "저 여자가 듣겠어요! 저 수놓은 글씨의 바늘땀 하나하나가 저 여자의 가슴에 박혔을 게 틀림없어요."

그때 험상궂게 생긴 간수가 방망이를 휘두르며 위엄 있게 외쳤다.

"자, 여러분 비키시오. 국왕의 명령이니 길을 내어 주시오. 그러면 지금부터 낮 한 시까지, 남녀노소 누구나 이 훌륭한 옷을 마음껏 볼 수 있게끔 헤스터 프린을 세워 놓을 것이오. 부정은 백일하에 드러나게 마련인 정의의 고장 매사추세츠 식민지에 축복이 있기를! 자, 헤스터, 앞으로 나와 그 주홍 글자를 광장에 모인 여러분께 보이도록!"

구경꾼들 사이로 곧 길이 틔었다. 간수가 앞장을 서고 눈살을 찌푸린 남자들과 매정스런 눈초리의 여인들이 줄줄이 뒤따르는 가운데 헤스터 프린은 정해진 형장으로 걸음을 옮겼다. 이 일 덕분에 학교를 반나절 쉰다는 사실밖에 아무것도 모르는 장난꾸러기 아이들은 헤스터를 앞질러 뛰어가다가는 이상한 듯이 연방 뒤돌아보며 그녀의 얼굴을 쳐다보고, 눈을 깜박이며 양팔에 안긴 아기와 가슴에 붙어 있는 치욕의 글자를 바라보았다. 그 당시만 해도 감옥 문에서 광장까지는 그리 멀지 않았지만, 죄수의 심정으로는 역시 꽤나

먼 거리였다. 왜냐하면 비록 자세는 흐트러지지 않았지만 자기를 구경하고자 몰려드는 사람들의 발소리를 들을 때마다 심장이 한길에 내팽개쳐져 짓밟히는 아픔을 느꼈을 테니까. 그러나 인간의 본성에는 고맙게도 위대한 신의 자비가 있어서 고통을 당하는 자가 그것이 얼마나 심한가를 깨닫게 되는 것은 대체로 당장이 아닌 훨씬 나중의 일이다. 때문에 헤스터 프린은 태연하다고 할 만큼 품위를 지닌 채 지금 자기가 겪고 있는 시련을 극복하면서 광장 서쪽에 있는 처형대에 다다를 수 있었다. 보스턴에서 가장 오래 된 교회 처마 바로 밑에 세워져 있는 그 처형대는 마치 교회시설의 일부처럼 보였다.

아닌 게 아니라 이 처형대는 형구(形具)의 일부였다. 현대인에게는 한낱 역사적이고 전설적인 유물에 지나지 않지만, 2, 3세대 전만 해도 프랑스 혁명 당시의 테러 정치범들을 처단했던 단두대에 못지않게, 선량한 시민을 육성시키는 데에 효력을 발휘했다고 생각되었다. 요컨대 그것은 교수대로서, 그 위에 꼼짝없이 여러 사람의 구경거리가 되도록 사람의 목을 끼워 고정시키는 형틀이 있었다. 나무와 쇠로 된 이 장치에는 치욕을 마치 그림으로 그려 놓은 듯 뚜렷이 드러나 있었다. 죄인이 부끄러워 얼굴을 가리려는 것을 막기 위한 것이 이 형벌의 목적이긴 하지만, 그 사람의 과실이야 어쨌든 이보다 인간성을 크게 모독하는 일은 없을 것이다. 그러나 그것은 흔히 있는 일이므로 헤스터 프린은 정해진 시간동안 그 형틀 위에 서 있으면 되었고, 특히 죄인들이 싫어하는, 칼을 쓰는 형벌은 받지 않아도 되었기에 자기가 취할 바를 잘 알고 있던 그녀는 나무 계단을 올라갔다. 도로에서 보았을 때 사람들 어깨 높이가 될 만한 곳에 이르자 그녀는 군중의 눈길에 둘러싸였다.

만일 이 청교도의 무리 가운데 가톨릭교도가 있었다면, 눈이 부신 옷을 입고 가슴에 갓난아기를 안은 아름다운 여성을 보고 성모마리아 상을 떠올렸을 것이다. 수많은 저명한 화가들이 다투어 그리고자 한, 이 세상을 구제해 줄 아기를 낳으신 순결한 성모마리아의 모습을 발견했다고 생각할는지도 모른다. 하지만 헤스터의 경우에는 생명을 낳는 인간 생활의 가장 신성한 미덕(美德)에까지도 씻을 수 없는 죄의 오점(汚點)이 찍혔다. 즉 이 여자가 아름답기 때문에 세상이 더욱 어두워지고, 배 아파 낳은 아이 때문에 이 세상이 점점 타락한 것이다.

따라서 이 장면에는 사람들의 마음을 숙연케 하는 그 무엇이 있었다. 한 인간에게서 죄와 치욕의 모습을 발견하고 두려워하기는커녕 웃어넘길 만큼 사회가 타락하지 않은 이상, 이러한 때에 으레 느낄 수 있는 경외감을 자아냈다. 헤스터 프린의 치욕적인 형벌을 목격하고 있던 사람들도 아직 이런 소박한 성품을 잃지는 않았다. 헤스터가 사형 판결을 받았다 하더라도 그 잔혹함을 눈썹 하나 까딱하지 않고 구경할 수 있는 강심장을 지닌 사람들이었지만, 다른 사회라면 몰라도 그들은 이러한 징계를 한낱 웃음거리로 삼을 만큼 냉혹하지 못했다. 그리고 이런 사태를 경멸하려고 해도 엄숙하게 자리잡고 있는 총독, 여러 총독 고문, 판사, 장군, 목사들의 위엄에 압도되어 맥을 못 추었을 것이다. 총독 일행은 교회당 발코니 위에 서거나 앉아서 처형대를 내려다보고 있었다. 이들은 자신의 위엄과 존엄성을 해치지 않고 처형장의 일부를 이루고 있었는데, 법대로 선고된 형벌의 정당성을 알리고, 그 효력을 강하게 나타내려는 의도가 내포되어 있다고 보아도 무방하리라. 군중을 심각하고 거북스럽게 만든 것도 그와 같은 사정에서 비롯되었다. 이 불쌍한 죄인은 수많은 사람들의 가차 없는 눈길이 자기에게 쏠려 있으며 가슴에 집중되어 있다는 사실에 중압감을 느끼면서도 온 힘을 다하여 견디고 서 있었다. 정녕 참을 수 없는 고통이었다. 원래 정열적이고 감정적인 헤스터는 온갖 모욕으로 마음을 풀어 보려 하는 대중의 우롱이 바늘이나 독약을 바른 화살처럼 날아와 자신을 찌르더라도 꾹 참고 견디겠다는 굳은 각오를 하고 그 자리에 섰다. 그러나 사람들의 엄숙한 태도에는 그보다도 더한 두려움이 있었으므로 차라리 사람들이 경멸과 비웃음으로 얼굴을 일그러뜨리며 자신을 쳐다보는 것이 더 낫지 않을까 하는 기분도 들었다. 군중으로부터 와 하고 웃음소리가 터지고, 모든 남녀와 목청이 높은 아이들이 한꺼번에 소리 높이 웃음을 터뜨렸다면, 헤스터 프린도 그들에게 멸시적인 냉소로 응수해 주었을 것이다. 그러나 이 납덩어리처럼 무거운 형벌을 참아야 하는 운명에 짓눌린 헤스터는 있는 힘을 다해 고함을 지르고 처형대 위에서 땅바닥으로 몸을 던지지 않으면 그대로 미쳐 버릴 것 같은 기분이 들었다.

    때때로 자기가 적나라한 구경거리가 되고 있는 광경 전체가 눈앞에서 사라지기도 하고, 형태가 뚜렷하지 않은 꿈이나 환상처럼 흐릿하게 어른거릴 때도 있었다. 헤스터의 정신, 특히 기억력이 이상할 만큼 활발해져서 이 서쪽 황무지 한구석에 있는 작은 마을의 황량한 거리가 아닌 다른 풍경이 끊임없이 떠올랐다. 그 뾰족한 모자 밑으로 노려보고 있는 얼굴과는 다른 얼굴들이 차례차례 있었다. 어린 시절과 학창 시절의 일, 놀이, 유치한 싸움, 처녀 시절의 자잘한 집안일처럼 보잘것없는 회상이 그 뒤에 일어난 의미심장한 사건들과 뒤섞여 한꺼번에 되살아났다. 모두 똑같이 중요한 뜻을 지닌 것 같기도 하고, 혹은 물거품처럼 덧없는 것으로 여겨지기도 했으나 하나같이 생생하게 느껴졌다. 이러한 과거의 환상들을 이것저것 그려봄으로써 현실의 잔인한 중압감에서 벗어나려는 마음은 스스로를 구해 보려는 헤스터의 본능적인 지혜였는지도 모른다.

어쨌든 처형대는 행복한 어린 시절부터 걸어온 인생의 전모를 헤스터 프린에게 뚜렷이 제시해 주는 전망대가 되었다. 이 비참한 단상에 서 있으니 헤스터의 눈에 또다시 그리운 영국의 고향 마을이며 자라난 집이 떠올랐다. 잿빛 석조로 된 쓰러져가는 집일망정 현관에는 유서 깊은 가문의 표지인 문장(紋章)이 흐릿하게 남아 있었다. 이마가 벗겨지고, 엘리자베스 왕조시대의 구식 주름깃 위로 멋스러운 흰 수염을 기른 아버지의 얼굴이 떠올랐다. 어머니의 모습도 나타났다. 자상하고 깊은 애정이 넘치던 어머니의 표정은 세상을 떠난 뒤에도 딸의 인생행로에 종종 나타나 조용한 훈계의 말을 건네주었다. 그리고 아이처럼 아름답게 빛나며 늘 들여다보던 흐릿한 거울 속까지도 환하게 밝혀 주던 자신의 얼굴도 떠올랐다. 꽤 나이 든 남자의 얼굴도 나타났다. 수많은 책들을 읽느라 램프 불빛 때문에 눈이 거슴츠레해지고 얼굴이 파리하게 여윈 학자풍(風)의 남자였다. 그러나 그의 약한 시력은 인간의 마음을 꿰뚫어볼 때는 불가사의한 통찰력을 발휘하곤 했다. 서재에 틀어박혀 은둔 생활을 하는 그는 약간 불구의 몸이라 왼쪽 어깨가 오른쪽 어깨보다 약간 올라간 것을 헤스터 프린의 여자다운 상상력은 잊지 않고 떠올렸다. 그 다음 회상의 화랑에 떠오른 그림은 유럽 어느 도시의 비좁고 복잡한 거리, 높다란 잿빛 집들, 시대도 오래 된 색다른 건축 양식의 사원과 공공건물 등이었다. 그 도시에서는 역시 그 불구의 학자와 끊을 수 없는 새로운 생활이 기다리고 있었다. 하지만 새로운 생활이라고는 해도, 허물어져 가는 벽에 낀 푸른 이끼처럼 케케묵은 것에 기대어 사는 생활에 불과했다. 주마등처럼 스쳐가는 이런 풍경의 마지막에 청교도 식민지의 보잘것없는 광장이 다시 나타났다. 그곳에 모인 온 마을 사람들이 험악한 눈길로 바라보고 있는 사람은, 가슴에 금실로 수놓은 주홍 글자 A를 달고 아이를 안은 채 처형대 위에 선 헤스터 프린, 바로 그녀 자신이었다.

이런 일이 있을 수 있을까? 그녀가 꽉 껴안는 바람에 아이가 울음을 터뜨렸다. 이 아이와 치욕이 현실인지를 확인이라도 하듯, 헤스터는 주홍 글자를 내려다보고 손으로 만져보기까지 했다. 역시 그랬다. 아이와 주홍 글자만이 헤스터의 현실이었다. 그것 말고 다른 모든 것은 모두 사라지고 말았다!

제3장
인지 (認知)

　이 주홍 글자를 단 여인은 군중 틈에서 와락 마음을 사로잡는 어떤 인물을 발견하자 자기가 지금 비난의 대상이 되고 있다는 의식에서 겨우 해방될 수 있었다. 한 인디언이 독특한 민족 복장을 하고 서 있었다. 인디언들이 영국 식민지를 방문하는 것은 별로 이상한 일이 아닌 만큼 이런 때에 인디언 한두 사람이 서 있다 하더라도 헤스터 프린의 주의를 끌 리 없을뿐더러 다른 모든 관념을 날려버릴 리도 없었다. 이 인디언 옆에는 친구인 듯한 한 백인이 문명인인지 야만인인지 분간할 수 없을 정도로 기묘한 옷차림을 하고 서 있었다.
　이 백인은 몸집이 자그마하고 얼굴에는 깊은 주름이 잡혀 있었지만 아직 노인이라고 할 만한 나이는 아니었다. 이목구비에는 놀라우리만큼 지력(知力)이 엿보였다. 끊임없이 정신을 단련하여 육체에도 저절로 정신의 영향이 나타난 징후가 뚜렷이 보이는 인물이었다. 언뜻 보기에는 색다른 옷을 아무렇게나 입어 몸의 특징을 감추려고 했으나, 한쪽 어깨가 약간 높다는 것을 헤스터 프린은 한눈에 알아보았다. 여윈 얼굴과 조금 비틀어진 몸을 본 순간, 헤스터 프린은 또 아기를 와락 가슴에 끌어안았는데, 너무도 갑작스런 움직임에 가엾게도 아기는 아픈 듯이 울었다. 그러나 엄마는 그 울음소리도 듣지 못하는 것 같았다.
　광장에 도착하여 헤스터가 그를 알아보기 전부터 이 사나이는 벌써 헤스터 프린을 주시하고 있었다. 그는 자기 마음속에 있는 것과 관련이 없는 외부적인 일에는 아무런 가치도 의의도 인정하지 않는 인간이어서 처음에는 무심하게 바라보고 있었다. 그러나 이윽고 그의 눈초리가 날카롭게 꿰뚫어 보듯 번뜩였다. 번민하는 듯한 고통의 빛이 그 얼굴에 떠올랐다. 마치 얼굴 위를 재빨리 지나가려던 뱀이 갑자기 멈춰 똬리를 트는 것 같은 인상이었다.

그의 표정은 뭔가 격렬한 감정으로 흐려졌지만, 의지의 힘으로 그러한 마음을 눈 깜짝할 사이에 억눌러 버렸으므로 이내 침착한 표정을 되찾았다. 다음 순간에는 이미 고뇌의 빛은 눈에 띄지 않았고 이윽고 마음 깊숙한 곳으로 가라앉아 버렸다. 그는 헤스터 프린의 눈이 자기를 응시하고 있다는 사실을 깨닫자, 조금도 당황하지 않고 천천히 손가락을 올려 허공에서 살짝 신호를 보내더니 입술을 갖다대었다.

그러고 나서 옆에 서 있는 마을 사람의 어깨를 두드리며 새삼 정중한 태도로 말을 걸었다.

"실례합니다만, 도대체 저 여자는 누구입니까? 무슨 이유로 저렇게 창피를 당하고 있는 겁니까?"

"이 고장엔 처음 오셨나보군요." 마을 사람은 그와 동행한 인디언을 자꾸 쳐다보면서 말했다. "그렇지 않다면, 헤스터 프린이라는 저 여자가 저지른 죄에 대한 소문을 이미 들어서 아실 테니까요. 저 여자는 딤스데일 목사님의 교회에서 대단히 불미스러운 일을 저질렀답니다."

"그랬군요." 그는 대답했다. "짐작하신 대로 나는 이 고장에 처음 왔고, 본의 아니게 방랑 생활을 하고 있는 사람입니다. 바다와 육지에서 비참한 재난을 만나 오랫동안 남쪽에서 인디언에게 붙잡혀 있었지요. 이제야 겨우 여기 있는 인디언에게 끌려나와 몸값을 주는 조건으로 풀려난 셈입니다. 그러니 헤스터 프린, ……아마 그런 이름이었죠? 저 여자가 저지른 죄와 왜 저런 처형대에 서게 됐는지 말씀해 주셨으면 합니다만."

"암 해드리죠." 마을 사람은 말했다. "황야에서 그렇게 고생하신 끝에, 부정을 저지르면 으레 높은 분과 일반 시민이 보는 앞에서 처벌받는 땅, 우리의 신성한 뉴잉글랜드로 오시게 되었으니 얼마나 기쁘십니까. 저 여자는 말입니다, 영국 태생으로 오랫동안 암스테르담에 살던 어느 학자의 부인이랍니다. 그 남편은 퍽 오래전에 미국으로 건너와 우리 매사추세츠 식민지 사람들과 운명을 같이하려고 결심했지요. 그래서 우선 부인을 먼저 보내고, 자기는 뒤처리를 위해 남았다고 합니다. 그런데 글쎄, 저 여자가 이 보스턴에서 두 해 가까이 살도록 그 프린 씨라는 학자로부터는 아무런 소식이 없다지 뭡니까. 그러자 혼자 살던 저 젊은 부인이 그만 잘못을 저지르게 된 거죠."

"아, 그랬군요." 나그네는 쓰디쓴 웃음을 지으면서 말했다. "말씀대로 그

쪽이 학자라면 이런 사단이 벌어질 수 있다는 일 정도는 책에서 배워 뒀어야 하는 건데. 그런데 실례지만, 저 갓난아기 말인데요. 태어난 지 3, 4개월이나 되었을까요? 프린 부인이 안고 있는 애기 아버지는 누군가요?"

"실은 바로 그 점이 분명치 않다 이 말씀입니다. 수수께끼를 풀어 줄 명판관이 아직 나타나지 않았어요." 마을 사람은 대답했다. "재판관 나리들이 머리를 맞댔지만 헤스터 부인이 도무지 입을 열지 않아 소용이 없었어요. 어쩌면 불의를 저지른 상대 남자는 하느님만은 알고 계시다는 사실도 잊고 남몰래 이 슬픈 광경을 지켜보고 있는지도 모르지요."

"이 수수께끼를 풀려면 그 학자 선생이 와야 되겠군요." 나그네는 또다시 미소를 지으며 말했다.

"그야 그렇죠. 아직도 살아 있다면 말입니다." 마을 사람은 대답했다. "그래서 말입니다. 이 매사추세츠의 재판관님들은 저 여자가 젊고 미인이라 타락의 유혹도 많았을 것이고, 게다가 십중팔구 남편은 바다 속에 빠져 죽었으리라 생각했기 때문에 법에 의한 판결을 엄정하게 내리지 못한 거예요. 본디대로라면 사형을 받아야 하지만, 재판관님들의 자비와 동정으로 프린 부인은 처형대 위에 세 시간 동안 서 있을 것과 죽을 때까지 가슴에 치욕의 표시를 달아야 한다는 판결을 받은 겁니다."

"훌륭한 판결입니다!" 나그네는 정중히 고개를 숙였다. "그렇게 하면 저 여자는 그 수치스러운 글자가 묘비에 새겨지는 날까지 죄짓는 자에 대한 산 교훈이 되겠군요. 그런데 불의의 정을 통한 상대가 저 여자와 나란히 처형대 위에 서지 않았다는 것은 화나는 일이군요. 하지만 그 남자도 머지않아 밝혀질 겁니다...... 밝혀지고말고요!"

그는 애기를 해준 마을 사람에게 정중히 고개를 숙이고, 동행한 인디언에게 몇 마디 말을 속삭이더니 군중 틈을 헤치고 사라졌다.

그동안에도 줄곧 헤스터 프린은 나그네에게 시선을 못 박은 채 처형대 위에 서 있었다. 너무도 뚫어져라 쳐다보는 바람에 때로는 열중한 나머지 모든 것이 시야에서 사라져 버리고 그와 그녀만 남은 것처럼 착각될 정도였다. 그와 단둘이 만난다는 것은, 지금처럼 이렇게 뜨거운 한낮의 뙤약볕 아래서 치욕을 당하고 있는 모습으로 만나는 것보다 훨씬 더 두려운 일일지도 모른다. 헤스터는 가슴에 빨간 치욕의 표시를 달고 팔에는 죄의 증거를 안고서, 마치 축제 구경이라도 하듯 몰려나온 군중에게 조용한 난로 불빛 속에서나, 행복한 가정의 그늘에서, 혹은 교회에서 참배할 때 쓰는 베일 밑에서나 볼 수 있어야 할 얼굴을 보이고 있는 것이다. 처형대 위에 서는 일은 지독히 고통스러웠지만, 이처럼 많은 구경꾼이 있다는 사실에 헤스터는 오히려 안도했다. 단둘이 정면으로 만나는 것보다는 이렇게 많은 사람들을 사이에 두고 서 있는 편이 훨씬 나았다. 말하자면 헤스터는 남 앞에 몸을 드러냄으로써 도피처를 찾은 셈이므로 이런 구원의 손길이 없어지는 순간이 더 두려웠다. 이런 생각에 잠기는 바람에 뒤에서 군중 전체가 들을 만큼 큰 소리로 이름을 되풀이해서 부르고 있는 것도 모르고 있을 정도였다.

"듣거라, 헤스터 프린."

앞서 말했듯이 헤스터 프린이 서 있는 처형대 바로 위에는 교회당에 붙은 발코니랄까, 지붕이 없는 관람석이 있었다. 그 시절에는 여러 가지 행사가 있을 때마다 행정관들이 그곳에서 엄숙하게 갖가지 공포문을 발표하곤 하였다. 바로 그 장소에 지금까지 설명한 정경에 입회하기 위해 벨링햄[*1] 총독이 앉아 있고, 그 둘레에는 네 명의 친위병이 의장대(儀仗隊)처럼 창을 들고 서 있었다. 총독은 까만 깃털이 달린 모자를 쓰고, 단에 수가 놓인 외투를 걸치고 그 안에 검정 우단 상의를 입었다. 그 얼굴에 잡힌 주름에서 고생한 경력이 엿보이는 노숙한 신사였지만, 그는 공동체를 대표하는 우두머리로서는 손색 없는 적임자였다. 왜냐하면 이 사회의 기원과 진보, 그리고 오늘날의 발전은 젊은이의 충동적인 혈기에 의해 이루어진 것이 아니라, 다부지고 신중한 성인의 활력과 노인의 냉정하고 총명한 지혜로 이룩되었기 때문이다. 상상이나 기대가 최소한도로 억제되었기 때문에 오히려 큰 성과를 올릴 수 있었던 것이다. 이 우두머리를 둘러싸고 있는 상류의 명사들도, 권위 있는 모습이 신(神)의 세계의 숭고함을 나타낸다고 생각하던 시대에 걸맞은 위엄 있는 태도를 유지했다. 이 사람들이 공정하고 현명하며, 훌륭한 사람들이었다는 점은 의심할 여지가 없다. 그러나 온 세상을 뒤져봐도 지금 헤스터 프린이 얼굴을 돌리고 있는 방향에 굳은 표정으로 앉아 있는 사람들의 수만큼, 잘못을 저지른 여인의 마음을 심판하고 얽히고설킨 선악의 매듭을 풀어낼 능력

[*1] 1592년경~1672. 매사추세츠 총독으로 3번 선출됨.

이 있는, 현명하고 유덕한 인사를 찾아내는 것은 보통 어려운 일이 아닐 것이다. 헤스터 자신도 동정을 기대할 만한 곳이 있다면 관대하고 따뜻한 군중의 마음속뿐이라는 것을 의식한 듯했다. 눈길을 들어 발코니를 올려다 볼 때, 이 불행한 여인은 창백한 얼굴로 떨고 있었다.

헤스터를 부른 사람은 고명한 목사 존 윌슨[*2]이었다. 보스턴에서 최고참 목사인 그는 그 시절의 목사들이 모두 그러했듯이 학식이 깊고, 친절하고 온화한 성격의 소유자였다. 그러나 이 친절하고 온화한 성격은 타고난 재능만큼 주의 깊게 계발된 것이 아니어서 사실상 그에게는 자랑거리라기보다는 오히려 수치였다.

이 목사의 모자 밑으로 반백의 머리카락이 엿보였고, 서재의 어둑한 불빛에만 익숙해진 잿빛 눈은 헤스터가 안고 있는 아기처럼 직사광선 아래에서 끊임없이 껌벅이고 있었다. 그 모습은 마치, 옛날 설교책 속표지에서 흔히 보던 흐릿한 동판 초상화와 비슷했다. 그는 그런 초상화의 인물과 마찬가지로 이런 자리에 나서서 인간의 죄와 정열, 고뇌 같은 문제에 간섭할 어떠한 권리도 지니지 않은 인물이었다.

"헤스터 프린." 목사는 말했다. "여기 있는 젊은 형제의 설교는 그대도 들었겠지만, 나는 이 청년과 지금껏 의논을 했소." 윌슨 목사는 곁에 있는 얼굴이 창백한 청년의 어깨에 손을 얹었다. "나는 이 신앙심 깊은 청년에게 하느님이 보시는 앞에서, 현명하고도 고결한 위정자들 앞에서, 그리고 많은 사람들이 듣고 있는 앞에서 그대가 저지른 비열하고 무도한 죄를 타일러 달라고 권유했소. 나보다 이 청년이 그대의 천성을 잘 알고 있으니 그대의 완강한 고집을 꺾으려면 위협을 하는 게 좋을지, 부드럽게 달래는 게 좋을지 잘 알 것이고, 그대를 유혹해서 타락시킨 남자의 이름을 밝혀낼 것이라고 생각했기 때문이오. 그런데 이 청년은 내 의견에 반대하면서 (나이에 비해 현명한 사람임에는 틀림이 없으나 역시 젊은이라 마음이 무른 게 흠이오), 이런 대낮에 많은 사람 앞에서 여자의 비밀을 고백하라고 강요하는 것은 여심(女心)을 모독하는 일이라는 거요. 그러나 이 청년에게도 말했듯이, 수치스러운 것은 바로 죄를 짓는 것이지, 그것을 사실대로 고백하는 일이 아니오. 딤

[*2] 1588~1667. 보스턴교회 창설자 중 한 사람.

스데일 목사, 다시 한 번 묻겠소만 당신의 의견은 어떻소? 이 가련한 죄인의 영혼을 다룰 사람이 당신이요, 나요?"

발코니에 앉아 있는 위엄 있는 사람들이 술렁거렸다. 벨링햄 총독은 상대방인 젊은 목사에 대한 존경심에서 다소 누그러뜨리기는 했으나 준엄한 목소리로 그 술렁거림을 대변했다.

"딤스데일 목사! 이 여인의 영혼을 구하는 일은 당신이 책임져야 하오. 따라서 이 여자를 설득하여 회개시키고, 또 회개한 증거로 고백을 시키는 것이 당신의 의무라고 생각하오."

단호하게 지시하는 소리를 듣고 군중은 딤스데일 목사에게로 시선을 돌렸다. 이 젊은 목사는 영국의 어느 유명한 대학을 졸업하고, 당대의 일류 학문을 미개한 황무지 미국에 전하기 위해 건너온 사람이었다. 그의 웅변과 종교적인 정열은 이미 목사로서 유망한 앞길이 펼쳐져 있었다. 게다가 희고 훤한 이마에 우수에 잠긴 커다란 갈색 눈, 일부러 꼭 다물지 않으면 언제나 바르르 떨리기 쉬운, 섬세한 감수성과 강렬한 자제심이 드러나는 입술까지, 남의 이목을 끄는 수려한 용모의 소유자였다. 그러나 타고난 비범한 재능과 풍부한 학식을 두루 갖추고도 이 젊은 목사는 인생의 정상궤도를 벗어난 곳에서 헤매는 것 같았고, 자신만의 세상에 묻혀 있어야만 비로소 안정을 찾을 수 있는 사람 같았다. 그의 표정은 몹시 불안해 보였고, 겁을 먹어 전전긍긍하고 있는 것처럼 보이기도 했다. 그런 탓인지 목사의 직책이 허용하는 한도 내에서 그는 그늘진 오솔길을 걸었으며, 항상 소박하고 어린아이 같은 순수한 생활을 했다. 그러나 필요할 때는 대중 앞에 나서서 신선하고 향기로운 이슬처럼 순결한 사상을 제시했다. 그의 사상은 여러 사람의 말대로 천사의 말씀처럼 가슴을 울렸다.

윌슨 목사와 총독은 이러한 청년 목사를 사람들 앞으로 끌어내어 대중이 듣는 곳에서, 더럽혀지기는 했지만 여전히 신성한 여인의 영혼에 설교하라고 명령한 것이다. 궁지에 몰린 청년의 뺨에서 핏기가 가시고, 입술이 파르르 떨렸다.

"저 여인에게 설교하시오." 윌슨 목사가 말했다. "그렇게 하는 것이 저 여자의 영혼에 중대한 계기가 될 뿐만 아니라, 총독 각하께서 말씀하신 바와 같이 저 여인의 영혼을 책임지고 있는 당신의 영혼에도 중대한 일이란 말이오. 진실을 고백하도록 저 여인을 타이르시오."

딤스데일 목사는 기도를 올리듯이 고개를 수그리더니 이윽고 앞으로 나섰다.

"헤스터 프린이여." 그는 발코니에서 몸을 앞으로 내밀며 여인의 눈을 똑바로 보았다. "당신도 윌슨 목사님의 말씀을 들었을 테니 나에게 주어진 책임을 잘 알 것이오. 당신의 마음이 편안해지고, 이 지상에서 받는 형벌이 당신의 영혼을 구제하는데 조금이라도 효과가 있다고 생각한다면, 당신과 함께 죄를 범하고, 당신과 함께 괴로워하고 있는 그 사람의 이름을 말하기 바라오! 그 남자에 대한 그릇된 동정이나 사랑 때문에 입을 다물어서는 안 되오. 알겠소? 헤스터! 그 남자가 높은 곳에서 내려와 지금 당신이 서 있는 그 치욕의 단상 위에 함께 서는 일이 있을지라도 평생 죄를 숨기고 사는 것보다 그 편이 훨씬 나을 테니까요. 당신이 침묵을 지키는 것이 그 남자에게 무슨 도움이 되겠소? 그 남자를 부추겨, 아니 오히려 저지른 죄 위에 위선을 더하도록 강요하는 것밖에 더 되겠소? 하느님이 당신에게 여러 사람 앞에서 부끄러움을 당하게 한 것은 당신이 가슴속의 죄악과 가슴 밖에 있는 비애를 회개하고 극복하도록 기회를 주신 것이오. 지금 당신의 입술 앞에 있는 술잔은 쓸지 모르나, 당신을 위한 술잔이오. 당신은 스스로 그 술잔을 잡을 용기가 없는 남자에게서 그것을 빼앗고 있다는 사실을 잊어서는 안 되오!"

가늘게 떨리는 젊은 목사의 목소리는 상냥하고, 낭랑하고 엄숙했으나, 말이 막히는 듯했다. 말 하나하나의 뜻보다도 목소리에 묻어나는 감정이 뚜렷이 전달되어 듣는 이의 가슴에 공명을 불러일으켜, 너나할것없이 한 마음 한 뜻으로 묶어 버렸다. 헤스터의 품에 안긴 아기까지도 그 영향을 받았던지 지금껏 멍하던 시선을 딤스데일 목사에게 돌리더니 기쁜지 슬픈지 알 수 없는 소리를 내며 조그만 두 팔을 내밀었다. 목사의 말이 어찌나 감동적이던지 사람들은 헤스터 프린이 그 죄인의 이름을 밝히든가 아니면 죄인 자신이 그 지위의 고하를 막론하고 어쩔 수 없는 심정에 이끌려 처형대 위로 올라갈 것이라고 생각했다.

헤스터는 고개를 내저었다.

"여인이여, 하느님의 자비심도 한계가 있는 법이오." 윌슨 목사는 조금 전보다 격한 목소리로 말했다. "그 갓난아기도 그대가 방금 들은 충고의 말에 찬성하는 목소리를 하늘로부터 내려받지 않았소. 남자의 이름을 밝히시오!

이름을 말하고 회개한다면 가슴에서 주홍 글자를 떼어낼 수 있을 것이오."

"싫습니다!" 헤스터는 윌슨 목사가 아닌 젊은 목사의 깊은 고뇌에 찬 눈을 바라보면서 대답했다. "이것은 가슴 깊이 찍힌 낙인이므로 떼어내도 허사입니다. 게다가 저는 제 고뇌 외에 그분의 고통까지도 참아내며 살아갈 것입니다!"

"말해라." 다른 목소리가, 처형대를 둘러싼 군중 틈에서 냉혹하고도 날카롭게 날아왔다. "말해라. 그 아이에게 아비를 찾아줘라!"

"절대 말하지 않겠어요!" 헤스터는 죽은 사람처럼 창백해지면서 익히 들은 적이 있는 그 남자의 목소리에 대답했다.

"이 아이는 하늘에 계신 아버지를 찾을 것입니다. 지상의 아버지는 몰라도 됩니다!"

"저 여자는 말하지 않을 거요!" 손을 가슴에 얹은 채 발코니에서 몸을 내밀고 설득의 결과를 기다리고 있던 딤스데일 목사가 중얼거렸다. 그는 숨을 크게 들이마시더니 자기 자리로 물러섰다. "여자의 마음은 이토록 강하고 넓단 말인가! 저 여자는 입을 열지 않을 거요!"

불쌍한 죄인의 고집스런 심리 상태를 알아차리자, 윌슨 목사는 이런 기회에 말하려고 전부터 준비해 두었던 온갖 죄악을 주워섬기고 끊임없이 그 치욕스런 글자를 들먹이며 군중에게 설교를 하기 시작했다. 한 시간이 넘도록 미사여구를 쏟아내며 그 글자의 상징을 강조해서 말했기 때문에 그 글자는 듣는 사람의 마음속에 새로운 공포심을 싹트게 하고, 그 주홍색은 지옥의 업화(業火)에서 유래된 것처럼 생각되었다. 그러는 동안에도 헤스터 프린은 멍한 눈초리로 피로와 무관심한 빛을 띤 채 치욕의 단 위에 서 있었다.

이날 아침, 헤스터는 사람이 견딜 수 있는 한계까지 온힘을 다하여 견디어 냈다. 게다가 그녀는 심한 고통을 받았을 때 기절하여 그 일에서 도피하는 성격이 아니었으므로 정신만이 돌처럼 무감각한 껍질 밑으로 숨었을 뿐, 육체적인 기능은 조금도 손상되지 않았다. 지금 같은 상태에서는 가차 없이 퍼부어대는 설교자의 목소리도 그저 윙윙 울려오는 소리에 지나지 않았다.

이 시련이 후반에 접어들 무렵 품에 안긴 아이의 울음소리가 째지는 듯 주위의 공기를 뒤흔들었지만, 헤스터는 기계적으로 달랠 뿐 그 아이의 고통을 안쓰러워하는 기색은 조금도 없었다. 나올 때와 똑같은 굳은 표정으로 헤스터는 군중이 지켜보는 가운데 쇠못이 박힌 감옥 문 안으로 모습을 감췄다. 감옥으로 들어가는 뒷모습을 바라보던 사람들은 주홍 글자가 감옥 안 어두운 복도에서 으스스한 빛을 발하더라고 수군거렸다.

제4장
대면

　감옥으로 돌아온 뒤 헤스터 프린의 신경은 극도로 흥분된 상태였다. 자기 몸을 해치거나 불쌍한 갓난아기에게 미치광이처럼 난폭하게 굴까 봐 한시도 감시의 눈길을 거둘 수가 없었다. 해질 무렵이 되도록 꾸짖고 벌을 주겠다고 위협을 해도 그녀의 반항적인 태도가 조금도 가라앉지 않자 브래킷 간수장(看守長)은 의사를 부르기로 했다. 간수의 말에 따르면, 그 의사는 그리스도교에서 인정하는 모든 의학 분야에 정통할 뿐 아니라, 숲 속에서 나는 약초에 대해서도 원주민보다 잘 아는 사람이었다. 사실 의사가 필요한 사람은 헤스터 자신보다도 오히려 갓난아기였다. 그 아기는 엄마의 가슴에서 양분을 흡수하는 동안, 그녀의 몸 전체에 가득차 있는 혼란과 고뇌와 절망을 모조리 빨아들인 모양이었다. 고통스럽게 몸을 뒤틀고 있는 아기의 모습은 헤스터 프린이 하루 종일 견뎌야 했던 마음의 고통을 그 어린 몸뚱이로 나타내고 있는 것 같았다.
　군중 속에서 유별나게 주홍 글자를 단 여인의 관심을 끌었던 독특한 풍채의 남자가 간수장 뒤를 따라 어두컴컴한 감방으로 들어왔다. 그는 죄를 범해서가 아니라, 이렇게 하는 것이 행정관들과 인디언 추장 사이에 몸값에 대한 회담이 진행되는 동안 취할 수 있는 가장 편리하고 적당한 해결책이었기 때문에 감옥에 머물기로 한 것이다. 그 남자의 이름은 로저 칠링워스였다. 간수장은 그를 감방으로 안내한 뒤에도 잠시 그곳에 머물렀는데, 남자가 들어서자 갑자기 감방이 조용해진 데 대해 적잖게 놀란 모양이었다. 갓난아기는 여전히 괴로워하며 칭얼거렸지만, 헤스터 프린은 죽었나 싶을 정도로 갑자기 조용해진 것이다.
　"미안하지만 자리 좀 비켜 주시겠소?" 의사라는 남자가 말했다. "나를 믿으시오, 간수 양반. 이제 곧 이 감옥을 조용하게 해드리리다. 그리고 프린

부인이 지금까지보다도 이르는 말을 고분고분 잘 듣도록 해드리겠소이다."

"그렇게만 해주신다면야, 선생님의 실력은 제가 보증해 드리죠!" 브래킷 간수장은 말했다. "이 여자는 정말로 신들린 사람 같다니까요. 채찍으로 마귀를 쫓아내는 일이라면 나도 할 만큼 해 봤지만······."

이 의사라 자칭하는 기묘한 사나이는 감방에 들어올 때부터 의사다운 침착함을 보이고 있었다. 간수장이 나가고 헤스터와 단둘만 남았을 때에도 그는 안색 하나 변하지 않았지만, 두 사람이 남다른 사이였다는 점은 군중 속에서 그를 발견한 여자의 예사롭지 않은 태도로 보아 틀림없었다. 그는 우선 아이를 진찰하기 시작했다. 바퀴 달린 침대 위에서 몸을 뒤틀며 울고 있었기 때문에 일단 아이부터 달래는 일이 무엇보다도 급했다. 그는 아이를 꼼꼼히 진찰하더니, 옷 속에서 가죽 가방을 꺼내어 열었다. 가방에는 조제한 약이 여러 종류 들어 있었는데, 그 중의 하나를 물 컵에 타면서 말했다.

"옛날에 연금술을 연구한데다 지난 일 년 동안 약초의 효험을 잘 아는 사람들 속에서 살다보니, 의학의 대가라고 하는 사람들보다 훨씬 용한 의사가 되어 버렸지. 자, 여기 있소. 이 아이는 당신 아이지 나와는 아무런 상관도 없소. 내 목소리를 듣고 얼굴을 보더라도 나를 아버지라고 생각지 않을 거요. 이 약은 당신 손으로 먹이시오."

헤스터는 그가 내민 약을 물리치고 잔뜩 겁에 질린 눈초리로 그의 얼굴을 쳐다보며 조그맣게 말했다.

"아무것도 모르는 이 어린 것에게 앙갚음을 하시려는 건가요?"

"어리석은 여자 같으니!" 의사는 냉담한 듯하면서도 반쯤 달래는 투로 말했다. "이 불쌍한 애비 없는 자식을 못살게 굴어 봤자 내게 무슨 이득이 있겠소? 이 약은 잘 듣소. 이 애가 내 애라 할지라도······ 그래, 나와 당신 사이에 태어난 애라 할지라도······ 해줄 수 있는 일은 이게 다요."

여인은 사리를 분별할 만한 상태가 아니었으므로 계속 망설이고만 있었다. 그러자 그가 아이를 두 팔로 안아 올리고 물약을 먹여 주었다. 의사의 말대로 약은 곧 효력을 나타냈다. 어린 환자의 신음소리가 멎고 괴로운 몸부림도 차차 가라앉았다. 불과 몇 분도 안 되어 고통이 사라진 아이들에게서 흔히 보듯이 그 아기도 조용히 깊은 잠에 빠져들었다. 의사라고 불러도 손색이 없는 이 사나이는 이어서 어머니를 진단했다. 조용히 세심한 주의를 기울여 맥을 짚고 그녀의 눈을 들여다보았다. 그 눈초리는 낯익으면서도 무척 서먹서먹하고 냉담하여 헤스터는 바짝 움츠러들어 바들바들 떨었다. 마침내 진찰을 마친 그는 다른 물약을 조제하면서 말했다.

"나는 망각의 강 레테[*1]도 네펜디[*2]도 모르지만, 황야에서 여러 가지 새로운 비법을 배웠소. 이것도 그중 하나요. 파라셀수[*3] 시대의 몇 가지 비법과의 교환 조건으로 인디언이 가르쳐 준 처방이니까 마셔 보오. 깨끗한 양심만큼 잘 듣진 않겠지만. 그런 양심을 줄 수는 없소만, 이것을 마시면 날뛰는 파도에 기름을 뿌린 것처럼 당신의 흥분된 격정이 가라앉을 것이오."

그가 컵을 내밀자, 헤스터는 상대방의 얼굴을 물끄러미 한참 동안 지켜보다가 받아 들었다. 겁에 질린 눈초리는 아니었지만, 도대체 이 사나이의 속셈이 무엇일까 하고 의심하는 표정이었다. 헤스터는 잠든 아이를 바라보았다.

"나는 죽을 생각도 해봤어요. 그냥 죽고 싶었어요. 나 같은 여자가 기도할 자격이 있는지 모르지만, 죽게 해달라고 기도했답니다. 하지만 이 컵 안에 죽음이 들어 있다면 내가 마시기 전에 다시 한 번 생각해 주세요. 자, 보세요, 이렇게 입술에 댔어요."

"그럼 마시시오." 그는 여전히 냉담하고 침착했다. "당신은 나라는 사람을 전혀 모르는군, 헤스터. 내가 하는 일이 늘 그렇게 속들여다뵈는 짓이었던가? 설령 내가 복수를 꾸미고 있다 하더라도 당신을 살려 두는 편이, 삶의 온갖 괴로움과 위험을 없애주는 약을 주는 것보다 훨씬 더 그 목적에 가깝지 않겠소? 그래야만 이 치욕의 표시가 언제까지나 당신 가슴에서 불타고 있을 게 아니오?" 그러면서 그는 기다란 검지를 주홍색 글자에 대었다. 그러자 글자가 갑자기 새빨갛게 불타올라 마치 헤스터의 가슴속까지 타들어가는 것 같았다. 그는 헤스터가 자기도 모르게 움찔하는 것을 보고 싱긋이 웃었다. "그러니까 당신은 살아 있어야 해. 언제까지나 업고(業苦)를 치르며 살아야 한다는 거요. 뭇사람이 보는 앞에서, 당신이 한때 남편이라 부른 일이 있던 남자 앞에서, 그리고 저 어린애가 보는 앞에서 말이오. 자, 당신이 오래 살 수 있도록 이 물약을 마셔요."

[*1] 저승에 있는 강. 그 물을 마시면 생전의 일을 모두 잊는다.
[*2] 이집트인이 슬픔을 잊기 위해 사용하던 마약.
[*3] 1493~1541. 스위스의 의학자이며 연금술사.

더 이상의 권고는 받을 필요도 없었다. 헤스터 프린은 망설임없이 물약을 쭉 들이키고는 의사의 지시대로 아이가 잠들어 있는 침대에 걸터앉았다. 의사는 방 안에 있는 단 하나의 의자를 끌어당겨 그녀 옆에 다가앉았다. 이러한 그의 행동에 헤스터는 떨리는 몸을 가누지 못했다. 인간의 도리에서든, 주의(主義)에서든, 아니면 세련된 가면을 뒤집어쓴 잔혹성에서든, 어쨌거나 육체의 고통을 덜어 주기 위해 할 수 있는 일은 다 해준 다음, 이번에는 씻을 수 없는 상처를 입은 사나이로서 할 말이 있다는 듯한 태도를 알아챘기 때문이다.

"헤스터, 당신이 왜 이런 곳에 있는지, 아까 본 바대로 어째서 처형대 위에 서게 되었는지 그 이유는 묻지 않겠소. 그 이유야 뻔한 노릇 아니겠소? 내 어리석음과, 당신의 유약함 탓이니까. 나는…… 사색하는 인간이었소. 수많은 큰 도서관의 책벌레였소. 끝도 없는 지식욕을 채우려다 좋은 세월을 다 보내고 늙은 몸뚱이만 남았으니 이런 내가, 당신처럼 젊고 아름다운 여인에게 무얼 해줄 수 있었겠소? 날 때부터 불구였지만, 지적 재능만 있으면 젊은 여자의 눈에 신체적 결점은 보이지 않을 거라고 믿은 게 근본적인 잘못이었지. 남들은 나를 현명하다고들 하오. 그 현명함이 자신의 일에도 적용된다면, 이번 일 역시 예측했어야 옳았소. 아득하고 어두운 숲 속을 나와 그리스도 교도의 식민지에 처음 발을 들였을 때 이미 확실히 깨달았어야 했소. 사람들 앞에 치욕의 초상처럼 서 있는 당신을 가장 먼저 보게 되리란 사실을. 아니, 남편과 아내로서 낡은 교회의 돌계단을 내려오던 그 순간부터 우리의 인생길에 봉화처럼 타오르는 주홍 글자를 알아봤어야 했소."

"당신도 알고 있었을 거예요." 헤스터가 말했다. 기운이 빠지긴 했지만, 치욕의 표시에 대한 이 마지막 비수는 차마 들어 넘길 수가 없었다.

"나의 본심이 어떠했는지쯤은. 나는 처음부터 당신에게 애정을 느낀 일이 없고, 또 그런 척하지도 않았어요."

"옳은 말이오!" 그는 대답했다. "내가 어리석었던 거요! 방금도 말했잖소. 하지만 그때까지 내 삶은 허송세월의 연속이었소. 세상에 즐거움이라곤 없었소! 내 마음은 손님을 초대할 객실은 많아도, 난로 하나 없는 쓸쓸하고 냉랭한 커다란 집이나 다름없었지. 나는 그 난로에 불을 붙여 보고 싶었던 거요. 그다지 허황된 꿈은 아닌 것 같았거든. 늙어빠진 침울한 성격의 불구자인 주제에…… 세상 사람 누구나가 붙잡을 수 있게 온 천지에 굴러다니는 소박한 행복을 나도 손에 넣을 수 있다고 생각했던 거요. 헤스터, 그래서 나는 당신을 내 마음 가장 깊숙한 곳에 맞아들여 당신이 그곳에 있음으로 해서 생기는 온기로 당신을 따뜻하게 감싸주겠다는 허황된 꿈에 젖었던 거요! 알아듣겠소?"

"내가 당신을 배신했군요."

헤스터는 중얼거렸다.

"배신이야 서로 한 셈이지." 그는 대답했다. "애초에 잘못한 사람은 바로 나요. 꽃봉오리처럼 젊은 당신을 꾀어 늙은 나와 부자연스럽고 거짓된 관계를 맺게 했으니 말이오. 지금까지 해 온 사색이나 철학이 헛된 것은 아니었으니, 당신에게 복수한다거나 흉계를 꾸민다거나 하는 일은 하지 않겠소. 당신과 나는 서로 비긴 셈이오. 그러나 헤스터, 우리에게 못할 짓을 한 그 남자는 버젓이 살아 있소! 그 사람은 도대체 누구요?"

"아무리 물어봐도 소용없어요!" 헤스터 프린은 단호한 태도로 남자의 얼굴을 바라보았다. "무슨 일이 있어도 당신에게 말하지 않을 테니까요!"

"절대로 말하지 않겠다?" 그는 음흉하고도 자신만만한 미소를 짓고 있었다. "끝까지 숨기겠다고! 이것 보라구, 헤스터. 온 힘을 다해 한 가지 수수께끼를 풀려고 몰두하는 남자의 눈으로 보면, 무슨 일이건…… 외부의 일이건 눈에 보이지 않는 정신세계의 일이건 간에 어느 정도까지는 알아 낼 수 있는 법이야. 당신은 남의 일 캐내기 좋아하는 군중으로부터라면 그 비밀을 지킬 수 있을는지 모르지. 목사나 재판관의 눈도 속일 수 있을 것이오. 바로 오늘처럼 당신에게서 그 남자의 이름을 알아내어 처형대에 나란히 서야 할 그 남자를 찾아내려고 했을 때에도 그랬으니 말이오. 하지만 나는 그들과는 다른 눈으로 조사할 거요. 나는 책에서 진리를 찾아 낸 것처럼 그 남자도 꼭 찾아내고야 말겠소. 연금술로 금을 만들어낼 때처럼이라고 해도 좋소. 그 남자를 알아 낼 수 있는 감응력이란 게 나한테는 있으니 말이오. 그자가 떠는 것이 보일 거요. 나 자신도 갑자기 이유도 없이 떨게 될 거요. 언젠가는 내 손에 잡히게 되어 있소!"

주름진 학자가 눈을 번뜩이며 쏘아보자 헤스터 프린은 가슴속에 간직한 비밀이 당장이라도 탄로나지 않을까 두려워서 두 손으로 가슴을 그러안았다.

"당신은 끝내 그자의 이름을 대지 않겠다는 거요? 결국에는 내가 알아내고 말 텐데." 마치 운명이 자기편이라도 되는 것처럼 자신만만한 표정이었다. "그자는 당신처럼 치욕의 글자를 옷에 달진 않았을지 모르나 내게는 그 표시가 보일 거요. 그러나 그자의 몸을 걱정할 필요는 없소! 내가 하느님께서 내리시는 천벌에 간섭하거나, 인간이 만든 법률의 손을 빌릴지도 모른다는 염려는 말아요. 그자의 생명을 해친다거나, 필시 평판 높은 사람일 테지만 명예를 손상시키는 일도 없을 것이오. 살려 둘 거요! 원한다면 명예의 껍데기 속에 숨어 살아도 상관없어! 어쨌든 그는 반드시 내 수중에 들어올 테니까!"

헤스터는 두려움에 떨며 말했다.

"당신의 행동은 자비로운 듯 보이지만 그 말을 듣고 보니 정말 소름끼치는 분이로군요."

"한때는 나의 아내였던 당신에게 한 가지 일러둘 말이 있소." 학자는 말을 계속했다. "당신이 사랑하는 남자의 비밀을 지켜주고 있듯 내 비밀도 지켜주시오! 이 고장에는 나를 알고 있는 사람이 아무도 없소. 그러니 과거에 당신이 나를 남편이라 불렀다는 말을 절대로 입 밖에 내지 말란 말이오! 나는 이 황량한 땅 끝에서 살아갈 작정이오. 어딜 가나 방랑객 신세에, 사람들로부터 고립된 내가 아니오? 그렇지만 이곳에는 내가 끊으려고 해도 끊을 수 없는 한 여자와 남자와 아이가 있소. 사랑하건 미워하건, 옳건 그르건 뭐가 문제겠소! 헤스터 프린, 당신이 아끼는 모든 것은 곧 나의 것이오. 당신이 있는 곳이 내 집이고, 그 남자가 있는 곳도 내 집이오. 그러나 내 정체만은 밝히지 말아 주시오!"

"왜 그러기를 원하시죠?"

헤스터는 무슨 영문인지도 모른 채, 비밀스런 약속에 대해 주저하면서 물었다. "왜 당당히 정체를 밝힌 뒤 나를 버리지 않는 거죠?"

"그저 아내에게 배신당한 남편이 받는 수모를 피하고 싶기 때문이오. 물론 다른 이유도 있겠지만. 하여간 남모르게 살다 죽는 게 목적이라고 알면 될 거요. 그러니까 당신 남편은 이미 저세상에 가버렸는지 소식도 없다고 해두면 되는 거요. 말이나, 몸짓이나, 표정으로도 나를 아는 체 마오! 특히 그자에게 비밀을 누설하면 안 되오. 그랬다간 내가 가만히 있지 않을 테니까! 그놈의 명성도, 지위도, 목숨도 모두 내 손 안에 있다는 점을 명심하시오!"

"그 사람의 비밀을 지키듯이 당신의 비밀 역시 지키겠어요." 헤스터는 조용히 말했다.

"맹세하시오!" 그가 다그치자 헤스터는 맹세를 했다.

"자 그럼, 프린 부인." 로저 칠링워스 노인(앞으로 이 이름으로 통하게 된다)은 말했다.

"혼자 있게 해주리다. 아이와 주홍 글자와 당신만 남겨두고 나는 이만 물러나겠소! 어떻소, 헤스터? 판결에 따르면 당신은 잘 때도 그 표시를 달고 있어야 한다지? 악몽에 시달리거나 가위에 눌릴까 두렵지 않소?"

"왜 나를 보고 그렇게 웃는 거죠?" 헤스터는 남자의 눈초리에 당황하며 물었다. "당신은 꼭 이 마을 주변의 숲에 산다는 악마 같군요. 나를 속여 영혼을 파멸시키려는 약속이라도 한 건가요?"

"당신 영혼이 아니오."

그는 또 싱긋 웃었다. "아니오. 절대로 당신의 영혼은 아니오!"

제5장
삯바느질하는 헤스터

헤스터 프린의 형기가 끝났다. 감옥 문이 열리고, 그녀는 햇빛 속에 발을 내디뎠다. 누구에게나 골고루 내리쬐는 햇빛이건만, 아프고 병든 그녀의 마음에는 마치 가슴에 달린 주홍 글자를 비추는 일만이 목적인 것 같았다. 앞에서 말한 대로 숱한 사람들이 몰려들어 그녀의 뒤를 따르고, 너나할 것없이 욕하고 손가락질하는 처형대 위에서 수모를 겪었지만, 그때보다도 지금처럼 혼자 감옥 문을 걸어나올 때가 오히려 더 괴로운 것 같았다. 그때는 팽팽하게 긴장된 신경과, 지지 않으려는 끈질긴 성격이 헤스터의 마음을 지탱해 주었다. 그 덕분에 그 괴로운 상황도 일종의 처참한 승리로 바꿀 수 있었던 것이다. 게다가 평생 한 번 있을까 말까 한, 유별난 사건이었던 만큼 그땐 앞날은 생각할 필요도 없이, 평온하게라면 몇 년은 살아갈 수 있는 강인한 생명력을 총동원하여 맞설 수 있었던 것이다. 헤스터를 처벌한 법률은 무서운 형상을 한 거인이지만, 그 무쇠 같은 팔에는 파멸시키는 힘뿐만 아니라 마음을 의지할 수 있는 힘도 내포되어 있으므로, 지독한 굴욕과 고통 속에서도 기력을 잃는 일은 없었다. 그러나 지금, 감옥 문을 혼자 걸어나온 순간부터는 그녀에게도 평범한 일상이 시작된다. 그러므로 헤스터는 타고난 재주를 발휘하여 살림을 꾸려나가거나, 아니면 그 무거운 짐 밑에 깔려 버리거나 둘 중 하나를 선택해야 한다. 현재의 슬픔을 극복하기 위하여 미래의 힘을 빌리기란 이제는 불가능한 일이다. 내일은 내일의 새로운 슬픔이 기다리고 있고, 이러한 하루하루가 끝도 없이 계속될 것이다. 매번 새로운 시련이 닥친다 하더라도 그것은 처참한 마음으로 견디고 있는 현재의 시련과 조금도 다를 바 없으리라. 먼 미래의 나날들은 꾸준히 다가오지만, 헤스터는 무거운 짐을 짊어지고, 내팽개치지도 못한 채 터덜터덜 걸어갈 것이다. 날이 가고 해가 거듭될수록 수치심의 더미에는 그 세월만큼의 비참함이 높이 쌓이리라. 이리하여 오랜 세월이 흐르는 동안 헤스터 프린은 자신의 개성을 송두리째 잃고 설교가나 도덕가가 지탄하는 죄의 본보기가 될 것이며, 여자의 약점과 죄 많은 정열의 산증인, 보편적인 상징이 되어 끊임없이 손가락질당하리라. 가슴에다 주홍 글자를 불사르고 있는 헤스터, 훌륭한 집안에서 태어난 헤스터, 머지않아 어엿한 여자로 자라게 될 어머니 헤스터, 한때는 순수했던 헤스터를 죄 많은 인간, 죄 많은 육체, 죄 많은 현실로 바라보도록 순진한 젊은이들은 배울 것이다. 그리고 그녀의 무덤에는 저세상까지 지고 가야 할 치욕의 글자만이 유일한 비석으로 남을 것이다.

그럼에도 헤스터가 자신을 치욕의 전형으로 여기는 이 고장을 유일무이한 마지막 거주지로 삼은 것은 참으로 믿기 어려운 일인지도 모른다. 눈앞에는 넓은 세상이 활짝 열려 있었다. 이 외지고 보잘것없는 청교도의 식민지 안에 살아야 한다는 조항은 판결문 안에 없었다. 고향으로 돌아갈 수도 있고, 유럽의 어느 나라로든 가서 전혀 다른 사람으로서 정체를 숨기고 자유로이 살 수도 있었다. 게다가 그녀를 처벌한 법률과는 다른 생활습관을 가진 종족과 함께 그녀의 분방한 성격과 잘 어울릴 것 같은 숲으로 들어가는 신비롭고 어두운 길도 그녀 앞에 틔어 있었다. 이런 점들을 종합하여 생각해 보면, 더욱 믿을 수 없을지도 모른다. 그러나 세상에는 숙명이랄까, 피할 수 없는 불가항력적인 운명이 있다. 따라서 인간은 으레 어떠한 특수한 대사건으로 그들의 일생을 물들인 고장 근처를 유령처럼 배회하게 되는 것이다. 더구나 인생을 물들인 색채가 어두우면 어두울수록 더욱더 벗어나지 못하는 법이다. 헤스터의 죄, 헤스터의 치욕은 대지에 깊숙이 뻗어 내린 뿌리와 같았다. 죄가 만들어낸 새로운 생명은, 이 세상에 처음 태어났을 때보다도 더욱 강한 동화력을 지니게 된다. 다른 이주자나 나그네에겐 아직도 생소한 숲속도, 헤스터 프린에게는 황야처럼 황량하고 쓸쓸하긴 하지만 생애를 보낼 고향이 되었는지도 모른다. 그에 비하면 세상의 다른 풍경은 모두―고생을 모르던 소녀 시절이나 청순한 처녀 시절이 아직 어머니 가슴 속에 숨쉬고 있을 것만 같은 그 영국의 시골 마을도―마치 옛날에 벗어버린 옷처럼 조금도 아쉽지 않았다. 보스턴에 묶인 쇠사슬 때문에 헤스터는 마음속 깊이 괴로워하면서도 도저히 그 사슬을 끊어 버릴 수가 없었다.

어쩌면 다른 감정이 그 숙명적인 고장과 오솔길 속에 헤스터를 가두어 놓았는지도 모른다. 아니, 분명히 그랬다. 헤스터는 자신에게조차 그 비밀을 감추려 애썼으나 그것이 구멍에서 기어 나오는 뱀처럼 마음속에서 기어 나오려고 할 때마다 안색이 새파랗게 변했던 것이다. 이 고장에는 헤스터와 어떤 인연으로 굳게 맺어진 그 사람이 살고 있기 때문이다. 그 인연은 땅 위에서는 인정받지 못하지만, 두 사람이 함께 서게 될 최후의 심판대를 결혼의 제단으로 삼아 끝없는 천벌이 내려질 앞날을 함께 지낼 인연인지도 모른다. 헤스터의 영혼을 유혹한 악마는 헤스터에게 이런 생각을 수도 없이 품게 하여, 거기에 정열적으로 매달렸다가 다시 쫓아 버리는 여인의 절망적인 몸부림을 보며 비웃었다. 헤스터는 이런 망상을 정면으로 보는 일이 없도록 서둘러 마음의 토굴 속에 가둬 버렸다. 헤스터가 스스로 믿고자 했던 것은—뉴잉글랜드에서 살아가는 동기라고 말한 것은—반은 진실이었고, 반은 자신에 대한 기만이었다. 이 고장은 죄를 범한 장소이므로 지상에서 받을 처벌은 이 고장에서 받아야 하지 않겠는가. 그렇게 하면 날마다 받는 치욕의 고통이 언젠가는 영혼을 깨끗이 씻어 줄는지 모르며, 잃어버린 순결과는 색다른 순결이 생겨나서 결국 고난 끝에 좀더 성녀다운 여자가 되지 않겠는가 하는 것이 그녀의 생각이었다.

이러한 연유로 헤스터 프린은 도망가지 않았다. 마을 변두리, 반도와 접해 있지만 인가와 떨어진 곳에 조그마한 오두막집이 있었다. 이 집은 초기 개척자가 세운 것이었으나 부근의 땅이 너무 메말라서 농사를 지을 수 없는데다 마을에서 꽤 멀리 떨어져 있어 이주민들이 사회 활동을 하기가 어려운 관계로 버려진 곳이었다.

해변에 있는 서향집이었는데, 만(灣) 너머로 숲이 우거진 산들이 바라보였다. 이 반도에만 자라는 잡목 숲이 남의 눈에 띄지 않도록 이 집을 가려주었다. 가리고 있었다기보다 숨겨 버렸다는 편이 옳을 것이다. 아니면 숨겨야만 하는 집이 있음을 나타내고 있다는 편이 나을지도 모른다. 이 조그마한 외딴집에 아쉬운 대로 가재도구를 옮긴 그녀는 여전히 끈질기게 감시하고 있는 행정관들의 허가를 얻어 아기와 함께 살게 되었다. 그러자 어떤 의혹의 그림자가 이내 그녀의 뒤를 따라왔다. 이 여인이 왜 인간적인 자비로운 세상에서 따돌림을 당하는지 그 까닭을 알 리 없는 아이들은 집 가까이 몰래 찾아와서는 창가에서 바느질을 하거나, 문 앞에 우두커니 서 있거나, 조그마한

밭을 매거나, 마을로 통하는 오솔길을 걷고 있는 그녀를 바라보았다. 그러나 가슴에 붙은 주홍 글자가 눈에 띄면 까닭 모를 공포심에 사로잡혀 모두 "와" 소리를 지르며 사방으로 도망치곤 하는 것이다.

헤스터는 쓸쓸했고, 누구 한 사람 찾아 주는 친구도 없었으나, 생활의 곤궁은 면할 수 있었다. 몸에 익힌 기술이 있었기 때문이다. 그런 기술을 충분히 발휘할 만한 분야가 많지 않은 고장이었지만 한창 자라는 아이와 자기가 먹고 살기에는 모자람이 없었다. 그 기술이란 예나 지금이나 여자가 할 수 있는 유일한 일인 자수(刺繡)였다. 헤스터의 가슴에 붙어 있는 훌륭하게 수놓은 주홍색 글자는 섬세하고도 상상력이 풍부한 재능의 본보기로서, 궁정에 사는 귀부인들이 보았더라면, 명주실과 금실로 짠 옷감을 더욱 풍성하고 우아하게 장식하고자 반색하며 달려들었을 것이다. 이 고장의 청교도들이 입는 옷은 상복처럼 검고 수수한 것이 특징이라 섬세한 헤스터의 수를 주문하는 경우는 많지 않았다. 그러나 당시 풍조가 이 같은 종류의 물건에 하여 간 손재주가 든 것을 요구했던 만큼, 수많은 유행을 힘겹게 내동댕이치고 미국으로 건너온 근엄한 청교도 선조들도 그 영향을 받지 않을 수는 없었다. 목사 임명식이나 행정관 취임식, 새로운 정부가 백성에게 보여 주는 행사에서 위엄을 갖출 때 등, 모든 공식 행사에는 위풍당당한 의식이 으레 따랐고, 검소하면서도 신경을 쓴 장엄함이 정책상으로도 두드러지게 나타났다. 풍성하게 주름잡힌 옷깃, 정성들여 만든 띠, 화려하게 수놓은 장갑 등은 모든 집권자의 권력의 상징으로서 빼놓을 수 없는 것들이었다. 일반 시민에게는 근검이란 법령으로 이런 식의 사치를 금지하면서도 신분이 높거나 재산 있는 자에게는 쉽게 허용되었다. 장례식도 마찬가지였다. 망자에게 입히는 수의건, 유가족의 슬픔을 나타내는 상징적인 문양을 수놓은 검은 천이나 흰 삼베로 된 갖가지 상복이건 간에 헤스터 프린의 솜씨를 요하는 특수한 일거리는 계속 들어왔다. 갓난아기의 리넨 옷—당시에는 갓난아기도 훌륭한 옷을 입었으므로—도 좋은 수입원이었다.

이리하여 조금씩, 제법 빠른 속도로 헤스터의 수예품은 요즘 말로 표현하면 유행을 타기 시작했다. 불쌍한 운명의 여인에 대한 동정심에선지, 흔해빠진 값어치 없는 물건에까지 당찮은 가치를 부여하려는 병적인 호기심에선지, 아니면 예나 지금이나 마찬가지로 남이 구하려고 해도 구할 수 없는 것을 누군가에게는 선뜻 주고 마는 요상한 사정이 있어선지, 헤스터가 아니었더라면 그대로 방치될 뻔한 불편이 그녀 덕분에 실제로 해결된 때문인지는 몰라도, 어쨌든 그녀는 몇 시간씩 바느질에 몰두해도 일거리가 얼마든지 있었고, 보수도 꽤 후한 편이었다. 허영심이 강한 사람들은 호화찬란한 의식을 위해 죄 많은 헤스터의 손 끝에서 만들어진 옷을 몸에 걸침으로써 허영의 죄를 상쇄하려고 하였는지도 모른다. 헤스터의 수 솜씨는 총독의 주름 깃과 군인의 목도리와, 목사의 띠에서도 볼 수 있었다. 아기들의 조그만 모자를 장식하고, 죽은 사람의 관 속에 들어가 곰팡이가 피어 썩기도 했다. 그러나 청순한 신부의 부끄러움을 가려 줄 흰 면사포에 헤스터가 솜씨를 발휘하는 일은 단 한 번도 없었다. 그런 예가 없다는 사실은 헤스터의 죄에 사회가 얼마나 냉혹하게 얼굴을 찡그리고 있었는지를 여실히 말해 주고 있다.

헤스터는 자기 자신을 위한 최소한도의 검소하고 금욕적인 생활 수단과 아이를 위한 소박한 풍요로움밖에는 아무것도 바라지 않았다. 그녀는 제일 싼 옷감으로 옷을 지었고, 빛깔도 매우 검소했으며, 장식품이라고는 평생 달아야 할 운명의 주홍 글자 하나뿐이었다. 하지만 어린애의 옷에서는 상상을 초월한 기발함이 눈에 띄었는데, 이것은 일찍부터 이 어린 소녀에게서 싹트고 있던 환상적인 매력을 더욱 돋보이게 했을 뿐 아니라 뭔가 깊은 의미가 있는 것처럼 보이기도 했다. 이 점에 대해서는 뒤에 더 자세히 얘기할 기회가 있으리라. 아무튼 아이의 옷을 아름답게 꾸미는데 드는 약간의 비용을 제외한 나머지 돈을 헤스터는 모두 자선사업에 썼다. 자기보다 비참하지는 않은 전과자나, 도움을 받으면서도 도와주는 그 손길을 거침없이 모욕하는 사람들에게 자선을 베풀었다. 차라리 솜씨를 발휘했으면 더 보람이 있었을 꽤 많은 시간을 헤스터는 가난한 사람들의 마구잡이 옷을 만드는 데 투자했다. 이러한 일에 힘을 기울이는 것으로 속죄를 할 작정이었는지도 모르고, 이러한 거친 일에 많은 시간을 소비함으로써 즐거움을 희생시키려고 하였는지도 모른다. 헤스터의 성품에는 화려하고 요염하면서 동양적인 특성이 다분하여 사치스럽고 아름다운 것을 좋아했지만, 훌륭한 작품을 정교한 솜씨로 만들어 내는 바느질 이외의 다른 곳에서는 생활 구석구석 어디를 살펴봐도 그러한 취향을 엿볼 수 없었다. 여자들은 대개 남자들은 이해하지 못하는 기쁨을 섬세한 바느질을 통해 발견하곤 한다. 헤스터 프린에게 바느질은 인생에 대한 정열을 발산시키는 수단이며, 한편으로는 그 정열을 진정시키는 방책이기도 했다. 다른 모든 즐거움을 물리쳤듯이 헤스터는 그 정열도 죄악시하여 물리쳤다. 이렇게 하찮은 일에까지도 병적으로 양심의 간섭을 받는다는 것은 순수한 회한(悔恨)이 아니라, 어떤 혼란이, 깊숙한 곳에 무엇인가 잘못된 것이 숨겨져 있다는 증거였는지도 모른다.

이렇게 하여 헤스터 프린은 세상에 이바지할 수 있는 한 역할을 맡게 되었다. 타고난 성격이 굳은데다 뛰어난 기술을 몸에 지니고 있었으므로 이마에 찍힌 카인의 낙인보다도 더 참기 어려운 표시를 여인의 가슴에 달아 준 세상도, 이 여자를 완전히 고립시키지는 못했다. 그러나 사회와 어떠한 교류가 있다고 하더라도 헤스터가 사회의 일원이라고 느낄 만한 것은 아무것도 없었다. 헤스터를 대하는 세상 사람들의 태도나 말씨, 심지어 침묵까지도 그녀가 추방된 사람이며, 어딘가 별천지에 살고 있으며, 보통 사람과는 다른 기관과 감정을 가지고 인간 세계와 교신하는 고독한 존재임을 암시하거나, 때로는 노골적으로 드러내고 있었다. 헤스터로서는 인간적인 관심사에서 격리돼 있으면서도 실제로는 바로 그 옆에 서 있는 그러한 모습이었다. 헤스터는 그리운 난롯가로 돌아와도 이미 다른 사람들의 눈에는 보이지 않고 만져지지도 않으며, 집안의 기쁜 일에 함께 웃거나 가족의 슬픔에 눈물을 흘리지도 못하는 망령과 같은 존재였다. 설령 그 금지된 감정을 표현한다 하더라도 공포감과 몸서리나는 혐오감을 불러일으킬 뿐이었다. 사실상 이러한 공포감과 혐오감 그리고 심한 경멸감만이 세상 사람들과 헤스터 사이를 잇는 유일한 고리처럼 보였다. 그 시절은 인정이 있는 시대가 아니었다. 헤스터는 자신의 처지를 잘 알고 있었고 또 잊을 리도 없었지만, 사람들이 가장 아픈 곳을 인정사정없이 건드릴 때마다 새로운 상처를 입은 것처럼 자기 신세를 되새기곤 했다. 앞서 말했듯이 헤스터가 자선을 베푸는 가난한 사람들까지도 도움을 주려고 내민 손길에 침을 뱉는 수가 많았다. 일거리 때문에 드나드는 상류 부인들도 헤스터의 마음에 고통스런 독약을 서슴없이 떨어뜨렸다. 여자들이란 일상생활의 하찮은 일에서도 사람을 해치는 독약을 만들어 내며, 언뜻 보기에는 대수롭지 않은 것 같으면서도 악의에 찬 연금술로 그녀를 괴롭히기 일쑤였다. 때론 곪은 상처에 무자비한 일격을 날리듯 아무런 방비도 없는 가슴에 노골적인 악담을 날려 헤스터를 괴롭히기도 했다. 헤스터는 오랜 시일에 걸쳐 자신을 굳건하게 단련시켰다. 그러한 공격을 받으면 으레 창백한 볼에 홍조를 가득 띠다가도 이내 가슴속 깊은 곳으로 가라앉히며 반응하지 않았다. 인내심이 강한 헤스터는 흡사 순교자 같기도 했지만, 적을 위해 기도하지는 않았다. 용서하고 싶은 마음은 태산 같았지만, 아무리 참고 억눌러도 기도의 말이 저주의 말로 변하면 어쩌나 걱정스러웠기 때문이다.

헤스터는 끊임없이 여러 가지 형태의 수많은 고뇌와 고통을 느꼈다. 그것은 청교도 법정에서 내린, 시효가 없어 효력이 언제 끝날지도 모르는 판결에 의해 교묘하게 만들어진 고통이었다. 어쩌다 길을 가던 목사가 발길을 멈추고 훈계의 말을 시작하면, 이 불쌍하고 죄 많은 여인 주위로 구경꾼들이 모여들어 비웃거나 눈살을 찌푸리곤 했다. 만인의 아버지이신 하느님의 미소를 기대하며 안식일에 교회에 가면, 공교롭게도 자기가 그날의 설교 주제가 되는 일이 적지 않았다. 헤스터는 아이들이 무서워졌다. 자신의 외동딸 말고는 그 누구와도 어울리지 않고 조용히 거리를 걸어가는 외로운 여인에겐 어딘가 무서운 데가 있다는 것을 아이들이 부모들로부터 막연하게나마 암시를 받아 온 때문이다. 아이들은 우선 헤스터를 앞서게 한 다음 조금 거리를 두고 왁자지껄 떠들어 대며 쫓아왔다. 아이들은 무슨 뜻인지도 모르고 지껄여 댔지만, 그들의 입에서 무심결에 나오는 말이 오히려 헤스터를 더 두렵게 만들었다. 그녀의 치욕을 모르는 사람이 없으니만큼 그 치욕이 온 세상에 널리 퍼져 있음을 증명하는 것만 같았기 때문이었다. 나뭇잎들이 그 어두운 소문을 속삭이고, 여름철 산들바람이 그 얘기를 중얼거리고, 겨울철 삭풍이 큰 소리로 외친다 하더라도 이처럼 깊은 고통을 주지는 않으리라! 처음 만난 사람이 쳐다볼 때의 그 쓰라림도 이루 말할 수가 없었다. 낯선 사람이 주홍 글자를 신기한 듯 자세히 들여다보면—누구나가 다 그러했지만—헤스터의 마음에는 새삼스레 그 글씨가 낙인처럼 타들어왔다. 그러므로 손으로 가슴의 표시를 가려 버리고 싶은 충동에 곧잘 시달렸지만, 늘 그 충동을 꾹 누르고 참았다. 하지만 낯익은 사람들의 시선 역시 그 나름의 괴로움을 안겨 주었다. 다 알고 있다는 싸늘한 눈초리가 가장 견디기 어려웠다. 결국 헤스터 프린은 그 표시에 끊임없이 쏟아지는 사람들의 시선을 의식할 때마다, 공포와 고뇌를 곱씹는 셈이다. 가슴의 그 부분은 절대로 무감각해지는 일없이, 오히려 날이 갈수록 고통에 점점 더 민감해지는 것 같았다.

그러나 때로는 며칠에 한 번, 아니 몇 달에 한 번 정도는 고뇌의 절반을 같이 짊어지고 있다는 일시적인 위안을 불러일으키는 한 사람의 눈길이—누군가의 눈길이—치욕의 낙인에 쏠려 있는 것을 느낄 수 있었다. 그러나 다음 순간에는 다시 모든 고통이 왈칵 되살아나며 한층 더 심한 고통이 휘몰아쳤다. 그 짧은 순간에 헤스터는 또 새로운 죄를 범한 셈이었기 때문이다. 그러나 죄를 지은 것은 헤스터 혼자였을까?

헤스터의 상상력은 조금 이상했었다. 정신적으로나 도덕적으로 나약한 기질을 타고났더라면 그 고독한 생활의 고통 때문에 더욱 상태가 악화되었을지도 모른다. 외면적으로만 연결되어 있는 좁다란 세상을 쓸쓸한 발걸음으로 이리저리 걸어다니는 동안에 이따금 헤스터는 주홍 글자 덕분에 새로운 감각이 싹튼 게 아닌가 하는 공상에 빠지곤 했다. 그것은 전적으로 공상일 뿐이더라도 거역할 수 없는 강한 힘을 지니고 있었으므로 간혹 그런 기묘한 기분에 도취되는 것이었다. 때로는 주홍 글자 덕분에 타인의 마음속에 숨어 있는 죄의 냄새를 맡을 수 있게 되었다고 확신하자 소름이 끼쳤지만, 그렇게 믿을 수밖에 없었다. 그로써 드러나는 갖가지 사실은 헤스터를 공포로 몰아넣었다. 그녀가 본 것은 무엇이었을까? 악마의 흉악한 속삭임일까? 악마는, 아직 반밖에 자기의 손아귀에 들어오지 않은 이 괴로워 발버둥치는 여인에게 겉으로 순결한 체하는 것은 거짓이며, 헤스터 프린 이외의 수많은 사람의 가슴에도 주홍 글자가 빨갛게 타오르고 있다고 알려 주려는 것일까? 아니면 이 암시를, 막연하긴 하지만 부정할 수 없는 이 암시를 진실로서 받아들여야 할까? 헤스터가 겪은 경험을 다 들추어 보더라도 이 의식만큼 무섭고 꺼림칙한 것은 없었다. 더구나 그와 같은 의식이 얼토당토않은 순간에 생생하게 떠오를 때는 놀라울 뿐 아니라 당황스럽기까지 했다. 고루하고 존경심이 두터운 당시 사람들로부터 천사와 친교라도 나누는 사람처럼 우러름을 받던, 신앙과 정의의 귀감인 훌륭한 목사나 행정관의 옆을 지나갈 때에도 가끔 가슴의 빨간 치욕의 표시가 무엇에 공명하여 심장이 두근거리는 일이 있었다. '도대체 어떤 죄악이 내 근처에 있는 걸까?' 이렇게 생각하고 헤스터가 주저하며 눈을 들면 곁에는 성인군자의 모습밖에 아무도 없었다! 또, 들리는 말에 의하면 태어나서 지금까지 가슴에 차가운 눈(雪)을 품고 살아왔다는 나이 지긋한 부인의 신앙심 깊은 찌푸린 얼굴을 대할 때에도, 그 부인과 자기가 다를 바 없다는 기묘한 동지의식이 집요하게 머리를 쳐들었던 것이다. 그 부인의 가슴속에 있는 햇빛을 모르는 눈과, 헤스터 프린의 가슴 위에서 불타는 치욕의 표시, 이 두 가지에 공통된 것은 대체 무엇일까? 또 어떤 때는 "봐라, 헤스터. 여기 동료가 있다"는 말에 오싹하는 전율을 느껴 눈을 들면, 주홍 글자를 곁눈질로 보며 마치 자기의 순결이 그것을 봄으로써 더러워지기라도 하듯 볼을 약간 붉힌 채 허둥대며 딴청을 부리는 젊은 여자의 시선을 느낄 때도 있었다. 아, 숙명의 상징인 주홍 글자를 부적으로 삼고 있는 악마여, 너는 이 불쌍하고 죄 많은 여인이 존경할 만한 자를 남녀노소 가운데 한 사람도 남겨 놓지 않을 셈인가? 이와 같은 신앙의 상실이야말로 죄악이 가져오는 가장 비참한 결과인 것이다. 그럼에도 헤스터 프린이 자기만큼 죄를 진 사람은 이 세상에 없다고 믿으려 한 사실은, 자신의 나약한 천성과 인간이 만든 엄격한 법률에 희생된 불쌍한 여인의 마음이 실은 조금도 타락하지 않았다는 증거로 받아들여야 하리라.

 이 음울한 시대의 일반 대중은 상상력을 불러일으키는 모든 일에 기괴하리만큼 두려움을 느끼는 습성이 있었다. 이 주홍색 글자에 대해서도, 그들은 현대인이라면 쉽사리 무서운 전설로 들어넘길 이야기를 꾸며 댔다. 이 표시는 흔히 보는 염료로 물들인 단순한 빨간 천이 아니라, 지옥 불에 빨갛게 불타오르고 있는 것이기 때문에 헤스터 프린이 밤에 밖을 걸어다닐 때면 그 표시가 빨갛게 빛난다고 단언하는 것이다. 이 주홍 글자가 헤스터의 가슴에 깊게 낙인을 찍은 것은 사실이므로 아무래도 이러한 소문에는, 회의적인 현대인이 인정하는 그 이상의 진실이 있었을지도 모른다는 점을 여기서 밝혀둘 필요가 있다.

제6장
펄

 그 아이에 대해서는 아직 거의 말한 적이 없다. 그 작고 순수한 생명은 헤아릴 수 없는 신의 섭리에 따라 죄 많은 정욕의 소용돌이에서 아름다운 불멸의 꽃으로 피어났다. 이 아이가 자라는 모습과, 나날이 빛이 나는 귀여움, 작은 얼굴에 감도는 총기를 지켜보는 불쌍한 여인에겐 이것이 얼마나 신기하게 보였겠는가! 펄! …… 헤스터는 자기 아이를 그렇게 불렀으나, 그 모습이 진주 같아서 붙인 이름은 아니었다. 진주의 특징인 온화하고, 희고, 은은한 광택 등은 조금도 없는 아이였다. 헤스터가 아이에게 '펄'이라는 이름을 지어준 것은 고귀한 것, 즉 엄마의 모든 것을 바쳐서 얻은 유일한 보물이라는 뜻이었다*1 참으로 기이한 일이 아닌가! 세상이 헤스터의 죄를 단죄한 주홍 글자는 어마어마한 파괴력을 지녔으므로 그녀와 마찬가지로 죄 많은 인간이 아니면 아무도 동정을 베풀 수가 없었다. 이처럼 세상이 벌한 죄악의 직접적인 결과로서 하느님은 헤스터에게 예쁜 아이를 내려 주셨다. 치욕의 표시와 같이 가슴에 안겨 있긴 하지만 아이는 엄마를 영원히 인류와 연결시키고, 결국에는 천국에서 축복받는 영혼이 되게 하려는 것이 아닐까! 그러나 이렇게 생각하자, 헤스터는 희망보다도 불안이 앞서 초조했다. 자신의 행위가 죄악이라는 것은 너무도 잘 알고 있었으므로 그 결과가 호전되리라고는 도저히 믿을 수 없었다. 하루하루 헤스터는 자라나는 아이의 성격을 불안한 마음으로 지켜보며, 이 아이를 낳은 어미의 죄에 걸맞는 어둡고 격한 특징이 나타나진 않을까 싶어 두려움에 떨었다.
 확실히 육체적으로는 아무런 결함도 없었다. 나무랄 데 없는 용모나 활발한 성격, 아직 제대로 단련되지도 않은 손발을 자연스럽게 놀리는 모습을 볼

---

*1 마태복음 13 : 45~46.

때, 이 아이는 에덴동산에 태어나도 될 만한 값어치가 있었다. 인류의 시조인 아담과 이브가 쫓겨난 뒤에도 낙원에 남아서 천사들의 놀이상대가 될 자격이 충분했다. 이 아이는 완벽한 아름다움과 반드시 짝을 이루지 못하는 천진난만한 품위를 타고났다. 아무리 누더기 같은 옷을 입어도 다른 사람들 눈에는 가장 잘 어울리는 옷으로 보였다. 그렇다고 해서 펄이 촌스러운 옷을 몸에 걸치는 일은 없었다. 이야기가 진행될수록 차차 드러나겠지만, 어머니는 병적인 목적을 지니고 있었으므로, 구할 수 있는 가장 좋은 비단 옷감을 사고 디자인과 장식에 상상력을 최대한 발휘하여 아이의 외출복을 지었다. 이렇게 차려 입은 앙증맞은 모습은 훌륭하다는 말밖에 달리 표현할 말이 없었다. 용모가 깨끗한 아이가 아니라면 화려한 옷 때문에 오히려 귀여움이 묻혀버리겠지만, 펄의 타고난 아름다움은 너무도 눈이 부셔서 어두컴컴한 오두막집 마루에 그야말로 환한 빛이 둥그렇게 비치는 것 같았다. 어린애답게 기운차게 뛰어놀아 찢어지고 더러워진 적갈색 무명옷을 입었을 때도 한 폭의 그림같이 귀여웠다. 펄의 얼굴에는 무한한 매력이 깃들어 있었다. 이 한 아이 속에 여러 아이가 있는 셈이었으니, 농부의 아이에게서 볼 수 있는 들꽃 같은 가련함부터 어린 공주님의 아담한 화려함에 이르기까지 아주 변화무쌍한 자태를 선보였다. 그러나 어떤 경우에도 절대로 사라지지 않는 정열과 왕성한 혈기가 있었다. 펄이 기운을 잃거나, 안색이 나빠지거나 하면 본래의 성질을 잃어버리는 게 아닌가, 이미 펄이 아닌 딴 존재가 되어 버리는 게 아닌가 하는 생각이 들 정도였다.

  이 외면적인 변화는 내적인 생명의 다양성을 암시했지만, 남김없이 표현했다고는 볼 수 없었다. 게다가 펄의 성격은 다양성뿐만 아니라, 깊이도 지니고 있는 것 같았다. 그러나 거기에 이 세상과의 결합이나 순응은 전혀 보이지 않았다. 그렇지 않다면 헤스터의 두려움은 착각에 지나지 않을 것이다. 이 아이는 규칙을 따르게 할 수 없었다. 펄이 태어남으로 해서 큰 율법이 깨어졌지만, 그 결과는 아름답고 화려한 소질을 지녔으나 질서가 없는 아이가 생겨났다. 또는 다양성과 조화를 찾아볼 수 없는 독특한 질서를 따르는 아이였다. 헤스터가 이 아이의 성격에 대하여 설명할 수 있는 것은—몹시 막연하고 불완전한 설명이나마—펄이 영혼과 육체를 정신계와 물질계에서 각각 흡수했던 중요한 시기에 헤스터 자신의 모습이 어떠했나를 생각해 볼 도리밖에 없었다. 어머니의 정신 상태가 그대로 태내 아이의 정신체계에 전해지는데, 원래는 희고도 맑아야 할 그 빛이 중간에 낀 물질 때문에 진홍색과 금빛, 이글거리는 불꽃 같은 광택, 검은 그림자, 강렬한 번개 같은 빛을 띠게 되었다. 특히 그 무렵 헤스터의 정신적 갈등이 그대로 펄에게 전해졌다. 함부로 반항하는 태도, 미칠 것 같은 기분, 그리고 마음속에 어둡게 자리잡고 있던 음울함과 낙담의 그림자까지 그대로 펄에게서 발견되었다. 그러한 요소가 아침 햇살과 같은 어린아이의 기질에 나타나 있지만, 마침내 인생의 전성기에 이르면 폭풍우를 불러일으킬지도 모르는 일이었다.

그 시대에는 가정교육이 지금보다 훨씬 더 엄격했다. 무서운 얼굴로 호되게 꾸짖고 성서가 명하는 대로 매질을 하는 것은 단순히 실제로 저지른 잘못을 벌하는 게*2 아니라 아이의 모든 미덕을 양성하고 향상시키기 위한 건전한 훈육법이었다. 그러나 외동딸의 외로운 어머니인 헤스터 프린은 무턱대고 엄한 태도로 일관하는 실책을 저지르지 않았다. 물론 자기 잘못과 불행을 너무도 잘 알고 있었으므로 자기 손에 맡겨진 아이의 앞날에 대해서는 일찍부터 상냥하면서도 날카로운 감시의 눈을 게을리하지 않으려고 노력했다. 그러나 그 일은 도저히 헤스터의 힘으로는 감당할 수 없었다. 웃는 얼굴을 하거나 무서운 얼굴을 해도 전혀 효력이 없다는 것을 알자, 헤스터는 마침내 두 손을 들고 아이가 하는 대로 내버려둘 수밖에 도리가 없었다. 물론 육체적으로 구속하는 동안은 효력이 있었다. 그러나 지적인 면에서건 정서적인 면에서건 다른 교육 방법은 그때그때 펄의 기분에 따라 효과가 있기도 하고 없기도 했다. 펄이 아직 어릴 때 어머니는 이 아이의 독특한 표정을 알아차렸었다. 그리고 그 표정을 지을 때는 아무리 타이르고 설득하고 애원해도 결국은 아무 소용이 없다는 사실을 알게 되었다. 그 표정은 영리해 보이면서도 종잡을 수가 없었고, 때로는 망나니처럼 심술궂기도 했으나 대체로 활기가 넘쳤다. 그럴 때면 헤스터는 펄이 정말로 사람의 자식인지 의심하지 않을 수 없었다. 아무리 생각해 봐도 마치 공기의 요정처럼 오두막 마루 위에서 제멋대로 뛰고 놀다가 어느 틈에 남을 놀리는 듯한 미소를 짓고 도망치는 느낌이 들었다. 그런 표정이 생기로 반짝이는 새까만 눈동자에 떠오를 때는 어쩐지

---

*2 구약 잠언 13 : 24 참조.

손으로 잡을 수 없는 먼 곳에 있는 사람처럼 여겨지곤 했다. 마치 언제 나타났다 언제 사라질지 모르는 아지랑이처럼 공중을 떠도는 덧없는 모습이었다. 그런 모습을 지켜보면 헤스터는 자기도 모르게 달려가서 늘 도망치기만 하는 요정을 붙잡아 가슴에 꽉 끌어안고 힘차게 키스해 주고 싶었다. 그것은 참기 어려운 애정의 충동이라기보다 펄이 그림자가 아니라, 피와 살을 가진 인간이란 사실을 확인하기 위해서였다. 하지만 어머니에게 붙잡힌 펄이 명랑한 음악을 연주하듯 까르르 웃어도, 헤스터는 전보다 더 불안하기만 했다.

비싼 대가를 치르고 얻은 둘도 없이 귀중한 보물인데, 헤스터는 이 펄과 자기 사이에 가끔 까닭을 알 수 없는 마력이 스며드는 데에 당황하지 않을 수 없었다. 이따금 서러움에 복받쳐 눈물을 쏟아내기도 했다. 그럴 때면 펄은 눈살을 찌푸리고 조그만 주먹을 불끈 쥐며 그 귀여운 얼굴에 동정의 기색은커녕 되레 못마땅한 표정을 짓는 것이었다. 어머니의 격한 감정이 그 아이에게 어떤 영향을 주는지는 정확히 알 수 없었다. 어떤 때는 인간의 슬픔 따위는 느끼지도 못하고, 이해하지도 못하는 사람처럼 소리 높이 웃어대기도 했다. 혹은—아주 드문 일이긴 했지만—슬픔에 몸부림치며 어머니에 대한 애정을 띄엄띄엄 울먹이며 털어놓고, 눈물로써 자기도 인정이 있음을 애틋하게 밝히려는 듯이 보일 때도 있었다. 그러나 헤스터는 이런 변덕스러운 애정표현을 마음놓고 믿을 수가 없었다. 그런 애정은 눈 깜짝할 사이에 나타났다가 사라지기 때문이다. 이런 문제를 이것저것 곰곰이 생각해 보면 어머니 헤스터는, 요정을 불러내기는 했지만 주문을 잘못 외는 바람에 이 새롭고 불가사의한 존재를 제어하는 주문을 찾지 못하는 사람이 된 기분이 들었다. 정말로 안심할 수 있을 때는 아이가 곤히 잠들어 있을 때뿐이었다. 그때만은 펄을 완전히 붙잡고, 조용하고, 달콤하고, 슬픈 행복을 맛볼 수 있었다. 하지만 그것도 펄이 눈꺼풀 밑에 심술궂은 표정을 지으면서 깨기 전까지 아주 짧은 행복이었다!

늘 미소지으며 얼러 주던 어머니의 품을 떠나, 펄은 눈 깜짝할 사이에 사람들과 어울릴 만한 나이가 되었다! 어쩌면 그렇게 빨리 자라버렸을까! 떠들썩한 아이들 목소리에 섞여 새소리처럼 맑은 펄의 웃음소리를 듣고, 장난에 몰두해 있는 와자지껄한 아이들 틈에서 귀여운 내 자식의 목소리를 들을 수 있다면 헤스터 프린은 얼마나 행복했겠는가. 그러나 그것은 생각할 수도 없는 일이었다. 펄은 태어나면서부터 아이들 세계에서 추방당했기 때문이다. 악마의 핏줄이며, 죄의 상징이었기 때문에 세례를 받은 아이들의 친구가 될 자격이 없었다. 펄이 지닌 가장 탁월한 성격은 직관력이었다. 자신이 고독하며, 사방에 침범할 수 없는 진을 둘러치고 있는 숙명, 즉 다른 아이들과는 다른 처지의 특수성을 잘 이해하고 있었다. 헤스터는 감옥에서 나온 뒤로 남 앞에 나설 때는 꼭 펄을 데리고 다녔다. 언제나 거리를 걸을 때면 펄이 함께 있었다. 처음에는 팔에 안겨 있었으나, 마침내 소녀로 자라 어머니의 작은 동반자가 되어, 집게손가락을 꼭 쥐고 헤스터가 한 발자국 걸으면 종종 걸음으로 서너 걸음씩 걸어 쫓아갔다. 펄은 풀이 우거진 길가나 집 현관 앞에서 청교도의 교육방침이 인정하는 재미도 없는 놀이를 하고 있는 보스턴 아이들을 보았다. 아이들은 교회놀이를 하거나, 퀘이커 교도를 매질하는 놀이를 하거나, 머릿가죽을 벗겨내는 인디언 전쟁놀이, 그리고 마녀가 되어 서로 위협하는 놀이를 하고 있었다. 펄은 우두커니 바라보기만 하고 절대 어울려 놀려고는 하지 않았다. 말을 붙여도 모르는 척했다. 아이들이 뺑 둘러싸거나 하면 어린아이 주제에 불같이 화를 내며 큰 소리를 마구 질러 대고 아이들에게 돌을 집어던졌다. 그 고함소리에 어머니 헤스터는 몸을 떨었는데, 그 소리가 마치 마녀가 뇌까리는 알 수 없는 저주의 말처럼 들렸기 때문이다.

사실상 이 청교도 아이들은 사고가 편협하기 짝이 없는 개구쟁이들이었다. 헤스터 모녀의 모습이 어딘가 색다르고, 기분 나쁘며, 보통 사람과는 다르다는 것을 어렴풋이나마 알고 있었으므로 속으로 두 사람을 경멸하고, 때로는 그런 감정을 노골적인 욕설로 퍼부어 대는 일도 흔했다. 펄은 그러한 아이들의 마음을 알아차리자, 도저히 어린아이의 마음에 도사리고 있다고는 믿을 수 없는 무서운 증오심을 드러내며 되받아넘겼다. 이런 울분의 폭발은 어머니가 볼 때는 나름대로 뜻을 보일 뿐 아니라 마음의 위로가 되기도 했다. 적어도 그럴 때의 펄에게는 늘 애타게 하던 변덕스러움 대신 어떤 착실한 기운이 넘쳐흘렀기 때문이다. 그러나 거기에도 헤스터 자신 속에 있던 악의 그림자가 반영되어 있음을 깨닫자 소름이 쫙 끼쳤다. 펄은 그 강렬한 증오를, 누구도 빼앗을 수 없는 특권으로서 어머니로부터 이어받은 것이다. 모녀는 인간 사회에서 격리되어 있다는 점에서는 처지가 똑같았다. 펄의 성격에 스며 있는 그 불안정한 요소는 사실 펄을 낳기 전부터 헤스터를 괴롭혀 왔고, 그 뒤로는 줄곧 모성애 특유의 부드러운 마음으로 달래왔던 것이다.

집에 있을 때의 펄은 집 안팎에 여러 가지 놀이 상대가 있었으므로 심심하지 않았다. 잠시도 쉬지 않고 활동하는 이 아이의 독창적인 정신세계에서 넘쳐흐르는 생생한 마력은, 솟아나듯 모든 사물들에 생명을 부여했다. 막대기나, 넝마 뭉치, 꽃 등 생각도 못할 물건들이 펄의 마술에 걸리면 꼭두각시로 변하여, 겉보기는 그대로인 것 같아도 아이의 마음속에 마련된 온갖 무대에서 펼쳐지는 연극의 주인공이 되었다. 펄의 어린 목소리가 수많은 남녀노소 가상인물의 목소리를 대변했다. 바람이 불 때마다 신음소리를 내거나 침울한 소리로 중얼거리는 검고 장엄한 나이 든 소나무는 그 모습 그대로 청교도 장로가 된다. 몰골사나운 뜰의 잡초는 그 아이들로, 펄은 무자비하게 두들겨서 뿌리째 뽑아 버렸다. 이 아이가 열중해서 생각해 낸 수많은 형태는 참으로 놀라웠다. 이것들은 아무런 연결성이 없으면서도 항상 초자연적인 활동 상태라, 이리 뛰고 저리 뛰다가 마침내 넘치는 생기를 주체하지 못하고 기진하여 까부라지고 만다. 그러면 또 다른 야성적인 힘을 지닌 양상이 그 뒤를 쫓는다. 마치 변화무쌍한 북극의 오로라가 연기하는 환상의 연극 같았다. 상상력의 움직임이라든가 성장해 가는 마음의 놀이라는 점에서는 재주가 뛰어난 다른 아이들과 별다른 차이가 없는지도 모르나, 다만 펄은 친구가 없어서 자기가 만들어 낸 가상 인물들 속으로 뛰어드는 일이 빈번했다는 점이 달랐다. 색다른 점은, 이 아이는 자기 마음속과 머릿속에서 그려낸 모든 것을 적대시했다는 사실이다. 펄은 결코 그들을 친구로 여기지 않았다. 주변에 늘 무기를 지닌 적군이 뛰어나오는 용(龍)의 이빨을 심어 놓고 공격해 오는 군대를 물리치는 식이었다[3] 이토록 어린 생명이 적의에 찬 인간들과의 싸움을 끊임없이 의식하고 언젠가는 치르게 될 전쟁에 대비해 힘을 기르고 있는 모습은 참으로 안쓰럽기 그지없었다. 더구나 그 원인을 마음속에 느끼고 있는 어머니의 입장이고 보면 그 쓰라림이 어느 정도였겠는가 하는 것은 넉넉히 짐작이 가리라.

펄을 바라보고 있느라면 헤스터 프린은 손에 들고 있던 일감을 무릎 위에

---

[3] 그리스 신화로, 카드모스가 죽인 용의 이빨을 심었더니 그것이 군대가 되어 대항해 왔다고 한다.

떨어뜨리기 일쑤였고, 그러면 속에 간직해 두려던 괴로움이 아무리 억눌러도, 말인지 신음소린지 모를 울부짖음이 되어 터져 나왔다. "아, 하늘에 계신 아버지, 당신이 아직도 저의 아버지시라면 대답해 주세요. 제가 낳은 저 아이는 도대체 누구인가요?" 그러면 펄은 어머니의 외침소리나, 아니면 더 미묘한 감각으로 그녀의 쓰라린 고뇌를 알아채곤 그 생생하고 귀여운 얼굴을 어머니 쪽으로 돌려 모든 것을 다 알고 있다는 듯 요정처럼 미소를 지으면서 다시 하던 장난을 계속하는 것이었다.

  이 아이의 태도에서 빼놓을 수 없는 특색이 또 한 가지 있다. 펄이 이 세상에 태어나 난생 처음 본 것은 도대체 무엇이었을까? 다른 아기들이라면 어머니의 미소를 보고, 작은 입가를 움찔거리며, 나중에 생각해 봐도 애매하여 과연 정말 웃었다고 할 수 있나 없나로 실없는 말다툼이라도 벌임직한, 그런 미소로 답하려고 했을 것이다. 그러나 펄의 경우는 그렇지 못했다! 펄의 눈에 띈 것은—솔직히 말해—헤스터의 가슴에 달린 주홍 글자였다! 어느 날 어머니가 요람 위에 몸을 굽혔을 때 그 어린것의 눈길이 주홍색 글씨를 둘러싼 금색 수의 빛나는 광채에 멈추더니, 고사리 같은 손을 내밀어 어리지만 단호함이 서린 표정으로 그 글자를 잡으려고 했다. 헤스터 프린은 자기도 모르게 숨을 죽이고 가슴의 불길한 표시를 움켜잡아 본능적으로 잡아떼려고 했다. 펄의 단풍잎 같은 손이 뭔가 아는 것처럼 주홍 글자에 닿자 어머니는 커다란 충격에 휩싸였다. 그러자 괴로움에 몸부림치는 어머니의 모습을 자기를 어르는 것으로 알았던지 펄은 눈을 가만히 들여다보며 생긋 웃었다. 그 뒤로 헤스터는 아이가 잠들 때 말고는 한시도 마음을 놓을 수가 없었다. 한시도 아이를 편안한 마음으로 귀여워해 줄 여유가 없었던 것이다. 때로는 펄의 시선이 주홍색 글자에 쏠리지 않고 몇 주일이나 지나는 때도 있긴 했다. 하지만 문득 정신을 차리면, 갑작스러운 죽음의 발작처럼 뜻하지 않은 시선이 그 독특한 미소와 기묘한 표정을 띠고 주홍 글자를 가만히 응시하고 있었다.

  언젠가 헤스터가 어머니들이 흔히 그러듯 아이의 눈에 비치는 자기 모습을 들여다보고 있는데, 예의 변덕쟁이 요정 같은 표정이 펄의 눈에 떠올랐다. 그 순간—괴로워하는 고독한 여자는 정체를 알 수 없는 망상에 괴로워하기 마련이다—펄의 거울 같은 귀여운 검은 눈동자에 조그맣게 헤스터 자신의 모습이 아니라, 누군가 다른 사람의 얼굴이 비친 것 같았다. 악마처럼 싱글싱글 웃고 있는 악의에 찬 얼굴이었다. 잘 아는 사람의 얼굴과 비슷하긴 했으나, 그 사람은 악의를 드러내기는커녕 미소조차 여간해서 지은 일이 없는 사람이었다. 마치 아이에게 옮아온 악령이 순간 장난삼아 얼굴을 내민 것 같은 느낌이 들었다. 그 뒤에도 몇 번이고 헤스터는 같은 망상에 시달리며 괴로워했지만, 처음만큼 선명하지는 않았다.

펄이 달음질칠 만큼 자란 무렵이었다. 어느 여름날 오후, 펄은 들꽃을 양손에 잔뜩 꺾어들고 어머니의 가슴을 향해 하나씩 던졌는데, 주홍 글자에 명중할 때마다 요정처럼 깡충깡충 뛰면서 좋아했다. 헤스터는 처음엔 두 손을 모아 가슴을 가리려고 했다. 그러나 자존심 때문인지, 체념 때문인지, 아니면 이루 말할 수 없는 이 고통을 견디는 것이 회개하는 방법이라 생각해서인지, 그 충동을 꾹 참고 허리를 곧게 펴며 죽은 사람처럼 창백한 얼굴로, 슬프게 펄의 기승스런 눈을 들여다보며 꼼짝도 하지 않았다. 그래도 들꽃의 공격은 그치지 않았고, 날아오는 꽃송이는 거의 다 주홍 글자를 맞혔다. 그때 이승은 물론 저승에서도 도저히 약을 구할 도리가 없는 상처가 어머니의 온 가슴을 후벼 팠다. 드디어 탄환이 떨어지자 펄은 우두커니 선 채로 헤스터를 쳐다보았는데, 마치 웃고 있는 작은 악마가 그 깊이를 알 수 없는 검은 눈동자의 심연에서 내다보고 있는 듯했다. 정말로 내다보았는지 모르겠지만 어쨌든 어머니는 그렇게 느꼈다.

"펄, 넌 도대체 누구니?" 어머니가 소리쳤다.

"참, 엄마도, 엄마의 펄이지 뭐야?" 아이는 대답했다.

펄은 그렇게 말하면서도 여전히 웃으며 그 근처를 팔짝팔짝 뛰어 돌아다녔다. 그 어린 요정 같은 변덕스런 몸짓은 금방이라도 굴뚝 위로 뛰어오를 기세였다.

"넌 정말 엄마의 아이냐?" 헤스터는 물었다.

실없는 소리가 아니라, 그때만은 다른 생각 없이 정색을 하고 물어 보았다. 펄은 뛰어나게 총명했으므로 어머니는 펄이 자신의 정체를 밝힐 비밀의 주문을 알고 있어서 당장이라도 본성을 드러내는 게 아닌가 하는 불안이 엄습해왔기 때문이다.

"그렇다니까. 난 엄마의 펄이야!" 아이는 여전히 익살맞게 뛰며 대답했다.

"넌 엄마 딸이 아냐! 엄마의 펄이 아니야!" 반농담 삼아 어머니가 말했다. 헤스터는 깊은 고뇌에 차 있을 때도 가끔 농담을 하고 싶을 때가 있었다. "그러니까 가르쳐 줘. 넌 누구니? 누가 널 이 세상으로 보냈지?"

"엄마가 가르쳐 줘!" 아이는 정색을 하고 헤스터에게로 달려와 무릎에 매달렸다.

"넌 하늘에 계신 아버지가 보내셨어!" 헤스터는 대답했다.

그러나 이러할 때의 망설임은 아이의 예리한 눈길을 속일 수는 없었다. 평소처럼 장난삼아 그런 것인지, 아니면 악마의 재촉을 받아서인지 펄은 조그만 검지를 내밀어 주홍 글자를 만졌다.

"아냐!" 펄은 딱 잘라 말했다. "나한테 하늘의 아버지는 안 계셔!"

"입 다물지 못해, 펄! 그런 말을 하면 못써!" 어머니는 새어나오는 신음 소리를 억누르며 말했다. "우리 모두 하늘에 계신 아버지가 이 세상에 내려 보내신 거야. 네 엄마도 그렇고, 너도 그래! 그렇지 않으면 네가 어디서 왔겠니? 정말 이상한 요물 같은 애구나 넌."

"가르쳐 줘, 가르쳐 달란 말이야!" 펄이 졸라 댔지만, 이젠 아까처럼 정색을 하고 묻지 않았고 웃으면서 마루 위를 깡충거리며 돌아다니고 있었다. "엄마가 말해 줘야지!"

그러나 헤스터 자신이 어둠 속에 파묻힌 미로를 헤매고 있는데 어찌 그 질문에 대답할 수 있겠는가. 우습지도 않고 두렵지도 않은 이상한 기분이 드는 가운데 마을 사람들이 하던 말이 생각났다. 펄의 아버지를 알려고 애쓰던 사람들이 이 아이의 기묘한 성격을 보고서 펄은 악마의 자식이 틀림없다고 떠들어 댔던 것이다. 먼 중세(中世) 때부터 어머니의 죄 때문에, 또는 어떤 흉악한 목적을 이루기 위해 악마의 자식이 태어나는 일이 가끔 있었다는 것이다. 루터*4도 적(敵)인 수도사들의 소문에 의하면 그 역시 지옥 태생인 악귀의 핏줄이라고 했다. 하지만 뉴잉글랜드의 청교도 가운데에도 그처럼 불길한 인과를 짊어진 아이가 있기 마련이며, 펄 하나만 그런 것이 아니었다.

---

*4 1483~1546. 독일의 종교 개혁가.

제7장
총독 저택 객실

　어느 날 헤스터 프린은 벨링햄 총독의 저택으로 총독이 주문한, 둘레를 수로 장식한 장갑을 전하러 갔다. 무슨 중대한 공식 행사 때 착용할 것이었다. 그는 보통선거에서 패배하는 바람에 최고 지위에서 두어 계단 물러선 전 총독이었지만, 식민지 위정자들 사이에서는 여전히 명예 있는 지위에 머물며 권세를 부리고 있었다.[1]
　식민지 운영에 대하여 이처럼 큰 권력을 행사하고 있는 저명인사에게 이 날 헤스터는 수놓은 장갑을 전하는 일 말고도 좀더 중요한 일이 있어 면회를 요청했다. 종교와 정치에 더욱 엄격한 원칙을 세우고자 하는 지도적인 위치에 있는 인물들이 헤스터 프린으로부터 아이를 빼앗으려는 계획을 짜고 있다는 소문을 들었기 때문이다. 이미 말했듯이 그들은 펄을 악마의 핏줄이라 여기고 있었으므로, 착한 시민들이 그 어머니의 영혼을 생각하는 그리스도교도로서, 그녀의 앞길을 막는 아이를 제거할 의무가 있다고 논의한 일은 억지 주장이 아니었다. 한편 아이가 정신적으로나 종교적으로 성장할 가능성이 있고 언젠가는 구원될 수 있는 요소를 지니고 있다면, 헤스터 프린보다 훨씬 현명하고 뛰어난 사람에게 아이를 맡기는 편이 여러 면에서 도움이 될 것이라는 견해도 있었다. 이런 계획을 추진하고 있는 사람들 가운데 벨링햄 총독이 가장 적극적이라는 소문이었다. 요즘 세상 같으면 행정위원의 재량에 맡겨질 이런 사건이 공적으로 버젓이 논의되고 더군다나 저명한 정치가까지 찬반양론에 나선다는 것은 기묘하고 우스운 일로 여겨질 것이다. 그러나 식민 초기의 단순하고 소박하던 시대에는 헤스터 모녀의 문제보다 공적인 이해관계가 훨씬 희박할 뿐 아니라 중요성도 전혀 없는 여러 문제가 입법

---

[1] 벨링햄은 1642년에 낙선하여 1654년까지 재선되지 못했는데, 이 장의 배경은 1645년이다.

자나 법령을 괴롭히는 문제와 미묘하게 얽혀 있었다. 이 이야기가 전개되는 시기는, 돼지 한 마리의 소유권을 둘러싼 논쟁이 식민지의 입법 부문에 어마어마한 대립을 불러일으켰을 뿐더러 입법 조직 자체에까지 중대한 개혁을 단행케 한 시기와 그리 멀지 않은 때였다.*²

그리하여 헤스터 프린이 외딴 오두막을 나선 것인데, 걱정스럽고 불안했지만, 어머니로서 자신의 권리에는 단호했다. 일반 대중과 자연의 동정을 등에 업은 고독한 여성과의 승부는 그럭저럭 승산이 있을 거라는 생각도 들었다. 물론 펄도 어머니와 함께였다. 어머니 곁을 펄쩍펄쩍 뛰어다닐 만큼 자란 뒤로는 아침부터 밤까지 뛰어다녔으므로 총독 저택까지의 거리쯤은 문제도 아니었다. 그래도 지쳐서라기보다는 응석을 부리고 싶은 마음에 안아달라고 조르는가 하면, 이내 내려달라고 보채고는 헤스터를 앞질러 풀이 우거진 오솔길을 냅다 줄달음질치다가 넘어지고 고꾸라지면서도 다치지는 않았다. 펄이 화사하고 말할 수 없이 아름답다는 점은 앞에서 언급했다. 짙고 싱싱한 색조가 눈이 부실 정도였다. 빛나는 아름다운 혈색, 환한 살빛, 깊고도 강렬하게 빛나는 두 눈, 벌써부터 윤기가 흐르는 짙은 갈색 머리는 어른이 되면 새까만 색에 가까워질 것 같았다. 펄은 머리끝부터 발끝까지 불꽃이 활활 타오르고 있었다. 정열적인 순간에 생겨난 사생아였다. 어머니가 지은 아이의 옷 또한 화려한 상상력을 마음껏 발휘했다. 색다른 스타일에 금실로 특별한 수를 가득 놓은 빨간 벨벳 겉옷을 차려 입혔던 것이다. 안색이 나쁜 아이였다면 파리한 환자 같은 느낌을 주었을 강렬한 색조가 펄의 아름다움에는 멋있게 어울려 마치 지상의 불꽃 가운데 가장 밝은 불꽃 덩어리 같았다.

그러나 이 옷뿐만 아니라 아이의 전체 모습에서 두드러지게 나타나는 특징은, 보는 이로 하여금 헤스터 프린의 가슴에 달린 표시를 좋든 싫든 떠올리게 한다는 점이었다. 아이는 형태를 달리한 주홍 글자였으며, 살아 있는 주홍 글자였다. 헤스터 프린 자신이—빨간 치욕의 표시가 뇌리에 꽉 박혀 무엇을 생각하든 그 형태로 바꾸어버리기라도 하는 것처럼—일부러 주홍 글자와 비슷하게 보이도록 유도하여, 몇 시간이고 병적일 정도로 궁리한 끝에 애정의 대상과 죄업의 표시 사이에 어떤 유사성을 만들어 내고자 한 것이다.

---

*2 돼지 소유권 분쟁은 실화로써, 이 사건을 계기로 해서 1644년 이후에는 이원제(二院制)가 시작되었다.

그런데 사실상 펄은 애정의 대상인 동시에 죄업의 상징이기도 했다. 이 동일성 덕분에 헤스터는 제 자식의 모습 속에 주홍 글자를 이렇게 훌륭하게 재현할 수 있었던 것이다.

모녀가 마을 안으로 들어서자, 청교도 아이들은 놀이를 중단하고—아니, 이 음험한 장난꾸러기들이 놀이라고 부르는 것을—짓궂은 표정으로 이런 말을 지껄여 댔다.

"저것 봐, 저기 주홍 글자의 여자가 가네. 게다가 주홍 글자와 똑같이 생긴 게 옆에서 뛰어가고 있어! 안 그래? 우리 가서 진흙이라도 던져 주자!"

그러나 펄은 지기 싫어하는 아이였다. 얼굴을 찡그려 보이기도 하고, 두 발을 쾅쾅 구르기도 하고, 작은 손을 이리저리 흔들며 위협하는 몸짓을 하더니 갑자기 적의 무리 속으로 뛰어들어 모두 쫓아 버렸다. 이렇게 상대방을 맹렬히 쫓아가는 모습은, 어린아이들의 죄를 벌하는 일을 담당하는 아이들의 역신(疫神) 즉, 성홍열의 화신이나, 날개도 채 안 난 천사 같은 심판과 다름없었다. 펄은 째지는 소리로 고래고래 고함을 질렀으므로 도망치는 아이들의 마음을 두려움에 떨게 했을 것이다. 승리를 거두고 얌전히 어머니 곁으로 돌아온 펄은 생글생글 웃으면서 어머니의 얼굴을 올려다보았다.

그 뒤로는 별일 없이 벨링햄 총독 저택에 도착했다. 그 집은 커다란 목조 건물로, 지금도 미국의 오래된 도시에서 곧잘 볼 수 있는 양식이지만, 이제는 이끼가 끼고 다 허물어져 가는 데다, 어두운 방안에서 일어났다 사라진 갖가지 사건이며, 사람들의 기억 속에 남아 있거나 잊힌 수많은 슬프고 즐거운 사건 때문에 어쩐지 음산한 기운이 감돌았다. 그러나 그 시절에는 지은 지 얼마 안 되는 새집이라 세월의 흔적이 묻지 않은 신선함이 있었고, 죽음을 한 번도 맞이한 적이 없는 생활의 산뜻함이 햇볕 잘 드는 창문을 통해 흘러나오고 있었다. 참으로 즐거워 보이는 집이었다. 벽 전체에는 깨진 유리 조각을 잔뜩 섞은 회를 발랐기 때문에 햇볕이 건물 정면을 비껴 쬐면 마치 다이아몬드 가루를 뿌려 놓은 듯이 반짝였다. 그 광채 때문에 이 집은 근엄하고 나이 든 청교도 지배자 저택이라기보다는 알라딘 궁전이라고 하는 편이 더 어울렸다. 게다가 신비롭고 기묘한 무늬와 도형으로 장식되어 있는 것도 이 시대의 괴상한 취미에 잘 어울렸다. 회를 칠할 때 그려 넣은 것이었는데 영구히 보존되어 후세 사람들의 찬사를 받게 되었다.

펄은 이렇게 휘황찬란한 집을 보자 기쁜 듯이 깡충깡충 뛰며 정면 전체를 비추고 있는 햇빛을 그대로 떼어서 장난감으로 하고 싶다고 졸라 댔다.

"안 돼, 펄!" 하고 어머니는 타일렀다. "자기 햇빛은 자기가 모아야 해. 엄마는 네게 줄 햇빛이 없어!"

모녀는 현관으로 다가갔다. 아치형 현관 양쪽에는 좁다란 탑처럼 튀어나온 부분이 마주보고 있었고, 필요에 따라 나무로 만든 덧문을 여닫을 수 있는 살창문이 양쪽에 달려 있었다. 헤스터 프린이 현관에 달린 쇠고리를 두드리자 그 소리를 듣고 총독의 시종이 얼굴을 내밀었다.

그 시종은 영국에서 태어난 자유민이었지만 지금은 7년 기한의 노예생활을 하고 있었다. 이 기간 동안 그는 주인의 사유물과 같아서 소나 걸상처럼 사고 팔 수 있는 물건이었다. 이 노예가 입고 있는 푸른 윗옷은 당시뿐 아니라, 영국에서 예부터 대대로 내려오는 귀족 문중의 하인들이 보통 때 입던 옷이었다.

"벨링햄 총독님은 계신가요?" 헤스터는 물었다.

"네, 계십니다." 신대륙에 온 지 얼마 안 되어 주홍 글자를 처음 보는 시종은 눈이 휘둥그레졌다. "총독 각하께선 댁에 계십니다만, 목사님 두 분과 또 의사님도 함께 계십니다. 지금 바로 만나 뵐 수는 없을 겝니다."

"그래도 들어가야겠어요." 헤스터 프린의 단호한 태도와 가슴에서 찬란하게 빛나는 주홍 글자 때문에, 헤스터를 이 나라의 귀부인이라고 생각했던지 시종은 막으려 하지 않았다.

이리하여 어머니와 딸은 현관 안으로 들어섰다. 벨링햄 총독의 저택은 지을 때 건축 자재의 질이라든가, 기후의 차이, 게다가 특수한 사회생활 등을 고려해 상당히 변경을 가하긴 했지만 조국 영국에 있는 상류층 저택처럼 설계되었다. 그래서 이 저택에서도 현관홀은 널찍하고 천장도 높고 건물 안쪽까지 이어져 있어 다른 모든 방과 직접 통하는 복도 구실을 하고 있었다. 이 널따란 방 한쪽에는 현관 양쪽에 튀어나와 있던 두 탑이 안쪽에서는 움푹 들어간 작은 방을 이루고 있고, 그 창문으로 햇빛이 비치고 있었다. 커튼으로 반쯤 가려진 다른 한쪽의 아치형 창문에서는 더욱 강렬한 햇볕이 쏟아지고 있었다. 그 내닫이창의 튀어나온 부분에는 앉을 수 있도록 푹신한 쿠션이 깔려 있었다. 그 쿠션 위에는 《영국 연대기》[*3] 같은 이절판(二折版) 크기의 묵직한 문학책이 놓여 있었다. 오늘날 사람들이, 뜻밖의 방문객이 볼 수 있도록 방 한가운데 놓인 테이블 위에 금박을 입힌 책을 놓아두는 것과 같은 용도였다. 객실의 가구류는, 등받이에 참나무 꽃 화환을 정교하게 조각한 묵직한 의자 몇 개와, 같은 양식의 탁자가 하나 있을 뿐이었으나, 모두 엘리자베스 왕조 시대나 그 이전의 물건으로서 총독의 본집에서 운반해 온 대대로 물려 오는 유물들이었다. 탁자에는—옛날 영국인의 인심 좋은 풍습을 버리지 않았다는 증거로 백랍으로 만든 큰 맥주잔이 놓여 있었는데, 헤스터나 펄이 잔을 들여다보았더라면 바닥에 조금 전에 마시고 남은 맥주의 거품을 보았을 것이다.

벽에는 벨링햄 가문 대대의 초상화가 줄지어 걸려 있었다. 가슴에 갑옷을 두른 무인도 있고, 주름 깃을 달고 위엄을 떨치고 있는 문인의 모습도 보였다. 모두가 하나같이 옛날 초상화가 으레 그렇듯, 근엄하고 준엄한 표정을 짓고 있었다. 지금은 유명을 달리한 명사들의 초상이 아니라, 그 망령들이 살아 있는 사람들의 일하는 태도며 노는 모습을 신랄하게 비판하면서 내려다보고 있는 것 같았다.

또한 객실 벽에 댄 참나무 널의 중간 정도 높이에는 갑옷 한 벌이 걸려 있었는데, 초상화처럼 선조의 유물이 아니라 아주 최근에 만든 물건이었다. 벨링햄 총독이 뉴잉글랜드로 건너오던 해에 런던의 숙련된 대장장이가 만든 것이었다. 강철로 만든 투구·흉갑(胸甲)·후갑(喉甲)·경갑(脛甲), 그 밑에 장갑 한 쌍과 칼 한 자루—모든 것이 다 그러했지만, 특히 투구와 흉갑은 광이 날 정도로 손질이 되어 있어 마룻바닥을 온통 비추고 있었다. 이 눈부시게 빛나는 갑옷은 한낱 장식품이 아니라, 총독이 엄숙한 열병장이나 연병장에서 여러 차례 입은 일이 있으며, 피쿼드 전쟁*4 때는 이 갑옷을 입고 진두에 서서 활약하기도 했다. 벨링햄 총독은 법률가 교육을 받았고, 베이컨, 코크, 노이, 핀치*5 들을 허물없이 벗이라 불렀지만, 이 새로운 나라의 긴박한 사태는 그를 정치가나 지배자뿐 아니라 군인으로도 만들었던 것이다.

---

*3 1577년에 라파엘 호린세드가 편찬하여 출판한 역사책.
*4 1633년 코네티컷 주 리바 부근의 인디언 피쿼드 족이 영국인을 죽인 것이 발단이 되어 8백 명의 인디언을 몰살시킴.
*5 모두 저명한 영국의 법학자나 재판관.

펄은 빛나는 저택의 정면을 보았을 때 못지않게 번쩍이는 갑옷을 보고 몹시 기뻐하며 거울처럼 반들반들하게 닦은 흉갑을 들여다보고 있었다.

펄이 외쳤다.

"엄마, 엄마가 여기 비쳐요. 자, 이것 좀 봐요!"

헤스터는 아이를 달래 볼 작정으로 고개를 돌렸다. 그러자 그 볼록거울 효과 때문에 주홍 글자가 유난히 크게 과장되어 비쳐 그녀의 외모 중에서도 가장 두드러져 보였다. 헤스터의 모습은 주홍 글자 뒤로 숨어 전혀 보이지도 않았다. 펄은 또 투구에 비친 모습도 손가락으로 가리키며 웃었는데, 그 요정 같은 의미심장한 표정이 작은 얼굴에 떠올라 있었다. 그 장난기 가득한 미소 역시 투구에 고스란히 비쳤다. 길쭉하게 늘어진 그 얼굴이, 헤스터 프린이 보기에는 자기 자식의 모습이라기보다 펄의 모습을 닮으려고 애쓰는 작은 악마 같았다.

"이리 온, 펄!" 헤스터는 아이를 그곳에서 떼어 놓으려고 했다. "이리 와서 아름다운 정원을 구경하자. 틀림없이 꽃이 피어 있을 거야. 숲에서 보는 것보다 더 고운 꽃들이 말이야."

그러자 펄은 객실 반대쪽에 있는 내닫이창 쪽으로 달려오더니 짧게 깎아 양탄자처럼 깔려 있는 잔디밭 양쪽에, 심어놓기만 하고 손질이 안 된 볼품없는 관목이 늘어선 산책길을 내다보았다. 이 저택 주인은 장식적인 영국식 정원을 대서양 이쪽에서도 뿌리내리게 하려고 애를 쓰다가, 흙이 단단해서 식물이 자라기 힘든 이 땅에서는 도저히 무리한 일이라고 일찌감치 손을 놓은 모양이었다. 양배추가 제멋대로 자라 있었고, 저만치에 뿌리내린 호박이 이쪽으로 덩굴을 뻗어 객실 창문 바로 아래에 커다란 호박을 하나 매달고 있었다. 이 황금색 호박이야말로 뉴잉글랜드의 토질이 줄 수 있는 가장 푸짐한 장식품이란 사실을 총독에게 알려주려고 하는 것 같았다. 그리고 이 반도에 처음으로 이주해온 블랙스턴 목사[*6]가 심은 나무의 후손으로 보이는 장미와 사과나무도 몇 그루 보였다. 블랙스턴 목사는 황소 등에 올라타고 미국 초기 연대기(年代記)를 배회하는 반신화적인 인물이다.

펄은 장미 덩굴을 보더니 빨간 장미꽃을 한 송이 꺾어 달라고 떼를 썼는

[*6] 1595~1975. 보스턴 최초의 이민자 중 한 사람. 로드아일랜드에 이주하여 농사와 독서에 전념.

데, 아무리 달래도 울음을 그치지 않았다.

"조용히 하렴, 펄!" 어머니는 애원조로 말했다. "울지 마, 펄! 정원에서 사람 소리가 나잖아. 총독님이 계시단 말이야! 다른 분들과 함께!"

그때 산책길 저쪽에서 몇몇 남자들이 저택을 향하여 걸어오는 것이 보였다. 펄은 달래려는 어머니의 말에는 아랑곳없이 기분 나쁜 소리를 계속 질러대다가 갑자기 울음을 그쳤다. 어머니의 말에 순종할 마음은 조금도 없었다. 다만 모르는 사람이 나타나는 바람에 그 변덕스런 호기심이 발동했을 따름이었다.

제8장
요정 아이와 목사

풍성한 옷에 가벼운 모자를 쓴 벨링햄 총독은—중년 신사들이 집에서 흔히 입는 복장이다—앞장서서 집터를 안내하면서 자신의 집 개조계획을 설명하는 모양이었다. 그가 입은 옷은 제임스 왕조풍의 구식 옷이기는 했지만 정교하기 이를 데 없는 주름 깃이 반백이 된 턱수염을 감싸고 있어, 마치 큰 쟁반 위에 놓인 세례 요한의 목을 연상케 했다[*1] 인생 황혼기로 접어들어 세월의 서릿발을 맞은 총독이 풍기는 아주 완고하고 엄격한 인상은, 그가 있는 힘을 다해 자기 주위로 그러모은, 이 세속적인 즐거움을 위한 설비와는 조금도 어울리지 않았다. 그러나 근엄하고 충실한 우리 조상들이—삶은 오로지 시련과 투쟁이라고 생각하며 입버릇처럼 말하는 의무를 위해서라면 재산과 생명도 내던진다는 각오에 거짓은 없었지만—손을 내밀면 쉽게 잡히는 안락이나, 사소한 사치를 거부하는 일은 양심의 문제로 여겨 왔다고 믿는다면 큰 잘못이다. 이 같은 신조를 지금 벨링햄 총독의 어깨너머로, 흩날리는 눈발처럼 흰 턱 수염을 나부끼는 존 월슨 노목사가 설교한 일은 한 번도 없었다. 이 흰 턱수염의 주인공은 배나무와 복숭아나무가 뉴잉글랜드 풍토에서도 자랄 수 있을지 모르며, 보랏빛 포도가 햇볕 잘 드는 정원 앞 담장에 주렁주렁 매달린 모습을 보는 일은 꿈이 아니라고 말하고 있었다. 노목사는 영국 교회의 풍족함을 누리며 자랐으므로 온갖 편안함을 오랫동안 즐겨온 분명한 취향이 있었다. 설교단 위에 설 때나, 헤스터 프린이 저지른 것 같은 죄를 탄핵할 때는 매우 무서운 목사로 보였지만, 사생활에서는 온정이 넘쳐흐르는 관대한 성격의 소유자였기 때문에 그 시절의 목사 가운데 누구보다도 많은 사람들의 따뜻한 사랑과 존경을 받았다.

[*1] 마가복음 6 : 14~28.

총독과 윌슨 목사 뒤에는 두 사람의 손님이 뒤따르고 있었다. 한 사람은 독자들도 기억할, 헤스터 프린이 치욕적인 형벌을 받을 때 내키지 않는 역할을 맡았던 아더 딤스데일 목사였고, 그와 나란히 걷고 있는 사람은 요 2, 3년 동안 줄곧 보스턴에서 살고 있는 의술에 뛰어난 로저 칠링워스 노인이었다. 칠링워스는 젊은 목사의 주치의이자 친구였다. 젊은 목사는 교회 일과 의무에 너무도 헌신한 나머지 요즘 들어 건강이 눈에 띠게 나빠졌다는 소문이었다.

손님들 앞에 서서 계단을 하나 둘 딛고 올라온 총독이 객실의 커다란 창문을 좌우로 활짝 열어젖히자, 바로 그 앞에 어린 펄이 서 있었다. 헤스터 프린은 커튼의 그늘에 가리어 잘 보이지 않았다.

"이게 누구지?" 벨링햄 총독은 눈앞에 있는 아이의 새빨간 모습을 보고 깜짝 놀랐다. "이런 모습은 내 화려했던 청춘을 보낸 옛날 제임스왕 시절 이후로 처음 보는군! 그때는 나도 궁정 가면무도회에 참가하는 것을 무한한 영광으로 생각했지. 축제 때가 되면 이런 요정 같은 것들이 우글우글해서 연회 사회자의 아이라고 불렀었지. 그런데 이런 손님이 어떻게 우리 집 객실엘 들어왔지?"

"그러게 말입니다!" 선량한 윌슨 노인이 큰소리로 말했다. "요 빨간 깃털을 단 새는 무슨 새일까요? 채색된 창문으로 햇빛이 들어와 마룻바닥에 금색과 진홍색 그림자가 비칠 때 이와 똑같은 모습을 본 것 같기도 합니다만. 영국에서 있었던 일이었죠*² 한데 애야, 넌 누구냐? 네 어머니는 어째서 너에게 이런 요란한 옷을 입히셨지? 넌 그리스도 교도의 애냐? 교리 문답은 알고? 아니면 천주교의 유물과 함께 그리운 고향 잉글랜드에 남겨두고 온 장난꾸러기 요정의 친구란 말이냐?"

"난 엄마 딸이에요." 주홍색 요정이 대답했다. "내 이름은 펄이구요!"

"펄(진주)이라고? 펄이 아니라 루비겠지, ……그렇지 않으면 코럴(산호)이거나…… 아니지, 네 색깔로 보면 아무래도 빨간 장미라고 해야겠구나!" 그렇게 말하고 늙은 목사가 손으로 펄의 앙증맞은 볼을 눌러 보려고 하자 그애는 살짝 피해 버렸다. "그런데 네 엄마는 어디 있지? 아, 알겠군." 그는

---

*2 청교도는 교회나 성당의 스테인드글라스와 우상 등을 반대했다.

벨링햄 총독 쪽을 보며 조그만 소리로 속삭였다. "이 애가 지금 우리가 의논했던 문제의 아이입니다. 그리고 저기 불행한 어머니 헤스터 프린도 와 있군요!"

"그래요?" 총독은 큰 소리로 말했다. "아니, 이런 애 어머니라면 당연히 주홍색의 여인[*3]이자 바빌론 여인의 전형이라 판단해도 좋을 거요! 어쨌든 마침 좋은 때 와줬군. 곧 그 문제를 검토하기로 합시다."

벨링햄 총독을 뒤따라 나머지 세 사람도 객실로 들어왔다.

"헤스터 프린!" 타고 난 매서운 눈초리로 총독이 주홍 글자의 여인을 보며 말했다. "요즘 그대 문제로 말이 많았소. 요점인즉, 저 아이 속에 든 영원한 영혼을 속세의 함정에 빠져서 타락할 대로 타락한 그대에게 맡겨 두고 과연 우리 당국자가 양심껏 의무를 다했다고 할 수 있느냐는 문제였소. 이 애 어머니로서의 그대 생각을 듣고 싶소! 이 애를 그대 곁에서 떼어내어 제대로 된 옷을 입히고 엄하게 교육하여 하늘과 땅의 진리를 가르치는 것이 이 애의 현세와 내세를 위한 행복된 길이라고 생각지 않소? 그대가 이 애를 위해 무얼 얼마나 가르칠 수 있겠소?"

헤스터 프린은 주홍 표시를 손가락으로 가리키며 대답했다. "저는 이 글자에서 배운 것을 펄에게 가르칠 수 있습니다!"

"뭐라고! 그건 수치의 표시가 아니오!" 총독이 근엄하게 말했다. "우리가 아이를 다른 사람에게 맡기려고 하는 것은 그 글자가 나타내는 오점(汚點) 때문이오."

"말씀은 그렇습니다만……" 어머니는 안색은 창백했지만 침착하게 말을 이었다. "이 표시가 저에게 가르쳐 주는 것은…… 매일, 지금 이 순간에도 가르쳐 주고 있는 것은 나 자신에게는 아무 소용이 없지만, 이 아이가 좀더 슬기롭고 좀더 좋은 아이가 될 수 있는 교훈입니다."

"신중히 생각한 뒤에 선처하기로 합시다." 벨링햄이 말했다. "윌슨 선생, 이 아이를…… 펄이라고 하는 모양인데…… 좀 시험해 보십시오. 이 나이 또래에 알맞은 그리스도 교도로서의 교육이 되어 있는지 알아봐 주시기 바랍니다."

[*3] 요한 묵시록 제17장에 나오는 창부.

늙은 목사는 안락의자에 앉아 펄을 무릎 사이로 끌어당기려고 했다. 그러나 어머니 이외의 사람이 만지거나 상냥하게 대해 준 적이 없는 이 아이는 열린 창문으로 뛰어나가 계단 있는 데까지 달아나 버렸다. 화려한 빛깔의 깃털을 자랑하는 열대 지방의 들새처럼 언제라도 하늘로 날아갈 듯한 모습이었다. 윌슨 목사는 아이들에게 인기 있는 인자한 할아버지였기에 뜻밖의 반응에 약간 당황했으나 곧 시험을 해 보기로 했다.

"펄!" 엄숙한 말투였다. "가르침을 잘 지키면 나중에 값비싼 진짜 진주를 가슴에 달 수 있단다. 옳지, 착하구나. 너는 누가 만들었지? 대답해 봐라."

펄은 누가 자기를 만들었는지쯤은 너무도 잘 알고 있었다. 헤스터 프린은 신앙이 돈독한 집안의 딸이었으므로 하늘에 계신 아버지에 대한 얘기를 아이에게 들려 줄 때면 아무리 미성숙한 어린아이들이라도 열심히 재미있게 흡수할 수 있는 것들을 이것저것 가르쳐 주었기 때문이다. 덕분에 펄이 생후 3년 동안에 배운 것은 정말 대단한 분량이어서 뉴잉글랜드 신앙 입문서[*4]나 웨스트민스터 교리 문답집[*5]의 제1문쯤은, 비록 그 유명한 책의 외관은 모르더라도 쉽게 통과했을 것이다. 그러나 아이들은 누구나 조금 심술궂은 구석이 있기 마련이고, 펄은 10배나 더 심술궂었기 때문에 입을 꽉 다물어 버리거나 아니면 뚱딴지같은 말만 지껄였다. 펄은 아주 기분 나쁜 듯 손가락을 입에 문 채 대답하기를 거부한 끝에 자기는 누가 만든 것이 아니라, 감옥문 옆에 핀 찔레꽃 덤불에서 어머니가 주워 왔노라고 말했다.

이 어처구니없는 대답이 떠오른 것은 펄이 서 있는 총독 저택의 창문 밖에 빨간 장미가 피어 있는데다 오는 길에 감옥 앞의 찔레꽃 덤불을 본 것이 생각났기 때문이었다.

로저 칠링워스 노인이 얼굴에 미소를 띠며 젊은 목사의 귀에다 뭐라고 속삭였다. 헤스터 프린은 이 용한 의사를 쳐다보고, 자기 운명이 어떻게 변할지 모르는 불안정한 순간인데도 너무나 달라진 노인의 얼굴에 깜짝 놀랐다. 가까이 지내던 때에 비하면 너무도 추하게 일그러져 있었다. 침울하던 안색은 더욱 어두워 보였고, 몸도 전보다 더 뒤틀린 것 같았다. 한순간 시선이 마주쳤지만, 헤스터는 다시 눈앞에 벌어진 사태에 주의를 집중하려고 노력

[*4] 칼뱅의 신학을 문답 형식으로 가르치기 위한 문답집.
[*5] 17세기 말, 매사추세츠 주에서 널리 쓰이던 아동용 교과서.

했다.

"이거 야단났군!" 펄의 대답을 듣고 깜짝 놀란 총독이 다시 제정신을 차리고 큰소리로 말했다. "세살이나 먹고도 누가 자기를 만들었는지조차 모르다니! 자기의 영혼이라든가, 현세에서의 타락, 내세의 운명에 대해서도 역시 모를 게 뻔하군! 어떻습니까, 여러분. 더 이상 시험할 필요도 없겠어요."

헤스터는 펄을 붙잡아 양팔에 꽉 끌어안으며 사나운 기세로 늙은 청교도 총독을 쏘아보았다. 세상에 버림받은 외로운 몸으로 단 하나의 보물만을 의지하며 살아온 헤스터는 온 세상이 덤빈다 해도 포기할 수 없는 권리가 있다고 믿었고, 죽어도 이 권리만은 지킬 작정이었다.

"이 아이는 하느님께서 내게 주셨습니다!" 헤스터는 외쳤다. "당신들이 내게서 모든 것을 빼앗아간 대신 하느님이 이 아이를 주셨어요. 이 아이는 나의 행복입니다! 가책이기도 합니다! 펄이 있기 때문에 나는 살아갈 수 있습니다! 펄은 나에게 벌을 주기도 합니다! 이 아이가 내 주홍 글자란 걸 모르시겠습니까? 그리고 사랑하기 때문에 이 주홍 글자가 백만 배나 더 큰 힘으로 나를 벌주는 것입니다. 당신들에게 이 아이를 내줄 순 없어요! 내가 먼저 죽으면 죽었지 그럴 수는 없습니다!"

"가엾은 여자군." 인정을 모를 리 없는 늙은 목사가 말했다. "이 아이는 잘 돌봐줄 것이오. 그대 이상으로."

"하느님은 내게 이 아이를 키우라 하셨습니다." 헤스터 프린은 거의 비명에 가까운 소리로 되풀이했다. "이 아이는 절대 내줄 수 없어요!" 이렇게 말하고 발작이라도 하듯이 젊은 딤스데일 목사 쪽을 돌아보았는데, 그는 이 순간까지 한 번도 눈길조차 주지 않았었다.

"저를 위해 말씀 좀 해주세요!" 헤스터는 외쳤다. "당신은 제 목사님이고, 제 영혼을 책임지셨던 분이니까 여기 계신 분들보다는 저를 더 잘 아실 거 아녜요. 이 아이만은 빼앗길 수 없습니다! 저를 좀 변호해 주세요! 당신은 제 마음을 알아주실 거예요. 이 분들에게는 없는 동정심을 지니고 계시니까요. 제 마음속에 무엇이 있는지, 어미의 권리가 무엇인지, 그 어미에게 아이와 주홍 글자밖에 남지 않았을 때 그 권리가 얼마나 소중한지, 당신은 알고 계실 겁니다! 부탁드려요! 이 아이를 빼앗길 순 없습니다! 제발 부탁드려요!"

이 격하고 절박한 호소는 헤스터 프린이 미쳐 날뛰기 직전의 상태에 있음을 나타내고 있었다. 이 말에 젊은 목사는 곧 앞으로 나섰는데, 얼굴은 창백해지고, 특히 신경질적으로 흥분할 때에는 어김없이 그렇듯 가슴에 손을 얹고 있었다. 목사는 전에 헤스터가 사람들 앞에서 모욕을 당할 때 나섰던 무렵보다 훨씬 더 초췌하고 수척해 보였다. 건강이 쇠약해진 탓인지, 다른 일이 있는지는 모르지만 불안하고 우울해 보이는 그의 검은 눈동자 깊숙한 곳에는 괴로움이 가득 서려 있었다.

"이 여인의 말에도 일리가 있습니다." 목사는 부드럽고 떨리는 듯하면서도 단호한 목소리에 힘을 실어 말했다. 넓은 방 안이 쩌렁쩌렁 울려 속이 텅 빈 갑옷이 공명할 정도였다. "헤스터 프린의 말에도, 또 그렇게 말하는 심정에도 일리가 있습니다! 하느님이 이 아이를 주셨고, 아무리 괴팍스러워 보인다 하더라도 아이의 성격이나 요구를 본능적으로 이해할 힘도 주셨으니, 누구도 이 여자만큼 이 아이를 잘 아는 사람은 없을 겁니다. 게다가 이 모녀 사이에는 뭔가 신성한 데가 있지 않습니까?"

"뭐라고요? 그게 무슨 말씀이십니까, 목사님?" 총독이 말을 가로막았다. "좀더 자세히 설명해 주시지요!"

"당연한 일이 아닙니까." 목사는 말을 이었다. "만일 그렇지 않다면, 살아 있는 모든 것의 창조자이신 하느님 아버지께서 죄의 행위를 가벼이 보시고 부정한 육욕과 신성한 애정의 구별을 무시했다고 밖에 볼 수 없지 않습니까. 아비의 죄와 어미의 수치 사이에서 태어난 아이라 하더라도 여러 가지 방법으로 어머니의 마음을 움직이기 위해 하느님께서 이 세상에 내려보내시었고, 그렇기 때문에 어머니 역시 저렇게 열심히, 애타는 마음으로 이 아이를 보호할 권리를 주장하고 있는 것입니다. 이 아이는 축복으로, 이 여자의 생애에 단 하나의 축복으로 주어진 것입니다. 게다가 이 어머니 자신도 말한 바와 같이 죄를 벌하기 위해 태어났다는 것도 사실입니다. 아이는 생각지도 않은 순간에 느끼는 고뇌라고 할 수 있습니다. 조그만 기쁨을 맛보는 순간에도 새삼스레 욱신거리는 가슴의 고통이고, 끝없이 재발하는 번민입니다! 이 여인은 그러한 생각을 불쌍한 아이의 옷차림으로 나타내고 있지 않습니까? 아이의 옷을 보면 여인의 가슴에 낙인찍힌 저 빨간 표시가 자연스레 떠오르지 않습니까?"

"옳은 말씀입니다." 윌슨 목사가 큰 소리로 말했다. "다만 나는 이 여인이 자기 애를 구경거리로만 생각하는 게 아닌가 걱정스러울 뿐입니다."

"아닙니다. 결코 그렇지 않습니다!" 딤스데일 목사는 말을 이었다. "이 여인은 아이의 존재라는 형태로 하느님께서 엄숙한 기적을 보이셨다는 사실을 깨달았다고 생각합니다. 그리고 가능하면⋯⋯ 저는 진리라고 생각합니다만⋯⋯ 무엇보다도 어머니의 영혼을 살리려고, 보다 암담한 구렁에 빠뜨리려고 꾀는 악마의 유혹을 물리칠 수 있도록 하느님께서 저 아이를 내리셨음을 그녀도 깨달아 주기를 바랍니다! 그러므로 불멸의 영혼을 지닌 아이, 영원한 기쁨과 슬픔을 주는 아이의 뒷바라지를 하는 것은 이 가엾고 죄 많은 여인을 위해 좋은 일입니다. 아이 덕분에 어머니는 올바른 길로 인도되고, 언제나 자신의 타락을 되새기게 될 것입니다! 게다가 창조주의 신성한 약속에 따라 이 아이를 천국으로 인도할 수 있다면 아이 또한 어머니를 천국으로 데리고 갈 수 있다는 것을 이 여인에게 가르쳐 주는 셈이 됩니다! 따라서 죄 많은 어머니 쪽이 죄 많은 아버지보다도 행복하다고 할 수 있겠죠. 그러니 헤스터 프린을 위해서나 이 불쌍한 아이를 위해서라도 하느님의 섭리가 처리하신 대로 두 사람을 놔두도록 합시다!"

"상당히 열성적으로 말씀하시는군요." 로저 칠링워스 노인이 빙그레 웃으며 말했다.

"게다가 이 젊은 친구의 말에는 중대한 뜻이 포함되어 있습니다." 윌슨 목사가 덧붙였다. "어떻게 생각하십니까, 벨링햄 각하? 불쌍한 여인을 위해서 정말 훌륭히 변호해 주지 않았습니까?"

"정말 그렇군요." 총독은 대답했다. "아주 훌륭한 말씀이니, 이 문제는 이 여인이 더 이상 추문을 일으키지 않는다는 조건으로 이대로 놔두기로 합시다. 하지만 선생이나 딤스데일 목사 둘 중 한 분이 저 아이에게 규칙대로 교리 문답 시험을 치르도록 해주십시오. 그리고 적당한 때가 되면 아이가 학교에도 가고 교회에도 나갈 수 있도록 책임자들에게 일러둬야겠습니다."

젊은 목사는 말을 다하자 사람들 앞에서 몇 발짝 물러서서 두터운 커튼 자락 뒤에 얼굴을 숨기고 서 있었다. 햇빛에 비치어 마룻바닥에 드리워진 그의 그림자는 좀 전의 흥분 때문에 아직도 떨고 있었다. 그러자 버릇없고 변덕스러운 요정 같은 펄이 살그머니 목사 옆으로 다가가더니 두 손으로 목사의 손을 잡고 볼을 비벼댔다. 아주 다정하고 조심스러운 애정 표시를 보고 있던 어머니는 믿을 수 없다는 듯이 속으로 중얼거렸다.
'이 아이가 정말 펄이란 말이야?'
헤스터도 이 아이의 마음에 애정이 있다는 것은 알지만, 대부분의 경우 격한 감정으로 나타내지, 이렇게 부드럽고 다정하게 표현한 적은 지금까지 한 번도 본 일이 없었던 것이다. 목사는—오랫동안 동경해 오던 여인의 애정을 제외한다면, 본능에 이끌려 자연스럽게 어린아이의 애정표현보다 흐뭇한 것은 없으므로—주위를 둘러본 뒤 아이의 머리에 손을 얹고 잠깐 머뭇거리다가 이마에 뽀뽀를 해줬다. 그러나 펄의 그러한 기분은 오래 계속되지 않았다. 펄은 까르르 웃으면서 아주 가볍게 객실 저쪽으로 뛰어갔는데, 늙은 윌슨 목사는 아이의 발끝이 과연 마룻바닥에 닿기나 했는지 고개를 갸웃거릴 정도였다.
"저 장난꾸러기는 아무리 봐도 마술을 알고 있는 것 같군요." 그는 딤스데일 목사에게 말했다. "저 아이라면 마술할멈의 빗자루 없이도 하늘을 날 수 있겠어요."
"참, 이상한 아이예요!" 로저 칠링워스가 말참견을 했다. "저 아이가 어머니를 닮은 것은 분명합니다만, 어떻습니까, 여러분. 아이의 성격을 분석해서 아버지를 추측해 보는 것은 학자의 연구 범위를 벗어난 일일까요?"
"그렇지는 않겠습니다만, 이런 문제로 속계의 학문을 의존하는 것은 죄가 됩니다." 윌슨 목사가 말했다. "그보다는 단식하고 오로지 기도해야 합니다. 그리고 하느님께서 바라지 않으신다면 차라리 비밀은 비밀대로 놔두는 것이 좋지 않을까요? 모든 기독교도는 아버지 없는 이 불쌍한 아이에게 어버이와 같은 친절을 베풀 권리가 있는 것입니다."
사태가 잘 수습되자 헤스터 프린은 펄을 데리고 벨링햄 저택을 나왔다. 모녀가 계단을 내려갈 때 내닫이창의 격자문이 열리더니 벨링햄 총독의 심술궂은 누이동생인—4, 5년 후에 마녀로 처형된—히빈스 부인이 햇빛 속으로 얼굴을 불쑥 내밀었다고 전해진다.
"이것 보라구!" 하고 부르는 부인의 불길한 용모는 이 눈부신 새 저택에 어두운 그림자를 던지고 있는 듯했다. "오늘 밤에 나하고 같이 가지 않겠소? 숲 속에서 재미있는 모임이 있는데. 미인 헤스터 프린도 데려오겠다고

제8장 요정 아이와 목사 107

마왕님께 약속까지 했거든."

"나 대신 미안하다고 말이나 전해 주세요." 헤스터는 의기양양한 미소를 지으며 대답했다. "집에서 펄을 돌봐야 하거든요. 이 아이를 빼앗겼다면 기꺼이 당신을 따라 숲 속에 들어가 마왕님의 장부에 내 피로 서명을 했을 거예요!"

"머잖아 꼭 데리고 가겠어!" 마녀는 얼굴을 찡그리고 창문 안으로 모습을 감추었다.

그런데—이 히빈스 부인과 헤스터 프린의 만남이 단순한 소문이 아니라 정말로 있었던 일이라면—이것만으로도 타락한 어머니와 그 약한 마음에서 생겨난 아이와의 관계를 끊어서는 안 된다는 젊은 목사의 주장은 입증된 셈이었다. 이렇게 어렸을 때부터 펄은 어머니를 악마의 유혹에서 구해 주었던 것이다.

제9장
의사

　로저 칠링워스라는 이름 뒤에는, 본인이 다시는 남에게 알리지 않기로 결심한 본명이 숨겨져 있다는 것을 독자들도 기억할 것이다. 헤스터 프린이 수치를 당하는 광경을 바라보던 군중들 틈에 위험한 황야에서 탈출해온 여행에 지친 한 노인이 서 있던 일이며, 함께 따뜻하고 유쾌한 가정을 꾸밀 수 있으리라고 기대했던 여인이 죄악의 본보기로 뭇사람들 앞에 전시되어 있는 모습을 보게 되었다는 얘기도 이미 앞에서 말한 바 있다. 아내로서의 그녀의 명예는 숱한 사람들의 발밑에 여지없이 짓밟혔고, 그녀에 대한 낯부끄러운 소문이 온 광장에서 빗발쳤다. 이런 추문을 친척들이나 순결하던 시절의 친구들이 듣는다면 그들도 이 불명예에 물들 수밖에 없으며, 그 정도는 헤스터와 관계가 친밀하고 신성한 사람일수록 심하게 마련이다. 따라서 이 타락한 여자와 과거에 가장 친밀하고 신성한 관계를 맺었던 사람이―어떻게 하든 본인의 자유겠지만―이런 달갑지 않은 유산을 물려받겠다고 구태여 밝히고 나설 이유는 없는 것이다. 그 사나이는 여자와 함께 수치스러운 자리에 서지 않기로 결심했다. 헤스터 프린 말고는 아무도 이 비밀을 모르며, 그녀의 입을 막는 자물쇠의 열쇠는 그가 쥐고 있으므로 인명부에서 자기 이름을 말소시켜 버리기로 했다. 그가 맺었던 옛 인간관계나 이해관계는 벌써 오래 전에 바다 속에 매장되었다는 소문이 있으므로 정말 바다 밑으로 가라앉아 버린 듯이 완전히 증발시키기로 한 것이다. 일단 이 목표를 이루고 나면, 새로운 이해관계와 그에 따른 새로운 목적이 곧 머리를 쳐드는 모양이다. 그 목적은 죄라 할 수는 없다 할지라도 음흉한 짓임엔 틀림없고, 그의 모든 능력을 쏟을 만한 가치가 있었다.
　어쨌든 이 결심을 실행하기 위해 그는 로저 칠링워스라는 이름을 가지고 보통 이상의 학문과 지식을 갖춘 사람이라는 사실 말고는 다른 아무런 부연 설명 없이 이 청교도 마을에 자리를 잡았다. 그는 젊은 시절 한때 연구한 경험이 있어 당시의 의학에 폭넓은 지식을 갖추고 있었으므로 의사의 간판을 내걸기로 작정했고, 세상으로부터도 친절하게 환영을 받았다. 식민지에서는 내과와 외과 기술에 통달한 의사는 여간해서 만나기 힘들었다. 그것은 의사들이 종교적 정열을 안고 대서양을 횡단한 경우는 거의 없었기 때문이다. 인체 연구를 거듭하는 동안 의사들은 사람의 그 미묘한 고도의 능력을 물질 본위로 파악하고, 생명의 전부를 내포하는 듯이 보이는 놀라운 인체 조직의 복잡함에 현혹되어, 인간을 정신적인 존재로 보는 능력을 상실했기 때문이리라. 어쨌든 지금까지 보스턴 시민의 건강 의학에 관한 부분은 교회 집사 겸 약제사인 한 노인이 모두 담당했는데, 그의 돈독한 신앙심과 반듯한 태도가 의사의 면허장 이상으로 그의 자격을 보증하는 증명서가 되었다. 하나밖에 없는 외과 의사는 매일 면도칼을 휘두르는 솜씨를 이따금 고상한 수술에서도 발휘하는 사람이었다.[*1] 이러한 의업계에 나타난 로저 칠링워스는 무게 있고 엄숙한 전통 의학에 통달한 혜성과 같은 존재라는 소문이 삽시간에 퍼졌다. 그가 조제한 약에는 다종다양한 성분이 골고루 섞여 있어서 불로장생의 약을 만드는 게 아닌가 싶을 정도였다. 더구나 인디언에게 붙잡혀 있는 동안은 약초의 효능에 대한 많은 지식까지 얻었다. 이 의사가 환자들에게 거리낌없이 밝힌 바에 의하면, 무지몽매한 야만인에겐 하늘의 혜택이나 다름없는 흔해 빠진 이런 약초는 수많은 명의들이 몇 백 년이나 걸려 정제한 유럽의 약제와 다름없이 믿을 만하다는 것이다.

적어도 외면적인 종교생활에 대해서는 흠잡을 데가 없는 이 기묘한 학자는 보스턴에 도착한 바로 뒤부터 딤스데일 목사를 그의 정신적인 지도자로 모셨다. 이 젊은 성직자는 옥스퍼드 대학에서는 아직도 학자로서 명성을 떨치고 있었다. 열렬한 숭배자들은 그가 천수를 누리며 일을 계속할 수 있다면, 과거의 교부들이 초기 기독교 교회를 위해 이룩한 것만큼 위대한 업적을, 여전히 약체인 뉴잉글랜드 교회를 위해 수행할 하느님이 보낸 사도로 여겼다. 그런데 이 무렵부터 딤스데일 목사의 건강 상태가 눈에 띄게 쇠약해졌다. 평상시의 목사를 잘 알고 있는 사람들의 말에 의하면, 젊은 목사의 볼이

[*1] 전에는 이발사가 외과 의사를 겸하고 있었다.

눈에 띠게 창백해진 것은 그가 지나치게 연구에 몰두하고 교구의 일을 너무 양심적으로 처리하는데다 특히 속세의 저속함 때문에 정신적 등불이 흐려지거나 꺼지지 않도록 자주 단식이나 철야 기도를 실행하기 때문이라는 것이었다. 만약 딤스데일 목사가 죽게 된다면, 그것은 이 세상이 그의 발에 밟힐 자격조차 없다는 증거라고 말하는 자도 있었다. 이에 대하여 딤스데일 목사는 아주 겸손한 태도로, 이 세상을 떠나는 것이 하느님의 뜻이라면 그것은 자기가 지상에서 미천한 사명조차 이행할 자격이 없기 때문이라고 말했다. 목사가 쇠약해진 원인에 대해서는 의견이 분분했지만, 쇠약해졌다는 사실만은 의심할 여지가 없었다. 그의 몸은 몹시 수척해졌다. 목소리는 아직도 쟁쟁하고 부드러웠으나 어딘지 모르게 쇠약해진 것 같은 그늘이 있었다. 게다가 그는 사소한 일에도 잘 놀라며, 뭔가 갑작스런 일이 일어나면 별안간 얼굴이 붉어졌다가 이내 창백해지며 고통스러운 듯 가슴에 손을 얹는 모습을 자주 보였다.

 젊은 목사의 건강 상태가 이같이 악화돼 여명 같은 그 생명의 빛이 경각에 달렸다고 여겨질 무렵 난데없이 로저 칠링워스가 이 거리에 나타난 것이다. 이 사나이의 등장은 하늘에서 떨어졌는지 땅에서 솟아났는지 종잡을 수 없을 만큼 신비스러웠으므로, 기적이라고까지 일컫는 것도 당연한 노릇이었다. 이제는 유능한 의사로 세상에 알려진 그는 약초나 들꽃을 채집하거나, 숲 속에서 나무뿌리를 캐거나, 나뭇가지를 꺾거나 하는 모습이 자주 목격되었는데, 보통 사람의 눈에는 아무 값어치도 없는 것처럼 보이지만 그 속에 숨어 있는 효험을 잘 알고 있기 때문이었다. 과학상의 업적이 신의 조화에 가깝다는 케넬름 디그비[*2] 같은 유명한 사람과 그가 편지를 주고받는 사이라든가, 동료였다는 말을 들은 사람도 있었다. 학계에서 그 정도로 높은 지위에 오른 인물이 왜 미국 같은 데로 왔을까? 대도시에서 뿌리내리고 살 만한 사람이 이런 척박한 황야에서 무엇을 찾고자 하는 것일까? 이러한 의문에 답변이라도 하듯 터무니없는 이야기지만, 사리분별을 하는 사람들 중에도 믿는 자가 있을 정도였는데, 하느님이 훌륭한 기적을 베푸시어 독일의 어느 대학교에서 저 유명한 의학박사를 고스란히 공중으로 들어올려 딤스데일 목

＊2 1603~1665. 외교관, 해군 사령관, 저술가로서 의약과 화학 실험에 힘을 쏟았다.

사의 서재 문 앞에 내려놓으셨다는 것이다. 하느님이 '기적 같은 간섭'이라는 무대 효과를 노리지 않더라도 그 목적을 이룰 수 있다고 믿는 좀더 현명한 사람들까지도 로저 칠링워스가 적절한 시기에 등장한 사실을 하느님의 섭리와 결부시키려고 했다.

이러한 생각은 의사가 젊은 목사에게 남다른 관심을 나타내자 더욱 기세를 떨쳤다. 그는 한 교구민으로서 목사에게 접근했고, 이 천성이 소극적이고 다감한 목사의 우정과 신뢰를 얻으려고 애썼다. 의사는 목사의 건강 상태가 몹시 위중하긴 하나 서둘러 손을 쓰면 좋은 결과를 기대할 수 있다는 의욕적인 진단을 내렸다. 딤스데일 목사의 교회에 나가는 장로와 집사, 모성애가 강한 부인, 젊고 아름다운 처녀들 모두가 입을 모아 의사의 솜씨를 시험할 겸 약을 한번 써보라고 애원했지만, 딤스데일 목사는 조용히 그 간청을 물리치며 말했다.

"내게는 약 같은 게 필요 없소."

그러나 안식일이 올 때마다 볼은 창백하게 여위어 가고 목소리도 전보다 더 떨리게 되었다. 가슴에다 손을 얹는 일이 이젠 우연한 몸짓이라기보다 하나의 습관이 되어 버렸는데 어째서 목사는 그런 말을 한단 말인가? 목사 일에 싫증이 났단 말인가? 죽기를 바라는 것인가? 이러한 의문을 딤스데일 목사에게 진지한 태도로 물어본 보스턴의 선배 목사와 교회 집사들은, 하느님이 베푸는 이렇게 뚜렷한 구원의 손길을 거절하는 것은 죄라고 따지기까지 했다. 목사는 잠자코 듣고만 있더니 마침내 의사를 찾아가겠노라고 약속했다.

이 약속을 이행하기 위해 로저 칠링워스에게 의학적 소견을 구할 때 딤스데일 목사는 이렇게 말했다.

"이것이 하느님의 뜻이라면, 나는 당신이 날 위해 의술을 발휘하기보다는, 내 고뇌와 슬픔과 죄와 고통이 내 목숨과 더불어 끝을 맞이하고 머지않아 현세적인 부분은 묘에 묻히고, 정신적인 부분은 나와 함께 천국으로 올라가 영원한 생명을 얻길 바랍니다."

"네." 로저 칠링워스는 일부러 그러는지 천성이 그런지 몰라도 언제나 조용하게 대답했다. "젊은 목사님들은 늘 그렇게 말씀하시죠. 젊은 분들은 뿌리가 아직 깊게 박히지 않다보니 인생을 손쉽게 단념하지요! 그리고 이 세상을 하느님과 함께 걷고 계신 성스러운 분들은 기쁘게 이 세상을 떠나 새로운 예루살렘의 황금길을 하느님과 함께 걷고 싶을 테니까요."*3

"천만의 말씀입니다." 가슴에 손을 얹은 젊은 목사의 이마에는 고통의 빛이 확 떠올랐다. "내게 황금길을 걸을 자격이 있다면 나는 이 세상에서 어떠한 수고도 마다하지 않을 겁니다."

"훌륭한 분들은 언제나 자기 자신을 과소평가하는 법이지요." 의사는 말했다.

이렇게 하여 의문의 인물, 로저 칠링워스는 딤스데일 목사의 주치의가 되었다. 의사는 병의 증세에 흥미를 보였을 뿐 아니라, 환자의 성격이나 특징을 살펴보는 일에도 열심이었다. 나이 차이가 많이 남에도 두 사람은 차차 많은 시간을 함께 보내게 되었다. 목사의 건강을 위해, 의사가 병에 쓸 약초를 채집하기 위해 두 사람은 겸사겸사 해안이나 숲 속을 오랫동안 산책했다. 때로는 파도가 속삭이거나 부서지는 곳을, 때로는 나뭇가지 끝에서 바람이 엄숙한 찬미가를 부르는 곳을 그들은 여러 가지 이야기를 나누며 걸었다. 남의 이목을 피해 공부하는 장소를 서로 방문하기도 했다. 이 과학자와 교우하는 일에 목사가 매력을 느낀 것은 범상치 않은 깊이와 넓이를 갖춘 지적 교양뿐만 아니라, 동료 목사 사이에선 찾아 볼 수 없는 사상의 자유로움을 발견했기 때문이다. 그는 이러한 특징을 의사에게서 발견하고 충격 비슷한 놀라움을 느꼈다. 딤스데일은 진정한 목사요, 진정한 종교가였고, 하느님을 받드는 마음이 강한데다 신앙의 길을 당당하게 걸어왔던 만큼 시간이 가면 갈수록 보다 그 길을 깊이 파고드는 정신의 소유자였다. 사회 상태가 어떠하건 그는 결코 자유주의자는 되지 못했을 것이다. 자기를 지탱해 주기도 하지만 무쇠틀 속에 갇혀 있는 것 같은 신앙의 무게를 늘 느껴야만 그는 마음의 평화를 얻을 수 있었다. 하지만 그럼에도 평상시 대화를 나누는 사람들과는 또 다른 지성을 통해 이 우주를 바라보며 떨리는 기쁨과 함께 해방감을 맛보았다. 갑자기 창문이 활짝 열리며, 지금까지 램프 불빛, 가려져왔던 햇빛, 관능적인지 도덕적인지 분간할 수 없지만 아무튼 책에서 풍겨 나오는 곰팡내 속에서 그의 목숨을 좀먹고 있던 숨 막히는 방 안으로 자유로운 공기가 한꺼번에 흘러들어오는 듯한 느낌이었다. 그러나 이 공기는 너무도 신선하고 싸늘하여 오래 마시면 큰일 날 것 같았다. 그래서 다시 목사는 그를 따라다니

---

*3 요한계시록 21.

는 의사와 함께 교회에서 지장이 없다고 공인하는 범위 안으로 돌아오는 것이었다.

이런 방법으로 로저 칠링워스는 환자를 꼼꼼히 살펴보았다. 병을 치료하려면 평소의 사고 영역 내에서 낯익은 길을 걸을 때의 모습뿐 아니라, 뭔가 새로운 것을 성격 표면에 불러일으키는 다른 신선한 도덕적 세계에 내동댕이쳐졌을 때 환자의 상태도 알아야 한다고 생각했던 모양이다. 감정과 지성을 갖추고 있는 한 육체의 병은 그 감정과 지성의 영향을 받기 때문이다. 아더 딤스데일은 사고력과 상상력이 몹시 활발하고 감수성 또한 날카로웠으므로 육체의 병은 그 사고력과 상상력 속에 원인이 있는 것 같았다. 그래서 로저 칠링워스는—기술이 뛰어나고 친절하고 우의가 넘치는 의사였으므로—어두운 동굴 속에서 보물을 찾는 사람처럼 환자의 가슴 깊숙이 파고들어 사상을 음미하고, 기억을 들여다보고, 구석구석을 조심스러운 손길로 더듬어 보았다. 이와 같이 살펴볼 기회와 자유가 있고, 더구나 그것을 규명해 낼 만한 기술을 지닌 탐구자의 눈을 피할 수 있는 비밀은 아마 없을 것이다. 비밀 때문에 괴로워하는 사람은 담당 의사와 각별히 친해지지 않도록 피하는 것이 현명하다는 말이다. 가령 두뇌가 명석하고, 뭐라 말할 수 없는 어떤 능력—직관력 같은—을 지닌 의사가 있다고 하자. 눈에 거슬리는 독선과 불쾌하리만큼 두드러지는 버릇을 나타내지 않고 환자의 마음과 자기 마음을 완전히 일치시켜 환자가 머릿속으로 생각하는 내용을 자기도 모르는 사이에 털어놓게 만드는 선천적인 힘을 지니고 있다고 하자. 무슨 말을 들어도 조금도 놀라지 않고, 말보다는 침묵과, 고르지 못한 호흡이나 짤막한 탄식 정도로 연민을 나타내며 모든 것을 알고 있다는 듯한 표정을 지어 보이고, 이러한 태도에 공인된 의사로서의 특권적 태도까지 더해진다고 하자. 이러한 의사를 상대하다보면 환자도 언젠가는 마음이 풀어져 모호하기는 하나 투명한 모습으로 모든 비밀을 고스란히 쏟아놓고 만다.

로저 칠링워스는 앞에서 말한 특징을 거의 대부분 갖춘 의사였다. 그러나 시간이 흐름에 따라 인간의 사상과 학문의 모든 영역에 아울러 공통점을 지닌 두 훌륭한 정신의 소유자 사이에는 앞서도 말했듯이 일종의 친근감이 싹트게 되었다. 두 사람은 도덕과 종교, 공사(公私) 양면에 걸친 온갖 문제를 토론하고, 지극히 개인적인 문제까지도 서로 의견을 나누었다. 그러나 의사가 틀림없이 있으리라고 믿는 비밀이 목사의 의식에서 새어나와 의사의 귀에 들어오는 일은 결코 없었다. 의사는 딤스데일 목사의 병이 무엇 때문에 생겨났는지 그 실체조차도 파악하지 못하고 끝날 것 같아 불안하기까지 했다. 참으로 이상한 침묵이 아닌가!

얼마 후 로저 칠링워스의 제안도 있고 하여 딤스데일 목사의 친구들이 주선하여 이 두 사람을 한집에서 살도록 해주었다. 조류가 밀려들고 밀려가는 것 같은 목사의 건강 상태를, 그를 아끼고 세밀한 곳까지 살펴봐주는 의사가 한눈에 파악할 수 있도록 하기 위해서였다. 이 바람직한 목적을 이루었을 땐 온 마을이 기뻐서 들썩였다. 목사의 생명을 건지는 데 더없이 좋은 방법이라고 생각했기 때문이다. 아니면 그를 염려하는 사람들이 기회 있을 때마다 권한 것처럼 목사에게 푹 빠져 있는 꽃 같은 처녀들 가운데 한 사람 골라서 아내로 삼게 한다면 모를까. 그러나 아무리 아더 딤스데일을 설득해도 이 방법은 적어도 당장은 실현될 가망이 없었다. 목사는 마치 독신 생활이 교회의 계율인 양 혼담은 덮어놓고 거절했기 때문이다. 딤스데일 목사는 맛없는 남의 밥을 얻어먹고, 남의 집 난롯가에서 몸을 녹이는 사람에게 따르게 마련인 춥고 고생스런 생활을 평생 참고 살아가기로 결심한 상태였다. 그렇다면 학식과 경험이 풍부하고 마음이 인자한 노의사가 젊은 목사에게 부성애와 존경하는 마음을 두루 지니고 있으니 목사 곁에서 늘 보살펴줄 사람으로는 세상이 아무리 넓다 해도 칠링워스밖에 없을 것 같았다.

두 사람이 함께 살 새 집은 사회적 지위가 높고 신앙심이 돈독한 어느 미망인의 집이었는데, 그 집은 현재 유서 깊은 킹스채플 건물이 서 있는 대지를 거의 차지하고 있었다. 게다가 한쪽에는 본디 아이작 존슨의 땅이던 묘지가 있어, 목사와 의사 직업을 가진 두 사람이 진지한 사색에 잠기기에 더할 나위 없는 환경이었다. 훌륭한 미망인은 어머니 같은 마음에서 딤스데일 목사에게 양지바른 바깥방을 내주었는데 그 방엔 낮에도 햇볕을 가릴 수 있는 두꺼운 커튼이 드리워져 있었다. 한쪽 벽에는 유서 깊은 고블랭가(家)에서 만들었다는 태피스트리[4]가 벽 전체를 뒤덮고 있었다. 진품인지 아닌지는 몰라도 그 태피스트리에는 다윗과 밧세바와 예언자 나단에 대한 성서 이야기[5]

───────────────
[4] 색실로 풍경 같은 것을 짠 주단. 벽에 치거나 바닥에 깖.
[5] 사무엘 후서 12~13.

가 그려져 있었으며, 색이 바래지 않은 탓인지 이 장면에 나오는 아름다운 밧세바의 훌륭한 모습은 재난을 예언하는 나단에 뒤지지 않았다. 안색이 창백한 목사는 이 방에다 양피지로 장정한 초기 교회 교부들의 2절판 책과, 유대 율법학자의 학문이나 중세 수도사의 학식이 담긴 장서들을 쌓아놓았다. 프로테스탄트 신학자들은 이런 저술가들을 업신여기고 비난하면서도 자주 훔쳐보지 않을 수 없었던 것이다. 반대쪽에는 로저 칠링워스가 서재 겸 실험실을 차렸다. 현대 과학자들 눈에는 초라해 보일지 모르나 익숙한 연금술사가 사용하기에는 충분한 증류 장치며, 약제 및 화학 약품을 조제하는 기구가 한 벌 갖추어져 있었다. 이처럼 훌륭한 환경에서 각각 자기 방을 차지한 두 학자는 허물없이 상대방의 방을 드나들면서 호기심에 찬 눈으로 서로의 일을 들여다보았다.

 딤스데일 목사의 선량하고 총명한 친구들은 앞에서도 말했듯이 하느님이 이루신 이 모든 일은—공적인 장소나 집안, 또는 남모르는 장소에서 기도를 올려 수없이 애원하는 것처럼—젊은 목사의 건강을 회복시키는 데 목적이 있다고 생각했다. 그러나—여기서 한 가지 말해 둘 것은, 요즘들어 보스턴 시민들 가운데 딤스데일 목사와 신비에 싸인 의사와의 관계를 독자적인 시선으로 바라보는 사람들이 생겼다는 점이다. 무지한 대중은 자기 눈으로만 사물을 볼 경우 대체로 잘못 보는 수가 많다. 그러나 그 대중이 역시 곧잘 하는 일이지만, 따뜻한 마음의 직관에 따라 판단을 내릴 때는 참으로 심오하고 그릇됨 없는 결론을 얻으며, 그러한 결론은 주로 초자연적인 계시에 의해 명백해진 진리와 같은 성격을 띠곤 한다. 지금 화제가 되고 있는 보스턴 시민의 로저 칠링워스에 대한 편견은 진지하게 반론할 만한 사실과 논리에 바탕을 둔 성질의 것이 아니다. 그러나 30년쯤 전 토머스 오버베리 경 살해 사건[6]이 일어났던 무렵 런던에서 살았다는 한 노동자 노인의 증언에 따르면, 지금은 생각이 잘 안 나지만 하여간 이 노의사가 다른 이름으로, 오버베리 사건에 관련된 악명 높은 마술사 포먼 박사[7]와 같이 있는 모습을 보았다는 것이다. 또 이 의사가 인디언에게 붙잡혀 있는 동안 흑마술로 기적적인 치료를 한다고 널리 알려진 인디언 주술사의 비밀의식에도 참여하여 의학의 지

---

*6 1581~1613. 친구 로버트 커의 결혼에 반대하다가 런던탑에 유폐되어 독살되었다.
*7 1552~1611. 흑마술사. 오버베리 사건에서 가해자 측에 가담했다.

식을 길렀다고 말하는 자도 몇 사람 있었다. 또 많은 사람들이—그 대부분은 올바른 분별력과 건전한 관찰력을 지닌 자들로, 존경받아 마땅한 사람들이었다—로저 칠링워스의 얼굴이 보스턴에 살면서부터, 특히 딤스데일 목사와 한집에 살게 된 뒤부터 놀랄 만큼 변모했다고 했다. 처음에 칠링워스는 조용하고 명상적이어서 그야말로 학자다운 표정이었다. 그런데 지금은 전엔 보이지 않던 추악한 표정이 엿보이며, 보면 볼수록 그 표정은 더욱 뚜렷하게 눈에 띈다는 것이었다. 떠도는 소문에 의하면, 의사의 실험실 불은 땅 속에서 가져온 지옥의 연료를 때는 것이니, 의사의 얼굴이 연기에 그을리는 것도 당연하다는 것이었다.

이러한 말을 종합해 보면, 어느 시대의 기독교 세계는 특별히 신성한 인물들에게 흔히 있게 마련인, 악마나 악마의 사자(使者)가 로저 칠링워스 노인의 모습으로 변신해 아더 딤스데일 목사를 따라다닌다는 소문이 널리 퍼지기 시작한 것이다. 이 악마의 사자가 하느님의 허가를 얻어 잠시 동안 목사의 영혼 속으로 파고들어 그를 타락시키려 한다는 것이다. 그러나 분별 있는 사람이라면 누구도 승리가 어느 쪽으로 기울지를 의심하지 않았으므로, 사람들은 목사가 이 악마와의 싸움에서 이겨 결국은 영광스럽고 신성한 모습으로 변하리라고 기대했다. 하지만 승리하기까지 목사가 겪을 치명적인 고뇌를 생각하면 역시 가슴이 아팠다.

아아! 가엾은 목사의 눈 속에 깃든 공포의 검은 그림자는 그 싸움이 치열하여, 승리의 행방 또한 모호함을 암시하는 것만 같았다.

제10장
의사와 환자

　로저 칠링워스 노인은 오늘까지 평생을 살아오면서 비록 그 성질이 온화하고 따뜻했다고 말할 수는 없지만, 하여간 친절하였고 세상과 관계를 맺을 때는 늘 순수하고 솔직한 남자였다. 그런 그가 탐색을 시작했다. 재판관처럼 공정하고 중립적인 태도로 오직 진실만을 탐구해 가는 모습은 마치 인간적인 정열이나 자기가 입은 피해와는 아무 상관없이, 허공에 그린 선이나 도형 같은 기하학 문제를 다루는 듯했다. 그러나 차차 깊이 파고들어갈수록 조용해 보이면서도 거스를 수 없는 필연성이 무서운 힘으로 노인을 사로잡았기 때문에 칠링워스는 그것이 명하는 대로 움직이기 전까지는 자유로운 몸이 될 수 없었다. 그래서 노인은 노다지를 찾는 광부처럼 이 불쌍한 목사의 가슴속을 파헤쳤다. 아니, 그의 모습은 시체의 가슴에 달린 보석을 찾겠다고 무덤을 파헤쳤으나 다만 썩어가는 주검밖에 찾지 못한 교회 무덤 파는 인부의 모습과 더 흡사했는지도 모른다. 노인이 찾던 것이 그와 같은 썩은 주검이었다면 그의 영혼이야말로 불쌍하기 그지없으리라!
　이따금 의사의 눈에서 광채가 번뜩일 때가 있었다. 퍼렇고 불길하게 타오르는 그 모습은 용광로에서 반사되는 불빛 같기도 하고, 어찌 보면 버니언이 그린[1], 산 중턱에 있는 무시무시한 문에서 터져 나와 순례자들 얼굴을 비친 그 기분 나쁜 불꽃과도 비슷했다. 이 음울한 광부가 파헤치던 땅에서 용기를 북돋워 주는 어떤 조짐이 있었으리라.
　그럴 때면 의사는 홀로 중얼거렸다.
　"이 사람은 남이 보기에는 순수하고 정신적으로 보이지만, 아버지나 어머니 어느 한쪽에서 강렬한 동물적 기질을 물려받았어. 그에 대해 이 광맥을

---

*1 존 버니언의 《천로역정》에는 지옥으로 가는 문이 천국으로 가는 길의 산 중턱에 있다.

좀더 깊이 파봐야겠어!"

 의사는 목사의 어두운 내면을 오랫동안 탐색했지만, 수없이 파헤쳐 올린 귀중한 자료들은 모두 인류의 행복에 대한 높은 이상이나 영혼에 대한 따뜻한 애정과 순수한 감정, 타고난 신앙심 등 사고나 연구를 통해 보강되고 계시의 빛을 받아 빛나는 것뿐이었다. 그러나 추적자에게 이러한 값비싼 황금은 한 푼의 값어치도 없는 물건이었으므로 실망하고 돌아서서 또 다른 방향으로 조사를 시작했다. 발소리를 죽이고, 주위를 살피며 조금씩 더듬어서, 마치 소중하게 관리하고 있는 보물을 훔치고자 주인이 잠들어 있거나 어쩌면 잠에서 완전히 깨어 있을지도 모르는 방에 몰래 들어가는 도둑과 같은 꼴이었다. 조심을 하느라고 했지만 이따금 마루청이 삐걱대고, 옷 스치는 소리까지 내면서 가까이 가면 안 될 곳까지 다가섰기 때문에 그의 그림자가 상대방의 얼굴 위를 가리기도 했다. 바꾸어 말하면, 정신적 직관이 발달한 과민한 신경의 소유자인 딤스데일 목사는 의사와의 관계에서 마음의 평화를 깨뜨리는 어떤 위험이 무리하게 자기 쪽으로 다가오고 있다는 사실을 막연하게나마 깨닫기 시작한 것이다. 그러나 로저 칠링워스도 직감에 가까운 지각력을 갖고 있었으므로 목사가 깜짝 놀라 쳐다보아도 동정은 할망정 간섭할 마음은 없는 친구처럼 친절하고 조심스런 표정으로 태연히 앉아 있을 뿐이었다.

 그러나 마음이 병든 사람들이 흔히 그렇듯 지나치게 과민해진 딤스데일 목사가 모든 인간을 의심부터 하고 보지 않았더라면, 로저 칠링워스의 성격을 좀더 완전히 간파할 수 있었을 것이다. 그는 아무도 친구로서 믿지 않았기에 막상 적이 나타났을 때도 그가 적이라고 알아차리지 못했다. 그 결과 목사는 여전히 늙은 의사와 친하게 지내며, 날마다 그를 서재로 불러들이기도 하고 상대방의 실험실을 찾아가 잡초가 효력 있는 약으로 변하는 과정을 보며 기분 전환을 하곤 했다.

 어느 날 목사는 묘지가 내다보이는 활짝 열린 창문턱에 팔꿈치를 대고 손으로 이마를 짚은 자세로 로저 칠링워스와 이야기를 나누고 있었다. 노인은 지저분한 풀다발을 살펴보고 있었다.

 "선생님." 목사는 그 풀을 곁눈질하며 물었다. 목사는 사람이든 물건이든 대상을 정면으로 보지 않는 버릇이 있었다. "어디서 이렇게 검고 축 늘어진 약초를 찾으셨습니까?"

"바로 저 묘지에서 뜯었지요." 의사는 일손을 멈추지 않고 대답했다. "나도 처음 보는 풀입니다. 비석은커녕, 죽은 자에 대한 아무 기록조차 없는 무덤 위에 나 있더군요. 이 흉측한 잡초만이 죽은 자를 추모한다는 느낌을 주고 있었어요. 이 풀은 죽은 자의 심장에서 돋아났을 겁니다. 살아 있을 동안 고백했더라면 좋았을 것을 끝까지 숨기는 바람에 그 죄가 이런 형상으로 나타났나 봅니다."

"그 사람도 고백하고 싶은 마음은 태산 같았겠지만, 도저히 할 수 없었던 거겠죠." 목사는 말했다.

"왜 그럴까요?" 의사가 반문했다. "왜 고백하지 않았을까요? 자연의 힘이 모든 죄를 고백하라고 입을 모아 요구하고 있는데? 보다시피 죽은 사람의 심장에서 검은 잡초가 돋아나와, 말하지 못한 범죄를 만천하게 드러내고 있지 않습니까?"

"그건 선생님의 공상에 지나지 않습니다." 목사는 대답했다. "내 생각이 잘못되었는지는 모르지만, 사람의 마음속 깊이 파묻힌 비밀을 말이나 상징으로 폭로하는 힘은 하느님의 자비심밖에 없습니다. 그와 같이 비밀을 간직한 죄 많은 마음은 이 세상에 숨어 있는 모든 것이 폭로되는 최후의 심판 날까지 계속 비밀을 지키려고 고집할 것입니다. 내가 성경을 읽고 해석한 바로는 설령 인간의 생각이나 행동이 공표되는 심판의 날이 오더라도 인과응보의 일부로 그렇게 된다고 생각하지 않습니다. 그와 같은 생각은 천박하다는 비난을 면할 수 없을 거예요. 그렇죠, 그처럼 모든 것이 공표되는 것은 바로 그날, 이 세상의 어두운 문제가 밝혀지는 것을 보고자 기다리던 호기심 많은 사람들에게 지적인 만족을 주기 위하여 마련된 장치일 뿐이라고 해도 그리 잘못된 말은 아닐 겁니다. 이 어두운 문제를 완전무결하게 해결하기 위해 필요한 것은 인간의 마음에 대한 이해예요. 게다가 선생께서 말씀하시는 것과 같은 비참한 비밀을 마음에 간직하고 있는 인간은 그 최후의 날에 주저하기는커녕 더할 나위 없는 기쁨을 안고 그 비밀을 고백할 거라고 생각합니다."

"그렇다면 왜 이 세상에서 그 비밀을 털어놓지 못할까요?" 로저 칠링워스는 곁눈으로 흘끔흘끔 목사의 모습을 살피고 있었다. "왜 죄인은 그 더할 나위 없는 기쁨이란 것을 좀더 빨리 자기 것으로 하지 않을까요?"

"대부분의 사람들은 그렇게 하고 있습니다." 목사는 지독한 고통이 밀려오는 듯 가슴을 움켜쥐었다. "많은 불쌍한 영혼의 소유자들이 임종의 자리에서뿐 아니라, 원기왕성하고 명성을 떨치는 시절에도 내게 죄를 고백합니다. 모든 것을 고백하고 나면 그들이 얼마나 안도의 표정을 짓는지 몰라요! 오랫동안 자신의 부패한 숨결에 질식할 것 같다가 자유로운 공기를 마시게 된 사람처럼 말이에요. 그럴 수밖에 없지 않겠습니까? 살인을 한 불행한 사람도 시체를 마음속에 묻느니, 차라리 당장 밖으로 드러내어 뒷일은 우주에 내맡기고 싶어할 겁니다!"

"하지만 세상에는 비밀을 가슴속에 묻어 두려는 사람도 있습니다." 의사는 싸늘하게 말했다.

"하긴 그런 사람들도 있지요." 딤스데일 목사는 대답했다. "그런데 뻔히 알고 있는 이유야 어쨌건, 타고난 성질 때문에 침묵을 지키는 겁니다. 아니면, 이렇게 생각할 수도 있지 않을까요? 비록 죄는 지었지만 하느님의 영광과 인간의 행복을 바라는 열정은 여전히 뜨겁다보니 자신의 추악하고 흉한 모습을 세상에 드러내고 싶지 않은 게 아닐까요? 그런 일을 해버리면 어떠한 선행도 할 수 없게 되고, 전보다 더 열심히 선행을 한다 해도 과거의 죄를 속죄할 수 없으니까요. 그래서 말할 수 없는 고통을 겪으면서도 마치 흰 눈처럼 순결한 체하며 사람들 사이를 활보하는 것인데, 사실 그 마음속은 결코 지울 수 없는 죄악이 시커멓게 얼룩져 있지요."

"그런 사람들은 스스로를 기만하고 있는 겁니다." 로저 칠링워스는 여느 때보다 힘차게, 집게손가락을 가볍게 움직이며 말했다. "그런 사람들은 피할 수 없는 치욕을 마주 대할 용기가 없는 거예요. 인간에 대한 사랑이라든가, 하느님에게 봉사하는 열성이라든가…… 그런 성스러운 충동과, 그자들이 저지른 죄가 문을 열고 불러들인 나쁜 종자를 번식시키는 사악한 충동이 마음속에 공존하는지 여부에 대해서는 말하지 않더라도, 그자들이 하느님을 찬양하고 싶다면 더더욱 그 더러운 손을 천국 쪽으로 쳐들게 해서는 안 됩니다! 그자들이 동포에게 봉사하고 싶다면 먼저 겸손한 태도로 죄를 회개하여 양심의 힘과 존재를 명백하게 하는 일부터 해야 하지 않을까요? 현명하고 경건한 당신이 나한테 설마 기만이 하느님의 진실보다도 훌륭하고, 하느님의 영광과 인간의 행복을 위한 일이라고 믿게 하려는 건 아니겠죠? 그런 자들은 스스로를 기만하고 있는 겁니다. 아무렴요!"

"그럴지도 모르죠." 젊은 목사는 요점에서 벗어난 논의를 일축하듯 무심하게 말했다. 목사는 지나치게 날카롭고 신경질적인 자기 성격을 자극하는 그런 화제를 잘 회피하는 재주가 있었다. "그런데 선생께서는 쇠약해진 내 몸이 선생의 친절한 간호로 무슨 효험이라도 보았다고 생각하십니까?"

로저 칠링워스가 채 대답을 하기 전에 어린아이의 맑고 자지러지는 듯한 웃음소리가 이웃 묘지 근처에서 들려왔다. 열어젖힌 창문으로—여름이었다—목사가 본능적으로 내다보니 헤스터 프린과 딸 펄이 묘지 사이의 오솔길을 걸어오는 모습이 보였다. 펄은 여름 그 자체를 나타내듯 눈부시게 예뻤으며, 여느 때나 다름없이 심술궂은 장난기에 젖어 있었다. 이런 때의 펄은 공감이라든가 인간적인 접촉이 있는 세계에서 완전히 벗어나 있는 것처럼 보였다. 그때 마침 펄은 이 무덤에서 저 무덤으로 깡충깡충 뛰어다니고 있었다. 그러다가 아이작 존슨 같은 거물급 인사의 무덤으로 보이는, 넓고 편평한 가문(家紋)이 새겨진 묘비가 있는 곳까지 오더니 그 위에서 춤을 추기 시작했다. 좀 얌전히 굴라고 타이르는 어머니의 말에 대한 대답으로 펄은 춤을 멈추고, 그 대신 그 무덤 옆에 있는 키 큰 우엉나무로부터 가시 돋친 열매를 따기 시작했다. 두 손 가득 모이자 펄은 그것을 어머니 가슴에 붙어 있는 주홍 글자의 선을 따라 붙였다. 가시투성이인 열매는 붙어서 떨어지질 않았다. 헤스터도 떼려 하지 않았다.

로저 칠링워스는 이미 창가로 와서 기분 나쁜 웃음을 띠며 내려다보고 있었다.

"법칙도, 권위에 대한 존경심도, 옳건 그르건 인간의 관습이나 의견에 대한 관심도 저 아이의 성격에는 조금도 섞여 있지 않단 말이야." 의사는 혼잣말도 아니고 상대방에게 하는 말도 아닌 투로 중얼거렸다. "요전에는 저애가 스프링레인의 가축용 물통이 있는 곳에서 총독 각하에게 물을 튀기는 것을 보았어요. 저 아이는 도대체 무엇일까요? 저 장난꾸러기 계집애는 정말로 악마일까요? 애정이 있긴 할까요? 저 애 한테도 인간다운 원칙이 있을까요?"

"아무것도 없습니다. 있는 것은 규칙을 파괴한 뒤에 오는 자유뿐이에요." 딤스데일 목사는 이 문제를 줄곧 생각해 온 듯한 말투로 조용하게 대답했다.

"선행을 할 수 있을지 모르겠습니다."

펄은 두 사람의 말소리를 들은 모양이었다. 환하고 총명하고 명랑하며 장난기가 가득한 미소를 띠고 창문 쪽을 올려다보더니 딤스데일 목사를 향해 그 가시 열매를 하나 집어던졌다. 예민한 목사는 날아오는 열매를 피했다. 몹시 당황하는 목사의 모습을 보자 펄은 아주 재미있다는 듯이 손뼉을 치며 좋아했다. 헤스터 프린도 무심코 창문을 올려다보았다. 이 네 남녀노소는 잠자코 얼굴을 마주보았는데, 마침내 아이가 큰 소리로 웃으면서 소리쳤다.

"도망가야 해, 엄마! 안 그럼 저기 있는 악마에게 붙잡혀! 목사님은 벌써 붙잡혔잖아. 도망가, 엄마. 붙잡힌단 말이야! 하지만 펄은 문제없어!"

이렇게 말하면서 펄은 어머니의 손을 잡아끌고 갔다. 무덤 사이를 경쾌하게 뛰고 달리며 춤추는 모습은, 마치 거기 묻혀 있는 과거 세대와는 어떠한 관계나 유사성도 인정하지 않으려는 것 같았다. 완전히 새로운 요소로 만들어진 아이여서 제멋대로 살아가도록 허용되어야 하고, 그 특이성은 아이의 죄가 아니며, 아이 자신이 곧 규범이라고 말하는 것 같았다.

잠시 후에 로저 칠링워스가 말했다.

"저기 가는 저 여자는 그 죄과가 어떻든 간에 당신이 괴로워서 견딜 수 없다고 말씀하신 그런 숨은 죄악의 비밀은 전혀 없어 보입니다. 헤스터 프린의 비참함은 가슴에 주홍 글자를 달고 있기 때문에 그만큼 가벼워졌다고 생각하십니까?"

"그렇게 믿습니다." 목사는 대답했다. "하지만 저 여인 대신 그렇다고 대답할 수는 없습니다. 저 여인의 얼굴에는 보지 않았더라면 더 좋았을 고통의 빛이 엿보였으니까요. 그래도 죄를 숨기고 괴로워하는 인간보단 저 불쌍한 헤스터처럼 그 고통을 드러내는 편이 훨씬 낫다고 생각합니다."

또다시 짧은 침묵이 흘렀고, 의사는 채집해 온 약초를 다시 조사하고 정리하기 시작했다.

"아까 당신의 건강에 대한 진단 결과를 물으셨죠." 마침내 의사가 입을 열었다.

"네, 물었습니다." 목사는 대답했다. "꼭 알고 싶습니다. 죽고 사는 게 문제가 아니니 주저하지 마시고 솔직히 말씀해 주십시오."

"그럼 있는 그대로 말씀드리지요." 의사는 약초를 뒤적이면서도 딤스데일 목사에게 빈틈없는 눈길을 던지며 말했다. "목사님의 병은 좀 이상합니다. 적어도 내가 관찰한 증상으로 본다면, 병 자체나 겉으로 드러나는 증상이 이상한 건 아닙니다. 벌써 여러 달 동안 목사님을 모시고 하루도 빠짐없이 진찰하며 증세를 주의 깊게 살펴본 결과, 목사님의 병이 심각하지 않다고는 할 수 없지만 경험 많고 신중한 의사라면 가망이 없다고 포기할 만큼 중태도 아닙니다. 하지만 뭐랄까요? 아는 병 같으면서도 알 수 없는 병입니다."

"수수께끼 같은 말씀이군요." 창백한 목사는 창밖을 내다보며 말했다.

"그럼 더 분명히 말씀드리죠." 의사는 말을 이었다. "아무래도 명쾌하게 말씀드려야 할 테니까 모쪼록 실례되는 점이 있다면 용서를 바랍니다. 그럼, 친구로서…… 하느님의 뜻에 따라 목사님의 생명과 건강을 맡고 있는 사람으로서 묻겠는데, 목사님은 병환의 전모를 숨기지 않고 나에게 말씀하신 겁니까?"

"새삼스레 무슨 말씀이신가요?" 목사는 말했다. "어린애도 아닌데 의사를 불러 놓고 증상을 숨길 리가 있겠습니까."

"그럼 내게 모든 것을 다 말씀하셨다는 거지요?" 로저 칠링워스는 집중된 강한 지성이 빛나는 눈으로 목사를 응시하면서 말했다. "그렇다고 해둡시다! 그런데 말입니다, 외면적인 증상만 말해 보았자 의사는 고쳐야 할 중요한 병 증세를 반밖에 모르기 십상입니다. 육체의 병이 병의 전부라고 생각하기 쉽습니다만, 사실 정신적 병의 한 증세에 불과할 수도 있거든요. 내 말이 조금이라도 목사님의 귀에 거슬린다면 용서를 빌겠습니다. 내가 알고 있는 사람들 중에서 정신의 도구인 육체가 그 정신과 밀접하게 결부되어 이른바 심신의 혼연일체를 이룬 분은 목사님뿐이거든요."

"그렇다면 이 이상 치료를 계속할 필요가 없겠군요." 목사는 약간 허둥거리며 의자에서 일어났다. "선생은 영혼을 고치는 약은 다루지 않으시는 것 같으니까요."

로저 칠링워스도 가무잡잡한 작달막하고 뒤틀린 몸을 일으켜, 여위어 볼까지 창백해진 목사와 마주 서더니 상대방이 말을 가로막은 점에는 조금도 개의치 않고 여전한 어조로 말을 이었다.

"그러니까 병은…… 이렇게 말해도 될지 모르겠습니다만, 정신에 어떤 병이 생기면 삽시간에 적절한 형태로 몸에 나타나는 겁니다. 그러니 육체의 병을 의사가 고쳐 주기 바라신다면 먼저 의사에게 영혼 속의 상처와 괴로움을 털어놓아야 합니다. 그렇지 않고서는 의사로서도 손쓸 도리가 없으니까요."

"거절합니다, 당신에겐! 이 지상의 의사에게는 얘기하지 않을 겁니다!" 딤스데일 목사는 격렬하게 큰 소리를 지르며, 이글거리는 눈을 크게 뜨고 거친 눈초리로 로저 칠링워스 노인을 노려보았다. "당신에게는 싫습니다! 그러나 내 병이 영혼의 병이라면 나는 영혼을 고치는 유일한 의사이신 하느님께 몸을 맡기겠습니다! 고치시든 죽이시든 그분 마음이니까요! 그분이 선하고 옳다고 판단하신 일이라면 나는 무엇이든 따르겠습니다. 그런데 죄로 괴로워하는 자와 하느님 사이에 끼어들어 참견하는 당신은 대체 뭐 하는 사람입니까?"

노기등등한 기세로 목사는 방에서 나가버렸다. 섬뜩한 미소를 띠고 목사의 뒷모습을 바라보며 로저 칠링워스는 혼자 중얼거렸다.

"이런 방법도 나쁘지 않군. 잃은 건 아무것도 없어! 곧 화해도 하겠지. 그나저나 격정에 사로잡혀 정신도 못 차리는 꼴이라니! 격정도 열정도 뿌리는 매한가지지! 저 경건하신 딤스데일 선생께서 한때 뜨거운 피를 억누르지 못하고 마음의 열정에 사로잡혀 부당한 짓거리를 한 게 틀림없어!"

두 사람이 전과 같은 우정을 되찾는 것은 그리 어렵지 않았다. 젊은 목사는 몇 시간 혼자 마음을 가라앉히다가, 몰골사납게 성을 낸 일은 신경이 어떻게 된 탓이지, 의사가 딱히 그를 자극할 만한 말을 하진 않았다는 사실을 깨달았다. 의사로선 당연한 의무라고 생각하고 충고했을 따름이며, 그 친절한 노인을 그토록 심하게 물리치다니 자신도 놀라지 않을 수 없었다. 잘못을 후회하자 목사는 곧 의사에게 사과했고, 건강이 회복되지는 않았다 하더라도 연약한 생명을 오늘날까지 이어준 것만은 틀림없으니 앞으로도 치료를 계속해 달라고 부탁했다. 로저 칠링워스도 흔쾌히 받아들였다. 의사는 목사를 성심 성의껏 돌보기는 했으나 진찰이 끝나 환자 방을 나올 때는 늘 입가에 이상야릇한 미소를 짓고 있었다. 딤스데일 목사 앞에서는 이 표정을 지은 적이 없지만 의사가 문지방을 넘어서는 순간부터 확연히 드러났다.

"참 이상한 병이야!" 의사는 중얼거렸다. "좀더 깊이 조사할 필요가 있겠는데. 정신과 육체가 기묘하지만 밀접하게 연결되어 있어! 의학을 위해서도 이 병은 철저히 규명해 봐야겠군!"

앞서 말한 사건이 있은 지 얼마 안 되어 딤스데일 목사는 대낮에 의자에 앉은 채로 자기도 모르게 깊은 잠에 빠져 있었다. 책상 위에 펴놓은 커다란 고딕 활자 책이 독자에게 잠을 오게 하는 아주 대작이었던 모양이다. 평상시에 목사는 나뭇가지 위를 뛰어다니는 작은 새처럼 가볍고 침착성 없이 금방 놀라 도망칠 것 같은 선잠을 잤다. 그런데 이번에는 정신이 전에 없이 자기 껍질 속에 깊숙이 틀어박혀 버렸는지, 로저 칠링워스가 별로 조심스럽지도 않게 방으로 들어갔는데도 목사는 의자에 앉은 채 꼼짝도 하지 않았다. 의사는 곧장 환자 앞으로 가서 그의 가슴에 손을 얹고 여태까지 의사에게조차 보인 일이 없는 앞가슴의 옷을 풀어 젖혀 버렸다.

그때 딤스데일 목사는 부르르 떨며 약간 몸을 움직였다.

잠시 서 있다가 의사가 방을 나갔다.

그런데 그 놀라움과 기쁨과 두려움이 뒤섞인 그의 표정은 말할 수 없이 오싹하기만 했다! 그 미친 듯한 기쁨은 눈과 입만으로는 표현할 수 없을 만큼 강렬하여, 그 흉측한 몸 전체에서 터져 나왔다. 천장을 향하여 두 팔을 힘껏 휘두르고, 마룻바닥을 발로 구르지 않고는 배길 수 없었다! 이렇게 기쁨에 미쳐 날뛰는 로저 칠링워스를 본 사람이라면, 고귀한 인간의 영혼이 천국으로 가다 지옥으로 끌려 들어갔을 때 악마가 어떠한 짓을 하는지를 물어볼 필요도 없을 것이다.

그러나 의사의 미치광이 기쁨에는 악마의 미치광이 기쁨과 달리 놀라움이란 특징이 있었다.

제11장
마음속

앞에서 말한 사건 그 뒤 목사와 의사의 관계는 겉으로는 변함이 없었으나, 실제로는 전혀 다른 성격을 띠게 되었다. 로저 칠링워스의 머릿속에는 나아갈 길이 뚜렷하게 그려져 있었다. 물론 그가 처음에 계획하고 걸어가고자 하던 길과 완전히 똑같지는 않았다. 아주 조용하고 온순하며 냉철해 보이는 이 불행한 노인의 마음속에 가만히 숨죽이고 있던 악의가 바야흐로 활동을 개시해, 과거의 어느 누구도 원수에게 그런 앙갚음을 한 적이 없을 만큼 처참한 복수를 생각게 했는지도 모른다. 공포, 양심의 가책, 고뇌, 무익한 후회, 그리고 아무리 물리쳐도 되돌아오는 죄책감, 이 모든 감정을 털어놓을 수 있는 유일무이한 친구가 되는 것이 그 복수였다. 큰마음을 지닌 자비로운 세상이라면 불쌍히 여기고 용서해 주었을지도 모르는 죄 많은 슬픔을, 냉혹하고 용서를 모르는 사나이 앞에 털어놓게 하는 것이다! 그의 마음속에 꽁꽁 숨겨져 있는 음산한 보물을 후벼 파낸 뒤 그에게 다시 선선히 돌려주는 것이다. 복수라는 빚을 받아내는 데 이보다 더 적절한 방법이 또 어디 있겠는가!

이 계획은 목사의 소극적이고 민감한 성격 때문에 잘 진행되지 않았다. 그러나 로저 칠링워스는 이 사태에 큰 불만이 없었다. 이것도 다 하느님―복수를 하는 사람이건 당하는 사람이건 똑같이 자신의 뜻에 따라 움직이시며, 때로는 벌해야 할 때 용서하시기도 하는 하느님―의 뜻이라고 생각했기 때문이다. 칠링워스는 하나의 계시를 받았다고 거의 확신했다. 그 계시가 천국에서 왔건 다른 세계에서 왔건 목적을 이루는 데 도움이 된다면 전혀 문제되지 않았다. 그 계시 덕분에 의사는 딤스데일 목사와의 모든 관계에서 목사의 외양뿐만 아니라, 영혼 내부까지도 들여다보게 되어 마음의 모든 움직임을 속속들이 이해할 수 있을 것 같았다. 그 뒤로 노인은 불쌍한 목사의 내면세계를 단순히 관찰하는 데 그치지 않고, 그 세계의 주인이 되었다. 마음대로 목사를 조종할 수 있게 된 것이다. 목사를 고뇌에 빠뜨려 괴롭히고 싶으면, 희생자는 언제나 고문대 위에 올라앉아 있는 셈이니 고문대를 조작하는 손잡이가 어디 있는지 알기만 하면 되었다. 그리고 의사는 그것을 너무도 잘 알고 있었다! 갑자기 목사를 두려움에 떨게 하고 싶으면, 마술사가 지팡이를 한번 휘두를 때처럼 죽음의 환영이나, 그보다 더 끔찍한 치욕의 환영 같은 수많은 환영이 나타나 목사 주위에 떼지어 몰려들어 그의 가슴을 손가락질하는 것이었다!

목사는 어떤 기분 나쁜 힘이 자기를 노리고 있다는 것을 끊임없이 막연하게 느꼈지만, 이 모든 것은 완벽할 만큼 교묘하게 이루어졌으므로 도저히 실체를 파악할 수가 없었다. 목사가 늙은 의사의 추하게 일그러진 모습을 의심스럽게, 어떤 때는 두렵게—때로는 혐오와 몸서리나는 증오의 감정을 품고서—바라본 것은 사실이다. 의사의 태도, 걸음걸이, 반백의 턱수염, 아무 의미없는 사소한 몸짓, 심지어 걸치고 있는 옷 모양새까지도 목사의 눈에는 거슬렸다. 목사의 가슴속에 스스로도 깨닫지 못할 만큼 깊고 깊은 반감이 있다는 사실을 은연 중에 나타내는 증거였다. 이러한 불신과 혐오의 원인을 찾아내지 못한 딤스데일 목사는, 앓고 있는 단 한곳에서 퍼져나온 독소가 온 마음을 더럽히고 있다고만 굳게 믿고 자기가 품은 모든 악감정의 원인은 오로지 그 독소 때문이라고 생각했다. 목사는 로저 칠링워스에게 나쁜 감정을 품은 자신을 책망하고, 그런 감정에서 교훈을 이끌어내지 못할 뿐 아니라, 그 나쁜 감정을 뿌리뽑으려고 갖은 애를 썼다. 그러나 그것이 가능할 리 없었으므로 여전히 생활원칙에 따라서 계속 노인과 교분을 나누며 목적을 달성할 기회를 부단히 제공한 셈이었다. 그리하여 희생자보다도 더 비참한 존재인 고독한 복수자는 목표 달성에 온 힘을 기울이게 되었다.

이처럼 몸은 병에 시달리고, 마음은 암담한 고뇌에 들볶여 흉악한 적의 간계에 농락당하면서도 딤스데일 목사는 목사로서의 빛나는 명성을 쌓아가고 있었다. 사실 그 명성의 대부분은 그의 슬픔 덕분에 얻게 된 것이었다. 그의 타고난 지성과 도덕적인 감성, 또 정서를 경험하고 전달하는 능력은 평소의 찌르는 듯한 고통 때문에 이상할 만큼 활발한 활동을 보였다. 아직 오르막길에 있긴 했지만, 그의 명성에 가려 우수한 여러 동료 목사를 포함한 성직자들의 평판은 완전히 빛을 잃었다. 목사들 가운데에는 딤스데일 목사가 태어나기 훨씬 전부터 성직과 관련된 심오한 학문에 몸담아 온 사람들도 있었으므로 이 젊은 목사보다 더욱 건실하고 해박한 학식을 지닌 학자도 있었다. 또한 이 목사보다 굳건한 정신과, 무쇠나 대리석처럼 굳고 날카로운 이해력을 지닌 사람도 없지 않았지만, 이와 같은 이해력에 교양이라는 요소가 적당히 섞이면 상당히 훌륭하고 유능하긴 하나 고리타분한 목사로 변하는 것이다. 게다가 참다운 성자로 책 속에 파묻혀 꾸준히 공부하고, 냉철하게 사색하여 재능을 갈고 닦고, 천국과 정신적으로 교류하며, 그 청렴한 생활로 말미암아 인간 세계의 옷을 입은 채 천국으로 인도된다 해도 조금도 이상하지 않을 모습이었다. 단지 이 사람이 갖추지 못한 재능은 성령 강림절[*1]에 선택된 사도들에게 내려진 불의 혀뿐이었다. '불의 혀'는 모르는 외국어를 말하는 능력이 아니라, 마음의 언어로 전 인류 동포에게 말하는 힘을 상징하는 것이다. 다른 면에서는 사도에 뒤지지 않는 목사들이었으나, 하느님이 그 역할에 대하여 내리신 최후의, 아주 희귀한 증명인 '불의 혀'만은 갖추지 못하였던 것이다. 아마 그들에게는 평상시의 말과 이미지라는 소박하기 이를 데 없는 수단으로 최고의 진리를 말하는 것이―아무리 바라더라도―이룰 수 없는 소원이었을 것이다. 그들의 목소리는 늘 머물러 있는 아득히 높은 세계에서 어렴풋이 들려올 뿐이었다.

그의 여러 성격상의 특징으로 보아 딤스데일 목사는 이 마지막 부류에 속한 사람이었다. 그는 신앙과 존엄성이 있는 산봉우리까지 올라가기를 바랐지만, 그 길은 죄인지 고뇌인지 알 수 없는 무거운 짐을 짊어지고 비틀대며 걸어야 할 운명의 길이었다. 이 무거운 짐이 그를 가장 낮은 수준의 사람들이 있는 곳까지 끌어내렸으나 만일 그에게 그 짐만 없었으면 천사들도 그 목소리에 귀를 기울이고 대답했을지도 모를 만큼 천부적인 자질을 갖춘 인물이었다! 그러나 바로 이 무거운 짐 때문에 그는 죄를 범한 인류 형제들에게 진심어린 동정을 느끼게 되었다. 그의 마음은 죄지은 형제들과 공명하여 떨렸고, 죄지은 자의 고통을 자기 것으로 받아들이며, 슬프고도 설교력이 풍부한 웅변을 통해 자신의 고민을 무수한 사람들의 가슴속에 전달할 수 있었다.

[*1] 성령이 사도 위에 강림한 것을 기념하는 기독교 축제. 사도행전 2 : 1~4.

그의 설교는 늘 설득력이 있었지만, 때로는 섬뜩하기도 했다! 자기들의 마음을 이렇게까지 감동시키는 힘의 정체를 사람들은 알지 못했다. 그들은 젊은 목사를 성스러운 기적이라 생각했다. 지혜와 꾸중과 애정이 담긴 하느님의 말을 대변하는 사람이라고 여기게 되었다. 사람들의 눈에는 목사가 밟는 땅조차 신성하게 보였다. 종교적인 감정이 배어 있는 정열을 종교 자체로 생각하고, 그 정열을 제단에 바칠 가장 훌륭한 제물이라 믿으며 그들의 흰 가슴속에서 당당하게 꺼내어 목사에게 다가갔지만, 자기들의 정열의 포로임을 깨닫고 안색이 점점 창백하게 변했다. 나이 많은 신자들은 보기 흉하게 늙어 빠진 자기 몸은 생각지 않고, 딤스데일 목사의 허약한 몸을 보며 그가 먼저 천국에 가리라고 믿고, 죽거든 뼈를 저 젊은 목사의 신성한 무덤 가까이 묻어 달라고 자손들에게 유언했다. 요즘 들어 불쌍한 딤스데일 목사는 자기 무덤에 대하여 생각해 보았는데, 저주받은 자의 무덤에도 과연 풀이 날까 하고 스스로 의문을 가졌다!

대중의 존경이 목사에게 준 고뇌는 상상도 못할 만큼 컸다! 진실을 동경하고, 생명 속의 생명으로서 신성한 실체도 전혀 갖지 않은 것은 모두 그림자와 같으며, 무게나 가치도 전혀 없다고 얕보는 것이 목사의 순수한 충동이었다.

그렇다면 목사 자신은 도대체 무엇이란 말인가? 과연 실체는 있는가? 혹은 그림자 중에서도 가장 희미한 그림자란 말인가? 그는 설교단 위에서 목청껏 자기의 본성을 고백하고 싶었다.

"지금 여러분이 보고 있는 검은 목사 옷을 몸에 걸치고 있는 나는, 신성한 설교단 위에 올라 창백해진 얼굴을 쳐들어 하늘을 보고, 여러분을 대표하여 전지전능하신 하느님과 영교(靈交)하는 나는, 일상생활에서도 에녹[*2]과 같이 신성하다고 여러분이 생각하시는 나는, 내가 이 땅 위를 걸으면 그 발자취가 빛나서 뒤따르는 순례자들은 축복받은 자들의 나라로 인도한다고 여러분이 생각하시는 나는, 여러분의 자제에게 세례를 베푼 나는, 여러분의 친구들이 임종할 때 막 하직한 세계에서 희미하게 울려오는 '아멘' 소리를 들을 수 있도록 작별의 기도를 올리던 나는, 여러분이 존경하는 목사인 나는 사실

[*2] 창세기 5 : 22~24.

타락한 거짓말쟁이일 뿐입니다!"

　이런 말을 하기 전에는 결코 내려오지 않으리라고 다짐하고 설교단에 오른 일도 한두 번이 아니었다. 기침을 하며 길고 깊게 떨리는 숨을 들이마시고 토해낼 때마다, 그 숨에 영혼의 어두운 비밀이 묻어나온다고 생각한 일도 한두 번이 아니었다. 사실 확실히 입 밖에 내어 말한 적이 한두 번—아니 백번도 더 되었다! 그렇다. 분명히 말하긴 했다! 그러나 도대체 어떤 말을 했을까? 자기는 정말 비열한 사람일뿐더러 가장 비열한 사람보다 더 비열한 작자이고, 극악무도한 사람, 혐오스러운 존재, 상상조차 할 수 없는 악의 화신이라고 사람들에게 말했다. 하느님의 불같은 노여움으로 이 더러운 육체가 그 자리에서 메말라 버리지 않는 것이 이상할 정도라고 말하기도 했다! 이보다 더 명백한 말이 또 있을까? 그러면 사람들은 충동적으로 일제히 의자를 차고 일어나 설교단을 더럽힌 자를 끌어내려야 하지 않겠는가? 하지만 그러한 눈치는 전혀 없었다! 그뿐 아니라 목사의 말을 듣고 존경하는 마음이 점점 더 커질 뿐이었다. 자신을 책망하는 말 속에 얼마나 무서운 뜻이 숨어 있는지 짐작하지 못한 것이다. "젊은데도 하느님 같은 분이다!"라고 사람들은 말했다. "이 땅의 성자이시다! 목사님도 순결한 영혼 속에서도 그런 죄악을 찾아내시는데 하물며 우리의 영혼 속에서는 얼마나 무서운 모습을 발견하실까!" 목사는 그 애매한 고백이 어떻게 받아들여질지 충분히 알고 있었다—교활하지만 양심의 가책을 내려놓지 못하는 위선자였다! 죄지은 마음을 폭로하여 자신을 기만하려고 애썼으나, 안도감은 조금도 얻지 못한 채 또 새로운 죄를 범했다는 치욕을 스스로 인정할 뿐이었다. 확실한 진실을 말했건만 틀림없는 거짓으로 바꾸어 놓은 셈이었다. 그러나 딤스데일 목사만큼 진실을 사랑하고 거짓을 미워하는 사람도 없을 것이다. 그렇기 때문에 이 세상 무엇보다도 비참한 자신의 모습이 미운 것이다!

　목사는 마음속 괴로움 때문에 그가 태어나고 자라난 교회의 훌륭한 가르침보다, 타락한 로마 교회의 신앙과 합치하는 습관을 지니게 되었다. 꼭 잠겨 있는 딤스데일 목사의 밀실에는 피 묻은 채찍이 있었다. 이 청교도이자 신교도인 목사는 수시로 어깨에 채찍질을 하고, 자신과 자신의 몸을 보며 비웃어 댔는데, 그 쓰디쓴 비웃음 때문에 더욱더 사정없이 채찍질을 해댔다. 신앙심이 깊은 많은 청교도들처럼 단식을 하는 것도 목사의 습관이었다. 그러나 다른 사람처럼 몸을 깨끗이 하여 하늘의 계시를 받는 매체가 되고자 한 것이 아니라, 고행으로써 무릎이 후들거릴 때까지 혹독하게 단식했다. 또 목사는 거의 매일 밤 캄캄한 어둠 속이나 희미한 램프불 밑에서, 때로는 되도록 강렬한 빛을 비춘 얼굴을 거울 너머로 바라보며 철야 기도를 했다. 이처럼 끊임없는 성찰에 힘을 기울였지만 이것으로 육체를 괴롭힐 수는 있을지언정 정화하지는 못했다. 철야 기도로 머리가 자주 몽롱해지고, 허깨비가 눈앞에 어른거렸다. 그 허깨비는 어두컴컴한 방 한 구석에서 어슴푸레하게 나타날 때도 있고, 거울 속에서 그의 바로 옆에 선명하게 비치기도 했다. 창백해진 목사를 비웃으며 함께 가자고 손짓하는 악마의 무리로 변하기도 하고, 때로는 천사의 모습으로 슬픔에 짓눌려 하늘 위로 날아가는데 올라갈수록 영묘해졌다. 어떤 때는 젊은 나이에 세상을 떠난 친구들이나 성자처럼 걱정스레 얼굴을 찡그리고 있는 흰 턱수염이 난 아버지, 때로는 그가 지나갈 때마다 고개를 돌리는 어머니의 모습으로도 나타났다. 망령처럼 실체가 없는 어머니—덧없는 환영과 같은 어머니였지만, 적어도 자기 아들에게 동정의 눈길쯤은 던져줘도 좋으련만! 마지막에는 이 환영 때문에 음산해진 방안을 빨간 옷을 입은 펄의 손목을 잡고 헤스터 프린이 미끄러지듯 지나갔는데, 그때마다 펄은 어머니 가슴 위에 있는 주홍 글자를 손가락질하고, 이어서 목사의 가슴을 가리키는 것이었다.

이러한 허깨비들에게 그는 한 번도 완전히 속지 않았다. 언제나 의지력을 발휘하여, 목사는 실체가 없는 안개와 같은 허깨비의 정체를 파악하여, 그들이 저기 있는 조각한 참나무 테이블이나, 가죽으로 장정하고 놋쇠로 죔쇠를 단 커다란 신학 서적과 같은 실질적인 물체가 아님을 확인할 수 있었다. 그럼에도 어떻게 보면 그 허깨비야말로 불쌍한 목사가 상대하는 것 가운데 가장 진실하고 실체를 갖춘 것이라 할 수 있었다. 목사처럼 허위에 찬 생활을 하는 사람들이 겪는 말할 수 없이 큰 불행은, 그 생활이 우리를 둘러싼 현실, 하느님이 정신의 기쁨과 양식으로 여기라고 주신 현실로부터 그 본질과 실체를 빼앗아 버린다는 것이다. 정직하지 않은 사람에게는 온 우주가 허위요, 실체가 없어 잡으려고 하면 곧 사라져 버리는 것이다. 그리고 그러한 사람은 스스로를 허위의 빛 속에 드러내고 있는 한 그림자와 다름없으며, 결국 존재하지 않게 된다. 딤스데일 목사를 이 세상에 계속 묶어두는 유일한 진실은 영혼의 가장 깊은 곳에 있는 고뇌와, 그 얼굴에 역력히 나타나는 고통스런 표정이었다. 단 한 번이라도 미소를 짓거나 명랑한 표정을 짓는 힘을 얻었다면, 아마 딤스데일 목사라는 인물은 사라져 버렸을 것이다!

지금까지 막연히 암시하기만 하고 상세히 말하기를 피해 왔던 그러한 어느 불길한 날 밤, 목사는 의자에서 벌떡 일어났다. 새로운 생각이 떠올랐기 때문이다. 한순간이라도 마음의 안정을 얻을 수 있을 것만 같았다. 그는 공식 예배를 볼 때 입는 옷을 조심스럽게 차려 입고 발소리를 죽여 가며 계단을 내려가 문을 열고 밖으로 나갔다.

제12장
밤샘 기도

 꿈속을 걷는 것처럼, 아니면 진실로 몽유병에 걸린 사람처럼 딤스데일 목사는 오래전 헤스터 프린이 처음으로 대중 앞에서 수치를 당했던 장소로 갔다. 처형대는 7년이란 긴 세월 동안 비바람과 햇볕에 삭고, 그 뒤로도 무수히 그곳에 올라선 죄인들의 구둣발에 많이 닳아 있었다.
 5월 초순의 캄캄한 밤이었다. 먹장 같은 검은 구름이 머리 꼭대기부터 지평선 끝까지 뒤덮여 있었다. 헤스터 프린이 벌을 받을 때 구경 나온 군중들을 지금 다시 이곳에 불러낸다 해도 이 한밤중의 새카만 어둠 속에서는 다시 위에 있는 사람의 얼굴은 고사하고 그 그림자조차 분별할 수 없을 것이다. 게다가 거리는 모두 잠들어 있다. 남의 눈에 띌 염려는 없었다. 동녘 하늘에 붉은 기가 돌 때까지 여기 서 있는다 하더라도 습하고 차가운 밤공기가 목사의 몸속으로 스며들어 류머티즘으로 고통을 주거나, 감기와 기침으로 목이 잠기거나 하여 다음날 예배와 설교를 기다리고 있는 신자들을 실망케 하는 일 말고는 아무런 위험도 없었다. 목사가 밀실에서 피 묻은 채찍을 휘두르는 모습을 본, 결코 잠들지 않는 하느님의 눈밖에 아무도 보는 이가 없었다. 그런데 목사는 대체 왜 이런 곳에 왔을까? 참회의 흉내를 내기 위해서일까? 틀림없이 그는 스스로의 영혼을 희롱하며 참회하는 척해 보인 데 불과했다! 천사들이 얼굴을 붉히며 울고, 악마들이 비웃으며 기뻐하는 수준의 흉내내기에 불과했다. 목사는 어디를 가든 쫓아다니는 '양심의 가책'이란 충동에 이끌려 여기까지 오긴 했으나, 이 충동이 고백 일보 직전까지 끌고 가면 그 순간 '가책'의 동생이자 절친한 친구인 '겁쟁이'가 떨리는 손으로 목사를 붙잡아서 발걸음을 되돌리게 했다. 구원도 받지 못하는 불쌍한 사나이! 이렇게 마음이 약한 사람이 죄악이란 짐을 짊어질 자격이 과연 있을까? 범죄는 무쇠와 같은 신경을 지닌 사람만이 저지를 수 있는 일이다. 이런 사람들은 죄악의 무거운 짐을 참고 견디거나, 혹은 필요하다면 과감하게 만용을 발휘하여 그 자리에서 죄악을 내동댕이칠 수도 있기 때문이다. 하지만 목사처럼 나약하고 감수성만 발달한 사람은 그 어느 쪽도 고르지 못하고 계속 양쪽에 손을 대어 뒤얽혀 버림으로써 결국은 하늘에 반항하는 죄와 보람 없는 회개가 풀 수 없는 고뇌로 매듭지어지는 것이다.

처형대에 서서 부질없는 속죄 흉내를 내고 있자니, 딤스데일 목사는 온 우주의 눈이 심장 바로 위에 있는 맨가슴에 새겨진 주홍색 표시를 주시하고 있다는 맹렬한 두려움에 사로잡혔다. 사실 그 부분에는 오래 전부터 독이빨에 물어뜯기는 듯한 육체적인 고통이 있었다. 무의식적으로 그랬는지, 자제심을 잃어서 그랬는지 목사는 큰 소리로 고함을 질렀다. 그 고함소리는 밤의 어둠을 뚫고 퍼져나가 집집마다 메아리친 뒤 언덕에서 산울림이 되어 돌아왔다. 떼지어 몰려든 악마들이 그 고함소리에서 비참함과 두려움의 냄새를 맡고 그것을 이리저리 집어던지며 장난감삼아 가지고 노는 것 같았다.

"이제 됐어!" 목사는 두 손으로 얼굴을 가리고 중얼거렸다. "온 마을 사람들이 잠에서 깨어 달려나와 이곳에 서 있는 나를 보게 될 거야!"

그러나 생각대로 되지 않았다. 그 고함소리는 겁에 질린 목사의 귀에 들린 것처럼 그렇게 큰 소리가 아니었던 모양이다. 거리는 잠에서 깨지 않았다. 누군가가 눈을 떴다 하더라도, 잠에 취한 그들은 고함소리를 꿈속에 나온 무서운 괴물 소리나, 마녀들이 내는 소리 정도로만 생각했다. 그 시절에는 이런 식민지나 외딴 오두막 위로 마녀들이 악마와 함께 날아다니며 중얼대는 소리가 들렸기 때문이다. 아무 소리도 들리지 않기에 목사는 눈을 뜨고 주위를 살펴보았다. 좀 떨어진 곳에 있는 벨링햄 총독의 저택 창문으로, 등불을 손에 들고 머리에는 흰 나이트캡을 쓰고 길고 흰 가운을 걸친 늙은 총독의 모습이 보였다. 그 모습은 꼭 느닷없이 무덤에서 불려나온 망령 같았다. 고함소리에 잠이 깬 모양이었다. 그 집 다른 창문에서 총독의 누이동생인 히빈스 부인이 모습을 나타냈다. 히빈스 부인 또한 등불을 들고 있어서, 이렇게 멀리 떨어져 있는데도 기분 나쁜 듯 찡그린 얼굴이 뚜렷하게 보였다. 부인은 격자 창문으로 고개를 내밀고 자꾸 하늘을 올려다보았다. 그 늙은 마녀는 메아리쳐 울려 퍼지는 딤스데일 목사의 고함소리를 듣고는, 그녀와 늘 함께 숲 속을 걷는다고 소문이 자자한 악마나 마녀가 피우는 소음으로 생각했음이 분명했다.
 벨링햄 총독이 들고 있는 등불을 보자 부인은 곧 자기 등불을 끄고 모습을 숨겼다. 구름 속으로 사라진 모양이다. 총독은 어둠 속을 경계하듯 조심스럽게 주시하더니, 별다른 일이 없음을 알자 창가에서 멀어져갔다.
 목사는 어느 정도 진정되었다. 그런데 얼마 지나지 않아 멀리서 가물거리며 점점 이쪽으로 다가오는 등불이 보였다. 그 불빛에 비쳐 기둥, 울타리, 격자창의 유리, 물이 가득 찬 물통이 있는 펌프, 무쇠 노커가 달린 아치 모양의 참나무 문, 계단을 이루고 있는 통나무 등이 차례차례 어둠 속에서 떠올랐다. 딤스데일 목사는 이러한 사소한 것까지 모두 보았다. 동시에, 귀에 들려오는 발자국 소리와 함께 자기 인생의 마지막 날이 다가오고 있으며, 이윽고 불빛에 자기 모습이 비치게 되면 오랫동안 숨겨 온 비밀이 폭로될 것이라고 확신했다. 등불이 더 가까이 다가오자 그 환한 불빛 속에 동료 목사의 모습이—좀더 정확히 말하면 직업상 아버지나 다름없으며 진심으로 존경하는 친구, 윌슨 목사의 모습이 보였다. 임종을 맞이한 누군가의 곁에서 기도를 올리고 돌아오는 길인 모양이라고 딤스데일 목사는 생각했다. 사실 그러했다. 이 선량한 늙은 목사는 천국으로 떠난 윈스롭 총독[*1]의 임종을 지키고 오는 길이었다. 윌슨 목사는 옛 성자들처럼 찬란한 후광을 두르고 죄 많은 밤의 어둠 속에서 뚜렷이 돋보였다. 세상을 떠난 총독에게서 영광스런 유산을 물려받았는지, 개선가를 부르며 천국의 문을 지나는 순례자를 배웅하다 목사 자신도 먼 천당의 광명을 몸에 지니게 되었는지—요컨대 지금 윌슨 목사는 등불로 발밑을 비추면서 집으로 발길을 서두르고 있었다! 그 등불을 보고 딤스데일 목사는 후광이 비치는 것 같다는 기발한 생각을 하다가, 그러한 생각에 스스로도 미소를 지으며—아니, 오히려 비웃으며—이러다가 머리가 이상해지는 게 아닐지 걱정했다.
 윌슨 목사가 한쪽 팔에 설교할 때 입는 검은 옷을 걸치고, 다른 쪽 팔은 가슴 앞으로 뻗어 등불을 들고 처형대 옆을 지나갈 때 딤스데일 목사는 말을 걸고 싶은 충동을 참지 못했다.
 "안녕하세요, 윌슨 목사님. 이리 올라오셔서 저와 즐거운 시간을 보내지

[*1] 1588~1649. 10여 년 동안 보스턴 총독을 지냈으며, 사실은 3월에 죽었다.

않으시겠습니까?"

 웬일일까! 딤스데일 목사가 정말로 말을 걸었단 말인가? 한순간 그는 실제로 그렇게 말했다고 믿었다. 그러나 그것은 목사의 상상 속에서 일어난 일일 뿐이었다. 윌슨 목사는 조심스럽게 발밑의 진흙길을 살피며 천천히 발을 옮겨 디딜 뿐 한 번도 눈을 들어 불길한 처형대 쪽을 바라보지 않았다. 가물대는 불빛이 완전히 사라지자 목사는 갑자기 눈앞이 아찔해지며 지금까지의 불과 몇 분 사이가 참으로 아슬아슬한 위기였음을 깨달았다. 그 순간 목사는 마음의 통증을 덜어 보려고 자기도 모르는 사이에 마음의 장난에 넘어갈 뻔했던 것이다.

 잠시 후 음산한 장난 기분이 또다시 그의 엄숙한 환상 속으로 슬그머니 들어왔다. 목사는 익숙하지 않은 밤의 냉기에 손발이 뻣뻣해져, 처형대 계단을 내려갈 수 있을지 걱정이 되었다. 아침이 되도록 이대로 서 있어야 하지 않을까. 사람들이 깨어나기 시작한다. 일찍 일어나는 사람이 새벽 어스름을 헤치고 나와 처형대 위에 희미하게 보이는 사람의 모습을 발견한다. 놀라움과 호기심에 미친 듯이 집집마다 뛰어다니며, 누군지는 모르지만 하여간 죽은 죄인의 유령을 구경하라고 사람들을 불러 낼 것이다. 어스름 속에 이 소란은 이 집에서 저 집으로 홰를 칠 것이다. 이윽고 아침 햇살이 점점 더 강해질수록 나이 많은 가장들이 플란넬 가운 차림으로, 또 뚱뚱보 부인들은 잠옷을 갈아입을 사이도 없이 허둥지둥 일어나 뒤뚱뒤뚱 뛰어나올 것이다. 여태껏 머리카락 한 올조차 흩뜨리고 나와 본 일이 없는 고상한 사람들도 악몽 같은 모습으로 여러 사람 앞에 나타날 것이다. 벨링햄 노총독은 제임스 왕조풍의 주름 깃을 삐딱하게 단 채 근엄한 얼굴로 나오고, 히빈스 부인은 밤하늘을 쏘다니다 이제 막 눈을 붙인 터라 치맛자락에 숲 속 나뭇가지를 매단 채 잔뜩 찡그린 얼굴로 나타날 것이다. 윌슨 목사도 임종을 지키느라 밤중까지 있다가 이제야 영광스런 성자들의 단꿈을 꾸는 중인데, 이렇게 일찍 깨우면 몹시 못마땅해 할 것이다. 마찬가지로 딤스데일 목사의 교회 장로들과 집사들도 몰려오고, 목사를 우상으로 여기며 하얀 가슴에 목사를 위한 신전을 세운 처녀들도 그 가슴을 목도리로 가릴 새도 없이 허겁지겁 달려나올 것이다. 요컨대 너도나도 문지방에 걸려 고꾸라지면서 처형대로 몰려들어 놀라움과 두려움에 질린 얼굴로 올려다볼 것이다. 붉은 아침 햇살을 이마에 받으며 처형대 위에 서 있는 사람이 과연 누구인지 알아볼까? 부끄러워 아무 말도 못하고 전에 헤스터 프린이 서 있던 장소에 꽁꽁 얼어붙은 모습으로 서서 딤스데일 목사가 서 있을 것이다!

기괴하고 처참한 광경에 압도되어 목사는 자기도 모르게 어이가 없어 큰 소리로 껄껄 웃어 댔다. 그때 목사의 웃음소리에 대꾸라도 하듯 경쾌하고 간드러진 어린애 웃음소리가 들려왔다. 그 웃음소리의 주인공이 펄임을 안 목사는 강렬한 통증인지, 더없는 기쁨 때문인지는 모르지만 가슴이 찌릿해지는 것을 느꼈다.

"펄! 거기 펄이지!" 이윽고 목사는 외치고 나서 곧 조그맣게 말했다. "헤스터! 헤스터 프린! 당신도 같이 있습니까?"

"네, 헤스터 프린이에요!" 헤스터가 놀란 듯이 대답했다. 이윽고 그녀의 목소리가 난 쪽에서 발자국 소리가 가까이 다가왔다. "저하고 펄이에요."

"어디서 오는 길입니까, 헤스터?" 목사가 물었다. "왜 이런 곳에 있소?"

"임종하신 분 곁에 있었어요." 헤스터 프린이 대답했다. "윈스롭 총독이 돌아가셔서 수의 치수를 재고 이제 집으로 돌아가는 길이에요."

"이리로 올라와요, 헤스터. 펄을 데리고." 딤스데일 목사는 말했다. "당신과 펄은 이곳에 서 본 일이 있지만, 그때 나는 함께 서지 못했소. 다시 한번 올라와요, 셋이 함께 서 봅시다!"

헤스터 프린은 펄의 손을 잡고 말없이 계단을 올라와 처형대 위에 섰다. 목사는 펄의 다른쪽 손을 더듬어 잡았다. 손을 잡는 순간 자기 것과는 다른 새로운 생명력이 세찬 물줄기처럼 목사의 심장으로 몰려들어 온 혈관을 타고 돌며 꽁꽁 얼어붙은 몸 구석구석까지 모녀의 따뜻한 생기가 흘러드는 것 같았다. 세 사람은 전류가 흐르는 고리가 되었다.

"목사님!" 펄이 작은 소리로 속삭였다.

"왜 그러니, 펄?" 목사가 물었다.

"내일 낮에 엄마하고 나하고 함께 여기 서 주시겠어요?" 펄이 물었다.

"그건 안 돼, 펄." 목사가 대답했다. 새로운 활력을 얻은 순간 오랫동안 줄곧 고민거리였던 대중 앞에 비밀이 폭로된다는 두려움이 되살아났기 때문이다. 야릇한 기쁨을 맛보면서도 지금 이렇게 셋이 있는 일이 몹시 두려워졌다. "그럴 순 없단다, 펄. 내일은 안 되지만, 반드시 언젠가는 엄마와 너와 셋이서 설 거야!"

펄은 웃으면서 잡힌 손을 빼려 했다. 그러나 목사는 그 손을 재빨리 잡고 놓아주지 않았다.

"잠깐만 더 있자, 착하지." 목사는 말했다.

"그럼, 내일 낮에 내 손하고 엄마 손을 잡아 준다고 약속해 주시겠어요?"

"내일 낮엔 안 돼, 펄! 다음에 꼭 잡아 줄게!"

"다음이 언젠데요?" 아이는 끈질기게 물었다.

"마지막 심판날이야!" 목사는 조그맣게 대답했다. —기묘하게도 진리를 가르치는 사람이라는 직업의식에서 그렇게 대답할 수밖에 없었다. "그날 심판을 받는 자리에 우리 셋이서 함께 설 거야! 하지만 이 세상의 햇빛 속에서는 셋이 함께 만날 수는 없단다!"

펄은 또 웃었다.

이때, 딤스데일 목사의 말이 채 끝나기 전에 검은 구름이 뒤덮인 하늘에 한줄기 빛이 비쳤다. 틀림없이 밤하늘을 올려다보는 사람들이 곧잘 발견하는 유성이 대기권 허공 속에서 불타 사라질 때 생기는 빛이었다. 그 빛이 너무도 강렬하여 하늘과 땅 사이를 가로막는 두꺼운 구름층까지도 뚜렷이 보였으며, 둥그런 밤하늘이 거대한 램프 갓처럼 빛났다. 눈에 익은 거리 풍경이 대낮처럼 환하게 비쳤지만, 평소와는 다른 빛 때문인지 낯익은 물체가 어쩐지 으스스해 보였다. 불쑥 나온 2층과 기묘한 박공이 달린 목조 가옥, 둘레에 벌써 풀이 돋아난 계단과 문턱, 새로 갈아엎어 거무스름한 채마밭, 그다지 다니는 사람이 없어 광장 근처까지 양쪽에 풀이 돋아 있는 차도(車道)들이 모습을 드러냈다. 온 세상 만물에게 지금까지 보지 못했던 새로운 해석을 내리는 이상한 양상을 보이고 있었다. 목사는 가슴에 손을 얹은 채 서 있었다. 헤스터 프린의 가슴에는 꿰매 붙인 글자가 빛나고, 펄은 존재 자체로 하나의 상징이며 두 사람을 연결시키는 고리였다. 기묘하고도 엄숙한 빛이 대낮 같은 광채를 뿌리는 가운데 세 사람은 나란히 서 있었다. 그것은 모든 비밀을 드러내는 빛이며, 인연 있는 사람들을 서로 연결시키는 여명과도 같았다.

장난기 어린 표정을 띠고 목사를 올려다보는 펄의 얼굴에는 요정같이 보이는 미소가 어려 있었다. 아이는 딤스데일 목사의 손을 뿌리치더니, 거리맞은쪽을 가리켰다. 그러나 목사는 두 손으로 가슴을 움켜쥔 채 하늘을 올려다보고 있었다.
 그 시절에는 유성 출현이나 다른 자연현상 가운데 태양이나 달의 출몰처럼 규칙적이지 않은 현상은 거의 초자연적인 계시라고 해석하는 것이 보통이었다. 밤하늘에 불이 타는 창이나 불꽃 칼날, 활이나 화살 등이 나타나면 그것은 인디언이 습격할 징조라는 것이었다. 빗발치듯 쏟아지는 진홍색 불빛은 전염병을 예고했다. 길흉을 점칠 뿐만 아니라 식민지 시대부터 혁명시대에 걸쳐 뉴잉글랜드에서 발생한 유명한 사건치고 이러한 자연 현상이 미리 경고하지 않은 사건은 하나도 없었다. 수많은 사람들이 이러한 전조를 목격하는 경우도 드물지 않았다. 그러나 대체로는 유일한 목격자의 증언을 믿는 경우가 더 많았다. 고독한 목격자들은 신비스런 광경을 상상력이라는, 윤색되고 확대되고 왜곡된 매개체를 통하여 바라보며, 그 신기한 현상이 사라지고 난 뒤에도 마음대로 보충하여 하나의 뚜렷한 형태를 꾸미게 마련이다. 나라의 운명이 온 하늘 가득히 장엄한 상형문자로 나타난다는 것은 참으로 놀라운 생각이다. 하느님이 한 나라 국민의 운명을 적어나가는 데 하늘이 너무 크다고 해서 곤란하지는 않을 것이다. 우리 조상들이 이러한 신념을 품게 된 것은, 이것이 생긴 지 얼마 안 되는 우리나라가 하느님의 각별한 친절과 엄격한 보호를 받고 있다는 증거라고 생각했기 때문이다. 그런데 한 개인이 자기 혼자에게만 주어진 계시를 그와 같은 거대한 화면에서 보았다면 어떨까? 그와 같은 경우는 극도로 혼란스러운 그의 정신 상태를 말하는 한 징후에 지나지 않을 것이다. 오랫동안 시달려온 비밀의 고통 때문에 병적으로 자기반성을 하게 된 사람이 자아를 온 자연에까지 확대시킨 나머지 하늘 자체가 자기 영혼의 역사와 운명을 기록하는 종이쪽지에 불과하다고 여기게끔 된 것이다.
 따라서 하늘을 올려다본 목사가 그곳에 붉은 빛으로 거대하게 그려진 A라는 글자를 발견했다 해도 그것은 목사의 눈과 마음에 생긴 병 때문일 것이다. 유성이 그 지점에서 구름 너머로 불타지 않았다는 말이 아니다. 다만 목사의 죄 많은 상상력이 만들어 낸 것과 같은 모양은 아니었을 테고, 적어도 다른 죄인의 눈에는 다른 상징으로 보였을 만큼 막연한 형태였다는 것이다.
 이때 딤스데일 목사의 심리상태를 특징짓는 기묘한 사정이 또 하나 있었다. 목사는 하늘을 올려다보는 동안에도 펄이 처형대에서 얼마 떨어지지 않은 곳에 서 있는 로저 칠링워스를 손가락질하고 있는 것을 확실히 의식하고 있었다. 목사는 그 기적의 글자를 찾아낸 눈길로 노인을 바라보고 있었다. 유성의 빛은 다른 모든 사물과 마찬가지로 노인의 얼굴에도 새로운 표정을 주었다. 어쩌면 평소와 달리 의사가 목사를 바라보면서 악의를 조금도 감추지 않았다고 함이 옳을지도 모른다. 유성이 헤스터 프린과 목사에게 최후의 심판날을 떠올리게 하며 하늘과 땅을 비췄다면, 이 두 사람에게 로저 칠링워스는 자신의 권리를 주장하기 위해 무시무시한 웃음을 띠고 서 있는 마왕으로 보였다 해도 전혀 놀랍지 않다. 로저 칠링워스의 표정이 너무도 선명해서, 아니, 목사의 눈에 비친 인상이 너무도 강렬해서, 유성이 사라지고 다른 모든 것들도 한꺼번에 사라져 버린 뒤에도 의사의 표정은 그대로 어둠 속에 각인된 듯이 남아 있었다.

"헤스터, 저 사람은 누구요?" 딤스데일 목사는 두려움에 질려 헐떡였다. "저 사람만 보면 소름이 끼쳐요. 당신은 저 사람을 아시오? 헤스터, 나는 저 사람이 딱 질색이오!"

헤스터는 그와의 약속을 떠올리며 아무 말도 하지 않았다.

"저 사람을 보면 내 혼이 덜덜 떨려요." 목사는 또 중얼거렸다. "저 사람은 누구요, 도대체 누구란 말이오? 어떻게 좀 해줄 수 없소? 왜 그런지 나는 저 사람이 너무 무서워요."

"목사님, 내가 누군지 가르쳐드릴게요!" 펄이 말했다.

"빨리 말해 다오!" 목사는 펄의 입가에 귀를 갖다대었다. "빨리! 그리고 되도록 작은 소리로."

펄은 목사의 귀에 대고 뭐라고 소곤거렸다. 하지만 사람 말처럼 들리기는 해도, 아이들이 곧잘 뜻도 모르는 소리를 지껄이면서 놀 때처럼 아무 의미 없는 말에 불과했다. 로저 칠링워스에 대한 비밀 정보가 들어 있다 하더라도 박식한 목사조차 알아들을 수 없는 말이었으므로 목사의 머릿속을 더욱 어지럽힐 뿐이었다. 그리고 요정 같은 아이는 큰 소리로 웃었다.

"이번에는 나를 놀리는 거니?" 목사가 말했다.

"목사님은 겁쟁이야! 거짓말쟁이야!" 아이는 대답했다. "내일 낮에 내 손이랑 엄마 손을 잡겠다는 약속을 안 했잖아요!"

이미 처형대 밑까지 다가온 의사가 말했다.

"목사님, 딤스데일 목사님! 역시 목사님이시었군요? 우리 같은 골방 학자들은 잠시도 눈을 뗄 수가 없다니까요. 책에만 정신이 팔려 있다 보니 걸으면서도 꿈을 꾸고, 잠을 자면서도 걸어다니기 일쑤니까요. 자, 목사님. 내가 댁으로 모셔다 드리지요!"

"내가 여기 있는 줄 어떻게 아셨습니까?" 목사는 겁에 질려 물었다.

"정말 전혀 몰랐었지요." 로저 칠링워스가 대답했다. "지난밤엔 줄곧 윈스롭 총독 각하의 병상을 지키며 그분을 좀더 편하게 해드리려고 미력하나마 힘을 다했답니다. 그분께서 천당에 가셨기에 나도 집으로 부지런히 가던 길인데, 그 이상한 빛이 비치지 뭡니까. 자 갑시다, 목사님. 안 가시면 내일 주일 예배에 지장이 있을 겝니다. 아, 알았습니다…… 책이군요, 목사님 머리를 어지럽히는 놈은! 책은 건강에 좋지 않아요. 공부를 좀 줄이고 휴식을 충분히 취하세요. 그렇지 않으면 이런 밤중에 공상하는 버릇이 더 심해진단 말입니다!"

"선생과 함께 집으로 가리다." 목사는 말했다.

목사는 악몽에서 깨어난 사람처럼 완전히 기력을 잃고 축 늘어져 있었으므로 의사에게 기대어 얌전히 끌려갔다.

다음날은 안식일이라 설교를 했는데, 지금까지 목사의 입에서 흘러나온 설교 가운데 가장 내용이 풍부하고, 박력 있고, 영감이 넘치며 설득력이 있었다는 평판이었다. 그 설교의 힘으로 진리에 가까워진 영혼이 한둘이 아니었고, 그들은 평생토록 딤스데일 목사에게 신성한 감사의 마음을 바치겠노라 맹세했다고 한다. 그런데 목사가 설교단의 계단을 내려오자 흰수염을 기른 교회지기가 검정 장갑 한 짝을 내밀었다. 목사는 그것이 자신의 장갑임을 한눈에 알아보았다.

"오늘 아침에 죄인들이 올라가 망신당하는 처형대 위에 떨어져 있었습니다. 사탄이 목사님한테 무엄한 장난을 하려 한 게 틀림없어요. 하지만 언제나 그렇듯이 사탄은 정말 바보예요. 깨끗한 손은 장갑으로 가릴 필요가 없단 걸 모르니까 말이에요!"

"고맙소." 목사는 침착하게 대답했으나 마음은 편치 않았다. 기억이 뒤죽박죽 얽혀 지난밤 일이 모두 꿈이나 환상처럼 여겨졌기 때문이다. "정말 내 장갑 같아 보이는군요!"

"사탄이 장갑을 훔치려고 했으니 앞으로는 맨손으로 사탄과 싸우셔야겠습니다." 늙은 교회지기가 히쭉 웃었다. "그런데 목사님 어젯밤에 나타난 징조에 대해선 들으셨습니까? 하늘에 커다란 주홍 글자가 나타났다는데요⋯⋯ A자라니까 천사(Angle)의 A라고 풀이한답니다. 훌륭하신 윈스롭 총독님이 어젯밤 천사가 되셨으니 그만한 전조가 있음직하지 않습니까!"

"아니, 난 아무 말도 못 들었소." 목사는 대답했다.

제13장
헤스터의 또 다른 모습

 얼마 전 딤스데일 목사를 우연히 만난 헤스터 프린은 목사의 상태가 이루 말할 수 없이 나빠진 것을 보고 깜짝 놀랐다. 목사의 신경은 만신창이가 되고, 정신력도 아이들보다도 더 약하고 무기력해진 것만 같았다. 지성만은 본디의 힘을 유지하고 있을 뿐 아니라 병적으로 보이는 이상한 활력을 지니고 있었다. 헤스터는 아무도 모르는 일련의 사정을 알고 있었으므로 딤스데일 목사가 양심의 가책뿐 아니라, 그의 평온한 행복을 압박하는 무시무시한 음모에 시달리고 있음을 바로 알 수 있었다. 이 불쌍한 죄인의 과거를 알고 있으니만큼, 직감적으로 찾아낸 적을 막아달라고 세상에 버림받은 자기에게 애원하면서 부들부들 떠는 목사를 보고 헤스터의 마음은 완전히 흔들렸다.
 게다가 그 목사는 자신에게 모든 도움을 요청할 권리가 있다고 생각했다. 오랫동안 세상과 격리되어 사느라 자기 말고는 기준으로 선악을 재는 데에 익숙지 않은 헤스터는, 이 목사에 대해서만큼은 자신에게 책임이 있다고 믿었다. 또는 믿는 것 같았다. 하지만 그 밖의 온 세상에 대해서는 책임을 느끼지 않았다. 헤스터를 다른 사람과 연결짓는 사슬은—꽃·비단·황금 등 그 재료가 무엇이건 간에—모두 끊어지고 말았다. 남은 것은 두 죄인을 잇는 쇠사슬인데, 이것만은 목사나 헤스터는 물론 그 누구도 끊을 수가 없었다. 그 사슬에도 다른 모든 인연과 마찬가지로 여러 가지 의무가 얽혀 있었다.
 지금 헤스터 프린은 치욕의 생활을 시작한 무렵과는 입장이 좀 달라졌다. 오랜 세월이 흘렀다. 펄도 일곱 살이 되었다. 독특하게 수놓은 주홍 글자를 가슴에 달고 있는 어머니도 보스턴 사람들에게 낯익은 존재가 되었다. 남의 눈에 띄지만 공적 사적으로 이익이나 편의에 관여하지 않는 존재에게 흔히 그렇듯, 헤스터 프린에게도 사람들의 호의 같은 것이 싹트기 시작했다. 이기심이 끼어들지 않는 한 미움보다는 사랑이 빨리 싹튼다는 것은 인간의 명예로운 특징이다. 미움은 처음의 적개심을 끊임없이 자극하여 그 변화를 방해하지 않는 한 여유롭고 조용한 과정을 거쳐 사랑으로 바뀌게 마련이다. 헤스터 프린의 경우는 새로운 자극도, 성가신 일도 전혀 없었다. 헤스터는 대중과 싸우지 않았고, 아무리 심한 대우에도 불평 없이 순종했다. 고통의 대가를 요구하지도 않았고, 동정을 호소하는 일도 없었다. 게다가 세상의 따돌림을 받으며 살아온 몇 년 동안 나쁜 소문 하나 없이 깨끗하게 살아온 태도도 주민들의 호감을 불러일으켰다. 사람들이 보기에는 아무것도 잃을 것이 없는 데다 무엇을 얻고자 하는 희망도 욕망도 없었으니, 오로지 도덕에 대한 순수한 열의가 이 불쌍한 방랑자를 올바른 길로 인도했다고 생각했다.

  헤스터는 남들과 똑같은 공기를 마시고 착실히 삯바느질하여 펄과 자기가 쓸 생활비를 버는 일 말고는 세상의 권리를 누리겠다는 주장을 손톱만큼도 한 일이 없지만 자기도 똑같은 사람이라는 생각만큼은 뒤지지 않았으므로 세상과 남을 위한 일에는 노력을 아끼지 않았다는 점도 세상에 알려졌다. 가난한 사람들은 매일 문 앞에 갖다놓은 음식이나 왕후 귀족의 옷에 수를 놓을 만한 솜씨로 옷가지를 받는 대가로 악담이나 퍼부었지만, 헤스터는 그들이 어려움에 처하면 얼마 안 되는 살림까지도 기꺼이 나눠주었다. 전염병이 돌았을 때에도 헤스터만큼 헌신적인 사람은 없었다. 사회 전반의 문제이건, 개인의 문제이건, 참변이 일어나면 언제나 사회에서 버림받은 이 여인이 자기가 할 일을 즉시 찾아내었다. 걱정스러운 일로 침울해진 집을 찾아갈 때는 손님이 아닌 슬픔을 나눌 당연한 권리를 가진 한가족으로서 찾아갔다. 그 집의 침울한 빛 속에 같은 인간으로서 교제할 자격이 생기는 세계가 있는 것 같았다. 거기서는 수놓은 글자가 이 세상의 빛 같지 않은 빛을 뿜으며 위안을 주었다. 다른 곳에선 죄의 표시였던 그 글자가 여기서는 병자의 방을 환히 비쳐 주는 촛불이었다. 그 빛은 병자가 숨을 거둘 때 현세의 경계를 넘어 저승까지 밝혀 주기도 했다. 또 이 세상의 빛이 눈에 띄게 흐려져 가는데 내세의 빛은 아직 비치지 않을 때 환자의 발밑을 비춰주는 촛불이기도 했다. 이렇게 위급할 때일수록 헤스터의 따뜻하고 포근한 본성이 유감없이 발휘되었다. 그녀는 아무리 사소한 요구도 받아들이고 어떤 큰 요구에도 마르지 않는 인간적인 인정의 샘이었다. 치욕의 표시가 붙은 가슴이 베개를 찾는 사람에게는 치욕의 표시를 단 가슴이 더없이 푹신한 베개였다. 사회나 본인 모두 이런 결과를 예상치 못했지만, 헤스터는 자선수도녀(慈善修道女)[*1]를 자처했다. 아니, 사회의 근심어린 상황이 그녀를 이런 직분에 임명하였다고 말하는 편이 옳을지도 모른다. 주홍 글자는 그녀의 천직을 상징했다. 헤스터는 일을 하는 힘이나 동정심이 풍부하여 의지할 수 있는 존재였으므로 많은 사람이 주홍색 A자를 본디 뜻으로 해석하려 들지 않고, '유능(Able)'의 A라고 여겼다. 헤스터 프린은 여성스러운 힘을 지닌 강인한 여자였던 것이다.

헤스터가 드나드는 집은 근심 걱정으로 컴컴하게 그늘진 집뿐이었다. 햇빛이 다시 얼굴을 내밀면 이미 헤스터의 모습은 보이지 않았다. 그녀의 그림자는 문지방을 넘어서 사라져 버렸다. 그녀가 한 식구처럼 정성껏 도와준 사람들의 가슴에 혹시 감사한 마음이 있었다 할지라도 인사를 받기 위하여 헤스터가 뒤돌아보는 일은 결코 없었다. 그 사람들과 거리에서 마주쳐도 인사조차 나누려 하지 않았다. 그들이 말을 걸려고 하면 주홍 글자를 가리키며 지나가 버렸다. 이러한 행동이 거만하다고 볼 수도 있겠지만, 겸손에 한없이 가까워보였으므로, 겸손의 정신이 사람들의 마음에 부드럽게 스며들었다. 대중은 변덕쟁이 폭군과 같았다. 권리를 집요하게 요구하고 나서면 당연한 것까지도 내주길 거부하나, 폭군의 관대한 마음만을 바라며 애원하면 공평 이상의 것도 선뜻 내놓는 일이 있다. 헤스터 프린의 태도를 이러한 애원이라고 해석했기 때문에 세상은 과거의 희생자인 그녀에게 본인이 바라거나 마땅히 받을 만한 것 이상으로 친절한 표정을 보여 주었다.

보스턴 지배자와 현명하고 학식 있는 인사들은 헤스터의 이런 선행이 미치는 영향을 일반 대중보다 훨씬 더디게 인정했다. 모든 사람이 일반적으로 지니고 있는 편견이 이들의 경우에는 논리라는 쇠틀 속에 갇혀 있었으므로 그것을 쫓아내기가 일반인보다 훨씬 어려웠던 것이다. 그러나 날이 갈수록 그들의 찌푸린 주름살도 조금씩 펴졌으므로 몇 년만 지나면 자비로운 표정으로 바뀔 듯했다. 높은 지위도 조금씩 공중도덕의 수호자가 되어야 하는 고위층 사람들의 모습은 이러했지만 평범한 사람들은 헤스터 프린이 나약함 때문에 저지른 잘못을 깨끗이 용서하고 있었다. 그뿐 아니라 주홍 글자를, 헤스터가 오랫동안 괴로운 마음으로 감수한 죄의 표시가 아니라 그 뒤 쌓아

[*1] Sister of Mercy. 1827년에 더블린에서 창설된 가톨릭수도회로 자선과 교육 사업을 주목적으로 삼았다.

온 수많은 선행의 표시라고 보게 되었다. "저 수놓은 글자를 가슴에 단 여자가 보이죠?" 사람들은 다른 곳에서 온 사람들에게 말했다. "저 사람이 바로 우리 헤스터, 우리 마을의 헤스터랍니다. 가난한 사람에겐 친절하고, 병든 사람에겐 힘이 되어주고, 괴로워하는 사람에겐 위안을 주는 헤스터랍니다!" 물론 남의 얘기라면 덮어놓고 나쁘게 말하는 것이 어쩔 수 없는 인간의 본성이라 지나간 옛 추문을 숙덕이는 사람도 없지 않았다. 그러나 아무리 욕을 하는 사람들의 눈에도 주홍 글자는, 수녀의 가슴에 걸려 있는 십자가처럼 보인 것이 사실이다. 주홍 글자 덕분에 일종의 신성함이 몸에 배어 헤스터는 어떤 위험 속에서도 유유히 걸을 수가 있었다. 도적떼가 에워쌌다 하더라도 그녀는 안전했을 것이다. 인디언이 이 표시를 향해 화살을 쏘았는데, 과녁에 맞고도 화살은 헤스터에게 상처 하나 입히지 못하고 땅바닥에 떨어져 버렸다는 소문을 많은 사람이 믿고 있었다.

　이 상징, 아니 이 상징이 암시하는 그녀의 사회적 위치가 헤스터 프린의 마음에 미친 영향은 강력하고도 기묘했다. 헤스터의 성격을 나무에 비유한다면, 명랑하고 품위 있는 나뭇잎은 시뻘겋게 타오르는 낙인 때문에 이미 시들어 떨어진 지 오래였으므로 남은 것이라고는 앙상하게 드러난 가지뿐이었다. 친한 친구조차 혐오감만 느꼈을 것이다. 아름다운 용모도 똑같은 변화를 겪었다. 옷차림을 일부러 검소하게 한 탓도 있지만, 태도에 감정을 드러내지 않았기 때문이었다. 기막히게 탐스럽던 머리는 잘라 버렸는지, 모자 속에 완전히 감췄는지 윤기 있는 머리채를 한 번도 햇빛에 드러내지 않게 된 것도 슬픈 변화였다. 헤스터의 얼굴에는 이 밖에도 여러 이유가 뒤엉켜 '사랑'이 깃들 여지가 없어 보였다. 조각상과 같은 몸에는 '열정'이 끌어안을 만한 틈이 없었으며, 그녀의 가슴 또한 '애정'의 베개로 삼을 만한 데라곤 전혀 없었다. 여성성을 유지하기 위한 어떤 성질이 헤스터에게서 없어진 것이다. 여자가 지독한 고통을 겪고 나면 여자다운 성격이나 자태가 변질되어 그와 같이 서글픈 결과를 맞이하는 일이 종종 있다. 여자가 단지 마음씨가 곱기만 하다면 그 앞에는 죽음밖에 아무도 기다리고 있지 않다. 살아가기 위해서는 그 부드러운 마음씨를 짓밟아 없애거나, 겉으로 보기에는 다를 바 없지만 부드러움을 가슴속 깊이 묻어 버려 다시는 드러나지 않게 하여야 한다. 아마 후자의 경우가 이론상 옳을 것이다. 원래 여자지만 지금은 여자다움을 버린 사람도 본모습으로 되돌아가는 마법의 주문만 찾는다면 언제든지 여자로 되돌아갈 수 있을 것이다. 헤스터 프린이 앞으로 그와 같은 마법의 주문을 찾아 다시 변하게 될지 아닐지는 두고 봐야 할 것이다.

대리석같이 차가운 헤스터의 인상은 그녀의 생활이 열정적이고 감정적인 것으로부터 사색적인 생활로 돌아섰기 때문이다. 이 넓은 세상에 오직 혼자이며—사회와의 관계로 봐도 외톨이에 보호하고 지도해야 할 펄이 있을 뿐이므로—아무리 바란들 옛 지위를 되찾을 가능성도 전혀 없다보니—헤스터는 끊어진 사슬을 조각도 남김없이 팽개쳐 버렸다. 세상의 법률은 헤스터의 법률이 될 수 없었다. 그 시절은 인간의 지성이 새로이 해방되어 몇 세기 전에 비하면 폭넓은 활동을 할 수 있는 시대였다. 무인들은 왕과 귀족을 쓰러뜨렸고, 그보다 더 용기 있는 사람들은 고대 원칙과 연결되어 있는 해묵은 편견에 찬 사회 조직 전체를—실제적 문제가 아니라 그들의 본디 영역인 이론 분야에서—쓰러뜨리고 재편성했다. 헤스터 프린은 이 정신을 흡수하고 있었다. 헤스터가 신봉하는 그 사색의 자유는 그 무렵 대서양 너머에서는 보편적인 사상이었다. 그러나 우리 조상들은 그 자유가, 주홍 글자로 낙인을 찍은 죄보다도 훨씬 더 치명적인 죄악이라고 생각했을 것이다. 뉴잉글랜드의 어느 집에도 감히 찾아들지 못할 새로운 '사상'이 바닷가의 외딴 오두막에 사는 헤스터를 찾아 온 것이다. 그림자처럼 실체가 없는 방문객이지만, 그들이 문을 두드리는 모습을 들킨다면 집주인은 악마를 집으로 들인 것과 같은 위험을 느꼈을 것이다.

대담무쌍한 사상의 소유자가 사회의 외부적인 규칙에는 아주 온순하게 복종한다는 점은 주목할 만한 일이다. 그들은 사상만 있으면 충분하므로 사상이 육체를 가지고 행동할 필요는 없다. 헤스터 프린의 경우도 마찬가지였다. 그러나 만일 정신세계에서 펄이 태어나지 않았더라면 결과는 정반대가 되었을지도 모른다. 그랬다면 헤스터는 앤 허친슨과 손을 잡고 신흥 종파(宗派)를 창시하여 역사에 이름을 남겼을 것이다. 헤스터에게는 예언자와 같은 면이 있었으므로, 청교도 사회를 뿌리째 뒤흔들었다는 죄목으로 그 시절의 엄격한 재판관들로부터 사형 선고를 받았을지도 모른다. 그러나 사상에 대한 어머니의 열정은 아이의 교육에서 다소나마 배출구를 찾았다. 하느님은 이 조그만 여자아이를 헤스터에게 맡기며, 어떤 어려움이 닥쳐도 굴하지 말고 이 아이의 여성성이 꽃을 피우도록 소중히 키우라고 명하신 것이다. 하지만 온 세상이 도외시하는 그녀에게는 모든 것이 불리했다. 아이의 성격에도 뭔가 이상한 데가 있어, 끊임없이 이 아이는 실수이며 어머니의 무분별한 정열의 소산이 아니었나 하는 생각이 들 정도였다. 헤스터는 이 불쌍한 어린 것이 이 세상에 태어난 일 자체가 과연 옳은지 그른지를 쓰라린 마음으로 자꾸만 되물어보았다.

 사실 여성 전체에 대한 이와 똑같은 의문이 헤스터의 마음속에 자주 머리를 들고 일어났다. 아무리 행복한 여자라 할지라도 과연 여자로서의 일생이 살아갈 값어치가 있는 것일까? 자신의 삶에 대해서는 이미 오래 전에 부정적인 대답이 나왔으니 더 거론할 여지도 없었다. 사색하는 버릇은 남자의 경우와 마찬가지로 여자를 침착하게 만들기는 하지만 동시에 마음을 슬프게 한다. 사색하는 여자의 눈앞에 버티고 있는 것은 절망스러울 만큼 어려운 일뿐이다. 우선 첫째로 사회 조직 전체를 부수고 새로 건설해야 한다. 둘째로 남성의 본성이나 남성이 오랫동안 키워와서 본성처럼 굳어진 습관을 뜯어고치지 않으면, 여자는 정당하고 적절한 지위를 획득할 수 없다. 마지막으로 다른 모든 어려움을 배제한다 하더라도 여성이 첫째와 두 번째의 개혁을 이루기 위해서는 보다 거대한 변화를 여성 자신이 경험해야만 한다. 그 과정에서 여성에게 가장 여성다운 생명을 불어넣는 자질은 안개처럼 사라지고 말 것이다. 여자는 아무리 사색해도 이와 같은 문제를 해결하지 못한다. 그 문제는 해결이 불가능하거나, 단 한 가지 방법으로만 해결할 수 한다. 즉 여성의 마음이 전면으로 나오면 문제는 깨끗이 사라지게 되는 것이다. 이리하여 마음이 규칙적이고도 건강한 고동을 잃게 된 헤스터 프린은 끝도 없는 마음속의 어두컴컴한 미로를 방황하며, 넘을 수 없는 절벽에 부딪쳐 방향을 바꾸고, 깊은 구렁텅이에서 깜짝 놀라 뒷걸음질쳤다. 주변 풍경은 온통 황량하고 삭막하여, 기대어 쉴 곳이 아무데도 없었다. 때로는 차라리 펄을 천국으로 먼저 보내 버리고, 자신도 정의의 여신이 정해 주는 바에 따라 내세로 가버리는 것이 좋지 않을까 하는 소름끼치는 생각에 사로잡힐 때도 있었다.

 주홍 글자는 그 역할을 이행하지 못했던 것이다.

 그러나 철야 기도를 하던 날 딤스데일 목사를 만난 뒤로 헤스터는 새로운 사색 재료를 얻고, 어떠한 노력과 희생을 치르더라도 이루어야 할 목적이 생졌다. 헤스터는 목사가 괴로움에 몸부림치는, 아니 더 정확히 말하면 몸부림조차 포기한 처참한 모습을 보았던 것이다. 마지막 선을 넘지는 않았다 하더라도, 미치기 일보 직전까지 와 있는 것만은 사실이었다. 비밀스런 양심이 얼마나 무서운 고통을 주는지 모르지만, 고통을 줄여주겠다고 나선 손길에 의해 더 치명적인 독이 주입되고 있음은 의심할 여지가 없었다. 도움을 아끼지 않는 친구의 가면을 쓴 적(敵)이 온종일 옆에 딱 붙어 앉아 틈날 때마다 딤스데일 목사의 부서지기 쉬운 마음을 제멋대로 휘저어대고 있었다. 나쁜 일만 자꾸 떠오르고 좋은 일이라고는 조금도 기대할 수 없는 처지로 목사를 몰아세우게 된 것은 애당초 자신의 성실과 용기에 부족함이 있어서가 아닌가 하는 생각을 떨칠 수가 없었다. 로저 칠링워스가 본성을 감추려는 계획에 동의하는 수밖에, 자신이 당한 파멸보다 더 참혹한 파멸로부터 목사를 구할 방법이 없었다는 사실만이 헤스터가 기댈 수 있는 유일한 변명이었다. 그러한 충동에 휩쓸려, 지금 생각해 보면 헤스터는 두 가지 길 중에서 가장 처참한 길을 선택하고 말았다. 아직 기회가 있을 때 자기 과오를 보상해야겠다고 헤스터는 결심했다. 오랜 세월 동안 크나큰 시련을 겪으면서 강해졌으므로, 감방에서 만났을 때처럼 로저 칠링워스에게 가만히 당하는 일은 이제 없을 것 같았다. 그날 밤은 죄악으로 말미암아 꼼짝도 못하고 생생한 치욕으로 미칠 것만 같았으나, 이후 그녀는 훨씬 높은 곳에 이르러 있었다. 또한 노인은 복수를 위해 몸을 굽히고 있었기 때문에 헤스터와 동등한 선이나, 아니면 그 밑으로 타락해 있었다.

  헤스터 프린은 전 남편을 만나 그의 손아귀에 붙잡혀 있는 희생자를 구하는 일에 힘써 보리라 결심했다. 오래지 않아 그 기회가 찾아왔다. 그날 오후 펄을 데리고 반도의 호젓한 곳을 거닐고 있노라니, 팔에 바구니를 걸쳐 들고 지팡이를 질질 끌면서 꾸부정한 모습으로 약재로 쓸 나무뿌리며 약초를 찾는 노의사가 눈에 띄었다.

제14장
헤스터와 의사

    헤스터는 펄에게 저쪽에서 약초를 캐고 있는 사람과 얘기가 끝날 때까지 바닷가에서 조가비나 해초더미를 가지고 놀고 있으라고 일렀다. 아이는 새처럼 날아가더니 작은 흰 발을 벗고 물에 젖은 해변을 철벅거리며 뛰어다녔다. 그러다가 이따금 우뚝 멈추어 서서 썰물이 남기고 간 웅덩이를 거울삼아 들여다보았다. 웅덩이 속에서 반짝이는 새카만 곱슬머리에 눈에는 요정 같은 미소를 담은 어린 계집애가 펄을 물끄러미 쳐다보고 있었다. 같이 놀 친구가 없는 펄은 그 아이에게 손을 잡고 달음박질하자고 불러 보았다. 그러자 물거울 속의 아이도 똑같이 손짓하며 말하는 것 같았다. "여기가 더 재미있어! 네가 웅덩이 속으로 들어와!" 펄이 무릎까지 물에 담그자 웅덩이 바닥에 자신의 하얀 발이 보이고, 더 깊은 곳에서는 조각조각 부서진 미소가 반짝반짝 빛나며 수면 위로 떠올라 이리저리 일렁이며 흘러 다녔다.
    그러는 사이 어머니는 의사와 이야기를 나누고 있었다.
    "잠깐 할 얘기가 있어요. 우리에게 아주 중요한 문제예요."
    "아니! 헤스터 프린이 이 늙은 로저 칠링워스에게 할 말이 있다고요?" 의사는 꾸부렸던 몸을 일으키며 대답했다. "기꺼이 듣겠소! 그런데 헤스터, 어딜 가나 당신의 평판이 좋더군! 바로 엊저녁에도 그 현명하고 훌륭한 판사 양반이 당신 얘기가 회의에서 문제가 되었었다고 귀띔해 주더군. 그 주홍 글자를 당신 가슴에서 떼어 버리면 혹시 사회의 미풍양속을 해치진 않을지 의논했던 모양이오. 헤스터, 나는 그분에게 당장이라도 표시를 떼달라고 부탁했소!"
    "이 표시를 떼는 것은 그분들이 마음대로 할 수 있는 일이 아닙니다." 헤스터는 침착하게 대답했다. "내가 이것을 떼어도 좋다고 할 때가 오면 저절로 떨어져 버리든가, 아니면 다른 뜻을 나타내는 표시로 변해 있을 거예요."

"그렇다면 좋도록 하시오." 의사는 대답했다. "몸에 다는 장식품에 대해서는 부인들의 고집을 꺾을 수가 없으니. 화려하게 수를 놓은 그 글자는 당신 가슴에 잘 어울린단 말이오."

헤스터는 노인을 물끄러미 바라보고 있었다. 지난 7년 동안 너무나 변한 그의 모습에 깜짝 놀라 큰 충격을 받았다. 너무 늙어서가 아니었다. 오는 세월을 막을 수가 없지만 나이에 비해 젊어 보였고, 강인한 체력과 민첩함도 여전한 것 같았다. 그러나 헤스터의 기억에 가장 선명하게 남아 있는 그 조용하고 지적인 학자의 옛 모습은 흔적도 없이 사라지고 대신 뭔가를 열심히 찾아 헤매는 듯한, 잔인하면서도 소심해보이는 사람으로 변해 있었다. 그는 그런 표정을 미소로 감추려고 애쓰는 것 같았으나, 그의 의도와 달리 비웃음이 얼굴에 어른거려 그 시커먼 뱃속을 한층 도드라져 보이게 했다. 이따금 그의 눈에서는 붉은 빛이 번뜩이기도 했다. 마치 문득 불어온 정열의 바람을 타고 노인의 영혼에 붙은 불이 가슴속에서 활활 불타오르는 것 같았다. 그러자 노인은 이 불꽃을 서둘러 억누르며 아무 일도 없었다는 듯 태연한 척했다.

한 마디로 로저 칠링워스는, 인간이 오랜 기간에 걸쳐 악마의 일에 손을 댈 마음만 먹으면 악마로 변신할 수 있다는 사실을 나타내는 뚜렷한 표본이었다. 이 불행한 사람은 7년 동안 줄곧 고뇌에 찬 사람의 마음을 끊임없이 분석하고 그로 인해 희열을 느꼈을 뿐 아니라, 자기가 멋대로 주물러댄 상대방의 불타는 고뇌에 기름을 끼얹으며 서서히 악마로 변해버렸다.

주홍 글자가 헤스터 프린의 가슴 위에서 불타올랐다. 여기에도 한 사람이 파멸하고 있고 그 책임이 대부분 자신에게 있음을 뼈저리게 느꼈다.

"뭘 그리 빤히 보오? 내 얼굴에 뭐가 묻었소?" 의사가 물었다.

"나에게 눈물이 남아 있다면 소리 내어 울어도 시원치 않은 것이 보이는군요." 헤스터가 대답했다. "하지만 그 얘기는 그만두기로 하죠! 내가 말하고 싶은 것은 또 다른 불쌍한 분 얘기예요."

"그 사람이 어떻다는 건데?" 로저 칠링워스가 다그치듯 큰 소리를 질렀다. 그가 기다리고 있던 화제인 데다가, 다른 사람들에게 새어나갈 걱정이 없는 단 한 사람과 얘기하게 되다니 생각지도 못한 횡재였다. "헤스터, 솔직히 나도 마침 그 사람 생각을 이것저것 하던 참이었소. 그러니 말하고 싶은 게 있으면 뭐든 말해 보오. 대답해 줄 테니까."

"우리가 마지막 얘기를 나눈 게 7년 전인데, 그때 당신은 우리의 옛 관계를 비밀에 부쳐 달라는 입막음을 했었죠. 그분의 생명과 명예가 당신의 손아귀에 있으니 시키는 대로 입을 다물고 있을 수밖에 없다고 생각했어요. 하지만 그런 약속을 하면서도 마음이 무거워 견딜 수가 없었어요. 다른 모든 인간에 대한 의무는 모두 포기해도, 그분에 대한 의무만은 내게 남아 있었으니까요. 그런데 당신과의 약속을 지키느라 그분을 배신하는 게 아닌가 하는 목소리가 들려요. 그날부터 당신만큼 그분 가까이 있는 사람은 없었어요. 당신은 그분 뒤를 따라다니며 자나깨나 당신이 옆에 있었죠. 당신은 그분의 생각을 살피고, 마음속을 파고들었습니다! 그분의 심장을 움켜쥐고 날마다 조금씩 괴롭혀 왔어요. 그런데도 그분은 당신의 본성을 모르고 있습니다. 이대로 두고 본다면 나는 거짓 없는 내 참모습을 드러낼 수 있는 유일한 분 앞에서 거짓 연극을 해온 셈이 되는 거예요."

"당신한테야 달리 도리가 없지 않소?" 로저 칠링워스가 물었다. "내가 손가락 하나만 까딱하면, 그 사람을 설교단에서 감옥으로, 감옥에서 교수대로 쫓아낼 수도 있었으니 말이오!"

"차라리 그 편이 나았을지도 모르죠!" 헤스터 프린은 말했다.

"내가 그 사람한테 무슨 짓을 했단 말이오?" 로저 칠링워스는 재차 물었다. "이것만은 알아 두시오, 헤스터 프린. 이제껏 한 나라 왕도 지불해본 적이 없는 억만금을 가지고 와도 내가 그 불쌍한 목사에게 베푼 극진한 치료는 살 수 없을 거요. 내 간호가 없었더라면 그 사람의 생명은 당신네가 죄를 지은 지 2년도 되기 전에 이미 고뇌의 불길에 다 타버리고 말았을 거요. 헤스터, 당신과 달리 그 사람은 주홍 글자와 같은 무거운 짐을 견뎌낼 힘이 없단 말이오. 이봐요, 나는 이 대단한 비밀을 폭로할 수도 있소! 하지만 그러지 않겠어! 나는 의사로서 할 수 있는 일을 최대한으로 해 왔소. 지금 그 사람이 숨을 쉬고, 땅 위를 기어다닐 수 있는 것도 다 내 덕이란 말이오!"

"그분은 차라리 단숨에 돌아가시는 편이 나았을 거예요!" 헤스터 프린은 말했다.

"그렇소, 당신 말이 맞소!" 로저 칠링워스는 섬뜩한 마음속의 불꽃을 헤스터의 눈앞에서 불사르며 소리쳤다. "진작 죽는 편이 나았을 거요! 이 세상에 그 사람만큼 괴로워하는 사람은 없을 거요. 더구나 철천지원수가 보는 앞에서 무방비로 치명적인 고통을 당하고 있는 거지! 그 사람도 어떤 눈치를 채고는 있소. 늘 저주처럼 따라다니는 압박을 느끼고는 있지. 직감 같은 것으로…… 그 사람보다 감수성이 섬세한 인간을 하느님은 또 만들지는 않았을 테니까…… 자기 마음의 끈을 조종하는 손길에 악의가 담겨 있다는 것과 오직 악만을 추구하고 발견하는 눈이 자기 속을 늘 꿰뚫어보고 있다는 것도 잘 알고 있었소. 다만 그 눈과 손의 주인공이 나라는 것은 알지 못했지! 목사들 사이에 흔히 있는 미신이지만, 이미 자기가 악마의 손아귀에 떨어져 무서운 꿈이나, 절망적인 생각, 양심의 가책, 구원에 대한 절망 따위로 지옥의 괴로움을 겪고 있다고 믿었던 거요. 무덤 저편에서 겪을 고통을 미리 맛본다고 여겼지. 하지만 사실 그것은 끊임없이 뒤를 밟는 내 그림자였소! 그 사람 때문에 무참히 상처입고 끊임없이 복수라는 맹독만을 먹어야 하는 사나이가 사시사철 따라다닌 셈이오! 그렇소, 그 사람은 잘못 생각하지 않았소! 악마가 역시 코앞에 있었으니까! 한때는 인간다운 마음을 가졌지만, 참을 수 없는 괴로움 때문에 결국 악마로 변해 버린 사나이가 말이오!"

이와 같은 말을 지껄이면서 불행한 의사는 소름끼치는 표정으로 두 손을 쳐들었는데, 거울에 비친 자기 모습이 정체불명의 괴물로 변한 것 같아 겁에 질린 기색이었다. 몇 년에 한 번밖에 없는 드문 일이지만, 인간의 정신이 마음의 눈에 고스란히 비치는 순간이었다. 칠링워스는 지금처럼 자기 모습을 똑똑히 들여다본 적은 한 번도 없었을 것이다.

"그만하면 그분을 실컷 괴롭히지 않았나요?" 헤스터는 노인의 표정을 살피며 물었다. "그분이 당신한테 진 빚은 모두 갚은 셈이 아닐까요?"

"천만의 말씀이오! 빚이 오히려 늘었을 뿐이오!" 의사는 대답했다. 얘기하는 동안 의사는 아까의 사나운 태도를 잃고 침울한 표정을 보였다. "헤스터, 9년 전의 나를 기억하오? 그때도 나는 이미 인생의 가을을 맞이해 절정을 바라보던 시기였소. 그때까지 나는 성실하고, 근면하고, 사색하며 조용한 나날을 보냈소. 학문을 충실히 닦았고 인류의 행복을 위해서도…… 이 목적은 처음 목적의 부산물 같은 것이었지만…… 열심히 살아왔소. 내 생활만큼 평화롭고 순결한 생활이 또 어디 있었겠소. 나만큼 복받은 사람은 없었을 것이오. 그 무렵의 나를 기억하고 있소? 당신이 보기에는 냉담한 사람이었을지 모르지만, 나는 남에게 친절히 대하고, 나를 위한 일엔 조금도 욕심을 부리지 않는 인간, 친절하고 성실하며 정직하고, 비록 따뜻하진 못하지만 솔직한 애정을 지녔던 사람이었잖소? 그렇지 않소?"

"당신은 그 이상의 분이었죠." 헤스터는 말했다.

"그렇던 내가 지금은 도대체 뭐란 말이오?" 의사는 헤스터의 얼굴을 들여다보며 온 마음의 악을 얼굴에 남김없이 드러냈다. "지금의 내가 뭔지는 이미 말한 대로요! 악마란 말이오! 도대체 누가 날 이런 악마로 만들었단 말이오?"

"바로 저예요!" 헤스터는 온몸을 떨면서 소리쳤다. "저란 말이에요. 그분만 그런 게 아닌데, 왜 저에겐 복수하지 않는 거죠?"

"당신은 그 주홍 글자에 맡겨 뒀던 거지." 로저 칠링워스는 대답했다. "그 주홍 글자가 복수하지 못한다면, 그런 거야 난들 어쩌겠소!"

노인은 주홍 글자를 가리키며 빙긋이 웃었다.

"분명히 복수했어요!" 헤스터 프린은 대답했다.

"나도 그리 생각했소." 의사는 말했다. "그런데 그 사람에 대한 얘기는 뭐요?"

"나는 이제 그 비밀을 밝혀야겠어요." 헤스터는 잘라 말했다. "그분에게 당신의 정체를 알려줘야겠어요. 그 결과가 어떻게 될지는 몰라요. 하지만 오랫동안 그분에게 신뢰를 받아 온 내가 그분의 몸을 망치는 원인이었으니 그 책임만은 어떻게든지 져야 해요. 그분의 명성과 이 세상에서의 지위, 그리고 목숨까지도 죽이거나 살리거나 모두 당신 뜻대로 하세요. 게다가 주홍 글자를 통해 진실을, 영혼 속으로 파고드는 시뻘겋게 달군 무쇠와 같은 진실을 배운 나로선 그분이 더 이상 참혹하고 공허한 인생을 보낸들 아무 의미도 없다고 생각하기 때문에, 이제 와서 당신 앞에 비루하게 무릎을 꿇고서 자비를 바라고 싶지는 않습니다. 그분에 대해선 마음대로 하세요! 그분이나 나나 당신이나 구원될 가망은 없으니까요! 펄도 마찬가지예요! 이 어두운 미로에는 출구가 없으니까요!"

"당신은 가엾은 여자요!" 로저 칠링워스는 감탄을 미처 억누르지 못하고 말했다. 헤스터가 쏟아낸 절망에는 뭔가 숭고한 데가 있었기 때문이다. "당신에겐 훌륭한 소질이 있소. 나보다 좋은 남자를 만났더라면 이렇게 비참한 꼴은 겪지 않아도 되었을 텐데. 당신이 불쌍하오. 그 좋은 소질이 썩어 버렸으니 말이오!"

"나도 당신이 가엾어요." 헤스터 프린은 대답했다. "미움 때문에 현명하고 공정한 학자가 악마로 변했으니 말예요! 그 미움을 씻어내고 다시 사람으로 돌아올 생각은 없나요? 그분을 위해서가 아니라 당신 자신을 위해서 말이에요. 용서하고, 그분이 받을 벌은 그 권리를 지닌 전지전능하신 하느님에게 맡겨 두세요! 이 어두운 미로에서 우리가 뿌린 죄악 때문에 걸을 때마다 넘어지고 방황해도 그분에게나, 나에게나, 당신에게나 조금도 도움이 되지 않아요. 하지만 당신에게만큼은 의미가 있을지도 모르죠. 깊이 상처 입은 사람은 당신이니 용서를 하건 말건 당신 마음이니까요. 그런데 그 유일한 권리를 이대로 버리실 작정인가요? 그 소중한 특전을 거절하시려는 건가요?"

"그만하시오, 헤스터!" 노인은 침울한 얼굴로 대답했다. "나한텐 용서할 권리가 없소. 당신이 말하는 그런 힘이 내게는 없소. 지금도 오래 전에 잊었던 옛날의 내 믿음이 되살아나 우리의 행동과 고민을 전부 해명해 주고 있소. 당신이 첫발을 잘못 디딘 탓에 악의 씨를 뿌렸소. 그러나 그 뒤부턴 모두가 필연적인 운명이오. 세상이야 뭐라고 생각하건 나를 배신한 당신에게 죄가 있는 건 아니오. 악마의 일을 빼앗아 와서 내가 악마와 닮은 것도 아니오. 모든 게 다 운명이오. 검은 꽃은 제멋대로 피게 내버려두는 수밖에 없소! 이제 가 봐요. 그 사람의 일도 마음대로 하시오."

의사는 쫓아내듯 손을 휘휘 젓고는 약초 수집을 계속했다.

제15장
헤스터와 펄

　남에게 불쾌한 인상을 주는 불구 노인 로저 칠링워스는 헤스터 프린과 헤어진 뒤 몸을 낮게 꾸부린 채 멀어져 갔다. 그는 여기저기서 약초를 뜯고 나무뿌리를 캐어 팔에 걸친 바구니에 담았다. 기어가듯 걸어가는 노인의 잿빛 수염이 땅에 끌릴 것 같았다. 그 뒷모습을 잠시 보고 있던 헤스터는 이른 봄의 보드라운 풀이 노인의 발에 밟혀 시들어서, 푸르른 잔디 위에 누렇게 타죽은 발자국이 구불구불한 길처럼 나타나는 게 아닌가 하는 바보 같은 호기심에 사로잡혔다. 저 노인이 저렇게 열심히 뜯고 있는 것은 무슨 약초일까? 노인의 눈길이 닿아 사악해진 대지에서 지금까지 듣도 보도 못한 독초가 노인이 손가락질하는 대로 돋아나는 것은 아닐까? 아니면 손가락으로 건드리기만 해도 평범한 식물이 독성을 품은 해로운 식물로 변하는 것만으로 노인은 만족하는 걸까? 온 세상을 비추는 찬란한 태양은 그 노인 위에도 빛을 뿌린 일이 있을까? 이쪽이 더 그럴듯한데, 노인이 가는 곳마다 구덩이 같은 불길한 그림자가 그 불구의 몸을 따라다니는 건 아닐까? 게다가 도대체 어디로 가려는 것일까? 풀과 나무가 말라죽은 지점만 하나 남기고 갑자기 땅속으로 쑥 꺼져버리진 않을까? 그리고 그 자리에는 까마종이·산딸나무·사리 같은 이 지방에서 자라는 온갖 독성을 지닌 식물이 무서울 만큼 무성하게 자라지 않을까? 아니면 노인이 박쥐처럼 날개를 펴고 날아가는데, 하늘 높이 올라가면 올라갈수록 흉측해 보이는 건 아닐까?
　노인의 뒷모습을 물끄러미 바라보며 헤스터 프린은 말했다. "죄받을 소린지 몰라도 저 사람이 밉구나!"
　헤스터는 이런 감정이 드는 자기를 꾸짖어 보았지만, 그 감정을 억누를 수도, 버릴 수도 없었다. 그렇게 애쓸수록 먼 나라에서 있었던 아주 오래된 일이 떠올랐다. 서재에 틀어박혀 있던 그 사람은 저녁이 되면 나타나, 가정적인 난로의 불빛과 헤스터의 아내다운 미소에서 흘러나오는 빛을 쬐며 거실에 앉아 있는 것이 일과였다. 책 속에 파묻혀 길고 고독한 시간을 보내느라 차갑게 식어버린 학자의 마음을 덥히려면 이 미소로 몸을 녹이는 게 제일이라는 것이다. 이러한 정경을 행복으로 여기던 때도 있었다. 그러나 그 뒤의 어두운 생활을 겪고나서 바라보니 어느 결에 가장 추악한 기억이 되어 버렸다. 어떻게 그런 일이 있을 수 있을까! 어떻게 저런 남자와 결혼할 마음이 생겼을까! 그 남자가 뜨뜻미지근한 손으로 잡게 내버려두었을 뿐 아니라 자기도 맞잡았으며, 입술가와 눈가에 떠오른 미소를 그의 것과 합쳐 하나로 녹인 일이 가장 부끄러운 죄악으로 느껴졌다. 그리고 아직 세상 물정 모르는 그녀를 설득하여 그 남자 곁에 있는 것을 행복하다고 믿게끔 한 것이, 그 뒤 로저 칠링워스가 입힌 어떠한 피해와도 비교할 수 없이 악랄한 죄라고 생각했다.

"그래, 나는 역시 그 사람이 싫어!" 헤스터는 전보다 더 불쾌한 듯이 되풀이해서 말했다. "그 사람은 나를 속였어! 내가 그 사람에게 한 짓보다 그 사람이 나에게 한 짓이 훨씬 더 심해!"

여성의 손은 얻었지만 마음속에 넘쳐흐르는 정열을 얻지 못한 남성은 조심하지 않으면 로저 칠링워스와 같이 비참한 운명을 걷게 되리라. 자신의 손보다 더욱 강한 손길에 여성의 모든 감수성이 눈뜨게 되면, 전에는 기분 좋은 현실로 여겼던 평온한 만족 같은 행복의 대리석상조차 비난을 받는 비참한 운명으로 전락할 것이다. 그런데 헤스터가 이와 같은 잘못된 생각을 아직도 버리지 못했다니, 이것이 도대체 무슨 뜻일까? 주홍 글자의 족쇄에 시달린 7년간이라는 긴 세월 동안 온갖 고초를 겪고도 회개하지 못했단 말인가?

늙은 로저 칠링워스 노인의 뒤틀린 뒷모습을 바라보던 짧은 시간에 떠오른 갖가지 느낌이 헤스터의 심리 상태에 어두운 빛을 던졌다. 이와 같은 일이 없었던들 헤스터는 자기가 그런 생각을 하는지도 알지 못했을 것이다. 노인이 가버리자 헤스터는 아이를 불렀다.

"펄! 펄! 어딜 갔니?"

언제 어느 때나 정신 활동이 왕성한 펄은 어머니가 약초를 채집하는 노인과 얘기하는 동안 조금도 심심하지 않았다. 이미 말했듯 처음에는 웅덩이에 비친 자기 모습과 재미있게 장난치며 물 속의 환상에게 이리 나오라고 손짓

해도 나오지 않자, 이번에는 손에 잡히지 않는 대지와 손이 닿지 않는 하늘나라 사이에 펼쳐진 영역으로 자신이 들어가려고 했다. 하지만 마침내 자기와 환상 중 어느 하나는 현실이 아님을 깨닫고 더 재미있는 놀이를 찾기로 했다. 자작나무 껍질로 배를 만들어 조가비를 잔뜩 싣고 뉴잉글랜드의 상인도 가 본 적 없는 먼 바다로 띄워보냈지만 그 배는 겨우 해안 근처에서 가라앉고 말았다. 살아 있는 참게 꽁지며 불가사리를 여러 마리 잡기도 하고, 따뜻한 햇볕에 해파리를 늘어놓고 녹여 버리기도 했다. 그 다음에는 밀려드는 파도에 줄무늬가 생긴 흰 거품을 잡아서 바람에 날리고는, 깃털처럼 가벼운 발길로 쫓아가서 그 눈송이 같은 큰 물거품이 땅에 떨어지기 전에 잡으려고 했다. 또한 물가에서 먹이를 쪼며 날아다니는 물새 떼를 발견하자 이 장난꾸러기는 앞치마에 조약돌을 수북하게 주워 모아 이 바위에서 저 바위로 기어다니며 작은 물새에게 훌륭한 팔매질 솜씨를 보이기도 했다. 앞가슴이 하얀 잿빛 물새 한 마리가 조약돌에 맞았는지 부러진 날개를 푸드덕거리며 날아갔다. 그러자 이 요정 같은 소녀는 한숨을 쉬며 그 장난을 멈추었다. 바닷바람처럼 자유롭고, 펄 자신처럼 길들지 않은 그 어린 새를 해친 것이 마음 아팠기 때문이다.

마지막으로 펄은 여러 가지 해초를 모아 목도리, 망토, 머리 장식 등을 만들어 인어놀이를 했다. 아이도 옷이며 장식을 만드는 어머니의 뛰어난 재능을 물려받았던 것이다. 인어 옷의 마지막을 장식하기 위해 펄은 거머리말을 긁어모아 어머니 가슴에 달려 있는 장식을 자기 가슴에도 달아보려고 흉내내어 만들었다.

예의 A자였는데 주홍색이 아니라 싱싱한 초록색이었다! 아이는 턱을 가슴에 대고, 그 글자 뒤에 숨겨진 뜻을 알아내는 일이 자기가 이 세상에 태어난 유일한 이유인 것처럼 이상한 흥미를 보이며 그 글자를 물끄러미 내려다보았다.

'엄마에게 이게 무슨 뜻인지 물을까?' 펄은 생각했다.

마침내 그때 엄마 목소리가 들렸던 것이다. 펄은 어린 바닷새처럼 사뿐사뿐 뛰면서 헤스터 프린 앞에 나타나 춤을 추며 웃는 얼굴로 가슴에 단 장식을 가리켰다.

"아니, 펄!" 헤스터는 잠시 잠자코 있다가 말했다. "녹색 글자를, 어린

네가 가슴에 달아도 아무 뜻도 없어. 그런데 엄마가 달고 있어야 하는 이 글자가 무슨 뜻인지 펄도 알고 있니?"

"알아요, 엄마." 아이는 말했다. "대문자 A예요. 엄마가 책에서 가르쳐 줬잖아요."

헤스터는 펄의 작은 얼굴을 물끄러미 들여다보았다. 검은 눈동자 속에는 이따금 나타나는 그 기묘한 표정이 떠올랐지만, 펄이 실제로 이 글자를 어떻게 생각하는지 알 도리가 없었다. 헤스터는 그 점을 확인해 보고 싶은 격렬한 충동을 느꼈다.

"엄마가 이 글자를 왜 달고 있는지 아니?"

"알고말고요!" 펄은 눈을 반짝이며 어머니의 얼굴을 바라보고 대답했다. "목사님이 가슴에 손을 얹고 다니는 거랑 같은 이유예요!"

"그 이유가 뭔데?" 헤스터는 뚱딴지같은 아이의 대답에 웃다가 되생각해 보고 얼굴이 파래졌다. "어째서 이 글자가 엄마 말고 딴 사람의 가슴과 관계가 있을까?"

"몰라요, 엄마. 내가 아는 건 그것뿐이야." 펄은 평소보다도 진지한 말투로 대답했다. "지금까지 엄마하고 얘기하던 저 할아버지한테 물어봐요! 할아버지라면 틀림없이 알고 있을 거야. 그런데 엄마, 정말로 그 주홍 글자는 무슨 뜻이에요? 왜 언제나 그걸 달고 다녀요? 목사님은 왜 가슴에 손을 얹고 다니는데?"

펄은 두 손으로 어머니 손을 잡더니, 평소의 변덕스러운 성격에서는 좀처럼 보기 힘든 심각한 눈길로 어머니의 눈을 말끄러미 들여다보았다. 이 아이는 어린애 나름의 자신감을 가지고 진심으로 어머니와 가까워지기 위해 온 힘을 다해 지혜를 짜내어 모녀의 마음이 서로 공명하는 지점을 찾고 있다고 생각했다. 그래선지 여느 때의 펄과는 좀 다르게 보였다. 지금까지 모든 애정을 아낌없이 쏟으며 딸을 사랑했지만, 펄에게서는 4월에 부는 산들바람 이상의 애정은 기대하지 말자고 스스로 타일러 왔었다. 4월에 부는 산들바람은 변덕스러워 경쾌하게 뛰놀다가도 갑자기 이해할 수 없는 정열적인 돌풍으로 변한다. 기분이 퍽 좋다가도 별안간 언짢은 얼굴을 하고, 가슴에 끌어안아도 응석을 부리기는커녕 뿌리치는 일이 많다. 그런가 하면, 이렇다 할 목적도 없이 괜히 다정하게 볼에 뽀뽀를 하고, 머리카락을 부드럽게 만지작

거리며 사람의 마음에 꿈같은 쾌감을 남겨놓고는 딴청을 피우고 멀리 가버리는 것이다. 이것이 자기 아이의 성격에 대한 어머니의 평가였다. 펄을 관찰한 다른 사람들은 귀염성 없는 성격만이 눈에 띄어 실제보다도 훨씬 음울한 아이로 보았을지도 모른다. 그러나 지금 헤스터의 마음속에는, 펄은 놀랄 만큼 조숙하고 영리한 아이니까 친구로서 어머니의 슬픔을 있는 대로 다 털어놓아도 모녀 사이가 거북해질 염려가 없을 만한 나이가 되지 않았을까 하는 생각이 떠올랐다. 아직은 조금 혼돈스러운 펄 성격 속에는 굽힐 줄 모르는 용기와, 지기 싫어하는 강한 의지, 교육 방법에 따라 자존심으로 변화될 수도 있는 오만함, 경멸 같은 어엿한 특징이 싹트고 있다, 아니 처음부터 싹터 있었는지도 모른다.

게다가 비록 지금까지는 덜 익은 과일처럼 씁쓸하고 맛없지만 더없이 향긋한 풍미를 띤 애정도 가지고 있다. 이처럼 훌륭한 자질을 고루 갖추었으므로 이 요정과 같은 아이가 훌륭한 여성으로 자라지 못한다면 어머니에게서 이어받은 죄가 그만큼 크기 때문이라고 헤스터는 생각했다.

펄이 주홍 글자에 대한 의문을 집요하게 파고드는 것은 태어나면서부터 지니고 있던 성격 탓인 것 같았다. 펄은 철이 들기 시작하면서부터 마치 정해진 사명이나 되는 것처럼 주홍 글자를 생각했었다. 하느님이 이 아이에게 이처럼 두드러진 성격을 주신 것은 정의와 응보를 계획하고 계시기 때문이 아닌가 하고 헤스터는 생각했다. 그런데 지금 처음으로 그 계획과 더불어 자비와 은혜도 내리신 게 아닌가 하는 생각이 들었다. 이 펄을 보통 아이로서뿐 아니라, 하늘의 사자로서 신념과 신뢰를 갖고 받아들인다면, 어머니 마음속에 차디차게 누워 그 가슴을 무덤으로 만든 슬픔을 잊게 해 주는 것이 바로 펄의 사명이 아닐까? 그리고 전에는 그렇게도 격렬했으며 아직 죽지도 잠들지도 않은 채 다만 무덤 같은 가슴속에 갇혀 있는 정열을 극복할 버팀대가 되어주지 않을까?

누군가가 실제로 귀에 대고 속삭인 듯한 강렬한 인상을 남기며 헤스터의 마음을 뒤흔들었다. 이러는 동안에도 펄은 두 손으로 엄마 손을 단단히 잡은 채 고개를 들고 쳐다보며 세 번씩이나 같은 질문을 되풀이했다.

"엄마, 그 글씨의 뜻이 뭐야? 왜 엄마는 그걸 가슴에 달고 있어? 왜 목사님은 가슴에 손을 얹고 있는 건데?"

'뭐라고 대답하면 좋을까?' 헤스터는 생각했다. '안 돼. 말할 수 없어! 그게 이 아이와 공감을 나누는 대가라 하더라도 사실만은 말할 수 없어!'

이윽고 헤스터는 말했다.

"펄은 참 이상하구나. 그게 왜 궁금하니? 세상에는 아이들이 물으면 안 되는 일이 많이 있단다! 목사님이 가슴에 왜 손을 얹는지 엄마가 어떻게 알겠니? 그리고 이 주홍 글자는 금색 실이 예뻐서 달고 있는 거야!"

지난 7년 동안 헤스터 프린은 가슴에 단 상징에 대해 한 번도 거짓말을 한 일이 없었다. 이 상징은 가혹한 낙인이지만 수호천사이기도 했다. 그런데 그 수호천사가 엄격하게 헤스터의 마음을 감독했음에도 어떤 새로운 악(惡)이 스며들었거나, 아니면 오래된 악이 추방되지 않은 채 남아 있다는 것을 알아냈는지, 지금 헤스터를 저버리고 말았다. 펄의 얼굴에는 이미 좀 전과 같은 진지한 표정이 사라지고 없었다.

그러나 아이는 이 문제를 그대로 포기할 생각이 없는 듯했다. 모녀가 함께 집으로 돌아가는 도중에도 두세 번, 저녁을 먹을 때도 두세 번, 잠을 재울 때도 두세 번, 이젠 곤히 잠든 줄 알았는데도 한 번, 펄은 새카만 눈동자를 장난스럽게 반짝이면서 엄마를 올려다보고 똑같은 물음을 되풀이했다.

"엄마, 그 주홍 글자의 뜻이 뭐예요?"

다음날 아침, 펄은 눈을 뜨자마자 베개에서 머리를 번쩍 들면서 어째선지 주홍 글자와 연관지어버린 그 또 하나의 질문부터 해댔다.

"엄마, 엄마, 왜 목사님은 가슴에 손을 얹고 있죠?"

"입 다물지 못해, 못되게시리!" 어머니는 지금까지 보인 일이 없는 엄격한 태도로 대답했다. "엄마를 놀리면 못써! 자꾸 그러면 캄캄한 광 속에 가둘 줄 알아!"

제16장

숲 속 산책

헤스터 프린은 지금의 고통이나 장래의 결과가 어찌되든 딤스데일에게 아첨하여 신용을 얻고 있는 한 남자의 정체를 알려 줘야만 한다고 단호하게 결심했다. 반도의 해안이나 근처의 숲 속을 명상하며 산책하는 목사의 습관을 알고 있는 헤스터는 그를 만나려고 며칠 째 기다렸으나 허탕을 치고 말았다. 헤스터가 목사의 서재로 찾아간다 해도 나쁜 소문이 날 리는 없거니와, 목사의 청렴결백한 명성에 헤스터가 누를 끼칠 염려도 없었다. 지금까지 많은 사람이 주홍 글자가 나타내는 죄 못지않은 죄악을 고백하러 그 서재를 드나들었기 때문이다. 그러나 로저 칠링워스가 남몰래, 아니 어쩌면 당당하게 간섭하고 나서지나 않을까 걱정되었고, 의심받을 일도 전혀 없는데도 남이 의심할까 두려웠으며, 또 목사나 자기나 얘기하는 동안에는 숨을 쉴 수 있는 널찍한 세계가 필요했기 때문에 헤스터는 비좁은 서재보다 드넓은 하늘 아래를 택한 것이다.

마침내, 헤스터는 딤스데일 목사가 기도를 하기 위해 전에 다녀갔던 어느 병자의 집으로 간호를 하러 갔다가 개종한 인디언들과 살고 있는 엘리어트[*1] 전도사를 만나러 떠났다는 소식을 들었다. 내일 오후쯤이면 돌아오리라는 것이었다. 이튿날 헤스터는 그가 올 무렵에 맞춰 펄을 데리고 나섰다. 펄이 곁에 있으면 불편한 상황이 되더라도 헤스터는 멀리 외출할 때면 언제나 아이를 데리고 갔다.

두 사람이 반도에서 본토 쪽으로 들어서자 길이 좁은 오솔길로 바뀌었다. 그 길은 신비스러운 원시림 속으로 구불구불 이어져 있었다. 숲이 그 길 양쪽으로 하늘을 가릴 만큼 빽빽이 들어차 있었으므로 헤스터는 그 모양이 오

[*1] 존 엘리어트, 1604~1690. 인디언의 개종에 힘쓰며 성서를 원주민 말로 번역했다.

랫동안 방황하던 정신의 황야와 닮았다고 생각했다. 그날은 쌀쌀하고 음산했다. 머리 위에는 잿빛 구름이 잔뜩 끼어 있었는데 그래도 바람이 조금씩 불어 이따금 구름 사이로는 한 줄기 빛이 오솔길 위를 쓸쓸히 간질이고 있었다. 그러나 이 흔들리는 밝은 빛은 숲 속 저쪽 끝에만 스며들고 있었다.

이 장난스러운 빛은—날씨와 장소가 다 압도적으로 음산했으므로 대수롭지 않은 장난이었지만—모녀가 가까이 가면 놀다가도 이내 저만치 멀어져 버렸다. 아까까지 뛰놀던 자리는 모녀가 환한 곳을 기대한 만큼 한층 음울한 곳으로 바뀌었다.

"엄마." 펄이 말했다. "해님은 엄마가 싫은가 봐요. 엄마 가슴에 있는 것이 무서워서 도망쳐 숨어 버리나 봐. 저기 봐요! 저쪽에서 놀고 있잖아. 엄마는 여기서 기다리고 있어. 내가 뛰어가서 잡아올 테니까. 나는 아이니까 나한테서 도망치진 않을 거야. 나는 가슴에 아직 아무것도 달지 않았으니까!"

"나중에라도 달아서는 안 돼." 헤스터는 말했다.

"왜 안 돼?" 펄은 막 뛰어가려다 말고 우뚝 서서 물었다. "내가 자라서 어른이 되면 자연히 달게 되는 게 아냐?"

"자, 준비 땅!" 어머니는 말했다. "해님을 잡아오렴. 또 금방 달아나겠어." 펄은 잽싸게 달려가더니 헤스터가 웃으며 지켜보는 가운데 정말 햇빛을 붙잡아 그 복판에 서서 웃고 있었다. 펄은 온몸에 햇빛을 받으며 달음박질하느라 생기가 돌아 반짝반짝 빛났다. 햇빛도 마치 친구가 생겨서 기쁜 듯이 혼자 서 있는 어린아이 주변을 떠나지 않고 남아 있었다. 이윽고 어머니가 그 마법 같은 원 안으로 발을 들여놓을 만큼 가까이 다가섰다.

"안 돼! 도망간단 말이야!" 펄은 고개를 내저으며 소리쳤다.

"봐라!" 헤스터는 웃으면서 대답했다. "엄마도 손을 뻗치면 햇빛을 잡을 수 있어."

헤스터가 손을 내밀자 햇빛은 금세 사라져 버렸다. 아니, 펄의 얼굴 위에서 춤추는 밝은 표정으로 미루어 보아 이 아이가 햇빛을 흡수해 버렸고, 머지않아 더 어두운 그늘 속으로 들어가면 그 햇빛을 발산하여 길을 밝혀 줄 것이라는 생각이 들었다. 펄의 성격 가운데 이 지칠 줄 모르는 활발함이야말로, 펄이 어머니와는 다른 새로운 활력을 지니고 있음을 헤스터에게 알려주는 가장 큰 특징이었다. 그 시절 애들은 거의 조상들의 죄로 인해 멍울과 함께 슬픔이라는 병을 물려받았는데, 펄은 그런 질병과는 인연이 멀었다. 아니면 이 활기 자체가 일종의 병인지도 모른다. 펄이 태어나기 전에 온갖 슬픔과 싸워야 했던 격렬한 투쟁의 반동으로 그렇게 된 것인지도 모른다. 어쨌든 그것이 이 아이의 성격에 단단한 금속성 광택을 주는 기묘한 매력임에는 틀림없었다. 이 아이에게 부족한 것은—어떤 이들은 평생 부족한 채로 살지만—깊은 감명을 느끼고 인정에 눈을 떠서 남과 공감할 수 있게 만드는 비애의 마음이었다. 하지만 펄은 아직 어리니까 시간은 충분히 있었다.

"이리 와!" 헤스터는 펄이 햇빛에 싸여 서 있던 곳에서 주위를 둘러보며 말했다. "조금만 더 걷고 숲 속에서 쉬기로 하자."

"엄마, 난 아직 피곤하지 않은걸." 펄은 대답했다. "하지만 엄마가 얘기를 해준다면 앉아도 돼."

"얘기라니! 무슨 얘기?"

"그야 악마 얘기지!" 펄은 어머니의 옷자락을 잡더니 반은 진지하고 반은 장난기 어린 눈으로 어머니를 올려다보았다. "악마가 이 숲에 자주 나타나는데, 책을 갖고 있대. 무쇠 장식이 달린 크고 무거운 책이래. 그리고 그 무서운 악마는 숲 속에서 만나는 사람에게 책과 펜을 내민대. 그러면 모두 자기 피로 이름을 써야 한다나 봐. 이름을 다 쓰면 악마가 가슴에 표시를 달아준대! 엄마는 악마를 만난 일이 있어?"

"어디서 그런 얘기를 들었니, 펄?" 어머니는 그 무렵 유행하던 미신 얘기임을 알고 물어 보았다.

"엄마가 어젯밤 병간호하러 간 집 있잖아? 거기서 난로 옆 구석에 앉아 있던 할머니가 해줬어. 그런데 할머니는 그 얘기를 할 때 내가 자고 있는 줄 알았나봐. 이 숲으로 악마를 만나러 와서 책에 이름을 쓰고 가슴에 표시를 단 사람이 수천 명이나 된대. 그 심술쟁이 히빈스 아줌마도 그랬대. 그리고 이 주홍 글자도 악마가 엄마한테 달아준 거래. 엄마가 밤중에 이 숲에서 악마를 만날 때면 글자가 빨간 불꽃처럼 빛난다지 뭐야? 정말 그래, 엄마? 밤중에 악마를 만나러 가?"

"네가 잠에서 깼을 때 엄마가 없었던 적이 있었니?" 헤스터는 물었다.

"몰라, 기억 안 나. 나를 두고 가는 게 걱정되면 데리고 가도 돼. 기쁘게 같이 갈 거야! 근데 엄마, 악마가 정말로 있어? 만나봤어? 이게 그 표시야?"

"한 번 말해 주면 다시는 귀찮게 굴지 않을 거지?" 어머니는 물었다.

"응, 전부 말해 주면." 펄은 대답했다.

"지금까지 딱 한 번 악마를 만난 일이 있단다! 이 주홍 글자가 그 표시야!"

모녀는 이런 이야기를 나누며 이따금 오솔길을 지나가는 행인들의 눈에 띄지 않을 만큼 숲 속 깊숙이 들어가서는 이끼가 수북하게 낀 곳에 걸터앉았다. 아마 지난 어느 시기에 어두운 숲 그늘에 뿌리를 내리고 하늘 높이 뻗어 올라갔을 거대한 노송이 있던 자리였다. 둘은 작은 골짜기에 자리를 잡았는데, 나뭇잎으로 뒤덮인 둑이 양쪽으로 봉긋 솟아 있고 그 사이로 시냇물이 흐르고 있으며 바닥에는 나뭇잎이 가라앉아 있었다. 시냇물을 뒤덮고 있는 나무들이 군데군데 큰 가지를 휘어 늘어뜨린 채 흐르는 물을 막고 있었으므로 여기저기에 소용돌이와 깊은 웅덩이가 생겨 있었다. 물살이 센 곳에서는 조약돌과 누렇게 빛나는 모랫바닥이 보였다. 흘러가는 시냇물을 눈으로 좇으면 숲 속으로 조금 들어간 부분에서 수면을 비추는 햇빛을 볼 수 있다. 이윽고 나무가 빽빽이 들어선 수풀과 잿빛 이끼로 덮인 바위들이 들쭉날쭉한 곳까지 오자 이미 빛은 흔적도 없이 사라져 버렸다. 이 거목이나 화강암 등은 모두 시냇물의 흐름을 신비롭게 만드는 일에만 정성을 쏟고 있는 것 같았다. 끊임없이 재잘거리는 시냇물은, 태곳적 숲 속 애기를 속삭이거나, 못의 매끄러운 표면에 그 비밀이 모조리 비치지 않을까 걱정스러워 아무에게도 말하지 말아야겠다고 다짐하는 듯 보였다. 시냇물의 목소리는 쉴새없이 부드럽고 조용하게 마음을 어루만져 주는 듯했지만, 유년시절을 보내고 슬픈 사람들과 침울한 사건들 틈에서 자란 탓에 명랑하게 지내는 방법도 모르는 아이처럼 우울해 보였다.

"시냇물아! 너는 어쩜 그렇게 바보 같고 기운이 없니!" 펄은 시냇물 소리에 잠시 귀를 기울이더니 외쳤다. "뭐가 그렇게 슬퍼? 기운 내! 그렇게 한숨 쉬며 중얼거리지만 말고!"

그러나 시냇물은 숲 속의 나무 사이를 흐르는 짧은 일생 동안 몹시 엄숙한 경험을 해왔으므로 그 애기를 하지 않고는 못 배기는 것 같았고, 그것 말고는 할 이야기도 없는 성 싶었다. 펄은 그 생명이 신비에 싸인 원천에서 솟아 나온 점이나, 답답하고 침울한 그늘을 여러 차례 지나온 점에서 이 시냇물과 비슷했다. 그러나 시냇물과 달리 펄은 춤추고 반짝거리며, 인생길을 즐겁게 재잘거리면서 걸어왔다.

"엄마, 시냇물이 뭐래?"

"네게 슬픈 일이 있으면 시냇물이 그때 말해줄 거야." 어머니는 대답했다. "지금 엄마한테 얘기하는 것처럼! 그런데 펄, 누군가 산길을 걸어오는 발소리가 들리는구나. 나뭇가지를 헤치는 소리도. 잠깐 혼자 놀고 있으렴. 엄마는 저기 오는 사람과 얘기를 좀 할 테니."

"그 사람이 악마야?" 펄은 물었다.

"자, 착하지? 저기 가서 놀아라." 어머니는 되풀이했다. "하지만 너무 깊이 들어가면 안 돼. 엄마가 부르면 곧 돌아와야 한다."

"알았어요, 엄마." 펄은 대답했다. "하지만 그 사람이 악마라면 좀더 이곳에 있게 해 줘요. 커다란 책을 끼고 있는 악마를 보고 싶어."

"자 어서 가, 바보 같은 소리 하지 말고." 어머니는 초조한 듯이 말했다. "악마가 아니야. 벌써 나무 사이로 보이잖니. 목사님이야!"

"정말이네! 저것 봐, 엄마, 목사님이 가슴에 손을 얹고 있어! 목사님이 악마의 책에 이름을 썼을 때 저곳에 표시를 달았기 때문인가? 그런데 왜 엄마처럼 가슴 위에 달지 않았지?"

"자, 이제 어서 가. 네 얘긴 나중에 다 들어 줄게!" 헤스터 프린은 큰 소리로 말했다.

아이는 노래를 부르면서 시냇물 쪽으로 걸어갔다. 우울한 목소리에 밝은 노랫소리를 섞어보려고 했으나, 시냇물은 위로받기기 싫은 듯 여전히 이 쓸쓸한 숲 속에서 일어난 구슬픈 사연의 비밀을 알아들을 수 없는 말로 웅얼거렸다. 어쩌면 앞으로 일어날 일에 대한 예언을 탄식하며 내뱉고 있는지도 모른다. 아직 어린 나이인데도 인생의 어두운 그림자를 충분히 지니고 있는 펄은 불평만 하고 있는 이 시냇물과는 친해지지 않기로 결심하고 이번에는 오랑캐꽃, 홀아비바람꽃, 그리고 높은 바위틈에 나 있는 빨간 미나리풀꽃 따위를 모으기 시작했다.

요정 같은 딸애가 가버리자 헤스터 프린은 숲 속으로 이어지는 오솔길 쪽으로 한두 발짝 걸어갔지만 여전히 울창한 나무 그늘 아래에 있었다. 오솔길을 걸어오는 목사가 보였다. 혼자였고, 오는 길에 만든 듯한 나뭇가지 지팡이에 몸을 의지하고 있었다. 목사는 매우 수척하고 기운이 없었으며 우울해 보였다. 거리를 걷고 있을 때나, 남의 눈에 띌 우려가 있는 곳에서는 절대로 보이지 않던 모습이었다. 숲 속에 혼자 있자 그 모습이 보기에 딱할 정도로 눈에 띄었는데, 세상과 외따로 떨어져 있다는 것 자체가 큰 정신적 시련이었을 것이다. 걸음걸이조차도 만사가 귀찮은 듯했다. 더 이상 발을 옮겨 놓을 이유도 의욕도 없어 보였고, 그대로 가까이 있는 나무뿌리 곁에 몸을 내던지고 평생 꼼짝 않고 누워 있는 것이 제일 좋을 것 같다는 그런 모습이었다. 몸뚱이에 생명이 남아 있건 없건 상관없이 나뭇잎이 그 위를 덮고, 그대로 흙이 쌓여서 작은 무덤을 만들어줄 것이다. 죽음은 스스로 원하거나 피할 수도 없는 버거운 존재였다.

 헤스터의 눈에도 딤스데일 목사가 적극적으로 고통을 이겨내고자 애쓰는 모습은 보이지 않았다. 다만 펄이 말한 것처럼 가슴에 손을 얹고 있을 뿐이었다.

제17장
목사와 신자

목사는 느릿느릿 걷고 있었지만 거의 지나쳐 갈 때까지 헤스터 프린은 목사의 발을 멈추게 할 만한 목소리를 낼 수가 없었다. 헤스터는 용기를 내어 간신히 입을 열었다.

"아서 딤스데일!" 처음에는 작은 소리로, 다음에는 좀더 큰 소리로 불렀지만 목소리는 갈라져서 나왔다. "아서 딤스데일!"

"누구십니까?"

목사는 재빨리 정신을 차리고 자세를 바로잡았다. 남에게 보이고 싶지 않은 기분에 잠겨 있을 때 허를 찔린 사람처럼, 불안한 눈빛으로 목소리가 나는 쪽을 돌아보았다. 나무 그늘 아래 희미하게 사람의 모습이 보였다. 검소한 옷차림인데다 흐린 하늘과 무성한 나뭇잎 때문에 대낮인데도 흐릿한 잿빛 그늘에 가려 거기 서 있는 사람이 여자인지 다른 그림자인지조차 잘 알아볼 수 없었다. 어쩌면 목사가 더듬어온 인생길에서도 이처럼 갖가지 생각에서 망령들이 불쑥불쑥 튀어나오는지도 모르겠다.

목사가 한 발짝 다가서자 주홍 글자가 눈에 보였다.

"헤스터! 당신이오, 헤스터 프린? 살아 있는 당신이오?"

"그럼요, 살아 있고말고요!" 헤스터는 대답했다. "지난 7년 동안 제 나름대로 살아왔어요! 아서 딤스데일, 당신이야말로 아직 살아 있나요?"

두 사람이 이렇게 서로 정말 살아 있는지를 확인하거나 자신들의 존재에 의문을 품는 것도 이상한 일이 아니었다. 이렇게 으슥한 숲 속에서 느닷없이 만났으니 이승에서 친밀하게 지내던 두 영혼이 저승에서 처음 만나 새로운 상태에 익숙하지 못할 뿐 아니라, 육체를 떠난 정신 상태에서 서로 만나는 것이 서먹서먹하여 서로 두려워서 덜덜 떨며 서 있는 것 같았다. 둘 다 망령인데 상대쪽 망령을 보고 겁을 집어먹는 셈이다. 게다가 두 사람은 스스로에게도 놀라고 있었다. 이 뜻하지 않은 만남이 그들의 의식을 일깨워 서로의 마음에 과거의 사건과 경험을 생생하게 보여주었기 때문인데, 이러한 일은 어지간히 절박한 순간이 아니고서는 결코 일어나지 않는 법이다. 영혼이 흘러가는 순간의 거울 속에서 자신의 모습을 본 것이다. 아더 딤스데일은 두려움에 떨면서 마지못해 하는 태도로 천천히, 송장처럼 차디찬 손을 내밀어 헤스터 프린의 싸늘한 손을 잡았다. 차갑긴 했지만 이처럼 서로 손을 맞잡음으로써 만난 순간의 어색함은 사라졌다. 적어도 같은 세계에 살고 있다는 사실을 확인한 것이다.

두 사람은 한 마디의 말도 없이—누가 먼저랄 것 없이 무언의 합의에 따라—헤스터가 왔던 숲속 나무 그늘로 되돌아갔다. 그리고 헤스터와 펄이 좀 전에 앉아 있던 이끼 더미 위에 걸터앉았다. 이윽고 말문이 열리게 되자 우선 아는 사람들끼리 만나면 으레 하는 말처럼 음산한 날씨에 대한 얘기나, 폭풍우가 올성싶다는 얘기, 서로의 건강에 대한 이런저런 얘기와 질문부터 나누기 시작했다. 두 사람은 서로의 마음속 깊이 뿌리박혀 있는 문제에 조심스럽게 한 걸음 한 걸음 다가갔다. 운명과 여러 사정 때문에 오랫동안 떨어져 살아왔으므로 우선은 대수롭지 않은 화제부터 꺼내 대화의 물꼬를 터서 서로의 참된 생각이 거리낌 없이 드나들 수 있도록 해야 했다.

얼마 후 목사는 헤스터 프린의 눈을 물끄러미 바라보며 말했다.

"헤스터, 당신은 마음의 안정을 찾았소?"

헤스터는 가슴을 내려다보면서 쓸쓸히 웃었다. "당신은 어떠세요?"

"난 틀렸소! 절망뿐이오! 나 같은 인간이, 나 같이 사는 인간이 절망 외에 무엇을 얻을 수 있겠소. 내가 무신론자거나, 양심이 없거나, 거칠고 동물적인 본능으로 살아가는 야비한 남자였더라면 벌써 오래 전에 마음의 안정을 찾았을 것이오. 아니 안정을 잃는 일도 없었겠지! 하지만 지금 내 영혼은 어떻소? 본디부터 지니고 있던 선량한 자질도, 하느님이 주신 천부적인 재능도, 모두 내 정신을 괴롭히는 형틀에 지나지 않소. 헤스터, 나보다 비참한 사람은 아마도 없을 거요!"

"이곳 사람들은 당신을 존경하고, 당신도 그들을 위해 최선을 다하고 있어요. 그런데도 안정을 얻을 수 없으신가요?"

"점점 비참해질 뿐이오, 헤스터! 그 때문에 더 비참해질 뿐이오!" 목사는 쓰디쓰게 웃었다. "나는 선을 실천하고 있는 것처럼 보이지만, 아무 신념도 없이 일하고 있을 뿐이오. 그런 것은 환상에 지나지 않아요. 나처럼 타락한 영혼이 어떻게 다른 사람의 영혼을 구제할 수 있겠소? 더럽혀진 영혼이 다른 사람의 영혼을 어찌 깨끗하게 할 수 있단 말이오. 사람들이 나를 존경한다지만, 나는 차라리 경멸하고 증오해 주기를 원하는 바요! 나는 설교단 위에 서서 마치 내 얼굴에서 천국의 빛이라도 비치는 듯이 올려다보는 많은 사람들의 눈을 마주보아야 하오! 이걸 위안이라고 하는 거요, 헤스터? 진리를 갈망하여 오순절의 하느님 말씀이나 되는 것처럼 나의 말에 귀를 기울이는 사람들을 바라보면서, 그들이 동경하는 내 마음속을 들여다보면 시커먼 실체가 싫어도 눈에 들어오게 마련이라오. 이게 어떻게 위안이라는 거요? 표면적인 나와 내면적인 나를 비교하고 괴로워서 스스로를 비웃곤 합니다! 아마 악마도 그 모습을 보고 같이 비웃을 것이오!"

"당신이 잘못 생각하신 거예요." 헤스터는 상냥하게 말했다. "당신은 마음속으로 뼈저리게 뉘우치셨잖아요? 당신의 죄는 벌써 오래 전에 사라졌어요. 당신의 현재의 생활은 남들이 보는 것처럼 신성해요. 이처럼 훌륭한 선행이 뒷받침된 회개가 어찌 진실이 아니겠어요? 그런데 어째서 당신의 마음은 안정을 찾지 못하는 거죠?"

"그게 아니오, 헤스터." 목사는 대답했다. "그게 진실이 아니오! 차디차게 죽은 것이라 나에겐 아무런 쓸모도 없소! 그동안 미치도록 괴로워했지만 그 무엇도 회개하지 못했어요! 정말로 회개했다면 이런 위선적인 법복을 벌써 오래 전에 벗어던지고 최후의 심판 날에 사람들이 보게 될 모습을 있는 그대로 드러냈을 것이오. 헤스터, 가슴에 주홍 글자를 떳떳하게 달고 있는 당신은 행복한 사람이오! 내 주홍 글자는 아무도 모르게 불타오르고 있소! 7년 동안 세상을 속여왔다는 죄책감 때문에, 내 정체를 알고 있는 사람과 만나는 일이 얼마나 위안을 주는지 당신은 모를 것이오! 나에게 친구라도 있어—철천지원수도 좋소—남이 칭찬하는 말에 괴로워할 때 매일같이 그 사람에게 내가 얼마나 비열한 죄인인가를 고백할 수만 있다면 그것만으로도 내 영혼은 다시 살아난 느낌일 거요. 하지만 지금은 모든 것이 거짓이오! 공허요! 죽음이란 말이오!"

헤스터 프린은 목사의 얼굴을 바라보았으나, 차마 입을 열지는 못했다. 그러나 오랫동안 숨겨온 감정을 열렬하게 토로하는 목사의 말에, 헤스터는 하려고 마음먹은 얘기를 할 수 있는 절호의 기회를 얻은 셈이었다. 헤스터는 불안한 마음을 억누르며 입을 열었다.

"당신이 바라고 계신 친구, 당신의 죄를 함께 울어줄 친구는 같이 죄를 저지른 죄밖에 없어요!" 또 망설이면서도 용기를 내어 말을 이었다. "당신이 바라시는 그런 원수도 이미 오래전부터 당신과 같은 지붕 밑에 살고 있습니다!"

목사는 숨을 몰아쉬며 일어서더니 심장이라도 후벼낼 기세로 가슴을 쥐어뜯었다.

"아니! 뭐라고요?" 목사는 외쳤다. "원수라니! 더구나 한 지붕 밑이라니! 그게 무슨 뜻이오?"

헤스터 프린은 비로소 이 불행한 사람에게 깊은 상처를 준 책임을 통감했다. 오랜 세월 동안, 아니 순간이라도 오로지 악의만이 목적인 사람의 손아귀에 내버려두었기 때문이다. 비록 어떤 가면을 썼다 하더라도 원수가 바로 곁에 있다는 사실은 아서 딤스데일처럼 감수성이 섬세한 사람에게는 그 마음의 자기장을 흐트러뜨리기에 충분했다. 헤스터는 이 일을 지금처럼 깊이 생각하지 않았던 때도 있었다. 자기가 받은 고통 때문에 남의 일은 생각하기도 싫었고, 자기보다는 훨씬 견디기 쉬울 거라고 생각한 운명을 목사도 같이 짊어져 주기를 바랐던 것이다. 그러나 얼마 전 목사의 철야 기도를 목격한 이후 목사를 동정하는 마음이 세차게 고개를 쳐들었다. 이제는 목사의 마음을 더 잘 이해할 수 있었다. 언제나 목사 곁을 맴도는 로저 칠링워스가 악의에 찬 비밀스러운 독을 뿌리고, 목사의 정신적 및 육체적 병에 의사로서 공공연히 간섭하는 등의 좋지 못한 사태가 지금까지 잔혹한 목적에 이용되어 왔음을 헤스터는 믿어 의심치 않았다. 그로 인해 고뇌에 찬 목사의 양심은 항상 가시방석 위에 놓여 있었고, 건전한 고통으로 정신을 고치기는커녕 혼란하고 타락하는 경향을 보였던 것이다. 그 결과 현세에서는 정신이상을 초래하고, 저세상에는 선(善)과 진리로부터 영원히 소외된다. 저세상에서의 소외가 이 세상에서는 정신이상이라는 형태로 나타나는 것이다.

헤스터는 전에 사랑했던, 아니, 이렇게 말해도 될지 모르겠지만, 아직도 열렬히 사랑하는 사람을 이런 파멸 상태로 몰아넣은 것이다. 전날 로저 칠링워스에게 말한 것처럼 목사의 명예를 희생하고, 차라리 죽음으로 청산하는 편이 헤스터가 선택한 방법보다 훨씬 바람직했으리라는 생각이 들었다. 그녀는 지금 이렇게 가슴 아픈 고백을 하느니 낙엽 위에 쓰러져 아서 딤스데일의 발치에서 숨을 거두고 싶은 심정이었다.

"오, 아더." 헤스터는 소리쳤다. "나를 용서해 주세요! 지금까지 다른 모든 일에 있어서는 진실한 사람이 되려고 애썼어요. 진실이야말로 내가 굳세게 지키고자 한 유일한 미덕이었고, 실제로 아무리 괴로울 때도 늘 지켜 왔어요. 하지만 당신의 행복이, 당신의 생명이, 당신의 명예가 위태로워지자 그렇지 못했어요! 그때는 나도 거짓말을 했어요. 하지만 죽음이 코앞에 닥쳐왔다 하더라도 거짓을 말해선 안 되는 거였어요! 제가 말하고자 하는 바를 아시겠어요? 그 노인! 그 의사! 로저 칠링워스라 불리는 그 남자! 그가 바로 내 남편이었어요!"

한동안 목사는 무서운 눈으로 헤스터를 바라보았다. 그의 분노심은 여러 형태로 보다 숭고하고, 순수하고, 부드러운 성격과 한데 섞여 있긴 했으나 사실상은 목사에게 깃든 악마의 일부이며, 목사의 남은 미덕을 모조리 정복하기 위한 수단에 불과했다. 이토록 험악하고 분노에 찬 얼굴을 헤스터는 일찍이 본 적이 없었다. 그 짧은 시간 동안 목사의 표정은 무시무시하게 변해 버린 것이다. 그러나 목사의 성격은 고뇌 때문에 아주 쇠약해져 있었으므로 그러한 저열한 정력조차 오래 유지되지 못했다. 마침내 땅바닥에 힘없이 쓰러지더니 목사는 두 손으로 얼굴을 가렸다.

"알 만도 했건만!" 목사는 중얼거렸다. "왜 몰랐을까! 처음 만났을 때부터 줄곧 그를 볼 때마다 내 마음이 까닭 없이 움츠러들었던 것도 그 비밀을 알려 주는 신호가 아니었던가. 왜 알아차리지 못했을까? 오, 헤스터, 당신은 이것이 얼마나 무서운 일인지 조금도 모르는구려. 쾌재를 부르는 사람 앞에 죄를 짓고 괴로워하는 마음을 드러내는 일이 얼마나 수치스러운지! 얼마나 꼴사나운지! 얼마나 추악한 일인지! 당신은 전혀 몰라요! 아, 헤스터, 당신 탓이오! 나는 당신을 용서할 수 없소!"

"당신은 용서해 주셔야 해요!" 헤스터는 울면서 목사 곁의 낙엽 위에 몸을 내던졌다. "벌은 하느님께서 내리실 거예요! 당신은 용서해 주세요!"

헤스터는 절망스런 격정에 사로잡혀 두 팔을 뻗어 목사의 머리를 가슴에 힘껏 끌어안았다. 목사의 볼이 주홍 글자에 닿았지만 아랑곳하지 않았다. 목사는 뿌리치려고 허우적거렸으나 소용없었다. 헤스터는 놓아주려고 하지 않았다. 무서운 표정으로 노려보는 것이 두려웠기 때문이다. 7년이란 오랜 세월 동안 세상은 이 고독한 여인을 눈엣가시처럼 여겼지만 그래도 꾹 참았을 뿐만 아니라, 슬픔이 어린 그 단호한 눈길을 한 번도 외면한 적이 없었다. 하느님 역시 얼굴을 찡그렸지만 헤스터는 죽지 않았다. 그런데 이 창백하고, 나약하고, 죄의 무게에 짓눌린 이 사람이 얼굴을 찌푸리자 헤스터는 참을 수 없었고, 그 얼굴을 보기가 죽기보다 싫었던 것이다.

"용서해 주시겠죠?" 같은 말을 몇 번이고 되풀이했다. "무서운 얼굴을 하지 않고 용서해 주시는 거죠?"

"용서하겠소, 헤스터!" 목사는 간신히 대답했다. 슬픔의 구렁텅이에서 울려오는 괴로운 목소리였으나 화난 기색은 없었다. "이젠 진심으로 용서하겠소. 하느님, 우리 두 사람을 용서해 주십시오! 헤스터, 우리는 이 세상에서 가장 나쁜 죄인이 아니오. 타락한 목사보다 더 추악한 사람이 하나 있으니 말이오! 그 늙은이의 복수는 내 죄보다도 더 흉측하오. 그 사람은 잔인무도하게 인간의 신성한 영혼을 짓밟았소. 그러나 당신과 나는 절대 그런 일은 하지 않았소, 헤스터!"

"절대로 하지 않았죠!" 헤스터는 속삭였다. "우리가 한 행동은 그 나름대로 신성한 것이었어요. 그렇게 느꼈고, 둘이서 얘기한 적도 있었잖아요. 벌써 잊으셨나요?"

"그만 하시오, 헤스터!" 아서 딤스데일은 땅바닥에서 일어났다. "아니, 잊지 않았소!"

그들은 다시 이끼 낀 나뭇등걸에 나란히 걸터앉아 손을 꼭 맞잡았다. 그들의 인생에 이보다 우울한 때는 없었다. 이 순간은 그들이 점점 더 짙어지는 어둠을 향해 남몰래 걸어온 기나긴 인생길의 끝장이었다. 그래도 이 순간에는 자리를 뜨기 어려운 매력이 있어 두 사람은 좀더, 조금만 더 오래 계속되기를 바랐다. 그들 주변의 숲은 어둠침침했고, 불어오는 바람에 나뭇가지들이 삐걱대었다. 큰 나뭇가지가 머리 위로 휘늘어져 있고, 오래된 노목(老木)이 서로 슬픈 듯이 삐걱대는 소리는 그 밑에 앉아 있는 두 사람의 슬픈 사연을 이야기하는 것 같기도 하고, 앞으로 닥쳐올 재난을 예언하는 것 같기도 했다.

 그래도 그들은 그곳을 뜨지 못했다. 마을로 돌아가는 길은 얼마나 쓸쓸해 보이는지 몰랐다! 헤스터 프린은 다시 치욕스러운 짐을 짊어져야 하고, 목사는 명예라는 허무한 모조품의 조롱을 참아야 한다. 그래서 두 사람은 자꾸 출발을 늦추며 그곳을 떠나지 못했다. 금빛보다 찬란한 햇빛보다 이 음산한 숲 속의 어둠이 더 소중했다. 여기에는 목사밖에 보는 눈이 없으므로 주홍 글자도 타락한 여인의 가슴에서 불탈 필요가 없었다! 헤스터밖에 보는 눈이 없으므로 하느님과 인간을 배반한 아서 딤스데일도 잠시나마 진실할 수 있었다.
 목사는 갑자기 떠오른 생각에 깜짝 놀라 소리를 질렀다.
 "헤스터, 큰일이오! 로저 칠링워스는 당신이 정체를 폭로하려는 의도를 알고 있소. 그렇다면 우리 비밀을 잠자코 숨겨 두겠소? 이번엔 어떤 형태로 복수를 해올지!"
 "그 사람은 이상하게 비밀을 좋아하는 성격이 있어요." 헤스터는 신중하게 대답했다. "게다가 여태껏 숨어서 복수해 오는 동안에 그게 더 심해졌죠. 그 사람이 비밀을 폭로하는 일은 없으리라 봅니다. 흉측한 격정을 만족시키려고 틀림없이 다른 수법을 쓸 테지만요."
 "그럼 나는…… 그 집요한 원수와 같은 공기를 마시는 나는 이제 어떻게 살아간단 말이오?" 아서 딤스데일은 몸을 움츠리고 외치면서 부들부들 떨리는 손을 가슴에 대었다. 가슴에 손을 대는 행동은 어느 결에 그의 버릇이 되어버렸다. "생각 좀 해주시오, 헤스터! 당신은 강한 사람이니 나 대신 결단을 좀 내려 주오!"
 "그 사람과 같이 살면 안 돼요." 헤스터는 천천히 힘주어 말했다. "당신의 마음을 더 이상 그의 사악한 눈앞에 드러내 보여서는 안 됩니다!"
 "그에게 마음을 보이느니 차라리 죽는 게 더 낫겠소!" 목사는 대답했다. "하지만 그것을 어떻게 한단 말이오? 내게 남은 길이 있소? 그 사람의 정체를 알려줬을 때 내가 몸을 던진 이 낙엽 위에 다시 한 번 쓰러져야 하는 것이오? 이곳에 쓰러져 숨을 거둬야 한단 말이오?"
 "슬프군요, 어쩌다 그리 나약해지셨나요!" 헤스터의 눈에 눈물이 왈칵 솟았다. "단지 약하니까 개죽음을 하신단 말씀이세요? 그 밖에는 다른 이유가 없잖아요!"

"하느님의 심판이 내린 거요." 양심의 가책을 견디지 못하고 목사가 대답했다. "하느님의 심판은 절대적이라 내 힘으론 대항하지 못해요!"

"하느님께는 자비심이 있습니다." 헤스터는 대답했다. "다만 당신에게 그것을 잡을 만한 힘이 있느냐가 문제죠."

"당신이 나 대신 굳센 사람이 되어 주시오. 그리고 어떻게 하면 좋을까 일러 주오!"

"세상이 그렇게 좁기만 할까요?" 헤스터 프린은 목사의 눈을 물끄러미 쳐다보며, 제대로 서 있지도 못할 만큼 초주검이 된 남자의 정신에 본능적으로 자석과 같은 힘을 발휘하며 외쳤다. "불과 얼마 전까지만 해도 지금 우리가 있는 이 숲과 마찬가지로 나뭇잎이 쌓인 쓸쓸한 황야였던 저 마을만이 우리가 살아갈 세계일까요? 이 숲 속 오솔길은 어디로 계속될까요? 당신은 마을로 돌아가는 길이라고 하시겠죠! 사실 그래요. 하지만 그 너머에도 길은 더 이어져 있어요. 황야 속으로 점점 깊숙이 들어가면 들어갈수록 인적이 사라지고, 또 몇 마일만 가면 노란 낙엽 위엔 백인의 발자국이나 그림자도 없어지죠. 거기까지 가면 당신도 자유로운 몸이 됩니다. 조금만 걸어가면 그렇게도 비참했던 세계에서 벗어나, 얼마든지 행복하게 살 수 있는 세계가 펼쳐져 있어요. 이 넓은 숲 속에서 로저 칠링워스의 눈을 피해 당신의 마음을 숨길 만한 나무 그늘 하나 없다는 말씀이세요?"

"있기야 있겠지, 헤스터. 하지만 그건 낙엽 밑뿐이오." 목사는 슬프게 미소를 지으며 대답했다.

"그럼 바다라는 넓은 길도 열려 있어요!" 헤스터는 계속해서 말했다. "당신은 바다를 건너서 이곳으로 오셨잖아요. 마음만 먹으면 오신 길로 되돌아가실 수도 있어요. 고향에 돌아가 이름 모를 시골이나 대도시 런던이라면, 아니, 독일이나 프랑스 혹은 즐거운 이탈리아라면 그 사람의 힘과 지혜도 미치지 못할 거예요! 게다가 그 무쇠처럼 냉혹한 보스턴 위정자들의 의견이 무슨 상관이죠? 그 사람들은 이미 오랫동안 당신의 훌륭한 성품을 모조리 빨아들여 왔잖아요!"

"그런 짓은 할 수 없소!" 꿈을 이루라는 말이라도 들은 듯 귀를 기울이고 있던 목사가 대답했다. "나는 어디로도 갈 힘이 없소. 죄 지은 비참한 몸일지언정 하느님이 정해 주신 이곳에서 속세의 삶을 마칠 생각밖에 다른 계획은 없소. 내 영혼은 길을 잃고 타락했지만, 다른 사람의 영혼을 위해 내가 할 수 있는 일을 더 하고 싶소! 나는 영혼의 파수꾼으로는 자격미달이며, 이 어려운 근무가 끝나면 죽음과 불명예가 기다리고 있다는 것도 알지만, 지금의 역할을 버릴 생각은 없소!"

"당신은 7년 동안 불행의 무게에 짓눌려 기가 죽어 버린 거예요." 헤스터는 자기 정신력으로 상대방에게 어떻게든 용기를 넣어 주려고 힘차게 대답했다. "하지만 그 무거운 짐을 내동댕이치고 떠나세요! 숲 속 오솔길을 걸어갈 때 그런 것에 발이 묶이면 안 돼요. 바다를 건널 생각이라면 그 무거운 짐을 배에 싣지 말아야 해요. 파멸의 잔해는 그것이 생겨난 이 장소에 버리고 가야 해요. 더 이상 얽매일 필요는 없어요. 모든 것을 새로 시작하세요! 한번 실패했다고 꿈을 잃었을까요? 천만에요! 미래에는 아직도 숱한 기회와 성공이 기다리고 있는걸요. 행복도 맛볼 수 있어요. 선행을 쌓을 수도 있고요! 이 가짜 생활을 진짜 생활로 바꿔 보는 거예요. 당신의 사명이라고 느낀다면 인디언의 스승이 되고 전도사가 되는 것도 좋겠죠. 아니면 당신의 성격에 아주 잘 어울린다고 생각하는데, 문명사회에서 현자나 명사들 틈에 끼어 학자나 현인이 되면 어떨까요? 설교를 하건 글을 쓰건 행동을 하건 마음대로 하세요! 여기서 힘없이 죽어가는 일만 아니면 무엇이든지 하세요! 아서 딤스데일의 이름을 버리고 부끄러움도 두려움도 느끼지 않고 말할 수 있는 다른 훌륭한 이름을 지으세요. 당신의 목숨을 좀먹는 고통 속에 단 하루라도 더 머물 이유가 어디 있나요! 당신의 괴로움이 의지와 행동을 무기력하게 만들고 있어요! 머지않아 회개할 힘조차 잃고 말 거예요! 자, 용기를 내서 길을 떠나세요!"

"아, 헤스터!" 아서 딤스데일은 외쳤다. 그의 눈에서는 헤스터의 열성에 이끌려 약하디 약한 빛이 순간적으로 타올랐으나 이내 꺼지고 말았다. "제대로 걷지도 못하는 사람에게 달음박질을 하라는 거요! 나는 여기서 죽을 수밖에 없소! 넓고 낯설고 험난한 세계로 돌진할 기력도 용기도 남아 있지 않아요. 혼자서는 무리예요!"

의기소침한 사람이 입에 담는 마지막 절망의 표현이었다. 목사는 바로 눈앞에 보이는 행운을 잡을 힘조차 없었다.

목사는 또 같은 말을 되풀이했다.
"혼자선 무리예요, 헤스터!"
"당신 혼자 보낼 생각은 없어요!" 헤스터는 나직하게 속삭이듯 대답했다.
이리하여 모든 것을 다 얘기한 셈이었다.

제18장
빛의 홍수

　아서 딤스데일은 희망과 기쁨에 빛나는 눈으로 헤스터의 얼굴을 쳐다보았으나 불안한 빛을 감추지 못했다. 자기는 막연하게 말한 것을 단호하게 잘라 말하는 헤스터의 대담성에 어떤 두려움을 느꼈기 때문이다.
　그러나 헤스터 프린은 태어날 때부터 용기 있고 행동적인 정신을 지닌 데다 오랜 세월 사회에서 격리당하여 고립된 생활을 해왔으므로 목사로서는 상상도 할 수 없을 만큼 자유로운 생각에 익숙해져 있었다. 헤스터가 길잡이도 안내인도 없이 방황해온 정신의 황야는 지금 두 사람이 어두운 나무그늘 아래에서 자기들의 운명이 달린 이야기를 나누고 있는 이 울창하고 인적 없는 숲처럼 넓고 복잡하고 암담했다. 헤스터의 지성과 감정은 황야를 고향으로 삼아 인디언처럼 자유로이 방황했다. 지난 몇 년 동안 줄곧 소외당한 입장에서 인간 사회의 제도라든가 목사나 당국자들이 만든 모든 것을 바라보았으며, 목사의 늘어진 옷깃·재판관의 법복·처형대·교수대·난롯가·교회 등에 대해서도 비판적이어서 인디언이 느끼는 만큼 존경심밖에 갖고 있지 않았다. 이 세상에서의 운명이 헤스터를 자유로운 방향으로 이끌었다. 주홍 글자는 다른 여자들이 감히 발을 들여놓지 못하는 영역까지도 출입할 수 있는 통행증이었다. 치욕·절망·고독 같은 것은 엄하고 과격한 스승으로서 헤스터를 강하게 단련시켜 주었으나, 한편 잘못된 일도 많이 가르쳐 주었다.
　그러나 목사는 일반적인 법칙 세계에서 어긋나는 인생 체험은 해본 적이 없었다. 가장 신성한 법칙 중 하나를 벌벌 떨면서 단 한번 범했을 뿐이었다. 그것도 정열을 이기지 못하고 저지른 죄였지, 사상에 바탕하여 의도적으로 저지른 죄는 아니었다. 그 불행한 일을 저지른 뒤부터 목사가 병적인 열의를 갖고 세심하게 지켜온 것은 행위가 아니라—행위라면 통제하기 쉬웠다—모든 감정의 움직임과 온갖 생각이었다. 그 시절 목사들이 그러했듯 그는 사회

조직의 정점에 서 있었으므로 사회의 규범이나 주의나 심지어 편견에까지 단단히 얽매여 있었다. 목사이기 때문에 성직자라는 틀을 벗어던지지 못하고 그 안으로 숨어들었다. 죄를 지은 뒤 아물지 않은 상처 때문에 양심의 가책을 받았고, 극도로 신경이 섬세한 사람이었으므로 죄를 짓지 않았을 때보다 오히려 도덕심이 견고해 보였는지도 모른다.

따라서 헤스터 프린은 7년의 고립된 생활과 치욕의 세월이 지금 이 순간을 위한 준비 기간일 뿐이었다고 생각했다. 그러나 아서 딤스데일은 어떠한가? 이런 사람이 또 한 번 죄를 범하면 그 죄의 정상을 참작하기 위해 어떤 변명을 할 수 있을까? 변명거리가 있을 리 없었다. 기껏해야 그가 오랜 고뇌로 녹초가 되고 가책에 시달려 마음이 암담하고 혼란스러웠다든가, 스스로 죄인임을 자인하고 도망칠 것인지 위선자로서 그대로 버틸 것인지 갈팡질팡하여 양심의 중심을 잡지 못했다든지, 죽음이나 치욕의 위험을 피하고 적의 헤아릴 수 없는 책략을 모면하려는 것이 인간의 당연한 본능이라든지, 병들고 약한, 비참한 모습으로 쓸쓸한 황무지를 방황하고 있는 불쌍한 순례자의 눈에 지금 치르고 있는 무거운 숙명 대신에 인간적인 애정과 동정, 새로운 생활, 참된 생활이 한순간 스쳐지나갔다든지 하는 정도이다. 하지만 죄악이 인간의 영혼 속에 만들어 놓은 출입구는, 이 인간 세계에서는 절대로 회복될 수 없다는 엄격하고도 슬픈 진리를 우리는 알아야 한다. 적군이 다시 성을 공격하지 못하도록, 또 다음 공격 때는 이전과 다른 길을 찾아 쳐들어오지 못하도록 출입구를 빈틈없이 감시하고 방비할 수는 있다. 그러나 무너진 성벽은 그대로 남아 있고, 잊을 수 없는 승리감을 다시 한번 맛보려는 적이 살금살금 다가오고 있다.

이러한 갈등이 있다 하더라도 여기서 자세히 늘어놓을 필요는 없다. 목사가 도망갈 결심을 했고, 더구나 혼자가 아니라는 사실만으로 충분할 것이다.

목사는 생각했다.

'지난 7년 동안 잠깐이나마 평화롭고 행복했던 때가 있었더라면, 천국의 구원을 믿고 계속 참을 수 있었을지도 모른다. 그러나 지금처럼 어쩔 수 없이 멸망할 몸이라면, 처형 전의 사형수에게 허용되는 위안을 붙잡아도 되지 않을까? 혹은 헤스터가 열심히 설득한 것처럼 지금보다 행복한 생활로 통하는 길이라면, 이 길을 걷는다 해서 더 훌륭한 장래를 버리는 것도 아니리라! 게다가 나는 이제 헤스터 없이는 살아갈 수 없다. 이렇게 힘 있게 나를 격려해 주고, 부드럽게 위로해 주지 않는가! 아, 하느님, 당신을 올려다볼 용기조차 없는 저를 용서해 주십시오!'

"가요!" 헤스터는 목사와 눈이 마주치자 고요하게 말했다.

일단 결심하고 나니 야릇한 기쁨의 불꽃이 목사의 괴로운 가슴에 환한 빛을 던지며 일렁였다. 자기 마음의 감옥에서 방금 도망쳐 나온 죄수가 아직 구원을 받지 못하고, 기독교와는 아무 관계없는 무법지대에서 거칠고 자유로운 공기를 들이마실 때와 같은 들뜬 기분이었다. 말하자면 정신이 껑충 뛰어올라 비참하게 땅 위를 기어다닐 때보다 하늘이 훨씬 가까워진 듯했다. 본디 종교심이 강한 성격이었으므로 목사의 반응에 뭔가 경건한 구석이 있다 하더라도 어쩔 수 없는 노릇이다.

목사는 믿을 수 없다는 듯 큰소리로 외쳤다.

"다시 한 번 기쁨을 맛볼 수 있을까? 내 안에서 기쁨의 싹은 다 죽어 버렸는줄 알았는데! 오 헤스터, 당신은 나를 구해준 천사요! 나는 병들고, 죄에 더럽혀지고, 슬픔에 잠긴 이 몸을 힘이 다해 숲 속 낙엽 위에 내던졌는데, 모든 것이 새로 태어난 듯하며, 자비로운 하느님의 영광을 찬미하는 새로운 힘이 가득 차 다시 일어선 기분이오! 이것만으로도 벌써 행복한 생활이오! 왜 이것을 좀더 일찍 찾아내지 못했을까?"

"과거는 돌아보지 말기로 해요." 헤스터 프린은 대답했다. "과거는 이미 가버렸어요. 과거에 얽매여 있어 봤자 무슨 소용이 있겠어요? 보세요! 이 가슴의 표시와 함께 나는 과거를 일체 버리고 없었던 일로 하겠어요!"

이렇게 말하면서 헤스터는 주홍 글자를 가슴에서 떼어 멀리 낙엽 속으로 던져 버렸다. 그 신비로운 표시는 시냇가에 떨어졌다. 한 뼘만 더 멀리 날아갔더라면 물 속에 떨어져 시냇물이 아직도 웅얼거리고 있는 알 수 없는 사연 외에 또 다른 슬픔을 이야기하며 흘러갔을 것이다. 그러나 수놓은 주홍 글자는 시냇가에 떨어져 잃어버린 보석처럼 반짝이고 있었다. 누군가 운수 사나운 사람이 지나가다 줍기라도 하면, 기묘한 죄악의 환영에 시달리다가 마음이 쇠약해져 결국은 까닭 모를 불행에 사로잡힐지도 모를 일이다.

가슴에서 낙인이 없어지자 헤스터는 긴 한숨을 내쉬었다. 치욕과 고뇌의 무게가 정신에서도 싹 사라져 버렸다. 아! 이 얼마나 홀가분한 해방감인가!

자유를 느끼고야 비로소 낙인의 무게가 얼마나 무거웠는지 새삼 깨달았다! 새로운 충동에 이끌려 헤스터는 머리칼을 숨기고 있던 거추장스러운 모자도 벗어 버렸다. 검고 풍성한 머리칼이 찬란하게 반짝이며 어깨를 덮자 헤스터의 표정에 부드러운 매력이 되살아났다. 여자다운 마음에서만 솟아나올 듯한 밝고 부드러운 미소가 입가에 번지고, 눈매도 빛났다. 오랫동안 창백하기만 했던 볼은 볼연지를 바른 듯 부끄러움에 발그레하게 달아올랐다. 헤스터의 여성성과 젊음과 넘치는 아름다움이, 돌이킬 수 없다던 과거로부터 되살아나 처녀 시절의 희망과 지금까지 맛보지 못한 행복과 함께 지금 이 순간이라는 마법의 굴레에 모여들기 시작했다. 하늘과 땅의 어둠도 이 두 사람의 마음속을 비추는 거울처럼 슬픔이 사라지자 덩달아 사라져 버렸다. 갑자기 하늘이 웃음을 터뜨린 것처럼 햇빛이 어두컴컴하던 숲 속에 폭포수처럼 내리비쳤다. 그러자 푸른 나뭇잎 하나하나까지 생기를 되찾고, 누런 낙엽이 황금빛으로 물들었으며, 잿빛 고목나무 줄기가 반짝거렸다. 여태껏 그림자를 드리우고 있던 것들이 모두 눈부시게 빛났다. 시냇물도 환한 햇빛을 따라가면서 신비를 감추었다. 숲 속 깊이까지 더듬어 올라갈 수 있었으며, 그 신비도 이제는 기쁨으로 넘쳐흘렀다.

이리하여 대자연은—인간의 법칙에 복종한 일도 없고, 좀더 높은 진리의 광명을 받아본 일도 없는 원시적이고 이교도적인 대자연은 두 영혼의 축복에 공명했다! 사랑은 새로이 생겨난 것이건 죽음 같은 깊은 잠에서 깨어난 것이건 간에 항상 햇빛을 만들어내며 마음속을 가득 채울 뿐 아니라, 외부 세계로도 넘쳐흐르기 마련이다. 설령 숲이 전과 다름없이 침침한 그늘로 뒤덮여 있다 하더라도 헤스터의 눈에는 빛나 보였을 것이고, 아서 딤스데일의 눈에도 찬란하게 빛났다!

헤스터는 새로운 기쁨에 몸을 떨며 목사를 바라보았다.

"펄과 인사하셔야죠! 우리들의 펄이에요! 전에 만나 보셨죠? 맞아요, 그랬었죠! 하지만 이제 다른 눈으로 보셔야 해요. 그 애는 참 이상한 애예요! 나도 잘 모를 지경이에요. 하지만 나 못지않게 그 애를 귀여워해 주고, 그 애를 어떻게 길러야 하는지도 가르쳐 주셔야 해요."

"그 애가 날 좋아할까요?" 목사는 불안한 듯이 물었다. "나는 오래 전부터 아이들을 피해 왔어요. 애들이 나를 못 미더워 하는 데다, 친해지기를 꺼려하거든요. 나는 펄이 두렵기까지 하다오."

"어머, 가엾게시리!" 어머니는 대답했다. "하지만 그 애는 당신을 사랑하고 당신도 그 애를 사랑하게 될 거예요. 어디 가까운 곳에 있을 테니까 부를게요! 펄! 펄!"

"저기 있군요." 목사가 말했다. "저기 시냇물 건너편 햇빛이 비치는 곳에 서 있소. 그래 저 애가 나를 좋아할 거란 거죠?"

헤스터는 생긋 웃고 다시 펄을 불렀다. 펄은 목사가 말한 대로 좀 떨어진 곳에 서 있었다. 둥글게 굽은 큰 가지 사이로 내리쬐는 한 줄기 햇빛을 받아 마치 빛의 옷을 걸친 환영처럼 보였다. 빛줄기가 앞뒤로 흔들리며 밝아졌다 어두워졌다 할 때마다 펄의 모습도 또렷하게 나타났다가 부옇게 흐려졌다. 현실 세계의 진짜 어린애로 보이다가도, 어떤 때는 아이의 혼령처럼 보였다. 어머니의 목소리가 들리자 펄은 천천히 숲 속을 가로질러 다가왔다.

펄은 어머니와 목사가 얘기하고 있는 동안 심심하지 않았다. 크고 어두운 숲은, 속세의 죄악과 고통을 숲속으로 끌어들이는 사람에게는 엄숙하게 보일지 모르나, 외로운 아이에게는 가장 훌륭한 놀이 상대가 되어 주었다. 근엄한 숲은, 더없이 친절한 표정으로 펄을 맞이했다. 숲은 지난 가을에 열려서 올봄에야 무르익은 호자덩굴 열매를 펄에게 주었다. 다 시든 잎 위에서 핏방울처럼 빨갛게 익은 열매를 따먹으며 펄은 갓 딴 열매의 싱싱한 맛을 즐겼다. 작은 들짐승들도 펄을 위해 길을 비켜 주지는 않았다. 새끼를 열 마리쯤 거느린 자고새가 펄을 위협하듯 달려나왔다가 이내 자기의 난폭한 행동을 뉘우치고 새끼들에게 무서워하지 않아도 된다는 듯 꾸꾸거렸다. 나지막한 나뭇가지에 앉아 있던 비둘기 한 마리는 펄이 그 아래로 지나갈 때 인사인지 경고인지 알 수 없는 목소리로 작게 울었다. 둥우리를 틀고 있는 우거진 높은 나무에서 다람쥐가 성이 난 것인지 까불어 대는 것인지 모를 울음소리를 냈다―다람쥐는 성미가 급하고 장난기가 많은 짐승이라 기분을 알아맞히기가 쉽지 않다―하여간 펄을 보고 재잘거리더니 호두 한 알을 머리 위로 내던졌다. 그것은 지난해의 호두로 다람쥐가 날카로운 이빨로 갉아 먹은 자국도 있었다. 낙엽을 밟는 가벼운 발자국 소리에 잠이 깬 여우가 펄을 수상쩍은 듯이 바라보았다. 그러면서 도망갈지, 그대로 한잠 더 잘지 망설이는 것 같았다. 늑대도 나타나 펄의 옷 냄새를 맡더니 쓰다듬어 달라며 사나운 머리를 살짝 내밀었다는 말도 전해오는데, 애기도 이쯤 되면 좀 의심스러워진다. 그러나 대자연의 숲과 그 품에 안겨 있는 야생 동물들이 이 아이에게서 뭔가 공통된 야생미를 발견한 것은 사실인 듯하다.

  게다가 펄은 양쪽에 푸르른 잔디 사이로 난 보스턴 거리나, 어머니의 오두막집에 있을 때보다 이 숲속에 있을 때가 더 얌전했다. 꽃도 그것을 알고 있는지 펄이 지나가자 너도나도 속삭였다. "나를 꺾어서 장식해요. 귀여운 아가씨. 나를 꺾어서 치장해요!" 펄도 꽃을 기쁘게 해주려고 제비꽃과, 아네모네와, 미나리풀꽃과, 고목에 돋아난 푸르른 가지들을 꺾었다. 펄이 이것으로 머리와 허리를 장식하자 요정 아이나 어린 나무의 정령처럼 태곳적 숲과 잘 어울리는 모습이 되었다. 꽃을 꺾어 몸치장을 하고 있을 때 어머니의 목소리가 들려오자 펄은 천천히 돌아왔다. 천천히 돌아온 까닭은 목사의 모습이 눈에 띄었기 때문이었다.

제19장
시냇가의 어린 요정

 "당신도 저 애를 좋아하게 될 거예요." 헤스터 프린은 목사와 나란히 펄을 바라보며 몇 번이나 되풀이했다. "참 예쁘지 않아요? 게다가 이름도 없는 꽃으로 저렇게 멋지게 치장한 걸 보세요! 숲속에서 진주나 다이아몬드나 루비를 모았다 해도 저렇게 어울리진 않을 거예요. 참 귀여운 아이죠! 그런데 저 아이의 이마가 누구를 닮았는지 나는 잘 알고 있어요!"
 "그런데 말이오, 헤스터." 아서 딤스데일은 불안스러운 미소를 띠며 말했다. "항상 당신 곁을 졸랑졸랑 따라다니는 저 귀여운 아이를 보며 내가 얼마나 마음을 졸였는지 당신은 모를 거요. 아 헤스터, 지금 생각하면 얼마나 지독한 생각이었으며, 그 일로 조마조마했다니 얼마나 끔찍한지 몰라요. 저 애가 나를 닮아 세상 사람들이 눈치채지 않을까 두려웠소. 하지만 저 아이는 당신을 꼭 닮았어요!"
 "그렇지 않아요! 꼭 닮았다뇨!" 어머니는 부드럽게 미소지으며 대답했다. "조금만 더 세월이 흐르면 저 아이가 누구 아이인지 알려져도 두려워하실 필요가 없을 거예요. 그런데 들꽃으로 머리를 장식하니 정말 놀라울 만큼 아름답네요. 마치 그리운 영국에 두고 온 요정이 곱게 치장하고 우리를 마중 나온 것만 같아요."
 두 사람은 지금까지 맛보지 못했던 기분을 음미하며 펄이 천천히 다가오는 모습을 바라보았다. 이 아이한테서 두 사람을 맺어주는 고리가 엿보였던 것이다. 지난 7년 동안 이 아이는 살아 있는 상형문자로 세상에 알려져 왔으며, 그들이 그토록 숨기려고 애쓴 비밀이 고스란히 드러나 있었다. 모든 사실은 이 상징 위에 적혀 있었으므로 불꽃에서 글자를 해독할 수 있는 예언자나 마술사가 있었다면 모든 것이 뚜렷해졌을 것이다. 더구나 펄은 두 사람의 생명이 하나로 융합된 존재였다.

과거의 죄야 어찌 되었든 간에, 두 사람의 육체적 결합의 산물인 동시에 정신적인 관념을 공유한 결과인 펄을 눈앞에 두고, 그들이 지상에서의 생활과 내세에서의 운명을 완전히 공유하고 있다는 사실을 어떻게 의심할 수 있겠는가? 이러한 생각은—아마 그들도 알아차리지 못했고, 뭐라 꼬집어 말할 수 없는 다른 생각과 함께 어울려—이곳으로 다가오는 아이에게 어떤 숭고한 느낌마저 갖게 했다.

"저 아이에게 말할 때는 아주 자연스럽게 대해야 해요. 지나치게 사랑이 묻어나거나 진지한 태도를 보이면 안 돼요." 헤스터는 속삭였다. "우리 펄은 가끔 작은 요정처럼 변덕스러운 엉뚱한 아이거든요. 특히 충분히 이유를 알기 전에는 남의 정을 받으려고 하지 않아요. 하지만 저 아이에게도 깊은 애정이 있어요! 나를 사랑하듯이 당신도 사랑하게 될 거예요!"

"당신은 짐작도 못하겠지만." 목사는 헤스터 프린을 곁눈으로 보며 말했다. "나는 펄과 만나는 날을 두려워하면서도 얼마나 기다렸는지 모르오! 하지만 아까도 말했듯이 아이들은 여간해서 나를 잘 따르지 않소. 내 무릎에 기어오르거나, 귀에 대고 조잘거리지도 않고, 내가 미소지어도 같이 웃어주지 않아요. 멀찍이 서서 이상한 눈초리로 나를 바라볼 뿐이오. 심지어는 갓난아기조차 내가 안으면 불에 덴 듯이 울어 댄단 말이오. 하지만 펄은 아직 어린데도 두 번이나 나에게 친절히 대해 주었소. 첫 번째는 당신도 잘 알 테지요. 두 번째는 당신이 저 애를 데리고 총독 집에 왔을 때요."

"그때는 당신이 펄과 나를 위해 참으로 과감하게 변호해주셨지요!" 어머니는 대답했다. "잘 기억하다마다요. 아마 펄도 잊지 않을 거예요. 걱정할 필요 없어요! 처음에는 저 아이도 서먹서먹해하고 낯설어하겠지만 곧 따르게 될 거예요!"

이때 펄은, 벌써 건너편 시냇가까지 와서 이끼 낀 나뭇등걸에 앉아 그를 기다리고 있는 헤스터와 목사를 말없이 바라보고 서 있었다. 펄이 선 곳은 시냇물이 깊은 웅덩이를 이룬 곳이라 잔잔한 수면에, 꽃과 풀을 엮어 치장한 눈부시게 아름다운 작은 아이의 모습이 실물보다 조금 세련된 모습으로 고스란히 비치고 있었다. 수면에 비친 모습은 펄과 너무도 똑같아서, 그 형체 없는 그림자와 같은 느낌이 아이에게 옮겨간 것처럼 보였다. 펄은 공감의 힘에 이끌린 햇빛 속에서 환히 빛나고 있었다. 그 펄이 어두컴컴한 숲속에서 꼼짝도 않고 두 사람을 바라보고 있는 모습은 어딘지 모르게 이질적이었다. 발치의 시냇물 속에는 또 한 아이가—다르지만 아주 똑같은 아이가 마찬가지로 황금빛에 둘러싸여 서 있다. 헤스터는 펄이 멀리 다른 곳으로 가버릴 것만 같아 말할 수 없이 초조해졌다. 아이는 숲 속을 돌아다니는 사이에 어머니와 함께 살던 세계에서 멀리 떨어지는 바람에 돌아오고 싶어도 다시는 돌아오지 못하게 된 것만 같았다.

이 기분은 옳기도 했고, 잘못되기도 했다. 모녀의 세계가 나뉜 것은 사실이지만, 그것은 어머니 탓이지 펄의 탓이 아니었다. 펄이 어머니 곁을 떠나 산책하는 동안 어머니가 마음속에 다른 사람을 맞아들여 애정의 양상이 완전히 달라졌기 때문에 어정어정 돌아온 펄은 늘 있던 제 자리를 찾지 못하고 자신이 지금 어디에 있는지조차 알 수 없게 된 것이다.

"망상인지 모르지만." 예민한 목사는 말했다. "저 시냇물이 두 세계를 가르는 경계선이 되어 당신은 펄과 다시는 만날 수 없을 것 같은 기분이 드는군. 아니면 저 아이는 옛날이야기 속에 나오는 요정이라 냇물을 건너지 못하도록 금지를 당한 걸까? 펄에게 빨리 오라고 해요. 지금껏 기다린 것만으로도 신경이 떨린단 말이오."

"착하지, 어서 온!" 헤스터는 재촉하듯 말하며 두 팔을 벌렸다. "왜 그렇게 늦었니! 이렇게 늑장부린 일은 없었잖아? 여기 계신 분은 엄마 친구고, 네게도 친구가 될 거야. 앞으로는 엄마랑 같이 두 배나 더 귀여워해 줄 거란다! 어서 냇물을 뛰어넘어와. 사슴처럼 훌쩍 뛰어넘어 보렴!"

펄은 이런 달콤한 말에도 대답 한 마디 없이, 냇물 건너편에 버티고 서 있었다. 맑고 초롱초롱한 눈으로 어머니와 목사를 번갈아 바라보기도 하고, 두 사람을 함께 쳐다보기도 하며 그들의 관계를 알아내어 스스로를 이해시키려고 하는 것 같았다.

아서 딤스데일은 아이의 시선을 느끼자 까닭 없이 습관적으로 손을 가슴 위에 얹었다. 마침내 펄은 이상하게 위엄 있는 태도로 손을 내밀더니 조그만 손가락으로 어머니 가슴을 가리켰다. 발치의 물거울에서도 꽃으로 치장하고 햇빛을 받으며 서 있는 펄이 조그만 손가락을 내밀었다.

"참 이상하구나. 왜 엄마한테 안 오는 거니?"

헤스터는 외쳤다.

펄은 이마에 주름을 지으며 집게손가락으로 계속 가슴을 가리켰다. 찌푸린 얼굴이 꼭 갓난아기 같아서 한층 강렬한 인상을 남겼다. 계속 손짓하는 어머니가 전에 없이 만면에 미소를 짓고 있었으므로 아이는 점점 화가 난 얼굴로 발을 쿵쿵 굴렀다. 물거울도 주름잡힌 이마에 손가락질을 하며 화난 몸짓을 하는 아름다운 모습을 비추며 펄의 모습을 한층 돋보이게 했다.

"펄, 빨리 안 오면 엄마 화낸다!" 헤스터가 소리를 질렀다. 다른 때 같으면 아이의 이런 요정 같은 행동을 대수롭지 않게 넘겼겠지만, 지금은 때가 때인 만큼 좀더 얌전히 굴어주길 바랐다. "냇물을 건너 이리 뛰어온! 참 속썩이는구나. 안 오면 엄마가 간다!"

그러나 펄은 엄마가 아무리 달래도 막무가내였고, 아무리 위협해도 끄떡도 안 하더니 갑자기 울화통이 터진 듯 손발을 마구 휘저으며 몸부림쳤다. 이 심한 발작과 더불어 째지는 듯한 비명을 지르자 온 숲이 쩌렁쩌렁 울렸다. 이유도 없이 떼를 쓰고 몸부림을 치는 것은 펄 혼자였지만, 숲 속에 숨어 있는 수많은 사람들이 아이에게 동정과 격려를 보내고 있는 듯했다. 이번에도 물거울에 화관을 쓰고 꽃띠를 두른 펄이 발을 구르고 미친 듯 몸부림치는 모습이 비쳐 보였는데, 그러는 동안에도 작은 손가락은 여전히 헤스터의 가슴을 가리키고 있었다.

"저애가 왜 저러는지 알겠어요." 헤스터는 목사에게 속삭였다. 그녀는 당혹감을 감추려고 무척 애를 썼지만 얼굴은 새파랗게 질려 있었다.

"아이들은 날마다 보던 것이 조금만 달라져도 가만히 있지 못하거든요. 펄은 내가 늘 달고 있던 걸 떼어 버렸다고 저러는 거예요!"

"부탁이오." 목사는 말했다. "저애를 달랠 방법이 있으면 곧 그렇게 해 줘요. 히빈스 부인처럼 늙은 마녀가 성내는 거라면 몰라도 아이들이 저렇게 성을 내는 모습은 보고 싶지 않아요. 펄의 미숙한 아름다움에도 그 주름투성이 마녀와 다름없는 초자연적인 힘이 있으니 말이오. 나를 사랑한다면 어서 저 아이를 달래 줘요!"

헤스터는 볼을 빨갛게 붉히고 옆에 있는 목사를 흘끔 돌아보더니, 깊은 한숨을 쉬고 펄 쪽으로 얼굴을 돌렸다. 그러나 입을 열기도 전에 순식간에 볼의 홍조가 사라지고 죽은 사람처럼 파리해졌다.

"펄!" 헤스터는 슬프게 말했다. "네 발밑을 보렴! 그래 거기! 네 바로 앞에! 냇물 이쪽 말이야!"

아이는 엄마가 말하는 쪽으로 눈을 돌렸다. 그곳에는 주홍 글자가 까딱하면 물에 빠질 듯이 아슬아슬하게 걸려서 금빛 자수를 물에 비추고 있었다.

"그걸 가지고 이리 온!" 헤스터가 말했다.

"엄마가 와서 가져가요!" 펄이 대답했다.

"무슨 애가 저렇죠!" 헤스터는 목사에게 말했다. "저애에 대하여 말씀드릴 얘기가 한두 가지가 아니랍니다. 하지만 저 끔찍한 표시에 대해서는 저 아이가 옳아요. 나는 앞으로도 당분간은 저 괴로움을 참아야 하죠. 며칠이면 될 거예요. 이 고장을 버리고 마치 꿈이었다는 듯 이곳을 떠올리게 되는 날까지는! 넓은 바다 한가운데에서 저 표시를 내 손으로 떼어 영원히 바닷속에 묻어버릴 거예요!"

이렇게 말하면서 헤스터는 냇가로 걸어가 주홍 글자를 집어들고 그걸 다시 가슴에 달았다. 조금 전까지만 해도 헤스터는 주홍 글자를 깊은 바닷속에 던져버리겠다고 희망에 찬 말을 했으나, 운명의 손에서 이 치명적인 표시를 다시 받아 든 지금은 피할 수 없는 숙명의 기운에 사로잡혔다. 무한한 공간 속에 팽개쳐져 모처럼 자유로운 공기를 호흡했건만 이제 또 주홍 글자의 비참한 빛이 제자리에서 번쩍이고 있다! 나쁜 행위는 주홍 글자처럼 뚜렷한 표시가 있건 없건 늘 숙명적인 성격을 띠게 마련이다. 헤스터는 윤기 있는 머리를 틀어 올려 모자 속으로 쑤셔 넣었다. 그러자 이 슬픈 글자에 힘을 시들게 하는 마술이라도 숨어 있는지 헤스터의 포근한 여성미가 스러지는 햇빛처럼 이내 사라져 버리고 회색 그림자가 내리덮였다.

이렇게 쓸쓸한 모습으로 다시 변한 다음 헤스터는 펄에게 손을 내밀었다.

"자, 이제 엄마를 알아보겠니?" 헤스터는 나무라는 투로 조용히 말했다. "냇물을 건너와서 엄마라고 불러주렴, 이 수치의 표시를 달았으니! 다시 슬픈 엄마로 돌아왔으니까."

"응, 그럴게!" 아이는 대답하더니 단숨에 냇물을 뛰어넘어 헤스터의 품에 답삭 안겼다. "이제 진짜 우리 엄마야! 난 엄마의 펄이고!"

펄은 전에 없이 다정하게 어머니의 얼굴을 끌어당겨 이마와 양 볼에 뽀뽀를 했다. 그러나 어쩌다 어머니를 기쁘게 해줄 때도 아픔까지 함께 주지 않고는 못배긴다는 듯이 펄은 주홍 글자에도 입을 맞추었다.

"못된 것!" 헤스터는 말했다. "엄마를 좀 사랑해 주는가 했더니 금방 심술을 부리고!"

"왜 목사님이 저기 앉아 있어?" 펄이 물었다.

"너를 만나려고 기다리고 계신 거야." 어머니가 대답했다. "자, 가서 축복 기도를 받으렴! 목사님은 펄이랑 엄마를 아주 좋아하셔. 너도 목사님이 좋지? 가자, 너하고 이야기를 하고 싶으시대!"

"목사님은 우리가 좋으시대?" 펄은 영리한 눈으로 어머니의 얼굴을 올려다보았다. "우리랑 손잡고 셋이서 마을로 돌아가는 거야?"

"지금은 안 돼, 펄." 헤스터가 대답했다. "하지만 머지않아 우리와 손잡고 걷게 되실 거야. 우린 우리 세 사람의 따뜻한 집을 갖게 될 거란다. 목사님은 우리 펄을 무릎 위에 앉혀놓고 이것저것 가르쳐 주시면서 아주 귀여워해 주실 거야. 너도 목사님을 좋아할 거지?"

"그리고 언제나 가슴에 손을 대고 계시는 거야?" 펄이 물었다.

"바보같이, 그런 말이 어디 있니!" 어머니가 외쳤다. "자, 어서 가서 축복을 받으렴!"

그러나 귀여움을 받으며 자란 모든 아이들이 위험한 경쟁상대가 나타나면 본능적으로 보이게 마련인 질투심 때문인지, 아니면 특유의 변덕스런 성격 탓인지 펄은 목사에게 쌀쌀한 태도를 보였다. 뒷걸음질치며 싫다고 얼굴을 찡그리는 펄을 어머니는 억지로 잡아끌고 목사가 있는 곳으로 데리고 갔다. 펄은 태어났을 때부터 여러 가지 찡그린 얼굴을 선보이며 마음먹은 대로 표정을 바꿀 수 있었는데, 그 하나하나에는 장난기가 섞여 있었다. 목사는 어쩔 줄을 몰라 하면서 혹시 키스라도 해주면 어린애의 환심을 살 수 있지 않을까 하여 몸을 굽혀 펄의 이마에 입술을 댔다. 그러자 펄은 어머니의 손을 뿌리치고 냇가로 달려가 쪼그리고 앉더니 기분 나쁜 뽀뽀의 흔적이 말끔히 씻겨 내려가도록 이마를 물에 담그고 있었다. 그러더니 헤스터와 목사를 잠자코 바라보면서 그 자리에 우두커니 서 있었다. 그동안 두 사람은 새로운 사태에 대처하기 위한 준비며 곧 이행해야 할 목적 따위를 의논했다.

이리하여 두 사람의 운명적인 상봉은 끝을 맺었다. 골짜기는 다시 침침한 고목들 틈에 쓸쓸히 남게 되었다. 고목들은 수많은 혀로 그곳에서 일어난 일들을 두고두고 수군거리겠지만, 알아듣는 사람은 아무도 없을 것이다. 끊임없이 중얼거리는 우울한 시냇물은 작은 가슴으로 끌어안기에는 벅찬 신비에 새로운 이야깃거리를 하나 더 얻은 셈이었다. 하지만 지난 오랜 세월 동안 중얼거려온 그 우울한 말투가 조금이라도 명랑해지는 일은 없을 것이다.

제20장
미로에 빠진 목사

헤스터 프린이나 펄보다 한발 앞서서 출발한 목사는 문득 뒤를 돌아다보았다. 흐릿해진 모녀의 얼굴과 윤곽이 어슴푸레한 숲 속으로 서서히 사라져 가는 모습만 보이리라 생각했다. 그는 이토록 큰 인생 변화를 한꺼번에 현실로 받아들일 수가 없었기 때문이다. 그러나 잿빛 옷을 입은 헤스터는 아직도 나무줄기 옆에 서 있다. 그 고목은 이 세상에서 가장 무거운 짐을 짊어진 숙명적인 두 사람이 걸터앉아 잠깐의 휴식과 위안을 찾을 수 있도록, 아주 오랜 옛날 돌풍이 나무를 쓰러뜨리고 시간이 그 위에 이끼를 깔아준 것이었다. 그리고 펄이—방해하던 제삼자가 없어졌으므로—시냇가에서 사뿐사뿐 춤을 추며 다가와 여느 때처럼 어머니 옆에 서 있었다. 그러므로 목사는 깜빡 잠이 들었다가 꿈을 꾼 것은 아니었다!

이처럼 인상이 이중으로 흐릿하게 번져 보이며 이상한 불안이 감돌자 목사는 어떻게든 마음을 가라앉혀 보려고 헤스터와 함께 세운 출발 계획을 돌이켜 생각하며 다시 세밀히 검토해 보았다. 사람 많고 도시가 모여 있는 구세계가, 인디언의 오두막이나 유럽인의 거주지가 해안을 따라 드문드문 있을 뿐인 뉴잉글랜드나 미국 전역보다도 은신처로 삼기에 더 적절하다는 점에서 두 사람의 생각이 일치했다. 목사가 험난한 숲속 생활을 견딜 만큼 건강하지 못할 뿐 아니라 그의 타고난 재능, 교양, 인격을 봐도 문명과 진보 속에서 정착지를 발견할 도리밖에 없었다. 더구나 그 문명과 진보상태가 높으면 높을수록 목사에게는 더욱 잘 어울렸던 것이다. 이러한 결단을 실행에 옮기도록 도와주려는 듯 때마침 항구에는 배가 한 척 정박해 있었다. 그 배는 그 시절에는 자주 보이던 수상쩍은 순항선으로, 해적선까지는 아니더라도 제멋대로 바다를 어슬렁거리고 있었다. 이 배는 카리브 해의 연안에서 며칠 전에 입항했는데, 사흘 후에는 브리스틀[*1]을 향해 출항할 예정이었다. 헤스터 프린은 자선수녀단을 자처하여 선장이나 승무원들과 친했으므로 여러 사정상 비밀엄수를 절대조건으로 내걸고 어른 둘과 아이 한 명을 배에 태워 주겠다는 약속을 받아냈다.

배가 정확히 언제 출항하는지를 헤스터에게 물었을 때 목사는 적잖이 흥미를 보였다. 나흘 뒤라는 대답을 듣고 목사는 중얼거렸다. "안성맞춤이군!" 딤스데일 목사가 안성맞춤이라고 생각한 이유는 그다지 밝히고 싶지 않다. 그러나—독자에게 아무것도 숨기지 않고 솔직히 말한다면—사흘 뒤 목사는 총독 취임식에서 축하 설교를 할 예정이었다[2] 이러한 기회는 뉴잉글랜드의 목사로서는 평생의 명예로 꼽혔으므로 성직을 떠나려는 이 마당에 이보다 더 적절한 방법과 시기는 다시 오지 않을 것이다. "목사로서 공적인 의무를 이행치 않았다거나 적당히 해치웠다는 말은 안 하겠지!" 모범적인 목사의 생각이었다. 이 불쌍한 목사만큼 심오하고 날카롭게 자기반성을 하는 사람이 이토록 비참하게 기만당하다니 참으로 가슴 아픈 일이다! 목사에 대하여는 지금까지 이것저것 심한 말을 해왔지만 앞으로도 더 말해야 할 것이다. 하지만 이처럼 한심스런 나약함이 드러나는 경우는 또 없으리라. 오래전부터 목사의 성격이 근본부터 침식되어 왔다는 사실이 이처럼 사소하면서도 부정할 수 없는 증거로 나타난 일은 없을 것이다.

인간은 누구나 오랫동안 자기 자신에게 보이는 얼굴과 타인에게 보이는 얼굴을 구분하다 보면 어느 얼굴이 진짜 자기 얼굴인지 혼란스러울 때가 반드시 오는 법이다.

헤스터와 헤어져 돌아오는 길에 딤스데일 목사는 흥분하여 평상시엔 볼 수 없는 힘이 솟아 나, 서둘러 마을로 돌아왔다. 숲속 오솔길은 갈 때보다 훨씬 황량하고, 울퉁불퉁한 자연의 방해물이 낯선데다 사람의 발자취도 덜한 것 같았다. 그러나 목사는 물웅덩이를 건너뛰고, 몸을 휘감는 덤불을 헤치며 언덕길을 오르고, 움푹 팬 곳으로 뛰어 내렸다. 다시 말해 자신도 놀랄 만큼 지치지 않는 힘을 발휘하여 모든 난관을 극복했다. 불과 이틀 전만 해도 바로 이 길을 숨이 차서 몇 번이고 쉬어가며 얼마나 힘없이 걸어갔는지를

---

*1 영국 잉글랜드 서남쪽에 있는 항구도시.
*2 1684년 무렵까지 매사추세츠 주 총독 선거는 매년 5월이나 6월에 이루어졌고, 그때 축하 설교는 목사로서 최고의 영예였다.

생각했다. 마을이 가까워지자 눈앞에 나타난 낯익은 여러 풍경들이 완전히 달라 보였다. 이 풍경을 마지막으로 본 것이 하루 이틀 전의 일이 아니라 여러 날, 여러 해 전의 일인 듯했다. 틀림없이 낯익은 거리 모습도 예전 그대로였고, 집집마다 특색 있는 처마 모양도 그대로였으며, 이쯤이었지 싶은 곳에 어김없이 바람개비도 그대로 달려 있었다. 그런데도 모든 것이 변했다는 느낌이 집요하게 고개를 쳐들었다. 길에서 만난 아는 사람들이나 이 작은 거리에 스며 있는 낯익은 생활 모습도 같은 느낌이었다. 사람들이 나이를 먹어 보이는 것도 아니고 젊어 보이는 것도 아니었다. 노인의 턱수염이 더 희어지지도 않았고 어제까지 기어다니던 갓난아이가 오늘 걸어다니지도 않았다. 바로 엊그제 작별 인사를 나눈 사람들이 어떻게 달라졌는지 설명할 길은 없었다. 그러나 목사는 마음속 깊은 곳에서 사람들의 변화를 알아챈 것 같았다. 그런 느낌을 가장 강하게 받은 때가 그의 교회 벽 아래를 지나갈 때였다. 건물 자체가 낯설어 보이는 동시에 낯익어 보였으므로 딤스데일 목사는 두 갈래 생각 사이에서 갈피를 잡지 못했다. 지금까지 꿈속에서 이 건물을 보았던 것인가, 아니면 지금 꿈을 꾸고 있는 것인가.

이런 현상은 갖가지 형태로 나타났다. 외면적으로 변화한 것이 아니라, 낯익은 풍경을 바라보는 사람에게 중대한 변화가 갑자기 일어난 탓에 그 하루 사이에 마치 몇 년이나 지난 듯한 느낌이 드는 것이다. 즉, 목사의 의지와 헤스터의 의지, 그리고 그 의지 사이에서 태어난 운명이 이와 같은 변화를 일으킨 셈이다.

거리는 전과 다름없었지만 숲에서 돌아온 목사는 딴 사람이 되어 있었다. 친구들을 만났으면 이렇게 말하였을지도 모른다. "나는 자네들이 생각하는 사람이 아닐세! 그 사람은 숲속 깊숙한 골짜기에 두고 왔다네! 이끼 낀 고목나무가 쓰러져 있는 음침한 냇가 옆일세. 자네들이 생각하는 목사를 찾으러 가 보게. 그 녀석의 수척한 몸과 여윈 볼, 우울한 고통으로 일그러진 창백한 이마가 마치 벗어던진 옷처럼 그곳에 팽개쳐져 있을걸세!" 그래도 친구들은 이렇게 말할 것이다. "당신이 바로 그 사람이 아닌가!" 하지만 틀린 것은 그들이지 목사가 아니다.

집에 도착하기까지 딤스데일 목사의 정신은 사고와 감정의 영역에 변화가 일어난 여러 가지 증거를 그에게 제시했다. 사실 목사의 마음속 왕국에서 왕조와 도덕률이 완전히 변해 버린 일 말고는, 불운하고 혼란에 빠진 이 목사가 느끼는 모든 충동을 적절히 설명해 주는 원인이 없었다.

목사는 한 걸음씩 옮길 때마다 아주 흉악하고 포악한 장난을 해보고 싶은 충동에 사로잡혔다. 그것은 발작적 의도적이었고, 그 충동을 억제하려는 자아보다 훨씬 깊은 곳에서 생겨난 것이었다. 교회 장로 한 사람을 만났을 때였다. 노인은 고결한 인격과 교회 내에서의 지위로 보아 마땅히 품을 법한 아버지와 같은 애정을 담아 장로로서의 특권을 행사하며 목사에게 말을 걸었다. 그 태도에는 목사를 공적으로나 인간적으로 존경하는 숭배심이 드러나 있었다. 사회적 지위가 낮고 재능이 모자란 사람이 자기보다 뛰어난 사람을 대할 때 표시하는 복종과 존경이, 노령과 예지의 위엄이 복종과 이토록 아름답게 조화를 이루는 경우는 흔하지 않았다. 그런데 딤스데일 목사는 이 흰 수염이 성성한 장로와 이야기를 나누는 동안에 성찬식에 대해 머릿속에 떠오른 불경스러운 생각이 입 밖으로 튀어나오려는 것을 억지로 참았다. 혀가 제멋대로 움직여 그런 무서운 말들이 쏟아져 나와, 실제로 그렇게 하기로 결정한 것도 아닌데 그 불경스러운 생각에 찬성한다고 지껄이지는 않을까 두려워, 목사는 이가 딱딱 부딪칠 만큼 떨리고 얼굴은 잿빛으로 창백해졌다. 하지만 마음속으로는 두려움에 떨면서도, 믿음 깊은 늙은 장로가 목사의 불경하기 이를 데 없는 말을 듣고 얼마나 대경실색할지를 생각하면 웃음을 참을 수가 없었다.

비슷한 사건이 또 하나 있었다. 부지런히 걸어가다가 딤스데일 목사는 교회에서 가장 나이가 많은 여신자를 만났다. 참으로 신앙심이 깊고 모범적인 노파로 가난하고 외롭게 살아가는 과부였다. 죽은 남편과 아이들, 그리고 오래 전에 유명을 달리한 친구들에 대한 추억을 가슴에 안고 사는 모습은 마치 비문을 새긴 비석이 잔뜩 들어선 묘지를 품고 있는 듯했다. 이러한 사정은 다른 사람 같으면 큰 슬픔의 씨앗이 되었겠지만, 그 노파는 종교적인 위안과 성서에 쓰인 진리 덕분에 엄숙한 기쁨으로 여기며 30년 넘게 마음의 양식으로 삼아 왔다. 그리고 딤스데일 목사가 뒤를 돌봐주면서부터는 이 노파가 속세에서 받는 가장 큰 위안은—그것이 또한 천국에서의 위안이 아니라면 아무 가치도 없겠지만—목사를 우연히 만나거나, 일부러 만나러 가서 잘 들리지는 않아도 기쁜 마음으로 귀를 기울이고, 이 고마운 사람의 입술에서 흘러나오는 따뜻하고 향기로운 천국의 숨결이 서린 복음의 진리를 들으며 생기를 되찾는 일이었다. 그러나 오늘 딤스데일 목사는 노파의 귓가에 입술을 갖다대는 순간까지도 성서 구절은 하나도 생각나지 않고, 인간의 영혼 불멸을 부정하는, 짧고도 강렬하여 반론의 여지조차 없다고 생각되는 말만 떠올랐다. 어쩌면 영혼의 큰 적(敵)인 악마의 소행이었는지도 모른다. 만일 이와 같은 말이 노파의 마음으로 흘러들었더라면, 그 경건한 신도는 맹독이 온몸에 퍼지기라도 한 듯이 그 자리에서 숨이 끊어져 버렸을 것이다. 하지만 실제로 무슨 소리를 지껄였는지 목사는 그 뒤로도 생각해 낼 수가 없었다. 다행히 그때 목사의 목소리에 이상이 생겨서 선량한 과부가 이해할 만한 확실한 사상을 표현하지 못했거나, 아니면 하느님이 독특한 방법으로 번역해 주었거나 둘 중 한 가지 행운이 작용한 모양이다. 목사가 돌아보았을 때 주름투성이에 파리한 노파의 얼굴에는 하늘나라의 빛이 비친 듯한, 하느님에 대한 감사와 법열(法悅)의 표정이 가득했다.

이야기가 하나 더 있다. 노파와 헤어진 다음 이번에는 교회에서 가장 나이가 어린 여자를 만나게 되었다. 처녀는 그 철야 기도가 있은 다음날인 안식일에 딤스데일 목사의 설교를 듣고 교인이 되었다. 소녀의 바람은 속세의 덧없는 쾌락을 버리고, 인생이 어두워질수록 더욱 빛이 나며, 주위의 암흑을 궁극적인 영광으로 찬란하게 비추는, 천국의 희망을 구하라는 것이었다. 처녀는 천국에 핀 백합꽃처럼 아름답고 청순했다. 이 처녀의 순결한 가슴속 성전에는 목사가 모셔져 있으며 그 둘레에 눈처럼 흰 커튼이 드리워져 있어 종교에는 사랑의 온기, 사랑에는 종교의 순결성을 부여하고 있다는 사실을 목사도 충분히 알고 있었다. 악마는 그날 오후 이 불쌍한 소녀를 어머니 슬하에서 꾀어내어 비참하게 유혹에 굴복시켰다고 할까, 자포자기에 빠진 목사가 지나가는 길목으로 유인했다. 처녀가 가까이 가자 악마는 목사에게, 조그맣게 줄어들어 그녀의 가슴속으로 숨어들어가 검은 꽃을 피우고 때가 되면 검은 열매를 맺을 악(惡)의 씨앗을 심으라고 속삭였다. 이처럼 목사는 처녀의 영혼을 지배하는 자신의 강력한 힘을 알고 있었으며, 처녀는 그를 전적으로 믿었으므로 사악한 눈짓 한 번에 순수한 영혼을 말려죽이고, 말 한 마디로 사악한 영혼으로 바꿔버릴 수도 있을 것 같았다. 그래서 목사는 전에 없던 자제심을 발휘하며 설교할 때 입는 긴 옷으로 얼굴을 가리고 상대방을 못 알아본 체하고 재빨리 지나갔다. 나이어린 교인은 목사의 무뚝뚝한 태도를 혼자서 힘껏 참아 내야만 했다. 처녀는 양심을—포켓이나 바느질 주머니처럼 자질구레하고 깨끗한 물건이 잔뜩 들어 있는 양심의 주머니 속을 뒤적이며, 가엾게도 자기가 무엇을 잘못했는지 이것저것 들춰보며 자신의 몸을 책망하고, 이튿날 아침에는 퉁퉁 부은 눈으로 집안일을 도왔다.

이 마지막 유혹을 이겨낸 기쁨을 맛보기도 전에 목사는 더 허황되고 무서운 충동을 또다시 느끼게 되었다. 말하기도 창피한 노릇이지만, 길 한복판에서 놀고 있는, 겨우 말을 배우기 시작한 청교도 아이들을 붙잡고 굉장히 나쁜 말을 가르쳐주고 싶은 충동이었다. 이와 같은 충동은 성직자로서 바람직하지 않다고 억누르고 있을 때, 목사는 카리브 해 근처에서 온 술 취한 선원 한 사람을 만났다. 지금까지 나쁜 유혹은 모두 잘 참아 왔으니 타르투성이인 시커먼 주정뱅이와 악수를 나누고, 건달 같은 뱃사람들이 너무나 잘 알고 있는 음란한 농담을 지껄이거나 노골적이고 당당하게 가슴이 후련해지도록 하느님을 무시하는 욕설을 퍼부으며 기분 전환을 하고 싶어 몸이 근질거렸다. 목사가 이 위기도 무사히 극복할 수 있었던 이유는 훌륭한 도덕심 때문이 아니라, 그의 타고난 취미가 고상한 점과 나아가 목사로서 몸에 밴 습관 때문이었다.

"이토록 끈질기게 나를 따라다니며 유혹하는 것은 무엇일까?" 마침내 목사는 길거리에 멈춰 서서 손으로 이마를 치며 큰 소리로 스스로에게 물었다. '내가 미친 걸까? 아니면 악마의 손에 완전히 넘어간 걸까? 숲 속에서 악마와 계약하고 피로 서명을 했단 말인가? 악마가 비열한 상상력으로 생각할 수 있는 모든 사악한 일을 차례차례 수행하도록 나를 유혹하여 계약을 이행하도록 재촉하는 걸까?'

딤스데일 목사가 이처럼 이마를 치면서 깊은 생각에 잠겨 있을 때 마녀로 유명한 히빈스 노부인이 지나갔다고 한다. 머리 장식을 산처럼 달고 호화로운 벨벳 옷을 입고 친구 앤 터너[3]가 토머스 오버베리 살해 사건으로 교수형을 받기 전에 비법을 가르쳐 주었다는 유명한 노란 풀을 먹인 옷깃을 달고 있었다. 목사의 마음속을 꿰뚫어보았는지는 모르나, 이 마녀는 우뚝 멈춰 서

---

*3 오버베리 사건에 연루된 실존인물.

서 상대방의 얼굴을 샅샅이 들여다보았다. 그리고 간교하게 웃으며 평상시에는 목사와 말도 나누지 않던 그녀가 먼저 말을 걸었다.

"목사님, 숲 속에 다녀오셨군요." 마녀는 높다란 머리 장식을 끄덕이며 말했다. "다음에는 미리 알려 주세요. 기꺼이 같이 갈 테니까요. 자랑은 아니지만, 제가 말만 하면 아무리 처음가는 분이라도 목사님이 잘 아시는 대왕님을 뵐 수 있으니까요!"

"부인." 목사는 부인의 신분에도 어울리고, 목사의 가정환경이 좋았음을 증명하는 예의바른 태도로 말했다. "내 양심과 인격을 걸고 고백합니다만, 무슨 말씀이신지 전혀 모르겠습니다! 나는 숲속에 대왕을 찾으러 간 게 아니며, 앞으로도 그런 분의 융숭한 대우를 받기 위해 숲을 찾는 일은 없을 겁니다. 내가 숲에 간 유일한 목적은 다름이 아니라, 친구 엘리어트 전도사를 만나, 그분이 이교도에서 기독교로 개종시킨 귀중한 영혼들을 함께 축복하기 위해서였습니다!"

"하하하!" 늙은 마녀는 산더미 같은 머리장식을 목사 쪽으로 까딱거리며 깔깔 웃었다. "그렇겠지요. 대낮에는 그렇게 말할 수밖에 없겠지요! 솜씨가 보통이 아닌걸요! 하지만 한밤중 숲 속에서는 다른 얘기를 하기로 해요!"

부인은 노인 특유의 위엄을 보이며 지나갔지만, 비밀스런 사이를 인정받으려는 사람처럼 자꾸만 뒤돌아보며 싱글벙글 웃었다.

목사는 생각했다.

'그렇담 결국 내가 악마에게 몸을 팔아 버린 건가? 듣기로는 노란 풀을 먹인 옷깃을 달고, 벨벳 옷을 입은 저 노파가 왕인 동시에 주인으로 모신다는 그 악마에게!'

가엾은 목사여! 목사는 영혼을 팔아넘기는 것과 같은 선택을 한 것이다! 행복한 꿈에 눈이 어두워 천벌받을 일인 줄 알면서도 스스로 몸을 맡긴 셈인데, 예전 같으면 그런 선택지는 쳐다보지도 않았을 것이다. 그리고 그 죄의 전염성 독이 눈 깜짝할 사이에 정신의 온 영역으로 퍼져나간 것이다. 이 독은 모든 깨끗한 충동을 마비시키고, 온갖 더럽혀진 충동을 일깨웠다. 경멸과 독설, 근거 없는 악의, 이유 없이 악을 구하는 충동, 선량하고 신성한 것에 대한 비웃음 같은 것들이 남김없이 눈을 떴고, 목사는 두려움에 떨면서도 꾐에 넘어간 것이다. 히빈스 노부인과 만난 일이 현실이었다면, 목사가 극악무도

한 인간이나 사악한 영혼의 세계와 일맥상통한 사이가 되었다는 증거였다.

이때쯤 목사는 묘지 근처에 있는 그의 집에 다다랐으므로 서둘러 계단을 올라가자 서재에 틀어박혔다. 집으로 오는 동안 쉴 새 없이 자기를 유혹한 괴상하고 사악한 충동에 휘말려 남 앞에서 정체를 드러내지 않고 무사히 집까지 오자 안도의 한숨을 쉬었다. 낯익은 서재로 들어간 그는 책·창문·난로·마음이 편안해지는 태피스트리가 걸려 있는 벽을 둘러보았다. 그러나 숲에서 거리를 따라 집으로 돌아오는 동안 줄곧 따라온 기묘한 감정은 여전히 사라지지 않았다. 목사는 이 방에서 연구도 했고 글도 썼다. 단식이나 철야 기도로 초주검이 되었던 것도 이 방이었고, 기도를 올리려고 애를 쓰며 수천 수백의 고뇌를 견딘 것도 바로 이 방이었다! 고대 헤브라이어로 쓰인 의미심장한 성서에서는 모세와 예언자들이 말을 걸고 하느님의 목소리가 울려 퍼지고 있었다! 탁자 위에는 잉크가 묻은 펜 옆에 쓰다 만 설교문 원고가 놓여 있었다. 이틀 전에 생각이 중간에 막히는 바람에 문장이 중단된 채로 남아 있었다. 이처럼 여러 가지 일을 하고 많은 괴로움을 참으며 총독 취임 축하 설교문을 여기까지 써온 사람이 바로 여위고 볼이 창백한 목사 자신임을 스스로도 잘 알고 있었다. 그러나 한 발짝 물러선 자리에서 그러한 자신의 옛 모습을 연민과 부러움과 호기심 어린 눈길로 바라보고 있는 듯싶었다. 지난날의 자기는 사라져 버렸다! 숲속에서 딴 사람이 되어 돌아온 것이다! 단순하던 과거의 자기로선 도저히 엄두도 못 내는 미지의 세계에 대한 지식을 깨달은 현명한 인간이 되어 돌아왔다. 그러나 그 지식은 얼마나 쓰단 말인가!

이런 생각에 잠겨 있을 때 문을 두드리는 소리가 들려왔다. 목사는 "들어오시오" 하고 대답했다. 물론 악마를 만나는 게 아닌가 하는 생각이 들기도 했다. 과연 예감대로였다! 들어온 사람은 로저 칠링워스였기 때문이다. 목사는 한 손은 헤브라이어 성서 위에 올리고, 다른 손은 가슴 위에 얹은 채 파랗게 질려 서 있었다.

"다녀오셨군요, 목사님!" 의사는 말했다. "엘리어트 전도사는 안녕하시던 가요? 그런데 목사님 안색이 좋지 않군요. 혼자 황야를 여행한 게 너무 고되었던 모양입니다. 취임 축하 설교를 하려면 기운을 차려야 할 텐데, 도와드릴까요?"

"아뇨, 문제없습니다." 딤스데일 목사는 대답했다. "오랫동안 서재에만 틀어박혀 있다가 여행도 하고, 그곳에서 성인 같은 전도사님을 만나 뵙고, 또 전에 없이 자유로운 공기를 쐬었더니 상당히 도움이 되었습니다. 이제 선생이 지어 주시는 약은 필요 없을 것 같습니다. 정성이 깃든 좋은 약인 줄은 압니다만."

이러는 동안에도 로저 칠링워스는 의사가 환자를 살펴보는 신중하고도 강렬한 눈길로 목사를 물끄러미 바라보고 있었다. 그러나 목사는 노인이 겉으로는 아무렇지 않은 체해도 자기가 헤스터 프린과 만난 일을 이미 알고 있거나, 아니면 적어도 그런 낌새를 눈치챘으리라 확신했다. 그리고 의사도 목사가 이미 자기를 전처럼 신뢰하는 친구가 아니라 증오하는 원수로 보고 있다는 사실을 눈치챘다. 이만큼 알고 있다면, 그 일부가 겉으로 드러나도 당연하다고 생각할지 모른다. 그러나 이상하게도, 말이 사물을 구체적으로 표현하려면 시간이 훨씬 오래 걸리는 법이며, 어떤 문제를 회피하려 드는 두 사람은, 바로 코앞까지 다가가면서도 전혀 그 문제를 건드리지 않고 안전하게 물러서게 마련이다. 따라서 목사는 로저 칠링워스가 자기들의 비밀을 확실하게 언급하리라는 걱정은 조금도 하지 않았다. 그러나 의사는 독특하고 음흉한 방법으로 비밀 가까이까지 조금씩 다가갔다.

"오늘밤만은 내 변변치 못한 의술을 시험해 보는 것도 좋지 않을까요? 총독 선거라는 큰일을 앞두고 목사님의 건강을 지키는 게 내 일이기도 하니까요. 사람들은 목사님께 큰 기대를 걸고 있답니다. 내년에는 목사님이 안 계실지도 모른다는 걱정도 있고요."

"그렇죠. 저 세상으로 가버리면……" 목사는 경건하게 체념한 듯 말했다. "하느님이 더 좋은 세상으로 보내 주시면 좋으련만. 사실 제가 사계절을 신자 여러분과 함께 지낼 수 있으리라고는 생각하지 않아요! 하지만 지금 몸 상태로 봐서는 선생의 치료가 필요 없을 것 같습니다."

"그렇다면 다행입니다." 의사는 대답했다. "오랫동안 아무 효험도 없던 내 약이 이제야 겨우 효험을 보이기 시작한 모양이군요. 목사님을 건강하게 해 드릴 수만 있다면, 나 역시 행복하고, 뉴잉글랜드 전체의 감사를 받아 마땅할 겁니다!"

"언제나 정성껏 보살펴 주셔서 마음 깊이 감사드립니다." 딤스데일 목사는 근엄한 미소를 띠며 말했다. "정말 감사합니다만, 선생의 친절에는 기도로밖에 보답할 도리가 없군요."

"훌륭한 분의 기도는 황금보다 낫지요!" 로저 칠링워스는 방을 나가면서 말했다. "아무렴요. 기도는 하느님의 조폐국 도장이 찍힌, 새로운 예루살렘에서 통용되는 금화지요!"

홀로 남은 목사는 하숙집 심부름꾼을 불러 식사를 가져오라고 하여 우걱우걱 먹었다. 그런 다음 쓰다 만 설교 원고를 불 속에 집어던지고 곧 새 원고를 쓰기 시작했다. 무슨 영감이라도 받은 듯이 사상과 감정이 거침없이 쏟아져 나왔다. 자신과 같은 더럽혀진 파이프 오르간으로 숭고하고 장엄한 신탁의 음악을 연주하는 것을 하느님이 어찌 묵인하는지 다만 놀라울 뿐이었다. 그러나 그 의문은 자연히 해결되도록 내버려두거나, 아니면 영원히 수수께끼로 놔두기로 하고 목사는 오로지 원고 쓰는 일에만 몰두했다. 그날 밤은 날개 돋친 말처럼 달려갔다. 목사도 그 말을 타고 질주하는 것만 같았다. 아침이 되자 황금색 햇빛이 서재 안으로 몰려들며 홀린 듯한 목사의 눈을 찔렀다. 펜을 든 채 앉아 있는 목사 뒤에는 헤아리기 힘들 만큼의 원고가 수북이 쌓여 있었다!

제21장
뉴잉글랜드 경축일

신임 총독을 선출하는 날 아침 일찍 헤스터 프린은 펄을 데리고 마을 광장으로 나갔다. 광장에는 벌써 기술자들과 주민들이 많이 나와 붐비고 있었다. 그 중에는 인상이 험악한 사람들도 제법 많았는데, 그들이 걸친 사슴 가죽 옷을 보면 그들이 식민지의 수도인 보스턴을 둘러싸고 있는 숲속 개척지의 주민임을 알 수 있었다.

지난 7년 동안 다른 행사 때에도 그랬듯이, 이런 경축일에도 헤스터는 거친 잿빛 천으로 만든 옷을 입고 있었다. 그러나 그 옷의 빛깔보다도 뭔가 말할 수 없이 기묘한 옷 모양이 헤스터를 남의 눈에 띄지 않는 희미한 존재로 지워버렸다. 하지만 주홍 글자가 헤스터를 흐릿한 덩어리에서 끌어내어 그 글자가 지닌 도덕적인 빛 속에 뚜렷이 돋보이게 했다. 이 거리 사람들과 오랫동안 보아 온 헤스터의 얼굴은 여전히 대리석처럼 차갑고 고요했다. 마치 가면과 같았다. 아니 차라리 죽은 여자의 얼굴에 얼어붙어 있는 싸늘한 표정 같았다. 이처럼 죽은 사람을 떠올리는 까닭은, 헤스터가 남의 동정을 받을 자격이 없다는 점에서 죽은 것과 다름없고, 세상에 섞여 살고 있는 것 같아도 사실은 세상 밖에 있기 때문이다.

그러나 이날만큼은 지금까지 볼 수 없었던 표정이 감돌고 있었다. 그래도 아무 눈에나 띌 만큼 뚜렷한 표정은 아니었다. 어떤 초자연적인 힘을 갖춘 관찰자가 우선 마음을 읽어낸 다음에 그에 대응하는 모습을 얼굴 표정과 태도에서 찾아본다면 모르거니와 그렇지 않으면 도저히 알아볼 수 없었다. 그러한 독심술을 하는 사람이라면 헤스터가 7년이란 비참한 세월 동안 쏟아지는 군중의 시선을 종교적 의무로써, 회오(悔悟)로써, 또 참아야 할 고행으로써 꾹 참아 온 헤스터가 마지막으로 지금 자진해서 군중의 시선과 맞섰으며, 오랜 고통을 일종의 승리로 바꾸려 한다는 사실을 알아차렸을 것이다. '주홍 글자와 주홍 글자를 단 여인을 마지막으로 잘 봐두세요!' 사람들이 그들의 희생양이고 종신 노예라고 생각한 헤스터는 이렇게 말했을지도 모른다.

'이제 얼마 안 있으면 당신들 손이 미치지 않는 곳으로 가버릴 거예요! 앞으로 몇 시간 뒤면 당신들이 내 가슴 위에 불 피운 이 표시를, 깊고 신비스러운 바다가 영원히 흔적도 없이 삼켜 버릴 것입니다!' 자신의 생명에 깊이 뿌리내린 고통에서 해방되려는 순간 헤스터의 마음속에 서운한 감정이 생겨난다고 해도 그것은 인간의 본성상 있을 수 있는 것이다. 여인으로서 한창 나이에 하루도 빠짐없이 핥아온 산쑥과 알로에의 쓰디쓴 액체를 숨도 쉬지 않고 단숨에 마셔 버리고 싶은 참을 수 없는 욕망이 있었던 게 아닐까? 앞으로 입술을 댈 인생의 술은 조각한 황금 술잔에 담긴 진하고 향기롭고 달콤한 술이 될 것이다. 혹은 지금까지 쓰디쓴 술찌꺼기를 맛본 뒤인 만큼 강렬한 효력이 있는 과일주처럼 저항할 수 없는 나른한 권태감을 부르는 술일 것이다.

펄은 화려하고 산뜻하게 차려 입고 있었다. 이 태양처럼 밝은 환상의 소녀가 우중충한 잿빛 옷을 걸친 여인에게서 태어났다고는 도저히 믿기지 않았으며, 이 아이의 옷을 만드는 데 필요한 화려하고 섬세한 상상력이 헤스터의 검소한 옷에 이색적인 느낌을 주는 한층 힘든 일을 해낸 상상력과 같다고는 도저히 믿을 수 없었다. 펄의 옷은 너무나 잘 어울렸으므로 아이의 성격이 밖으로 넘쳐흘러 필연적으로 형태를 만들었다는 느낌을 주었다. 이를테면 나비 날개에서 다채로운 광채를 가려낼 수 없고, 고운 꽃잎에서 오색 빛깔을 따로 떼어낼 수 없듯이 펄과 그 옷을 구별해서 생각할 수 없었다. 나비나 꽃잎에 비유할 수 있는 말이 이 아이에게도 그대로 적용될 만큼 성격과 하나가 된 셈이다. 게다가 떠들썩한 경축일이라는 이유만으로도 펄은 기묘하게 침착성을 잃고 흥분한 듯 보였는데, 마치 가슴에 단 다이아몬드가 심장 고동에 따라 가지각색으로 빛나는 모습과 똑같았다. 아이들은 언제나 주위 사람들의 동요에 공명하는 법이다. 특히 집안에 근심거리가 있다든가 큰일이 닥쳤다든가 하면 그 냄새를 절대 놓치지 않는다. 따라서 어머니의 불안한 가슴 위에 장식된 보석이나 다름없는 펄은 헤스터의 대리석 같은 이마에서 아무도 발견하지 못하는 동요를 은연 중에 말해 주는 셈이다.

펄은 이러한 흥분 때문에 어머니 곁을 얌전히 따라 걷지 못하고 새처럼 그 주위를 깡충깡충 뛰었다. 끊임없이 큰소리를 지르고, 알아들을 수 없는 노래를 귀가 아프도록 불렀다. 광장에 도착하였을 때 아이는 그곳 일대가 와글대고 활기에 넘쳐 있는 것을 보자 더욱 침착성을 잃었다. 평상시 이곳은 도시의 상업 중심지라기보다 마을 교회당 앞에 있는 쓸쓸한 풀밭이라고 부르는 게 어울리는 장소였기 때문이다.

"엄마, 무슨 일이에요?" 펄은 큰 소리로 물었다. "오늘은 왜 다들 일을 안 해? 온 세상이 노는 날이야? 저것 봐, 대장장이가 있어요! 검댕투성이 얼굴을 깨끗이 씻고 새 양복을 입었어요! 어떤 친절한 사람이 방법만 가르쳐주면 기뻐서 어쩔 줄 모르는 얼굴도 지을 것 같아. 그리고 간수 브래킷 할아버지도 있네! 나를 보고 고개를 끄덕이며 웃고 계셔. 왜 그러는 거야, 엄마?"

"갓난아기 때의 너를 알고 있어서 그래." 헤스터가 대답했다.

"하지만 나를 보고 웃는 건 기분 나빠요. 시커멓고 못생기고 눈이 기분 나쁜 할아버지야!" 펄이 말했다. "끄덕이고 싶으면 엄마한테 하면 되잖아. 엄마는 잿빛 옷을 입고 주홍 글자를 달고 있으니까. 그런데 엄마, 보란 말예요. 모르는 사람이 굉장히 많아요. 인디언도 있고 뱃사람도 있네! 여기에 뭐하러 온 거야?"

"행렬이 지나가는 걸 보려고 기다리고 있는 거야." 헤스터가 말했다. "총독님과 판사님들이 지나가실 거야. 목사님과, 높고 훌륭한 분들도. 악대와 군인들을 앞장세우고 행진하는 거란다."

"그럼 그 목사님도 계셔?" 펄이 물었다. "엄마가 나를 시냇가에서 데리고 갔을 때처럼 목사님이 나한테 두 손을 내밀어 주실까?"

"그야 목사님도 계시지." 어머니는 대답했다. "하지만 오늘은 아는 체도 안 하실 거고, 너도 인사하면 안 돼."

"참으로 이상하고 슬픈 목사님이네!" 아이는 혼잣말했다. "어두운 밤에는 우리를 불러 엄마와 내 손을 잡아 주셨잖아! 요전에 저 처형대 위에 섰을 때처럼. 또 숲 속에서 고목만이 귀 기울이고 좁은 하늘만이 보고 있을 때는 엄마와 이끼 위에 앉아서 얘기를 하셨는데! 내 이마에도 뽀뽀해서 시냇물로는 잘 씻어 낼 수 없었어! 하지만 지금처럼 해가 떠 있거나 여러 사람 앞에서는 서로 모르는 체해야 하거든! 늘 가슴에 손을 얹고 있는 이상하고 슬픈 목사님이야!"

"조용히 해, 펄! 넌 아직 아무것도 몰라서 그래." 어머니가 말했다. "이젠 목사님 생각은 하지 말고 여기 있는 사람들을 보렴. 오늘은 다들 얼마나 명랑해 보이니. 아이들은 학교에서 돌아오고, 어른들은 일터나 밭에서 일을 끝내고 와서 즐겁게 놀 거야. 오늘은 새로운 분이 총독님이 되시는 날이야. 그래서—사람들이 모일 때면 다 그렇지만—가난하고 낡은 시절은 가고, 살기 좋은 황금시대가 찾아온 것처럼 다 같이 축하하는 거야!"

사람들의 얼굴이 평소와 달리 흥에 겨워 반짝이는 이유는 헤스터가 설명한 바 그대로였다. 청교도는—이때에도 그랬고, 그 뒤 200년 동안 계속 그랬듯이—나약한 인간성의 표시라며 허용하지 않던 즐거움과 축제의 기쁨을 모두 한데 몰아서 이날 하루에 압축시켜 버렸다. 이렇게 함으로써 평상시 쌓였던 우울한 구름을 단숨에 몰아내는 것이다. 단 하루의 경축일인 만큼 그 까다로운 표정도 누그러지기 마련이건만, 다른 사회 같으면 일반 대중이 고난의 시기에나 보일 법한 심각한 표정은 역시 남아 있었다.

아무리 그 시대의 기풍이나 풍속이 회색이나 검정색이라 하더라도, 어쩌면 그 점을 지나치게 강조했는지도 모르겠다. 지금 보스턴 광장에 모인 사람들은 날 때부터 청교도적인 침울성을 지닌 것은 아니었다. 이 사람들은 원래 영국인이었고, 그들의 아버지들은 엘리자베스 여왕이 통치하는 밝고 풍족한 시대에 살았다. 그 시대는 영국민의 생활을 전체적으로 살펴볼 때 지금까지 세계에 알려진 어느 시대보다 장려하고 웅대하고 기쁨이 넘치던 시대였다. 이러한 전통적 취미를 좇았다면 뉴잉글랜드의 이주민들은 중요한 공식행사가 열리는 날마다 불꽃놀이와 연회와 가장행렬 등을 화려하게 선보였을 것이다. 거창한 의식을 거행할 때에도 이러한 경축일의 장엄한 분위기와 즐거운 오락을 결부시켜 국민이 몸에 걸치는 예복에다 괴상할 만큼 화려한 수를 놓는 일쯤은 수고롭게 여기지도 않았을 것이다. 식민지에서 정치상의 새해가 시작되는 날을 축하하는 의식에 이런 종류의 시도가 다소나마 그 자취를 남기고 있었다. 총독 임명이란 연중행사와 관련하여 뉴잉글랜드 조상들이 시작한 관습에는, 런던의 웅장한 대관식까지는 아니더라도 런던 시장 취임식전 때 보았던 화려했던 기억이 어설프게나마 반영되어 있다. 비록 훨씬 못 미치는 경향은 있지만, 그대로 하나의 형태를 이루게 된 것이다. 이 공화국을 창건되어 정치가와 목사와 군인들은 위풍당당한 외관을 갖추는 일을 의무로 생각했다. 그러한 외관이 옛 관습에 따라 정치적으로나 사회적으로 높은 지위에 합당한 옷차림이라고 여겼기 때문이다. 이러한 사람들이 대중 앞에서 행진을 하여, 수립된 지 얼마 안 되는 단순한 정부 조직에 필요한 위엄을 부여한 것이다.

그뿐 아니라 평소에는 종교와 동일시하던 온갖 노동에 대해서도 이날만은 규정을 완화해 주진 않아도 대체로 묵인하는 형편이었다. 물론 엘리자베스 여왕 시대나 제임스 왕 시대의 영국에서 흔히 보던 일반 대중을 위한 오락은 일체 찾아볼 수 없었다. 연극을 흉내낸 저속한 흥행물도 없었고, 하프를 타며 전설적인 가요를 노래하는 시인도 없었으며, 음악에 맞추어 원숭이를 춤추게 하는 광대도 없었다. 또 마술을 흉내내는 마술사도 없었고, 아마 몇 백 년 전부터 전해져왔을 테지만 여전히 만인의 웃음을 이끌어내는 데 효과적인 재담을 늘어놓는 익살꾼도 없었다. 사람들을 즐겁게 하는 여러 분야의 재주꾼들은 단호한 법적 제재를 받을 뿐 아니라, 법에 생명을 불어넣는 일반 감정에 의해서도 엄격히 억제당했기 때문이다. 그러나 대부분의 사람들은 웃음을 잃지 않았다. 침울하긴 했지만 크게 웃었다. 게다가 이주민들이 영국에 살았을 때 시골의 축제일이나 마을 잔디밭에서 구경하거나 직접 참가했던 운동경기 같은 것도 없진 않았다. 이런 것들은 꼭 필요한 용기나 담력을 기르기 위해서도 신천지에 보존해야 한다고 생각한 것이다. 레슬링 시합은 콘월 지방과 데번셔 지방*1의 방식이 저마다 다르기는 했지만 광장 여기저기서 볼 수 있었다. 광장 한쪽에서는 육척봉(六尺棒) 시합이 한가로이 벌어지고 있었다. 이미 앞서 수차례 등장한 바 있는 처형대 위에서 두 호신술 사범이 방패와 칼을 들고 모범시합을 시작하자 많은 사람들의 관심이 그쪽으로 쏠렸다. 관리가 제지하여 시합이 중단되는 바람에 관중들은 크게 실망했다. 관리들은 처형대와 같은 신성한 장소를 모독하여 법의 위엄이 손상되는 것을 모른 척할 수 없었기 때문이다.

일반적으로 그들이 경축일을 즐긴다는 점에선, 우리들처럼 시대적으로 멀리 떨어진 후손들과 비교해도 전혀 손색이 없었다. (당시 사람들은 금욕적

---

*1 영국의 지명.

인 생활을 시작한 첫 세대였으며, 젊었을 때는 즐겁게 살 줄 알았던 사람들의 아들대였기 때문이다.) 이 사람들의 2세, 즉 초기 이주민의 다음 세대는 가장 어두운 청교도주의 색채를 띠었으며, 국민의 안색이 완전히 어두워지는 바람에 그 뒤 오랜 세월이 흐른 지금도 그 그림자를 완전히 지우지 못하는 실정이다. 우리는 잊고 지내며 이를 즐기는 법을 다시 한 번 배워야 할 것이다.

광장에 모인 사람들이 그리는 색채는 영국에서 이민 온 이주민들이 지닌 슬픈 회색이나 갈색, 검은색이 대부분이었지만, 다른 색깔도 섞여 활기를 띠고 있었다.

좀 떨어진 곳에 서 있는 인디언 무리는 특이한 수를 놓은 사슴 가죽옷에 조개껍질을 꿰어 만든 띠를 두르고, 붉은색, 노란색의 물감을 얼굴에 칠하고, 머리에 깃털을 꽂은 야만인 특유의 요란한 차림새에 활과 화살, 그리고 석창으로 무장했는데, 그 엄숙한 표정은 청교도들도 흉내를 낼 수 없을 정도였다. 이처럼 물감을 더덕더덕 칠한 야만인은 세련되지는 못할지언정 이 광장에서 가장 거칠어 보이지도 않았다. 난폭해 보이기로는 총독 취임 축제를 구경하기 위해 상륙한 선원들—카리브 해에서 온 일부 선원들을 이길 자가 없었다. 새까맣게 탄 얼굴에 수염은 더부룩하게 기른 선원들은 짧은 나팔바지를 입고 허리띠를 졸라맸는데, 세공하지 않은 금장식을 단 자도 있었지만, 모두 똑같이 장검이나 단검을 차고 있기도 했다. 야자나무 잎으로 만든 챙 넓은 모자 밑에서는 기분 좋게 웃고 있을 때도 짐승 같은 잔인한 눈이 번뜩였다. 그들은 모든 사람을 옭아매는 행동 규범을 거리낌 없이 마구 짓밟았다. 선원들은 관리들 코앞에서 담배를 뻑뻑 피웠다. 마을 주민이 그런 짓을 한다면 한 모금에 1실링의 벌금을 내야 했다. 또 호주머니에서 술병을 꺼내어 포도주나 브랜디를 벌컥벌컥 들이켜고는, 기가 막혀 말도 안 나오는 군중에게 호기롭게 권하기도 했다. 선원들은 육지에서도 거리낌 없이 행동할 뿐만 아니라, 그들의 본래 영역인 해상에서조차 불합리한 행위를 저질러도 눈감아 주었다는 것은, 당시의 도덕이 엄격하기는 해도 역시 불완전했음을 증명하는 것이다. 그 시절의 뱃사람들은 오늘날 기준으로 보면 해적으로 처벌받을 만한 존재였다. 이를테면 지금 이야기하는 선원들은 그때의 뱃사람치고는 별로 흉악하지 않았지만, 그들이 스페인 무역선을 습격하여 약탈한 죄

제21장 뉴잉글랜드 경축일

를 범한 것은 사실인 만큼 현대 법정에 나갔다면 전원이 다 교수형을 당했을 것이다.

그러나 아득한 옛날 바다는 제멋대로 출렁거리고 파도치고 거품을 일으키며, 미쳐 날뛰는 폭풍에만 복종했으므로 인간의 법률로는 달랠 도리가 없었다. 따라서 바다의 무법자들도 마음만 먹으면 당장이라도 그 직업을 버리고 육지로 올라와 성실하고 신심 있는 인간이 될 수 있었다. 또한 그 무뢰배들과 거래를 하거나 조금 어울린다고 하여 평판이 떨어지는 일도 없었다. 따라서 검은 망토에 풀을 먹인 옷깃을 두르고 끝이 뾰족한 모자를 쓴 청교도 장로들도 선원들이 와자지껄 떠들어대는 무례한 꼴을 보아도 그저 너그럽게 웃어넘겼다. 의사인 로저 칠링워스 노인과 같은 점잖은 시민이 수상쩍은 선장과 함께 다정하게 속삭이며 광장으로 들어와도 특별히 놀라거나 비난하는 일은 없었다.

선장은 유난히 화려한 옷차림을 하고 있어서 군중들 틈에서도 특히 눈에 띄었다. 양복에는 리본장식을 잔뜩 달고 모자에는 금테를 두르고 그 위에 금사슬을 감았으며, 끝에는 깃털을 꽂았다. 허리에는 칼을 찼고, 이마에는 칼자국이 나 있었는데, 머리카락을 내려 상처를 가리려 하지 않고 오히려 자랑삼아 드러내려는 것 같았다. 육지 주민이 이렇게 차려입고 버젓이 얼굴을 드러냈다면 당장 재판관 앞에 불려가 엄격한 심문을 받고, 벌금 또는 금고형을 받든지, 아니면 군중 앞에 세워놓고 본보기로 처벌하는 사태가 일어났을 것이다. 그러나 선장의 경우는 마치 물고기가 번쩍이는 비늘을 달고 있듯이 모든 것이 선장의 신분에 합당한 물건으로 간주되었다.

의사와 헤어진 뒤 브리스틀 행 배의 선장은 광장을 어슬렁거리다가 이윽고 헤스터 프린이 서 있는 곳까지 오자 상대방을 알아보고 서슴없이 말을 걸었다. 헤스터가 서 있는 곳에는 언제나 그렇지만 마술 원처럼 동그란 공간이 생겼다. 사람들은 조금 떨어진 곳에서 밀치락달치락하면서도 그곳에는 아무도 들어가려고 하지 않았고, 감히 그런 마음도 먹지 않았다. 그 원인은, 주홍 글자를 단 운명의 여인이 갇혀 있는 정신적인 고독을 상징했다. 하지만 그렇게 된 데에는 이곳 사람들이 전처럼 매몰차지는 않다 하더라도 역시 본능적으로 멀리하려는 경향이 있었기 때문에 헤스터 본인이 사양하는 탓도 있었다. 그런데 이번에 처음으로 그 공간이 도움이 되었다. 헤스터와 선장은 남이 엿들을까 봐 걱정할 필요 없이 말을 나눌 수 있었던 것이다. 게다가 헤스터 프린에 대한 세상의 평판은 완전히 달라졌으므로, 이 거리에서 가장 정조 관념이 굳건한 부인이라도 이런 선장과 이야기를 나누면 이상한 소문이 돌았을 테지만 헤스터는 그런 걱정이 없었다.

"그런데 부인." 선장은 말했다. "부인이 부탁한 수보다 침대를 하나 더 마련하도록 급사 놈에게 일러 둬야겠어요! 이번 항해에선 괴혈병이나 발진티푸스 같은 병이 생길 염려는 절대로 없습니다! 선의(船醫) 말고도 의사가 한 사람 더 늘어서 이제 조심할 것은 약뿐이라고나 할까요. 게다가 약품은 스페인 배와 거래해서 잔뜩 쌓여 있으니까요."

"뭐라고요?" 헤스터는 얼굴에 표정이 나타난 것 이상으로 깜짝 놀랐다. "누가 또 타기로 했단 말인가요?"

"아니 모르고 계셨습니까?" 선장은 큰 소리로 외쳤다. "이곳 의사인, 칠링워스라고 하던가요! 그분이 당신네와 함께 우리 배에서 식사를 함께 하고 싶다더군요. 그런데 당신이 모를 리가 있나요. 당신네와 동행한다고 했고, 또 당신이 말씀하시던 그분하고는 친구라고 하시던데요. 심보 고약한 이곳 청교도 통치자들 때문에 목숨이 위태로운 그 신사 분 말이에요!"

"네, 두 분은 친한 사이예요." 헤스터는 몹시 당황했지만 태연스럽게 대답했다. "오랫동안 함께 살아왔으니까요."

선장과 헤스터 프린은 그 이상 아무 말도 하지 않았다. 그런데 그때 로저 칠링워스 노인이 광장 반대쪽 구석에 서서 웃고 있는 것이 보였다. 떠들썩한 광장을 지나 군중의 말소리나 웃음소리, 갖가지 생각과 기분과 관심거리를 가로질러 오는 그 미소에서 비밀스럽고 무시무시한 뜻이 전해졌다.

제22장
행렬

헤스터 프린이 정신을 가다듬어 이 새롭고 놀라운 사태에 어떻게 대처할지 생각해 볼 겨를도 없이 옆 거리에서 군악대 소리가 가까이 다가오고 있었다. 관리와 시민들의 행렬이 공회당을 향하여 행진하고 있음을 알리는 음악이었다. 공회당에서는 이때 이미 정착되었고, 그 뒤로도 계속 내려온 관례에 따라 딤스데일 목사가 총독 취임 축하 설교를 하기로 되어 있었다.

어느덧 행렬 첫머리가 천천히 위풍당당하게 행진하며 길모퉁이를 돌아서 광장을 지나오기 시작했다. 군악대가 맨 앞장에 섰다. 악대는 여러 악기로 구성되었는데, 전체적으로 가락도 잘 맞지 않았고 솜씨도 대단치 않았다. 그러나 드럼과 클라리온 합주가 군중의 마음을 사로잡으려는 주요한 목적, 즉 눈앞에 펼쳐지는 광경을 보다 고상하고 웅장하게 보이려는 목적을 충분히 달성하고 있었다. 펄은 처음에는 손뼉을 치며 좋아했으나 아침부터 줄곧 어찌할 바를 모르는 흥분 상태도 가라앉았으므로 조용히 행렬을 바라보았다. 마치 일렁이는 물결에 몸을 맡기고 떠 있는 바닷새처럼 여유 있게 울리는 음악의 너울을 타고 아득히 먼 곳으로 두둥실 떠오르는 것 같았다. 그러나 악대 뒤를 이어 친위대 역할을 맡은 보병 중대의 병기와 번쩍번쩍 빛나는 갑옷에 햇빛이 반사되자 다시 흥분 상태로 되돌아갔다. 이 군대는—지금도 하나의 단체로서 예부터 내려오는 명예를 지니고 행진을 계속하고 있는데—돈으로 산 용병이 아니었다. 모두 애국심 강한 신사들로, 성당 기사단[*1]을 본떠서 군사학을 배우고, 평시의 훈련으로 최대한 실전기술을 갈고 닦을 수 있는 명예로운 군사학교를 설립하는 것이 그들의 목적이었다. 그 시절 군인 기질을 얼마나 중시했는지는 각 군인들의 당당한 태도로도 알 수 있다. 실제로

---
*1 1118년 예루살렘 성지순례자 보호를 위해 조직되었다.

대원 중에는 네덜란드나 유럽 각지로 종군하여 군인으로서 이름과 명예를 떨칠 자격이 충분한 자도 있었다. 더구나 번쩍이는 강철로 몸을 두르고, 번쩍이는 투구 위에 깃털장식을 휘날리는 모습은 현대인이 아무리 차려 입어도 따라갈 수 없을 만큼 휘황찬란했다.

하지만 이 친위대 바로 뒤에 오는 고위 문관 쪽이 식견이 있는 사람들에게는 훨씬 가치 있어 보였다. 겉으로 나타난 태도만 보더라도 그들에게는 범접하기 어려운 위엄이 있었으며, 그에 비해 군인들의 당당한 행진 모습은 우습다고 할 것까지는 없어도 좀 저속해 보였다. 그 무렵에는 우리가 말하는 재능을 지금만큼 중요시하지 않고, 착실하고 위엄 있는 성격을 형성하는 묵직한 요소를 훨씬 중시하던 시대였다. 그들은 조상의 유산으로서 이런 존경받을 자질을 물려받았다. 그러한 자질은 자손대대로 내려오면서 비록 남아 있다 하더라도 그 정도가 훨씬 미약해졌고, 따라서 공직자를 선출하고 평가할 때에도 그다지 영향을 주지 않았다. 이런 변화는 좋거나 나쁘거나 둘 중 하나이겠지만 어떤 면에서는 둘 다일 것이다. 해안에 이주한 영국인은—왕과 귀족을 비롯한 고관대작들을 등지고 왔지만 그래도 존경해야 한다는 마음만은 여전히 뿌리박혀 있었으므로—노인의 백발이나 위엄 있는 이마, 오랜 시련을 이겨낸 고결함, 원숙한 지식과 가슴 아픈 경험, 영원하다는 느낌을 주며 일반적으로 관록이라고 정의하는 무게 있고 침착한 성격에 대해서는 존경심을 아끼지 않았다. 따라서 초기 정치가인 브래드스트리트[*2] 엔디콧[*3], 더들리[*4], 벨링햄 같은 총독들은 대중에게 선출되어 정권을 잡기는 했으나 그다지 재능 있는 사람은 아니었으며, 지성보다는 중후하고 근엄한 성격으로 인망을 얻었다고 볼 수 있다.

용기와 자부심이 대단한 그들은 어렵고 위험한 상황에 처하면, 폭풍우 치는 바다를 막아 내는 높은 절벽처럼 국민의 안녕을 위해 단호히 일어섰다. 이러한 특질은 새 식민지 관리들의 각진 얼굴과 잘 발달한 육중한 체격 등에 여실히 나타나 있었다. 이 타고난 위엄 있는 태도에 있어서는 실천적인 민주주의의 선구자들이 귀족원에 참여하건, 국왕의 추밀 고문관으로 임명되건,

[*2] 1603~1697.
[*3] 1589~1665.
[*4] 1576~1653.

모국인 영국에선 조금도 부끄럽게 생각하지 않았을 것이다.

이 관리들 뒤에 오는 사람이 바로 그 고명한 청년 목사로, 그의 입을 통해 경축일을 축하하는 설교를 듣기로 되어 있었다. 그 시절에는 정치가보다 목사라는 직업이 훨씬 지적 능력을 발휘했다. 목사는 사회에서 숭배에 가까운 존경을 받았으므로 고매한 동기가 있건 없건 격렬한 야심을 품은 사람도 끌어들일 만큼 무척 매력적인 직업이었다. 인크리스 매더*5의 경우처럼 목사는 정치권력까지도 손에 넣을 수 있었던 것이다.

이때 딤스데일 목사의 모습을 본 사람들의 말을 빌리면, 이 목사가 뉴잉글랜드 해안에 발을 디딘 이래 이 행렬에 끼어 행진할 때처럼 힘찬 걸음걸이와 태도를 보인 적은 처음이라고 한다. 평소처럼 힘없는 걸음걸이가 아니었다. 자세도 구부정하지 않았으며, 손을 힘없이 가슴 위에 올려놓는 일도 없었다. 그러나 이 목사를 좀더 자세히 살펴보았다면 그 기운이 육체적인 것이 아님을 알아차렸으리라. 그 기운은 정신력으로, 천사가 힘을 빌려준 것이었다. 오랜 시간 몰두한 사고(思考)라는 용광로의 불로만 증류할 수 있는 강력한 영혼의 술로 인한 흥분이었는지도 모른다. 어쩌면 목사의 민감한 기질이 하늘로 치솟으며 울려 퍼지는 음악소리에 자극되어 음파를 타고 위로위로 올라가고 있었는지도 모른다. 그러나 그 표정은 너무도 얼빠져 보였으므로 음악소리가 딤스데일 목사의 귀에 들리는지조차 의심스러웠다. 확실히 그의 몸은 여느 때와 달리 힘차게 전진하고 있었다. 그러나 정신은 어디 있단 말인가? 정신은 그 영역의 깊숙한 곳에서 이윽고 출발하려는 당당한 사상의 흐름을 정리하기 위해 쉴새없이 움직이고 있었다. 따라서 목사는 주변의 것이 보이지도 들리지도 않았고, 알 수도 없었다. 다만 정신력이 허물어져가는 육체에 힘을 주어 그 무게를 의식하지 못한 채 걷게 하여 그 자체보다 나은 정신으로 변화시키고 있었다. 비범한 지성을 가진 사람은 몸이 쇠약해져도 이따금 이러한 커다란 노력의 힘을 얻게 되며, 이 힘을 얻기 위해 며칠이고 생명력을 쏟아부은 나머지 결국 그 날짜만큼 생기를 잃고 만다.

목사를 물끄러미 바라보던 헤스터 프린은 어쩐지 쓸쓸한 기분에 사로잡혔지만, 그런 감정이 왜 생겼으며 어디서 오는지는 알지 못했다. 다만 목사가

---

*5 1639~1723. 보스턴의 목사로, 하버드대학 총장과 식민지대표를 역임·겸임했다.

이젠 자신의 세계에서 완전히 멀어져 손이 닿지 않는 곳으로 가버린 것만 같았다. 헤스터는 서로 상대방을 인정하는 눈길을 나눌 수 있으리라 기대했던 것이다. 고독과 애정과 고뇌에 찬 작은 골짜기가 있는 그 어두운 숲 속을 떠올렸다. 손을 잡고 이끼 낀 나무줄기에 걸터앉아 슬프고 정열적인 얘기를 우울한 시냇물 소리에 실어보낸 일을 생각했다. 그때는 서로를 얼마나 깊이 이해했던가! 그런데 저 사람이 바로 그 분이란 말인가? 지금은 전혀 다른 사람 같다! 그는 지금 화려한 음악에 휩싸여 위엄 있고 덕망 높은 장로들의 행렬에 끼어 자랑스러운 모습으로 지나갔다. 사회적 지위로 보더라도 손이 닿지 않는 높은 곳에 있는 사람이었다. 사상면에서는 더욱 그러했다! 모든 것이 환영이었나 보다. 아무리 선명한 꿈을 꾸더라도 목사와 자기 사이에는 진실한 인연이 없다. 이렇게 생각하니 헤스터의 마음은 무거워졌다. 아무리 헤스터라 해도, 특히 두 사람의 운명을 손에 쥔 무거운 발길이 한발 한 발 다가오는 이 판국에 목사가 두 사람만의 세계에서 이토록 완전히 빠져나가 버리는 것을 용서할 수 없었다. 자기는 어둠 속에서 차가운 두 손을 내밀고 아무리 더듬어도 상대방을 잡을 수 없는 처지인 것 같았다.

펄은 어머니의 감정을 알아차리고 반응한 것인지, 아니면 스스로 깨달았는지는 몰라도 목사에게 왠지 모를 거리감이 감돌고 있다는 것을 눈치챘다. 행렬이 지나가는 동안 불안해서 금방이라도 날아갈 것 같은 참새처럼 이리저리 왔다 갔다 하더니 행렬이 다 지나가자 헤스터의 얼굴을 올려다보며 물었다.

"엄마, 저분이 시냇가에서 나에게 뽀뽀해 주던 그 목사님이야?"

"쉿, 조용히 해!" 어머니는 작은 소리로 말했다. "숲에서 있었던 일은 광장에서 얘기하면 안 돼."

"도저히 같은 목사님 같지 않은걸. 딴사람 같아." 아이는 계속 말했다. "그렇지만 않으면 달려가서 모든 사람이 보는 앞에서 뽀뽀해 달라고 졸랐을 텐데. 그럼 목사님은 뭐라고 하셨을까, 엄마? 가슴을 손으로 누르고 나를 흘겨보며 저리 가라고 하셨을까?"

"뭐라고 하실지 뻔하잖니, 펄." 헤스터는 대답했다. "지금은 뽀뽀할 때가 아니다, 뽀뽀는 광장에서 하면 안 돼요, 하고 말씀하셨겠지. 바보 같으니, 네가 목사님께 말을 걸지 않아서 천만다행이다!"

딤스데일 목사에 대한 이와 비슷한 기분을 조금 다르게 표현한 사람이 있다. 그 사람은 조금 독특해서—아니, 광기 때문에 그랬다고 하는 것이 옳은 것이다—여러 사람이 보는 앞에서 주홍 글자를 단 여인과 말을 나누는, 이 고장 사람들이 감히 하지 못하는 일을 해냈다. 바로 히빈스 노부인이었다. 3단 주름깃에 수를 놓은 윗옷과 화려한 벨벳 가운을 요란하게 차려 입고 행렬 구경을 나와 있었다. 이 노부인은 그 시절 빈번하던 흑마술을 일으키는 장본인이라는 평판이 있었으므로(나중에는 이것 때문에 생명까지 잃게 되었지만) 군중들은 길을 비켰다. 부인의 호화로운 주름 속에 전염병이라도 숨어 있는 것처럼 옷자락이 닿는 것조차 꺼렸다.

더구나 헤스터 프린과 나란히 서 있는 모습을 보자—헤스터에 대한 사람들의 감정이 아무리 누그러졌다고는 하나—히빈스 노부인에 대한 공포감이 배로 늘어나, 사람들은 두 여자가 서 있는 광장에서 슬금슬금 물러나 버렸다.

"아무리 상상력이 풍부하더라도 보통 사람은 이해하지 못할걸요!" 노부인은 헤스터에게 작은 목소리로 말을 걸었다. "저 목사님 말예요! 사람들이 살아 있는 성인이라고 떠받들고 있는 저 사람! 사실 내가 봐도 정말 성자 같긴 해! 그런데 저 사람이 행렬 속에 끼여 걸어가는 것을 보면, 바로 며칠 전에 서재를 빠져나와 숲속으로 쉬러 간 줄 누가 알겠어요! 아무리 입으로는 헤브라이어 성서 문구를 외고 있었다고 해도 말이에요. 하하하, 하지만 우리는 그 이유를 잘 알잖아요, 헤스터 프린! 정말 저 사람이 같은 인간이라니 도저히 믿을 수 없어요. 지금 악대 뒤를 따라간 교회 사람들 중에서도 나는 많이 봤답니다. 그 '누군가'가 바이올린을 켜고 인디언이 주술사나 라플란드의 마술사가 우리와 손을 잡고 춤을 출 때 같은 장단에 맞춰 춤을 추던 사람들을 말이에요. 세상 이치를 깨달은 여자가 보면 그런 주술은 아무것도 아니에요. 그런데 이 목사는 어떤가요! 당신이 숲속 오솔길에서 만난 사람과 같은 사람이라고 단언할 수 있겠어요, 헤스터?"

"무슨 말씀인지 모르겠군요." 헤스터 프린은 히빈스 노부인이 제정신일까 생각하면서 대답했으나, 그토록 많은 사람들(부인도 포함해서)과 악마의 친밀한 관계를 부인이 자신 있게 단언하는 데는 놀랍고 무섭기까지 했다. "딤스데일 목사님처럼 학식 있고 신앙심이 두터운 분을 저는 그렇게 함부로 말할 수 없습니다!"

"흥, 바보 같은 여자군!" 노부인은 헤스터의 코끝에서 삿대질을 해가며 말했다. "내가 몇 번이고 숲속을 드나드는데, 누구누구가 거길 갔는지 모른단 말이오? 숲에서 춤출 때 머리에 썼던 화환의 잎이 하나도 남아 있지 않더라도 다 알아요! 헤스터, 당신 일도 알아요. 그 표시를 봤으니까. 환한 곳에서야 물론이고, 어두운 곳에서도 불꽃처럼 타오르거든. 그리고 당신은 그것을 공공연히 달고 다니니까 못 알아볼 이유가 없지. 하지만 저 목사는 말이오. 잠깐 귀 좀 빌립시다! 마왕님은 딤스데일 목사처럼 정식으로 서명까지 하고 자기 부하가 되었으면서 계약을 세상에 공포하기를 꺼리는 자가 있으면, 그 표시를 대낮에 모든 사람들 앞에 폭로하게 만드신단 말이오. 저 목사가 늘 가슴에 손을 얹고 감추려 하는 게 뭐겠소? 헤스터 프린!"

"목사님이 뭘 감추고 계신데요, 히빈스 아줌마?" 펄이 재촉하듯이 물었다. "보셨어요?"

"아무것도 아니란다!" 히빈스 노부인은 정중히 거절을 하면서 말했다. "언젠가는 네 눈으로 직접 볼 수 있을 거야. 넌 하늘의 제왕인 마왕님의 딸이라고들 하니까! 언제든 날씨가 맑은 밤에 나와 함께 하늘을 날아가 아버지를 뵙지 않겠니? 그러면 왜 목사님이 가슴에 손을 얹고 있는지 알게 될 게다!"

광장에 있는 모든 사람들에게 들리도록 소리높이 웃으며 그 기분 나쁜 노부인은 사라졌다.

이럭저럭하다 보니 교회당에서 식을 알리는 첫 기도를 끝내고 설교를 시작한 딤스데일 목사의 목소리가 들려왔다. 헤스터는 억누를 수 없는 기분에 이끌려 교회당 근처로 갔다. 신성한 건물 안은 사람들로 넘쳐나 발 디딜 틈도 없었으므로 헤스터는 처형대 바로 옆의 자리를 잡았다. 확실치는 않아도 그 억양을 실어 중얼거리는 듯한 목사의 특징 있는 목소리가 들려올 만큼 가까운 위치였다.

목사는 발성기관 자체가 타고 났기 때문에 그의 말을 하나도 이해하지 못해도 그 어조와 억양만으로 듣는 사람의 마음을 흔들어 놓았다. 모든 음악과 마찬가지로 목사의 목소리는 듣는 사람의 교양과 상관없이 사람의 마음에 자연스레 생겨나는 말로 정열과 비애와 높고도 부드러운 감동을 속삭였다. 교회당 벽에 가로막혀 그 목소리가 확실히 들리지는 않았지만, 헤스터 프린은 열심히 귀 기울이며 깊이 공감했다. 그 설교에는 잘 들리지 않는 말과는 전혀 관계없이 어떤 완벽한 뜻을 담고 있었다. 좀더 똑똑히 들렸더라면 오히려 거친 매개체가 정신적 의미를 방해했을지도 모른다. 바람이 점점 가라앉는 듯한 저음이 들리다가, 이윽고 부드러운 힘이 조금씩 강해지자 헤스터의 기분도 고조되더니 마침내 그 음량의 영향으로 두렵고 엄숙하고 장엄한 분위기 속으로 휩싸여 들어갔다. 그러나 목사의 목소리는 장중해도 그 밑바닥에는 슬픔이 깔려 있었다. 높게 혹은 낮게 울리는 고뇌의 울림은 괴로움에 허덕이는 인류의 속삭임 같기도 하고 비명 같기도 하여 마음을 뒤흔들었다! 때로는 이 구슬픈 선율만이 황량한 침묵 속의 한숨소리가 되어 들려왔고, 그것조차 들리지 않을 때도 있었다. 그러한 목사의 소리가 낭랑하게 높이 울려 퍼질 때도, 억누르지 못해 드높게 튀어 흩어질 때도, 격앙되어 두꺼운 벽을 뚫고 건물 밖으로 넘쳐흐를 때도, 그러려니 하고 열심히 귀를 기울이고 있는 사람들에게는 여전히 똑같은 고통의 절규로 들렸다. 도대체 그것은 무엇이었을까? 슬픔에 못 이겨 죄를 범했을지도 모를 인간의 마음이 그 죄와 슬픔의 비밀을 인류의 위대한 마음에 호소하는 절규였다. 인류를 위한 마음에 동정과 용서를 구하고 있었는데, 그것은 결코 헛수고가 아니었다! 목사에게 독특한 힘을 주는 것은 이 깊이 있고 계속되는 저음이었다.

  설교를 듣는 동안 내내 헤스터는 처형대 밑에 동상처럼 서 있었다. 목사의 목소리 때문만이 아니라 치욕의 장소인 이곳에는 피할 수 없는 흡인력이 있는 모양이었다. 그 이전이나 이후의 생활이 모두 이 장소와 결부되어 있고, 생활에 통일성을 준 거점이라는 느낌이 들었다. 너무 막연하여 아직 생각으로 정리할 순 없었지만 그러한 느낌이 마음을 무겁게 짓누르고 있었다.

  한편 어머니 곁을 떠난 펄은 혼자서 제멋대로 광장을 쏘다니며 놀고 있었다. 그 독특하고 환한 빛으로 침울한 군중의 표정을 자극하는 모양은 깃털이 눈부신 새가 우거진 수풀 사이로 이리저리 날아서 들락날락하자 침침하게 우거진 나무 전체가 환해 보이는 것과 같았다. 아이는 마치 파도가 굽이치듯 부드러우면서도 이따금 예각적이고 불규칙하게 움직였다. 이 아이의 정신이 쉴새없이 움직이고 있다는 증거였는데, 특히 오늘은 어머니의 불안한 감정에 올라타서 움직이고 있었으므로 발 끝으로 서서 춤추고 돌아다녔는데도 평상시보다 피로한 줄을 몰랐다. 언제나 생기 있고 활발한 펄은 호기심을 끄는 것이 보이면 그 자리로 뛰어갔고, 탐나는 것이 있으면 사람이건 물건이건 자기 것인 양 차지해 버렸다. 그러나 그 대가로 자신의 움직임을 제지하려는 손길은 결코 용서하지 않았다. 청교도들이 그 모습을 보고 미소를 지었다 하더라도, 그 빛나는 조그만 몸이 움직일 때마다 반짝이는 아름다움이나 귀여움으로 보아 더더욱 아이가 악마의 소생이라는 생각을 떨칠 수 없었다. 펄이 인디언에게 달려가 그 험상궂은 얼굴을 물끄러미 바라보고 있으면, 인디언 역시 자기보다 훨씬 야생에 가까운 주인공이 눈앞에 있음을 알아차렸다. 그 다음 펄은 독특한 조심성을 보이면서도 역시 타고난 대담성으로 선원들이 서 있는 한복판으로 뛰어 들어갔다. 이 사람들 역시 육지의 인디언과 마찬가지로 거무스레하게 그을린 바다의 야만인이었다. 그러나 그들은 놀란 눈으로 감탄하면서 펄을 보았다. 바다의 물거품이 소녀로 둔갑해 밤에 뱃머리 밑에서 번쩍이는 바닷물의 넋을 타고 나타난 것이 아닌가 하는 표정들이었다.

선원들 가운데 헤스터와 이야기를 나누었던 선장은 이 같은 펄의 모습에 완전히 마음을 빼앗겨 아이에게 살짝 키스해 주려고 두 손으로 붙잡으려 했다. 그러나 펄을 잡는다는 것은 하늘을 나는 새를 잡는 일만큼 어렵다는 사실을 깨닫고 모자에 감았던 금사슬을 끌러 아이에게 던져 주었다. 펄은 그것을 이내 목과 허리에 감았는데, 그 솜씨가 어찌나 능숙하던지 한 번 감고 나면 그것이 이미 몸의 일부가 되어 사슬을 감고 있지 않은 펄은 상상조차 할 수 없었다.

"저기 주홍 글자를 단 사람이 네 엄마지?" 선장은 물었다. "엄마한테 가서 내 말 좀 전해 줄래?"

"내 맘에 드는 얘기라면 전해 드릴게요." 펄은 대답했다.

"그럼 이렇게 전하라구. 얼굴이 검고 등이 굽은 의사와 다시 한 번 얘기한 결과 네 엄마도 잘 아시는 그 신사를 의사가 배까지 모시고 가기로 했다고 말이다. 그러니까 네 엄마는 너와 엄마 두 사람 준비만 하시면 된다고, 알겠니? 요 마녀 아가씨야."

"우리 아빠는 하늘의 제왕인 마왕님이라고 히빈스 아줌마가 말했어요!" 펄은 못들은 척하고 웃으면서 외쳤다. "나를 욕하면 아빠한테 일러 줄 거예요. 그러면 마왕님이 아저씨 배를 폭풍우로 혼내줄 거예요."

펄은 광장을 갈지자형으로 가로질러 어머니 있는 데로 돌아와서 선장의 말을 그대로 전했다. 헤스터의 꿋꿋하고, 침착하고, 냉정하고, 끈질긴 정신도 마침내 피할 수 없는 운명의 어둠과 냉혹함을 눈앞에 마주하자 도저히 어쩔 도리가 없었다. 목사와 함께 비참한 미궁에서 빠져나가는 길이 막 열리려는 순간에 운명이 잔혹하게 비웃으며 두 사람의 앞길을 가로막고 나선 것이다.

그뿐만이 아니었다. 선장의 말을 듣고 괴로워 어찌할 바를 모르던 헤스터는 또 다른 시련을 겪어야 했다. 광장에 모인 보스턴 근처 시골 마을에서 온 많은 사람들은 진작부터 주홍 글자에 관한 소문—밑도 끝도 없는 과장된 소문만 듣고 잔뜩 겁에 질려 있었다—은 많이 들었으나 직접 눈으로 본 적은 없었다. 그래서 다른 놀이에 싫증 난 이들이 시골사람 특유의 무례하고 뻔뻔스러운 태도로 헤스터 프린 주변으로 몰려들었던 것이다. 그러나 비록 염치가 없긴 해도 멀찌감치 둘러서서 그 이상은 가까이 가지 않고, 신비스러운 상징이 자아내는 혐오감의 원심력에 이끌려 그 자리에 묶여 서 있었다.

구경꾼이 모여드는 것을 보고 주홍 글자의 뜻을 알게 된 선원들도 햇볕에 탄 험악한 얼굴을 연달아 사람들 틈으로 들이 밀었다. 그러자 인디언들까지 백인의 호기심이 던지는 싸늘한 그림자에 이끌려 사람들 틈을 헤치고 들어와선 뱀 같은 까만 눈으로 헤스터의 가슴을 뚫어지게 쳐다보았다. 찬란한 수를 놓은 표시를 단 이 여인을 백인 가운데에서 고귀한 사람으로 여겼는지도 모른다. 마지막으로 이 마을 주민들까지도(외부 사람들의 반응에 자극되어 더 이상 신기할 것도 없는 이 대상에 다시 흥미를 느끼고), 그 장소를 어슬렁거리면서 늘 봐오던 그 치욕의 표시를 싸늘한 눈길로 쳐다보았다. 다른 무엇보다도 주민들의 그러한 행위가 헤스터 프린을 가장 아프게 했다. 7년 전 감옥에서 나오는 순간을 기다리고 있던 그 익숙한 여인들의 얼굴도 눈에 띄었다. 하지만 가장 젊고 동정심 많던 여자만은 그 자리에 없었다. 얼마 뒤 헤스터가 그 여자의 수의를 만들어 주었던 것이다. 타오르는 주홍 글자를 이제 곧 내던지려고 하는 마지막 순간에 글자가 이토록 큰 주목을 받고 관심의 대상이 되어 그것을 가슴에 달던 날 이래 그 어느 때보다도 헤스터의 가슴을 한층 더 아프게 태우다니 이 얼마나 얄궂은 운명인가.

헤스터가 교활하고도 잔인한 선고 때문에 영원히 갇혀버린 그 치욕스런 마술의 원 안에 서 있을 무렵, 훌륭한 설교사는 단상에서 청중을 내려다보았다. 청중의 마음은 송두리째 목사의 뜻에 휘어 잡혀 있었다. 교회에 서 있는 덕망 높은 목사! 광장에 서 있는 주홍 글자의 여인! 누가 이 두 사람의 가슴에 똑같은 치욕의 낙인이 찍혀 있으리라는 무엄한 추측을 할 수 있겠는가.

제23장
드러난 주홍 글자

 청중들의 영혼을 굽이치는 파도에 싣고 높은 곳으로 끌어올리던 설교가 마침내 끝났다. 심오한 하느님의 계시가 있은 다음에 밀려오는 침묵이 한순간 흘렀다. 이어서 소곤대는 소리와 웅성대는 소리가 들렸다. 강력한 주술에 걸려 다른 사람의 정신세계로 이끌려 갔던 청중이 두려움과 놀라움에 휩싸인 채 자기 세계로 돌아오는 듯싶었다. 그리고 얼마 뒤 군중이 교회 밖으로 쏟아져 나왔다. 설교가 끝났으니 이제는 속세의 삶을 유지하게 위한 공기가 필요했던 것이다. 사실 교회 안의 공기는 목사가 불꽃같은 연설로 바꾼 고매한 사고의 향기가 가득하여 속세의 삶에는 어울리지 않았다.
 바깥 공기를 쐬자 청중의 감격은 말로 바뀌었다. 거리와 광장 곳곳에서 목사를 칭찬하는 목소리가 들끓었다. 목사의 설교를 들은 사람들은 그들이 듣고 말한 것 이상의 내용을 서로 토론하지 않고는 직성이 풀리지 않았던 것이다. 그들의 일치된 증언에 의하면, 오늘 설교를 한 목사만큼 박식하고 고상하며 신성한 정신으로 설교한 사람은 아무도 없었다는 것이다. 또 하느님의 영감이 이토록 뚜렷하게 사람의 입술을 통해 밝혀진 일도 없었다고 한다. 다시 말해 하느님의 영감이 목사에게 내려와 눈앞에 있는 설교문 원고보다 더 높은 곳으로 그를 끌어올렸으며, 청중뿐 아니라 목사 자신도 경이로웠을 사상으로 그의 영혼을 충족시킨 것이다. 설교 주제는 하느님과 인간 사회의 관계, 특히 황야에 건설되고 있는 뉴잉글랜드와의 관계를 언급하고 있는 것 같았다. 또 설교가 끝날 무렵에는 이스라엘의 옛 예언자들이 받은 하느님의 계시처럼 강력한 예언과 같은 신령이 목사에게 강림하여 본래의 목적에 따르도록 목사를 몰아세웠다. 다만 유대인 예언자들은 그들 나라에 내려질 심판과 멸망을 예고한 것에 비해 목사는 새로 모인 선민들을 위해 위대하고 영광스러운 운명을 예언한 점이 다를 뿐이었다. 그러나 설교 전체에는 죽음을 앞둔 사람의 비탄 같은 침통한 슬픔이 바탕에 깔려 있었다. 그렇다! 사람들이 더없이 사랑한 목사, 또 그만큼 그들 모두를 사랑하기 때문에 한숨짓지 않고 그들을 버리고 갈 수 없는 목사가 자신의 때이른 죽음을 예감하고 마침내 눈물 흘리는 신자들을 뒤로 한 채 이 세상을 떠나려 하고 있었다. 남은 시간이 얼마 남지 않았다는 생각이, 그의 설교가 마지막이라는 인상을 더 한층 강조했다. 마치 천사가 하늘로 날아갈 때 사람들 머리 위에서 빛인지 그림자인지 모를 아름다운 날개를 퍼덕여 황금의 진리를 우박처럼 쏟아놓은 것 같았다.

딤스데일 목사에게 전에도 없었고 앞으로도 없을 찬란하고도 승리에 넘친 시기가 찾아온 것이다. 각 분야에 종사하는 대부분의 사람들은 보통 이 시기가 지나간 다음에야 그 사실을 깨닫곤 한다. 초기의 뉴잉글랜드에서는 목사라는 직업만으로도 이미 숭배를 받긴 했지만, 이 순간, 딤스데일 목사는 천부적인 지성과 풍부한 학식, 설득력 있는 웅변과 청렴결백한 명성을 통해서만 비로소 얻을 수 있는 목사로서 최고로 명예로운 자리에 서 있었다. 축하 설교가 끝나고 강단 위에서 머리를 숙였을 때 목사는 그런 위치에 오른 것이다. 그 동안도 헤스터 프린은 가슴에 불타는 주홍 글자를 단 채 처형대 옆에 서 있었다!

또다시 교회 입구에서 악대의 금속음이 울려 퍼지고 친위대의 규칙적인 발소리가 들려왔다. 행렬은 교회에서 공회당으로 향하기로 되어 있었다. 공회당에서 열리는 엄숙한 연회를 끝으로 이날 의식이 끝날 예정이었다.

덕망 높고 위엄 있는 장로들의 행렬이 다시 군중 사이를 지나는 모습이 보였다. 총독과 관리들, 현명한 노인들과 훌륭한 목사, 신분 높은 저명한 사람들의 행렬이 다가오면 사람들은 좌우로 공손히 길을 비켰다. 행렬이 광장중앙에 다다르자 군중들이 환호성을 터뜨렸다. 이 환호성은—이 시대가 위정자에게 바친 순진한 충성심 덕분에 한층 힘차게 울렸음을 부정할 수 없지만—아직도 귓가에 쨍쨍하게 울리는 웅변을 듣고 흥분한 청중의 열정이 저절로 폭발한 것 같았다. 모두가 다 자기 속에 있는 그러한 충동을 느꼈으며, 동시에 옆 사람에게서도 똑같이 충동을 느꼈다.

교회 안에서는 간신히 참았지만, 푸른 하늘 밑에서는 하늘 꼭대기까지 울려 퍼지도록 환호성을 질렀다. 수많은 사람들이 훌륭한 교향곡을 연주하듯 감정의 파장을 하나로 모아 돌풍이나 우레 소리나 바다의 포효 소리보다도

제23장 드러난 주홍 글자 221

훨씬 인상적인 소리를 만들어냈다. 웅장한 대합창의 물결이 많은 사람의 마음을 거대한 한마음으로 뭉치게 하는 보편적인 충동이, 여기서도 많은 목소리를 하나의 큰 목소리로 휘어감고 있었다. 뉴잉글랜드 땅에서 일찍이 이런 환호성이 터져나온 일은 없었다! 뉴잉글랜드 땅에서 이 목사만큼 동포들의 존경을 받은 인물이 나타난 일도 없었다!

그런데 지금 이 사람의 모습은 어떠한가? 머리 둘레에 빛나는 후광이 비치지 않았단 말인가? 성령의 힘으로 영화(靈化)되고, 열렬한 숭배자들에 의해 신격화되었는데도 행렬 속에서 걸어가는 그의 발이 정말 흙먼지를 밟았단 말인가?

군인들과 장로격인 행정관의 대열이 지나가자 목사가 있는 쪽으로 모든 사람의 눈길이 집중되었다. 그러나 목사의 모습을 보자마자 환호성이 속삭이는 소리로 변해갔다. 온갖 승리를 거둔 그가 어째서 저토록 쇠약하고 창백해 보인단 말인가? 그 활기는, 천국에서 내린 힘으로 하느님의 계시를 끝까지 전달하도록 목사를 북돋워주던 그 영감은 임무를 충실히 완수하자 흔적도 없이 사라졌던 것이다. 조금 전까지 목사의 볼에 이글거리던 홍조도 타다 남은 장작개비 속으로 하릴없이 스러져 가는 불길처럼 꺼져 버렸다. 그 핏기 없는 얼굴은 도저히 산 사람처럼 보이지 않았다. 금방이라도 쓰러질 듯이 비틀거리며 걷는 모습은 도저히 생명을 지닌 사람이라고 할 수 없었다!

동료 한 사람이—존 윌슨 목사였다—지력과 감각을 잃어가는 딤스데일 목사의 상태를 알아차리고 재빨리 다가와 부축하려 했다. 그러나 딤스데일 목사는 와들와들 떨면서도 단호히 이 노인의 팔을 뿌리쳤다. 목사의 동작을 걷는다고 말할 수 있다면 분명히 걷고 있긴 했으나, 그 모습은 마치 엄마 앞에서 두 팔을 벌리고 뒤뚱뒤뚱 걸음마를 배우는 어린애와 같았다. 이렇게 비틀거리면서도 목사는 그 잊을 수도 없는, 비바람에 낡아 버린 처형대 바로 앞까지 왔다. 괴로운 세월을 되짚어 가서 먼 옛날, 헤스터 프린이 세상 사람들의 경멸에 찬 시선을 받아내던 그 처형대였다! 지금 그곳에 헤스터가 펄의 손목을 잡고 서 있었다! 가슴에는 주홍 글자를 달고! 목사는 우뚝 멈춰 섰다. 악대는 여전히 장엄하고 즐거운 행진곡을 연주하며 목사를 축하연 장소로 재촉했지만 목사는 그 자리에서 발을 멈춰 버렸다.

조금 전부터 근심스러운 듯이 목사를 지켜보던 벨링햄이 행렬에서 빠져나와 그를 부축하려 했다. 딤스데일 목사의 상태로 보아 그대로 두면 쓰러질 것 같았기 때문이다. 그러나 목사의 표정에는, 마음에서 마음으로 전해지는 막연한 암시 따위에는 쉽게 넘어가지 않는, 총독까지도 감히 접근하지 못하게 하는 그 무엇인가가 있었다.

군중들도 두렵고 놀라운 마음으로 줄곧 목사를 지켜보고 있었다. 그들은 지상의 육체가 약해지는 것은 실은 하늘나라에서 그의 정신력이 그만큼 강해졌다는 증거라고 생각했다. 목사가 그들 눈앞에서 점차 흐릿해지며 하늘로 올라가 마침내 하늘나라의 빛 속으로 사라져 버린다 해도 딤스데일 같은 신성한 사람에게는 있음직한 기적이라고 여겼던 것이다.

목사는 처형대 쪽을 보더니 두 팔을 내밀며 말했다.

"헤스터, 이리 와요! 펄, 너도 이리오고!"

두 사람을 바라보는 그의 표정은 소름이 끼쳤지만 어딘지 모르게 부드럽고, 이상하게 의기양양한 데가 있었다. 아이는 평소와 다름없이 참새처럼 조르르 목사에게 달려가더니 그의 무릎을 두 팔로 끌어안았다. 헤스터 프린도—피할 수 없는 운명에 이끌려 자신의 강한 의지에 거역하듯—천천히 다가갔으나, 목사가 있는 곳까지 가기도 전에 발을 멈췄다. 그 순간 자신의 먹잇감을 가로채지 못하게 하려는 듯이 로저 칠링워스가 군중들을 헤치고 나타났기 때문이다. 아니, 어쩌면 어둡고 허둥거리는 사악한 표정으로 보건대 마치 지옥에서 솟아났는지도 모른다. 어쨌든 그 노인은 뛰어나와 목사의 팔을 잡았다.

"무슨 짓이오! 미쳤소?" 노인은 조그만 소리로 말했다. "저 여자를 물리쳐요! 이 아이도 내버려두고! 그럼 다 잘 될 거요! 명예를 더럽히고, 불명예 속에 죽을 거야 없지 않소! 내가 아직 당신을 구해 줄 수 있으니까! 신성한 목사의 이름에 똥칠을 할 참이오?"

"이 악마 같은 사람! 이미 늦었소!" 목사는 두려움에 떨면서도 단호하게 상대방을 노려보며 대답했다. "당신에겐 이미 옛날 같은 힘이 없소. 지금이야말로 나는 하느님의 도움으로 당신의 손아귀에서 벗어날 거요!"

목사는 다시 주홍 글자를 단 여인에게 손을 내밀었다.

"헤스터 프린." 목사는 비통하고 열렬한 목소리로 소리쳤.

"7년 전 내가 막중한 죄와 꼴사나운 나약함 때문에 하지 못한 일을 지금

이 마지막 순간에 이루도록 해 주신 두렵고도 자비로운 하느님 이름으로 부탁하나니, 헤스터, 어서 이리 와요! 당신 힘으로 나를 감싸 주오! 당신 힘으로 말이오, 헤스터. 그러나 그 힘은 하느님이 나에게 허락해 주신 의지대로 따르길 바라오! 이 비참하게 배신당한 노인이 온 힘을 다해 악마의 힘까지 빌려서 나를 방해하려고 합니다. 자 헤스터, 이리와요! 나를 저 처형대 위로 올려 주시오.”

군중들이 술렁거렸다. 목사 주변에 있던 고위 고관들은 너무나 놀란 나머지 눈앞에 벌어지고 있는 사태의 영문을 몰라—뻔히 나타난 설명을 받아들이지도 못하고, 그렇다고 다른 설명은 상상할 수도 없어서—하느님이 거행하신다는 심판을 그저 말없이 꼼짝 않고 지켜볼 뿐이었다. 목사가 죄의 열매인 펄의 작은 손을 꼭 잡고, 헤스터의 어깨에 기대고 그녀의 팔에 의지하며 처형대로 올라가는 모습이 보였다. 로저 칠링워스 노인이 뒤를 따랐다. 세 사람이 주연으로 등장하는 죄악과 슬픔으로 버무려진 연극에 밀접한 관계가 있으므로 당연히 이 마지막 장면에 등장할 자격이 있다는 것 같았다.

노인은 험악한 눈초리로 목사를 보며 말했다.

“세상 어느 구석을 찾아봐도 당신이 내 손아귀에서 빠져 나갈 비밀 장소는 없소. 하늘과 땅을 다 뒤져도 이 처형대밖에 없을 거요!”

“이곳으로 인도해 주신 하느님께 감사할 뿐이오!” 목사는 대답했다.

그러나 목사는 떨고 있었다. 입가에 흐릿한 미소를 띠면서 헤스터 쪽을 돌아보았으나 그래도 눈에는 망설임과 불안의 표정이 역력했다.

“이러는 편이 낫지 않소, 헤스터?” 목사는 속삭였다. “우리가 숲 속에서 꿈꾸던 일보다는.”

“모르겠어요! 전 모르겠어요!” 헤스터는 떨리는 목소리로 대답했다. “더 낫다고요? 글쎄요, 우리는 이대로 죽고, 펄도 우리와 함께 죽을 거예요!”

“당신과 펄은 하느님이 명하시는 대로 따라야 하오.” 목사는 말했다. “하느님은 자비로우시니까! 지금은 내 눈앞에 하느님이 뚜렷이 보여 주신 의지를 실행하도록 해주오. 헤스터, 나는 얼마 살지 못할 거요. 그러니까 내가 받아야 할 치욕을 얼른 받을 수 있도록 도와 주오.”

헤스터 프린에게 기대어 펄의 손목을 잡고 딤스데일 목사는 근엄한 관리들과 그의 형제인 목사들과 군중을 향해 돌아섰다. 군중들은 인생의 어떤 중대한 사건이, 비록 죄악에 차 있다 하더라도 고뇌와 후회로도 가득한 일대 사건이 지금 눈앞에 펼쳐지려 한다는 사실을 알고 있는 듯했다. 막 정오를 넘어선 태양이 목사를 똑바로 내리쬐며 하느님의 법정에서 죄를 아뢰기 위해 대지에 버티고 선 목사의 모습을 한층 더 뚜렷이 비추었다.

"뉴잉글랜드 주민 여러분!" 목사는 큰 소리로 외쳤다. 사람들의 머리 위로 울려 퍼진 목소리는 높고 엄숙하고 위엄이 있었으나 한없이 떨렸으며, 양심의 가책과 고뇌의 심연에서 기어나오는 듯 절규에 가까웠다. "나를 사랑해 주신 여러분! 나를 성자라고 생각해 주신 여러분! 이 세상에서 가장 추악한 죄인인 나를 봐 주십시오. 나는 겨우! 이제야 겨우! 7년 전에 섰어야 할 이 자리에 섰습니다. 여기, 이 여인과 함께 서 있습니다. 이 여인의 팔은 여기까지 내가 간신히 기어온 힘보다 훨씬 강한 힘으로 이 무서운 순간에 금방이라도 쓰러져 버릴 듯한 나를 부축해 주고 있습니다. 헤스터가 달고 있는 이 주홍 글자를 보십시오! 여러분 모두가 이것을 보고 몸을 떨었습니다! 이 사람이 어디 있든지, 비참한 업보를 짊어진 이 사람이 어디서든 안식처를 구하려고 걸음을 옮길 때마다 이 글자는 주변에 공포와 소름 끼치는 혐오의 빛을 뿌렸습니다. 그러나 여러분은 여러분들 틈에 서 있던 한 남자의 죄악과 치욕의 낙인에는 몸을 떨지 않았습니다!"

이쯤에서 목사가 모든 비밀을 고백하지 못하고 끝나버리는 게 아닌가 싶었다. 그러나 그를 넘어뜨리려는 육신의 나약함을 이겨내고, 나아가 마음의 나약함까지도 목사는 극복했다. 그는 부축하는 손을 뿌리치더니 모녀보다도 한 발 앞으로 나섰다.

"낙인은 그 사나이에게도 찍혀 있었습니다!" 모든 것을 다 말해 버리려고 결심한 듯 단호하게 말했다. "하느님께선 그것을 보셨습니다! 천사들은 쉴 새 없이 손가락질했습니다! 악마도 모든 것을 알아보고, 불타는 손가락으로 만지작거리며 계속 괴롭혔습니다! 그러나 그는 교묘하게 사람들 눈을 속이고 죄 많은 속세에서 자기는 순결하니까 슬프고, 천국에 있는 동료를 만나지 못해 외롭다는 듯한 태도로 여러분들 사이를 걸어 다녔습니다! 이제 죽음을 앞두고 그 남자는 여러분 앞에 섰습니다! 다시 한 번 헤스터의 주홍 글자를 봐 주십시오! 들어 보십시오! 그 글자가 아무리 불가사의하고 무섭다 해도 그 남자의 가슴에 새겨진 표적에 비하면 그림자에 지나지 않으며 그 남자의 빨간 낙인도 남자의 가슴속을 시커멓게 태우는 상징에 불과하다고 그가 말하고 있습니다! 죄인에 대한 하느님의 심판을 의심하는 분은 누구든 좋으니 이리로 오십시오! 자, 보십시오! 그 심판의 무서운 증거를 보십시오!"

목사는 발작적인 태도로 성직자가 다는 늘어진 옷깃을 가슴에서 잡아 뜯었다. 표시가 드러났다! 그러나 나타난 그 모습을 설명하는 것은 불경스러운 일일 것이다. 한순간 공포에 질린 군중의 시선이 이 무서운 기적 위에 집중되었다. 목사는 극심한 고통을 느끼며 위급한 고비에 있으면서도 승리를 거둔 사람처럼 자랑스러운 얼굴로 서 있었다. 그러더니 처형대 위에 털썩 쓰러져 버렸다! 헤스터는 그의 몸을 안아 일으켜 머리를 자기 가슴에 기대게 했다. 로저 칠링워스 노인은 생기 없이 공허한 얼굴로 목사 옆에 무릎을 꿇었다.

"내게서 도망쳤구나!" 노인은 같은 말만 되풀이했다. "내게서 도망쳤구나!"

"하느님이 당신을 용서하시기를 바라오!" 목사는 말했다. "당신도 많은 죄를 저질렀으니까!"

목사는 까부라지는 눈을 노인에게서 거두고 헤스터와 펄을 물끄러미 쳐다보았다.

"펄." 목소리에는 힘이 없었지만 영혼이 깊은 안식을 얻은 것처럼 목사의 얼굴에 부드럽고 평화스러운 미소가 떠올랐다. 무거운 짐을 털어버린 지금은 아이와 장난을 치고 있다고 해도 좋을 정도였다. "착하지, 펄, 이제 내게 뽀뽀해 주겠니? 숲 속에선 싫다고 했지만! 이젠 해주겠지?"

펄은 목사의 입술에 입을 맞추었다. 주문이 풀려 버렸다. 이 야성적인 아이의 마음도 크나큰 비극의 대단원을 보면서 동정심이 움트기 시작한 것이다. 아이가 아버지의 볼에 흘린 눈물은 인간의 기쁨과 슬픔 속에서 자라나, 세상과 싸우는 일 없이 훌륭한 여성이 되겠다는 약속이기도 했다. 어머니에게 고뇌를 배달하는 역할도 완전히 끝난 것이다.

"잘 있어요, 헤스터!" 목사는 말했다.

"이젠 영영 만날 수 없는 건가요?" 헤스터는 얼굴을 목사 얼굴 가까이 갖다대며 속삭였다. "함께 영원한 생활을 보낼 수는 없을까요? 우리는 이렇게 슬픔으로 서로의 죗값을 치러 왔잖아요. 당신은 마지막을 앞둔 그 반짝이는 눈으로 저 세상을 보고 계시는군요! 무엇이 보이는지 말씀해 주세요."

"조용히 해요, 헤스터, 조용히!" 목사는 떨면서도 엄숙히 말했다. "우리가 깨뜨린 율법! 지금 이렇게 무참하게 드러난 죄악! 이것만은 당신도 항상 잊지 마시오! 나는 두렵소. 걱정스럽소. 우리가 하느님을 저버렸을 때, 서로의 영혼에 대한 존경을 깨뜨려 버린 그때부터 이미 우리가 저세상에서 다시 만나 영원히 순결하게 결합될 희망은 사라져버린 게 아닌가 두렵소. 하느님은 모든 것을 알고 계시고, 자비로우신 분이시오! 특히 내가 고뇌에 허덕이고 있을 때 그 자비심을 보여 주셨소. 나의 가슴에 타들어가는 듯한 가책을 주신 것도 그러하오! 여기 있는 음흉하고 무서운 노인을 시켜 그 가책이 언제나 시뻘겋게 타오르게 하신 것도 그러하오! 나를 이곳으로 불러내어 여러분 앞에서 치욕으로 물든 승리를 쟁취하고 죽게 한 것도 그러하오. 이런 고통이 어느 하나라도 부족했다면 나는 영원히 파멸해 버렸을 것이오! 하느님의 이름을 찬미하시오! 하느님의 뜻이 이루어졌소! 잘 있어요!"

이 마지막 말은 목사의 사그라지는 숨결에 섞여 새어나왔다. 그 때까지 숨죽이고 있던 군중은 이상하리 만큼 나직한 소리로 표현할 길 없는 두려움과 놀라움을 쏟아냈다. 이 순간에도 그들의 기분은 죽은 이의 영혼을 뒤따라 무겁게 흐르는 이 웅성거림으로 겨우 나타날 뿐이었다.

제24장
뒷이야기

며칠이 지난 뒤, 앞에서 이야기한 광경에 대하여 사람들이 의견을 정리하기에 충분한 시간적 여유가 생기자 처형대에서 목격한 일을 해석한 온갖 설이 나돌았다.

목격자 대부분은 불행한 목사의 가슴에, 헤스터 프린이 달고 있는 것과 조금도 다름없는 주홍 글자가 새겨져 있는 것을 보았다고 증언했다. 그 유래에 대해서는 여러 가지 이야기가 나왔지만, 어느 것도 상상의 영역을 벗어나지 못했음은 말할 나위도 없다. 헤스터 프린이 처음으로 치욕의 표시를 달던 그 날부터 딤스데일 목사도 자기 몸에 고행을 시작하였으며, 그 뒤로도 온갖 방법으로 고행을 계속하며 그의 몸을 괴롭혀왔다고 단언하는 사람도 있었다. 반면 어떤 이는 목사의 낙인이 훨씬 나중에 나타났다고 주장했다. 즉 강력한 마술사인 로저 칠링워스가 마술과 독약의 힘으로 그렇게 만들었다는 것이다. 그런가 하면 목사의 그 유난히 예민한 감수성과 정신이 육체에 미친 놀라운 작용을 잘 알고 있던 사람들은, 그 무서운 상징이 쉬지 않고 움직이는 양심의 가책이라는 이빨이 마음속 깊은 곳에서 밖으로 뚫고 나와 마침내 주홍 글자의 형태로 하느님의 무서운 심판을 나타낸 것이라고 수군거렸다. 이러한 여러 의견 가운데 어느 하나를 택하건 그것은 독자의 마음이다. 작자로서는 이 불길한 상징에 대해 할 수 있는 모든 설명을 다했고, 그 글자도 맡은 바 역할을 마쳤으니, 이제 머릿속에서 흔적도 없이 지워 버리고 싶은 심정이다. 너무 오랫동안 생각한 탓에 진저리 날 정도로 뇌리에 박혀 있으니 말이다.

그런데 그 자리에서 처음부터 끝까지 목격했고, 한 순간도 딤스데일 목사에게서 눈을 뗀 일이 없다고 말하는 일부 사람들이, 목사의 가슴에는 갓난아기의 가슴처럼 아무 표시도 없었다고 주장하니 참으로 이상한 노릇이다. 게

다가 그 사람들은 목사가 숨을 거두면서, 헤스터 프린이 그토록 오랫동안 주홍 글자를 가슴에 달아야 했던 그 죄악과 목사 사이에 어떠한 관련이 있음을 인정하지도 않았거니와 막연하게 암시하지도 않았다고 했다. 아주 훌륭한 이 목격자들의 증언에 따르면, 목사는 목숨이 얼마 남지 않았으며, 또한 사람들이 자신을 존경한 나머지 성자와 천사의 반열로 밀어올린 것을 알고 있었으므로, 그 타락한 여인의 팔에 안겨 숨을 거둠으로써 인간의 정의는 제아무리 훌륭하다 해도 아무 가치가 없다는 것을 세상 사람들에게 나타내려 했다는 것이다. 인류의 정신을 구제하기 위하여 명을 다 바친 목사는, 영원히 더러움을 모르는 하느님의 눈으로 보면 우리는 모두 죄인이라는 슬프고도 위대한 교훈을 숭배자들의 가슴에 새기고자 자신의 죽음을 하나의 우화로 만들었다는 것이다. 아무리 덕망 있는 인간일지라도 지상을 내려다보고 계신 하느님의 자비를 좀더 확실히 인식하고, 하늘 위를 동경하는 인간의 미덕이란 환상을 다른 사람들보다 좀더 철저히 타파할 수 있을 만큼 우수할 뿐이라는 사실을 가르쳐 주기 위해서였다. 이토록 중대한 진리를 깎아내릴 생각은 없지만, 딤스데일 목사 사건에 대한 이러한 해석은 다름 아닌 죽은 동료를 감싸 주려는 우정으로 이해해야 할 것이다. 친구, 특히 목사의 친구는 주홍 글자를 환히 비추었던 한낮의 햇빛만큼이나 뚜렷한 증거로, 목사가 허위와 죄악으로 더럽혀진 흙으로 돌아갈 인간이란 사실이 입증된 경우에도 끝까지 그의 성품을 옹호하려고 들기 때문이다.

필자가 근거로 삼은 자료—헤스터 프린을 알고 있다든가, 당시의 목격자에게서 얘기를 들은 사람들의 증언을 기록한 고문서에 의한 것인데—는 앞에서 말한 견해를 확실히 뒷받침하고 있다. 여기서는 불쌍한 목사의 비참한 경험에서 배울 수 있는 수많은 교훈 가운데 한 가지만 적어 두기로 한다.

"진실하라! 진실하라! 진실하라! 최악의 모습이 아닐지라도 최악의 모습을 알 수 있는 성질을 숨기지 말고 세상에 드러내라!"

딤스데일 목사가 죽은 뒤 머지않아 로저 칠링워스라는 이름으로 알려진 노인의 모습과 태도에 나타난 변화는 매우 놀라웠다. 온몸의 힘이—생명력이나 지력(知力)이 한꺼번에 다 빠져버린 것 같았다. 마치 뿌리 뽑힌 잡초가 뙤약볕에 시들 듯이 말라 버려 사람들 눈에 거의 띄지 않을 정도였다. 이 불행한 사나이는 복수를 위해 상대를 궁지로 몰고 빈틈없이 실행하는 것을 인생의 보람으로 삼았다. 따라서 복수가 완전한 승리로 끝나 사악한 목표를 지탱할 재료가 사라져 버리자—즉 이 세상에서 악마 같은 짓을 계속할 수 없게 되자 이 인간성을 잃은 사나이에게 남은 일은 주인인 악마가 일거리를 장만해 주고 그에 따른 보수를 지불해 주는 지옥으로 가는 일뿐이었다. 그러나 오랫동안 가까이 보아 온 이런 그림자 같은 인물들에게는—로저 칠링워스뿐 아니라 그의 친구들에게도—정을 베풀어주고 싶다. 사랑과 미움이 근본적으로 동일하다는 문제는 재미있는 관찰과 연구의 대상이다. 사랑이든 미움이든 최종 단계에서는 고도의 친밀성을 느끼고 마음이 상통하게 되며, 두 경우 다 서로에게서 애정과 정신생활의 양식을 구하게 된다. 게다가 그 대상이 없어져 버리면 열렬히 사랑하던 사람이건 열렬히 증오하던 사람이건 다 함께 적막한 고독에 빠져들게 된다. 따라서 철학적으로 생각하면 애증이란 두 가지 격정은 본질적으로는 동일하며, 사랑이 천국의 광명 속에 나타나는 데 비해 증오는 어둡고 침침한 빛 속에 나타난다는 것만 다를 뿐이다. 영혼의 세계로 들어가면, 서로가 희생자였던 노의사나 목사도 지상에서 품었던 증오나 반감이 의외로 만족스런 애정으로 변했음을 알게 될 것이다.

이런 논의는 그렇다 치고, 독자에게 전해야 할 한 가지 사실이 남아 있다. 로저 칠링워스 노인은 죽을 때(그해 안에 죽었다) 벨링햄 총독과 윌슨 목사를 집행인으로 지명한 유언장에서 영국과 미국에 있는 막대한 재산을 헤스터 프린의 딸 펄에게 유산으로 물려주었다.

그때까지도 악마의 소생이라고 말하는 사람도 있었지만, 요정 같은 아이 펄은 이리하여 신세계에서 당대 제일의 유산 상속자가 되었다. 경우에 따라서는 이 사실이 세상 사람들의 판단에 큰 변화를 불러일으켰을지도 모른다. 그리고 이 모녀가 뉴잉글랜드에 머물러 있었다면 결혼 적령기를 맞이한 펄은 그 자유분방한 피를, 열렬한 청교도 혈통을 지닌 사나이와 섞게 되었을지도 모른다. 그러나 의사가 죽은 지 얼마 지나지 않아 주홍 글자를 단 여인은 펄과 함께 자취를 감춰 버렸다. 이름의 머리글자가 새겨진 썩은 나무토막이 표류하여 해변에 와서 닿듯이 가끔 막연한 뜬소문이 그 뒤 여러 해 동안 바다를 건너 흘러오기는 했지만 두 사람에 대한 믿을 만한 소식은 전혀 없었다. 주홍 글자 사건은 옛 이야기가 되어 버렸다. 그러나 그 마력(魔力)은 여전히 강력하여 불쌍한 목사가 숨을 거둔 처형대나 헤스터 프린이 살던 해변의 오두막 등은 무서운 장소로 남았다. 어느 날 오후 이 오두막 근처에서 놀던 아이들은 회색 옷을 걸친 키 큰 여인이 오두막 입구로 다가가는 것을 보았다. 지난 몇 해 동안 한 번도 문이 열린 일이 없었는데, 여인이 자물쇠를 열었는지, 썩은 나무와 쇠붙이가 잡기만 해도 부서졌는지, 아니면 여인이 그림자처럼 그러한 방해물을 뚫고 들어갔는지 모르지만 어쨌든 여인은 오두막 속으로 들어갔다.

문지방 앞에서 여인이 멈춰 서더니 잠깐 뒤를 돌아보았다. 전에 그토록 격렬한 삶을 살던 집안으로 혼자서, 더구나 옛날과는 완전히 변한 모습으로 들어가려니 못 견디게 쓸쓸하고 가슴이 아팠는지도 모른다. 그 망설임은 한순간이었지만, 가슴에 주홍 글자를 달기에는 충분히 긴 시간이었다.

이리하여 헤스터 프린은 옛집으로 돌아와 오랫동안 버려두었던 치욕의 표시를 다시 몸에 달았다. 그런데 펄은 어디 있을까? 살아 있다면 한창 탐스럽게 피어날 나이가 되었을 것이다. 그 요정과 같던 아이가 일찍 눈을 감아 숫처녀로 묻혔는지, 야성적이던 성질이 온순해져 여자다운 조용한 행복을 누릴 수 있게 자랐는지는 아무도 아는 사람이 없었으며, 그 뒤로도 확실히 소식을 들은 사람은 없었다. 다만 헤스터는 남은 생애를 마칠 때까지 주홍 글자를 달고 숨어 살면서, 어느 다른 나라에 살고 있는 사람의 애정과 관심의 대상이 되었다는 흔적이 여기저기 남아 있었다. 가문의 봉인이 찍힌 편지가 가끔 왔는데, 영국의 계보록(系譜錄)에는 기재되어 있지 않은 문장이었다. 오두막 안에 있는 오락품이나 사치품 종류는 헤스터가 쓸 것 같진 않았지만, 비싼 값을 치러야 살 수 있는, 애정을 담아 고안해 낸 물건들이었다. 그리고 작은 장식품이나 아름다운 추억이 담긴 물건 같은 자질구레한 물건들이 있었는데, 사랑하는 마음으로 섬세한 손가락을 움직여 직접 만들어 낸 물건이 틀림없었다. 언젠가 한번은 헤스터가 아기 옷에 수를 놓는 모습을 보았는데, 그 옷을 입은 아이가 뉴잉글랜드의 근엄한 사회에 나타난다면 세상이 발칵 뒤집힐 만큼 매우 호화찬란한 것이었다.

요컨대 펄은 살아 있을 뿐 아니라 행복한 결혼생활을 누리고 있으며 어머니를 염려해 이 슬프고 외로운 어머니를 자기 집 난롯가로 모시고 싶어한다고 그 무렵 수다쟁이들은 말했다. 그 뒤 백 년쯤 지나서 여러 가지를 조사한 세관 검사관 퓨 씨도 그렇게 믿었고, 게다가 얼마 전에 부임한 퓨 씨의 후임자*1도 역시 그렇게 믿고 있다.

 그러나 헤스터 프린에게는 펄이 가정을 꾸린 미지의 나라보다도 이 뉴잉글랜드에 진짜 생활이 있었다. 이곳에는 헤스터가 지은 죄와 그녀의 슬픔이 있었다. 참회도 아직 남아 있었다. 그래서 헤스터는 되돌아온 것이며, 누가 시키지 않아도 스스로—그 무쇠처럼 냉혹한 시대의 위정자들도 그와 같은 일을 강요하지 않았다—지금까지 이야기한 암담한 이야기에 나온 상징을 다시 가슴에 달았다. 그 뒤로도 주홍 글자가 헤스터의 가슴을 떠나는 날은 결코 없었다. 그러나 괴롭고, 사색에 몰두하며, 헌신적인 세월이 흐르는 동안 주홍 글자는 세상 사람들의 모욕과 비난을 자아내는 낙인이 아니라, 두려움과 존경어린 눈으로 바라보는 눈물겨운 상징으로 변했다. 게다가 헤스터 프린은 이기적인 목적이 없고, 사리사욕을 채우는 일도 전혀 없었으므로 사람들은 슬프거나 어려운 일이 있으면 헤스터와 의논하며, 커다란 난관을 돌파한 경험자로서 조언해주길 원했다. 특히 여자들은 사랑 때문에 상처를 입었을 때, 헛된 사랑으로 끝났을 때, 학대당하거나 배신당했을 때, 길을 잘못 딛거나 불륜을 저지르는 등 세상에 흔히 있는 시련이 닥쳐왔을 때, 또는 사랑받지 못해 마음을 의지할 데가 없거나 외롭고 답답해서 견딜 수 없을 때에 헤스터의 오두막을 찾아와서는 자기들의 불행을 한탄하며 어떻게 하면 좋을지 물어보는 것이었다! 헤스터는 힘이 자라는 데까지 위로도 하고 충고도 해줬다. 또 언젠가는 좀더 밝은 시대가 되어 세상의 기운이 무르익어 하느님의 뜻대로 살 수 있는 시절이 오면, 새로운 진리가 나타나 남녀 관계가 서로의 행복이라는 확고한 기반 위에 구축되리라는 굳은 신념도 확실하게 말해주었다. 젊은 시절에는 헤스터도 자기가 예언자의 운명을 짊어지고 태어난 사람이라고 덧없이 상상하기도 했지만, 신성하고 신비로운 진리를 전하는 사명이 죄악을 저지른 여인, 치욕으로 머리를 못 드는 여인, 일생을 슬픔 속에 지내야만 하는 여인에게 맡겨질 리 없다는 사실을 그보다 훨씬 오래전부터 알고 있었다. 장차 계시를 내릴 천사나 사도는 여자가 틀림없지만, 반드시 고상하고 순결하고 아름다운 여자라야 한다. 어두운 슬픔이 아닌 천상의 기쁨을 경험하여 현명해진 여자, 순결한 사랑이 인간을 행복하게 한다는 사

---

*1 호손 자신을 가리킴. 호손은 1846년부터 1849년까지 세일럼에서 세관원으로 일했다.

실을 제시하기 위해 그와 같은 목적에 걸맞은 인생을 참되게 사는 여자라야만 한다!

 헤스터 프린은 이렇게 말하고 슬픔에 찬 눈으로 주홍 글자를 내려다보았다. 오랜 세월이 지난 뒤 새로운 무덤이 낡고 움푹 팬 무덤 옆에 생겼다. 이곳은 나중에 킹스 채플이 세워진 곳 옆에 있는 그 공동묘지이다. 헐고 움푹 팬 무덤 옆이기는 했지만, 무덤과 무덤 사이에는 조금의 간격이 있어서 그곳에 잠들어 있는 두 유해가 서로 만날 권리는 없는 것 같았다. 그러나 두 무덤에 비석은 하나로 충분했다. 그 주위에는 가문(家紋)을 새긴 비석들이 여럿 있었으나, 간소한 판석 하나로 되어 있는 이 비석에는 방패 모양의 가문 같은 것이 새겨져 있었다. 호기심 많고 눈 밝은 사람들은 그것을 알아보았지만 무슨 뜻인지 몰라 어리둥절할 뿐이었다. 그 가문의 모양을 문장학자들이 말하는 식으로, 표현하면 이제 끝나가는 이 이야기의 제목을 간단히 설명할 수 있을 것이다. 그것은 참으로 음침하여, 그림자보다도 더 어둡게 불타는 한 점 빛으로만 분간할 수 있을 뿐이리라.

 '검은 바탕에 주홍 글자 A'

Selected short stories
호손 짧은 이야기

Roger Malvin's Burial
로저 맬빈의 매장

로맨스의 달빛 조명을 받을 만한 몇몇 인디언 전쟁사건 가운데 하나가 1725년 그 유명한 '러브웰 싸움'으로 끝난 변경 방어를 위한 원정 전쟁이었다. 다른 상황들은 그대로 묻어두고, 적진 한가운데서 그들 병력의 두 배나 되는 적군에게 공격을 감행한 소수 부대의 영웅적 행동만을 생각한다면, 그들의 행동에서 존경할 만한 많은 것을 찾아볼 수 있을 것이다. 그 싸움에서 양쪽이 보여준 용기는 야만스럽지 않은 훌륭한 용맹스러움이므로 한두 사람의 그런 행동을 기록하는 것은 기사도 정신 자체도 주저함이 없이 기꺼워할 것이다. 전쟁을 직접 치를 사람들에게는 치명적이었지만 나라를 위해서는 그 결과가 불행한 것만은 아니었다. 왜냐하면 그 전쟁은 한 인디언 종족의 힘을 약화시켰고 그 결과 그 후 여러 해 동안 지속적인 평화를 가져올 수 있었기 때문이다. 역사적 기록이나 전해 내려오는 이야기에는 이 사건을 기리는 내용들이 아주 자세히 담겨 있다. 그래서 변경 개척민 척후대 대장이었던 사람은, 수천 대군의 지휘자로서 전쟁을 승리로 이끈 많은 유명한 장군들 못지않은 무명(武名)을 아직도 누리고 있는 것이다. 노인들의 입을 통하여 '러브웰 싸움' 후 퇴각해야 했던 몇몇 전사들의 운명에 관해서 직접 들어본 사람들은 실명 대신 허구의 이름을 사용하고 있음에도 불구하고, 다음 이야기에 담긴 어떤 사건들을 곧 알아볼 수 있을 것이다.

이른 아침 햇살이 꼭대기에서 해맑게 떠돌고 있는 어느 나무 아래, 부상을 당해 탈진한 두 사람이 전날 밤부터 사지를 편 채 누워 있었다. 그 지형에 다양성을 주고 있는 언덕들 가운데 한 정상 가까이에 바위 하나가 솟아 있었는데 그들은 그 바위 아래 약간 평평하고 좁은 공간에 마른 참나무 잎들을 깔아 잠자리를 마련한 것이었다. 그들의 머리 위에 15~20피트 높이로 솟은 화강암 바윗덩이는 표면이 평평하고 매끄러워서 마치 거대한 묘비 같았고, 표면의 결은 잊힌 문자로 새겨진 비문처럼 보였다. 여러 에이커에 이르는 바위 주변의 땅에는 이 땅에서 주로 자라던 소나무 군락에 이제는 참나무와 다른 여러 종류의 활엽수들이 들어서 있어서 그들의 잠자리 바로 옆에도 젊고 튼튼한 어린 참나무 한 그루가 서 있었다.

두 사람 중 나이가 더 든 사람은 심한 통증 때문에 잠을 이룰 수가 없는 것 같았다. 그래서 첫 아침 햇살이 나무 꼭대기에 비치자 그는 곧 누워 있던 자세에서 고통스럽게 몸을 일으켜 똑바로 앉았다. 얼굴에 패인 깊은 주름과 흩어진 흰 머리카락으로 보건대 중년의 나이를 넘긴 듯했다. 그러나 근육질의 단단해 보이는 체격은 부상의 영향만 아니라면 젊었을 때처럼 피로를 쉽게 이겨낼 수 있었을 것 같았다. 핼쑥한 얼굴에 피로와 탈진이 짙게 내려앉아 있었다. 그리고 깊은 숲을 향해 앞으로 보내고 있는 절망적인 눈빛은 자신의 여로가 이제 끝에 이르렀다는 굳은 믿음을 보여주고 있었다. 그는 옆에 누워 있는 동료에게로 눈길을 돌렸다. 성년에 이르렀을까 말까 한 젊은이는 한 팔에 머리를 얹은 채 상처의 고통이 언제 깨울지 모르는 불안한 잠을 자고 있었다. 오른손엔 총을 쥐고 있었는데 일그러진 표정으로 미루어보건대 잠 속에서 그가 간신히 살아남은 전투 장면의 환영을 떠올리고 있는 것 같았다. 아마도 꿈속에서는 크게 외쳤을 소리가 입술을 통해 알아들을 수 없는 중얼거림으로 새어나왔다. 그는 자신의 그 작은 목소리에도 소스라치게 놀라며 갑자기 눈을 번쩍 떴다. 기억이 되살아나자 그가 가장 먼저 한 행동은 부상당한 동료의 상태를 걱정스럽게 묻는 것이었다. 나이 든 동료는 머리를 흔들었다.

"로이벤, 우리가 밑에 앉아 있는 이 바위가 이 늙은 사냥꾼의 묘비 구실을 제대로 해줄 수 있을 것 같네. 아직도 우리 앞엔 짐승이 울부짖는 험한 숲이 한없이 남아 있네. 우리 집 굴뚝에서 나는 연기가 바로 저 언덕 너머에서 솟아오른다 해도 이젠 아무 소용없어. 인디언의 총알이 내가 생각했던 것보다 더 치명적이었던 거지."

"사흘이나 여행을 해서 지치신 거예요." 젊은이가 대답했다. "조금만 더 쉬시면 기운이 좀 나실 거예요. 제가 요깃거리가 될 만한 풀이나 뿌리 같은 것을 구해 올 동안 여기 앉아 계시죠. 그리고 요기를 한 후에 저한테 몸을 기대서 집 쪽으로 계속 가는 겁니다. 제 도움을 받아 틀림없이 변경 요새까지 이르실 수 있습니다."

"내 목숨은 이틀밖에 못 버틸 걸세, 로이벤." 그는 차분히 말했다. "자네 자신 몸도 지탱하기가 어려운데 소용없는 내 몸까지 자네에게 더 이상 짐이 되게 할 수는 없네. 자네 상처도 깊어서 기력이 급속히 떨어져가고 있는 거야. 하지만 자네 혼자서 서둘러 가면 자넨 살아남을 수 있어. 내게는 이제 희망이 없으니 여기서 죽음을 기다리겠네."

"정히 그러시다면 저도 여기 남아서 지켜보겠습니다." 로이벤은 결연히 말했다.

"안 돼, 그건 안 될 말이야. 죽어가는 사람의 소원을 제발 들어주게나. 내 손 한번 붙들어주고는 곧 떠나게. 자네 죽음을 지체하도록 놔두고 내가 편히 눈 감을 수 있을 것 같은가? 로이벤, 난 자네를 아버지처럼 사랑하네. 이럴 땐 아버지의 권위 같은 걸 세워주어야지. 내가 평화로운 마음으로 죽을 수 있도록 어서 떠나게. 이건 명령이네."

"제게 아버지 같으신 분을 어떻게 혼자 돌아가시도록 하고 숲속에 묻히시지도 못한 채 방치되도록 놔두고 저만 떠날 수 있겠습니까?" 젊은이가 외쳤다. "그건 안 됩니다. 만일 정말로 어르신의 임종이 가까워온다면 옆에서 지켜보면서 남기시는 말씀을 듣겠습니다. 여기 바위 옆에 무덤을 파고 만일 저도 힘이 다하면 그 무덤에서 함께 쉬면 되죠. 하늘이 도와서 만일 제게 힘을 남겨주신다면 그 땐 집으로 가는 길을 찾아 떠나겠습니다."

"도시라든지 사람이 사는 곳에선 죽은 사람을 땅에 묻지. 죽은 사람의 모습을 산 사람들의 시야에서 가리기 위해서 말일세. 하지만 아마 백 년이 지나도록 사람의 발길이 닿지 않을 이런 곳에서라면 가을바람이 뿌려주는 참나무 잎에 덮여 열린 하늘 아래 누워 쉬어서 안 될 이유가 어디 있겠는가? 그리고 기념비 같은 것으로는 여기 이 회색 바위가 있지 않은가? 죽어가는 손으로 로저 맬빈이라는 이름을 새겨놓으면 훗날 이곳을 지나는 나그네는 여기 사냥꾼이었던 한 무사가 잠들어 있음을 알게 되겠지. 그러니 어리석게 꾸물대지 말고 빨리 떠나게. 만일 자네를 위해서가 아니라면 자네 때문에 버림받게 될 그 애를 위해서라도 말이네."

맬빈은 마지막 한마디를 머뭇거리며 말했고 그 한마디 말의 효과는 젊은이에게 강하게 나타났다. 그 말은 자신의 죽음이 결국 아무런 도움을 주지 못할 한 사람과 죽음의 운명을 같이하는 것보다 의심할 여지없이 분명히 자신이 해야 할 다른 의무를 생각게 했다. 사실 로이벤의 마음속에 이기적인 감정이 전혀 끼어들지 않았다고 단언할 수는 없었다. 그래서 로이벤의 자의식은 죽어가는 그 어른의 간청에 오히려 더 강력히 저항하게 하는 것이었다.

"이 황량한 고독 속에서 죽음이 서서히 다가오는 것을 기다린다는 것은 얼마나 끔찍한 일이겠습니까? 용감한 남자라면 전장에서 움츠러들지 않고 당당할 수 있겠지요. 여자라도 친구들이 병상에 둘러서서 지켜보는 가운데 차분하게 죽음을 맞이할 수도 있겠지요. 하지만 여기서는……."

"로이벤 본, 난 여기서도 움츠러들지 않을 걸세." 맬빈이 젊은이의 말을 막으며 말했다. "난 마음 약한 사람이 아니야. 만일 약하다 해도 인간의 도움보다 더 확실한 신의 도움이 있지 않은가. 자네는 젊어. 그래서 자네에겐 생명이 소중한 거야. 자네의 마지막 순간은 나의 마지막 순간보다 훨씬 더 많은 위로가 필요해. 자네가 날 땅에 묻고 난 뒤 혼자가 되고 숲에 밤이 내려앉으면 자네는 지금 피할 수 있을 죽음의 모든 고통과 쓰라림을 느끼게 될 걸세. 난 자네의 너그러운 성품에 어떤 이기적인 생각도 강요할 수가 없네. 그러니 자네의 안전을 위해 기도하고 속세의 슬픔에 방해받지 않고 삶을 청산할 수 있는 여유를 갖도록, 제발 나를 위해서 나를 놔두고 떠나주게."

"하지만 어르신의 따님을, 그 눈을 어떻게 마주할 수 있겠습니까? 제 목숨을 걸고 생명을 보호해 드리겠다고 언약한 아버지의 운명에 대해 묻지 않겠습니까. 그때 전쟁터에서 아버지랑 함께 사흘 동안 후퇴해 오다가 결국 아버지를 황량한 숲 속에서 돌아가시게 남겨두고 왔다고 말해야겠습니까? 혼자 안전하게 집에 돌아가서 도르카스에게 그런 이야기를 하느니 여기 어르신 옆에 누워서 죽는 게 훨씬 더 마음 편하죠."

"내 딸한테 이렇게 전하게. 자네가 심한 부상을 당해서 약해지고 탈진 상태가 되었는데도 내 비틀거리는 발걸음을 수십 마일이나 인도했노라고, 내가 절대로 자네를 희생시킬 수 없다고 하도 간절히 강요하다시피 부탁해서 별 수 없이 나를 남겨두고 떠나왔노라고. 그리고 심한 고통과 위험 속에서도 나에게 충실히 신의를 지켰노라고, 만일 자네의 피로 나를 구할 수만 있었다면 마지막 한 방울까지도 기꺼이 바쳤을 거라고 이야기하게. 또 그 애한테 아버지보다 더 소중한 사람이 되겠노라고, 그리고 내가 둘을 위해 축복을 내리고 둘이 함께 오래도록 행복하게 살아가는 모습을 그려보면서 눈을 감고 싶다고 말하더라고 전하게."

그렇게 말하면서 맬빈은 땅에서 몸을 거의 일으켰다. 마지막 말에 담긴 힘이 그 거칠고 쓸쓸한 숲을 행복의 환영으로 채워 주는 듯싶었다. 그러나 그가 참나무 잎의 자리 위로 무너지듯 다시 눕자 로이벤의 눈에 잠시 켜졌던 밝은 빛이 이내 사라졌다. 그는 그런 순간에 잠시라도 행복을 생각한 것이 어리석기도 하고 죄스럽기도 하다고 느꼈다. 나이 든 동료는 그의 얼굴 표정이 변하는 것을 보면서 너그러운 술책으로 그를 속여서라도 젊은이를 돕고 싶었다.

"어쩌면 이틀도 채 살 수 없으리라는 내 생각이 잘못된 것일지 모르지. 서둘러 도움만 받으면 상처가 회복될 수도 있을 거야. 제일 먼저 후퇴한 병사들이 이미 참혹한 전쟁 소식을 틀림없이 변경 지역에 전했을 테고 그렇다면 이미 구조대가 우리 같은 상황에 처한 부상병들을 구조하러 나섰을 걸세. 그러니 자네가 혹시라도 구조대원을 만나게 되면 이리로 인도해 주게. 내가 다시 내 집의 난롯가에 앉아 있을 수 있게 될지 누가 아나?"

그런 근거 없는 희망을 그럴듯하게 꾸며댈 때 죽어가는 사람의 얼굴엔 서글픈 미소가 떠올랐다. 그러나 그의 말은 로이벤에게 효과가 있었다. 단순한 이기적인 동기나 도르카스의 불행에 대한 생각도 그가 그 순간에 동료를 버리고 떠나게 할 수 없었다. 그러나 맬빈의 생명이 구조될 수 있다는 생각에 그는 강한 희망을 느꼈고 그의 낙천적인 기질은 구조받을 수 있는 희박한 가능성을 거의 확실한 가능성으로 느끼게 만들었다.

"아군이 아주 멀리 떨어져 있지 않으리라는 희망은 분명 근거가, 충분한 근거가 있습니다." 그는 외치듯이 큰 소리로 말했다. "전투가 막 시작됐을 때 부상도 입지 않은 한 겁쟁이가 도망쳤었죠. 아마도 변경 쪽으로 부리나케 달아났을 겁니다. 변경 지역에서 소식을 들은 제대로 된 군인이라면 총을 메고 아군을 도우러 나섰겠지요. 이 숲속까지 아직 이르진 못했겠지만 하루쯤만 행군을 하면 그들을 만날 수도 있을 겁니다. 하지만 저에게 진정으로 조언을 해주십시오." 그는 자신의 동기에 확신을 가질 수 없어서 맬빈을 향해 덧붙여 말했다. "만일 어르신이 제 입장이시라면 아직 생명이 남아 있는 저를 남겨두고 떠나실 수 있겠습니까?"

"이제 이십 년 전 이야기로구먼." 로저 맬빈은 속으로 옛날의 경우와 지금의 큰 차이를 인정하고 한숨을 내쉬며 대답했다. "몬트리올 근처에서 인디언의 포로가 되었다가 한 친한 친구와 함께 도망친 게 꼭 이십 년 전이군. 우리는 숲 속으로 여러 날을 여행했는데 마침내 굶주림과 탈진을 못 이기고 친구가 드러누워 제발 자기를 놔두고 떠나라고 간청했더랬지. 만일 내가 함께 남아 있으면 두 사람 모두 죽을 게 틀림없다는 걸 알고 있었거든. 그래서 구조받으리라는 실낱같은 희망으로 친구 머리 밑에 마른 잎으로 베개를 만들어주고 서둘러 길을 나섰다네."

"그래서 그 친구를 구할 수 있게 제때 돌아오셨나요?" 로이벤은 맬빈의 말이 자신의 성공 여부에 대한 예언이라도 되듯 그의 말에 매달리며 물었다.

"그랬지. 같은 날 해지기 전에 수색대의 야영지를 발견한 거야. 그래서 친구가 죽음을 기다리고 있는 바로 그곳으로 그들을 안내했지. 그 친구는 지금 변경 저 안쪽에서 농장을 경영하면서 아주 건강하고 기운차게 살고 있다네. 나는 이 쓸쓸한 숲 속에 부상당한 몸으로 이렇게 누워 있는데 말일세."

이 예는 로이벤의 결심에 결정적인 영향을 준 데다가 자신도 의식하지 못하는 여러 가지 다른 동기의 숨은 도움을 얻는 데 성공했다. 그래서 로저 맬빈은 자신의 승리가 거의 굳어가는 것을 느낄 수 있었다.

"자! 이제 떠나게. 자넨 내 아들이나 마찬가지야. 하늘이 돕기를 빌겠네! 사람들을 만나거든 되는 대로 두세 사람을 이쪽으로 보내 나를 찾도록 이르고 자넨 그 사람들과 같이 돌아와선 안 되네. 자네 상처와 피로가 이겨내지 못할 테니. 로이벤, 제발 내 말을 듣게. 내 마음은 자네가 집을 향해서 한 걸음 한 걸음 걸어갈 때마다 그만큼 가벼워질 걸세." 그러나 이렇게 말할 때 그의 얼굴과 목소리에는 아마도 어떤 변화가 일어났을 것이다. 쓸쓸한 숲에 버려져 죽어간다는 것은 아무래도 끔찍한 일이 아닐 수 없기 때문이었다.

로이벤 본은 자신이 지금 옳게 행동을 하고 있는지 완전한 확신을 갖지 못한 채 결국 몸을 일으켜 떠날 준비를 했다. 그는 먼저 맬빈의 바람과 어긋나게 지난 이틀 동안 그들의 유일한 먹을거리가 되었던 뿌리와 약초 같은 것들을 구해 왔다. 이 소용없는 먹을거리를 죽어가는 사람의 손에 닿을 만한 위치에 놔두고 마른 참나무 잎으로 잠자리를 새로 만들었다. 그러고는 한쪽 면

이 거칠고 패인 바위의 꼭대기에 올라가 어린 참나무 한 그루를 아래로 잡아당겨 맨 윗가지에다 수건을 묶었다. 이런 배려는 맬빈을 찾아 나설 사람들에게 방향을 가르쳐주는 데 필요한 조치였다. 왜냐하면 넓고 평평한 앞면을 빼면 바위의 모든 부분이 숲의 검은 덤불로 약간 떨어져 있는 위치에 완전히 가려져 있었기 때문이었다. 그 손수건은 로이벤의 팔의 상처를 묶었던 것이었다. 그래서 손수건을 나무에 묶으면서 그는 그의 동료의 생명을 구하든지 아니면 시신을 무덤에 묻기 위해서라도 꼭 돌아오겠다고 손수건에 묻은 피로써 맹세했다. 그런 다음 바위에서 내려와 로저 맬빈의 작별의 말을 듣기 위해 우울한 눈빛으로 그의 옆에 섰다.

로저 맬빈은 젊은이가 길도 없는 숲을 어떻게 헤치고 나가야 할지 자신의 경험을 통해서 자세하고 풍부한 조언을 해주었다. 이야기를 들려줄 때 그의 태도는 마치 자신은 집에 안전하게 남아 있으면서 로이벤을 전쟁터나 사냥터에 내보내는 것처럼, 그리고 그에게서 막 떠나려는 얼굴이 그가 보게 될 마지막 인간의 모습이 아닌 것처럼, 그렇게 차분하고 침착했다. 그러나 그의 꿋꿋함은 말을 마치기 전에 약간 흔들렸다.

"도르카스에게 내 축복을 전해주게. 그리고 내 마지막 기도는 그 애와 자네 두 사람을 위할 것이라고 말해 주게. 자네가 나를 여기 두고 떠났다 해서 조금이라도 좋지 않은 생각을 갖지 말도록 이르고—이 말을 들을 때 로이벤의 가슴이 아파왔다—자네 목숨을 희생해서 나를 구할 수만 있었으면 자넨 자네의 목숨을 바칠 수 있었으니까. 도르카스는 얼마 동안 이 애비의 죽음을 애도한 뒤 자네와 결혼하겠지. 하늘이 자네들에게 행복한 날들을 오래오래 허락해서 자네 아이들의 아이들이 자네의 임종을 지켜볼 수 있기를 바라네. 그리고 로이벤."

그는 드디어 인간의 약함을 드러내 보이며 덧붙여 말했다.

"자네 상처가 다 낫고 기운을 되찾게 되면 이곳에, 이 바위 있는 곳에 돌아와서 내 뼈를 무덤에 묻어주고 내 뼈 위에 기도나 해주게."

변경 지역의 주민들은 장례 의식에 대해 거의 미신적인 생각을 가지고 있었는데 그것은 아마도 산 사람들과 마찬가지로 죽은 사람들과도 전쟁을 벌인다고 생각한 인디언들의 관습에서 비롯된 것 같았다. 그래서 '황야의 칼'에 의하여 죽은 사람들을 매장하는 과정에서 희생이 따르는 경우도 흔히 있었다. 그렇기 때문에 로이벤은 다시 돌아와 로저 맬빈의 장례를 치르겠다는 엄숙한 약속의 중요성을 무겁게 느끼고 있었다. 맬빈이 간곡한 작별의 말을 하면서, 젊은이에게 구조를 빨리 받으면 자신의 목숨을 구할 수 있으리라는 믿음을 갖게 하려고 더 이상 애쓰지 않은 것은 주목할 만한 변화였다. 사실 로이벤도 마음속으로 맬빈의 살아 있는 모습을 다시 볼 수는 없으리라고 확신하고 있었다. 그의 너그러운 성품은 어떤 위험을 무릅쓰고라도 죽음의 장면이 지날 때까지 그를 붙잡아두려고 했지만 삶을 향한 욕구와 행복에 대한 희망이 마음속에서 점점 강해져서 그는 그 힘에 더 이상 저항할 수가 없었다.

"그래, 그러면 됐네. 이제 어서 가게. 성공을 비네!"

로이벤의 약속을 듣고는 로저 맬빈이 말했다. 젊은이는 말없이 맬빈의 손을 꼭 쥐어본 후 몸을 돌려 그 자리를 떠났다. 그러나 머뭇거리던 느린 발걸음이 몇 발짝도 채 옮겨지기 전에 맬빈의 목소리가 그를 불러 세웠다.

"로이벤, 로이벤." 그는 희미한 목소리로 말했다. 로이벤은 돌아와 죽어가는 사람의 곁에 무릎을 꿇고 앉았다.

"날 좀 일으켜 세워서 바위에 기대게 해주게. 내 얼굴을 집 쪽으로 향하고 자네가 숲 속으로 걸어가는 걸 조금이라도 더 오래 지켜보고 싶어 그러네." 그것이 그의 마지막 부탁이었다.

동료의 자세를 그가 바라는 대로 고쳐주고 나서 로이벤은 다시 혼자만의 여행을 가기 시작했다. 처음에 그는 조금 힘에 겨울 만큼 빠른 속도로 걸었다. 아주 정당한 행동을 한 사람을 때때로 괴롭히기도 하는 죄의식 같은 것이 그로 하여금 맬빈의 시야에서 빨리 사라지고 싶게 만들었기 때문이었다. 그러나 바스락거리는 낙엽을 밟으며 한참을 걸은 뒤 그는 자신도 알 수 없는 고통스러운 호기심에 이끌려, 가던 길을 되돌아 기어와서 뿌리째 뽑힌 한 나무의 뿌리에 몸을 의지한 채 버림받은 그 사람의 모습을 열심히 바라보았다. 아침 해가 밝게 빛나고 나무들과 덤불은 오월의 향기로운 공기를 마시고 있었다. 하지만 자연도 인간의 고통과 슬픔에 공감하는 듯 어딘가 우울함이 깃들어 있는 듯했다. 로저 맬빈은 두 손을 들어 올리고 열렬히 기도를 하고 있었는데 기도의 몇몇 구절이 숲의 정적을 뚫고 로이벤의 가슴속으로 스며들어와 말할 수 없는 고통으로 가슴을 아프게 했다. 그 구절들은 자기 자신과 도르카스의 행복을 기원하는 격렬한 호소를 담고 있었다. 기도 소리를 들을 때 젊은이의 양심은 그에게 다시 돌아가 바위 옆에 동료와 함께 누우라고 강렬하게 호소하는 것이었다. 그는 자신이 버리고 떠난 극한 상황에 처한 그 친절하고 너그러운 사람의 운명이 얼마나 가혹한 것인가를 뼈저리게 느꼈다. 이제 죽음이 숲을 통해서 조금씩 조금씩 엄습해 오면서, 가까운 나무 뒤에서 점점 더 움직임이 없는 핼쑥한 모습을 드러내며 마치 천천히 다가오는 시체처럼 그에게 접근해 올 것이었다. 그러나 만일 로이벤이 하룻밤을 더 지체한다면 그것은 바로 자신의 운명이 될 것임에 틀림없었다. 그런 소용없는 희생으로부터 물러선다 해서 누가 그를 비난할 수 있을 것인가? 다시 그 자리를 떠나면서 뒤돌아보았을 때 약한 바람이 어린 참나무에 매어놓은 손수건을 흔들며 로이벤에게 자신의 언약을 상기시키는 듯했다.

여러 가지 상황 때문에 변경을 향한 부상당한 젊은이의 발길은 많이 지체되었다. 둘째날은 짙은 구름이 하늘을 뒤덮어서 해의 위치로 나아갈 길을 가늠하는 것을 불가능하게 만들었다. 거의 다 떨어진 힘으로 안간힘을 써봐야 그가 찾는 집으로부터 점점 더 멀어져 가는 것만 같았다. 먹을 것이라고는 장과류나 숲에서 절로 나는 식물이 고작이었다. 이따금 사슴 떼가 그를 지나 뛰어오르거나 자고새들이 때때로 발 앞에서 튀어 날아올랐지만 전장에서 총알을 다 써버려 그것들을 잡을 방도가 없었다. 그가 살아날 유일한 희망은 몸을 부지런히 움직이는 데 있는데 그 동작은 상처를 악화시켜서 기운을 점점 없어지게 만들고 간헐적으로 이성을 혼란에 빠뜨렸다. 그러나 지적인 기운의 방황 속에서도 로이벤의 젊은 마음은 생존에 강하게 매달렸다. 그래서 전혀 몸을 움직일 수 없게 되었을 때에야 그는 비로소 나무 아래 주저앉아서 죽음을 기다릴 수밖에 없게 되었던 것이다.

이런 상태에서 그는 첫 전투 소식을 접하고 생존자들을 구조하려고 파견된 수색대에 의하여 발견되었다. 그들은 그를 가장 가까운 부락으로 후송했는데 우연히도 그 부락은 바로 그의 집이 있는 부락이었다.

옛날에 으레 그랬던 것처럼 도르카스는 부상당한 연인의 병상을 지키며 여자만이 타고난, 가슴과 손으로 가능한 모든 위안과 편안함을 아낌없이 베풀었다. 며칠 동안 로이벤의 기억은 그가 겪어온 위험과 고초 사이에서 가물가물 방황했다. 그래서 많은 사람들이 귀찮게 물어대는 질문에 정확한 대답을 해줄 수가 없었다. 전투의 세부적인 내용에 대해서는 아직 믿을 만한 정보가 돌고 있지 않은 상태여서 많은 어머니와 아내와 아이들은 그들이 사랑하는 사람이 포로로 붙잡혀서 늦어지는지 또는 죽음이라는 더 강한 고리에 묶여 돌아오지 못하고 있는지 알 수가 없었던 것이다. 도르카스도 어느 날 오후, 로이벤이 산란한 잠에서 깨어나 그전 어느 때보다도 그녀를 더 잘 알아보는 것처럼 보일 때까지 걱정과 불안을 침묵 속에서 마음에 품고만 있었다. 그녀는 그의 정신 상태가 안정을 찾은 것을 보고는 더 이상 아버지에 대한 걱정을 억눌러둘 수가 없었다.

"로이벤, 아버진 어떻게 되셨죠?" 그녀는 그렇게 말을 시작했지만 연인의 얼굴에 금방 나타나는 변화를 보고 말을 멈추었다.

젊은이는 심한 고통 때문인지 몸을 움츠렸고 그의 핼쓱하고 푹 꺼진 뺨으로는 갑자기 홍조가 퍼졌다. 그가 보인 첫 본능적인 행동은 얼굴을 가리는 것이었다. 그러나 필사적인 노력으로 몸을 반쯤 일으키며 어떤 상상 속의 비난에 자신을 방어하기라도 하듯 격렬하게 말했다.

"아버지는 전장에서 심한 부상을 당하셨어, 도르카스. 그래서 나더러 제발 자신을 책임지려고 애쓰지 말고 갈증이나 달래다 돌아가실 수 있도록 물가로나 데려다 달라고 부탁을 하셨지. 하지만 그런 극한 상황에 처한 아버지를 그냥 두고 떠날 순 없었어. 그래서 나도 심한 부상을 입었지만 아버지를 부축하면서 내 기운의 반을 아버지한테 바치면서 함께 걸었지. 그렇게 삼일간을 함께 여행을 했는데 아버지는 예상 외로 오래 버티셨어. 하지만 나흘째 되는 날 아침에 깨어나보니 아버지는 거의 탈진하셔서 도저히 여행을 계속하실 수 없는 상태였지. 아버지의 생명이 급속히 다해 갔고 그리고……"

"돌아가셨군요!" 도르카스가 희미한 목소리로 외쳤다.

로이벤은 삶에 대한 이기적인 집착 때문에 그녀 아버지의 운명이 확정되기 전에 그 자리를 서둘러 떠나왔다고 인정하는 것이 불가능하다고 느꼈다. 그래서 그는 아무 말도 하지 않고 고개를 떨어뜨렸다. 그러고는 수치심과 탈진이 겹쳐 쓰러지듯 자리에 누우며 얼굴을 베개에 파묻었다. 도르카스는 자신의 두려움이 그렇게 확인되자 눈물을 흘렸다. 그러나 그런 결과는 오래전부터 예상한 것이어서 그 결과가 가져온 충격은 한결 덜 격렬했다.

"그래서 황량한 숲 속에 아버지 무덤을 팠겠군요?" 그 질문은 그녀의 효심에서 저절로 우러나온 것이었다.

"내 팔도 힘이 없었지. 하지만 내가 할 수 있는 일은 다 했어." 젊은이는 숨이 막히는 듯한 어조로 말했다. "아버지 머리 바로 위쪽엔 아주 위엄 있는 묘비 모양의 바위가 서 있어. 나도 아버지처럼 차라리 거기서 영원히 잠들었으면 좋았을걸!"

도르카스는 그의 마지막 말에 담긴 격정을 알아차리고는 그 자리에서 더 질문을 하지 않았다. 그러나 아버지 로저 맬빈이 그런 상황에서 받을 수 있는 장례 절차를 그런 대로 받았다는 생각에 그녀의 마음은 위안을 얻을 수 있었다. 로이벤의 용기와 신의 있는 이야기는 도르카스를 통해 그녀의 친구들에게 그대로 전해졌다. 그래서 불쌍한 젊은이는 맑은 공기를 쐬려고 병상에서 간신히 몸을 일으킬 정도의 상태에서도 모든 사람들의 입에서 쏟아지는 부당한 찬사를 들으며 비참하고 부끄러운 고통을 겪어야 했다. 모두들 '최후의 순간까지 그녀의 아버지에게 신의를 지킨' 그가 그 아리따운 아가씨에게 당연히 청혼할 만하다고 생각했다. 그러나 나의 이야기는 사랑 이야기가 아니므로 그로부터 몇 달 후 로이벤이 도르카스 맬빈의 남편이 되었다는 사실을 이야기하는 것으로 만족하자. 결혼식을 치르는 동안에도 신부의 얼굴은 발그레 홍조를 띤 반면 신랑의 얼굴은 내내 핼쑥했다.

이제 로이벤 본의 가슴에는 아무에게도 전할 수 없는 생각, 그가 가장 사랑하고 가장 믿는 사람에게 아주 조심스럽게 숨길 수밖에 없게 된 그런 생각이 자리 잡은 것이다. 그가 도르카스에게 진실을 밝히려고 하는 순간 그의 말을 가로막은 도덕적 비겁함을 그는 깊이 그리고 고통스럽게 후회했다. 그러나 그의 자존심, 그녀의 사랑을 잃게 될 것 같은 두려움, 사람들의 경멸에 대한 공포심이 이 거짓을 바로잡는 것을 막고 있었다. 그는 로저 맬빈을 놔두고 떠나온 것에 대해서는 자신이 비난받아야 한다고 느끼지 않았다. 그가 계속 거기에 머무른다면 자신의 생명에 대한 필요 없는 희생으로서 죽어가는 사람의 마지막 순간에 오히려 쓸데없는 고통만 더했을 것이기 때문이었다. 그러나 무언가를 숨긴다는 것은 정당화될 수 있는 행동에도 비밀스런 죄악의 효과를 주었다. 그래서 로이벤은 이성적으로는 자신의 행동이 옳았다고 생각하면서도 숨겨진 죄악을 범한 사람을 괴롭히는 정신적 공포에 적잖이 시달리고 있었다. 어떤 생각들을 연상해 보면서 그는 때때로 자신이 정말 살인자인 것만 같은 느낌에 빠져들곤 했다. 또한 수년 동안 한 생각이 이따금 불쑥 떠오르곤 했는데 그 생각이 어리석고 허황된 것임을 알면서도 그 생각을 떨쳐낼 힘이 없었다. 그것은 그의 장인이 아직도 죽지 않은 채 바위 밑 시든 낙엽 위에 앉아서 그가 약속한 구조를 기다리고 있는, 고통스럽게 그를 사로잡는 그런 환영이었다. 그러나 이런 착란 현상은 나타났다가 다시 사라지곤 했으므로 그 환영을 실제와 혼동하는 일은 없었다. 다만 차분하고 맑은 정신 상태에서도 자신이 깊은 언약을 지키지 못했음을, 그래서 땅에 묻히지 못한 그 시신이 쓸쓸한 숲에서 자신을 부르고 있음을 의식하지 않을 수 없었다. 그러나 시신의 매장 사실을 우물쭈물 넘겨버린 터라 이제 와서 그 부름에 따를 수도 없었다. 그토록 오래 지연된 매장식을 치르기 위해서 로저 맬빈의 친구들의 도움을 요청하기에도 이제는 너무 늦었다. 그리고 변경 바깥 사람들이 특히 민감한, 매장에 대한 미신적인 두려움 또한 로이벤이 혼자 가는 것을 막는 한 요인이었다. 더욱이 길도 없는 드넓은 숲 속에서 시신이 밑에 누워 있는 그 반들반들하고 무슨 글자가 새겨진 것 같던 바위를 어떻게 찾을 수 있을지 그는 알 수가 없었다. 그 바위를 떠난 뒤부터의 모든 기억은 분명치 않았고, 그 여행길의 후반부는 그의 마음에 아무런 인상도 남기지 못했다. 그러나 그는 가서 언약을 이행하라고 그에게 명령하는, 자신에게만 들리는 목소리, 그 계속되는 충동을 느끼고 있었다. 그리고 만일 시도만 한다면 곧장 맬빈의 유골이 있는 그곳으로 인도될 수 있을 것 같은 묘한 느낌이 들었다. 그러나 여러 해가 지나도록 귀에 들리지는 않아도 마음으로 늘 느끼고 있는 그 부름에는 응하지 못했다. 비밀스런 생각은 하나의 고리처럼 되어 정신을 옥죄고 뱀처럼 가슴을 갉아먹어 들어왔다. 그래서 그는 슬프고 좌절감에 빠진, 그러나 신경질적인 사람으로 변해 갔다.

그들의 결혼 후 몇 년이 지나면서 로이벤과 도르카스의 경제적인 형편에는 눈에 띄는 변화가 일어나기 시작했다. 로이벤의 유일한 재산이라면 튼튼한 가슴과 강한 팔이었다. 아버지의 유일한 재산 상속인인 도르카스는 대부분의 변경 농장보다 더 크고 가축도 더 많고 더 오래 경작을 해온 아버지의 농장을 남편이 주인이 되어 맡게끔 했다. 그러나 로이벤 본은 농부로서는 신통치 않은 사람이었다. 다른 사람들의 땅에서는 수확이 매년 늘어나는데 그의 토지에서는 매년 줄어갔다. 인디언과의 전쟁이 계속될 때는 농부들은 한 손에 쟁기를 들고 다른 한 손에는 총을 들어야 했고, 위험을 무릅쓴 노동의 대가로 얻은 수확이 야만인 적들에 의하여 밭에서나 창고에서 파괴되지 않으면 아주 운이 좋다고 생각해야 했지만, 인디언과의 전쟁이 끝난 뒤 농업을 방해하는 여러 요인이 많이 줄어들었다. 그러나 로이벤은 변경의 이런 상황 변화로부터 아무런 이득을 얻지 못했고 열심히 일할 때도 그의 노력이 성공적인 수확으로 제대로 보상을 받지도 못했다. 근래에 더 두드러지게 된 그의 신경질적인 태도 역시 경제적인 형편이 기울어지게 된 또 하나의 원인이었다. 그런 태도는 이웃 정착민들과의 불가피한 접촉에서 싸움을 일으키기 일쑤였으며, 그런 싸움들은 수많은 소송으로 이어졌기 때문이다. 초기 정착 단계에 뉴잉글랜드 사람들은 거친 주위 환경 때문에 그들의 의견 차이를 결정하는 데 되도록이면 법적인 해결 방법에 의존했던 것이다. 한마디로 로이벤 본에게는 세상일이 잘 풀리지 않아서 결혼 후 몇 해 지나지 않아 결국 파산 상태에 이른 것이다. 뒤따른 악운에 맞서는 한 가지 남은 수단은 깊은 숲 속으로 햇빛을 던져넣어 황야의 처녀지에서 생존을 구하는 길이었다.

 로이벤과 도르카스 사이에는 자식이 아들 하나밖에 없었는데 이제 열다섯이 된 아주 잘생긴 젊은이로 훌륭한 남자로서의 자질을 갖추고 있었다. 그는 변경 지대 삶의 야성적인 환경에 특히 잘 어울릴 자질을 지녔으며 이미 그런 능력을 발휘하고 있었다. 그의 발은 날쌔고, 목표는 올바르고, 이해력은 빨랐으며 가슴은 밝고 경쾌했다. 그래서 인디언과의 전쟁이 다시 시작되리라고 예상하는 사람들은 모두 그 땅의 미래 지도자로서 사이러스 본을 이야기했다. 아버지는 자신의 성품 가운데 좋고 밝은 점들만 애정과 함께 모두 아들에게 그대로 옮겨진 것처럼, 말은 하지 않아도 그를 깊이 사랑했다. 그가 사랑하고 또 그를 사랑하는 도르카스조차 아들보다는 훨씬 덜 소중했다. 로이벤의 숨겨진 생각들과 갇힌 감정들이 그를 점점 더 이기적인 사람으로 만들어서 이제 자신의 마음을 반영하거나 자신의 마음과 비슷한 것을 보고 느끼지 못할 경우에는 깊은 사랑을 베푸는 것이 불가능해져 버렸기 때문이다. 그는 사이러스에게서 과거의 자기 모습을 확인하고 때로는 그 아이의 기분에 함께 빠져들어 싱싱하고 행복했던 삶을 되찾는 느낌을 경험하기도 했다. 가정의 소중한 물건들을 옮기기 전에 반드시 선행되어야 할, 땅을 고르고 나무들을 베어 태우는 일을 하러 처녀지로 원정을 떠날 때 그는 아들을 데리고 갔다. 가을 두 달 동안을 그런 준비 작업으로 보낸 후 로이벤 본과 그의 젊은 사냥꾼은 마지막 겨울을 변경 지대 마을에서 지내기 위해 돌아왔다.

 이듬해 이른 5월 그 조그만 가족은 모든 물건들에 스며 있는 가녀린 애정을 다 끊고, 불운의 그늘 속에서도 자신들을 친구라고 부르는 몇몇 사람들에게 작별 인사를 고했다. 세 사람은 떠나는 순간 슬픔을 달래는 방식이 저마다 달랐다. 불행하기 때문에 인간 혐오자가 되어버린 우울한 로이벤은 여느 때와 마찬가지로 근엄한 이마와 울적한 눈으로 성큼성큼 걸어가면서 어떤 후회도 거부하고 있었다. 도르카스는 단순하고 정 많은 성품으로 모든 것과 맺었던 인연들을 끊어야 하는 아픔에 몹시 울었지만 그녀의 마음 깊숙한 곳에 남아 있는 것들은 그녀와 함께 따라가서, 그녀가 어디를 가든 필요한 것들을 다시 얻을 수 있으리라 느꼈다. 그리고 소년은 눈에서 눈물방울 하나를 털어내고는 미지의 숲에서 일어날 모험의 즐거움을 생각해 보았다.
 아, 백일몽의 들뜸 속에서 누군들 아름답고 부드러운 연인이 자신의 팔에 가볍게 기댄 채 여름 숲 속을 헤매는 방랑자가 되어 보고 싶지 않겠는가? 젊은 날 자유롭고 환희에 넘치는 발걸음에는 굽이치는 대양이나 머리에 흰 눈을 두른 높은 산 말고는 아무것도 장벽이 될 수 없으리라. 골짜기에 자연이 풍요로움을 두 배나 더 뿌려주는 곳에 아름다운 집을 마련하리라. 그처럼 순수한 삶을 오래오래 산 후 노년이 슬그머니 다가오면 한 부족의 아버지가 되고 족장이 되고 새로이 나타날 한 민족의 시조가 되리라. 그리고 행복한 하루를 보내고 기꺼이 맞이하는 달콤한 잠처럼 죽음이 찾아오면 후손들은 존경하고 사모하는 그 시신에 애도를 표하리라. 먼 훗날의 후세들은 전통에 따라 신비로운 표상물을 두른 채 그를 신처럼 부를 것이고, 더 먼 훗날의 후손들은 영광스럽고 희미한 모습으로 만 년이나 된 오랜 계곡 저 높은 곳에 서 있는 그를 보게 되리라.
 지금 내 이야기의 인물들이 헤매고 있는 나뭇가지로 뒤엉킨 어두운 숲은 백일몽을 꾸는 사람이 그리던 환상의 세계와는 아주 달랐다. 그러나 그들 삶의 방식에는 뭔가 자연과 친숙한 데가 있었다. 그래서 세상을 떠나오게 한 고통스러운 번민만이 지금 그들의 행복을 가로막는 모든 것이었다. 모든 재산을 다 짊어진 튼튼하고 털이 많은 말은 도르카스의 무게가 그에게 더해져도 움츠러들지 않았다. 물론 어려움을 견디는 데에 잘 단련된 도르카스는 매일 여행의 후반부는 말을 타지 않고 남편의 옆에서 걸으면서 버텼다. 로이벤과 아들은 어깨에 총을 메고 도끼를 등 뒤에 끈으로 매단 채 사냥꾼의 눈으로 먹을거리가 될 사냥감을 살피면서 지치지 않고 걸어갔다. 시장기가 느껴지면 그들은 가던 길을 멈추고 전혀 오염되지 않은 숲 개울의 둑에서 식사 준비를 했다. 그들이 무릎을 꿇고 타는 입술로 물을 마시려고 하면 개울물은 연인의 첫 키스를 받는 처녀처럼 달콤하게 약간 저항하는 듯한 소리를 냈다. 그들은 나뭇가지를 엮어 지붕 삼아 그 아래서 자고 동이 틀 무렵 깨어나 기운을 차리고는 또 하루의 고된 여행길을 계속했다. 도르카스와 소년은 줄곧 즐거워했고 로이벤도 이따금 즐거움을 환히 드러내 보였다. 그러나 그의 마음속에는 차디찬 슬픔이 늘 자리 잡고 있었다. 그는 그 슬픔을, 위에서 초록색 잎들이 밝게 빛나고 있는데 아직도 깊숙한 골짜기와 개울가에 깊이 묻혀 있는 차디찬 눈에 비유했다.

사이러스 본은 숲길을 걷는 데 꽤 익숙해서 아버지가 지난 가을의 원정 때 같이 갔던 코스를 따라가고 있지 않음을 알고 있었다. 그들은 변경 지대 마을에서 곧장 북쪽으로, 그리고 아직까지 짐승들과 야만인들만 살고 있는 지역으로 계속 들어가고 있었다. 소년은 이따금 그들의 진로에 대한 의견을 넌지시 이야기했다. 그러면 로이벤은 그의 말을 주의 깊게 듣고는 한두 번 아들의 조언에 따라 진로의 방향을 바꾸기도 했다. 그러나 그렇게 할 때면 그는 뭔가 불안해하는 것 같았다. 마치 나무 밑동 뒤에 숨어 있는 적을 탐색하기라도 하듯 그는 여기저기를 살피며 재빨리 눈길을 앞으로 보냈고 거기서 아무것도 보이지 않으면 누가 뒤쫓아오지 않나 두려워하듯 시선을 뒤로 보내는 것이었다. 사이러스는 아버지가 점점 그 전의 방향으로 길을 잡아가는 것을 느끼며 더 이상 진로에 관해 간섭하지 않았다. 뭔가 마음을 무겁게 누르기 시작했지만 모험심 많은 그의 성질은 길을 돌아가는 것이나 알 수 없는 그들의 진로에 대해서 언짢게 생각하는 것을 허락지 않았다.

닷새째 되는 날 오후 그들은 길을 멈추고 해지기 한 시간 전쯤 간단한 야영을 차렸다. 마지막 몇 마일 전부터 그 지역의 표면은 마치 정지한 바다의 거대한 파도처럼 부풀어 오른 언덕들로 다양한 모습을 하고 있었다. 그들은 그 언덕들에 상응하는 한 분지의 거칠면서도 낭만적인 분위기가 느껴지는 곳에 잠자리를 차리고 불을 피웠다. 숨 쉬는 모든 것들로부터 차단되어 강한 사랑의 매듭으로 결속된 이 세 사람이 생각하기에 차가우면서도 가슴 훈훈하게 하는 무언가가 있었다. 색깔이 거무튀튀한 소나무들이 그들을 내려다보면서, 바람이 윗부분을 스치고 지날 때마다 마치 그들을 동정하는 듯한 소리를 냈다. 아니면 마침내 사람들이 그들의 뿌리를 도끼로 찍어내리고 닥쳐든 것을 두려워하며 늙은 나무들이 신음한 것일까? 로이벤과 그의 아들은 도르카스가 저녁을 준비하는 동안 그날 한 마리도 잡지 못한 사냥감을 찾아 주위를 잠깐 살펴보고 오겠노라 했다. 아이는 야영지 근처를 떠나지 않겠다고 약속하고는 그가 잡기를 바라는 사슴처럼 경쾌하고 탄력 있는 발걸음으로 뛰어갔다. 아버지는 그 모습을 바라보며 잠시 행복감을 느끼면서 아이와는 반대쪽 방향으로 길을 잡아 나서려 했다. 그러는 동안 도르카스는 떨어진 나뭇가지로 피운 불 가까이 있는, 여러 해 전에 뿌리가 뽑혔음직한 나무의 이끼가 자란 썩은 밑동 위에 자리를 잡고 앉았다. 그녀는 불 위에서 막 끓기 시작하는 냄비에 이따금 눈길을 주며 그해의 매사추세츠 연감을 읽었다. 연감은 고딕체로 쓴 성경책을 빼면 그 집의 유일한 장서였다. 인간 사회로부터 배제된 사람들만큼 인간이 자의적으로 구분해 놓은 시간에 중요성을 부여하는 사람도 없는 법이다. 그래서 도르카스도 마치 그 사실이 무슨 중요한 것이라도 되는 것처럼 오늘이 5월 12일이라고 말했다. 그 말에 남편은 흠칫 놀랐다.

"5월 12일이라! 그날을 잘 기억하지." 그는 혼자 중얼거렸다. 그러자 여러 가지 생각이 몰려와 순간적으로 정신이 혼란스러워졌다. '내가 지금 어디 있지? 내가 지금 어디에서 헤매고 있는 거지? 그를 남겨두고 떠난 곳이 어디지?'

도르카스는 남편의 변덕스러운 기분에 매우 익숙해져서 지금 그의 행동에서도 이상함을 눈치채지 못했다. 그래서 연감을 치우고는 마음이 부드러운 사람들이 오래전에 식어 사라진 슬픔에 대해 이야기할 때처럼 애잔한 어조로 그에게 말했다.

"가련한 제 아버지가 이 세상을 버리고 더 좋은 세상으로 떠나신 게 18년 전 이맘때였죠. 그래도 아버지가 돌아가실 때 머리를 받쳐줄 친절한 팔과 기분을 돋워줄 친절한 목소리가 있었잖아요, 로이벤. 당신이 아버지에게 바친 정성을 생각하면서 그 후로 많은 위로를 받았어요. 아, 이런 황량한 곳에서 혼자 죽음을 맞았다면 얼마나 끔찍했을까!"

"도르카스, 하늘에 기도해요." 로이벤은 더듬거리며 말했다. "우리 셋 중에 누구도 짐승이 울부짖는 이같이 쓸쓸한 숲속에서 땅에 묻히지도 못하고 혼자 죽지 않도록 하늘에 기도해요!"

그렇게 말하고는 그는 음울한 소나무 숲 아래서 불을 지켜보도록 아내를 남겨두고 서둘러 그곳을 떠났다. 무심코 한 도르카스의 말이 그의 가슴에 준 아픔이 조금 약해지자 로이벤의 빠른 발걸음도 서서히 느려졌다. 그러나 여러 가지 이상한 생각들이 밀려들어 그는 사냥꾼이라기보다는 몽유병 환자 같은 모습으로 방황하듯 앞으로 걸어 나갔다. 그의 헤매는 발길이 야영지 근처에 계속 머물게 된 것은 그 자신의 뜻이 아니었다. 그의 발걸음은 잘 드러나지는 않았지만 거의 원을 그리고 있었던 것이다. 자신이 소나무가 아닌 다른 나무들로 빽빽이 들어찬 지역의 경계선에 이르러 있다는 것도 깨닫지 못했다. 소나무가 있었을 듯한 자리에는 참나무와 다른 종류의 활엽수들이 들어서 있었다. 그 나무들 뿌리 주위에는 짙은 떨기나무와 덤불이 둘러 있었지만 나무 사이사이에는 시든 낙엽이 두껍게 깔린 맨땅이 드러나 보였다. 숲이 잠에서 깨어나듯 나뭇가지들이 바스락대고 나무줄기가 삐걱거릴 때마다 로이벤은 본능적으로 팔에 걸친 소총을 들어 올리고는 빠르고 날카로운 눈길로 사방을 둘러보았다. 그러나 부분적인 관찰로 주위에 동물이 없음을 확인하고는 다시 이런저런 생각에 빠져들었다. 그는 미리 계획했던 코스로부터 벗어나서 멀리 숲속 깊숙이 들어가도록 자신을 이끈 묘한 힘에 대해 곰곰이 생각해 보았다. 그의 동기가 숨겨져 있는 영혼의 내밀한 곳을 도저히 뚫고 들어갈 수 없었고 어떤 초자연적인 목소리가 그를 앞으로 오라고 부르며, 그 힘이 되돌아가는 것을 막고 있다고 믿었다. 그는 그것이 자신에게 죄 값을 기회를 주려는 하늘의 뜻이라고 생각했다. 그는 오랜 세월 동안 땅에 묻히지 못한 유골을 찾을 수 있기를 바랐고, 그 유골 위에 흙을 덮어줌으로써 무덤 같은 그의 가슴속에 평화가 밝은 햇빛을 쏟아주기를 바랐다. 이런 생각을 하다가 자신이 헤매고 있는 그곳에서 약간 떨어진 숲에서 나는 바스락거리는 소리에 얼핏 제정신으로 돌아왔다. 짙게 가려진 덤불 뒤로 어떤 물체가 움직이는 것을 본 순간 사냥꾼의 본능과 숙달된 사수의 순간적인 조준으로 방아

쇠를 당겼다. 그의 성공을 말해 주는, 동물들이 죽음의 고통을 표현하는 신음 소리가 들렸지만 로이벤 본은 그 소리에 주의를 기울이지 않았다. 그때 그에게 닥쳐든 회상은 어떤 것들이었을까?

로이벤이 총을 쏜 덤불은 한 언덕의 정상 가까이에 있는 바위 밑동을 두르고 있었는데 그 바위는 한쪽 면의 모양과 매끄러움으로 거대한 하나의 묘비 같았다. 마치 거울에 비추듯이 그 모습이 로이벤의 기억 속에서 또렷이 살아났다. 그는 잊힌 문자로 새겨진 비문 형상을 하고 있는 표면의 바윗결까지 그대로 알아볼 수 있었다. 모든 것이 그대로 남아 있었지만 바위의 밑 부분은 검은 덤불이 가려서 만일 로저 맬빈이 아직 그 자리에 앉아 있다 하더라도 그의 모습을 완전히 덮어버렸을 것이다. 다음 순간 지금 그가 서 있는, 뿌리째 뽑힌 나무의 흙 묻은 뿌리 뒤에 옛날에 그가 마지막으로 서 있던 그 후로, 오랜 세월이 일으킨 또 하나의 변화가 로이벤의 눈길을 끌었다. 언약의 상징으로 피 묻은 손수건을 묶었던 그 어린 참나무가, 물론 다 자란 것은 아니지만 상당한 크기의 튼튼한 참나무로 몰라보게 자라서 가지를 뻗쳐 넉넉한 그늘을 드리우고 있었던 것이다. 이 나무에는 한 가지 특이한 점이 있었는데 그것이 로이벤을 떨게 만들었다. 나무의 중간과 아래쪽 가지들은 싱싱하게 무성히 자랐고 나무 몸통은 거의 땅에 이르기까지 지나치게 풍성한 잎들로 온몸을 두르고 있었지만 윗부분은 심한 병이 든 듯했으며 맨 꼭대기 가지는 시들고 말라 완전히 죽어 있었다. 로이벤은 18년 전 초록색으로 그렇게 아름답던 맨 꼭대기 가지에서 그 조그만 손수건이 팔랑대던 기억을 떠올렸다. 누구의 죄가 그 가지를 저렇게 시들어 죽게 만든 것인가?

두 사냥꾼이 떠난 후 도르카스는 저녁 준비를 계속했다. 넘어진 큰 나무의 이끼 덮인 몸통을 숲속의 식탁 삼아 제일 넓은 부분에 새하얀 식탁보를 깔고 변경지 부락에서 한때 그녀의 자랑이었던 반들반들한 백랍 그릇들 중에 남은 것들을 그 위에 배열했다. 황량한 자연의 한가운데에서 가정적 안락함을 나타내는 작은 공간의 존재, 그것은 참으로 미묘한 정경이었다. 약간 솟아오른 땅에서 자란 나무들의 높은 가지에는 아직도 햇빛이 머뭇거리고 있었다. 그러나 야영을 차린 분지 속으로는 저녁의 그늘이 깊어져 가고 있었고, 불빛은 큰 소나무들의 몸통을 올려 비추기도 하고 주위를 두른 짙고 무성하게 우거진 잎사귀들 위에 너울거리기도 하면서 점점 붉은 빛으로 변해 가기 시작했다. 도르카스의 마음은 슬프지 않았다. 그녀에게 관심이 없는 수많은 사람들 가운데서 외롭게 지내는 것보다 그녀가 사랑하는 두 사람과 함께 거친 들을 여행하는 것이 더 낫다고 느꼈기 때문이었다. 로이벤과 아들을 위해서 나뭇잎으로 덮인 썩은 나무통 위에 앉을 자리를 마련하면서 그녀는 젊었을 때 배웠던 노래를 흥얼거렸다. 그녀의 목소리가 노랫가락에 맞추어 어두운 숲 속에서 춤을 추는 듯했다. 멜로디가 조금 조잡한 그 노래는 무명의 한 음영 시인의 작품으로 눈이 가득 쌓여 인디언의 습격을 걱정할 필요가 없는 변경지 오두막, 한 가족이 따뜻한 난롯가에서 즐겁게 보내는 겨울밤의 정경을 읊은 것이었다. 그 노래는 전체적으로 독창적인 생각 특유의 묘한 매력을 지니고 있었지만 특히 난로 불빛이 주는 즐거움을 예찬하며 계속 반복되는 4행의 후렴은 마치 그 불빛처럼, 나머지 부분과 구분되어 환히 빛나는 것 같았다. 시인은 4행 속에 마술을 부리듯 몇 마디 말로 가정의 사랑과 행복의 진수를 불어넣어 시와 그림이 섞여 하나를 이루게 했다. 도르카스가 노래를 부를 때 그녀가 버리고 떠난 집 벽이 그녀를 둘러싸는 것 같았다. 그녀 눈에는 음울한 소나무들이 보이지 않았고 그녀 귀에는 그녀가 각 절을 시작할 때 가지 사이로 무거운 한숨을 내쉬다가 후렴 부분에 이르러 낮은 신음 소리를 내며 사라져가던 바람 소리도 들리지 않았다. 그런데 야영지 가까운 곳에서 울리는 총 소리에 퍼뜩 정신이 들었다. 갑작스러운 총성 때문이었는지 타오르는 불길 옆에서의 고독감 때문이었는지 그녀는 몸을 부르르 떨었다. 다음 순간 그녀는 어머니로서 자랑스럽게 웃었다.

"내 훌륭한 젊은 사냥꾼! 내 아이가 사슴을 사냥했잖아!" 그녀는 총성이 들린 방향으로 사이러스가 사냥감을 찾아나섰던 사실을 떠올리며 큰 소리로 외쳤다.

그녀는 자신의 성공을 알리려고 바스락대는 나뭇잎을 밟으며 뛰어올 아들의 경쾌한 발소리를 들으려고 한참을 기다렸다. 그러나 그는 곧 나타나지 않았다. 그래서 그녀는 아들을 찾아 나무 사이로 밝은 목소리를 내보냈다.

"사이러스! 사이러스!"

그래도 아이는 나타나지 않았다. 그녀는 총성이 아주 가까운 곳에서 들린 것 같았기 때문에 직접 아이를 찾아 나서기로 마음먹었다. 아들이 잡은 것으로 자랑스럽게 떠들어댈, 그 사슴 고기를 가져오는 데 자신의 도움이 필요할 것 같기도 해서였다. 그녀는 총성이 들렸던 쪽으로 나아가면서 아이가 자신이 접근해 오는 것을 알고 자신을 맞으러 오도록 계속 노래를 불렀다. 큰 나무들과 검은 덤불 속 숨을 만한 곳을 지날 때마다 그녀는 그 뒤에서 애정어린 장난기로 웃음을 터뜨리며 나타날 아들의 얼굴을 발견하기를 바랐다. 이제 해는 지평선 아래로 넘어가 나무들 사이로 흘러내리는 빛은 그녀의 기대 속에 여러 가지 환영을 일으키기에 충분할 만큼 어두워졌다. 그녀는 여러 번 나뭇잎들 사이로 내다보고 있는 그의 얼굴을 어렴풋하게 본 듯했다. 한번은 삐죽삐죽 솟은 바위 밑에 서서 그녀에게 오라고 손짓하는 모습이 보이는 것 같기도 했다. 그 모습에 얼른 다가가 보았지만 그것은 땅 있는 곳까지 잔가지를 두른, 가지 중 하나가 다른 가지들보다 더 멀리 뻗쳐 나와 미풍에 흔들리고 있는 참나무의 몸통일 뿐이었다. 바위 밑을 막 돌았을 때 그녀는 다른 방향에서 그쪽으로 다가와 있던 남편과 마주쳤다. 그는 총구를 시든 나뭇잎에 대고 총의 개머리판에 몸을 기댄 채 발치께 있는 무언가를 바라보는 데 정신이 팔려 있는 것 같았다.

"어떻게 된 거예요, 로이벤? 사슴을 잡아놓고 그 위에서 잠이 든 거예요?" 도르카스는 그의 자세와 표정을 얼핏 보면서 즐겁게 웃으며 말했다.

그러나 그는 꿈쩍도 하지 않았고 눈길을 돌리지도 않았다. 그러자 원인도 대상도 알 수 없는, 몸을 떨게 하는 차가운 두려움이 그녀의 핏속을 엄습했다. 그녀는 남편의 얼굴이 시체처럼 창백한 것을 알아차렸다. 그의 모습은 그를 그렇게 굳게 만든 강한 절망감 외에는 어떤 표정도 지을 수 없을 것처럼 완전히 굳어 있었다. 그의 표정에는 그녀가 다가오는 것을 알고 있었다는 흔적이 전혀 없었다.

"제발, 로이벤. 뭐라고 말 좀 해봐요!" 도르카스가 소리쳤다. 그러나 그렇게 외치는 자신의 이상한 목소리가 정적의 침묵보다 오히려 더 그녀를 공포로 몰아넣었다.

남편은 흠칫 놀라며 그녀의 얼굴을 빤히 바라다보더니 그녀를 끌고 바위 앞으로 돌아가서 손가락으로 땅 위를 가리켰다.

아, 거기 떨어진 나뭇잎 위에 꿈도 없이 잠든 모습으로 아들이 누워 있었다! 그의 곱슬머리가 이마에서 젖혀진 채 뺨은 팔에 얹혀 있고 사지는 편안하게 펼쳐져 있었다. 갑작스러운 탈진이 젊은 사냥꾼을 덮친 것인가? 어머니의 목소리로 그를 깨울 수 있을까? 그러나 그녀는 그것이 죽음이라는 걸 직감으로 알았다.

"이 넓은 바위가 당신 아버지의 묘비요, 도르카스. 당신 눈물이 이제 당신 아버지와 당신 아들한테 동시에 떨어지게 되었구려." 남편이 말했다.

그러나 그녀의 귀에는 아무 말도 들리지 않았다. 고통당하는 사람의 가장 내밀한 영혼으로부터 쥐어짜여 나오는 격렬한 외마디 비명을 지르며 그녀는 죽은 아들의 시신 옆으로 정신을 잃고 쓰러졌다. 그 순간 참나무 맨 꼭대기 시든 가지가 정적의 공기 속에서 꺾여 풀려 내리며 부드럽고 가벼운 조각들로 바위 위에도 나뭇잎 위에도 로이벤에게도 그의 아내와 아들에게도 그리고 로저 맬빈의 유골 위에도 내려앉았다. 로이벤의 가슴은 찢어지는 듯했고 그의 눈에서는 바위에서 솟아나오는 물처럼 눈물이 쏟아져 내렸다. 부상당한 젊은이가 고통 속에 죽어간 사람에게 맺었던 언약이 이제 이루어지게 된 것이다. 그는 마침내 죄를 갚았고 그에게 내린 저주는 걷혔다. 그가 자기 피보다 더 소중한 피를 뿌린 그 시간, 그 오랜 시간 후의 첫 기도가 로이벤 본인의 입술에서 하늘로 올라갔다.

My Kinsman, Major Molineux
나의 친척 몰리네 소령

대영제국 왕이 미국 식민지 주지사에 대한 임명권을 행사하게 된 후로 주지사들의 행정 조치는 옛날 원래의 헌장에 따라 주지사가 선출되던 시절에 그들의 전임자들이 받던 그런 당연하고 관대한 인정을 좀처럼 받지 못했다. 식민지 국민들은 그들 자신들로부터 나오지 않은 권력의 행사에 대하여 질시하듯 따지고 들어서 그들의 지도자들의 임무 수행을 별로 감사해하지 않고 인색하게 받아들였는데, 사실 그 지도자들은 바다 건너 본국에서 내려오는 지시들을 완화시킴으로써 그 지시를 내린 본국 관리들의 비판을 불러왔던 것이다. 매사추세츠 베이의 연감에 따르면 제임스 2세 통치 아래 옛날 헌장이 폐지된 이후 40여 년 동안 여섯 주지사 중에서 두 사람은 민중 폭동에 의하여 감옥에 갇혔고, 또 한 사람은 허친슨이 믿고 싶어 하는 대로 총탄의 위협으로 주에서 쫓겨났던 것이다. 다른 한 사람 역시 허친슨의 의견대로라면 하원과의 계속되는 분쟁으로 제 명을 다 살지 못하고 일찍 죽었으며, 나머지 두 사람은 그들의 후임자들과 마찬가지로 독립혁명 때까지 평화로운 집권 상태를 유지하는 행운을 거의 누리지 못했다. 궁정당의 하급 당원들도 마찬가지로 정치적 격동의 회오리 속에서 별로 나은 삶을 살지 못했다. 이런 설명이 백여 년 전쯤 어느 여름밤에 일어난 다음의 이야기에 서문 구실을 해 줄 수 있을는지 모르겠다. 식민지 시절의 길고 자세한 이야기를 피하기 위하여 일반 민중들의 일시적인 격분을 일으킨 일련의 상황에 대한 서술을 생략함을 독자들은 이해해 주기 바란다.

어느 달 밝은 밤 아홉 시쯤 보트 한 척이 승객 한 사람을 태우고 나루를 건너왔다. 그 승객은 늦은 시간이어서 요금을 더 주기로 하고 배를 타고 온 것이었다. 선착장에 도착해서 승객이 약속을 지키기 위해 주머니를 뒤적이는 동안 뱃사공은 등불을 치켜들고 있었는데 그 불빛과 막 떠오른 달빛의 도움으로 승객의 모습을 자세히 훑어볼 수 있었다. 승객은 분명 시골에서 자란 기껏 열여덟쯤 되어 보이는 젊은이로 도시를 처음으로 방문하는 것처럼 보였다. 그는 잘 수선하긴 했지만 많이 낡고 허름한 회색 코트에 안에는 잘 빠진 팔다리에 착 달라붙는 튼튼한 가죽옷을 차려입고 있었다. 푸른 털실의 긴 양말은 어머니와 누이가 직접 짠 것임에 틀림없었고 삼각 모자는 아마도 한창때 그의 아버지의 근엄한 이마를 가려주었음직해 보였다. 그는 왼쪽 팔 밑에 어린 참나무 줄기로 만든 곤봉을 끼고 있었는데, 아직 딱딱한 뿌리가 달려 있었다. 그가 가진 것이라고는 그의 든든한 어깨에 부담이 될 정도로 많은 물건들이 들어 있어 보이지는 않는 전대 하나가 전부였다. 갈색 곱슬머리, 잘생긴 생김새, 밝고 명랑해 보이는 눈은 자연이 내린 선물로서, 예술이 그를 멋있게 꾸미기 위해 쏟은 모든 정성에 답하는 그런 모습이었다.

로빈이라는 이름의 그 젊은이는 드디어 호주머니에서 2.5실링 액수의 지역 화폐를 꺼냈는데 지역 화폐의 가치가 떨어져서 3펜스에 해당하는 육각형 양피지를 더 주고서야 뱃사공의 요구를 만족시킬 수 있었다. 그리고 나서 그는 시내로 향했는데, 그날 하루 이미 30마일 이상 여행한 사람답지 않게 가벼운 발걸음으로 이 도시가 뉴잉글랜드 식민지의 한 조그만 수도가 아니라 런던 시나 되는 것처럼 열심히 주위를 살피며 걸어갔다. 그러나 얼마 걷지 않아서 그는 자신이 어떤 방향으로 가야 할지 모르고 있다는 사실을 깨달았다. 그래서 잠시 발걸음을 멈추고 좁은 길 위아래로 눈길을 돌려 길 양쪽에 흩어져 있는 조그맣고 초라해 보이는 목조 건물들을 찬찬히 살펴보았다.

'이렇게 낮은 오두막 같은 집이 내 친척의 집일 리 없고, 부서진 창틀로 달빛이 스며들고 있는 저쪽 낡은 집도 아닐 테고, 정말이지 이 근처엔 내 친척이 살 만한 집이 하나도 없군. 뱃사공한테 길을 물어보았더라면 좋았을걸. 그랬으면 나랑 같이 친척 집에 가서 수고비로 몰리네 소령님한테서 1실링이라도 벌었을 텐데. 하기야 다음에 만날 사람한테 그렇게 하면 되지.'

그는 그렇게 생각하며 다시 발걸음을 옮겼다. 길이 이제 좀 넓어지고 집들도 더 점잖아 보여서 기분이 좋았다. 그는 곧 적당히 앞서가고 있는 사람의 모습을 발견하고는 걸음을 서둘러 그 사람을 따라잡았다. 가까이 다가가 보니 그는 나이가 꽤 든 사람으로 잿빛 가발에 옷자락이 넓고 옷감이 검은 코트를 걸치고 실크 양말을 무릎께까지 말아 올려 신고 있었다. 그는 반들반들

윤이 나는 긴 지팡이를 들고 있었는데 걸음을 옮길 때마다 지팡이를 수직으로 곧추세웠다가 기울이고, 묘하게 엄숙하면서도 음침하게 들리는 헛기침 소리를 규칙적으로 두 번씩 계속 냈다. 이런 관찰을 하면서 로빈은 마침 이발소의 열린 문과 창을 통해 불빛이 그 두 사람의 모습을 비출 때 노인의 코트 자락을 붙들었다.

"안녕하세요, 어르신." 그는 코트 자락을 여전히 붙든 채 공손히 절하며 말했다. "제 친척인 몰리네 소령님 댁이 어딘지 가르쳐주시겠습니까?"

젊은이의 목소리가 아주 크게 들려서 비누 거품이 잘 발린 턱에 면도칼을 막 대려던 이발사 한 사람과 래밀리스 가발을 손질하고 있던 다른 이발사가 하던 일을 멈추고 문께로 나왔다. 그러는 동안 노인은 긴 얼굴을 로빈 쪽으로 돌리고 매우 짜증스럽고 화난 어조로 대답했다. 그러나 마치 차가운 무덤에 대한 생각이 불쑥 그의 분노 사이를 치밀고 나오듯, 두 번의 음침한 헛기침 소리가 그의 꾸짖음 도중에 터져 나오면서 아주 묘한 효과를 냈다.

"이 옷자락 썩 놓지 못해! 자네가 말한 그런 사람 난 몰라. 난 난, 에헴 에헴, 권위가 있는 사람인데, 이게 윗사람한테 하는 버릇이라면 자넨 내일 아침 해 뜰 무렵 유치장에 갇혀 차꼬를 차고 있을 게야!"

로빈은 노인의 옷자락을 놓고는 이발소에서 터져 나오는 무례한 웃음소리를 뒤로 한 채 서둘러 그 자리를 떠났다. 처음에 그는 자신의 질문에 따른 결과에 대하여 어지간히 놀랐다. 그러나 그는 똑똑한 젊은이어서 곧 그 의문을 설명할 수 있을 것 같았다.

"그 양반이 늙지만 않았더라면 돌아가서 콧대라도 후려갈겨 주고 싶군. 야 로빈아! 안내해 줄 사람을 그렇게 잘못 택했으니 이발소 사람들까지도 널 보고 비웃지! 로빈아, 그래 이제 곧 나아질 테니 걱정 마라." 그는 이렇게 결론을 내렸다.

그는 이제 서로 교차하며 이어지는, 춥고 구불거리는 길 속에 갇힌 채 강가에서 별로 멀지 않은 곳을 헤매고 있었다. 타르 냄새가 코에 스며들고 건물들 위로는 배의 돛대들이 달빛을 꿰뚫고 있었다. 로빈은 잠시 멈춰서 여러 가지 정황을 관찰해 본 바 자신이 시내 중심가에 가까이 와 있다는 사실을 알 수 있었다. 그러나 거리들은 텅 비어 있었고 가게 문들은 모두 닫혀 있었으며 몇몇 주택도 이층에서만 불빛이 새어나오고 있었다. 드디어 그가 지나온 좁은 골목길 모퉁이의 어떤 집 문 앞에 넓적한 영국 병사 얼굴의 간판이 걸려 있는 것이 보였는데, 그 집은 주막집이었고 그 안에서는 많은 손님들의 목소리가 들려왔다. 아래쪽 창문의 창틀 하나가 젖혀져 있어서 아주 얇은 커튼을 통해 로빈은 잘 차려진 식탁 주위에 둘러앉아 저녁을 먹고 있는 한 무리의 사람들을 볼 수가 있었다. 맛있는 음식 냄새가 밖으로 퍼져 나오자 젊은이는 여행을 떠나며 준비해 온 음식을 마지막으로 먹은 것이 아침이며 오후 이후로 아무것도 먹지 못했다는 생각이 떠올랐다.

"아, 3펜스짜리 양피지 가지고 저 식탁에 앉아 식사를 할 수 있다면 얼마나 좋을까." 로빈은 한숨을 쉬며 혼자 말했다. "하지만 소령님이 맛있는 음식으로 날 곧 맞아주실 거야. 얼른 안으로 들어가서 소령님 댁에 가는 길이나 물어봐야지."

그래서 그는 사람들이 두런거리는 소리와 담배 연기를 따라 홀 안으로 들어갔다. 홀은 참나무 벽을 두른 길고 좁은 공간이었는데 계속되는 연기에 찌들어 거무스름했고, 모래를 잔뜩 깔아놓은 바닥은 결코 깨끗하다고 할 수가 없었다. 대부분이 뱃사람이거나 어떻게든 바다와 관련이 있어 보이는 한 떼의 사람들이 나무 벤치나 가죽 받침 의자에 앉아 이런저런 이야기를 나누고 있었고 때로는 일반적인 관심사에 주의를 기울이기도 했다. 서너 무리들은 펀치 볼을 비우고 있었는데 서인도제도와 무역이 시작된 뒤로 펀치는 식민지에서 아주 친숙한 음료가 되어 있었다. 수공예 같은 것을 직업으로 삼고 있는 듯한 또 다른 사람들은 펀치처럼 함께 마시는 것이 아니라 각자 혼자서 따로 마시는 것을 더 즐기고 있었고 그 영향 때문인지 말수가 적어 보였다. 한마디로 거의 모든 사람들이 여러 종류의 술을 즐기고 있었는데 이 술 마시기로 말하자면 백여 년 전의 청교도 교회의 금욕 설교가 잘 증명하듯이 인간이 오래전부터 물려받은 악습이니 어쩔 도리가 없는 것이었다. 로빈이 유일하게 동질감을 느낀 손님은 얌전해 보이는 두세 명의 시골 사람들이었다. 그들은 그 주막을 터키의 대상들이 큰 여인숙에서 그러하듯 방의 제일 어두운 구석에 자리를 잡고 앉아 담배 연기가 자욱한 탁한 공기에도 아랑곳없이 집에서 직접 구워온 빵과 마찬가지로 집에서 직접 훈제해 온 베이컨으로 저녁 식사를 하고 있었다. 로빈은 이들에게 형제애 같은 것을 느꼈지만 그의 눈길은 문 가까이에 선 채 옷차림이 허름한 동료 한 무리와 귓속말을 주고받고 있는 한 사람에게 쏠렸다. 그 사람의 모습은 기괴하다 싶을 만큼 별나고 독특해서 얼굴 전체가 기억 속에 깊은 인상을 남겼다. 이마는 이중으로 튀어나와 사이에 골이 패어 있었고, 불규칙적인 곡선을 이루며 불쑥 솟은 콧마루는 손가락 하나가 넘을 정도로 넓었으며 깊고 짙은 눈썹에 그 밑의 두 눈이 마치 동굴 속의 불처럼 빛을 발하고 있는 것이었다.

로빈이 누구에게 그의 친척 집을 물어볼까 곰곰 생각하고 있는데 때묻은 흰색 앞치마를 두른 작달막한 주막집 주인이 낯선 사람에게 직업적인 환영의 뜻을 표하려고 다가오며 말을 건넸다. 주인은 프랑스 신교도의 2세여서 부모 나라의 예절을 물려받은 것처럼 보였지만 어떠한 상황도 지금 그가 로빈에게 말을 건네는 그 카랑카랑한 목소리를 바꾸어놓지는 못한 듯했다.

"시골에서 오신 모양이죠, 손님?" 그는 공손히 절을 하며 말했다. "무사히 도착하신 걸 축하드립니다. 저희 집에서 오래 머무르시겠지요. 이 도시는 참 좋은 곳이에요, 손님. 아름다운 건물도 많고 처음 온 사람의 관심을 끌 만한 것도 많고. 그런데 저녁식사로는 무얼 주문하시려는지요, 손님?"

'이 사람 우리 집안 얼굴 닮은 걸 금방 알아보는군! 이 친구 내가 소령님 친척이라는 걸 벌써 짐작한 거야.' 지금까지 이런 지나친 공손함을 거의 겪어보지 못한 로빈이 생각했다.

모든 사람들의 시선이, 밝은 삼각 모자와 회색 코트와 가죽 반바지와 푸른 털실 양말 차림에 등에는 전대를 메고 참나무 곤봉에 의지하여 문께에 서 있는 이 시골 청년에게 모였다.

로빈은 소령님의 친척에 걸맞게 짐짓 당당한 태도를 취하며 공손한 주막 주인에게 대답했다. "아주 좋은 분이시군요. 다음 기회엔 꼭 이 집을 이용하도록 하지요." 여기서 그는 목소리를 낮추지 않을 수가 없었다. "3펜스짜리 양피지보다 더 많은 돈이 있을 때 말입니다. 오늘 이곳에 온 것은……." 그는 다시 아주 자신만만한 태도로 말을 이었다. "제 친척인 몰리네 소령님 집에 가는 길을 좀 물어보려는 것입니다."

그러자 홀 안에서는 갑자기 동요가 일었고 로빈은 그것을 서로 그의 안내자가 되려는 열망의 표현으로 해석했다. 그러나 주막 주인은 벽에 붙은 종이쪽지로 시선을 돌리더니 이따금씩 젊은이의 모습을 번갈아 보면서 그 쪽지에 쓰인 글을 읽는 것 같았다.

"아니, 이게 어떻게 된 거지?" 그는 카랑카랑 짧게 끊기는 어조로 말했다. "'계약 하인 헤지키아 멋지가 주인집에서 도망감. 집을 떠날 때 회색 코트와 가죽 반바지, 주인의 헌 모자를 착용하였음. 이자를 붙잡아 현지 구치소에 인계한 사람에게는 1파운드를 사례금으로 지급함.' 이봐, 빨리 꺼져, 빨리 꺼지라구!"

로빈은 손을 뻗어 참나무 곤봉의 가벼운 쪽 끝을 쥐려다가 주위 사람들의 얼굴에 담긴 적의를 확인하고는 그 공손한 주막 주인의 머리를 부숴버리려는 그의 목적을 포기해야 했다. 홀을 떠나려고 몸을 돌릴 때 그는 조금 전에 그의 눈길을 끌었던 강한 인상의 사나이가 자신을 경멸하는 듯한 눈초리와 마주했다. 그가 문을 나서자마자 모두들 웃음을 터뜨렸는데 그 웃음소리 속에서 냄비에 조그만 돌들을 떨어뜨리듯 쨍그랑대는 주막 주인의 목소리가 들리는 듯싶었다.

'아니, 돈 주머니가 비었다는 고백이 내 친척 몰리네 소령님의 명성을 그처럼 가릴 수 있다니 이상하지 않은가?' 똑똑한 로빈은 그렇게 생각했다. '이 히죽대는 녀석들을 나와 이 참나무가 자란 고향의 숲속에서 만나기만 한다면 비록 돈 주머니는 가볍지만 내 팔은 묵직하다는 걸 단단히 가르쳐줄 텐데!'

좁은 골목길의 모퉁이를 돌자 제법 넓은 길이 나오고 길 양쪽으로 높은 건물들이 계속 이어져 있었는데 길 맨 위쪽의 뾰족탑 건물에서 아홉 시를 알리는 종소리가 들려왔다. 달빛과 수많은 상점들의 등불에 보도 위를 오가는 사람들의 모습이 보였다. 로빈은 도대체 어찌된 일인지 알 수 없는 이 친척의 모습을 그들 속에서 확인할 수 있었으면 하고 바랐다. 그의 친척에 대해 물어봤던 몇 번의 시도의 결과가 이런 공공장소에서 그런 시도를 또 감행하기를 꺼리게 만들었으므로 그는 이제 길을 따라 조용히 천천히 걷기로 마음먹었다. 그러면서 로빈은 나이가 좀 들어 보이는 사람에게는 바짝 다가가 소령의 모습을 닮지 않았나 확인해 보곤 했다. 그렇게 걷는 동안 그는 쾌활하고 명랑해 보이는 많은 사람들과 마주쳤다. 화려한 색깔로 수놓은 옷들, 커다란 가발들, 은제 손잡이의 칼들이 그를 스쳐 지나가며 눈을 부시게 했다. 당시 유럽의 신사들을 모방한 젊은이들이 유행가 가락을 흥얼대며 거기에 맞춰 춤이라도 추듯이 경쾌하게 걸어가는 모습을 보면서는 자신의 조용한 보통

걸음걸이가 부끄럽게 생각되기도 했다. 상점의 진열대에 놓인 근사한 물건들을 구경하느라 여러 번 멈추기도 하고, 사람들의 얼굴을 무례하게 빤히 쳐다본다고 꾸지람도 몇 번 들어가면서 드디어 이 소령님의 친척은 뾰족탑 건물 가까이에 이르렀지만 여전히 그의 노력은 성공을 거두지 못했다. 그러나 그는 아직 사람들로 붐비는 이 길의 한쪽만을 본 것이었다. 그래서 이제 길을 건너 그 옛날의 철학자가 정직한 사람을 찾아 나선 것보다 더 강렬한 희망을 가지고 반대편 보도를 따라 죽 살펴 내려가 보았지만 결과는 마찬가지였다. 그가 조금 전 이 탐색을 시작했던, 아래쪽 끝을 향한 길 중간 지점쯤 이르렀을 때, 걸음을 옮길 때마다 지팡이로 보도 위를 내려찍고 규칙적인 간격으로 음침한 헛기침 소리를 두 번씩 내며 다가오는 사람의 소리가 들렸다.

"맙소사!" 로빈은 그 소리를 알아듣고는 놀라 중얼거렸다.

마침 오른쪽 가까이에 있는 모퉁이를 얼른 돌아서 그는 이제 이 도시의 다른 쪽으로 서둘러 길을 찾아 나섰다. 그의 인내심도 이제 한계에 이르러 가고 있어서, 강을 건너기 전 며칠 동안의 여행보다 나룻배를 타고 이곳으로 건너온 뒤 잠시 동안의 방황에서 오는 피로가 더 큰 것처럼 느껴졌다. 이제 배고픔도 큰 소리로 호소를 해 와서, 로빈은 아무나 처음 만나는 사람을 붙들고 곤봉으로 위협해서라도 무조건 그의 친척 집으로 안내하도록 요구하는 행위가 타당한가 저울질해 보기 시작했다. 이런 결심이 점점 굳어져 가는 동안 그는 좀 지저분해 보이는 길로 들어섰는데 길 양쪽으로 허름하게 지어진 집들이 항구 쪽을 향해 드문드문 이어져 있었다. 달빛이 길 위를 비추고 있었지만 길 위엔 아무도 보이지 않았다. 그러나 문이 반쯤 열려 있는 세 번째 집을 지나치면서 여자 옷차림을 한 모습이 그의 날카로운 시선에 얼핏 들어왔다.

"여기서 행운을 얻을는지도 모르지." 그는 혼자서 중얼거렸다.

그래서 그는 문께로 다가갔는데 그가 다가가자 문이 닫히는 것이었다. 그러나 문이 완전히 다 닫히지는 않고 그 안에 있는 여자가 자신의 모습은 보이지 않은 채 바깥의 낯선 젊은이를 관찰할 수 있을 만큼은 열려 있었다. 로빈이 볼 수 있는 건 주홍빛 페티코트 자락과 마치 떨리듯 비치는 달빛에 반짝이는 물건처럼 간혹 빛을 발하는 여자의 눈이었다.

"아름다운 아가씨."

'그렇게 불러도 양심에 걸릴 것 없지. 그게 사실이니까.' 똑똑한 젊은이는 그렇게 생각했다.

"아름다운 아가씨, 내 친척인 몰리네 소령님 댁을 어디서 찾아야 할지 좀 가르쳐주시지 않겠습니까?"

로빈의 목소리는 약간 애처롭게 들려서 호소력이 있었다. 여자는 잘생긴 시골 젊은이를 피할 아무런 이유가 없다는 판단을 내리자 문을 열어젖히고 달빛이 비치는 곳으로 나왔다. 그녀는 하얀 목과 통통한 팔과 날씬한 허리를 한 예쁘게 생긴 자그마한 여자였는데 허리 끝에서는 주홍빛 페티코트가 둥 그렇게 튀어나와 있어서 마치 풍선 안에 서 있는 것처럼 보였다. 더욱이 얼굴은 갸름하면서 예뻤고 조그만 캡이 얹혀 있는 머리카락은 짙은 검은색이 었으며 밝은 눈에는 장난기 섞인 분방함이 담겨 있어서 곧 로빈의 눈을 사로 잡았다.

"소령님 사시는 곳이 여긴데요." 이 예쁜 아가씨가 말했다.

그녀의 목소리는 은이 녹아 흐르는 듯 그날 밤에 그가 들은 가장 부드럽고 아름다운 목소리였다. 하지만 그 아름다운 목소리가 정말로 복음 같은 진실을 전하고 있는지 의심이 가지 않을 수 없었다. 로빈은 허름한 길을 위아래로 훑어보고는 그들 앞에 있는 집을 자세히 살펴보았다. 그 집은 조그맣고 칙칙한 이층 건물이었는데 위층 부분은 아래층보다 더 앞으로 튀어나와 있었고 아래층의 앞부분은 잡화상 같은 가게 모양이었다.

"정말 운이 좋군요." 로빈은 교활하게 대답했다. "제 친척 소령님은 정말이지 예쁜 가정부를 두셨네요. 죄송하지만 소령님이 문까지 좀 나와 주실 수 없을까요. 시골 친구분들이 보낸 편지를 소령님에게 전하고 전 곧 제 주막 숙소로 돌아가야 하니까요."

"어쩌나, 소령님은 벌써 잠드셨는데." 주홍빛 페티코트의 여자가 말했다. "그리고 오늘 저녁엔 아주 독한 술을 드셔서 깨워봐야 소용이 없을 거예요. 하지만 소령님은 아주 친절한 분이셔서 만일 소령님의 친척 분을 문에서 그냥 돌려보낸다면 제 목이 달아날 테고요. 그러고보니 어르신 모습 그대로네요. 모자도 틀림없이 그 어르신 비 올 때 쓰는 모자고요. 또 그 가죽 바지하고 아주 비슷한 옷도 가지고 계시죠. 어쨌든 들어오세요. 그분 이름으로 따뜻하게 맞아들일게요."

그렇게 말하면서 그 예쁘고 친절한 여자는 우리 주인공의 손을 잡아끌었다. 촉감이 가벼웠고 끄는 힘도 약했지만, 그리고 로빈은 말로 듣는 것과는 다른 내용을 그녀의 눈에서 읽고 있었지만, 주홍빛 페티코트를 입은 허리가 가는 그 여자는 건장한 시골 젊은이보다 결국 힘이 더 강했던 것이다. 그녀가 그의 망설이는 발걸음을 문지방 가까이 끌고 갔을 때 옆집에서 문이 열리는 소리가 들리자 소령님의 가정부는 화들짝 놀라 소령님의 친척의 손을 얼른 놓고는 황급히 자기 집 안으로 사라져버렸다. 긴 하품 소리가 들리면서 사람의 모습이 나타났다. 그는 "피라모스와 티스베"의 '달빛'처럼 램프를 들고 있었는데 하늘에 있는 그의 누이 발광체인 달을 쓸데없이 도와주려 하고 있는 것 같았다. 그는 졸면서 걸어오다가 넓적하고 멍한 얼굴을 로빈에게 향하더니 끝에 꼬챙이가 달린 긴 지팡이를 휘둘렀다.

"집으로 돌아가, 부랑아 녀석, 집으로 돌아가라니까!" 그 야경꾼은 말을 마치자마자 곯아떨어지는 듯한 억양으로 말했다. "집으로 돌아가. 안 그러면 내일 아침 해 뜰 때쯤은 차꼬를 차고 있게 해줄 테니!"

'비슷한 말을 두 번이나 듣네.' 로빈은 생각했다. '차라리 오늘밤 나를 그곳으로 데려가서 이 난감한 상태에서 벗어나게 해주면 좋겠다.'

그러나 젊은이는 야경꾼에 대해 본능적인 반감을 느껴 처음에는 그가 묻고 싶은 질문을 할 수가 없었다. 그러나 야경꾼이 모퉁이를 돌아 막 사라지려 하자 그는 기회를 놓쳐서는 안 되겠다고 결심하고는 큰 소리로 외쳤다. "여보십시오! 제 친척 몰리네 소령님 댁까지 좀 안내해 주실 수 있겠습니까?"

야경꾼은 아무 대답도 없이 모퉁이를 돌아 사라져 버렸다. 그러나 로빈의 귀에는 텅 빈 길을 따라 퍼져나가는 졸린 듯한 웃음소리가 들려오는 것 같았다. 그 순간 그의 머리 위쪽 창문에서 즐겁다는 듯 킥킥대는 웃음소리가 들렸다. 그는 고개를 들고 위쪽을 쳐다보다가 장난기 담긴 반짝거리는 눈과 마주쳤다. 통통한 팔이 그에게 오라고 손짓을 하더니 가벼운 발걸음으로 집안 계단을 내려오는 소리가 들렸다. 그러나 로빈으로 말하자면 뉴잉글랜드 성직자 집안의 똑똑할 뿐만 아니라 훌륭한 젊은이여서 그 유혹을 이겨내고 거기서 도망치듯 빠져나왔다.

그는 이제 자포자기한 심정으로 시내 여기저기를 되는 대로 헤매고 다니다가, 언젠가 고향에서 한 마술사가 세 사람에게 주술을 걸어 집에서 이십여 보 이내의 짧은 거리를 겨울밤 내내 헤매게 했던 걸 떠올리고는 자신이 그런 주술에 걸린 게 아닌가 하는 생각이 들었다. 앞에 놓인 길들은 이상하고 황량해 보였고 주위의 집들은 불이 거의 꺼져 있었다. 이상한 옷차림을 한 사람들도 끼어 있는 몇 무리의 사람들이 두 번에 걸쳐 바삐 지나쳐 갔는데, 두 번 모두 그들은 그에게 말을 걸려고 잠깐 멈추었지만 그런 만남은 그의 혼란을 해소해 주는 데 아무런 도움도 주지 못했다. 그들은 로빈이 알아들을 수 없는 말로 암호 같은 짤막한 말들을 내뱉었으나 그가 대답을 못하는 것을 보자 쉬운 영어로 그에게 욕설을 퍼붓고는 서둘러 사라져버렸던 것이다. 드디어 젊은이는 끈기만이 지금까지 자신을 좌절시켜 온 이 곤경을 이겨낼 수 있게 해주리라 믿고 그의 친척이 살 만해 보이는 집 하나하나를 모두 직접 문을 두드려 확인해 보기로 마음먹었다. 이런 결심을 굳히면서 두 거리의 모퉁이를 이루고 있는 한 교회의 담 밑을 지나쳐 뾰족탑 그늘로 돌아가다가 그는 망토로 몸을 가린 몸집이 큰 사람과 마주쳤다. 그 사람도 바쁜 일이 있는 모양인지 빠른 걸음으로 다가오고 있었지만 로빈은 그의 앞을 완전히 막아서면서 앞길을 막듯 두 손으로 참나무 곤봉을 벌려 잡고 앞으로 내뻗었다.

"잠깐 멈추시오. 그리고 내 질문에 대답해 주시오." 그는 아주 결연히 말했다. "내 친척 몰리네 소령님의 집이 어디에 있는지 당장 알려주시오!"

"바보 같은 친구, 잔소리 말고 길이나 비켜."

"안 되오, 안 돼!" 로빈은 그렇게 외치면서 곤봉을 휘두르며 굵은 쪽을 망토에 가려진 그의 얼굴 앞으로 바싹 내밀었다. "안 되오, 안 돼. 날 바보로 본 모양인데 당신이 잘못 본 거요. 내 질문에 대답할 때까지는 못 가오. 내 친척 몰리네 소령의 집이 어디요?" 낯선 사람은 로빈을 밀치고 나아가는 대신에 달빛이 비치는 곳으로 물러서서 가리고 있던 얼굴을 드러내면서 로빈의 얼굴을 빤히 쳐다보며 말했다.

"여기서 한 시간만 지키고 서 있게. 그러면 몰리네 소령이 지나갈 걸세."

로빈은 그렇게 말하는 사람의 독특한 모습에 놀라서 아연한 시선으로 쳐다보았다. 이중으로 튀어나온 이마, 넓고 구부러진 코, 깊고 짙은 눈썹, 불빛을 발하는 것 같은 눈은 그가 주막에서 본 바로 그 모습이었지만 그의 얼굴에는 이상한 변화—좀 더 적절히 말한다면 이중적인 변화—가 일어나 있었다. 얼굴 한쪽은 짙은 붉은색으로 불타오르는 듯했고 다른 한쪽은 칠흑 같은 밤처럼 검었는데 넓은 콧마루의 중간에 경계선이 이루어져 있었고 이쪽 귀에서 저쪽 귀까지 뻗친 듯한 큰 입은 뺨의 색깔과 대칭적으로 검기도 하고 붉기도 했다. 이 기묘한 모습이 주는 효과는 마치 불의 악마와 어둠의 악마, 두 악마가 합쳐서 하나의 지옥 같은 악마의 모습을 이룬 것 같았다. 그는 로빈의 얼굴을 보며 싱긋이 웃더니 얼룩 얼굴을 다시 망토로 싸고는 순식간에 시야에서 사라졌다.

"우리 나그네들은 참 이상한 것들도 많이 본단 말이야."

로빈은 내뱉듯 말했다. 그러고는 교회 문 앞 계단에 앉아 친척이 나타난다는 시간까지 그곳에서 기다리기로 마음먹었다. 그는 지금 막 떠난 그 별종의 인간에 대하여 얼마 동안 철학적 상념에 잠겼다가 그 나름대로 영리하게, 합리적으로, 그리고 만족스럽게 결론을 내리고는 뭔가 지루함을 달랠 일을 찾아야겠다고 생각했다. 먼저 그는 길을 따라 시선을 보냈다. 그 길은 여태까지 헤매고 다니던 대부분의 길보다 더 점잖아 보였고 (상상의 힘처럼 낯익은 물건들에서 낯선 아름다움을 만들어내는) 달은 밝은 대낮 같으면 지닐 수 없을 뭔가 로맨틱한 분위기를 주위 풍경에 주고 있었다. 불규칙하게 솟아오른 간혹 고풍스런 양식의 건물들, 어떤 것은 여러 뾰족탑 모양으로 나누어지기도 하고 어떤 것은 그저 넓적한 갖가지 지붕 모양들, 우윳빛처럼 하얗기도 하고 오래된 어두운 색조를 띠고 있기도 하고 여러 재료를 섞어 회반죽을 한 벽의 밝은 부분에 달빛이 반짝거리기도 하는 여러 가지 집 색깔들, 이런 것들이 얼마 동안은 로빈의 주의를 끌기도 했지만 이내 시들해지기 시작했다. 그래서 이제 그는 어렴풋이 보일락 말락 하는 것부터 시작해서 멀리 있는 물체들의 모양을 눈에 보이는 대로 알아맞혀 보려고 했다. 그러다가 마지막엔 자신이 앉아 있는 교회 문 바로 앞길 건너편에 서 있는 건물을 자세히 살펴보았다. 그 건물은 네모반듯한 모양의 큰 저택이었는데 높은 기둥들 위에 받쳐진 발코니와 그 발코니와 통하는 정교한 모양의 고딕식 창문으로 주위의 다른 건물들과는 구분이 되었다.

'어쩌면 이 집이 내가 찾고 있는 바로 그 집일는지도 모르지.'

로빈은 그런 생각을 하면서, 이제 계속 길을 따라 휩쓸려가고 있는 듯한, 그러나 자신의 귀처럼 익숙지 않은 귀가 아니면 거의 들리지 않을 듯한 웅얼거리는 소리에 귀를 기울이면서 시간을 보내려고 애썼다. 그 소리는 아주 먼 거리에서 따로 들리지 않고 한데 섞여 들리는 여러 가지 소음으로 이루어진 낮고, 둔중하며, 꿈결에 들리는 것 같았다. 로빈은 잠이 든 도시가 코를 고는 듯한 그 소리가 이상하게 들렸고 더더욱 이상한 것은 그 웅얼거리는 소리가 잠시 그칠 때마다 가끔씩 멀리서 들려오는, 현장에서는 분명 크게 들릴 듯한 함성 같은 소리였다. 그러나 그 소리는 어쩐지 잠을 부르는 듯해서 그는 졸음이 엄습해 오는 것을 떨쳐버리려고 자리에서 일어나 교회 안을 들여다보기 위해 창문틀로 올라갔다. 교회 안으로는 달빛이 떨리며 들어와 텅 빈 좌석을 비추고는 조용한 통로를 따라 뻗쳐 있었다. 더 희미한, 그러나 더 기괴한 달빛이 설교대 주위를 감돌고 있었고 한 줄기 달빛은 펼쳐진 채 놓여 있는 성경책 위에 감히 내려앉아 있었다. 자연이 이 깊은 밤중에 인간이 지은 집 안에 들어와 예배를 보고 있는 것인가? 아니면 그곳 안에 지상의 불순한 존재가 전혀 없기 때문에 천상에서 내려온 달빛이 그곳의 신성함을 드러내 보이고 있는 것인가? 그 장면은 고향의 깊은 숲속에서 언젠가 느껴본 적이 있던 고독감보다 더 강하고 짙은 고독감으로 로빈의 가슴을 떨리게 했다. 그래서 그는 몸을 돌려 다시 문 앞으로 돌아와 앉았다. 교회 주위로는 무덤들이 널려 있었는데 갑자기 불안한 생각이 그의 가슴을 비집고 들어왔다. 그토록 자주 그리고 그토록 이상하게 계속 방해를 받으며 찾았던 그분이 이미 수의에 싸인 채 저 무덤 속에서 썩어가고 있다면 어떡하나? 자신의 친척이 저 묘지 문을 스르르 빠져나와 희끄무레 지나치면서 그에게 고개를 끄덕이며 미소를 보내면 어떡하나?

"아, 뭐라도 좋으니 살아 숨 쉬는 것과 함께 있다면 좋겠다."

그렇게 말하면서 로빈은 불안한 생각을 거두어 그것들을 숲 너머 언덕 너머 개울 너머로 멀리 보내서 이 혼란스럽고 피곤한 저녁을 고향 집에서는 어떻게 보내고 있을지 상상해 보려고 애썼다. 그는 집 대문 옆 나무 밑에—수많은 나무들이 모두 베어질 때 거대하고도 뒤틀린 몸통과 훌륭한 그늘 때문에 살아남은 큰 나무 밑에—가족들이 모두 모여 있는 모습을 그려보았다. 여름 해가 져갈 무렵 아버지는 늘 그곳에서 가족 예배를 보셨다. 이웃 사람들도 마치 한 가족처럼 와서 함께 예배를 보고, 길 가는 나그네도 잠깐 멈춰 샘에서 물을 마시면서 가정에 대한 기억을 새롭게 함으로써 마음을 계속 순수하게 지닐 수 있도록 하기 위해서였던 것이다. 로빈은 예배 볼 때 각자의 자리까지 기억하고 있었다. 아버지가 한가운데 앉아 서편 하늘의 구름에서 비쳐오는 황금색 황혼빛 속에 성경을 들고 계신 모습이 선명히 떠올랐다. 아버지가 성경책을 접고 모두들 기도하러 일어서는 모습도 보였다. 간혹 지루해하며 듣던 그러나 지금은 소중한 추억이 된, 날마다 내려주시는 주님의 은총에 대한 감사와 그 은총이 계속되기를 바라는 간절한 소망, 그 늘 듣던 기도 소리도 들렸다. 집을 떠난 가족인 자신에 대해 기도할 때 아버지의 목소리에서 일어나는 조그만 동요도 느껴졌다. 그 기도를 들으며 어머니가 넓고 마디진 나무 몸통 쪽으로 고개를 돌리는 모습, 이제 수염이 거칠어진, 어른답게 애써 표정 변화를 안 보이려는 형의 모습, 낮게 늘어진 나뭇가지를 눈앞으로 잡아당겨 눈물을 안 보이려는 누이동생의 모습, 지금까지 그 자리의 엄숙함을 깨뜨리며 장난질하던 어린 동생이 그 기도가 자신의 놀이 친구가 되어주던 형을 위한 기도라는 걸 알고 갑자기 슬픈 울음을 터뜨리는 모습들이 눈에 보였다. 그러고는 그들이 대문 안으로 들어가는 모습도 보였다. 로빈 자신도 들어가야 했을 텐데 빗장이 찰칵하고 걸리며 자신만 집에 들어가지 못하는 것이었다.

"내가 지금 여기 있는 건가, 집에 있는 건가?" 로빈은 놀라서 움찔하며 큰 소리로 말했다. 그의 생각들이 꿈속에서처럼 실제로 보이고 들리는 듯하면서 동시에 넓고 텅 빈 길이 앞에 길게 펼쳐져 있었기 때문이었다.

그는 몽롱한 상태에서 자신을 일깨우며 조금 전에 살펴보던 큰 건물에 다시 주의를 집중시키려고 노력했다. 그러나 아직도 마음은 환상과 현실 사이에서 계속 흔들리고 있었다. 발코니의 기둥들이 차례로 크고 앙상한 소나무 줄기로 길어졌다가 다시 사람의 형상으로 줄어들고 다시 제 크기로 돌아왔다가는 또다시 일련의 변화가 시작되었다. 그가 제정신을 차리고 있다고 생각한 순간, 그가 기억하고 있는 듯한, 그러나 친척의 얼굴이라고 자신 있게 말할 수는 없는, 그런 얼굴이 분명 고딕풍의 창문에서 그를 내려다보고 있는 것 같았다. 깊은 졸음에 거의 정복당하다가, 길 건너편 보도를 따라 들려오는 발걸음 소리에 퍼뜩 정신이 들었다. 로빈은 그의 눈을 비비며 한 사람이 발코니 아래쪽으로 지나가는 것을 보고는, 초조함과 애처로움이 담긴 목소리로 크게 외쳤다.

"이것 보세요! 제 친척 몰리네 소령님을 여기서 밤새 기다려야 합니까?"

졸고 있던 메아리가 깨어나 그 목소리에 대답했다. 지나가던 사람은 뾰족탑의 으슥한 그늘에 앉아 있는 사람의 모습을 제대로 알아볼 수 없어서 더 자세히 들여다보려고 길을 건너왔다. 그 사람은 밝고 지적이고 쾌활하고 호감을 주는 얼굴을 가진 한창 나이의 신사였다. 그는 집도 없고 친구도 없어 보이는 시골 젊은이임을 알아보고, 아주 친절한 어조로 로빈에게 말을 건넸는데 그런 친절한 어조는 로빈의 귀에 이제 이상하게 들리는 것이었다.

"어이, 젊은이. 여기 왜 이렇게 앉아 있소? 내가 뭐 도울 일이라도 있소?" 신사가 물었다.

"별로요." 로빈은 풀이 죽은 소리로 대답했다. "하지만 한 가지 질문에 대답해 주신다면 고맙겠습니다. 저는 저녁부터 지금까지 내내 몰리네 소령이라는 분을 찾고 있는데요. 그런데 이 지역에 정말 그런 분이 있는지요? 아니면 제가 꿈을 꾸고 있는지요?"

"몰리네 소령이라! 이름이 아주 낯설지만은 않소만. 그런데 그 사람하고 무슨 상관이 있어 그러는지 물어봐도 괜찮겠소?"

그래서 로빈은 자기 아버지가 멀리 떨어진 시골 고향에서 적은 봉급으로 살아가는 성직자이고 자신과 몰리네 소령은 사촌 간으로 다음과 같은 사연이 있음을 간략하게 들려주었다. 몰리네 소령은 많은 재산을 물려받고 민간인으로서나 군인으로서나 상당한 지위도 얻은 사람인데 한두 해 전에 아주 위풍당당한 모습으로 그의 사촌을 찾아와서 로빈과 로빈의 형에게 아주 많은 관심을 보였다. 그러고는 자신은 자식이 없기 때문에 두 사촌동생 중 한 사람의 앞날을 보장해 주겠다는 암시를 던졌는데 형은 아버지가 성직에 종사하는 틈틈이 계속해 온 농장 일을 이어받도록 되어 있어서 결국 로빈이 그 친척의 너그러운 의도의 덕을 보기로 결정이 되었다. 특히 로빈이 더 소령의 맘에 든 것 같았고 또 다른 자질도 갖춘 것으로 생각된 것이 이유가 되기도 했다. 이야기가 이 부분에 이르자 로빈이 덧붙여 말했다.

"똑똑한 애라는 말을 들었으니까요."

"당연히 들을 만했겠소. 그래, 이야기를 계속해 봐요." 그의 새 친구는 상냥하게 대꾸했다.

"정말이지, 이제 나이도 열여덟이 됐고 보시다시피 이렇게 다 자라서…

…." 그는 일어서서 몸을 쭉 펴며 말을 이었다. "자립을 해야 할 때가 되었다고 생각했죠. 그래서 어머니와 누이가 옷도 잘 차려주고 아버지는 지난해 연봉 남은 걸 반이나 주셔서 닷새 전에 소령님을 찾아 이곳으로 떠나왔어요. 그런데 믿으실 수 있겠습니까? 날이 조금 어두워진 후에 나룻배를 타고 건너왔는데 아직까지 그분 집에 가는 길을 가르쳐주는 사람을 하나도 못 만난 겁니다. 단지 한두 시간 전에야, 여기 기다리고 있으면 그분이 지나가는 걸 보게 될 거라는 말을 들었죠."

"그 말을 한 사람이 어떻게 생겼는지 설명할 수 있겠소?" 신사가 물었다.

"말씀 마십시오. 아주 흉하게 생긴 사람이죠. 이마에는 큰 혹 같은 게 두 개가 나고 구부러진 코에 눈은 불타듯 이글거리고, 무엇보다도 깜짝 놀랄 만큼 이상한 것은 얼굴이 두 색깔로 되어 있다는 거죠. 혹시 그런 사람을 아시나요?"

"직접 아는 사이는 아니지만." 신사가 대답했다. "젊은이가 날 불러 세우기 조금 전에 그 사람을 우연히 만났소. 그 사람 말을 믿어도 괜찮을 거요. 아마 소령이 곧 이 거리를 지나갈 거요. 그 동안 여기 계단에 앉아서 당신 말벗이 되어드리지. 당신 두 사람이 만나는 걸 지켜보고 싶은 묘한 호기심이 생겨 그러오."

그래서 그는 계단에 앉아 곧 로빈과 활발히 이야기를 주고받기 시작했다. 그러나 그들의 대화는 오래 계속되지 못했다. 오래전부터 멀리서 들려오던, 고함을 지르는 것 같은 소리가 이제 아주 가까워져서 로빈이 그 이유를 묻느라고 이야기를 멈췄기 때문이다.

"도대체 저 함성은 뭘 의미하는 거죠? 정말이지 이 도시가 항상 이렇게 시끄럽다면 여기 사는 동안 제대로 잠도 못 잘 것 같네요."

"아마도 오늘 밤 소란을 피우는 친구들 서너 명이 나와 돌아다니고 있는 것 같소. 하지만 야경꾼들이 그 친구들 뒤를 곧 쫓아와서……."

"알아요. 그래서 내일 아침 해 뜰 때쯤은 차꼬를 차고 있겠지요." 로빈은 졸면서 램프를 들고 가던 야경꾼과의 만남을 떠올리면서 그렇게 신사의 말을 가로채며 말했다. "하지만 제 귀를 의심하지 않는다면 야경꾼 한 무리로도 저렇게 많은 폭도들을 막아내진 못할 것 같은데요. 적어도 저런 고함 소리를 내려면 천 명쯤은 필요할 테니 말이죠."

"한 사람이 두 얼굴을 가질 수 있듯이 여러 목소리도 가질 수 있지 않겠소?"

"글쎄요. 남자는 그럴지 몰라도 제발 여자는 안 그래야죠." 똑똑한 젊은이는 소령님의 가정부라던 여자의 유혹적인 목소리를 생각하며 그렇게 대꾸했다.

이제 가까운 거리 어디선가 트럼펫 소리가 뚜렷하게 계속 들려와서 로빈의 호기심이 강하게 높아졌다. 외침 소리만이 아니라 여러 악기가 불협화음을 이루며 간혹 터져 나오기도 했고 왁자하게 뒤섞인 웃음소리가 그 사이를 채우기도 했다. 로빈은 계단에서 일어나서 여러 사람들이 몰려오고 있는 것 같은 방향으로 열심히 시선을 돌렸다.

"정말 굉장한 축제 같은 게 벌어지고 있는 모양이군요. 로빈은 큰 소리로 외쳤다. "집을 떠나온 후로 웃을 일이 거의 없었는데 이런 기회를 놓치면 후회할 것 같은데요. 우리도 저 컴컴한 건물을 돌아나가서 같이 어울려 즐기는 게 어때요?"

"로빈, 앉아요. 다시 앉아 봐요." 신사는 로빈의 회색 옷자락에 손을 대며 대답했다. "지금 여기서 당신의 친척을 기다려야 한다는 사실을 잊었군. 이제 잠시 후면 그가 지나가리라고 믿을 만한 이유가 있소."

고함 소리가 가까워지자 주위가 어수선해졌다. 여기저기서 창문이 열리고 잠옷 차림의 많은 사람들이 갑자기 잠에서 깨어나 어리둥절한 표정으로 창문 밖을 내다보아서 한가하게 그들을 관찰할 수 있는 사람이면 누구나 그 어수선한 모습들을 볼 수가 있었다. 이집 저집에서 열심히 서로 이름을 부르는 소리가 들리고 모두들 무슨 일이냐고 묻고 있었지만 그 물음에 대답해 줄 수 있는 사람은 아무도 없었다. 옷을 어중간하게 걸쳐 입은 사람들이 좁은 통로로 내민 돌계단에 걸려 넘어지기도 하면서 알 수 없는 소요의 현장을 향해 급히 발걸음을 옮겼다. 고함 소리, 웃음소리, 음악적인 것과는 정반대인 불협화음의 나팔 소리들이 점점 더 큰 소음을 일으키며 다가오더니 드디어 백 야드 정도 떨어진 모퉁이를 돌아, 앞부분은 좀 흩어져 있지만 곧 촘촘히 들어선 한 떼의 무리들이 나타나기 시작했다.

"로빈, 이 군중 속을 당신 친척이 지나간다면 알아볼 수 있겠소?" 신사가 물었다.

"글쎄요. 확실히 보장할 수는 없죠. 하지만 여기 자리 잡고 서서 열심히 지켜봐야죠." 로빈은 대답하면서 보도 바깥 가장자리 쪽으로 내려갔다.

이제 수많은 사람들의 행렬이 거리를 메우며 교회 쪽으로 천천히 밀려오고 있었다. 그들 한가운데 말을 탄 사람이 모퉁이를 돌아오고 있었고 끔찍한 취주악대가 뒤를 바짝 따르면서 이제 건물에 막히지 않아 더 요란하게 들리는 불협화음의 소음을 쏟아내고 있었다. 그러자 붉은 불빛이 달빛을 흔들면서 한 무리의 횃불들이 길을 따라 나타났는데, 밝은 화염 때문에 오히려 그것들이 밝히고 있는 물건들이 가려졌다. 말을 탄 사람은 군복 차림에 칼을 뽑아들고 무리의 지휘자로 앞장서 오고 있었는데 사납고 얼룩덜룩한 모습이 마치 전쟁의 화신처럼 보였다. 한쪽 뺨의 붉은색이 불과 칼의 상징이라면 다른 쪽 뺨의 검은색은 불과 칼에 따르는 슬픔과 비탄을 나타내는 것 같았다. 그를 뒤따르던 무리 속에는 인디언 옷차림의 거친 모습들도 보이고 어떤 표본이 없이 잡다하고 괴상한 형상을 한 모습들이 마구 뒤섞여 있어서, 마치 열에 들뜬 머리에서 꿈이 터져 나와 한밤중의 밤거리를 휩쓸고 다니는 것처럼, 전체의 행렬은 뭔가 환상적인 분위기를 주었다. 수많은 사람들이 직접 행렬에 가담하지는 않고 박수나 치면서 행렬을 에워싸고 있었고, 어떤 여자들은 보도를 따라 달려가면서 즐거움에선지 두려움에선지 알 수 없는 날카로운 목소리로 혼란스럽고 둔중한 소음을 꿰뚫고 있었다.

"저 두 얼굴의 사나이가 나를 보고 있구나." 로빈은 자기 자신도 이 괴상한 축제의 한 부분을 이루기로 되어 있는 것 같은 분명치는 않지만 뭔가 마음이 편치 않은 생각을 하며 중얼거렸다.

지휘자는 말안장에서 몸을 돌리더니 말이 천천히 시골 젊은이의 옆을 지나갈 때 그의 얼굴을 빤히 응시했다. 로빈이 그 이글거리는 눈에서 시선을 뗄 때, 그 앞으로 취주악대가 막 지나가고 횃불 행렬이 가까이 다가왔다. 그러나 밝은 횃불들의 너울댐은 그가 꿰뚫어볼 수 없는 어떤 막을 이루고 있는 것 같았다. 이따금 자갈길 위를 굴러가는 바퀴의 덜커덩거리는 소리가 귀에 들려오고 한 사람의 모습이 이따금 어릿어릿 나타났다가는 밝은 불빛 속으로 빨려 들어가곤 했다. 한 순간이 지나자 지휘자가 우레 같은 목소리로 정지 명령을 내렸다. 트럼펫들이 끔찍한 소리를 토해낸 후 잠잠해지고 사람들의 웃고 떠드는 소리가 사라져가면서 침묵에 가까운 웅얼거림만이 남았다.

로빈의 눈 바로 앞에는 덮개를 벗긴 수레 한 대가 멈춰 서 있었다. 거기, 횃불들이 가장 밝게 타오르는 곳에, 거기, 달빛이 대낮처럼 환히 비치는 곳에, 그곳에, 타르와 깃털을 근엄하게 바르고 그의 친척 몰리네 소령이 앉아 있는 것이었다!

　당당하고 큰 몸집과 모습이 말해 주듯 그는 흔들림 없는 정신을 소유한 나이 지긋한 점잖은 신사였다. 그러나 정신이 흔들림 없다 하더라도 그의 적들은 그 정신을 흔들어놓는 방법을 알고 있었다. 얼굴은 이미 죽음처럼, 아니 시체처럼 해쓱해 보였고, 넓은 이마는 고통으로 일그러져 눈썹이 어두운 회색 선을 이루고 있었으며, 충혈된 눈은 거칠었고 떨리는 입술엔 흰 거품이 엉겨 있었다. 온몸은 계속되는 경련으로 흔들리고 있었는데 끔찍한 굴욕의 상황에서도 그의 자존심은 떨림을 진정시키려고 애쓰고 있었다. 그러나 아마도 가장 심한 고통은 그의 눈이 로빈의 눈과 마주친 것이었으리라. 젊은이가 점잖게 희어진 그 머리의 굴욕적인 모멸을 지켜보고 서 있을 때 그는 금방 그 젊은이를 알아본 게 틀림없었다. 그들은 침묵 속에서 서로를 바라보았다. 동정심과 공포가 뒤섞여 로빈은 무릎이 후들거리고 머리카락이 쭈뼛했다. 그러나 곧 뭔가 알 수 없는 흥분이 그의 마음을 사로잡기 시작했다. 그날 밤에 겪었던 갖가지 이상한 일들, 예기치 못했던 이 군중들, 횃불들, 소음들과 뒤따른 침묵, 군중들에게 모욕을 당한 친척의 유령 같은 모습, 이 모든 것이, 그리고 더욱이 이 모든 장면에 담겨 있는 강한 조롱감에 대한 인식이 그에게 일종의 정신적 취기 상태 같은 영향을 준 것이었다. 그 순간 늘쩍지근하고 뭔가 즐거워하는 듯한 목소리가 귀에 들려와서 그는 본능적으로 그쪽으로 몸을 돌렸다. 교회 모퉁이의 바로 뒤에 램프를 든 야경꾼이 서서 눈을 비비며 젊은이의 멍한 표정을 졸리듯 즐기고 있는 것이었다. 그러자 은방울을 굴리는 듯한 웃음소리가 들리며 한 여자가 그의 팔을 잡아끌었다. 그의 눈은 장난기 담긴 여자의 눈과 마주쳤다. 주홍빛 페티코트의 그 여자였다. 또 날카롭고 카랑카랑 메마른 웃음소리가 그의 기억을 되살렸는데, 머리 위로 흰 앞치마를 두르고 군중들 틈에서 뒷발굽을 들고 서 있는 예절 바른 주막집 주인의 모습이 보이는 것이었다. 마지막으로, 많은 사람들의 머리 위로 큰 웃음소리가 내려앉았는데 웃음 중간에 음침하게 들리는 두 번의 헛기침 소리가 이렇게 끼어들었다. "하, 하, 하, 에헴 에헴, 하, 하, 하!"

그 소리는 맞은편 큰 건물의 발코니에서 들려왔다. 로빈은 그쪽으로 시선을 돌렸다. 고딕풍의 창문 앞에, 넓은 가운을 두르고, 잿빛 가발을 침실 모자로 바꿔 이마에서 뒤로 젖혀 쓰고 실크 양말을 다리에 걸친 채 그 노인이 서 있는 것이었다. 반들반들 윤이 나는 엄숙한 늙은 얼굴에 떠오른 즐거운 표정은 마치 묘비에 새겨 넣은 재미있는 글귀처럼 보였다. 그러자 로빈의 귀에는 이발사들의 목소리, 주막 손님들의 목소리, 그리고 그날 밤 자신을 조롱한 모든 사람들의 목소리가 들리는 것 같았다. 그 웃음소리들은 마치 전염병처럼 사람들 사이로 퍼져나가다가 갑자기 로빈을 사로잡았다. 로빈은 큰 소리로 웃어젖혔고 그 소리는 길을 통해 메아리쳤다. 모두들 배를 붙잡고 웃었고 모두들 허파에 바람이 든 것처럼 웃어댔지만 로빈의 웃음소리가 그중에서 가장 크게 들렸다. 모든 사람들이 즐거워 웃는 소리가 하늘 높이 치솟아오르자 구름의 요정들이 달빛 비치는 은빛 구름 사이로 빠끔히 내려다보았다. 그리고 달의 주인은 멀리서 들려오는 인간의 함성을 들으며 이렇게 중얼거렸다. "아하, 오늘밤 지구에서는 즐거운 잔치가 벌어진 모양이로군."

폭풍우치듯 하던 소리가 잠깐 잠잠해지자 지휘자는 신호를 보냈고 행렬은 다시 움직이기 시작했다. 더 이상 힘은 없지만 고통 속에서도 당당함을 잃지 않으려 한 죽은 제왕을 비웃으며 무리지어 가는 악마들처럼 그들은 그렇게 나아갔다. 한 노인의 가슴을 마구 짓밟으며 거짓 위엄 속에서, 무의미한 함성 속에서, 그리고 광란의 희열 속에서, 그들은 그렇게 나아간 것이다. 격렬한 회오리가 휩쓸고 간 뒤 거리엔 이제 침묵만이 남아 있었다.

"로빈, 아니 꿈을 꾸고 있소?" 신사가 젊은이의 어깨에 손을 얹으며 물었다.

로빈은 깜짝 놀라며 사람들의 물결이 지나가는 동안 본능적으로 매달려 있던 돌기둥에서 팔을 풀었다. 그의 뺨은 핼쑥했고 눈도 저녁 때처럼 그렇게 생기가 있어 보이지 않았다.

"저, 나루터 가는 길을 좀 가르쳐 주시겠습니까?" 그는 잠시 후에 그렇게 말했다.

"그럼 이제 질문의 주제를 바꾼 거요?" 신사가 웃으며 말했다.

"아니 그저," 로빈은 다소 메마르게 대답했다. "아저씨 덕분에 그리고 다른 사람들 덕분에 결국 제 친척을 만나게 되었지만 아마 제 얼굴을 다시 보고 싶어 하지 않으실 거예요. 도시 생활이 지겨워지기도 하고요. 저, 나루터 가는 길 좀 알려주시겠습니까?"

"이봐요 로빈, 안 되오. 적어도 오늘밤엔 안 되오." 신사가 말했다. "며칠 있어 보다가 그래도 정히 돌아가고 싶다면 그땐 빨리 돌아가도록 도와주겠소. 만일 우리랑 같이 여기에 계속 머물기로 한다면 아마도 당신은 똑똑한 젊은이니까 당신 친척인 몰리네 소령 도움 없이도 성공적으로 자립할 수 있을 것이오."

Young Goodman Brown
젊은 시골신사 브라운

 젊은 시골신사 브라운은 해질녘 세일럼 마을 거리로 길을 나섰다. 그는 집 문을 나설 때 고개를 돌려 젊은 아내 페이스와 이별의 키스를 나누었다. 자신에게 잘 어울리는 페이스란 이름의 그녀는 귀여운 얼굴을 한길로 내민 채 모자의 연분홍빛 리본을 나부끼며 시골신사 브라운에게 말했다.
 "여보, 제발 해 뜰 때까지 여행을 미루시고 오늘 밤은 당신 잠자리에서 주무세요. 외로운 여자는 좋지 않은 꿈과 불길한 생각에 시달려 자신이 무서워지기도 한답니다. 여보, 일 년 열두 달 많은 밤이 있지만 오늘 밤만은 저와 함께 있어 주세요." 그녀의 입술이 그의 귀에 다가가 부드럽고 애처로운 목소리로 속삭였다.
 "사랑하는 나의 페이스, 일 년 열두 달 수많은 밤이 있지만 오늘 밤만은 당신과 함께 지낼 수가 없구려. 당신이 여행이라고 했는데, 집을 나갔다 돌아오는 나의 이번 여행은 지금과 해 뜰 녘 사이에 마쳐야만 하오. 사랑하는 나의 어여쁜 아내, 당신이 설마 나를 벌써 의심하는 건 아니겠지? 우리가 결혼한 지 아직 석 달밖에 안 됐잖소." 젊은 시골신사 브라운이 대답했다.
 "그렇게 말씀하시다니, 그럼 하나님의 보살핌으로 편히 다녀오셔요." 연분홍빛 리본을 단 페이스가 말했다. "당신이 돌아오실 때까지 모든 일 무사하기를 빌겠어요!"
 "그리 되기를!" 시골신사 브라운이 말했다. "여보, 사랑하는 페이스. 해질 무렵엔 꼭 기도를 올리고 잠자리에 들어요. 그럼 아무 해가 없을 거요."
 그렇게 그들은 헤어졌다. 그 젊은이가 자기 길을 계속 가면서 교회가 있는 길목을 막 돌아가려다가 뒤를 돌아보니, 리본의 연분홍빛과는 어울리지 않게 우울한 표정으로 그에게 눈길을 주고 있는 페이스의 얼굴이 보였다.
 '가엾은 페이스!' 그는 마음속 깊이 괴로움을 느끼며 생각했다. '이런 일로 그녀 곁을 떠나다니, 나는 이리도 한심한 녀석이란 말인가! 그녀는 악몽 이야기를 하지 않았던가. 그녀가 이야기할 때, 오늘 밤 무슨 일이 일어날지 경고하는 꿈이라도 꾼 것처럼 근심어린 표정이 뚜렷하지 않던가. 그러나 안 되지. 아내 같은 사람이라면 오늘 밤 일은 생각만 해도 가슴이 얼어붙을 거야. 아내는 지상에 살지만 축복받은 천사 같은 여자가 아닌가. 오늘 밤 일만 끝나면 아내 곁에 꼭 붙어 있다가 천당까지 따라가야지.'

이렇게 앞날에 대해 훌륭한 결심을 하자, 시골신사 브라운은 눈앞에 닥친 사악한 일을 위해 좀 더 서둘러 가는 것이 마땅하다는 생각이 들었다. 그는 숲 속의 음울한 나무들 때문에 더 어두운 느낌을 주는 황량한 길을 따라 걸었다. 숲은 그가 가는 오솔길이 계속될 수 있을 만큼만 좁게 열리다가는 곧 뒤에서 닫히는 것 같았다. 참으로 호젓한 길이었다. 호젓한 느낌이지만 예사롭지는 않았다. 수많은 나무들과 머리 위의 굵은 가지들 뒤에 누군가 숨었는지도 모른다는 느낌을 떨칠 수 없는 묘한 것이었다. 그리하여 나그네는 보이지 않는 군중들 속을 혼자 외롭게 지나가는 듯한 느낌을 지울 수 없었다.

"나무마다 그 뒤에 악마 같은 인디언들이 있을지도 모르지." 시골신사 브라운은 이렇게 중얼거렸다. 그는 두려움에 찬 시선으로 흘낏 뒤돌아보면서 말을 이었다. "악마 녀석이 내 곁에 와 있으면 어쩌지!"

고개를 돌려 뒤를 보면서 그는 구부러진 길목을 지나갔다. 그가 다시 앞을 보자 고목의 등걸에 앉아 있는 사람의 모습이 보였다. 엄숙하고 깔끔한 차림의 그는 시골신사 브라운이 다가오자 일어서더니, 그와 함께 나란히 길을 걸었다.

"늦었구먼, 시골신사 브라운." 그가 말했다. "내가 보스턴을 지나올 때, 올드 사우스의 시계탑에 종소리가 나고 있었다네. 그러고 나서 꼭 5분이 지났어."

"페이스가 붙잡는 바람에 늦었습니다." 떨리는 목소리로 젊은이가 대답했다. 아주 예측 안 한 바는 아니었지만, 그럼에도 동행자가 갑자기 나타났기 때문에 놀라 목소리가 떨린 것이다.

이윽고 숲에 땅거미가 내렸으며, 두 사람은 어두운 가운데서도 유난스럽게 어두운 곳을 지나가고 있었다. 아주 가까이 다가가 자세히 살펴보면, 나중에 나타난 나그네는 나이가 쉰 살쯤 들어 보였고, 시골신사 브라운과 같은 계층의 사람인 것 같았다. 그리고 그는 시골신사 브라운과 매우 닮아 보였는데, 생김새보다는 표정에서 더욱 그런 느낌을 주었다. 비록 생김새는 닮지 않았지만 누가 보아도 그들을 아버지와 아들 사이라고 했을 것이다. 연장자는 젊은이와 마찬가지로 차림새가 간소하고 태도 또한 마찬가지로 꾸밈없지만, 세상사를 잘 아는 사람한테 느낄 수 있는 말로 표현하기 어려운 분위기를 갖고 있었다. 일 때문에 주지사의 만찬회에 참석하거나 윌리엄 왕의 궁정에 가더라도 어색하지 않을 그런 분위기를 풍겼던 것이다. 그런데 그의 지팡이가 유난히 눈길을 끌었다. 그 지팡이는 커다란 검은 뱀과 비슷하게 생겼는데, 아주 기묘하게 만들어져 있어서 마치 살아있는 뱀이 몸을 비틀면서 꿈틀꿈틀 움직이는 듯했다. 이는 물론 흐릿한 빛 때문에 일어나는 착시 현상에 따른 것이었다.

"서두르게, 브라운 군." 동료 나그네가 말했다. "여행을 막 시작한 셈인데 속도가 느리군. 그렇게 쉬 피로를 느끼면 내 지팡이를 쓰게나."

"여보세요." 젊은이는 느린 발걸음을 아주 멈추며 말했다. "여기서 당신을 만나는 걸로 약속은 지켰으니, 전 온 곳으로 되돌아가고 싶습니다. 당신이 잘 알고 계신 그 일에 관여하기가 꺼려지는군요."

"그런가?" 뱀 지팡이의 사나이가 미소를 거두고 대꾸했다. "그렇지만 그 건 계속 걸어가면서 따져 보세. 만일 내가 자네를 납득시키지 못하면 자넨 되돌아가도 좋아. 우리는 이제 겨우 숲 속에 들어섰을 뿐이네."

"아니, 너무 깊이 들어온 것이 아닌가요." 시골신사 브라운은 자기도 모르게 걸음을 옮기며 소리쳤다. "제 아버지는 이런 일로 숲 속에 들어가신 적이 없습니다. 제 아버지의 아버지도 그런 적은 없으셨죠. 순교자들께서 살아 계시던 시대 이래로 우리 가문은 줄곧 정직하고 착한 기독교인의 가풍을 이어 왔습니다. 그러니 브라운이란 성 씨를 가진 사람으로 이런 길을 택해 걷는 것은 제가 처음입니다. 그리고 또……."

"자네가 나 같은 사람과 관계를 유지하는 첫 번째 사람이라고 말하려는 것이지?" 연장자는 브라운이 미처 하지 못한 말을 거들면서 이렇게 말했다. "잘 말했네, 시골신사 브라운! 나는 그 어떤 청교도들하고 잘 알고 지냈듯이 자네 가족들과도 잘 알고 지냈다네. 이거 뭐 시시한 이야기하자고 하는 말은 아니야. 난 보안관인 자네 할아버지를 도와드렸다네. 자네 할아버지가 세일럼 거리를 돌아다니며 아주 혹독하게 퀘이커 신자 여자에게 회초리질을 할 때 그랬었다네. 킹 필립 전투 때 자네 아버지가 인디언 마을에 불을 지를 때, 내 난로에서 일으킨 송진 불등걸을 갖다 준 것도 바로 날세. 자네 할아버지도 아버지도 다 나의 훌륭한 친구들이었어. 유쾌하게 이 길을 따라 산책하다가 한밤이 지나 즐거운 마음으로 돌아가는 때가 많았지. 난 그들을 위해서라도 기꺼이 자네와 친구가 되고 싶네."

"당신이 말한 대로라면, 그분들이 그 일에 대해 제게 말해 주지 않은 게 이상하군요." 시골신사 브라운이 대답했다. "하기야 그런 소문이 조금이라도 퍼지는 날엔 뉴잉글랜드에서 쫓겨났을 테니 이상할 것도 없군요. 하지만 우리 가족들은 열심히 기도하고 착한 일만 하는 사람들입니다. 그런 사악한 일을 견뎌낼 사람들이 아니에요."

"사악한 일이든 아니든 간에, 이곳 뉴잉글랜드에서 나와 알고 지내는 사람이 많다네." 뒤틀린 지팡이를 가진 나그네가 말했다. "수많은 교회의 집사들이 나와 성찬식에 쓰는 포도주를 마시고 취한 적이 있다네. 이 마을 저 마을의 행정위원들이 나를 의장으로 추대한 바 있고, 주 의회의 절대 다수가 내 이권을 확고하게 지지하고 있지. 주지사와 나 사이의 관계도 말이야. 그런데 이건 주 기밀이라 말하기가 어렵군."

"그럴 수가 있나요?" 시골신사 브라운은 태연히 걷고 있는 동반자에게 당혹스러운 눈길을 보내며 소리쳤다. "하지만 전 주지사나 의회하고는 아무런 관계가 없는 사람입니다. 그 사람들에게야 그들 나름의 생활방식이 있을 테고, 그것이 저처럼 소박한 서민의 생활방식일 순 없겠지요. 그리고 만일 제가 당신과 함께 간다면, 세일럼 마을의 그 믿음 깊은 노인장이신 목사님을 어떻게 쳐다볼 수 있겠습니까? 아, 안식일이나 설교하는 날에 목사님의 목소리를 들어도 사시나무 떨 듯이 몸이 떨릴 거예요."

나이 든 나그네는 진지한 표정으로 여기까지 듣더니, 더 이상 참을 수 없다는 듯 웃음을 터뜨렸다. 웃으면서 몸을 어찌나 심하게 흔들어댔던지, 뱀 같은 그의 지팡이가 실제로 꿈틀거려 그에게 공감을 표시하는 것 같았다.

"하! 하! 하!" 그는 여러 차례 큰 소리로 웃은 다음 마음의 평정을 되찾고 이렇게 말했다. "계속해 보게, 브라운 군. 계속해 보란 말이야. 하지만 제발 웃다가 죽는 일이 없도록 해 주게."

"그럼, 바로 제 얘기의 결말을 짓죠." 시골신사 브라운이 몹시 초조한 마음으로 말했다. "저에겐 아내 페이스가 있습니다. 이런 짓을 하는 것을 알면 제 아내의 가녀린 가슴은 터지고 말 거예요. 그럴 바엔 차라리 제 가슴이 터지는 게 낫겠지요."

"아니, 정 그렇다면 자네 갈 길을 가게나, 브라운 군." 나이 든 나그네가 말했다. "저기 우리 앞을 절뚝거리며 걷고 있는 저 노부인 같은 여자 스무 명에게 무슨 일이 생기든 페이스에게야 해가 돌아가서는 안 되지."

이렇게 말하면서 그는 지팡이로 길을 가던 여자를 가리켰다. 그런데 그 여자를 보니 시골신사 브라운이 어릴 때 교리 문답을 가르쳐줬던 바로 그 지극히 경건하고 모범적인 부인이 아닌가. 그녀는 지금도 시골신사 브라운에게 도덕적이고 영적인 문제가 있으면 목사님이나 굿킨 집사와 함께 상담을 해주는 부인이었다.

"저 클로이즈 아주머니가 한밤중에 이처럼 황량한 곳까지 와 있다니 참으로 놀라운 일이군요." 그가 말했다. "그렇지만, 정말이지, 괜찮으시다면 숲 속을 통과해 저 신앙심이 두터운 부인을 앞질러 갈 수 없을까요? 저 부인과 당신은 서로 모르는 사이일 테니, 제가 누구와 동행하고 있는지, 어디로 가는지 물을지도 몰라요."

"그렇게 하게나." 함께 길을 걷던 이가 말했다. "그럼 숲 속으로 들어가게. 난 이 길을 계속 갈 테니."

그리하여 젊은이는 숲 속으로 들어가게 되었다. 숲 속을 지나면서도 젊은이는 신경을 써서 그의 동행자에게 계속 눈길을 주었다. 그는 길을 따라 부드럽게 앞으로 나아가더니, 드디어 노부인과 지팡이 하나만큼의 거리도 채 안 되는 곳에 이르게 되었다. 그 사이 노부인은 나이 많은 부인답지 않게 아주 빠른 속도로 거침없이 앞으로 나갔다. 그녀는 길을 걸으면서 알아듣기 힘든 말로 뭐라 중얼거리고 있었다. 기도임에 틀림없었다. 시골신사 브라운과 함께 길을 걷던 이가 지팡이를 내밀어 뱀꼬리와 같은 부분으로 그녀의 말라서 쭈글쭈글해진 목덜미를 건드렸다.

"악마야!" 신앙심 깊은 노부인이 비명을 질렀다.

"그렇게 말하는 걸 보니, 클로이즈 부인께서 자기 친구를 알아보는 게로군." 이렇게 말하며 그는 자신의 꿈틀거리는 지팡이에 기댄 채 그녀를 마주

보았다.

"아니, 정말이군요. 정말, 존경하는 당신이군요." 훌륭한 부인이 이렇게 소리쳤다. "정말, 당신이지만, 지금의 그 멍청한 녀석 할아버지인 나의 옛 친구 시골신사 브라운의 모습을 하고 계시군요. 그런데 당신이 믿으실지 몰라도 이상하게도 내 빗자루가 없어졌어요. 사형을 면한 마녀 코리 부인이 훔쳐간 것 같아요. 그것도 내가 야생 셀러리와 양지꽃과 투구꽃의 즙을 온몸에 바르고 있는 사이에 말이죠."

"아주 고운 밀가루와 갓난아이의 지방(脂肪)을 함께 섞은 것이겠지." 옛날 시골신사 브라운의 모습을 한 그가 이렇게 말했다.

"아, 당신은 비법을 아시는군요." 늙은 부인이 수선을 떨며 말했다. "그래서, 아까 말했다시피, 모임에 갈 모든 준비를 하고 보니 타고 갈 말이 없잖아요. 결국 걸어서 가기로 했죠. 오늘 밤엔 멋진 젊은이를 성찬식에 데려올 거라는 말들이 있던데요. 어쨌거나 존경하는 당신께서 이럴 때 팔을 빌려주시면 눈 깜짝할 사이에 그곳에 도착할 텐데."

"그건 좀 어려운데." 그녀의 친구가 대답했다. "팔을 빌려주진 못해도 클로이즈 부인이 원한다면야 여기 이 지팡이라도 빌려 드리지."

그렇게 말하며 그는 지팡이를 그녀 발치에 던져주었다. 그 발치에서 지팡이는 마치 예전에 지팡이 주인이 이집트 마술사에게 빌려주었던 지팡이들 가운데 하나인 것처럼 살아서 움직이는 듯이 보였다. 그러나 이 사실을 시골신사 브라운은 눈치채지 못했다. 그가 놀라움에 눈을 들어 하늘을 쳐다보고 다시 내려다보았을 때는 클로이즈 부인도 뱀 같은 지팡이도 사라지고 없었다. 그곳에는 다만 시골신사 브라운의 동행자였던 그만이 홀로 있을 뿐이었다. 그는 아무 일도 없었다는 듯 조용히 시골신사 브라운을 기다리고 있었던 것이다.

"아까 그 부인께서 저에게 교리 문답을 가르쳐 주었어요." 시골신사 브라운이 이렇게 말했다. 이 간단한 말에는 깊은 뜻이 담겨 있었다.

그들은 계속 길을 걸었다. 걷는 동안 연장자는 동반자를 재촉하여 빠른 걸음으로 쉬지 않고 길을 가도록 하였다. 그때 그의 재촉은 워낙 절묘해서, 그 자신이 하는 것이라기보다는 듣는 사람의 가슴에서 솟아나오는 것만 같았다. 길을 가면서 나이 든 나그네는 지팡이 대신으로 쓰려고 단풍나무 가지를 하나 꺾어서는 저녁 이슬에 젖은 나뭇잎과 잔가지들을 뜯어내기 시작했다. 이상하게도 그의 손길이 닿자 나뭇잎과 잔가지들은 일주일 동안 햇볕을 쬔 것처럼 시들고 말라비틀어졌다. 그렇게 둘은 매우 빠른 걸음으로 계속 앞을 향해 걸었으며, 이윽고 음산한 빈터에 다다랐다. 그런데 갑자기 시골신사 브라운이 그 빈터에 있는 나무 그루터기에 걸터앉더니 더 이상 가려고 하지 않았다.

"여보세요, 결심이 섰습니다." 그가 단호하게 말했다. "이런 일로는 한 걸음도 더 나가지 않겠습니다. 천국으로 갈 줄 알았던 그 늙은 부인이 가엾게도 악마에게 가기로 했다고 한들 저와 무슨 상관이 있겠습니까? 사랑하는 페이스를 버리고 그 노부인을 따라갈 이유가 없죠."

"자네는 차차 이 일에 대해 좋게 생각하게 될 걸세." 그의 친구가 차분하게 말했다. "여기 앉아서 잠시 쉬게나. 다시 가고 싶은 마음이 들면 내 지팡이가 자넬 도와줄 걸세."

더 이상 말을 하지 않은 채 그는 자신의 동행자에게 단풍나무 지팡이를 던져 주고는 마치 깊어가는 어둠 속으로 사라지기라도 하듯 재빠르게 시야에서 벗어났다. 젊은이는 잠시 길가에 앉아서 자신에게 대단한 칭찬을 보냈다. 이제 아침 산책을 할 때 양심에 거리낌 없이 목사님을 대할 수 있게 되었고, 믿음이 깊은 늙은 집사 굿킨의 눈길에도 움츠러들지 않고 떳떳하게 마주볼 수 있겠다고 생각했다. 그리고 이제 밤을 아주 평온한 잠으로 채울 수 있게 되었다고 생각했다. 지금까지 그렇게도 사악하게 보냈던 밤을 이제는 페이스의 팔 안에서 깨끗하고 달콤하게 보낼 수 있게 된 것이다. 이런 즐겁고 갸륵한 생각에 잠겨 있는 동안 시골신사 브라운은 길을 따라 달려오는 말발굽 소리를 들었다. 그 소리를 듣자 그는 숲 속으로 몸을 숨기는 것이 좋겠다고 생각했다. 비록 지금 그만두기는 했지만 그를 여기까지 몰고 왔던 일에 죄책감을 느꼈기 때문이었다.

이윽고 말발굽 소리와 말을 탄 사람들의 목소리가 가까운 곳에서 들렸다. 두 노인이 다가오면서 엄숙한 목소리로 진지하게 대화를 나누었다. 말발굽 소리와 사람의 목소리가 뒤섞인 채로 젊은이가 숨어 있는 곳과 가까운 길을 따라 들려왔다. 그러나 바로 그곳은 어둠이 특히 깊었기 때문에 그 나그네들과 말은 보이지 않았다. 그들의 몸이 길가의 잔가지를 스치고 지나갔지만,

한 조각의 밝은 하늘에서 비스듬히 비쳐온 으릿한 빛을 그들이 순간적으로 나마 가로막으며 통과하는 모습을 볼 수 없었다. 시골신사 브라운은 웅크렸다가 발끝으로 일어서기도 하고, 나뭇가지들을 젖히고 할 수 있는 한 한껏 머리를 내밀어 보기도 했지만, 그림자조차 분별할 수 없었다. 이런 일이 가능할는지 모르겠지만, 조용히 말을 몰고 가면서 이야기를 주고받던 두 사람의 목소리는 다름 아닌 목사님과 굿킨 집사의 것임이 틀림없다고 맹세할 수 있었기 때문이었다. 성직 임명식이나 성직자 회의에 참석하러 갈 때 그들은 항상 그런 식으로 이야기를 주고받지 않았던가! 그들의 목소리라는 확신이 들자 시골신사 브라운은 그만큼 더 초조해졌다. 아직 이야기를 알아들을 수 있는 거리에서 말을 멈추고 한 사람이 가느다란 실가지를 쥐었다.

"목사님, 두 모임 가운데 하나를 택하라면, 오늘 밤 모임에 빠지기보다는 차라리 성찬식에 빠지겠습니다." 집사인 듯한 목소리의 주인공이 말했다. "사람들 말로는 우리 회원들 가운데 팔머스나 그 너머에 사는 사람들도 오늘 모임에 온다고 하더군요. 커넥티커트나 로드아일랜드에서 오는 사람도 있다고 합니다. 게다가 인디언 주술사들도 여러 명 온다고 해요. 그놈들은 자기네 나름의 방식에 따른 것이긴 하지만 우리들 가운데 최고로 칠 수 있을 만큼 악마에 대해 잘 안다고 합니다. 더욱이 젊은 미모의 여성 한 사람을 오늘 모임에 데려온다고 하더군요."

"좋습니다, 굿킨 집사!" 귀에 익은 목사의 엄숙한 음성을 지닌 자가 대답했다. "서둘러 말을 몹시다. 안 그러면 늦겠어요. 아시겠지만 내가 거기 도착하기 전까지는 아무 일도 시작할 수 없을 테니까요."

멈추었던 말발굽 소리가 다시 들리기 시작했다. 허공을 울리던 야릇한 그 목소리들이 교회 모임이 있었던 적도 없고 한 사람의 기독교인도 기도한 적이 없던 숲을 가로질러 사라져 갔다. 그렇다면 도대체 이 성스러운 사람들이 어디를 향해 저리 깊은 이교도의 황야 속으로 들어가는 것일까? 젊은 시골신사 브라운은 가슴의 무거운 병에 짓눌린 채 땅에 쓰러져 기절할 것 같아서, 나무 하나에 몸을 의지하였다. 그는 자기 위에 실제로 하늘이 있는지 의심스러워 위를 쳐다보았다. 여전히 짙푸른 하늘이 있었고 그 안에서 별이 빛나고 있었다.

"위에 하늘이 있고 지상에 페이스가 있는 한, 나는 계속 결연하게 악마와 싸울 것이다!" 시골신사 브라운이 외쳤다.

그가 깊고 푸른 하늘을 여전히 바라보면서 기도를 올리려고 손을 들었을 때, 바람 한 점 없는데도 구름 하나가 하늘 한가운데를 급히 가로질러 가더니 반짝이는 별들을 가려 버렸다. 하늘 한가운데를 빼놓고는 아직 푸른 하늘이 보였으나, 곧이어 검은 구름 덩이가 북쪽을 향해 재빠르게 하늘을 스치고 지나갔다. 바로 그 순간, 마치 구름 속 깊은 곳에서 흘러나오는 듯이, 하늘 저 높은 곳에서 뒤섞여 있는 듯한 확실치 않은 사람들의 목소리가 들려왔다. 언뜻 그 소리를 듣고 젊은이는 거기에서 자신의 마을에 사는 남자들과 여자들의 억양을 분별해 낼 수 있다고 생각했다. 신앙심이 두터운 사람이건 불경스러운 사람이건, 그가 성찬식에서 만났거나 술집에서 소란을 피우는 것을 본 적이 있는 그런 사람들의 목소리가 들려왔던 것이다. 그러나 소리는 곧 아주 어렴풋해져서 그가 들었던 것은 다름 아닌 숲에서 나오는 웅얼거림, 바람도 없이 속삭이는 이 오래된 숲에서 나오는 웅얼거림이 아닌가 하는 의심이 들기도 했다. 이윽고 한낮의 세일럼 마을에서 매일같이 듣던 귀에 익은 어조의 목소리들이 좀 더 강하게 밀려나와 그를 엄습하였다. 이런 소리가 한밤에 구름에서 나오다니, 이제까지 결코 겪어 보지 못한 일이었다. 그러한 목소리들 가운데 한 젊은 여자의 목소리가 들렸는데, 뭔지 모를 슬픔에 젖어 있는 탄식조의 목소리였다. 그 목소리의 주인공은 얻어 봐야 슬픔만 더할 뿐인지도 모르는 호의를 청하는 듯하였다. 그리고 그 모든 보이지 않는 사람들이 성자이건 죄인이건 할 것 없이 모두 그녀에게 계속하도록 격려하는 것 같았다.

"페이스!" 고뇌와 절망에 찬 목소리로 시골신사 브라운은 소리쳤다. 그러자, 어쩔 줄 모르는 가여운 자들이 황야를 헤매며 그녀를 찾고 있는 것처럼, 숲 속의 메아리가 그를 흉내 내어 여기저기에서 페이스의 이름을 되불렀다.

이 불행한 남편이 숨을 죽이고 응답을 기다릴 때 슬픔과 분노, 공포의 외침은 여전히 한밤의 어두움을 꿰뚫고 있었다. 검은 구름이 하늘을 스치고 지나가면서 시골신사 브라운의 머리 위에 밝게 갠 고요한 하늘을 남겨놓는 순간, 비명소리 하나가 그 비명소리보다 더 큰 웅얼거림 속으로 잠겨들더니 어렴풋한 웃음이 되어 저 먼 곳으로 사라졌다. 바로 그때 무언가가 공중에서 가볍게 나부끼며 내려와서는 나뭇가지에 걸렸다. 젊은이가 그것을 잡고 보니 연분홍빛 리본이었다.

"나의 페이스는 가버렸구나!" 한순간 얼이 빠진 듯하더니 그가 소리쳤다. "이 땅 위에 선이란 것은 없다. 죄악이 곧 선이 아닌가. 자, 악마여, 이 세상은 바로 그대의 것이다."

그러고는 미칠 듯한 절망에 빠져 큰 소리로 오랫동안 웃고 나서 시골신사 브라운은 지팡이를 잡았다. 이윽고 그는 걷거나 달린다기보다는 숲을 따라 날아가는 것 같은 속도로 앞을 향해 나아갔다. 길은 점점 더 황량하고 거칠어졌으며, 그 자취가 흐릿해지더니 마침내 어렴풋한 자취마저 사라져 버렸다. 그는 결국 어두운 황야의 한복판에 남게 되었으나, 인간을 죄악으로 이끄는 본능의 힘에 끌려 계속 앞으로 달려 나갔다. 숲 전체는 끔찍한 소리로 가득 차 있었다. 나무들이 부딪히는 소리, 들짐승들의 울부짖음, 인디언들의 고함소리로 가득 차 있었던 것이다. 때로는 바람이 멀리서 들려오는 교회 종소리처럼 울려 퍼지고, 때로는 나그네 주위에서 요란하게 울부짖었다. 마치 온 자연이 그를 비웃는 것만 같았다. 그러나 그의 주변에 그 자신의 모습보다 더 공포감을 자아내는 것은 없었다. 그가 무엇에도 움츠러들지 않았던 것은 바로 그 때문이다.

"하! 하! 하!" 바람이 그를 비웃고 있을 때 시골신사 브라운도 바람을 따라 이렇게 웃어 젖혔다.

"어느 쪽의 웃음소리가 더 큰지 한번 들어보자. 너의 악마적 힘으로 나를 놀라게 할 생각은 마라. 마녀여, 덤벼라. 마법사도 덤벼라. 인디언 주술사, 너도 덤벼라. 악마 네 놈도 덤벼라. 여기 시골신사 브라운께서 나가신다. 이 브라운에게 겁을 주기에 앞서 네 놈들이 이 브라운을 보고 겁먹게 될 것이다."

사실 온갖 것들이 나타났다 없어졌다 하는 이 숲 전체를 통틀어 시골신사 브라운의 모습만큼이나 더 무시무시한 것은 있을 수 없었다. 그는 계속 검은 소나무들 사이로 날아가면서 미친 듯한 몸짓으로 지팡이를 휘둘러대는 동시에 때로는 신을 저주하는 무시무시한 말들을 내뱉기도 하고 때로는 엄청난 소리로 웃음을 터뜨리기도 하였다. 그의 웃음소리가 얼마나 엄청났는지 숲이 온통 그의 웃음으로 메아리치는 바람에 온갖 악마들이 그의 주위에서 웃어대는 것 같았다. 악마가 제 모습을 하고 있을 때보다 인간의 가슴 속에 들어가 몹시 분노하고 있을 때 그 모습은 더 끔찍한 법이다. 이처럼 악령에 사로잡힌 사나이가 제 갈 길을 급히 가다가 나무들 사이에서 몸을 떨면서 앞을 보니 붉은 불꽃이 타오르고 있었다. 마치 한밤에 숲 속의 빈터에 있던 벌목한 나무들의 몸통과 가지에 불을 붙이자 그 불이 하늘을 향해 섬뜩한 화염을 피워 올리는 것처럼 보였다. 그는 자신을 여기까지 계속 몰고 왔던 폭풍이 잠잠해진 사이 잠깐 멈춰 서서 찬송가와도 같은 노랫가락이 울려 퍼지는 것을 들었다. 그 가락은 멀리서 많은 사람들 목소리에 실려 엄숙하게 밀려왔다. 노랫가락은 그가 아는 것이었다. 다름 아닌 마을 교회당의 성가대에서 울려나오던 귀에 익은 가락이었다. 노랫가락이 힘에 겨운 듯 무겁게 사라진 뒤 합창이 계속되었는데, 이는 사람들의 입에서 흘러나오는 것이 아니었다. 어두워진 황야에서 모든 소리들이 무시무시한 조화를 이루며 울려 퍼지는 가운데 들리는 그런 소리였다. 시골신사 브라운은 울부짖었지만 그의 울부짖음은 황야의 울부짖음에 섞여 그의 귀에 들리지 않았다.

정적을 틈타 그는 불빛이 그의 눈을 비출 때까지 앞으로 살금살금 다가갔다. 숲의 어둠에 둘러싸인 빈터 한쪽 끄트머리에 바위가 하나 솟아 있었고, 그 바위 위에는 사람의 손길로 이루어진 것이라고 할 수 없는 투박한 제단 또는 설교단 비슷한 것이 있었다. 소나무 네 그루가 그 주위를 둘러싸고 있었는데, 마치 저녁 예배 시간의 촛불처럼 나무의 아래쪽은 온전한 채 꼭대기 부분만 불길에 휩싸여 타오르고 있었다. 바위의 높이보다 더 높게 자란 무성한 잎들이 완전히 불길에 휩싸여서 밤하늘 높이 타오르고 있었고, 그 불길은 어쩌다 발작적으로 거친 들 전체를 비춰 주기도 하였다. 늘어진 가지며 잎이 무성한 줄기마다 불길에 싸여 있었던 것이다. 붉은 불길이 치솟아 오르다가 잦아들면 그에 맞춰 수많은 집회 군중들의 모습이 환하게 드러났다가 다시 어둠 속으로 사라지곤 하였다. 그리고 불길이 어둠 속에서 되살아나면 이 고적한 숲의 한복판은 다시금 사람들의 모습으로 가득 차게 되었다.

"어둠의 옷에 몸을 감싼 장중한 무리들이군." 시골신사 브라운이 외쳤다.

그들의 모습은 정말로 그렇게 보였다. 불길이 어둠과 빛 사이를 오락가락하는 동안 사람들의 얼굴이 드러났는데, 때로는 다음 날 그 지방의 자문위원회 모임에서 만날 수 있는 사람들의 얼굴도 보였고, 안식일마다 경건한 표정으로 하늘을 올려다보다가 땅 위의 성스럽고도 성스러운 설교단에서 자애로운 표정으로 운집한 이들을 내려다보던 사람들의 얼굴도 보였다. 어떤 사람들이 확인한 바에 따르면 그곳에 주지사 부인도 있었다. 적어도 그곳에는 주지사 부인이 잘 아는 지체 높은 부인네들과 명성이 자자한 남편들의 아내들, 홀어미들, 수많은 서민들, 노처녀들, 덕망 높은 모든 사람들이 모여 있었고, 엄마에게 들킬까봐 마음을 졸이는 어여쁜 젊은 처녀들도 있었다. 어두운 황야 위를 발작적으로 비추는 불꽃이 시골신사 브라운의 눈을 현혹시킨 것인지도 모른다. 아니면 남다르게 고결해서 세일럼 마을 사람들에게 명성이 자자한 교회의 신도들 수십 명을 그가 진짜 본 것인지도 모른다. 믿음이 깊은 늙은 집사 굿킨이 도착해서, 그가 존경하는 성자와도 같은 경이로운 목사 곁에서 기다리고 있었다. 그러나 이 엄숙하고 존경받을 만한 경건한 사람들과 교회의 장로들, 정숙한 부인들과 갓 피어난 처녀들이 있는가 하면, 그들과는 어울리지 않는 사람들이 함께 있었다. 그곳에는 방탕한 삶을 사는 남자들, 명성에 금이 간 여자들, 비열하고 더러운 모든 악에 몸을 내맡기고 있을 뿐만 아니라 끔찍한 죄악을 저질렀다는 혐의까지 받고 있는 딱하고 불쌍한 사람들이 함께 있었던 것이다. 선한 사람들이 사악한 사람들한테서 몸을 피하려고 하지도 않고 죄인들이 성자들을 보고 부끄러워하지도 않는 것이 참으로 이상하게 보였다. 게다가 얼굴이 핼쑥한 그들의 적들 가운데는 인디언 사제나 주술사도 여기저기 흩어져 있었는데, 그들은 때때로 영국의 마술사들에게 알려진 것보다 훨씬 더 끔찍한 주술로 자기들이 살던 곳을 위협하는 사람들이었다.

'그런데 페이스는 어디에 있지?' 시골신사 브라운은 생각에 잠겼다. 그러고는 희망이 다시금 그의 가슴을 찾아들자 몸이 떨리기 시작했다.

이윽고 느리고 음울한 또 한 곡조의 찬송가가 들려왔다. 그런데 경건한 사랑을 노래하는 것이기는 했으나 우리 인간이 죄악과 관련하여 생각할 수 있는 모든 것을 담은 말들, 또는 인간의 죄악보다 한결 더 심한 것을 음산하게 암시하는 모든 말들과 결합되어 있었다. 평범한 인간들이라면 깊이를 헤아릴 수 없는 것이 악마들의 지혜가 아닐까. 찬송가는 계속 이어졌으며, 크나큰 오르간의 깊고 깊은 선율과도 같은 황야의 합창이 그 사이를 메웠다. 그리고 그 무시무시한 찬가의 은은한 마지막 울림과 함께 소리 하나가 들려왔다. 그 소리는 모든 악마들의 왕자를 찬양하는 죄인의 목소리가 울부짖는 바람 소리, 휘몰아치는 강물 소리, 들짐승의 포효, 무질서한 황야에서 들리는 그 밖의 온갖 소리들과 뒤섞여 하나가 되었을 때 나오는 소리 같았다. 불꽃에 휩싸인 네 그루의 소나무에서는 아까보다 더 드높은 불길이 하늘로 치솟아 오르고 있었고, 불경스러운 군중들 위를 둥글게 소용돌이치고 있는 연기 아래쪽으로 공포에 질린 사람들의 모습과 표정이 그 불빛에 비쳐 어렴풋하게 드러났다. 바로 그 순간 바위 위에서 붉은 빛을 띠며 불꽃이 하나 솟아오르더니 제단 위로 백열의 아치를 만들어 놓았다. 이윽고 제단 위로 사람의 형상 하나가 모습을 드러냈는데, 형상은 비록 경건한 어투로 말을 하였지만 복장이나 태도 어느 면에서도 뉴잉글랜드 지방의 교회에서 만날 수 있는 엄숙한 사제들과는 조금도 닮은 점이 없었다.

"개종자들을 이리 데리고 오라!" 그의 목소리가 벌판을 지나 숲 속으로 울려 퍼졌다.

그 말을 듣자 시골신사 브라운은 나무 그늘에서 나와 사람들이 모여 있는 곳으로 다가갔다. 시골신사 브라운은 그의 마음속을 차지하고 있는 온갖 사악한 것들에 공감하는 가운데 모여 있는 사람들의 무리에게서 몸서리쳐지는 형제애를 느끼지 않을 수 없었다. 돌아가신 자신의 아버지 모습을 하고 있는 형상이 소용돌이치는 연기 아래쪽을 내려다보면서 그에게 앞으로 다가오라고 손짓하고 있다는 확신이 거의 그의 마음을 지배할 정도였다. 그때 희미하나마 절망에 빠진 표정으로 손을 내저으며 그에게 돌아오라고 경고하는 여인의 모습도 보이는 듯했다. 그의 어머니가 아니었던가? 그러나 목사와 믿음 깊은 굿킨 집사가 그의 팔을 붙잡은 채 불길에 싸인 바위 쪽으로 그를 이끌고 갔을 때, 그에게는 한 발자국도 뒤로 물러서거나 저항할 힘과 마음이 남아 있지 않았다. 저편에서 베일로 얼굴을 가린 여윈 몸매의 여인 하나가 다가왔다. 그녀는 시골신사 브라운에게 교리 문답을 가르쳤던 경건한 클로이즈 부인과 악마에게서 지옥의 여왕 자리에 앉혀 주겠다고 약속을 받아낸 마녀, 매우 광포한 마녀인 마르타 캐리어에게 이끌려 오고 있었다. 결국 불길로 위쪽을 장식한 제단 앞에 개종자들이 나와 서게 되었다.

"나의 아이들아, 너희 종족의 성찬식에 온 것을 환영한다." 검은 형상이 이렇게 말했다. "너희들은 너희 천성과 너희 운명이 이처럼 보잘것없다는 것을 알게 되리라. 나의 아이들아, 너희 뒤를 돌아보라!"

그들이 뒤를 돌아보는 순간 타오르는 불꽃에 순간적으로 모습을 드러낸 악마 숭배자들의 모습이 보였다. 그들은 또한 사람들의 얼굴 하나하나에 어렴풋하게 떠오르는 환영의 미소를 볼 수 있었다.

검은 옷으로 몸을 두른 형상이 말을 이었다. "너희들이 어릴 때부터 존경하던 모든 사람이 여기에 있다. 너희들은 그들이 너희들보다 더 성스럽다고 생각했겠지. 정의롭고 하늘을 향한 열망의 기도로 가득 찬 그들의 삶과 너희들의 죄악을 비교해 보고는 움츠러들기도 했겠지. 그러나 여기에 그들 모두가 나를 숭배하기 위해 이렇게 모여 있다. 오늘 밤 너희들이 그들의 비밀스러운 행위들을 알 수 있도록 허락하겠노라. 어떻게 하얀 수염을 기른 교회 장로들이 자기 집의 젊은 처녀들에게 음탕한 말을 속삭였는지를, 어떻게 수많은 여인네들이 홀어미의 상복을 입고 싶은 욕망으로 잠자리에서 남편에게 독약을 마시게 하여 그녀의 품 안에서 마지막 숨을 거두게 하였는지를, 어떻게 수염도 안 난 애송이가 부친의 재산을 서둘러 상속받으려 했던가를, 어떻게 아리따운 처녀들이—부끄러워하지 말지어다, 사랑하는 나의 아이들아—정원에 작은 무덤을 파고 오직 나만을 초대하여 갓난아이의 장례식을 치렀던지를 알게 해 주겠노라. 죄악을 갈망하는 인간의 마음에 공감하게 되면 너희들은 교회에서건, 잠자리에서건, 거리에서건, 들판에서건, 숲 속에서건, 범죄가 저질러질 수 있는 곳이라면 어디에서나 죄악의 냄새를 맡게 될 것이다. 그리고 온 세상이 죄악에 물든 거대한 하나의 핏자국이라는 사실을 알아내고 크게 기뻐하게 될 것이다. 그러나 이것이 전부라고 할 수는 없다. 모든 사람들의 가슴속에 자리 잡고 있는 신비롭고도 깊은 죄악의 샘, 사악한 모든 술책이 흘러나오는 샘을 꿰뚫어 보는 것도 너희들의 몫이다. 바로 그 샘으로부터 인간의 능력으로는 행동으로 옮기기 어려운, 심지어 나의 능력이 가장 높은 정점에 이르를 때도 행동으로 옮기기 어려운 모든 사악한 충동들이 지칠 줄 모르고 흘러나오는 것이다. 자, 나의 아이들아. 이제 서로를 보라."

그들은 그가 시키는 대로 하였다. 지옥 불로 타오르는 횃불과도 같은 소나무의 불꽃에 의지하여 그 딱하고 불쌍한 사나이는 페이스가 자신의 옆에 서 있는 것을 보았고, 페이스 역시 자신의 남편이 불경스러운 제단 앞에 몸을 떨고 서 있는 것을 보았다.

"보라, 나의 아이들이여, 너희들은 함께 내 앞에 서 있지 않은가." 깊고 엄숙한 목소리로 제단 위의 형상이 그들에게 말했다. 절망적인 위엄을 담은 그의 표정에는 슬픔의 빛이라고 할 만한 것이 감돌고 있었는데, 한때 천사였던 그의 본성이 비참한 인간을 위해 아직 애도하고 있는 것처럼 느껴질 정도였다. "서로의 마음에 의지하여 너희들은 아직까지 선이 결코 꿈은 아니라는 희망을 버리지 않았다. 그러나 이제 너희들은 환상에서 깨어난 것이다. 악이 인류의 본성이며, 악이야말로 너희들의 유일한 행복이어야 하느니라. 나의 아이들아, 너희 종족의 성찬식에 온 것을 다시 한 번 환영하노라."

"환영하노라." 악마의 숭배자들이 절망감과 승리감을 함께 담은 목소리로 이렇게 되뇌어 소리쳤다.

그리고 이 어두운 세계에 모인 사람들 가운데 그들 한 쌍의 남녀만이 악에 빠져들 것인가를 아직까지 결정하지 못한 채 망설이며 서 있었다. 한편 바위에는 움푹 팬 곳이 있었는데, 그것은 마치 자연이 만들어 놓은 물그릇과도 같았다. 그 안에 담긴 것은 섬뜩한 불빛에 붉게 보이는 물이었던가? 아니면 피였던가? 그도 아니면 액체로 된 불꽃이었던가? 그 악의 형상은 거기에 자신의 손을 담갔다가 꺼내어 그들의 이마에 세례 표식을 남겨줄 준비를 했다. 그러한 표식을 받음으로써 그들은 신비로운 죄악을 나눠 가질 수 있게 되고, 남들이 마음속에 숨기고 있거나 행동으로 옮긴 그들의 비밀스러운 죄악을 자신의 죄악보다 더 의식적으로 알아차릴 수 있게 되는 것이다. 페이스의 남편은 얼굴이 핼쑥한 자기 아내를 바라보았고, 페이스 역시 남편의 핼쑥한 얼굴을 바라보았다. 서로에게 다시 한 번 흘끗 눈길을 주었을 때 그들이 본 것은 죄에 더럽혀진 불쌍한 인간의 모습이었다! 그들은 서로가 서로에게 보여준 모습을 보고, 그들의 눈에 띈 서로의 모습을 보고 함께 몸서리를 쳤다.

"페이스! 페이스! 하늘을 올려다보고 우리 이 사악한 악마와 싸웁시다." 페이스의 남편이 소리쳤다.

페이스가 그 말에 따랐는지 않았는지는 알 수 없었다. 이렇게 소리치는 순간 그는 고요한 밤 한적한 숲 속 한가운데 던져져 있는 자신을 발견하게 되었다. 숲 속을 가로질러 힘겨운 듯이 사라져 가는 바람의 울부짖음에 귀를 기울이며 그는 그렇게 있었던 것이다. 이윽고 그는 비틀거리며 걷다가 바위에 부딪혔으며, 바위가 차갑고 축축하다는 것을 느꼈다. 그리고 불길에 휩싸여 있던 늘어진 가지들에는 차갑고도 차가운 이슬이 맺혀 있다가 그의 뺨을 적시는 것이었다.
 다음 날 아침 시골신사 브라운은 천천히 세일럼 마을의 거리로 들어섰다. 그러고는 넋 나간 사람처럼 멍한 눈길로 주위를 둘러보았다. 믿음 깊은 목사가 아침 식사에 식욕을 돋우기 위한 운동 삼아, 또한 설교할 내용을 깊이 생각해 볼 요량으로 교회 묘지를 따라 산책을 하고 있었다. 스쳐 지나가면서 목사는 시골신사 브라운에게 축복의 말씀을 해 주었다. 그러자 젊은이는 마치 저주를 피하려는 듯이 몸을 움츠려 이 거룩한 성자를 피했다. 늙은 집사 굿킨은 집에서 기도에 열중하고 있었는데, 젊은이는 열린 창문으로 그의 기도 소리를 들을 수 있었다. "저 마법사가 어떤 신에게 기도를 올리는 것일까?" 시골신사 브라운이 이렇게 중얼거렸다. 이제 노파가 된 뛰어난 기독교 신자인 클로이즈 부인은 자기 집 격자 창문을 통해 들어오는 이른 아침 햇살에 몸을 맡긴 채 서서 아침 우유 한 병을 가져온 어린 소녀에게 교리 문답을 하고 있었다. 시골신사 브라운은 악마의 손아귀에서 어린 아이를 빼앗아 오듯 아이를 잡아채서 데리고 왔다. 교회당의 모퉁이를 돌자 그는 연분홍빛 리본을 단 페이스의 머리를 흘끗 볼 수 있었다. 그녀는 근심스러운 표정으로 앞을 보고 있다가 남편을 보고는 말할 수 없이 즐거운 표정이 되어 온 마을 사람들이 보는 앞에서 그에게 키스라도 할 것처럼 거리로 뛰어나왔다. 그러나 시골신사 브라운은 엄숙하고도 슬픈 표정으로 그녀의 얼굴을 바라보고는 아침 인사말도 건네지 않고 그녀를 지나쳤다.
 시골신사 브라운은 숲 속에서 잠이 든 채 마녀들의 모임에 참석하는 내용의 거친 꿈에 시달렸던 것일까?
 경우에 따라서는 그렇게 생각할 수도 있다. 그러나 슬프게도 젊은 시골신사 브라운에게 그 꿈은 무언가 불길한 징조를 암시하는 것이었다. 무시무시한 꿈에 시달리던 그 밤이 지나고 난 다음 그는 비록 절망에 빠진 사람이 되었다고 할 수는 없어도 어딘가 엄숙하고 슬프면서도 침울한 생각과 의심에 사로잡혀 있는 사람으로 변했다. 안식일이 되어 신도들이 성스러운 찬송가를 부를 때 그는 그 소리에 귀를 기울일 수 없었다. 죄악을 찬양하는 노래 소리가 그의 귀에 흘러들어와 그 모든 축복의 가락을 묻어 버리기 때문이었다. 목사가 성경책에 손을 얹은 채 설교단에서 온 힘을 다하여 열렬한 웅변조로 우리 종교의 성스러운 진리에 대해 설교할 때, 성자의 삶과 승리에 찬 죽음에 대해 설교할 때, 그리고 미래에 누리게 될 천국의 기쁨이나 말로는 이루 다 표현할 수 없는 불행에 관해 설교할 때, 시골신사 브라운의 얼굴은 핼쑥해져만 갔다. 그는 이 백발의 신성 모독자와 그의 말에 귀를 기울이는 사람들의 머리 위로 교회당의 천장이 커다란 울림소리를 내며 내려앉지 않을까 두려움을 느꼈던 것이다. 때때로 한밤중에 갑자기 잠에서 깨어나 몸을 움츠려 페이스의 품 안을 피하기도 했다. 가족이 모여 무릎을 꿇은 채 기도를 올리는 아침녘이나 저녁나절이 되면, 그는 얼굴을 찡그리거나 혼잣말로 투덜대기도 하였으며, 준엄한 표정으로 아내를 바라보다가는 몸을 돌리기도 했다. 그리고 그는 오랫동안 세상을 살다가 백발의 시신이 되어 묘지로 운구되었으며, 이제 할머니가 된 페이스, 그의 자식들과 손자들, 또한 적지 않은 마을 사람들이 대단한 장례 행렬을 이룬 채 그의 뒤를 따랐다. 그러나 사람들은 그의 묘비에 그 어떤 희망적인 비문도 새겨 넣지 않았는데, 그가 아주 침울한 가운데 임종을 맞이했기 때문이다.

The Gray Champion
늙은 투사

일찍이 뉴잉글랜드는 후년의 대혁명을 가져온 폭정으로 신음하던 시절이 있었다. 호색왕 찰스의 후계자인 제임스 2세는 전식민지의 헌장을 폐기하고, 자유를 빼앗고, 종교를 위험에 빠뜨리게끔 포악하고 무자비한 군대를 파견했다. 에드먼드 안드로스 경의 집정은 전제정치의 특색을 다 갖추고 있었다. 국왕에게서 정권을 위임받아 총독과 고문관을 겸하고, 국가는 안중에 없었다. 국민에게 직접 묻거나 그 대표자의 동의 없이도 법률을 제정하고, 세금을 매겼다. 시민의 개인적인 권리는 침해받고, 소유지는 무효화되고, 고충의 목소리는 신문기사의 제한으로 묵살되었다. 마침내 우리 국토에 머물던 용병들로 인해 시민들의 불만은 굴복당하고 말았다. 2년 동안 우리 선조들은, 그 지배자가 의회이지만 섭정이든 가톨릭교 왕이든 모국에 대한 그들의 충성심을 변함없이 이어가겠다는 친자관계 속에서 아들로서의 애정으로 복종해 왔다. 이러한 불행한 시절을 맞이하기까지는 그러한 충성심도 단순히 이름뿐인 것이고, 식민지 사람들은 자치를 행하고, 대영제국 국민의 특권으로 보다 많은 자유를 누렸다.

드디어 오렌지공이 계획을 감행하고, 만약 그것이 성공하면 시민의 권리와 종교의 권리에 승리를 가져다주며, 뉴잉글랜드를 해방하게 된다는 소문이 바다 건너까지 퍼졌다. 그러나 그것은 근거 없는 말에 지나지 않았다. 그것이 거짓이든 실패하든 제임스 왕에 반역을 하는 자는 사형을 피할 수 없다. 그러나 그러한 정보는 엄청난 효과가 있었다. 사람들은 거리에서 수수께끼 같은 미소를 건네고, 압제자들을 대담하게 노려보았다. 마침 그것이 계기가 되어 전 지역에서 행동을 개시했다. 제압당하고 침묵당한 여론이 일어났다. 자신들의 위험을 느낀 지배자들은 더 권력을 휘둘러 그것을 피하고 더 가혹한 수단으로 자신들의 전제정치를 굳건하게 만들려고 했다. 1689년 4월 어느 날 오후, 에드먼드 안드로스 경과 그의 고문관들은 총독 친위대 영국병을 소집하여 보스턴 거리에 투입했다. 진군을 시작했을 때에는 해가 거의 저물고 있었다.

세상이 어수선할 때, 그 군대 북소리는 병사들의 군가라기보다는 시민 자신들의 비상소집처럼 거리에 울려 퍼졌다. 모든 거리에서 사람들이 킹 스트리트로 모였다. 여기야말로 약 1세기 뒤, 영국군대와 영국 폭정에 힘들었던 시민 사이의 전투 무대가 되는 곳이었다. 신세계로 이주한 뒤 6년 이상의 세월이 지났지만, 그들의 자손들은 평상시보다 이러한 위급한 상황에서야말로 보다 강력하게 그들의 특색을 발휘하는 것이다. 눈에 띄지 않는 옷, 엄숙한 태도, 두려움을 모르는 표정, 성서에서 가져온 말, 정의에 근거한 행동에 신이 축복하리라는 확신, 이것들은 위험에 닥쳤을 때 처음 청교도들을 결합시키는 특색이었다. 사실 그러한 옛 사람들의 혼은 아직 사라지지 않았다. 그 날 거리에 모인 사람들 중에는 거리의 나무 아래에서 신을 숭배한 사람도 있으면, 집 앞에서 그 신 때문에 고국을 떠날 수 없으므로 단호하게 행동에 나선 사람도 있었다. 의회의 노병들도 여기에 모였다. 그리고 자신들이 늙었다고는 해도 다시 한 번 일격을 가하려고 냉엄한 미소를 띠었다. 또한 마을을 불태우고 노인 아이 할 것 없이 죽였던 필립 왕 전쟁 시절의 역전의 용사들도 겸허한 표정으로 모였다. 한편 신앙심이 깊은 사람들은 기도로 그들을 도왔다. 목사들도 군중 속에 섞여 있었다. 그 사람들은 구경꾼들과는 다르다. 목사들의 옷이야말로 신성불가침한 것이듯이 경의를 가지고 지켜보고 있었다. 이러한 성직자들은 군중을 진정시키지만 흩어지지 않도록 자신들의 영향력을 발휘했다. 그동안에도 시의 치안을 교란시키려는 총독의 의도는 사람들을 납득시키기 어려운 점이라 해석되었다.

"악마는 지금 바로 검을 뽑으리라." 이렇게 말하는 자도 있었다. "그놈은 우물쭈물하고 있을 수 없다는 것을 알기 때문이다. 목사들은 모두 감옥에 갈 것이다. 목사들은 킹 스트리트에서 화형을 당하리라."

그래서 각 교구의 신자들은 자신들의 목사 주변에 모였다. 목사는 침착하게 하늘을 바라보고 사도에 어울리는 위엄을 갖추었다. 그것 또한 그의 순교자다운 영예에 어울렸다. 그 무렵 기도서에 특기할 만한 존 로저스 같은 순교자가 자신들의 동료 중에서, 뉴잉글랜드에 나타나리라 상상했다.

"로마교황은 바돌로매의 학살과 같은 것을 명령했다." 이렇게 외친 자도 있었다. "남자와 사내아이는 모두 학살당하는 것이다."

적어도 도리를 안 사람들은 총독이 의도하는 것이 그만큼 극악무도하지는 않을 것이라 믿었지만, 이러한 소문은 머리에서 부정되는 것도 아니었다. 옛 헌장 아래 전임 총독이자 최초의 이주자들이 존경한 브래드스트리트가 마을에 있다는 것이 알려졌다. 에드먼드 안드로스 경이 군대를 행진시켜 바로 사람들을 공포 속에 몰아넣고 그들의 수장으로서의 지위를 자신의 것으로 만듦으로써 반대세력을 타도하고자 한다고 추측할 근거는 있었다.

"옛 헌장 총독을 보호해라!" 사람들이 소리쳤다. "선량한 브래드스트리트 총독을!"

그 외침이 최고조에 이를 때, 사람들은 브래드스트리트의 모습을 보고 놀랐다. 90세 정도로 보이는 노인인 그는 계단을 올라 온화한 목소리로 정당한 당국의 명령에 따르라고 했던 것이다.

"여러분." 노인은 말을 이었다. "경솔한 행동을 해서는 안 됩니다. 큰 소리로 외치지 말고 뉴잉글랜드의 행복을 위해 기도해 주십시오. 이 사태에 대한 하느님의 가르침이 있을 때까지 기다려 주십시오!"

빨리 결정해야 했다. 그러는 동안에도 군대 행진 북소리는 서서히 다가왔다. 드디어 집에서 집으로 울리고, 병사들의 규칙적인 발걸음 소리는 길거리에 가득 찼다. 도로가 꽉 차고, 2열종대를 한 병사들이 나타났다. 점화된 총을 들고 있었다. 어둠 속에 불이 열을 이루고 있는 듯이 보였다. 그들의 당당한 행진은 마치 기계의 행진 같았다. 그 뒤로 포석 위를 달리는 말발굽 소리가 들리면서 천천히 기마병대가 모여들었다. 그 중심인물은 에드먼드 안드로스였지만, 똑바로 서서 마치 병사 같았다. 그를 둘러싼 사람들은 고문관들, 즉 뉴잉글랜드의 적이기도 하였다. 그의 오른쪽에는 우리가 증오하는 적 에드워드 란돌프가 말을 타고 있었다. 이 남자야말로 코튼의 말을 빌리자면 '저주해야 하는 인도에 벗어난 사람'이고, 예부터 우리 정부를 멸망시켜 절대로 잊을 수 없는 저주의 표적이 된 사람이었다. 또 한쪽에는 발반트가 말을 타고 가면서도 끊임없이 농담을 하고 비웃었다. 더들리가 그 뒤를 따랐다. 사람들의 분노를 마주보기 두려워 얼굴을 숙이고 있었다. 자신들의 유일한 동포인 그를 조국의 박해자들 속에서 발견한 것이다. 항구에 정박해 있는

프리깃함의 함장, 23명의 국왕 문관들도 그 속에 섞여 있었다. 그러나 많은 사람들이 주목하고 심각해 보이는 인물은 성직자 옷을 입은 채 치안관들 속에 섞여 말을 타고 가는 킹스 채플의 목사였다. 이 남자야말로 고위 성직자와 박해, 교회와 국가의 통합, 청교도들을 쫓아낸 모든 저주스러운 행동의 대표적인 인물이었다. 다른 호위병들은 2열로 뒤를 따랐다.

이러한 광경은 뉴잉글랜드의 사태, 사기, 도리나 국민의 특성 등에서 자연적으로 나온 것이 아니라 정부의 기형적인 모습을 마치 종이에 그린 것 같았다. 한쪽에서는 슬픈 얼굴에 어두운 옷차림을 한 신도들이, 또 다른 한쪽에서는 전제적인 지배자 무리가, 신분이 높은 국교회 사람들을 중심에, 여기저기 가슴에 그리스도상을 든 모습도 보였다. 다들 화려한 옷을 입고 부정한 권력을 휘두르고 국민 모두의 불만을 비웃었던 것이다. 거리를 피로 물들일 명령을 기다리고 있는 용병들은 그에 복종할 수밖에 없었다.

"오, 주여." 사람들 사이에서 한 목소리가 절규했다. "당신의 사람들을 위해 투사를 보내 주십시오!"

이 외침은 큰 소리로 울려 주목할 만한 인물을 소개하는 전령사 같은 역할을 했다. 사람들은 뒤로 물러나고, 길 양끝에 모였다. 한편 병사들은 그 길의 3분의 1 가까이 앞서 있었다. 그 사이에는 사람 그림자 하나 없었다. 높은 건물 사이의 포장도로, 그 위에는 해질녘 그림자가 드리우고 있었다. 갑자기 그곳에 한 노인이 보였다. 사람들 사이에서 나온 듯하고, 도로의 중앙을 혼자만 걸어가고, 무장한 사람들 앞에 서서 가려고 했다. 그는 50년은 더 옛날에 유행한 검은색 외투를 걸치고 앞이 뾰족한 모자를 쓰고 시대에 뒤떨어진 청교도 복장으로 무거운 칼을 허리에 차고 있었는데, 몸을 지탱하기 위해 긴 지팡이를 들고 있었다.

노인은 사람들로부터 조금 떨어진 곳에서 천천히 돌아다보았다. 그 얼굴에는 노인에게 어울리는 당당한 위풍이 있었는데, 가슴까지 내려온 하얀 수염으로 더욱 성자다운 모습이었다. 그는 격려하는 듯하면서도 경고하는 듯한 몸짓으로 다시 등을 세우고 걸어갔다.

"저 백발의 노인은 누구지?" 젊은이들이 물었다.

"저 노인은 누구지?" 노인들은 노인들끼리 물었다.

그러나 누구 하나 답할 수 없었다. 여든이나 그 이상 되는 사람들은 당황했다. 젊은 시절 잘 알았던, 이를테면 윈스럽의 친구였던 사람, 법률을 만들고 기도를 하고 야만인에 대항했던 자신들을 지도했던 고문관, 그러한 저명한 권위자인 한 사람을 몰라보다니 기묘하게 생각되었기 때문이다. 노년기에 접어든 사람들도 현재 자신들의 머리가 그러하듯이 자신들이 젊었을 때 그 사람의 흰 머리를 기억했다. 그리고 젊은 사람들은! 왜 이 노인을 완전히 잊었을까—과거의 유물이라고도 할 만한 백발 노인, 그의 축복의 기도는 젊은 사람들이 아직 어렸을 적 모자도 쓰지 않은 그들의 머리 위에 올렸는데도 말이다.

"이 사람은 어디에서 왔지? 무엇을 할 생각이지? 대체 이 노인은 누구지?" 놀란 사람들이 속삭였다.

그러는 동안에도 이 노인은 지팡이를 든 채 길 한가운데를 혼자 계속 걸어갔다. 병사들에게 다가가고, 군대 북소리가 격렬하게 울릴 때 노인은 몸을 꼿꼿이 세웠다. 머리는 눈을 맞은 듯했지만, 위엄을 갖춰 늙어 쇠약해진 노인의 모습은 전혀 보이지 않았다. 게다가 그는 투사 같은 걸음걸이로 군가에 보조를 맞춰 나아갔다. 이렇게 노인은 앞으로 걸어가고 병사와 치안관들의 대열은 그 반대쪽을 행진했다. 그러나 마침내 양쪽의 거리가 20야드밖에 안 될 때까지 다가가자 노인은 지팡이를 꽉 쥐고 마치 지휘자의 지휘봉처럼 앞쪽으로 내밀었다.

"멈춰!" 그가 외쳤다.

그 눈, 그 얼굴, 명령을 하는 태도, 전장에서 대군을 지휘할 때, 하느님께 기도를 올릴 때에도 어울린다. 장중하고 투사와 같은 그 목소리, 그것을 대항할 만한 것은 없었다. 노인의 말과 태도에 군대 북소리는 그대로 멈추고 행진도 멈췄다. 사람들은 전율을 느끼고 열광했다. 지도자와 성직자를 동시에 겸하지 않을 수 없는 당당한 태도, 늙고 오래된 옷을 입고 분명히 보이지는 않지만 이 사람이야말로 정의에 따라 일어선 옛 투사가 틀림없다. 박해자의 군대 북소리에 초대되어 무덤 속에서 모습을 드러낸 것이 틀림없다. 사람들은 경외와 환희로 외치고 뉴잉글랜드의 해방을 기대했다.

총독과 부하들은 생각지도 못한 방해에 가로막히자 마치 놀란 말을 그 백발의 유령에 덮치게라도 할 듯이 앞으로 몰았다. 상대는 한 발자국도 물러나지 않고 에드먼드 안드로스를 노려보았다. 누구나 이 정체를 알 수 없는 노인이 그곳의 주도자이고, 왕가의 모든 권력과 위엄을 대표하며 병사들을 데려온 총독 겸 고문관 쪽은 거기에 복종하는 수밖에 없다고 생각할지도 모른다.

"이 노인이 뭐라는 거야?" 에드워드 란돌프는 위협적으로 외쳤다. "앞으로 가시오, 에드먼드 경! 병사들에게 전진을 명령하시오. 당신이 저 노인에게 선택하라고 하는 게 좋겠소. 물러나든지, 아니면 말굽에 차이든지!"

"아니, 아니, 저 노인에게 경의를 표하지 않겠는가?" 발반트는 웃으면서 말했다. "보시다시피 30년 동안 자고 있어서 세상의 변화 따위는 아무것도 모르는 라운드헤즈겠죠. 라운드헤즈의 이름으로 우리를 쳐부수려는 거 아니오?"

"미쳤나?" 에드먼드 안드로스 경은 크고 거친 목소리로 물었다. "제임스왕 총독의 진군을 막겠다는 건가?"

"예전에 왕의 진군조차 막은 적이 있지." 침착한 태도로 노인은 대답했다. "총독 각하, 제가 여기에 온 것은 압박받은 사람들의 외침을 들으니 가만히 있을 수가 없었기 때문입니다. 하느님에게 기도드린 결과, 주의 사도들이 지난날 일어났던 같은 이유로 다시 이 세상에 모습을 드러낸 것입니다. 제임스 왕인가? 영국 왕위에는 이미 가톨릭 신자의 폭군이 재위할 수 없습니다. 게다가 내일 낮까지는 이 거리에서 그의 이름조차 웃음거리가 될 것입니다. 돌아가시오, 총독이라는 이름도 과거의 이름, 돌아가시오! 오늘밤으로 당신의 권위도 끝납니다. 내일은 감옥입니다. 돌아가시오, 제가 교수대의 예언을 하기 전에!"

사람들은 그 근처로 몰렸다. 그리고 자신들의 투사의 말에 취했다. 노인은 옛날 사람처럼 말하는 것 외에는 말하는 것이 익숙지 않은 사람처럼 오랫동안 쓰인 적 없는 말을 썼다. 그러나 그 목소리는 사람들의 영혼을 뒤흔들었다. 그들은 무기를 갖지 않은 것은 물론, 여차하면 거리에 놓인 돌을 필살 무기로 하려는 자세로 병사들에게 맞섰다. 에드먼드 안드로스 경은 노인을 바라보았다. 그리고 사람들에게 엄격하고 잔인한 시선을 던졌다. 그들이 분노하고 있는 것을 인정했다. 그리고 다시 노인을 가만히 바라보았다. 노인은 어슴푸레한 어둠 속 공터에 서 있었다. 거기에는 자기편도 적도 없었다. 그가 무엇을 생각하는지 그는 그 의도를 나타내지 않았다. 그러나 압제자는 그 늙은 투사의 표정에 위압감을 느꼈는지, 아니면 사람들의 험악한 행동에 위

힘을 느꼈는지, 사실상 물러나고 병사들에게 퇴각하라고 명령했다. 이튿날 해가 지기 전에 총독과 그와 같이 말을 탔던 사람들은 모두 감옥에 들어갔다. 그리고 곧 제임스가 왕위에서 물러나고, 윌리엄 왕의 즉위가 뉴잉글랜드 전역에 선포되었다.

그러나 그 늙은 투사는 어디로 간 것인가? 군대가 킹 스트리트를 떠나고 사람들이 그 뒤를 흥분해 따라갔을 때, 총독 브래드스트리트가 노인을 껴안고 있는 것을 보았다는 자도 있었다. 다른 사람들은 그들이 그 노인의 위엄에 취했을 때, 노인은 그들 눈앞에서 사라지고 어둠 속에서 서서히 멀어져 마침내 그가 서 있던 곳에 사람 그림자 하나 보지 못했다고 했다. 그러나 모든 사람들에게서 일치하는 점은 그 백발 노인을 찾을 수 없었다는 것이다. 그 당시 사람들은 하늘이 맑은 낮이나 해질녘에 그 노인을 다시 보기를 기대했다. 그러나 그 노인은 두 번 다시 볼 수 없었고, 그의 장례식이 언제 치러졌는지, 또 어디에 그의 묘지가 있는지 아무도 몰랐다.

이 늙은 투사는 누구였을까? 아마도 그의 이름은 당시로서는 가장 강력하지만 그 왕에게는 불명예스러운 교훈이자 신하에게는 훌륭한 본보기이기 때문에 후세에까지도 대법정의 기록에서 볼 수 있을지도 몰랐다. 청교도 자손들이 그들 조상의 정신을 발휘해야 하는 때 늘 이 노인이 다시 모습을 드러낼 것이라는 사실을 지은이는 들은 적이 있다. 80년 뒤, 다시 그는 킹 스트리트에 나타났다. 그리고 다시 5년 뒤 어느 4월 아침이 어슴푸레하게 밝아올 때, 렉싱턴 예배당 쪽 광장에 서 있었다. 그곳은 오늘날, 석판을 끼어 넣은 오벨리스크가 세워져 있어 혁명전쟁의 최초 전사자를 기념하고 있다. 게다가 우리의 조상들이 전쟁을 하고 있을 때에도, 이 늙은 투사는 순례를 계속했다. 그가 다시 모습을 보인 것은 꽤 앞의 일일지도 모른다. 그의 모습을 봤을 때는 암흑시대이며, 어렵고 위급한 때이다. 그러나 만일 자국의 폭정이 우리를 압박하거나 침략자들이 우리의 국토를 더럽힌다면 다시 나타나리라. 그야말로 뉴잉글랜드의 전통적 정신의 상징이기 때문이다. 그리고 어둠 속 그의 행진은 뉴잉글랜드 선조의 정의를 입증하는 증거임에 틀림없다.

Wakefield
웨이크필드

　언제였던가, 어느 잡지인지 신문에서 한 남자 이야기가 실화로 실린 적이 있었다. 이름은 웨이크필드라고 해 두자. 오랫동안 아내 곁을 떠나 있었던 남자 이야기이다. 그런 일은 이렇게 막연하게 말하면 그다지 이상하지도 않고, 구체적인 상황 설명이 없어 도리에 어긋나거나 말도 안 되는 이야기라 하기도 어렵다. 하지만 이것은 가장 나쁜 일은 아니라 해도 기록된 것 가운데 가장 기이한 배우자 유기 사건이고, 더 나아가 인간의 기이한 행동 목록에도 오를 만한 일이다. 문제의 부부는 런던에 살았다. 남자는 여행을 구실로 집을 나선 뒤 자기 집 바로 근처에 방을 빌리고 아내와 친구들 모르게, 몸을 숨길 티끌 만큼의 이유도 없이 20여 년을 살았다. 그동안 그는 날마다 자기 집을 바라보았고 의지할 곳 없는 웨이크필드 부인도 자주 보았다. 그리고 결혼 생활의 틈이 그렇게도 크게 벌어진 뒤, 그가 죽은 게 틀림없다고 생각되고, 재산상속도 끝나고, 그의 이름까지 사람들 기억에서 지워지고, 아내도 중년을 과부로 살겠다고 마음먹은 즈음 어느 날 저녁, 그는 마치 하루 만에 돌아오는 사람처럼 조용히 집으로 들어가 죽을 때까지 다정한 배우자가 되었다.
　이것이 내가 기억하는 이야기 줄거리이다. 그것은 선례도 없고 새로이 되풀이되지도 않을 더없이 독창적인 사건이지만 내가 볼 때는 인류 모두에게 공감을 끌어낼 수 있을 것 같다. 우리 모두는 그런 바보짓을 하지 않겠지만 누군가는 그럴 수도 있을 것이라는 생각이 든다. 적어도 나는, 내 마음의 눈에 이런 사건이 되풀이되어 일어나는 것처럼 보였다. 그리고 알 수 없는 수수께끼 같은 생각을 불러일으키면서, 이 이야기는 분명 실화일 것이라는 생각과 함께 주인공 성격을 상상해 보기도 하는 것이다. 이토록 정신에 강력한 영향을 미치는 주제라면, 그것을 생각하는 일이 시간 낭비는 아니다. 독자들이 바란다면 스스로 이것저것 생각해 보아도 좋다. 아니면 웨이크필드의 20년 동안의 기행에 대하여 나와 함께 거슬러 산책해 보고자 한다면 그것은 그것대로 대환영이다. 예컨대 깔끔하게 정리된 결론이 나오지 않는다 해도 그 일에는 많은 사람이 공유하는 정신과 교훈이 있을 것이라 믿는다. 생각은 늘 그 나름의 효과가 있고, 신기한 사건 또한 언제나 그 나름대로 교훈이 있다.

웨이크필드는 어떤 사람이었는가? 저마다 자유롭게 생각을 키우면서 상상 속 이름 그대로 부르면 되는 것이다. 그는 바야흐로 인생의 장년기에 있었다. 아내에게는 격렬하지 않은, 차분하고 일상적인 애정으로 살았다. 그는 세상에서 가장 성실한 남편이 될 것 같았다. 게을러서 꼼짝도 하기 싫어하는 성격 때문이다. 그는 매우 뛰어날 정도는 아니더라도 머리가 좋았지만 그것을 활발하게 발휘하지는 않았다. 그의 길고 나른한 상념은 어떤 목적이 있을 리 없고 목적을 이룰 활력도 없었다. 그는 생각을 말로 표현할 만큼의 활력도 거의 없었다. 상상력이라는 재능도 웨이크필드에게서는 찾아볼 수 없었다. 차갑지만 불량기도 방랑기도 없을뿐더러 이기적이기는 해도 막돼먹은 생각으로 들뜨거나 혼자 튀려 하는 성격도 아닌 우리 친구가 이렇게 기행에 나서리라고 누가 예상이나 했겠는가? 그를 아는 사람들에게 런던에서 내일 아침까지 기억될 행동을 전혀 하지 않을 사람이 누구냐고 묻는다면 모두 웨이크필드를 떠올릴 것이다. 어쩌면 그의 아내는 망설였을지도 모른다. 그녀는 남편 성격을 분석해보지는 않았지만, 그의 무기력한 정신을 낳은 조용한 이기심과 그의 가장 불편한 속성인 남다른 허영심, 밝힐 필요도 없는 사소한 비밀을 지키는 것 말고는 쓸모없는 교활한 기질, 끝으로 이 선량한 사람이 가진 조금의 기이함 등을 어느 정도 인식하고 있었다. 이 마지막 특징은 뭐라고 잘라 말할 수 없는, 어쩌면 느낌에서 비롯된 것인지도 모른다.

이제 웨이크필드가 아내에게 작별을 고하는 장면을 상상해 보자. 10월 어느 해질녘이다. 그는 우중충한 갈색 코트에 기름천으로 짠 모자와 승마 구두 차림으로 한 손에는 우산을, 다른 손에는 작은 여행 가방을 들었다. 웨이크필드 부인에게는 야간 마차로 시골에 갈 일이 있다고 이미 말해 두었다. 그녀는 여행기간이 얼마나 되는지, 가는 목적이 무엇인지, 언제 돌아올 예정인지 묻고 싶기도 하지만, 숨기기를 좋아하는 남편 성격을 배려해서 질문은 표정으로만 던진다. 그는 가자마자 바로 돌아오지 않을 수도 있으며, 삼사일이 걸려도 놀라지 말라고, 하지만 금요일 저녁 식사 때까지는 돌아올 것이라고 말한다. 그 자신도 앞으로 무슨 일이 일어날지 잘 알지 못한다. 그가 손을 내밀자 아내도 손을 내밀어 십 년 결혼생활 동안 늘 그래온 것처럼 작별 키스를 받는다. 그리고 중년의 웨이크필드 씨는 일주일 동안 집에 돌아오지 않아 아내를 곤란하게 할 마음을 품고 집을 나선다. 부인은 남편이 문을 닫고 나갔다가 다시 살짝 열고는 미소 띤 얼굴을 보인 뒤 금세 사라지는 모습을 본다. 이 작은 사건은 마음에 두지 않고 곧 잊어버린다. 하지만 오랜 시간이 지나고 그녀가 아내보다 과부로 지낸 시간이 더 길어졌을 때 그녀가 웨이크필드를 떠올릴 때마다 남편 얼굴에 그 미소가 떠오른다. 그녀는 수많은 상념 속에서 그 미소를 온갖 환상으로 감싸 수수께끼 같은 위엄을 띠게 만든다. 예를 들면 관 속에 누운 그를 상상하면 작별할 때 지은 미소가 남편의 핼쑥한 얼굴에 얼어붙어 있다. 그가 천국에 있는 모습을 떠올릴 때도 남편의 성스러운 영혼은 계속 그 조용하면서도 장난스러운 미소를 짓고 있다. 그러나 그 때문에 다른 사람들이 모두 그가 죽었다고 포기했을 때도 그녀는 확신을 갖지 못한다.

하지만 문제는 남편이다. 그가 개성을 잃고 런던의 거대한 사람들의 물결 속으로 파묻히기 전에 얼른 따라가야 한다. 그 안에 파묻히면 도저히 찾지 못할 것이다. 그러므로 놓치지 않도록 바짝 뒤따라가 보자. 그는 몇 차례 쓸데없이 멀리 돌아서 갈 뿐 아니라 급회전을 한 뒤 미리 예약해 놓은 조그만 아파트로 들어가 벽난로 앞에 느긋하게 자리 잡고 앉는다. 자기 집 뒤 길 하나를 사이에 둔 그곳이 여행의 목적지다. 이곳까지 사람들 눈에 띄지 않고 도착한 행운이 그에게는 마치 꿈만 같다. 한 번은 인파에 가로막혀 걸음을 늦춘 사이 쏟아져 내리는 불빛을 정면으로 받은 적이 있었고, 주변 여러 발소리들과 뚜렷이 구별되는 누군가가 뒤를 밟는 듯한 발소리도 들렸다. 멀리서 자기 이름을 부르는 듯한 목소리도 들렸다. 오지랖 넓은 사람 10여 명이 그를 지켜보다가 아내에게 일렀을 것이라 생각한다. 가여운 웨이크필드! 너는 자신이 이 큰 세상에서 얼마나 보잘것없는 존재인지 모르는구나! 나 말고 어떤 인간의 눈길도 너를 쫓지 않았다. 조용히 잠자리에 들어라, 어리석은 남자여. 그리고 현명한 인간이 되고 싶다면 날이 밝은 뒤 가엾은 웨이크필드 부인이 있는 집으로 돌아가 사실을 밝혀라. 단 일주일이라도 그녀의 정숙한 가슴속에 있는 네 자리를 비우지 마라. 그녀가 한순간이라도 네가 죽었거나 실종되었거나 영원히 결별했다고 생각하게 되면, 너는 착실한 아내가 돌이킬 수 없이 변하는 슬픔을 겪게 될 것이다. 사람의 감정에 틈새를 만드는 것은 위험하다. 그 틈새가 커지거나 오래 벌어져 있어서가 아니라 너무 빨리 닫혀버리기 때문이다!

 웨이크필드는 자신의 장난을, 그것을 이렇게 부르는 것이 맞는지 모르겠지만, 매우 후회하며 일찌감치 잠자리에 들었다. 잠시 선잠이 들었다가 뭔가에 놀란 듯 깨어나 팔을 뻗어 낯선 침대 위를 더듬어 본다. "안 돼." 그는 이불을 끌어당기며 말한다. "또다시 하루를 혼자서 잠들지는 않겠어."

 아침이 밝아오자 그는 평소보다 일찍 일어나 자신이 정말로 무엇을 원하는지 생각해 본다. 그의 사고방식은 느슨하고 어수선하다. 뭐라고 표현하기 어려운 이 특이한 계획에도 목적은 있었으나 그 의도를 자기 스스로도 정확히 규정하지 못한다. 모호한 계획을 세우는 것, 그리고 그것을 난데없이 실행에 옮기는 것은 모두 우유부단한 자와 닮았다. 하지만 웨이크필드는 되도록 치밀하게 생각을 짚어 보고, 집안일이 어찌 되어 갈지 궁금함을 느낀다. 그의 모범적인 아내는 일주일 동안 과부 생활을 어떻게 견딜까? 또 잠깐이지만 그가 집을 비움으로써 그 자신이 중심 역할을 하던 작은 세계에는 어떤 영향이 미칠 것인가? 이 일의 핵심부에는 병적인 허영이 놓여 있다. 하지만 어떻게 해야 목적을 이룰 수 있다는 말인가? 분명 이 안락한 숙소에 숨어 있는 것이 목적은 아니다. 그가 잠들고 깨어난 그곳은 자기 집에서 길 하나 떨어져 있지만, 마차를 타고 밤새 달린 것만큼이나 그를 효과적으로 집에서 떼어 놓았다. 그는 지금 그야말로 이방인이다. 그런데 그가 돌아가면 모든 계획이 헛일이 될 것이 뻔했다. 이런 딜레마에 빠져 가엾은 그의 머리가 너무 혼란스러워지자 그는 어쩔 수 없이 큰마음 먹고 밖으로 나간다. 마음속으로는 집이 있는 거리 위쪽 주변을 지나며 주인 없는 자기 집을 눈길 한 번 힐끔 던져 볼 생각도 품고서 말이다. 습관이—그는 습관에 길들여진 사람이기에—그의 손을 잡고 무의식중에 집 현관까지 이끌어 가지만, 현관을 향해 계단을 오르는 자신의 발자국 소리에 결정적인 순간에 정신이 번쩍 든다. 웨이크필드! 도대체 지금 어디를 가는 거지?

 그 순간, 그의 운명의 축이 돌아갔다. 뒤로 물러서는 첫 걸음이 자신을 거꾸러뜨릴 비운의 한 걸음이 될 것이라는 생각도 못하고, 지금껏 느껴 보지 못한 고통스러운 마음으로 숨을 헐떡이며 허겁지겁 그곳을 벗어난다. 먼 길 모퉁이에 이르러서도 끝내 고개를 돌리지 못한다. 정녕 단 한 사람이라도 그를 보지 못했을까? 온 집안 식구들—착한 웨이크필드 부인, 영리한 하녀, 어린 하인—이 런던 거리를 뒤지고 다니며 없어진 남편과 주인을 목청껏 찾지 않을까? 참으로 멋진 탈출이다! 그는 용기를 내서 걸음을 멈추고 집 쪽을 돌아보다가 그 익숙한 건물이 변한 듯한 느낌에 당황한다. 익숙한 언덕이나 호수나 예술작품을 몇 달이나 몇 년 만에 다시 보았을 때 느끼는 그런 느낌이다. 평범한 경우라면 이런 설명할 수 없는 느낌은 우리의 불완전한 기억과 현실이 비교, 대조되면서 생겨난다. 웨이크필드에게는 단 하룻밤의 마술로 그런 변화가 생겨났다. 그 짧은 기간에 커다란 정신적 변화가 일어났기 때문이다. 하지만 이것은 그 자신이 알지 못하는 비밀이다. 그 지점을 떠나기 전 그는 아내가 거리 쪽으로 난 창문 앞을 지나치며 바깥으로 눈길을 주는 모습을 멀리서 흘끔 본다. 우리의 교활한 얼간이는 그녀의 눈이 그렇고 그런 수많은 사람들 가운데 자신을 알아챘으리라는 생각에 놀라 도망친다. 숙소로 돌아와 난로 앞에 앉자 머리는 어지럽지만 마음은 기쁨으로 넘친다.

 이 긴 기행이 어떻게 시작되었는지는 이 정도로 얘기해둔다. 구상한 뒤 실행에 옮기기 위해 게으른 습성에 자극만 조금 준다면 그 다음부터는 모든 일이 자연스럽게 흘러간다. 어쩌면 그는 깊이 생각한 끝에 붉은색 가발을 사고 평상시 갈색 정장과는 분위기가 다른, 유대인의 헌옷 가게에서 옷가지들을 살지도 모른다. 변장이 끝난다. 웨이크필드는 전혀 딴사람이 된다. 새로운 생활이 드디어 궤도에 오르면 지난날로 되돌아가려는 행동은, 그를 이렇게 색다른 처지로 옮겨 놓은 발걸음만큼이나 어려울 것이다. 게다가 그는 그러한 기질을 가진 사람에게서 흔히 볼 수 있듯 지금 웨이크필드 부인에게 부적절한 감정이 생겨났을 것이란 지레짐작에 빠져 불쾌감을 느낀다. 그리고 그 감정 때문에 고집스러워진다. 그는 그녀가 죽고 싶을 만큼 두려움에 떨 때까지 돌아가주고 싶지 않다. 부인이 두 번인가 세 번 눈앞을 지나친 적이 있었는데, 그때마다 걸음은 더 무겁고 뺨은 더 헬쑥하고 얼굴 표정은 더 불안해 보인다. 그가 사라지고 3주가 흘렀을 때, 그는 약제사의 탈을 쓴 불길한 기운이 집으로 들어가는 것을 본다. 이튿날, 문고리에 손님 방문을 거절하는 장치가 덮인다. 밤이 가까워지자 의사의 마차가 오더니 웨이크필드의 집 앞에 큰 가발을 쓴 근엄한 짐을 내려놓았고, 그 의사는 15분쯤 집에 머문 뒤 다시 나온다. 아마도 장례식이 생기리란 의미인지도 모른다. 불쌍하고 딱한 여인! 드디어 죽는 것인가? 이제 웨이크필드는 감정이 높아지면서 생동감을 느끼지만, 이런 중요한 순간에 그녀를 방해해서는 안 된다며 자기 스스로 양심에 호소하면서 아내에게 선뜻 다가가지 않는다. 다른 무엇이 그를 억누른다 해도 그는 그것을 모른다. 2~3주가 지나는 동안 그녀는 차츰 회복된다. 위기는 지나가고 그녀 마음은 아마도 슬프겠지만 냉정해진다. 그가 조만간 돌아온다 해도 그녀는 다시 전처럼 뜨겁게 달아오르지 않을 것이다. 그런 생각들이 웨이크필드의 안개 낀 마음속에 아른거리며, 이전 집과 지금 사는 아파트 사이의 거의 건널 수 없는 틈새를 어렴풋이 의식하게 만든다. "겨우 길 하나 차이야!" 그는 가끔 말한다. 어리석은 자여! 사실은 다른 세상에 있는 것이다. 지금까지 그는 자신의 돌아감을 이날 저 날 자꾸 미루어 왔다. 이제부터는 정확한 시간을 정하지 않기로 한다. 하지만 내일은 아니다. 아마도 다음 주, 아무튼 조만간이다. 불쌍한 인간! 죽은 자라 해도 스스로를 추방시킨 웨이크필드만큼은 집으로 돌아갈 가능성이 있을 것이다.

 내가 10쪽짜리 짧은 글 대신 큼직한 2절판 책을 쓸 수 있다면! 그러면 우리 통제 너머의 힘이 우리 모든 행동에 얼마나 크나큰 영향력을 미치는지, 얼마나 강철처럼 필연적인 결과를 만들어내는지 보여줄 수 있을 텐데. 웨이크필드는 주문에 걸린 것처럼 꼼짝도 하지 못한다. 우리는 그가 십 년 동안 자기 집 주변을 맴돌지만 문턱을 넘어가지 않는 모습, 그의 심장은 아내에게 모든 애정을 바치지만 그 자신은 천천히 그녀의 심장에서 시들어가는 모습을 가만히 지켜보아야 한다. 그는 이미 자기 행동의 기상함을 모르게 된 지 오래다.

 이제 새로운 장면이 펼쳐진다! 런던 거리의 사람 물결 속에 섞여 있는 한 남자를 분명히 본다. 이제 나이든, 무심한 사람의 눈에는 별 특징이 없지만 날카로운 사람에게는 얼굴 전체에 쓰인 예사롭지 않은 운명의 글씨가 보이는 사람이다. 그는 많이 야위었다. 이마는 낮고 좁으며 깊게 주름졌다. 눈은 작고 총기가 없으며, 때때로 불안하게 주변을 살피지만 자기 내부를 들여다보는 것 같을 때가 더 많다. 그는 고개를 숙인 채 자신을 세상에 드러내기 싫다는 듯 말할 수 없이 삐딱한 자세로 걷는다. 우리가 말한 특징을 알아볼 만큼 그를 한동안 바라보노라면, 이런 인간이 생겨난 데에도 까닭이 있고, 까닭이 있으면 보통 사람도 남의 눈길을 끄는 사람이 된다는 것을 납득할 수 있으리라. 다음에는 조심조심 인도를 걸어가는 그를 내버려 두고 눈길을 반대 방향으로 돌려 보자. 이제 삶도 저물어 가는 뚱뚱한 여자가 손에 기도서를 들고서 저편 교회로 간다. 그녀는 과부 생활에 익숙해진 차분한 태도다. 지난날 슬픔은 서서히 사라졌으나 지금 그녀에게는 기쁨과도 맞바꿀 수 없을 만큼 익숙해 보인다. 여윈 남자와 풍만한 여자가 곁을 지나치다 약간 방해가 되어 서로 부딪힌다. 서로의 손이 닿는다. 사람들에게 밀려서 그녀의 가슴이 그의 어깨에 닿는다. 그들은 마주 서서 상대의 눈을 들여다본다. 10년이 지난 뒤 웨이크필드는 이렇게 다시 아내를 만난다!

 군중이 빠져나가면서 두 사람을 갈라놓는다. 과부는 차분하게 전과 같은 걸음걸이로 교회당으로 가지만 현관 앞에 서서 어리둥절한 눈길로 지나온 길을 돌아본다. 그래도 결국은 안으로 들어가 기도서를 펼친다. 남자는 어떨까! 바쁘고 무관심한 런던 사람들조차 멈춰 서서 돌아볼 만큼 광기 어린 얼굴로 숙소로 달려가 빗장을 걸고 침대에 몸을 던진다. 그 세월 동안 쌓인 감정들이 쏟아져 나온다. 그의 나약해진 정신이 격렬한 감정으로 잠시 힘을 얻는다. 자기 인생의 괴상망측한 불행이 눈앞에 드러난다. 그는 격렬하게 소리친다. "웨이크필드! 웨이크필드! 너는 진짜 미쳤어!"

 아마도 그 말이 맞을 것이다. 그는 그의 기묘한 상황에 완전히 익숙해졌다. 그리하여 완전한 고독 속에서 지냈으므로 같은 인간이나 인생사와 견주어 보면 제정신이라고 할 수 없다. 그는 스스로 궁리해서, 아니 그보다는 어쩌다 보니 세상과 인연을 끊고 모습을 감추어, 산 자들의 세상에서 자리와 특권을 포기하는 한편 죽은 자들과도 함께할 수 없는 상황이 되어 버렸다. 그의 인생은 은둔자의 삶과도 전혀 다르다. 그는 지난날처럼 도시의 소란 속에 있었지만, 스쳐 지나가는 사람들은 그에게 눈길 한번 주지 않고 지나쳐 갔다. 비유적으로 말하면 그는 언제나 아내와 집 가까이에 있었으나 집 안의 온기도 아내의 애정도 느낄 수 없다. 인간적인 연민을 고스란히 간직한 채 여전히 인간사에 관련되어 있지만 그 자신이 아무런 영향을 미칠 수 없는 것이 전례 없는 웨이크필드의 운명이었다. 그런 상황이 그의 심장과 지성에 개

별적으로나 통합적으로 어떤 영향을 미쳤는지 살펴보는 일은 흥미로운 탐구가 될 것이다. 하지만 그는 그토록 달라졌는데도 그 사실을 잘 모르고 자신을 예전과 같은 사람으로 여긴다. 물론 진실을 언뜻언뜻 보는 순간들이 있지만, 지나고 나서는 여전히 이렇게 말한다. "곧 돌아갈 거야!" 그 말을 20년 동안 했다는 사실을 생각하지 않으면서 말이다.

그 20년이라는 세월이 훗날 되돌아볼 때는 웨이크필드가 처음에 작정했던 일주일보다 별로 길게 느껴지지 않을 것이다. 그는 그 일을 주요 인생사에 잠시 끼어든 막간 정도로 바라볼 것이다. 시간이 조금 더 지나 이제 자기 집 응접실로 돌아가리라고 결정하면, 아내는 중년의 웨이크필드 씨를 보고 기뻐서 손뼉을 치리라. 슬프다. 그런 착각이라니! '시간'이 우리가 즐겨 하는 어리석은 행동이 끝날 때까지 마냥 기다려 준다면 우리는 너나없이 심판의 날까지 젊은이로 있을 것이다.

잠적한 지 20년째 되는 해 어느 날 저녁, 웨이크필드는 아직도 자기 집이라고 부르는 곳으로 여느 때처럼 걸어갔다. 바람이 불고 포장도로 위로 소낙비가 후드득 떨어지다가 우산을 펴기도 전에 그쳐 버리는 가을 저녁이다. 웨이크필드는 집 근처에 멈춰서 2층 응접실 창문을 통해 안락한 벽난로가 붉은빛으로 깜박깜박 타오르는 광경을 본다. 천장에는 착한 웨이크필드 부인의 기묘한 그림자가 걸려 있다. 모자, 코와 턱, 굵은 허리가 멋진 생김새를 이루고, 파르르 솟아올랐다가 푹 가라앉는 불길에 따라 늙은 과부의 그림자치고는 지나치게 명랑하게 춤춘다. 그 순간 소낙비가 내리기 시작하더니 가차 없는 질풍이 불어 웨이크필드의 얼굴과 가슴에 빗방울을 몰아친다. 가을 추위가 그의 몸을 파고든다. 몸을 덥혀 줄 난로가 저기 있는데, 아내는 침실 벽장에 간직해 둔 회색 코트와 다른 옷가지들을 가지고 달려올 텐데, 여기 이렇게 젖은 몸으로 떨고 있어야 한단 말인가? 아니! 웨이크필드는 그렇게 어리석지 않다. 그는 현관 앞 계단을 올라간다. 발걸음이 무겁다. 그 계단을 내려온 뒤 20년이 흐르는 동안 다리가 뻣뻣해졌기 때문이다. 하지만 그는 그 사실을 모른다. 잠깐, 웨이크필드! 자신에게 남겨진 하나뿐인 집으로 돌아가고 싶은가? 그렇다면 무덤에 들어가라! 문이 열린다. 안으로 들어가는 그의 마지막 표정에는 아내를 희생시키며 지속해 온 장난을 예고했던 교활한 미소가 보인다. 참으로 무자비하게 그녀를 놀려 온 것이다! 아무튼 웨이크필드에게 편안한 밤이 되기를!

 이 행복한 사건—그렇다고 가정한다면—은 뜻하지 않은 순간이었기에 일어날 수 있었을 것이다. 우리는 우리 친구를 따라 문턱을 넘지 않을 것이다. 그는 우리에게 반성을 위한 많은 생각거리를 남겨 주었다. 그 일부는 지혜 담긴 교훈이 되고, 거기에 생김새를 입히면 하나의 상징이 될 것이다. 우리의 수수께끼 같은 세상은 겉으로는 매우 혼란스러워 보이지만, 개인들은 체제에 멋지게 길들여지고, 체제들은 서로와 전체에게 길들여져, 거기서 한 발짝 비켜서기만 해도 영원히 집에 돌아가는 길을 잃을 수 있다. 웨이크필드처럼 '우주 고아'가 될지도 모른다.

The Ambitious Guest
야망이 큰 손님

9월 어느 날 밤이었다. 한 가족이 난롯가에 둘러앉아 계곡에서 떠내려 온 나무들, 마른 솔방울들, 절벽 아래로 무너져 내린 큰 나무들의 쪼개진 가지들을 난로에 잔뜩 얹어 불을 피우고 있었다. 굴뚝 위로 불길이 세차게 타오르며 방 안을 넉넉히 밝혀주었다. 아버지와 어머니 얼굴에는 차분한 행복함이 넘쳤고, 아이들은 즐겁게 웃고 있었다. 열일곱 살 큰딸 얼굴이 행복 그 자체의 이미지라면 가장 따뜻한 곳에 자리잡고 앉아 뜨개질을 하고 있는 나이 든 할머니 모습은 바로 늙은 행복의 이미지였다. 그들은 뉴잉글랜드 가장 메마른 곳에서 마음의 평화를 누리고 있는 것이다. 그들 집은 화이트 힐스 골짜기에 자리 잡고 있었는데, 여기는 일 년 내내 특히 겨울철에는 잔인할 정도로 바람이 매섭게 불며 사코 계곡 쪽으로 치닫기 전 그들 집을 다시 한 번 무섭게 휩쓸어가는 곳이었다. 그들이 사는 곳은 춥기도 했지만 위험하기도 했다. 집 바로 위로 산이 아주 가파르게 치솟아 있어 이따금 바위들이 집 옆으로 굴러내려서 한밤에 그들을 놀라 깨어나게 하기도 했기 때문이다.

딸아이가 들려주는 재미있는 이야기에 모두 즐겁게 웃고 있는데, 골짜기를 휩쓸던 바람이 집 앞에 잠깐 멈춰 서 울음 같기도 하고 탄식 같기도 한 소리로 문을 흔들고는 골짜기 아래로 빠져나갔다. 바람 소리는 여느 때와 같았지만 그 소리는 한순간 그들을 우울하게 만들었다. 그들이 다시 즐거운 기분으로 되돌아왔을 때 누군가 문 빗장을 들어 올리는 소리가 들렸다. 쓸쓸한 바람 소리 때문에 나그네 발걸음 소리는 들리지 않았다. 하지만 바람은 그가 다가오는 것을, 그가 집에 들어설 때 울음 같은 소리를 내는 것을, 탄식하듯 문에서 빠져 나간 것을 알렸다.

그들은 이처럼 외로운 환경에서 살았지만 나날이 세상 사람들과 이야기를 나눌 수는 있었다. 화이트 힐스 골짜기의 낭만적인 산길은 한쪽으로는 메인 주, 다른 한쪽으로는 그린 산맥과 세인트로렌스 해안 사이를 이으며 내부 교역의 혈류를 이어주는 대동맥 같은 통로였다. 그래서 그 집 앞에는 늘 승합마차가 멈추어 섰고, 지팡이 말고 아무 동행자도 없는 나그네는 산 협곡을 통과하거나 계곡 첫 집에 이르기 전 외로움에 완전히 압도당하지 않기 위해서라도 이곳에 잠시 머물며 이야기를 나누곤 했다. 마차꾼들은 포틀랜드 시장에 가는 길에 이 집에서 하루를 묵었다. 이따금 총각 마차꾼은 보통 잠자리에 드는 시간보다 한 시간쯤 더 앉아 있다가 산골 처녀로부터 작별 키스를 슬쩍 훔치기도 했다. 이 집은 나그네가 식비와 숙박비만 지불하는 것만으로는 값을 매길 수 없는, 가정적인 따뜻한 친절까지 제공받는 아주 옛날식 주막이었다. 그래서 바깥문과 안쪽 문 사이에서 발걸음 소리가 들려오면 할머니와 아이들까지 온 가족이 마치 친척이나 그들과 운명을 같이할 사람을 맞으려는 듯 자리에서 일어났다.

문을 열고 들어선 나그네는 젊은이였다. 처음 그의 얼굴은 해질녘, 혼자 거칠고 쓸쓸한 길을 걸어온 사람의 우울하고 의기소침한 표정을 담고 있었으나 따뜻하게 맞아주는 가족들의 환영에 금방 환하게 밝아졌다. 그는 앞치마로 의자를 닦는 할머니로부터 그에게 팔을 내뻗는 어린아이에 이르기까지 온 가족의 환영으로 가슴이 벅차오름을 느꼈다. 한 번의 눈길과 미소를 주고받음으로써 나그네는 큰딸과 곧 순수하게 친한 사이가 될 수 있었다.

"와, 난롯불 정말 그럴듯하네요. 더구나 주위에 이처럼 즐겁게들 둘러앉아 있으니 말이죠!" 젊은이가 큰 소리로 말했다. "이 골짜기가 거대한 한 쌍의 풀무 통 같아서 정말이지 완전히 마비가 됐거든요. 발레트에서부터 줄곧 매서운 바람을 얼굴에 맞으면서 왔죠."

"그렇다면 버몬트 쪽으로 가시는 거요?" 젊은이가 어깨에서 가벼운 배낭을 내리는 것을 거들어주며 집주인이 말했다.

"네, 벌링톤을 거쳐 훨씬 더 멀리 갑니다." 젊은이가 말했다. "사실 오늘 밤 이선 크로포드까지 가려고 했지만 걸어가다 보면 이런 험난한 길에서 좀 지체되기도 하죠. 문제될 건 없습니다. 훈훈한 불과 여러분들의 즐거운 얼굴을 보니까 마치 저를 위해 일부러 불을 피우고 제가 도착하기를 기다리신 것 같은 생각이 드는군요. 그러니 오늘 밤은 저도 여러분 틈에 이렇게 앉아 마치 집에 온 것처럼 편안한 마음이 되고 싶습니다."

그렇게 말하면서 구김살 없는 젊은이가 불 가까이 의자를 끌어당기는 순간, 무거운 발걸음 같은 소리가 밖에서 들리더니 가파른 산자락을 따라 길고 빠른 걸음으로 우르르 내달아 집을 훌쩍 건너뛰고는 반대편 절벽에 부딪히는 것 같았다. 가족들은 그 소리가 무슨 소린지 알기 때문에 숨을 죽였고 나그네는 본능적으로 숨을 죽였다.

"저 산이 우리가 자기 존재를 잊어버릴까봐 우리한테 돌을 던지는 거라오." 주인이 평정을 되찾으며 말했다. "때때로 머리를 끄덕거리며 내려오겠다고 위협하기도 하지요. 그래도 이제 우린 아주 오랜 이웃이 돼서 그런대로 서로 잘 지내는 편이라오. 게다가 굳이 꼭 내려오겠다고 할 때를 대비해서 가까운 곳에 안전한 대피소도 마련해 놓고 있으니 걱정할 것 없어요."

이제 나그네가 곰 고기로 저녁 식사를 마치고, 본디의 명랑한 태도로 가족 모두와 아주 친한 사이가 되어, 마치 자신도 산골 사람인 듯 허물없이 이야기하는 모습을 상상해 보자. 그는 자부심이 강하면서도 부드러운 마음을 가진 젊은이로, 부자나 권세 있는 사람들 앞에서는 도도하고 말없이 무뚝뚝한 것처럼 보이지만 낮은 오두막집 문 앞에서는 기꺼이 머리를 숙이고, 가난한 사람들 난롯가에서는 형제나 자식처럼 즐겨 어울리는 사람이었다. 그는 이 화이트 힐스 골짜기 가정에서 따뜻하고 소박한 감정과, 뉴잉글랜드 사람들 특유의 지혜를 보았다. 그리고 기암괴석이 펼쳐진 듯한 산봉우리들 협곡에서, 위험하면서도 낭만적인 이 집 문지방에서 그들이 거의 무의식적으로 거두어 모은, 그 토양에서 자라난 한 편의 시를 느낄 수 있었다. 그는 지금까지 홀로 멀리 여행해 왔으며, 그의 모든 삶은 혼자만의 외로운 여행길인 셈이었다. 고상하고 신중한 성격 때문에, 친구가 될 수 있었을 사람들로부터 자신을 고립시켜 왔기 때문이다. 이 가족들 또한 이토록 친절하긴 하지만, 모든 가정의 울타리 안에 낯선 사람이 침입할 수 없는 성스러운 장소가 있듯, 이들만의 어떤 일체감과 세상 사람들로부터의 고립 의식을 가지고 있었다. 그러나 이날 밤, 어떤 예언적인 동질성이 세련되고 지적인 젊은 나그네로 하여금 소박한 산골 사람들 앞에서 마음속 생각을 숨김없이 다 털어놓게 만들었고, 이 집 식구들에게는 거리낌 없이 솔직한 마음으로 나그네 이야기에 귀 기울이게 했다. 어쩌면 그것은 필연적인 인연이었는지도 모른다. 같은 운명을 가진 사람들 사이의 유대가 단순한 혈육의 유대보다 더 강한 것이 아니겠는가?

 젊은이는 높고 추상적인 야망을 비밀스럽게 품고 있었다. 그는 남의 눈에 띄지 않는 삶은 참을 수 있었지만 무덤 속에서 잊히고 말 삶은 참을 수가 없다고 했다. 간절한 욕구는 희망으로 바뀌고 오랫동안 간직해 온 그 희망은 하나의 확신, 곧 지금은 누구의 눈에도 띄지 않는 여행을 하고 있으며, 여행 사이에는 그렇지 않을 것이라 해도 마침내는 그의 모든 여행길에 영광의 빛이 환히 밝혀주리라는 믿음으로 바뀐 것이다. 이를테면 후세 사람들이 과거의 어둠을 뒤돌아볼 때, 하찮은 영광들이 사라져가는 그 사이에서 더욱 빛날 자신의 발자취를 추적할 것이고, 결국 한 재능 있는 인간이 아무도 알아봐 주는 이 없는 가운데서도 요람에서 무덤까지 당당하게 자신의 인생길을 마치고 갔음을 밝혀주리라고.

 "하지만," 젊은이는 외치듯 말했다. 그의 뺨은 달아오르고 눈은 열정으로 빛나고 있었다. "하지만, 전 아직 아무것도 한 일이 없습니다. 만일 내일 제가 이 세상에서 사라진다면 여러분만큼도 저에 대해 아는 사람이 없을 겁니다. 한 이름 모를 청년이 해질녘 사코 계곡에 나타나 저녁에 여러분에게 마음을 다 열어 보이고 다음 날 해뜰 녘에 화이트 힐스 골짜기를 지나 사라져갔다는 정도죠. '그 젊은이가 누구였지? 그 방랑자가 어디로 갔지?' 그런 말을 묻는 사람은 아무도 없을 거예요. 하지만 저는 제 운명을 이룰 때까지는 죽을 수가 없습니다. 제 운명을 이루고 나면 죽어도 좋습니다. 제 자신의 기념비를 세운 것이 될 테니까요."

 그들 사이엔 추상적인 몽상에서 흘러나오는 듯한 자연스러운 감정이 흐르고 있었다. 바로 그 흐름이 비록 화이트 힐스 골짜기 집 식구들의 감정과는 아주 달랐지만 그들이 이 젊은이의 감정을 이해할 수 있게 해준 것이다. 그는 곧 쑥스러움을 느끼며 자신도 모르게 드러내고 만 열정에 얼굴이 붉어졌다.

 "절 비웃으시겠죠." 그는 큰딸의 손을 잡고 자신도 미소 지으며 말했다. "오직 시골 사람들의 시선을 끌기 위해 마운트 워싱턴 정상에 올라 얼어 죽기라도 하려는 것처럼 제 야망이라는 게 말 같지도 않다고 생각하시겠죠. 사실 제 야망이 아직은 계획 수준에 불과하지만 사람의 조각상을 위에 세울 주춧돌처럼 그럴듯한 것입니다!"

 "아무도 우리를 생각하지 않더라도 여기 이렇게 난롯가에 앉아 마음 편히 만족해할 수 있다면 그게 더 좋은 것이 아닌가요." 큰딸이 얼굴을 붉히면서 말했다. "저 젊은이가 하는 이야기엔 뭔가 끌리는 데가 있어."

그녀의 아버지가 잠시 생각에 잠겼다가 말했다.

"만일 내 마음이 그런 방향으로 움직였다면 나도 아마 똑같은 느낌이었을 거야. 여보, 거 이상하지. 저 젊은이 말을 들으면서 내 머리도 도저히 실현 불가능한 것들을 떠올려 보게 되니 말이오."

"실현 가능할 수도 있겠죠. 남자는 홀아비가 되었을 때 무얼 할 것인가를 생각하지 않나요?" 아내가 말했다.

"아니, 그런 뜻이 아니오!" 그는 친절하지만 꾸짖음이 담긴 어조로 아내의 말을 물리치며 큰 소리로 말했다. "에스터, 난 당신의 죽음을 생각할 때 내 죽음도 똑같이 생각하오. 그런데 말이오. 나는 좋은 농장을 하나 갖고 싶었소. 바틀릿이나 베들레헴, 리틀턴이나 화이트 마운틴스 가까이 어느 마을에라도, 산이 우리 머리 위로 굴러떨어질 수 있는 곳만 아니라면. 난 이웃 사람들과 사이좋게 지내면서 존경도 받고 싶었고 한두 임기쯤 주의원이 되고도 싶었지. 솔직하고 정직한 사람이라면 주 의회에서도 입법관으로서 일을 잘 해낼 수 있을 테니까. 그러고 나서 내가 아주 늙고, 죽음이 우리를 갈라놓아 서로 오래 떨어져 있지 않아도 될 만큼 늙은 당신이 내 곁에서 울고 있는 가운데 자리에 누워 행복하게 죽기를 바랐소. 대리석이 됐든 석판이 됐든 묘비에 내 이름과 나이, 찬송가 한 구절, 내가 정직하게 살다가 믿음을 가지고 죽었다는 사실을 사람들에게 알릴 수 있는 구절 한 줄 새겨넣으면 되는 것 아닌가 그렇게 생각했지."

"그것 보십시오!" 젊은이가 크게 소리치며 말을 이었다. "석판이 됐건 대리석이 됐건 화강암 기둥이 됐건 사람들 마음속 영광스러운 기억이 됐건, 어떤 기념비 같은 것을 바라는 게 사람의 본성이죠."

"오늘 밤은 좀 이상하네요." 아내가 눈물을 글썽이며 말했다. "사람들 마음이 이렇게 떠돌면 그건 무슨 조짐이라고들 하잖아요. 저 애들 이야기하는 것 좀 들어 보세요."

그들은 아이들 쪽으로 귀를 기울였다. 어린아이들은 딴 방에서 이미 잠자리에 들었는데 샛문이 열려 있어 부지런히 뭐라고들 종알대는 소리가 들렸다. 애들은 모두 난롯가 분위기의 영향을 받은 듯 자기들이 어른이 되면 무엇을 할 것인가에 대해, 어린애다운 계획이나 터무니없는 희망을 서로 다투어 이야기하고 있었다. 드디어 막내 아이가 형이나 누나에게 말하는 대신 엄마에게 큰 소리로 외쳤다.

"엄마, 내가 원하는 게 뭔지 말해 줄게. 난 엄마 아빠 할머니 우리 모두와 저 아저씨가 지금 같이 떠나 플룸 분지 개울에 가서 물을 마시고 오는 거야!"

따뜻한 잠자리에서 벗어나, 훈훈한 난롯가로부터 그들을 끌어내어 벼랑 너머 골짜기 깊숙이 흘러들어가는 플룸 분지의 개울까지 갔다 오겠다는 아이의 엉뚱한 생각에 모두 웃지 않을 수 없었다. 아이의 말이 끝나자마자 마차가 덜커덩거리며 오다가 문 앞에 멈추는 소리가 들렸다. 마차 안에는 두세 사람이 타고 있는 듯했는데 그들은 서툰 가락으로 노래를 부르면서 마음을 달래고 있는 것 같았다. 합창 소리가 절벽 사이에서 끊겼다 이어졌다 하며 메아리치는 사이 그들은 여행을 계속할 것인지 아니면 여기서 하룻밤 묵고 갈 것인지 망설이는 듯했다.

"아버지, 사람들이 아버지 이름을 부르는데요." 큰딸이 말했다.

주인은 정말 자기 이름을 부르는 소리가 들렸는지 의심스럽기도 했고 사람들을 자기 집에 묵도록 권함으로써 너무 잇속을 밝히는 것처럼 보이고 싶지도 않아 서두르지 않고 천천히 문께로 다가갔다. 그러자 채찍을 휘두르는 소리가 들리더니 마차에 탄 사람들은 계속 노래를 부르고 웃고 떠들면서 골짜기를 향해 내려갔다. 그들의 노래와 웃음소리는 산속 깊숙한 곳에서 음울하게 메아리쳤다.

"거봐, 엄마!" 아이가 다시 소리쳤다. "저 사람들이 플룸까지 우릴 태워다 줄 수도 있었을 텐데."

밤나들이에 대한 아이의 집념에 그들은 다시 한 번 웃었다. 그러나 딸의 마음 위로는 젊은 구름이 흘러가는 듯싶었다. 그녀는 무거운 표정으로 불 속을 들여다보며 한숨처럼 길게 숨을 내쉬었다. 억제하려고 노력했지만 자신도 모르게 그렇게 숨을 내쉬고 만 것이다. 그녀는 제 숨소리에 놀라 얼굴이 붉어지면서 그들이 자신의 가슴속을 들여다보기라도 한 것처럼 얼른 난로 주위로 고개를 돌렸다. 무슨 생각을 하고 있었냐고 젊은이가 그녀에게 물었다.

"아무것도 아니에요. 그저 잠깐 외로움 같은 걸 느낀 거예요." 그녀는 우울한 미소를 지으며 대답했다. "저에겐 말이죠, 사람들 가슴속에 무슨 생각이 들어 있는지 알아내는 재능이 있어요." 그는 반쯤 진지하게 말했다. "아가씨 비밀이 뭔지 알아맞혀 볼까요? 젊은 아가씨가 따뜻한 난롯가에서 떨며 어머니 곁에서 외로움을 하소연한다면 그게 뭘 뜻하는지 전 알고 있으니까요. 그 느낌을 말로 표현해 볼까요?"

"말로 표현될 수 있는 거라면 그건 이미 소녀의 느낌이 아니겠지요." 산속 요정 같은 아가씨는 웃으면서도 그의 시선을 피하며 수줍게 말했다.

이 짧은 대화는 젊은이와 아가씨 두 사람 사이에서만 오고간 것이다. 아마도 사랑의 싹이 그들 가슴속에 솟아오르고 있었을 것이다. 그 싹은 너무도 순수해서 이 세상에서는 온전히 자랄 수 없고 천국에서나 활짝 꽃필 그런 사랑의 싹이었다. 여자라면 젊은이가 지닌 부드러운 위엄을 우러러보게 마련이고, 자존심 강하고 사색적이면서도 친절한 마음을 가진 남자라면 그녀가 지닌 소박함에 사로잡히게 마련이니까. 그러나 둘이 부드럽게 이야기를 나누는 동안, 그리고 젊은 나그네가 행복한 슬픔과 밝은 그늘과 아가씨의 수줍은 열망을 지켜보는 동안 골짜기를 빠져나가는 바람 소리는 점점 더 깊고 음산해져 갔다. 그 소리는 상상력이 풍부한 젊은이의 말처럼, 옛날 인디언이 이 산에 거처를 정하고 높은 산봉우리들과 깊은 협곡을 그들의 신성한 구역으로 삼아 살던 시절, 광풍의 정령들이 부르던 합창의 가락 같았다. 길을 따라 마치 장례 행렬이 지나가듯 목메어 우는 바람 소리가 휩쓸고 갔다. 그 음산함을 쫓아버리려 가족들은 불 위에 소나무 가지들을 더 많이 얹었다. 마른 솔잎들이 톡톡 소리를 내며 불길이 환하게 피어오르자 그들은 다시 평화로움과 소박한 행복감을 되찾을 수 있었다. 불빛이 주위를 감싸듯 떠돌며 그들 모두를 쓰다듬어주는 것만 같았다. 저쪽에서는 아이들이 잠자리에서 빠끔히 내다보고 있었고 이쪽에서는 체격이 다부진 아버지, 차분하고 신중한 모습의 어머니, 이마가 넓고 교양 있는 젊은이, 꽃봉오리처럼 갓피어나는 아가씨, 가장 따뜻한 자리에서 여전히 뜨개질을 하고 있는 착한 할머니가 불가에 둘러앉아 있었다. 할머니가 손가락을 부지런히 움직이면서 잠시 얼굴을 들고 말했다.

"늙은 사람들도 젊은 사람들처럼 다 나름의 생각이 있단다. 너희들이 이런저런 걸 바라고 계획하고 생각하고 상상하는 걸 보니 내 마음까지도 들뜨게 되는구나. 이제 한두 발짝만 더 가면 무덤에 이르게 될 나 같은 할머니가 원하는 게 뭐겠니? 얘들아, 내가 너희들한테 털어놓기 전까진 그 생각이 밤낮으로 내 머리를 떠나지 않을 것이다."

"어머니, 그게 뭔데요?" 남편과 아내가 물었다.

그러자 할머니는 그들을 난롯가로 더 가까이 다가오게 만드는 알 수 없는 표정을 짓더니 사실은 여러 해 전에 자신의 수의를 준비해 놓았노라고, 좋은 아마천 수의와 무명 주름깃을 단 모자에, 결혼식 뒤로 그녀가 입은 어떤 옷보다도 더 좋은 모든 것을 다 갖추어놓았노라고 일러주었다. 그러나 이날 밤 오랜 미신이 이상하게도 그녀의 머리에 자꾸 떠올랐다. 그것은 그녀가 젊을 때 들었던 것인데 만일 시신이 입고 있는 수의가 흐트러지게 되면, 이를테면 주름 깃이 똑바로 안 펴졌다거나 모자가 제대로 안 씌워졌다거나 하기만 해도 시신이 흙 밑 관 속에서 싸늘한 손을 뻗쳐 제대로 옷모양새를 갖추려 애쓴다는 것이었다. 그 생각으로 그녀는 신경이 곤두서는 것 같았다.

"그런 말씀 하지 마세요, 할머니!" 딸아이가 그렇게 말하며 몸을 떨었다.

"이제 너희들 가운데 누구라도 말이다." 할머니는 이상하리만큼 진지한 태도이면서도 어리석은 행동에 야릇한 미소를 지으며 말을 계속 이어갔다. "내가 수의를 다 차려입고 관 속에 누워 있을 때 내 얼굴 위로 거울을 들고 비춰주면 좋겠구나. 내 모습을 살펴보고 모든 게 다 잘됐는지 확인해 보려고 할지 어떻게 알겠니?"

"늙은 사람이든 젊은 사람이든 우리 모두는 무덤 같은 걸 항상 생각해요." 젊은이가 혼잣말로 중얼댔다. "전 뱃사람들이 말이죠, 배가 가라앉기 시작하고 아무도 모르게, 흔적 없이, 이름도 없는 드넓은 무덤인 바다에 묻힐 때 그 느낌이 어떨지 늘 궁금합니다."

잠시 등골이 오싹할 정도로 할머니 생각이 이야기를 듣던 사람들의 마음을 사로잡고 있었기 때문에, 어둠 속에서 광풍처럼 으르렁거리는 바람 소리가 점점 더 넓고 깊고 무시무시하게 퍼져나가는 것을 불운한 사람들은 알아차리지 못했다. 집과 집안에 있는 모든 것들이 떨리며 흔들렸다. 마치 그 끔찍한 소리가 최후 심판의 나팔 소리이기라도 한 것처럼 지반 자체가 흔들리는 듯했다. 젊은 사람들, 나이 든 사람들 모두가 소스라치게 놀라는 눈길을 주고받으며 한순간 아무 말도 못하고 꿈적할 수도 없이 공포에 질려 핼쑥하게 굳어졌다. 다음 순간 그들 모두의 입에서 같은 비명이 동시에 튀어나왔다.

"산사태다! 산사태다!"

그 짧은 한마디가 뭐라고 표현할 수 없는 재앙의 공포를—비록 묘사할 수는 없다 해도—전달할 수는 있었을 것이다. 희생자들은 집에서 뛰쳐나와 이런 위기에 대비해 세워놓은 하나의 방벽, 더 안전하다고 생각되는 대피소를 찾았다. 아아! 그들이 곧장 뛰어든 방벽은 오히려 그들을 파멸로 이끄는 자리였다. 산허리가 온통 무너져 내리며 돌과 흙을 폭포처럼 쏟아부었다. 그러나 그 폭포 더미는 집에 이르기 직전 두 갈래로 갈라지면서 집 창문 하나 건드리지 않은 채 집 주변을 온통 덮치고 길을 막아버리며, 휩쓸고 간 자리에 있던 모든 것들을 파멸시켜 버렸다. 무시무시한 산사태의 천둥소리가 그치고 그 소리가 산골짜기마다 메아리쳐 가기도 전에 죽음의 고통은 이미 끝나고 희생자들은 이제 평온한 상태가 되었다. 그들의 시신은 영원히 찾아낼 수 없었다.

다음날 아침, 가느다란 연기가 집 굴뚝에서 빠져나와 산허리께로 피어오르는 것이 보였다. 집 안 난로에서는 아직도 불씨가 남아 연기를 내며 타고 있었고, 난롯가로는 의자가 빙 둘러 있어 마치 집 안에 있던 사람들이 산사태의 끔찍한 상태를 살펴보려고 잠깐 나갔다가 기적같이 화를 피한 것에 하느님께 감사드리며, 곧 다시 돌아올 것처럼 보였다. 가족들 모두가 저마다 뭔가 기억할 만한 기념물들을 남겨서 그 가족을 아는 사람들은 기념물들을 보며 가족 한 사람 한 사람을 위해 눈물 흘렸다. 그들의 이름을 들어보지 못한 사람이 어디 있을까? 이 이야기는 멀리 드넓게 퍼져나가 이제 이 산의 전설로 영원히 남게 되었다. 시인들도 그들의 운명을 노래하고 있다.

어떤 사람들은 그 끔찍한 날 밤 한 나그네가 그 집에 묵었다가 가족들과 함께 참변을 당했다고 추정할 만한 정황 근거가 있다고 생각하기도 했다. 또 다른 사람들은 그런 추측을 뒷받침할 만한 충분한 근거가 없다고 말하기도 했다. 아, 슬프도다! 지상의 불멸을 꿈꾸던 훌륭한 정신의 젊은이여! 그의 이름과 존재는 영원히 알려지지 않았고, 그가 살아온 길, 그가 살아가는 방식, 그의 야망들은 영원히 알아낼 수 없는 수수께끼로, 그리고 그의 죽음, 그의 실존까지도 영원한 의문으로 남게 되었다. 그렇다면 죽는 순간의 고통은 누구의 것이란 말인가?

The Minister's Black Veil
목사의 검은 베일

　교회지기는 밀퍼드 예배당 현관에서 힘차게 밧줄을 당겨 종을 울리고 있었다. 등 굽은 마을 노인들이 모여 들었다. 아이들은 명랑한 얼굴로 부모 곁을 맴돌며 뛰어다녔고, 어떤 아이들은 얌전하게 차려입은 복장을 의식하여 무거운 걸음걸이를 흉내내기도 했다. 멋쟁이 총각들은 예쁜 처녀들을 곁눈질하며, 안식일 햇살이 처녀들을 보통 때보다 더 예쁘게 만든다고 생각했다. 사람들이 예배당 안으로 들어가자, 교회지기는 후퍼 목사관의 문을 바라보며 종치는 속도를 차차 늦추어 갔다. 이는 목사의 모습이 나타나면 집회를 알리려는 종을 멈춘다는 신호이기도 했다.
　"그런데 후퍼 목사님은 얼굴에 뭘 쓰고 계시는 거지?" 교회지기가 놀라 소리쳤다.
　교회지기 가까이에 있던 사람들이 일제히 고개를 돌려, 후퍼 목사처럼 생긴 사람이 예배당을 향해 느릿느릿 엄숙한 걸음으로 다가오는 모습을 지켜보았다. 그들은 한결같이 깜짝 놀랐다. 후퍼 목사 연단 뒤에 앉기 위해 누군지 전혀 모르는 목사가 왔다고 해도 그보다 더 놀라지는 않았을 것이다.
　"정말 우리 목사님이에요?" 그레이 씨가 교회지기에게 물었다.
　"물론 후퍼 목사님이죠." 교회지기가 말했다. "웨스트버리의 슈트 목사님과 바꿔 예배를 하실 예정이었어요. 그런데 슈트 목사님이 어제 장례식 설교 때문에 그럴 수 없게 되었다고 전갈을 보내셨거든요."
　사람들이 이토록 놀란 것에 비해 그 원인은 아주 하찮아 보일지도 모른다. 후퍼 목사는 서른 살쯤 된 독신으로 점잖았으며 성직자다운 단정한 차림새였다. 마치 착실한 아내가 있어 목띠에 풀을 먹이고 예배복에 1주일 동안 쌓인 먼지를 떨어주었다고 생각될 정도다. 그의 모습에서 눈에 띄게 두드러진 것은 단 한 가지, 이마에 두른 검은 베일이 얼굴을 덮고 숨결에 흔들릴 만큼 길게 내려와 있다는 것이었다. 좀 더 가까이에서 보면 두 겹으로 접은 크레이프 천이었는데 입과 아래턱만 빼면 목사의 얼굴 전체를 가렸다. 그러나 시야는 아마 가리지 못했으며 모든 생명체와 무생물을 어둡게 만드는 정도였다. 이런 음울한 그림자를 앞에 드리운 채 후퍼 목사는 느리고 조용하게 발걸음을 옮겼다. 넋 놓고 있는 사람처럼 약간 구부정한 자세로 시선을 떨어뜨리고 있었지만 아직도 예배당 밖에서 기다리고 있던 교구민들에게 친절히 눈인사를 하며 걸어갔다. 그러나 너무도 놀란 나머지 사람들은 목사의 눈인사에 제대로 답하지 못했다.

"저 천 조각 뒤에 후퍼 목사님 얼굴이 있을 것 같지가 않아." 교회지기가 말했다.

"보기 싫군." 한 노파가 절뚝거리는 걸음으로 예배당 안으로 들어가며 말했다. "얼굴을 가렸을 뿐인데 아주 흉측해졌어."

"목사님이 미쳤어." 그레이 씨가 큰 소리로 말하며 목사를 따라 문턱을 넘어 갔다.

후퍼 목사가 예배당 안에 들어가기 전에 이미 이런 어처구니없는 일이 벌어졌다는 소문이 퍼져 사람들 모두 들썩거렸다. 문을 향해 고개를 돌리지 않는 사람은 거의 없었다. 아예 자리에서 벌떡 일어난 채 뒤쪽을 보는 사람도 많았다. 몇몇 꼬마는 의자에 기어 올라갔다가 소란을 떨며 내려왔다. 웅성거리는 소리, 여자들 드레스 부스럭거리는 소리, 남자들 신발 끄는 소리가 합해져 평상시 목사가 입장할 때의 고요한 평온과는 거리가 멀었다. 하지만 후퍼 목사는 이처럼 혼란스러운 분위기를 전혀 모르는 듯했다. 그는 소리 없이 걸어 들어가 양쪽 신도석을 향해 정중하게 눈인사를 하고, 복도 중앙 의자에 앉은 최고령 교구민인 백발의 장로에게 허리를 숙여 인사하며 지나쳤다. 그 덕망 있는 노인이 전과 달라진 목사의 모습을 전혀 알아차리지 못하는 것이 이상했다. 그는 후퍼 목사가 계단을 올라 연단에 서서 검은 베일을 앞에 두른 채 신도들을 마주할 때까지 예배당 안에 일고 있는 큰 소란을 눈치채지 못한 것 같았다. 그 수수께끼의 상징물은 예배시간 내내 한 번도 걷히지 않았다. 후퍼 목사가 찬송가를 부르자 베일은 그의 차분한 숨결에 따라 흔들렸다. 베일은, 성서를 낭독할 때 성스러운 글자 위에 그림자를 드리워 그와 신성한 책 사이를 가렸다. 고개 들어 기도할 때에는 얼굴 위에 무겁게 내려앉았다. 기도를 바치는 외경의 대상에게서 얼굴을 가리고 싶었던 것일까?

단순한 크레이프 천 한 장이 얼마나 큰 효과를 발휘했는지 신경이 예민한 여자 몇 명은 예배당을 떠날 정도였다. 하지만 검은 베일이 사람들에게 주는 느낌이 그렇듯 신도들의 핼쑥한 얼굴도 후퍼 목사에겐 섬뜩한 광경이었을 것이다.

후퍼 목사는 설교를 잘하기로 이름나 있지만, 활기 넘치는 설교자는 아니었다. 그는 성경 말씀 대신 부드럽고 감동적인 설교로 신도들을 천국으로 인도했다. 오늘 설교 또한 평상시 하던 설교와 어조도 방식도 같았다. 하지만 설교 자체의 느낌이 달랐던 건지 사람들의 상상이 그랬던 건지 이 날의 설교는 이제까지 목사에게서 들은 어떤 설교보다 강력한 느낌이었다. 후퍼 목사의 기질인 부드러운 어둠이 평상시보다 짙게 배어 있었다. 설교의 주제는 우리가 가장 가까운 이들에게도 감추고, 자신의 의식 속에서도 몰아내려고 하며, 전능하신 분이 감지할 수 있다는 사실조차 잊고 싶은, 비밀스러운 죄악과 슬픈 수수께끼에 대한 것이었다. 그의 설교에는 묘한 힘이 들어가 있었다. 가장 순진한 처녀, 무감각한 남자를 막론하고 예배당에 모인 신자들 모두 저 해괴한 베일을 쓴 설교자가 자기 가슴팍에 기어올라 그 안에 감추어진 부정한 행동과 생각을 찾아낸 듯한 느낌이 들었다. 가슴 위에 깍지 낀 두 손을 자신도 모르게 펼친 사람도 많았다. 후퍼 목사의 설교에 무서운 내용이 있었던 것은 아니다. 적어도 폭력적인 내용은 없었다. 그런데도 낮게 깔린 목소리의 떨림 하나하나에 청중은 함께 떨었다. 원치 않던 격렬한 감정이 두려움과 함께 밀려왔다. 신도들은 목사의 익숙치 않은 모습에 너무나 당황해서 바람이라도 한 줄기 불어와 베일을 걷어 주기를 바랐다. 그러면 겉모습과 동작과 목소리는 후퍼 목사가 분명한 그 사람의 베일 속에서, 낯선 얼굴이 나타날 것만 같았다.

예배가 끝나자 사람들은 억누르고 있던 놀라움을 이야기 나누려고 거칠고 소란스럽게 밖으로 나왔다. 눈앞에서 검은 베일이 보이지 않게 된 순간 마음이 한결 가벼워진 것을 느꼈다. 어떤 신자들은 동그랗게 모여 서서 얼굴을 가까이 대고 수군거렸다. 침묵에 잠겨 혼자 집으로 간 사람도 있고, 큰 소리로 떠들며 요란한 웃음으로 안식일을 모욕하는 사람도 있었다. 몇몇 신도들은 이 수수께끼의 의미를 안다는 듯 영민한 고개를 끄덕였다. 한두 명은 후퍼 목사가 밤늦도록 책을 읽느라 눈이 피로해져서 빛을 가릴 필요가 있었을 뿐 수수께끼 따위는 없다고 잘라 말했다. 시간이 조금 흐르자 신도들 뒤로 후퍼 목사가 따라 나왔다. 그는 베일을 쓴 채 이 사람 저 사람을 돌아보며 백발노인들에게 존경을 표하고, 중년들에게는 친구 겸 영적 지도자로서 다정한 위엄을 갖춰 인사하고, 젊은이들에게는 사랑과 권위가 섞인 말을 걸고, 어린아이들에게는 머리에 손을 얹어 축복해 주었다. 그것은 안식일이면 항상 치르는 예삿일이었다. 그가 예의를 다해도 돌아오는 반응은 놀라고 당황한 표정들뿐이었다. 여느 때처럼 목사 곁에서 걷는 영광을 바라는 자는 아무도 없었다. 손더스 판사가 후퍼 목사를 식사에 초대하지 않은 것은 그저 건망증 때문이었다. 후퍼 목사가 그 지역에 부임한 뒤로 거의 매주 일요일 그의 집에서 식사 기도를 해 주었지만 말이다. 그래서 그는 목사관으로 돌아갔는데, 문을 닫기 직전에 자신을 주시하고 있는 사람들을 언뜻 보았다. 그가 문 뒤로 사라질 때 검은 베일 안에서는 슬픈 미소가 흐릿하게 떠올랐다.

"정말 이상해요." 한 부인이 말했다. "어떤 여자든 모자 위에 덮어 쓸 수 있는 흔한 검은 베일인데, 후퍼 목사님이 쓰니까 너무 끔찍해 보이잖아요."

"머리가 이상해진 게 분명해." 그녀 남편인 마을 의사가 맞받아 말했다. "하지만 가장 이상한 건 저런 황당한 기행이 미치는 영향이지. 나처럼 냉정한 사람한테까지 말이오. 검은 베일은 목사의 얼굴만 가렸는데도, 온몸에 영향을 미쳐서 목사를 머리끝에서 발끝까지 귀신처럼 보이게 해요. 그런 생각이 들지 않소?"

"정말 그래요." 부인이 응답했다. "절대로 목사님과 단둘이 있고 싶지 않아요. 그분도 자기 자신과 대면하는 게 무섭지 않을까 싶네요!"

"남자들은 가끔 그렇다오." 남편이 말했다.

오후 예배에도 비슷한 상황이 계속 이어졌다. 예배가 끝날 즈음 한 젊은 처녀의 장례식을 알리는 종이 울렸다. 친척과 친구들은 집 안에서, 다른 사람들은 문간에 서서 망자의 훌륭했던 점을 이야기하고 있었다. 그때 후퍼 목사가 여전히 검은 베일을 쓴 채 나타나 그들의 이야기는 끊어지고 말았다. 베일은 이 상황에 어울리는 상징물처럼 느껴졌다. 목사는 시신이 모셔진 방으로 가서 관 위로 허리를 굽히고 마지막 작별 인사를 했다. 허리를 굽힐 때 베일이 이마에서 떨어졌기 때문에, 만일 죽은 처녀가 눈을 감지 않았더라면 목사의 얼굴을 볼 수 있었을 것이다. 후퍼 목사가 서둘러 다시 검은 베일로 얼굴을 가린 이유는 그 처녀의 눈길이 두려워서였을까? 죽은 자와 산 자가 대면하는 장면을 지켜본 사람 가운데 한 사람이 확실한 어조로 말한 바에 따르면, 목사의 얼굴이 다시 가려지는 순간 시신의 얼굴은 차분한 죽음의 표정 그대로였지만 그 몸은 살짝 떨리며 수의와 모슬린 모자가 바스락거렸다는 것이다. 미신을 믿는 노파가 이 신기한 현상을 혼자서 직접 보았다. 관 곁을 떠난 후퍼 목사는 장례 기도를 하기 위해 조문객들이 있는 방으로 들어가 계단을 내려다볼 수 있는 곳에서 기도를 올렸다. 부드럽고도 가슴 뭉클한 기도는 슬펐지만 천국의 희망으로 가득 차 있었고, 목사의 슬픈 기도 사이로 죽은 자들이 연주하는 천국의 하프 선율이 흐릿하게 들리는 듯했다. 목사가 그 자신이나 조문객들, 온 인류가 저마다의 얼굴에서 베일이 벗겨지는 무서운 때를 맞을 준비를 할 수 있게 해달라고 기도했을 때, 사람들은 그 의미를 제대로 이해하지 못했으면서도 몸을 떨었다. 관을 든 사람들이 무거운 발걸음을 떼었고, 그 뒤를 따르는 조문객들은 행렬 맨 앞에 누운 죽은 자와 맨 뒤를 따르는 후퍼 목사 사이에서 온 거리를 슬프게 만들었다.

"왜 뒤를 돌아보시오?" 행렬 중 한 사람이 그의 아내에게 물었다.

"이상해요." 아내가 대답했다. "목사님과 죽은 처녀의 영혼이 손을 잡고 걷는 것만 같았어요."

"나도 마침 그런 생각을 하고 있었소." 남편이 이어서 말했다.

그날 밤은 밀퍼드 마을 최고의 선남선녀가 결혼하기로 되어 있었다. 후퍼 목사는 우울한 사람이라 여겨지지만, 그런 일에는 차분하면서도 밝은 모습을 보였다. 본디 활발하고 명랑한 성격이었다면 별 관심을 끌지 못했을 터이나, 지나치지 않은 그의 명랑함은 사람들로 하여금 공감의 미소를 자아내게 했다. 그의 기질 가운데 그것보다 더 사랑받는 것은 없었다. 결혼식 하객들은 그날 하루 종일 그를 감쌌던 이상한 두려움이 사라졌으리라 믿으면서 그가 어서 도착하기를 기다렸다. 하지만 결과는 달랐다. 후퍼 목사가 왔을 때, 맨 먼저 사람들 눈에 띈 것은 그 끔찍한 검은 베일이었다. 그것은 장례식에서는 어둠을 더해 주는 효과가 있었지만 결혼식에서는 오직 불길한 조짐일 뿐이었다. 그 베일 때문에 결혼식장은 너무도 혼란스러웠고, 그 검은 크레이프 천 밑에서 먹구름이라도 흘러나와 촛불 빛을 흐릴 것만 같았다. 신랑 신부가 목사 앞에 섰다. 하지만 떨리는 신랑의 손에 잡힌 신부의 차가운 손도 떨렸다. 신부의 얼굴이 어찌나 핼쑥한지, 사람들은 몇 시간 전 땅속에 묻힌 처녀가 결혼식을 하러 다시 돌아온 듯하다고 웅성거렸다. 그보다 더 음울한 결혼식이 또 있다면, 그것은 혼례에 조종(弔鐘)을 울리는 그 유명한 결혼식 정도일 것이다.*1 예식이 끝난 뒤 후퍼 목사는 포도주 잔을 들어 입에 대고, 다른 때라면 난로 불빛처럼 하객을 밝게 비추었을 가벼운 농담으로 신혼부부의 행복을 빌었다. 그때 그는 거울에 비친 자기 모습을 힐끗 보았다. 검은 베일이 다른 사람들에게 불어넣은 공포심이 그에게도 밀려왔다. 그는 몸을 떨고 입술이 하얘지더니 마시지도 않은 포도주를 카펫에 쏟아버리고는 서둘러 어둠 속으로 사라졌다. 대지도 검은 베일을 쓰고 있었다.

이튿날, 밀퍼드 마을 사람들은 온통 후퍼 목사가 쓴 검은 베일 이야기뿐이었다. 베일에 감춰진 수수께끼는 길에서 마주치는 사람들과 창문을 열고 수다 떠는 아낙네들의 주된 이야깃거리였다. 여관 주인들은 손님이 오면 그 소식부터 전했다. 아이들은 학교에 가면서 그 이야기를 떠들어댔다. 어떤 흉내쟁이 꼬마는 검은색 손수건으로 얼굴을 가리고 친구들을 놀라게 했다가 덩달아 자기도 놀라 기절할 뻔하기도 했다.

더욱 더 놀라운 것은 교구의 많은 참견쟁이나 무례한 사람들 가운데 어느 누구도 후퍼 목사에게 왜 그러느냐는 간단한 질문조차 하지 않았다는 것이다. 지금까지 이런 하찮은 개입이 필요할 때면 목사 곁에는 늘 조언자가 있었고, 목사 또한 그들의 판단에 따르는 데 주저하지 않았다. 어쩌다 그가 실수를 저지르면 고통스러울 정도의 자기 불신에 빠졌기에 가벼운 질책만 받아도 대수롭지 않은 행동을 중죄로 여기곤 했다. 그러나 이런 사랑스러운 약점을 잘 알면서도 교구주민들은 누구도 검은 베일에 대해 애정 어린 권고를 하지 않았다. 왠지 모를 두려움 때문에 있는 그대로 받아들이지도 못하고, 그렇다고 해서 조심스럽게 숨기지도 않은 채 모두가 서로 책임을 떠넘겼다. 마침내 큰 문제가 일어나기 전에 후퍼 목사에게 교회 대표단을 보내 논의하기로 결론을 내렸다. 하지만 이제껏 그토록 철저하게 임무에 낭패를 본 대표단은 없었다. 목사는 다정하게 예의를 갖춰 그들을 맞았지만, 그들이 자리에

---

*1 호손의 단편 《결혼식의 조종 소리》 참조.

앉자 깊은 침묵에 잠겨 중요한 이야기를 꺼내야 하는 부담을 덜어주지 못했다. 이들 사이에 어떤 이야기가 오갔어야 했을지에 대해서는 이미 알고 있는 바와 같다. 후퍼 목사가 두른 검은 베일이 차분한 입 위쪽 얼굴을 모두 가렸고, 그 입가에는 때때로 어두운 미소가 흐릿하게 스쳤다. 그들의 상상 속에서 그 베일은 목사의 영혼에 드리워 그와 그들 사이를 가로막는 무서운 비밀의 상징처럼 여겨졌다. 베일을 치우기만 하면 자유롭게 말할 수 있을 것 같았지만, 그러기 전에는 무리였다. 그렇게 한동안 침묵과 혼란이 이어졌다. 그들은 후퍼 목사의 보이지 않는 눈길이 자신들을 바라보고 있다는 생각 때문에 난처해진 나머지 그 자리에서 벗어나고 싶었다. 결국 실패하고 돌아간 대표단은 이 문제는 당회(堂會)를 열지 않는 한, 총회까지는 안 가더라도 적어도 대의원회에서 다루어야 할 아주 모호하고 까다로운 일이라고 잘라 말했다.

그런데 마을 사람들 가운데 검은 베일이 일으킨 두려움에 당황하지 않은 한 여인이 있었다. 그녀는 대표단이 설명을 듣지도 요구하지도 못한 채 돌아왔을 때, 그녀다운 냉정함으로 후퍼 목사 주변에서 점점 짙어져 가는 기이한 먹구름을 몰아내기로 마음먹었다. 어쨌든 그의 아내가 되기로 맹세했기 때문에 그가 검은 베일 아래 무엇을 감추었는지 물어볼 특권이 있을 터였다. 그래서 얼마 지나지 않아 목사가 그녀를 방문했을 때 검은 베일에 대해 말을 꺼냈는데, 그녀의 에두르지 않은 솔직담백한 태도가 대화를 쉽게 만들었다. 목사가 자리에 앉자 그녀는 베일에 눈길을 고정했다. 하지만 사람들에게 그토록 큰 두려움을 안겨준 그 섬뜩한 그림자는 보이지 않았다. 그것은 그저 이마에서 입 위까지 늘어져서 그의 숨결에 따라 흔들리는 두 겹의 크레이프 천일 뿐이었다.

"역시나." 그녀는 미소 띤 얼굴로 말했다. "이 천에는 무서울 게 아무것도 없어요. 그저 내가 늘 기쁘게 바라보는 얼굴을 가리고 있을 뿐이죠. 목사님, 구름 뒤에서 해가 나오게 해주지 않겠어요? 먼저 검은 베일부터 벗어 주세요. 그리고 그걸 쓴 이유를 말씀해 주세요."

후퍼 목사의 미소가 흐릿하게 흔들렸다.

"언젠가 분명." 그가 말했다. "우리 모두 베일을 걷어버릴 때가 오겠죠. 그때까지 내가 이 천을 두르고 있는 걸 그대 한 사람만이라도 언짢게 여기지 말아 줘요."

"당신 말도 수수께끼로군요." 그녀가 대답했다. "그 말에 드리운 베일이라도 걷어 보세요."

"알겠소, 엘리자베스." 목사가 말했다. "내 맹세가 허락하는 한 말이오. 이 베일은 하나의 형태이면서 상징이라는 사실과 내가 이것을 밝을 때나 어두울 때나, 혼자 있을 때나 대중 앞에 섰을 때나 늘 쓸 거라는 걸 알아 둬요. 상대가 모르는 사람이건 친한 친구건 마찬가지예요. 어떤 인간도 이 베일이 걷히는 걸 보지 못할 거예요. 이 어두운 차단막은 나를 세상에서 분리시켜 줄 거요. 엘리자베스, 당신조차 베일 안으로 들어오게 할 수는 없소!"

"얼마나 큰 고통을 겪었기에," 그녀가 진심을 다해 물었다. "종신토록 이렇게 눈앞에 그림자를 드리우고 살아야 하는 건가요?"

"이것이 애도의 표시라면." 후퍼 목사가 대답했다. "나도 대부분의 사람처럼 검은 베일에 어울리는 어두운 슬픔이 있을 거예요."

"하지만 이것이 속되지 않은 슬픔의 상징이라는 걸 사람들이 믿지 않을지도 몰라요." 엘리자베스가 말했다. "당신은 사랑과 존경을 받는 사람이에요. 그런데 이제 사람들은 당신이 말 못할 죄의식 때문에 얼굴을 가린다고 수군댈지 몰라요. 성직을 위해서 이 괴상한 행동을 그만두세요!"

이미 마을에 널리 퍼진 소문을 슬며시 귀뜸할 때 그녀는 뺨이 붉어졌다. 하지만 후퍼 목사는 잠시도 부드러움을 잃지 않았다. 오히려 미소를 짓기까지 했다. 변함없이 슬픈 미소였다. 언제나 어렴풋하게 흔들리는 불빛처럼, 베일 뒤 어둠 속에서 나오는 그 미소.

"내가 슬픔 때문에 얼굴을 가린다고 생각한다면 그것도 충분한 이유가 된다오." 그의 대답은 그것뿐이었다. "비밀스러운 죄악 때문에 얼굴을 가린다 해도, 인간이라면 누구나 비슷하지 않겠소?"

그는 부드럽지만 꺾이지 않는 고집으로 그녀의 부탁을 모두 거절했다. 마침내 엘리자베스도 잠자코 있었다. 그녀는 잠깐 동안 생각에 빠진 것처럼 보였다. 아마도 자기 애인을 그토록 어두운 환상에서 벗어나게 하려면 뭔가 새로운 방법이 필요하다고 생각했으리라. 다른 이유가 없다면 마음이 병들었다는 조짐이었다. 목사보다 강인한 성격이었는데도 그녀의 뺨 위로 눈물이 흘렀다. 하지만 곧 새로운 감정이 슬픔을 대신했다. 그녀가 검은 베일에 멍하니 눈을 고정시키고 있을 때 갑자기 대기가 어두워지듯 두려움이 덮쳐 왔다. 그녀는 벌떡 일어나 목사 앞에서 몸을 떨었다.

"이제 당신도 알게 된 거로군." 후퍼 목사가 애처롭게 말했다.

그녀는 대답하지 않았지만, 손으로 눈을 가린 채 밖으로 나가려고 돌아섰다. 그가 달려와서 팔을 잡았다.

"참고 기다려줄 수는 없겠소, 엘리자베스!" 그가 열띤 목소리로 소리쳤다. "여기 지상에서는 베일이 우리 사이를 가로막고 있지만, 그래도 나를 버리지 말아요. 내 동반자가 되어 주오. 다음 세상에선 내 얼굴에 베일도 없고 우리 영혼 사이를 가로막는 것도 없을 거요. 이건 지금 이 세상의 베일일 뿐 영원한 게 아니오! 아! 내가 이 베일을 쓰고 얼마나 외롭고 두려운지 당신은 몰라요. 나를 이런 끔찍한 어둠 속에 영원히 버려두지 말아줘요!"

"한 번이라도 좋으니까 베일을 걷고 나를 똑바로 봐요." 그녀가 말했다.

"안 돼요! 그럴 수 없소!" 후퍼 목사가 대답했다.

"그러면 끝이에요!" 엘리자베스가 말했다.

그녀는 잡힌 팔을 빼고, 천천히 문 앞으로 가 몸을 떨며 한참동안 검은 베일을 바라보았으나 그 수수께끼를 꿰뚫어볼 수는 없었다. 하지만 비통함 속에서도 후퍼 목사는 자신의 행복을 가로막는 것은 상징에 불과한 1장의 천조각이라는 생각에 쓸쓸하게 미소 지었다. 비록 그것이 일으키는 두려움이 사랑하는 애인 사이에 어둡게 드리우긴 했지만.

그때부터 후퍼 목사가 쓴 베일을 걷어내려고 시도하거나 그 뒤에 무엇이 감추어져 있는지 밝히려 하는 사람은 아무도 없었다. 일반적인 편견을 넘어선다고 자부하는 사람들은 그것을 그저 괴상한 변덕, 대체로 합리적인 냉정한 행동에 흔히 뒤섞여 나타나는 광기 비슷한 특성으로 여겼다. 하지만 대중들에게 선량한 후퍼 목사는 어찌해 볼 수 없는 두려움의 대상이었다. 그는 평화롭게 나다닐 수 없었다. 온순하고 소심한 사람들은 그를 피해 돌아섰고, 어떤 이들은 자신의 대범함을 증명해 보이려는 듯 그 앞으로 튀어나오기도 했다. 뒤엣것의 무례로 인해 그는 늘 하던 묘지 산책을 저녁 때로 미루어야 했다. 그가 생각에 잠겨 묘지 문창살 사이로 안을 들여다보고 있으면 몇몇 얼굴들이 비석 뒤에 숨어 검은 베일을 엿보고 있었기 때문이다. 그가 묘지에서 도망쳐 나온 것을 두고 죽은 사람들이 그를 노려보았기 때문이라는 소문이 나돌았다. 재미있게 놀던 아이들도 그의 어두운 한 모습이 나타나면 그가 미처 다가가기도 전에 뿔뿔이 흩어져 버려 그의 친절한 마음에 깊은 슬픔을 안겨 주었다. 아이들의 본능적인 두려움은 다른 무엇보다 강해 크레이프 천의 실과 두려움이 들실날실로 짜여 있다고 생각했다. 실제로 그 자신 또한 베일에 대한 큰 거부감 때문에 거울 앞을 지나가지 않았고, 어쩌다가 잔잔한 샘물에 비친 자기 모습에 놀라게 될까 허리 굽혀 물을 마시지도 않았다. 이런 일들 때문에 후퍼 목사가 양심상 완전히 감추기 힘들거나 그처럼 모호한 방법으로밖에 암시할 수 없는 어떤 끔찍한 범죄로 고통받고 있다는 수군거림이 일었다. 이렇게 검은 베일 안에서 죄악인지 슬픔인지 알 수 없는 구름이 햇살을 가리고 불쌍한 목사를 감싼 탓에 사랑과 연민은 그에게 이르지 못했다. 사람들은 그가 거기서 유령과 악마와 교제한다고 말했다. 그는 내면의 몸서리와 외부의 두려움에 싸인 채 계속 그림자 속을 걸으며, 자기 영혼을 어둡게 더듬거나 온 세상을 슬프게 하는 장막을 통해 밖을 내다보았다. 제멋대로 부는 바람도 그의 두려운 비밀을 존중해서 베일을 들추지 않는다고들 했다. 그래도 착한 후퍼 목사는 길을 걸으면서 세속 무리의 핼쑥한 얼굴에 슬픈 미소를 보냈다.

검은 베일은 여러 가지 부정적인 영향도 있었지만, 딱 하나 바람직한 효과도 있었다. 착용한 사람의 성직 활동에 큰 도움을 준다는 점이었다. 그는 수수께끼 같은 모습의 도움으로—다른 뚜렷한 이유는 없었으니—죄악을 저질러 괴로움에 싸인 영혼들 사이에 엄청나게 커다란 영향력을 미치는 사람이 되었다. 그로 인해 귀의한 자들은 언제나 그들만의 특별한 두려움으로 그를 바라보면서, 상징적이긴 하지만 목사가 천상의 빛으로 이끌기 전에 그와 함께 검은 베일의 그림자 속에 잠겼다고 느꼈다. 그 음울함 때문에 그는 실제로 모든 어두운 생각에 공감할 수 있었다. 죽어 가는 죄인들은 후퍼 목사를 소리쳐 불렀고, 그가 오기 전에는 삶을 놓지 않으려 했다. 그러면서도 막상 그가 위로를 건네려고 고개를 숙이면 베일 쓴 얼굴이 가까이 다가오는 것에 몸서리를 쳤다. 검은 베일이 주는 공포는 죽음이 다가오는 순간까지도 그토록 대단했다! 보지도 알지도 못하는 사람들이 먼 거리를 마다않고 그의 예배에 참석하러 왔는데, 얼굴은 볼 수 없으니 그의 모습을 보는 것만이 목적이었다. 하지만 많은 사람들이 그 자리를 미처 벗어나기도 전에 몸서리를 쳤다. 한번은 벨처*² 주지사 시절에 후퍼 목사가 선거 연설자로 지명된 적이 있다. 그는 검은 베일을 쓴 채 주지사, 주 의원, 하원의원 앞에 섰고, 그들에게 깊은 감명을 주었다. 그리하여 그해에 만들어진 모든 법령들은 우리 초기 조상들 같은 음울함과 경건함을 특징으로 삼고 있다.

후퍼 목사는 오랜 세월을 살았다. 행동은 나무랄 데 없지만 음울한 의혹에 감싸인 사람, 친절하고 다정했지만 사랑받지 못하고 두려워서 기피하게 되는 사람, 건강하고 행복할 때는 외면당하지만 죽음의 고통 속에서는 어김없이 부름 받는, 사람들과 동떨어진 사람이었다. 해마다 오는 겨울이 검은 베일 위로 눈을 내리고 또 내리는 사이 그는 뉴잉글랜드 모든 교회에 알려졌고, 사람들에게 큰 목사님이라고 불렸다. 그가 교회에 처음 부임했을 때 장년이던 교구민들은 대부분 수많은 장례식을 거쳐 사라져 갔다. 교회 안에도 사람들은 있었지만, 교회 묘지에 더 많았다. 그토록 늦게까지 일하고 그토록 훌륭하게 일한 뒤에 이제 후퍼 큰 목사가 쉴 차례가 되었다.

늙은 목사가 죽음을 맞이하는 방에는 갓을 씌운 촛불 곁에 몇 사람이 있었다. 가족은 한 명도 없었다. 냉정하지만 절도 있는 의사가 근심스러운 낯빛으로 가망 없는 환자의 마지막 고통이나마 덜어주려 하고 있었다. 집사들과 달리 믿음이 독실한 신도들도 있었다. 그리고 웨스트버리의 클라크 목사도 있었다. 그는 젊고 열정적이어서 죽음을 맞이한 늙은 목사의 침상 곁에서 기도를 해주려고 서둘러 달려왔다. 간호사도 1명 있었는데, 그녀는 고용된 사람이 아니라, 비밀스럽고 조용했으며, 늙은 나이의 한기까지도 견디며 그 긴 세월 동안 간직해 온 따뜻한 애정을 죽음의 시간에도 저버리지 않은 한 사람, 바로 엘리자베스였다! 후퍼 목사의 허연 머리털이 죽음의 베개에 놓였고, 여전히 얼굴에 덮인 검은 베일은 갈수록 힘들어지는 희미한 숨결에도 바르르 떨렸다. 그 크레이프 천은 삶을 마감하는 그날까지 그와 세상 사이를 가로막았다. 그것 때문에 그는 유쾌한 우애도, 여자의 사랑도 받지 못했고, 세상에서 가장 견디기 힘든 감옥인 자신의 마음속에 갇혔다. 그리고 그것은 어두운 방을 더욱 어둡게 했고 영원의 햇빛을 가리려는 듯 아직도 그 얼굴에 얹혀 있었다.

─────────────

*2 조너선 벨처(1682~1757). 1730~1741년까지 미국 매사추세츠 식민지 주지사를 지냄.

얼마 전부터 그는 정신이 과거와 현재 사이에서 혼란스럽게 흔들리며, 다가올 저세상에 빠져들곤 했다. 열병처럼 몇 번인가 발작이 일어났고, 그로 인해 몸을 뒤척이며 남아 있는 미약한 힘을 써 없애버렸다. 그리고 이런 발작과 열에 들뜬 정신 속에서도 여전히 검은 베일이 흘러내릴 것을 염려했다. 하지만 그의 영혼이 혼란상태에 빠져 있었어도 머리맡에는 젊은 시절 이후 그의 잘생긴 얼굴을 한 번도 보지 못한 충실한 여자가 있었으니, 어쩌다 베일이 벗겨진다 해도 그녀가 고개를 돌린 채 그 늙은 얼굴을 가려주었을 것이다. 마침내 임종이 다가오자 노인은 정신과 육체가 다 없어진 채 의식을 잃고 조용히 누워 있었다. 맥박은 거의 뛰지 않았고, 깊고 불규칙한 들숨을 빼고는 영혼의 탈출을 알리듯 예고하듯 숨도 갈수록 흐릿해졌다.

웨스트버리 목사가 침대로 다가왔다.

"존경하는 후퍼 큰 목사님." 그가 말했다. "이제 떠나실 때가 왔습니다. 영원한 시간을 가로막는 베일을 걷으실 준비가 됐습니까?"

후퍼 큰 목사는 처음에는 그저 힘없이 고개를 움직일 뿐이었다. 그러더니 그 말뜻이 모호할지도 모른다는 생각에 애써 입을 열었다.

"그렇소." 그가 어렴풋이 말했다. "내 영혼은 베일이 걷힐 때를 기다리고 있소."

"그런데 한 가지." 클라크 목사가 말을 이었다. "목사님은 평생토록 기도에 전념하시고, 행동거지나 생각 모두 흠결 없는 모범을 보이셨습니다. 그런데 큰 목사님 같은 분이 이런 순수한 인생에 오점이 될 어두운 기억을 남기는 게 옳겠습니까? 목사님, 그것만은 곤란합니다. 상급을 받으러 가는 목사님의 승리에 찬 얼굴을 보고 우리가 기뻐할 수 있게 해주십시오. 영원의 베일을 걷기 전에 목사님 얼굴의 검은 베일을 먼저 걷게 해주십시오."

클라크 목사는 그렇게 말하며 오랜 세월의 수수께끼를 벗기려고 고개를 숙였다. 하지만 후퍼 큰 목사는 주변 사람 모두를 놀라게 할 만큼 갑작스럽게 힘을 내 재빨리 이불 속에서 두 손을 빼내고는 검은 베일을 세게 내리눌렀다. 만일 웨스트버리 목사가 자신과 겨루려 한다면 싸우기라도 할 기세였다.

"안 되오!" 베일을 쓴 목사가 소리쳤다. "절대로 안 되오!"

"안타까우신 분!" 놀란 클라크 목사가 목소리를 높였다. "영혼에 그렇게 무서운 죄를 지고 심판을 받으러 가시겠다는 겁니까?"

후퍼 큰 목사의 숨이 거칠어졌다. 목구멍에서 그르렁거리는 소리가 났지만, 마치 두 손으로 움켜쥐기라도 하듯 생명을 붙들고 있었다. 그는 심지어 자리에서 일어나 앉기까지 했다. 그렇게 죽음의 품에 안겨 떨고 있는 그의 얼굴 위로 검은 베일은, 마지막 순간 몰려든 인생의 공포 속에 섬뜩하게 늘어져 있었다. 그처럼 자주 보이던 흐릿하고 슬픈 미소가 어둠 속에서 아물거리며 후퍼 목사의 입술에 머무는 듯했다.

"여러분은 왜 나를 보며 떱니까?" 그가 베일 쓴 얼굴로 핼쑥한 주변 사람들을 돌아보며 소리쳤다. "서로를 바라보며 떠는 것도 잊어서는 안 됩니다. 남자들이 나를 피하고 여자들은 온정을 거두고 아이들까지 소리치며 도망간 것이 오로지 이 베일 때문입니까? 이 한 장의 크레이프 천 조각을 공포스럽게 만든 것이 몽롱한 신비감 말고 달리 뭐가 있을까요? 친구가 친구에게, 애인이 애인에게 마음속을 보인 것이 언제이고, 인간이 창조주의 눈을 피해 자신의 죄를 감추려는 헛된 노력을 기울이지 않은 것이 언제입니까? 그러면서 내가 평생토록 쓰고 살았고 이제 쓴 채로 죽을 이 상징물 때문에 나를 괴물로 보십니까? 둘러보면 나는 모든 사람의 얼굴에 검은 베일이 보입니다!"

이 말을 듣고 있던 사람들이 서로에게 두려움을 느끼며 주춤주춤 물러서는 사이 후퍼 목사는 베개 위로 쓰러졌고, 그 입술에는 흐릿한 미소가 머물러 있었다. 사람들은 그를 베일을 씌운 채 관에 뉘어 무덤으로 옮겼다. 그 뒤 오랜 세월이 흐르는 동안 무덤 위에는 풀이 돋았다 시들었고, 비석에는 이끼가 끼고, 착하고 어진 후퍼 목사의 얼굴은 흙이 되었다. 하지만 그 흙 또한 검은 베일 아래서 썩었을 것이라고 생각하면 그저 섬뜩해진다!

The Maypole of Merry Mount
메리 마운트 오월제 기둥

  마운트 울러스턴 또는 메리 마운트 정착 초기의 신비한 역사에는 철학적 이야기의 훌륭한 기초를 이룰 만한 무엇인가가 담겨 있다. 여기서 간략하게 그려내는 이야기는 뉴잉글랜드의 엄숙한 연대기에 기록되어 있는 역사적 사실들이 자연스럽게 우화적 내용으로 뒤섞여 있다. 이 글에서 그려내는 가면무도회, 무언 익살극, 축제의 풍속들은 그 당시 관습을 그대로 따른 것이며, 이런 사실들에 관한 권위 있는 기록은 스트랏이 쓴 영국의 놀이와 오락에 관한 책에서 찾아볼 수 있을 것이다.

  오월제 기둥을 명랑한 식민지 마을의 깃대로 삼았을 때, 메리 마운트 시절은 참으로 즐겁고 아름다웠다. 그 기둥을 세운 사람들은 그들의 깃발이 당당히 펄럭인다면, 뉴잉글랜드의 험하고 가파른 산들에 밝은 햇빛이 쏟아지고 온 땅에 아름다운 꽃씨들이 뿌려질 것이라고 굳게 믿었다. 즐거움과 우울함이 지배권을 두고 서로 다투던 시절이었으므로. 성 요한제 전야에 이르면 숲은 짙은 녹색으로 가득 차고 봄날의 여린 꽃봉오리들보다 더 싱싱한 빛깔의 장미들이 가득 피어났다. 그러나 5월은, 아니 5월의 즐거운 요정은 여름날과 장난질하고 가을과 즐겁게 어울리고 겨울의 화롯불에 몸을 녹이며 일년 내내 메리 마운트를 떠나지 않았다. 5월의 요정은 근심 많고 수고로운 세상을 메리 마운트의 선량한 사람들과 함께 살려고 꿈같은 미소를 머금고서 훨훨 날아온 것이다.

  오월제 기둥이 성 요한제 전야의 황혼빛처럼 화려하게 꾸며진 적은 없었다. 영광의 상징물이 된 것은 한 소나무였는데 그 나무는 아직도 젊음의 우아한 날씬함을 간직하고 있으면서도, 그 오랜 숲의 제왕들 누구 못지않게 키가 컸다. 꼭대기에서는 무지개 같은 온갖 화려한 색깔의 비단 깃발이 흘러내리고 있었다. 땅에 가까운 기둥 아래쪽을 꾸미고 있는 자작나무 가지들, 다른 나무의 싱싱한 초록색 가지들, 은빛 잎사귀가 달린 가지들에는 밝고 화려한 색색의 환상적인 매듭으로 펄럭이는 리본들이 묶여 있었다. 정원에서 자라는 꽃들과 들꽃들이 한데 뒤섞여 초록잎 속에서 즐겁게 웃고 있었는데, 그 초록잎들은 이슬을 머금은 채 어찌나 싱싱해 보이는지 마치 무슨 마술로 그 행복한 소나무에 실제로 돋아난 것처럼 보였다. 초록잎과 꽃들의 화려함이 끝나는 곳에는 오월제 기둥 몸통이 꼭대기에 매달린 깃발의 일곱 빛깔 무지개와 같은 화려한 색채로 칠해져 있었다. 맨 아래 초록색들은 숲속 양지 바른 곳에서 따온 것이고 좀 더 짙은 붉은색 다른 장미들은 마을 사람들이 영국에서 가져온 씨로 기른 것들이었다. 아, 황금시대의 주민들이여, 그대들의 주된 경작은 꽃을 기르는 일이 아니던가!

오월제 기둥 주위로 손에 손 서 있는 무리들은 도대체 누구일까? 반은 사람, 반은 동물 모양인 사냥의 신과 요정들이 그들의 오랜 우화 속 집과 옛 숲에서 쫓겨나서, 모든 박해받은 자들이 그러하듯 신대륙의 싱싱한 숲속으로 피난처를 구해 온 것일 리는 없을 텐데. 그리스인의 후손인지는 몰라도 이들은 분명 기괴한 괴물들이었다. 한 아름다운 젊은이의 양 어깨 위로는 사슴의 머리와 뿔이 솟아올라 있고, 다른 부분은 모두 사람 모습인데 얼굴만은 사나운 늑대 모습을 한 괴물도 있었으며, 사람의 몸통과 사지에 늙은 염소의 수염과 뿔을 한 모양도 보였다. 또 분홍빛 실크 스타킹으로 꾸며진 뒷다리만 빼고는 거친 곰 모양으로 일어선 모습도 있었고, 놀랍게도 숲속의 진짜 곰 한 마리가 앞발을 내밀어 사람의 손을 붙들고는, 원을 이루고 있는 무리의 어느 누구 못지않게 열심히 춤을 추려는 자세를 취하고 있기도 했다. 그 짐승은 사람들이 몸을 낮춰 구부리면 그들을 맞으려고 엉거주춤 일어섰다. 다른 얼굴들은 사람의 남녀 비슷한 모습을 하고 있었지만 괴상하게 뒤틀려 있었고, 계속 웃음을 터뜨리느라 이쪽 귀에서 저쪽 귀까지 뻗친 길고도 무척 깊어 보이는 입 앞에는 빨간 코가 건들대고 있었다. 또 오랑우탄처럼 온몸에 털이 나고 허리를 푸른 잎사귀로 두른, 문장(紋章) 따위에 많이 등장하는 야만인 같은 모습도 보였다. 그 옆에는 깃털 모자와 조개 구슬 허리띠로 꾸며진 점잖은 모습의 가짜 인디언 사냥꾼이 서 있었다. 이 이상한 무리들은 대부분 방울 달린 뿔 모자와 조그만 방울들을 붙인 옷을 입고 있어서, 그들의 즐거운 기분을 북돋우는 들리지 않는 음악에 장단을 맞추듯 짤랑거리는 은방울 소리를 내고 있었다. 젊은 남녀는 더 점잖은 옷차림을 하고 있었지만 즐거운 축제의 표정은 이 광란의 무리들에게 잘 어울렸다. 널리 퍼져가는 황혼 빛 미소 속에서 영광스러운 오월제 기둥 주위에 모여든 메리 마운트 주민들의 모습은 그처럼 환상적이었다.

만일 음산한 숲속에서 떠돌던 한 나그네가 그 즐거운 소리를 듣고 두려움 섞인 눈길로 그 모습을 훔쳐보았다면 그들을 코머스의 무리로 착각했을 것이다. 그들 중 몇몇은 이미 짐승으로 바뀌었고, 몇몇은 인간에서 짐승으로 바뀌어가고 있고, 또 다른 인간들은 짐승으로 바뀌기 전 흥청거리며 즐거운 잔치를 즐기는 코머스 말이다. 그러나 몸을 숨긴 채 그 모습을 지켜보고 있는 한 무리의 청교도들은 그 가면들이 이 검은 숲속에서 살고 있다고 믿고 있는, 악마와 파멸한 영혼들에 비유하고 있었다.

괴물들이 둘러싸고 있는 원 안으로, 보랏빛과 황금빛 구름보다 더 단단한 것을 밟아본 적이 있을까 싶을 정도로 아주 여린 두 모습이 나타났다. 그중 하나는 번쩍거리는 옷차림에 무지개 모양 스카프를 가슴에 두른 젊은이였다. 그는 축제의 무리들 가운데 높은 위엄을 상징하는 황금으로 도금한 단장을 오른손에 들고 있었고 왼손에는 그에 못지않게 화려하게 꾸민 아름다운 처녀의 가냘픈 손가락을 받쳐들고 있었다. 화사한 장미꽃들이 그들의 검고 윤기 나는 곱슬머리와 대조를 이루어 밝게 빛나며 그들의 발 주위에 흩어져 있었는데 마치 그 자리에서 저절로 피어난 것만 같았다.

이 우아하고 화려한 한 쌍의 남녀 뒤로, 나뭇가지가 그의 즐거운 얼굴을 가릴 만큼 오월제 기둥 아주 가까이에 한 영국 목사가 서 있었다. 그는 법복을 입고 있긴 했지만 이교도식 꽃 장식을 하고 머리에 넝쿨 잎사귀로 만든 화관을 두르고 있었다. 이리저리 굴리는 들뜬 눈빛과 성스러운 법복의 이교도적인 장식 때문에 그는 그들 가운데 가장 괴상한 괴물처럼, 마치 무리의 괴수인 코머스처럼 보였다.

"오월제 기둥의 숭배자들이여." 꽃 장식을 한 목사가 큰 소리로 말했다. "그대들은 오늘 하루 종일 즐겁게, 온 숲이 그대들의 즐거움에 메아리로 응답하는 소리를 들었소. 그러나 이제 이 순간을 가장 즐거운 시간으로 만들도록 합시다. 보시오! 여기 5월의 왕과 왕비가 서 있소. 옥스퍼드의 사제이며 메리 마운트의 목사인 나는 이제 이 두 사람을 성스러운 혼례식을 통해 부부로 맺어주려 하오. 그러니 무용수들, 나뭇잎 장식을 한 사람들, 소녀 합창단원들, 곰이며 늑대며 뿔 달린 짐승 모습을 한 사람들, 모두 즐겁고 쾌활하게 기분을 돋웁시다. 자, 영국의 옛 즐거움과 이 신세계의 싱싱한 숲이 더 경쾌한 즐거움으로 넘치도록 풍요로운 합창을 부릅시다! 그리고 이 한 쌍의 젊은이들에게 삶이란 무엇인가, 어떻게 즐겁게 살아야 할 것인가 보여줄 경쾌한 춤을 춥시다! 오월제 기둥을 사랑하는 모든 이들이여, 5월의 왕과 왕비를 위해 혼례의 노래를 함께 부릅시다!"

익살과 속임수와 장난과 환상으로 사육제 분위기가 이어지는 메리 마운트 대부분의 행사에 비해 그래도 이 결혼식은 훨씬 진지한 편이었다. 이제 해가 지면 그 칭호를 돌려주어야 하지만, 5월의 왕과 왕비는 그 즐거운 저녁 첫 율동을 시작하여 일생 동안 계속되어야 할 춤의 진정한 파트너가 될 것이었다. 오월제 기둥의 맨 아래 초록색 가지에 걸려 있는 장미 화환들은 그들을 위해 엮어 만든 것이었고 꽃 같은 결합의 상징으로 그들 머리 위에 던져지게 되어 있었다. 그래서 목사가 그렇게 말했을 때 흥청대는 괴물 모양의 무리로부터 떠들썩한 함성이 터져 나왔다.

"목사님이 먼저 시작하시죠!" 그들은 한목소리로 외쳤다. "우리는 이 숲에서 일찍이 울려 퍼진 적이 없을 정도로 즐겁고 흥겹게 노래할 겁니다."

그러자 곧 노련한 악사들이 연주하는 파이프와 기타와 비올라 서곡이 이웃 덤불 숲속에서 울려 퍼지기 시작했는데, 그 가락이 참으로 흥겨워 오월제 기둥의 가지들이 그 소리에 맞춰서 몸을 떠는 것 같았다. 그러나 황금빛 단장을 든 5월의 왕은 우연히 왕비의 눈을 들여다보다가 마주보는 그녀의 시선에 담긴 조심스러운 빛에 깜짝 놀랐다.

"5월의 왕비인 그대 이디스여." 그는 꾸짖듯 속삭였다. "그런 슬픈 표정을 짓다니, 저기 걸린 장미 화환이 우리 무덤 위에 걸린 조화라도 된단 말이오? 이디스, 지금은 우리에게 황금같이 귀한 시간이오! 마음에 드리워진 어떤 근심스러운 그늘로도 이 귀한 시간을 흐리게 하지 마요. 지금 이 순간이야말로 미래에 다가올 어떤 회상의 시간들보다 더 아름다울 테니까."

"그게 바로 저를 슬프게 하는 생각이에요! 어쩌면 당신도 같은 생각을 했지요?" 이디스는 좀 전보다 더 낮은 소리로 가만히 말했다. 메리 마운트에서 슬픈 모습을 보인다는 건 중대한 배신행위이기 때문이다. "그래서 이 즐거운 축제의 음악을 들으며 한숨짓는 거예요. 게다가 에드가, 마치 악몽을 꾸듯이 흥겨운 우리 친구들 모습이 환영처럼 느껴지고, 그들의 즐거움도 실제가 아니고, 우리도 5월의 왕과 왕비가 아니라는 생각이 자꾸 들어요. 제 마음속에 들어 있는 이 알 수 없는 생각은 무엇일까요?"

바로 그때, 그들을 사로잡고 있던 마술이 풀린 듯 오월제 기둥으로부터 시든 장미꽃 잎사귀들이 후두둑 떨어져 내렸다. 오호라, 젊은 연인들이여! 그들의 가슴이 진짜 정열로 타오르는 순간, 그들은 이 세상의 근심과 슬픔과 불안한 기쁨의 운명을 받아들이게 되어, 더 이상 메리 마운트의 주민이 될 수 없게 된 것이다. 그것이 바로 이디스의 마음속에서 그녀를 혼란스럽게 한 생각이었다. 그러면 이제 목사가 그들의 결혼식을 진행시키도록 하자. 그리고 마지막 햇살이 오월제 기둥 꼭대기에서 물러나고 숲의 그늘이 춤 속으로 음울하게 섞여들 때까지 가면을 쓴 사람들이 기둥 주위를 돌며 즐기도록 내버려두자. 그 사이 우리는 이 즐거운 무리의 사람들이 어떤 사람들인지 잠시 그 역사를 살펴보기로 하자.

200년 전, 아니 그보다 더 오래전에 구대륙과 그곳 주민들은 서로 싫증을 느끼기 시작했다. 그래서 수천 명씩 신대륙을 향해 서쪽으로 항해해왔다. 어떤 사람들은 유리구슬 같은 보석과 인디언 사냥꾼의 털가죽을 맞바꾸기 위해, 어떤 사람들은 처녀지를 정복하기 위해, 그리고 한 엄숙한 집단 사람들은 기도하기 위해 이 신대륙으로 찾아왔다. 그러나 메리 마운트 마을 사람들은 이러한 동기에 그다지 관심이 없었다. 그들의 지도자들은 아주 오랜 세월 동안 인생을 오락으로 여기며 살아왔기 때문에, 뒷날 찾아온 '사려'와 '지혜'를 불청객으로 생각했다. 그래서 마땅히 쫓아버렸어야 할 갖가지 허영이 오히려 '사려'와 '지혜'를 못된 길로 이끌어간 것이다. 그래서 길을 잘못 든 사려와 지혜는 가면을 쓰고 광대 짓을 하게 되었다. 우리가 지금 이야기하고 있는 그 지도자들은 마음의 싱싱한 즐거움을 잃은 뒤 엉뚱한 쾌락의 철학을 생각해 내어 새로운 백일몽을 실현하기 위해 이곳에 온 것이었다. 그들은 일생을 줄곧 축제처럼 보내온 온갖 들뜬 부류의 사람들 사이에서 추종자를 모았다. 그 추종자들 가운데에는 런던 거리에 꽤 알려진 음유시인들, 귀족들의 홀을 무대로 삼는 떠돌이 배우들, 헌당 기념 축제나 교회의 맥주 축제나 장터를 무대로 삼았던 무언극 배우들, 줄타기 광대들, 야바위꾼들이 끼여 있었다. 한마디로 그즈음에는 아주 많았던, 그러나 청교도주의가 급속히 퍼지면서 밀려 내쳐지기 시작한 온갖 종류의 이른바 딴따라패들이었다. 땅에서 발걸음이 가벼웠듯 그들은 바다도 가볍게 건너왔다. 많은 사람들은 지난날 고통에서 즐거운 절망 상태로 미친 듯이 빠져들었고 또 어떤 사람들은 5월의 왕과 왕비처럼 젊음의 열정에 도취되기도 했다. 그들의 즐거움의 질이 어떻든 간에 메리 마운트에서는 젊은이나 늙은이나 모두들 즐겁게 살아가고 있었다. 젊은이들은 스스로 행복하다고 생각했고, 나이 든 사람들은 그 즐거움이 거짓 행복에 지나지 않는다는 걸 알면서도 적어도 그 빛나는 화려함 때문에 거짓 행복의 그림자를 기꺼이 따랐다. 인생을 그렇게 오락처럼 보낸 사람들은 참으로 축복받기 위해서라 해도 진지한 삶의 진실에 끼어들 모험을 꾀하지 않는 법이다.

옛 영국의 전통 놀이와 오락은 모두 이곳에 옮겨져 왔다. 크리스마스 왕의 대관식도 열리고 크리스마스 통제관의 권력 행사도 막강했다. 성 요한제 전야에는 몇 에이커나 되는 숲의 나무들을 잘라 횃불을 만들고 머리에는 화관을 두른 채 불꽃 속에 꽃을 던지며 밤새도록 타오르는 불꽃 옆에서 춤을 추었다. 수확은 신통치 않았지만 그래도 가을 수확철에는 인디언 옥수수 다발로 사람 모양을 만들어 가을꽃 화환으로 꾸미고 그 형상을 둘러메고 의기양양하게 집으로 향했다. 메리 마운트 마을 사람들의 가장 두드러진 특징은 오월제 기둥에 대한 굳은 믿음이었다. 바로 이 점이 시인들로 하여금 그들의 참된 역사를 노래의 소재로 삼게 만든 것이다. 봄은 신성한 상징물을 여린 꽃들과 싱싱한 연둣빛 가지로 꾸미고, 여름은 짙은 붉은빛 장미꽃들과 우거진 숲의 나뭇잎들을 가져왔다. 가을은 잎사귀 하나하나를 색칠한 꽃으로 바꾸어 놓는 빨갛고 노란 화려한 단풍으로 기둥을 호화롭게 꾸몄으며, 겨울은 눈으로 기둥을 은색으로 바꾸면서 주위에 고드름을 드리웠고 고드름은 찬 햇빛을 받아 반짝이다가 그 자체가 얼어붙은 햇빛이 되었다. 이렇게 계절마다 오월제 기둥에 경의를 드러내며 그들의 가장 풍요로운 화려함을 제물로 바쳤다. 기둥의 신봉자들은 적어도 한 달에 한 번씩 기둥 주위를 돌며 춤을 추었다. 그들은 때때로 그것을 종교라고도, 제단이라고도 일컬었지만 그것은 늘 메리 마운트의 깃대로 믿고 받들었다.

그런데 불행하게도 신세계에는 오월제 기둥의 신봉자들보다 더 엄격한 믿음을 가진 사람들이 있었다. 메리 마운트에서 그리 멀지 않은 곳에 아주 음울하고 불행한 모습으로 살아가는 청교도들 마을이 있었는데 그들은 동트기 전 기도를 올리고는 낮 동안 숲이나 옥수수 밭에서 종일토록 일하고 저녁에 돌아와 다시 기도를 올렸다. 그들은 혼자 헤매는 야만인을 쓰러뜨리기 위해 늘 무기를 몸에 지니고 다녔다. 그들이 함께 모이는 것은 옛 영국의 즐거움을 지속하기 위해서가 아니라 세 시간이나 계속되는 설교를 듣거나 늑대의 머리와 인디언들의 두피에 대한 분배를 분명히 하기 위해서였다. 그들의 축제라는 것은 금식일이었고 가장 중요한 오락은 찬송가를 부르는 일이었다. 춤 같은 것을 꿈이라도 꾸는 젊은이나 처녀는 화를 면치 못했다. 행정관이 순경에게 고개를 끄덕이면 들뜨고 타락한 젊은이는 차꼬를 차게 되어 있었다. 만일 그가 춤을 춘다면 그것은 청교도의 오월제 기둥이라고 부름직한 태형 기둥 주위를 매질을 당하며 도는 춤이었을 것이다.

  이 음울한 청교도 무리가 그들의 발걸음을 무겁게 하는 철제 무기들을 잔뜩 메고 험한 숲길을 힘들여 올라오다가 이따금 메리 마운트의 양지바른 마을 안으로 들어가기도 했다. 그럴 때면 마을 안에서는 비단옷 차림의 주민들이 오월제 기둥 주위를 돌며 놀고 있는 모습이 보였다. 어쩌면 곰에게 춤을 가르치는지도, 근엄한 인디언들에게 그들의 즐거움을 전달하려고 하는지도 모를 일이었다. 그들은 또 그 목적으로 사냥해 온 사슴이나 늑대 가죽을 두르고 가면무도회를 벌이기도 했다. 이따금 온 마을 사람들이 모여 장님 놀이를 즐기기도 했는데 희생양의 탈을 쓴 한 사람만 빼놓고 행정관까지 모두 눈을 가리고서 옷에 붙은 방울 소리에 따라 희생양을 쫓는 놀이였다. 전하는 말에 따르면 한번은 꽃으로 꾸며진 시신을 무덤으로 옮기며 축제 음악으로 요란하게 즐기는 모습을 보기도 했다는 것이다. 그 죽은 사람도 그때 웃었을 것인가? 그들이 조용하게 지낼 때도 있었는데 그럴 때 경건한 방문객들을 가르치기 위해 민요를 부르거나 이야기를 들려주기도 했고, 요술 따위를 보여줌으로써 그들을 어리둥절하게 만들기도 했으며, 이를 드러내고 눈싸움 놀이를 하기도 했다. 놀이 자체가 시들해지면 자신의 바보 같음을 노리개 삼아 하품 경기를 벌이기도 했다. 그런 모든 놀이 가운데 가장 사소한 것에도 철의 인간인 청교도들은 머리를 절레절레 흔들고 이마를 어찌나 어둡게 찌푸렸던지 이 흥청거리는 주민들은 항상 그들 위에 있어야 할 햇빛을 구름이 잠시 가린 것이 아닌가 살피기라도 하듯이 하늘을 올려다보았다. 청교도들은 교회에서 찬송가가 울려 퍼질 때 숲에 메아리쳐 되돌아오는 그 소리가 이따금 웃음을 티뜨리는 소리로 끝나는 즐거운 돌림노래처럼 들린다고 생각했다. 그들을 방해하는 자가 악마와 그 악마의 충성스러운 노예인 메리 마운트 패거리가 아니고 누구란 말인가! 그러는 동안 두 집단 사이에는 불화와 반목이 일어나기 시작했다. 한쪽은 엄격하고 냉혹했으며 다른 한쪽은 진지했지만 그 진지함은 오월제 기둥에 충성을 맹세한 쾌활한 마음을 가진 사람들이 최대한으로 보일 수 있는 그런 진지함에 지나지 않았다. 뉴잉글랜드의 미래 모습은 두 집단 사이의 이 중요한 싸움에 달려 있었다. 만일 무서운 성자들이 쾌활한 죄인들을 통제할 수 있게 된다면 그들의 음울한 정신이 온 고장을 어둡게 만들고 영원히 그늘진 얼굴과 힘든 노동과 설교와 찬송의 땅으로 만들 터였다. 그러나 메리 마운트의 깃대가 운 좋게 계속 건재하게 된다면 햇빛이 언덕에 쏟아져 내리고, 꽃들이 숲을 아름답게 꾸미고, 후세 사람들은 그 오월제 기둥에 경의를 표할 것이었다.

이제 역사적 사실은 이 정도 살펴보고 다시 5월의 왕과 왕비의 결혼식 장면으로 돌아가기로 한다. 아아! 우리가 역사 이야기로 너무 오래 지체한 나머지 이야기가 너무 갑자기 어두워졌다. 이제 시선을 오월제 기둥으로 다시 돌려보면, 한 가닥 햇살이 꼭대기에서 사라져가면서 무지개 깃발 색깔과 섞이며 흐릿한 황금빛 흔적만을 남기고 있다. 그 흐릿한 빛마저 점차 물러가면서 메리 마운트의 온 영역은 주위의 검은 숲에서 금세 몰려오는 저녁 어둠 속으로 빨려 들어갔다. 그러나 이 검은 그림자의 일부는 사람의 모습으로 몰려오고 있었다.

그렇다. 지는 해와 함께 환락의 마지막 날이 메리 마운트에서 사라져간 것이다. 원을 이루어 가면무도회를 즐기던 사람들은 커다란 혼란에 빠져들었다. 사슴은 너무나 놀라서 뿔을 내리고, 늑대는 양보다 더 약해졌으며, 무용수들의 방울 소리는 공포에 질려 딸랑거렸다. 청교도들은 오월제 기둥의 무언극에서 그들만의 독특한 역할을 맡고 있었던 것이다. 청교도들의 어두운 모습이 오월제 신봉자들의 환상적인 모습과 뒤섞인 신비한 장면은 꿈의 흩어진 환영들 가운데서 생시의 생각들이 갑자기 솟아나는 순간을 한 폭 그림으로 옮겨놓은 것 같았다. 적의를 담은 무리의 지도자가 원 한가운데로 들어서자 악의 정령들이 두려운 마술사 앞에서 그러하듯 괴물 모양을 한 무리들은 그 주위에서 모두 움츠러들었다. 어떤 환상적인 장난기로도 그를 정면으로 마주볼 수가 없었다. 그의 모습에 담긴 강한 힘은 아주 가혹해 보여서 그의 모든 것, 곧 얼굴이며 골격이며 영혼까지도 쇠로 만들어진 것 같았고 그의 투구와 갑옷과 똑같은 재료로 이루어진 생명과 생각이 그에게 부여되어 있는 듯싶었다. 그 모습은 청교도 중의 청교도, 바로 엔디콧 자신의 모습이었던 것이다.

"물러서라, 바알의 사제여!" 그는 목사가 걸친 법복을 전혀 존중하지 않은 채 얼굴을 험악하게 찌푸리며 소리쳤다. "나는 그대 블랙스톤을 잘 안다! 그대는 그대 자신의 타락한 교회 율법조차 지키지 못하고 이 땅에 건너와 악과 부정을 설교하고 자신이 그 사악함을 몸소 실천하는 자가 아닌가. 이제 주님께서 그가 선택한 선민을 위해 이 거친 들을 성스러운 땅으로 정화하시는 것을 보게 되리라. 이 땅을 더럽히는 자 화를 면치 못하리라. 우선 그대가 숭배하는 제단, 이 꽃으로 꾸민 흉물부터 없애리라!"

그렇게 말하면서 엔디콧은 날카로운 칼로 그 신성한 오월제 기둥을 내리쳤다. 기둥은 그의 굳센 팔에 오래 견디지 못하고 음산한 신음 소리를 냈다. 미친 듯 칼을 휘두르는 잔인한 엔디콧 위로 잎사귀와 장미 봉오리들이 쏟아져 내리더니 드디어 떠나가는 쾌락을 상징하듯 모든 초록빛 가지들, 리본들, 꽃들과 함께 메리 마운트의 깃대가 무너져 내렸다. 전설에 따르면 기둥이 무너질 때 저녁 하늘은 더 어두워졌고 숲은 더 어두운 그늘을 드리웠다고 한다.

"자, 여기 뉴잉글랜드의 유일한 오월제 기둥이 누워 있다!" 승리감에 한껏 취하여 자신이 해낸 일을 바라보며 엔디콧이 소리쳤다. "이 기둥이 무너짐으로써 경솔하고 게으른 환락의 추종자들의 운명이 우리와 우리 후손들 가운데서 사라지리라 확신한다. 존 엔디콧이 이르노라, 아멘!"

"아멘!" 그의 추종자들이 되받았다.

그러나 오월제 기둥의 신봉자들은 그들의 우상을 애도하는 신음 소리를 냈다. 그 소리를 듣자 청교도 지도자는 코머스 무리들을 향해 눈길을 돌렸다. 그들은 원래 모두 명랑한 모습이었지만 이 순간만큼은 슬픔과 경악이 뒤섞인 신비한 표정을 짓고 있었다.

"용맹스러운 대장님, 이 죄인들에겐 무슨 명령을 내리시려는지요?" 무리의 기수인 피터 팰프리가 말했다.

엔디콧이 대답했다. "오월제 기둥을 잘라버린 걸 결코 후회하지는 않지만, 이제 그 기둥을 다시 세워 이 짐승 모습의 이교도들로 하여금 그들의 우상 주위를 돌며 다른 종류의 춤을 추게 하는 장면을 상상해 보게 되는구나. 태형 기둥으로 아주 안성맞춤일 것 같거든."

"하지만 소나무야 얼마든지 있지 않습니까?" 기수가 거들며 말했다.

"자네 말이 맞다. 이 이교도 무리들을 소나무에 묶고 앞으로 우리들 법 집행의 본보기로 저마다 몇 대씩 매질을 해라. 몇몇 못된 악당들에게는 주님의 인도로 우리가 안정된 우리 마을에 도착하는 대로 차꼬를 채워라. 거기선 차꼬를 구할 수 있을 테니까. 인두질이나 귀를 자르는 형벌 따위는 차후에 생각해 보기로 하자."

"저 목사에게는 매질을 몇 대나 할까요?" 펠프리 기수가 물었다.

"아직 놔두어라." 엔디콧은 쇠처럼 단단히 굳은 찌푸린 얼굴로 죄인을 굽어보고 대답했다. "그의 위법 행위에 매질이 맞을지 장기 투옥이 맞을지 다른 중벌이 맞을지는 대법원이 결정할 문제다. 자신이 한 일을 잘 생각해 보아라. 사회 질서를 어지럽히는 자들에게는 자비가 허용될 수 있지만 우리 종교를 어지럽게 만드는 사악한 자들은 화를 피할 수 없을 것이다!"

"그리고 이 춤추는 곰은 어떻게 할까요? 함께 매질을 할까요?" 기수가 물었다.

"머리를 쏘아 죽여버려! 그 짐승도 아마 마술에 걸렸을 테니까." 강경한 청교도가 말했다.

"여기 또 번쩍이는 옷을 입은 남녀 한 쌍이 있는데요." 피터 팰프리는 총 끝으로 5월의 왕과 왕비를 가리키며 계속 말했다. "죄인들 중에서 그래도 지위가 높아 보이는데요. 지위를 고려해서 적어도 매질을 두 배는 더 해야 하지 않을까요?"

엔디콧은 칼에 몸을 기대고는 그 불운한 남녀의 옷차림과 모습을 찬찬히 훑어보았다. 그들은 핼쑥해진 얼굴에 눈을 내리깐 채 불안한 모습으로 서 있었다. 그러나 그들에게는 서로를 받쳐주는, 서로 도움을 구하고 주는, 순수한 애정의 모습이 담겨 있었다. 그 모습은 그들이 사제로부터 사랑을 허락받은 남편과 아내라는 것을 말해 주었다. 젊은이는 이 위기의 순간에 대한 두려움으로 황금 도금을 한 단장을 떨어뜨리고는 5월의 왕비를 보호하듯 한 팔로 안았고, 그녀는 그에게 짐이 되지 않을 정도로 가볍게, 그러나 행복하건 불행하건 그들의 운명은 하나로 엉켜 있음을 표현할 만큼은 무겁게 남편 가슴에 몸을 기대었다. 5월의 왕과 왕비는 서로를 마주보다가 무시무시한 엔티콧의 얼굴로 눈길을 돌렸다. 그들은 그들의 동료로 상징되는 게으른 쾌락이 어두운 청교도들의 모습으로 재현되는 혹독한 시련의 삶에 자리를 내주고 있는 동안, 그들 결혼의 첫 시간을 거기 그런 모습으로 서 있었다. 그러나 젊고 아름다운 두 사람은 친구 몇몇이 그렇게 역경의 시련을 겪고 있을 때조차 순수하고 고상해 보였다.

"젊은이여." 엔디콧이 말문을 열었다. "너와 너의 아내는 지금 아주 불행한 운명에 처해 있다. 각오를 단단히 하여라. 너희들 결혼일을 영원히 잊지 않도록 해줄 테니."

"가혹한 이여, 내가 어찌 그대의 마음을 움직일 수 있겠소?" 5월의 왕이 말했다. "내게 그럴 수단과 방법이 있다면 죽을 때까지 저항할 것이오만, 지금 내겐 아무 힘이 없으니 한 가지만 간절히 청하겠소. 나는 그대 마음대로 처분해도 좋소만, 이디스만은 제발 그대로 놔두길 바라오!"

"그건 안 되지." 엄격한 청교도가 잘라 말했다. "오히려 더 엄격한 단련이 필요한 여자에게 우리는 허튼 예절 같은 걸 보이지 않는다. 신부 생각은 어떤가? 그대의 비단결처럼 고운 신랑이 자기 몫만이 아니라 신부 몫의 형벌까지 다 받아야 하겠는가?"

"그 형벌이 죽음이라 할지라도 제발 저에게만 내려주세요!" 이디스가 애절하게 말했다.

엔디콧이 말한 것처럼 불쌍한 두 연인은 분명 불행한 운명에 처해 있었다. 그들의 적은 승리감에 도취되어 있고, 친구들은 포로가 되어 굴욕을 당하고 있고, 그들 집은 이제 폐허나 다름없었으며, 그들 주위에는 어두운 황무지만 둘러 있는 가운데, 청교도 지도자의 손 안에 있는 혹독한 운명만이 그들의 유일한 안내자였던 것이다. 그러나 짙어가는 땅거미도 그 철인의 누그러진 모습을 완전히 감출 수는 없었다. 그는 젊은 사랑의 아름다운 모습에 미소 지었다. 그 젊은 희망이 불가피하게 시들 수밖에 없는 운명을 생각하면서 한

숨 같은 것을 내쉬기도 했다.

"삶의 시련이 이 젊은 부부에게 너무 갑작스레 닥친 것 같구나." 엔디콧이 말했다. "그들에게 더 큰 시련을 안겨주기 전에 그들이 지금 이 시련을 어떻게 겪어내는지 더 두고 보자. 노획물 가운데 좀 더 점잖은 옷이 있으면 5월의 왕과 왕비에게 번쩍거리는 허영의 옷 대신 입히도록 하라. 너희들 가운데 누가 좀 거들어줘라."

"그리고 저 젊은이 머리도 좀 잘라야 되지 않을까요?" 젊은이의 애교머리와 윤이 나는 긴 곱슬머리를 혐오하는 눈길로 바라보며 피터 팰프리가 물었다.

"곧 자르도록 하라. 제대로 호박형으로 말이다. 그리고 무리와 함께 데려가라. 다른 친구들보다는 점잖게 다루도록 하고. 저 젊은이에게는 용감히 싸우고 진지하게 일하고 경건하게 기도할 자질이 있어 보인다. 저 처녀에게도 새로운 이스라엘의 어머니로서 자신보다 자식들을 더 훌륭히 키워낼 교양이 있어 보인다. 젊은이들이여, 우리가 순간처럼 짧은 인생을 살더라도 오월제 기둥을 춤추고 돌면서 인생을 헛되이 보내는 사람들이 가장 행복한 사람들이라고 결코 생각하지 마라!"

그렇게 말하면서 뉴잉글랜드의 단단한 기초를 세운 청교도들 중 가장 엄격한 청교도인 엔디콧은 오월제 기둥의 잔해로부터 장미 화환을 장갑낀 손으로 집어 들어 5월의 왕과 왕비의 머리 위에 던졌다. 그것은 하나의 예언적인 행동이었다. 이 세상의 도덕적 어두움이 모든 의도적 환락을 억누르듯 그들의 헛된 즐거움의 집도 그 슬픈 숲속에서 쓸쓸하게 버려졌다. 그들은 두 번 다시 그 집으로 돌아가지 못했다. 그러나 그들의 화환이 그곳에서 자란 가장 아름다운 장미로 얽어졌듯 그들을 맺어준 매듭도 그전의 그들의 즐거움 중 가장 순수하고 깨끗한 즐거움으로 얽어진 것이었다. 그들은 가야만 하는 운명의 험난한 길을 따라 서로 의지하고 도와주며 천국으로 올라갔다. 메리 마운트의 화려한 허영에 대한 미련과 아쉬움의 헛된 생각에 결코 빠져들지 않은 채.

Mr. Higginbotham's Catastrophe
히긴보텀 씨의 참사

담배 행상을 하는 한 젊은이가 모리스타운에서 셰이커 신자 부락의 집사와 큰 거래를 마친 뒤, 새먼 강가에 있는 파커스폴스 마을로 향했다. 그는 초록색으로 칠한 앙증맞은 작은 짐마차를 몰았는데, 마차 양옆에는 담배 상자가 그려져 있고 뒷면에는 파이프와 금빛 담배 줄기를 든 인디언 추장이 그려져 있었다. 작고 똘똘한 암말을 잘 다루는 이 행상은, 장사 수완이 뛰어나 손해 보는 일이 없었으면서도 미국인들의 호감을 사는 꽤 괜찮은 청년이었다. 미국인들은, 그들 자신의 말을 빌리면, 어차피 사기꾼에게 수염을 베일 바엔 무딘 면도칼보다는 날카로운 면도기가 낫다는 식이다. 특히 그는 코네티컷 강변의 예쁜 아가씨들에게 인기가 있었다. 뉴잉글랜드의 시골 아가씨들은 대개 파이프 담배를 잘 피운다는 걸 알았기 때문에 담배 중에서도 최상품을 선물해 그녀들의 호감을 샀다. 게다가 이야기를 계속하다 보면 알겠지만, 이 행상은 남의 말 듣기를 좋아하는 데다 꽤 수다쟁이였기 때문에 언제나 새로운 소식을 들으려고 안달했고, 들은 이야기는 반드시 전하고 싶어 했다.

담배 행상인 도미니커스 파이크는 모리스타운에서 일찌감치 아침을 먹은 뒤 자기 자신과 회색 말 외에는 이야기 상대도 없는 한적한 숲길을 7마일 정도 걸었다. 어느덧 일곱 시가 다 되었고, 그는 도시 상점의 점원이 아침 신문을 읽듯 아침 잡담을 나누고 싶어 좀이 쑤셨다. 그런데 기회가 보였다. 언덕 아래에 초록색 마차를 세우고 돋보기로 담배에 불을 붙인 뒤 고개를 들어 보니 고맙게도 한 남자가 언덕 위로 모습을 드러냈다. 도미니커스는 내려오는 남자를 가만히 지켜보았다. 남자는 어깨에 걸친 막대기 끝에 보따리를 매달고 있었는데, 지쳐보였지만 결연한 발걸음이었다. 아침부터 걷기 시작한 것이 아니라 밤새 걸었고 앞으로도 하루 종일 걸어야 할 사람 같았다.

"안녕하십니까?" 이야기를 나눌 만한 거리가 되자 도미니커스가 말을 걸었다.

"꽤 많이 걸으신 것 같군요. 파커스폴스에 무슨 소식이라도 있습니까?"

남자는 널따란 회색 모자의 챙을 꾹 눌러 써 얼굴을 가리더니, 약간 음울한 목소리로 자신은 파커스폴스에서 오는 길이 아니라고 무뚝뚝하게 말했다. 젊은 행상은 파커스폴스가 이 날의 최종 목적지였기에 그저 그렇게 물은 것일 뿐이다.

"그렇다면 댁이 오신 곳에서는 어떤 소식이 있나요? 파커스폴스가 특별히 궁금한 건 아니에요. 어떤 곳의 소식이라도 좋습니다." 도미니커스는 물고 늘어졌다.

이렇게 졸라대자 나그네도—한적한 숲에서 별로 만나고 싶지 않을 만큼 인상이 험악했지만—이야깃거리를 찾는 것 같기도, 그걸 말해도 좋을지 어쩔지 생각해 보는 것 같기도 한 표정으로 잠시 망설였다. 그러더니 마침내 마차 발판에 다리를 올려놓고 도미니커스의 귀에 대고 속삭였다. 달리 들을 사람이 없어서 큰 소리를 내도 상관없는데 말이다.

"한 가지 시시한 소식이 있긴 한데……." 그가 말했다. "킴볼턴에서 히긴보텀이란 사람이 어젯밤 8시에 자기 집 과수원에서 아일랜드인과 흑인 손에 죽었습니다. 두 사람이 히긴보텀 씨를 버걸루 배나무 가지에 목매달아 놓았으니, 아침이 밝을 때까지 아무도 모를 겁니다."

이런 끔찍한 소식을 전한 뒤 낯선 남자는 곧바로 아까보다 더 빠른 걸음으로 길을 재촉했다. 도미니커스가 스페인산 시가를 건네며 자세한 이야기를 부탁했을 때도 고개조차 돌리지 않았다. 상인은 휘파람으로 말에게 신호를 보내고, 히긴보텀 씨의 안타까운 운명을 생각하며 언덕을 올랐다. 히긴보텀 노인은 장사를 하면서 알게 된 사람으로, 수많은 장담배, 타래담배, 여성용 꼰담배, 무화과 담배를 판 적이 있다. 그건 그렇다 치고 그 소식이 퍼진 속도가 좀 놀라웠다. 킴볼턴은 거기서 직선거리로 거의 60마일이다. 살인 사건은 전날 밤 8시에 일어났지만 도미니커스는 다음 날 아침 7시에 이미 그 소식을 들은 것이다. 아마 히긴보텀 씨의 가족도 버걸루 배나무에 매달린 그의 시신을 그제야 발견했을 것이다. 아까 그 남자가 그 속도로 오기 위해서는 한 걸음에 20마일은 걷는 신발이라도 신어야 했다.

'나쁜 소식은 날개가 달렸다지.' 도미니커스는 생각했다. '하지만 이건 기차보다도 빠르잖아. 저 사람은 대통령의 명령을 전하는 특사로 일하면 좋겠군.'

그가 사건이 일어난 날짜를 하루 착각했을 것이라고 생각하자 이 수수께끼가 풀렸다. 그런 결론을 내린 뒤 우리 친구는 길가의 모든 여관과 잡화상에 들러 이 소식을 전했다. 놀라서 물어오는 자가 적어도 스무 명은 넘었을 것이다. 이야기를 하면서 스페인산 최고급 잎담배를 피우다 보니, 어느샌가 한 갑이 다 떨어졌다. 어디를 가든 그 소식을 알고 있는 사람이 없었고, 온갖 질문이 쏟아지는 바람에 이러쿵저러쿵 이야기를 끼워 맞추다 보니, 마침내 하나의 그럴 듯한 이야기로 부풀려졌다. 그러다 한 가지 맞아떨어지는 증거가 나왔다. 히긴보텀 씨는 상인이었다. 도미니커스 이야기를 전해들은 사람 가운데 히긴보텀 씨 상점에서 일했던 사람이 있었다. 그의 말에 따르면, 히긴보텀 씨는 늘 해질 녘이면 돈과 어음을 주머니에 넣고 과수원을 지나 집에 돌아간다고 했다. 그 사람은 히긴보텀 씨의 비극적인 이야기에도 그다지 슬퍼하지 않았는데, 그것은 도미니커스 역시 거래 중 알게 된 대로 히긴보텀 씨가 지독하게 까다로운 노인네였음을 암시해 주었다. 그의 유산은 킴볼턴에서 학교를 운영하는 어여쁜 조카딸에게 돌아갈 것이라고 했다.

모두를 위해서는 사건을 다 이야기해야 하고, 자신을 위해서는 장사를 해야 하는데 길에서 시간이 많이 지체되었다. 그래서 도미니커스는 파커스폴스에서 5마일쯤 떨어진 여관에서 하룻밤을 묵기로 했다. 저녁을 먹은 뒤 바에 앉아 준비해둔 최고급 담배에 불을 붙이며 이야기를 꺼냈는데, 그 사이 이야기가 어찌나 부풀었는지 다 말하는 데 30분이나 걸렸다. 바에는 사람들이 스무 명이나 있었고, 대부분은 그 소식을 조금도 의심하지 않았다. 하지만 단 한 사람, 조금 전에 말을 타고 와 한쪽 구석에 앉아 파이프만 빨고 있는 늙은 농부가 있었다. 이야기가 끝나자 그가 조심스럽게 일어나서 의자를 도미니커스 앞으로 바짝 가져오더니, 그를 정면으로 뚫어지게 쳐다보며 평생 처음 맡아보는 지독한 싸구려 담배 연기를 뿜었다.

"당신 이야기에 거짓은 없소?" 시골 재판관이 심문하는 듯한 말투로 물었다. "킴볼턴의 히긴보텀 씨가 그저께 밤에 자기 집 과수원에서 살해되어, 어제 아침에 커다란 배나무에 매달린 채 발견되었다는 이야기가 진실이라고 맹세할 수 있소?"

"저는 들은 대로 전할 뿐입니다." 도미니커스가 반쯤 탄 담배를 털며 대답했다. "그 현장을 직접 보고 말하는 것은 아닙니다. 그러니 정확히 그렇게 살해되었다고 맹세할 수는 없습니다."

"하지만 나는 맹세할 수 있소." 농부가 말했다. "히긴보텀 씨가 그저께 밤에 살해되었다면 오늘 아침에 나랑 같이 쓴 맥주를 마신 건 유령이라는 걸 말이오. 그는 내 이웃이고, 내가 말을 타고 그 사람 가게 앞을 지나는데 불러 세우더니 술을 대접하고 가벼운 심부름을 하나 부탁했소. 나도 몰랐지만 그 사람도 자신이 죽은 줄을 모르는 것 같았소."

"말도 안 돼요!" 도미니커스 파이크가 외쳤다.

"만약 죽은 게 사실이라면 그렇다고 말했을 것 같구려." 늙은 농부는 그렇게 말하고 의자를 다시 구석으로 물렸다. 상당히 의기소침해진 도미니커스에게는 이제 눈길도 주지 않았다.

안타깝게도 히긴보텀 씨가 되살아난 것이다! 행상인은 이제 그 이야기에 상관하고 싶지 않아서 위로 삼아 진토닉을 한 잔 하고 잠자리에 들었다. 그는 밤새도록 자신이 버걸루 배나무에 목이 매달리는 꿈에 시달렸다. 도미니커스는 늙은 농부를 만나고 싶지 않아서 (나무에 매달린 쪽이 히긴보텀 씨가 아니라 그 사람이었다면 더 기쁠 것 같을 만큼 그가 미웠다) 새벽 어스름에 일어나 초록색 마차에 말을 매달고 파커스폴스를 향해 달려갔다. 상쾌한 바람, 이슬 젖은 길, 싱그러운 여름 새벽은 다시 기운을 북돋았다. 누군가 일어나 들어줄 사람만 있으면 다시 그 이야기를 할 수 있을 것 같았다. 하지만 소달구지도 경마차도 없고, 말 탄 여행자도 도보 여행자도 만나지 못했다. 그러나 새먼 강을 건너는데 한 남자가 보따리를 묶은 막대기를 어깨에 걸치고 다리를 향해 터벅터벅 걸어왔다.

"안녕하십니까." 젊은 행상이 말고삐를 당기며 인사를 건넸다. "혹시 킴볼턴이나 그 근처에서 오셨다면, 히긴보텀 씨 사건의 진상을 들려주실 수 있을까요? 그분이 이틀이나 사흘 전에 아일랜드인과 흑인에게 살해당한 게 맞습니까?"

도미니커스는 서둘러 말하느라고 그 사람이 흑인 혈통인 것을 얼른 알아보지 못했다. 갑작스러운 질문에 그의 황갈색 얼굴이 헬쑥하게 변하더니 덜

덜 떨면서 더듬더듬 말했다. "아뇨, 흑인은 없었어요! 어젯밤 8시에 그를 목매단 건 아일랜드인이었어요. 나는 7시에 떠났어요. 그 사람 가족이 벌써 과수원에 가봤을 리 없어요."

갈색 얼굴의 남자는 그 말만 하고 입을 다물더니 피곤한 안색임에도 다시 길을 재촉했는데, 그 속도는 젊은 행상의 말이 빨리 걷는 것과도 비슷할 정도였다. 도미니커스는 어리둥절한 눈으로 그의 뒷모습을 지켜보았다. 살인이 화요일 저녁에야 일어났다면, 화요일 아침에 그 사건을 정확히 예언한 사람은 대체 누구란 말인가? 그리고 아직 히긴보텀 씨 가족이 시신을 발견하지 못했다면 저 혼혈인은 30마일이나 떨어진 이곳에서 그가 과수원에 매달린 사실을, 더구나 피해자가 나무에 매달리기도 전에 킴볼턴을 떠났다면서 어떻게 안단 말인가? 이 알 수 없는 상황과 낯선 이가 놀라는 모습 때문에 도미니커스는 살인자다 소리치며 그를 뒤쫓을 생각도 했다. 아무튼 살인이 일어난 것은 분명한 듯했다.

'불쌍한 저 악당은 그냥 내버려두자.' 젊은 상인은 생각했다. '저 검은 친구와 상관해서 원한을 사는 건 싫어. 그리고 저 흑인을 매단들 히긴보텀 씨를 되살릴 수 있는 것도 아냐. 그 양반을 되살린다니. 물론 이건 죄악이지만 그가 되살아나서 나를 거짓말쟁이로 만드는 건 싫어!'

이런저런 생각을 하는 사이 도미니커스 파이크는 파커스폴스 거리로 들어섰다. 모든 사람이 알고 있듯이 파커스폴스는 면 공장 세 곳과 못 철공소 한 곳으로 최대의 번영을 누리고 있다. 아직 기계들은 작동하지 않았고, 상점도 두세 곳만 문을 열었다. 그는 여관 마구간에 내려 가장 먼저 말에게 귀리 4쿼트를 주문해 주었다. 그 다음으로 한 일은 물론 여관 주인에게 히긴보텀 씨의 끔찍한 일을 전하는 것이었다. 하지만 참사가 일어난 날짜에 대해 결정적인 것은 말하지 않고, 그것이 아일랜드인과 흑인 둘이서 한 것인지 아일랜드인 혼자 한 것인지에 대해서도 얼버무리기로 했다. 그는 또 자신이 본 일이라고도, 본 사람에게서 직접 들었다고도 하지 않았다. 다만 여기저기 퍼진 소문이라고만 했다.

이야기는 바짝 마른 나무에 불길이 번지듯 순식간에 읍내를 휩쓸었고, 너나없이 그 이야기를 하다 보니 누가 맨 처음 이야기했는지도 알 수 없게 되었다. 히긴보텀 씨는 이 도시에 살지 않았지만 못 철공소의 공동 소유주이자면 공장의 대주주로 파커스폴스의 어느 누구 못지않게 유명했다. 주민들은 그의 운명과 자신들의 번영이 관계가 있다고 여겼다. 온 읍내가 그 사건에 크게 흥분했다. 〈파커스폴스 가제트〉는 정규 발간일을 앞당기면서까지 그 소식을 전했다. 빈 지면에 '히긴보텀 씨 무참히 살해당하다!'라는 제목을 20포인트 대문자로 강조한 기사 하나만 실은 채 발행했다. 기사는 사건의 여러 가지 끔찍한 상황을 자세히 묘사하면서 피해자의 목에 남은 밧줄 자국이 어땠는지, 그가 빼앗긴 돈이 몇 천 달러인지도 수록했다. 또한 작은아버지가 버걸루 배나무에 주머니가 다 뒤집힌 채 매달린 이후 몇 차례 기절했다 깨어난 불쌍한 조카딸에게도 크나큰 연민을 표했다. 마을 시인도 그녀의 슬픔을 기리는 17연짜리 시를 썼다. 마을 의원들은 회의를 열고 생전에 히긴보텀 씨가 마을에 공헌한 것을 고려해서 수배전단을 배포하기로 결정하고, 살인자를 잡고 빼앗긴 돈을 되찾는 자에게 현상금 500달러를 걸었다.

그러는 한편 상점 점원, 하숙집 여주인, 남녀 직공, 학생이 대부분인 파커스폴스 주민들은 거리거리로 달려나가, 죽은 이에게 애도를 표하기 위해 멈춘 공장 기계들의 침묵을 벌충하고도 남을 만큼 엄청난 수다를 떨었다. 히긴보텀 씨가 사후의 명성에 관심이 있었다면 비명횡사한 그의 영혼은 이 소동을 기뻐했으리라. 우리의 친구 도미니커스는 허영심 때문에 애초의 조심성을 잃고 시내 펌프에 올라가 그 소식을 전해서 이렇게 멋진 소동을 일으킨 장본인이 바로 자신임을 알렸다. 그가 모두에게 주목받으며 들판의 설교자 같은 목소리로 새로 살을 붙인 이야기를 시작했을 때 마을 거리로 우편 마차가 들어왔다. 그 마차는 밤새 달리는 마차였으니, 새벽 세 시에 킴볼턴에서 말을 교체했을 것이 분명했다.

"이제 자세한 이야기를 들을 수 있을 거야." 군중이 소리쳤다.

마차는 여관 앞 광장으로 덜커덩거리며 들어왔고 몇 천 명의 군중이 그 뒤를 따랐다. 그때까지 이 일에 별 관심이 없던 사람들도 하던 일을 팽개치고 소식을 들으러 왔다. 군중의 선두에 선 도미니커스는 마차 안에서 편히 자던 승객 두 명이 깨어나 주변에 모여든 군중에 깜짝 놀라는 모습을 보았다. 사람들이 저마다 질문을 퍼부었고 모두 한꺼번에 말하는 바람에 두 사람은 할 말을 잃었다. 한 사람이 변호사이고 다른 한 사람이 젊은 아가씨인데도 말이다.

"히긴보텀 씨! 히긴보텀 씨! 히긴보텀 씨 일을 말해 줘요!" 군중이 외쳤다. "검시관 평결은 어떤가요? 살인자는 잡혔나요? 히긴보텀 씨의 조카딸은 이제 안정을 찾았나요? 히긴보텀 씨! 히긴보텀 씨!"

마부는 새 말은 아직이냐고 말 시중 드는 이에게 심한 욕을 했을 뿐 그밖에는 아무 말도 없었다. 안에 탄 변호사는 보통 잠을 잘 때도 빈틈이 없는 사람이었다. 그는 소동의 원인을 파악한 뒤 먼저 큼직한 붉은색 수첩을 꺼냈다. 그러는 동안 도미니커스 파이크는 젊은 아가씨에게 손을 내밀어 마차에서 내려 주었다. 더없이 친절한 데다가 아가씨도 변호사만큼 이야기를 잘하리라 기대했던 것이다. 품위 있고 총명한 아가씨는 잠이 완전히 깨어 또랑또랑한 모습이었는데, 입이 어찌나 예쁜지 도미니커스는 그 입에서는 살인이 아니라 사랑 이야기를 듣는 편이 좋겠다는 생각이 들 지경이었다.

"여러분." 변호사가 상점 점원, 남녀 직공들에게 말했다. "이유 모를 착오, 또는 히긴보텀 씨의 신용을 해치려는 의도적 거짓일 가능성이 높은 일이 이런 엄청난 소동을 일으켰으리라 확신합니다. 우리는 새벽 3시에 킴볼턴을 지났고, 만약 살인 사건이 있었다면 분명히 이야기를 들었을 겁니다. 하지만 그게 사실이 아니라는 데는 히긴보텀 씨가 직접 한 증언과 다름없는 강력한 증거가 있습니다. 이건 그분이 코네티컷 법원에 제기한 소송 편지인데, 바로 히긴보텀 씨가 내게 보낸 것입니다. 편지를 쓴 시각은 어젯밤 10시로 되어 있습니다."

그렇게 말하고 변호사는 편지에 적힌 날짜와 서명을 보여주었다. 그것은 심술궂은 히긴보텀 씨가 그걸 쓸 때까지는 살아 있었다는 사실을 의문의 여지없이 증명하고 있었다. 어떤 사람들은 그가 이승의 일에 너무 몰두한 나머지 죽은 뒤에도 거래를 계속했다고 보기도 했다. 하지만 그 다음에 예상치 못한 증거가 나왔다. 젊은 상인에게서 자초지종을 전해들은 아가씨가 잠시 옷을 매만지고 머리를 정돈한 뒤 여관 문 앞에 가서 조용한 손짓으로 사람들의 관심을 모았다.

"여러분, 제가 히긴보텀 씨의 조카딸입니다." 그녀가 말했다.

그렇게 혈색이 좋고 밝은 그녀를 보자, 사람들 사이에 놀람의 웅성거림이 퍼졌다. 〈파커스폴스 가제트〉에 실린 대로, 작은아버지의 죽음에 기절을 반복하며 깊은 상심에 빠져 있으리라 생각한 그 조카딸이었다. 하지만 젊은 여자가 부유한 작은 아버지의 죽음에 그처럼 절망할지 처음부터 의심한 사람도 몇 명 있었다.

히긴보텀 양이 미소지으며 말을 이었다. "보시다시피 이 이상한 이야기는 저와 관련해서는 완전히 근거 없는 이야기입니다. 작은아버님과 관련해서도 마찬가지일 거예요. 작은아버님은 친절하게도 저를 댁에 살게 해주셨죠. 물론 저도 학교에서 아이들을 가르치며 생활할 수 있는데도요. 저는 졸업식을 전후한 일주일간의 휴가를 파커스폴스에서 5마일 정도 떨어진 친구 집에서 보내려고 오늘 새벽 킴볼턴을 떠났습니다. 너그러운 작은아버님은 제가 계단 내려가는 소리를 듣고 침실로 불러서 우편 마차 편으로 2달러 50센트를, 비상금으로 1달러를 주셨습니다. 그런 다음 수첩을 베개 밑에 넣고 저와 악수한 뒤, 길에서 따로 아침을 먹지 말고 가방에 비스킷을 넣어가라고 말씀하셨어요. 그렇기 때문에 작은아버님은 제가 떠날 때 분명히 살아 계셨고, 아마 제가 돌아갔을 때도 살아 계실 거라 굳게 믿습니다."

이야기가 끝나자 아가씨는 치마 끝을 잡고서 인사했고, 그 말이 어찌나 조리 있고 매끄럽고 우아하고도 예의 바른지 누구나 그녀가 미국 최고 학교의 교사로 손색이 없다고 생각했다. 하지만 전혀 사정을 모르는 사람이라면 파커스폴스 사람들이 히긴보텀 씨를 더할 수 없이 미워하고, 그가 죽은 것을 축하하는 기념일을 선포한 줄 알았을 것이다. 이 소식이 잘못된 것임을 알았을 때 주민들은 거세게 분노했다. 직공들은 도미니커스 파이크에게 당장 공개적 망신을 주기로 했지만, 몸에 타르를 칠하고 깃털을 붙일지, 나무에 떠메고 온 마을을 돌지, 아니면 자신이 그 소식의 맨 처음 전파자라고 떠든 시내 펌프에 올려놓고 물벼락을 맞힐지 결정하느라 시간이 조금 지체되었다. 의원들은 변호사의 조언에 따라 근거 없는 소문으로 지역 평화를 해친 그를 경범죄로 고발할지를 논의했다. 인민재판도 정식 법정도 도미니커스를 구하지 못했을 때, 그녀가 훌륭한 말로 그를 변호해 주었다. 도미니커스는 그녀에게 짤막한 말로 진심 어린 감사를 전한 뒤 초록색 마차에 타고, 남학생들이 인근 진흙 구덩이를 무기로 삼아 쏘아 대는 가운데 마을을 벗어났다. 히긴보텀 씨의 조카딸에게 마지막 작별 인사를 전할 생각으로 고개를 돌렸을 때, 급히 빚은 진흙 덩이 하나가 입에 명중해 온 얼굴이 진흙 범벅이 되었다. 그는 다시 마을로 돌아가서 사람들에게 아까 말한 물벼락을 끼얹어 달라고 부탁하고 싶을 지경이었다. 그것은 친절한 의도로 한 말은 아니었지만 지금은 자비로운 행동이 될 상황이었다.

하지만 불쌍한 도미니커스 위로 태양이 밝게 빛났고, 어처구니없이 뒤집어쓴 누명의 상징인 진흙은 물기가 마르자 쉽게 떨어져 나갔다. 그는 유쾌한 악당이었기에 그의 마음은 곧 기운을 되찾았다. 자신이 퍼트린 이야기가 일으킨 소동을 생각하면 웃음이 터지지 않을 수 없었다. 의원들의 전단은 전국의 부랑자들을 불러 모을 것이다. 〈파커스폴스 가제트〉의 기사는 베인 주에서 플로리다 주까지 퍼질 테고 아마 런던의 신문에 나올지도 모른다. 그리고 히긴보텀 씨의 끔찍한 소식에 많은 구두쇠가 돈 주머니와 목숨을 걱정할 것이다. 도미니커스는 매력적인 젊은 여교사를 열렬히 생각하고, 분노한 파커스폴스 사람들에게서 자신을 보호해준 히긴보텀 양의 천사 같은 말솜씨와 외모는 대니얼 웹스터도 따라갈 수 없다고 단언했다.

도미니커스는 이제 킴볼턴 도로에 들어서 있었다. 일 때문에 모리스타운에서 그리 곧장 가지 못했지만, 처음부터 그곳에 들를 생각이었다. 살인 소식이 들린 장소에 가까워지자, 그때까지의 일을 머릿속에 찬찬히 되새겨 보았고, 사건 전체의 모습에 놀라지 않을 수 없었다. 첫 번째 남자의 이야기를 뒷받침해 주는 일이 생기지 않았다면 그 일을 거짓으로 여겼을 것이다. 하지만 갈색 피부의 남자는 분명히 그 소문 또는 사실을 알고 있었다. 그리고 불쑥 질문을 받았을 때 지은 당혹감과 죄의식에 찬 표정은 아무래도 수수께끼였다. 이런 이상한 우연에 이어 이 소문이 히긴보텀 씨의 성격 및 생활 습관과 정확히 들어맞는다는 점도 그랬다. 그의 집에 과수원이 있고 거기 버걸루 배나무가 있다는 점, 그가 늘 해질녘에 그 근처를 지난다는 것. 정황 증거가 너무 강력해서 도미니커스는 변호사가 제시한 서명이나 조카딸의 직접 증언이 그만큼 믿을 만한지 의심스러웠다. 길에서 만나는 사람들에게 조심스레 질문해 본 결과, 히긴보텀 씨 수하에 의뭉스러운 아일랜드인이 있으며, 그는 누구의 추천도 없이 그저 비용을 절감하려고 고용한 사람임을 알게 되었다.

도미니커스 파이크는 인적 드문 언덕 꼭대기에 올라 큰 소리로 외쳤다.

"내 이 두 눈으로 직접 보고 그 사람 입으로 직접 이야기를 듣지 않고서는 이 소문이 가짜라는 말을 안 믿어. 목사라든가 믿을 만한 사람에게 확인해 볼 테야."

그는 어스름이 짙어질 무렵 킴볼턴 마을에서 4분의 1마일 정도 떨어진 통행료 징수소에 이르렀다. 10여 미터 앞에서 어떤 남자가 말을 타고 통행료 징수소를 지나가면서 징수인에게 고개를 까딱하고 마을로 달려갔다. 도미니커스는 징수인과 아는 사이였기에 돈을 내면서 평소처럼 날씨에 대해 이야기했다.

젊은 행상은 채찍 끄트머리를 뒤로 휙 젖혀서 말 옆구리에 깃털처럼 늘어뜨리며 물었다. "요 이틀 사이 히긴보텀 씨를 보셨나요?"

"네." 통행료 징수인이 대답했다. "파이크 씨 바로 앞에 여기를 지나간걸요. 어둡지만 잘 보면 앞에 가는 모습이 보일지도 몰라요. 오늘 오후에 우드필드에 가서 보안관 경매를 참관했답니다. 보통은 저하고 악수를 하고 두세 마디 말을 건네는데, 오늘은 '통행료는 달아 둬' 하는 듯이 고개만 까딱하고 가버렸어요. 어디에 가더라도 저녁 8시까지는 집에 들어가니까요."

"그렇다고들 하더군요." 도미니커스가 말했다.

"오늘 어르신은 정말 칙칙하고 그늘져 보였어요. 그런 사람 본 적이 없을 정도였다니까요. 살아서 피가 흐르고 있는 인간이 아니라 무슨 미라 같았거든요."

젊은 행상이 눈살을 찌푸리고 어스름 속을 들여다보니, 멀찌감치 앞서 가는 말 탄 남자의 모습이 어렴풋이 보였다. 히긴보텀 씨의 뒷모습 같았지만, 땅거미와 말발굽에서 이는 먼지 때문에 그 모습은 어슴푸레하고 허깨비 같았다. 그 수수께끼의 노인은 어둠과 그림자로 만들어진 듯했다. 순간 도미니커스의 등줄기에 몸서리가 일었다.

'히긴보텀 씨가 저승에서 돌아온 거야. 킴볼턴 도로를 따라서.' 그는 생각했다.

그는 고삐를 흔들며, 앞서 가는 잿빛 그림자를 일정한 간격을 두고 따라갔다. 그림자는 어느 굽이 너머로 사라졌다. 도미니커스가 그 굽이에 이르러 보니 말 탄 사람은 보이지 않았고, 그곳이 마을 들머리라는 것을 알 수 있었다. 그리 멀지 않은 곳에 여러 상점과 여관 두 곳이 보였기 때문이다. 중심에는 예배당 첨탑이 있었다. 왼쪽에는 돌담과 대문이 조림지와 경계를 이루고 그 너머에는 과수원, 더 멀리는 풀밭, 그 끝에 집이 한 채 있었는데 이 모두가 히긴보텀 씨 소유였다. 그 집은 옛 간선도로변에 있지만, 킴볼턴 도로가 새로 생기면서 뒤쪽으로 물러나 앉게 된 것이다. 도미니커스는 그 집을 알았다. 그가 고삐를 당긴 기억도 없는데 말이 본능적으로 갑자기 멈춰 섰다.

"이 대문 앞을 그냥 지나갈 수 없어!" 그가 몸을 떨며 말했다. "히긴보텀 씨가 버걸루 배나무에 매달려 있는지 어떤지 확인하기 전에는 다시 이전처럼 온전하게 살아갈 수 없단 말이야!"

그는 마차에서 뛰어내려 고삐를 대문 기둥에 묶어 두고, 악마가 쫓아오기라도 하는 듯 조림지 풀밭 길을 내달렸다. 그때 마을 시계가 8시 종을 치기 시작했고, 종소리가 울릴 때마다 도미니커스는 펄쩍펄쩍 뛰어오르며 속도를 더 냈다. 그러다 마침내 인적 없는 과수원 중앙에 그 저주받은 배나무가 서 있는 것을 보았다. 늙은 나무의 뒤틀어진 줄기에서 커다란 가지 하나가 뻗어 나와 풀밭 길 한 지점에 어두운 그림자를 뿌렸다. 하지만 그 가지 밑에서 누군가 다투고 있는 것 같았다!

젊은 행상은 평탄한 직업을 가진 사람에게 어울리는 것 이상의 용기를 자랑한 적도 없고, 이 위기 상황에서 어떻게 그런 담력이 생겼는지 설명할 수도 없다. 하지만 분명한 것은 그가 앞으로 돌진해서 채찍 손잡이로 억센 아일랜드인을 때려눕히고 히긴보텀 씨를 발견했다는 것이다. 그는 버걸루 배나무에 목 매달리지는 않았지만 목에 올가미가 걸린 채 나무 밑에서 떨고 있었다.

"히긴보텀 씨." 도미니커스가 부들부들 떨면서 물었다. "당신은 정직한 분이니 말씀하시는 대로 믿겠습니다. 요사이 목 매달린 적이 있습니까?"

아직도 이 수수께끼의 답을 모르겠다면, 어떻게 '미래의 일'이 '과거에 그림자를 드리웠는지'를 짧게 설명해 보겠다. 세 남자가 히긴보텀 씨를 약탈하고 죽이려는 계획을 세웠다. 그중 둘이 겁에 질려 차례로 도망쳤고, 그때마다 범죄는 하루씩 미루어졌다. 세 번째 남자가 살인을 실행하려는 순간, 옛이야기에 등장하는 영웅처럼 갑자기 용사가 나타난 것이다. 운명의 부름에 따른 영웅, 도미니커스 파이크가.

이 뒷이야기를 조금만 더 하자면, 히긴보텀 씨는 젊은 행상을 남달리 귀여워했다. 도미니커스가 예쁜 조카딸에게 청혼했을 때에도 흔쾌히 허락했고, 전 재산을 두 사람의 자식에게 남겼으며, 조카딸 부부에게는 그 이자를 받게 했다. 때가 되자 노인은 이런 모든 호의를 완결하듯 편안하게 죽었다. 이 슬픈 일이 마무리된 뒤 도미니커스 파이크는 킴볼턴을 떠나 고향 마을에 커다란 담배 공장을 세웠다.

The Birth-Mark
얼룩점

지난 17세기 끝무렵, 자연철학의 모든 분야에 탁월한 지식을 가진 어느 이름난 과학자가 살았다. 그이는 이 이야기가 시작되기 조금 전 어떠한 화학적 친화력보다도 더 강력한 정신적 친화력을 몸소 겪은 바 있었다. 그래서 그는 자신의 실험실을 조수에게 맡기고, 실험용 화로 연기에 찌든 얼굴을 깨끗이 씻고는 손가락에 묻은 산성 얼룩을 모두 씻어내고 어느 아름다운 여인을 아내로 맞아 행복하게 살았다.

전기라든가 그와 비슷한 다른 자연의 신비에 대한 비교적 최신 과학적 발견들이 기적의 세계로 새로운 길을 열어주는 것 같던 그 시절에는, 과학에 대한 사랑이 깊이나 매력에 있어 여자에 대한 사랑과 경쟁을 벌이는 일이 흔히 있었다. 보다 높은 차원의 이성, 상상력, 정신력, 심지어 정서까지도 새로운 것에 대한 추구로 같은 성질의 열병을 앓고 있었다. 열광적인 신봉자들이 굳게 믿듯이 그러한 추구는 강력한 지식의 단계를 계속 높여줌으로써 마침내 창조의 비밀을 파악하고 어쩌면 새로운 세계를 스스로 창조해낼 수도 있으리라는 믿음을 주었던 것이다.

우리는 에일머가 자연에 대한 인간의 궁극적 통제에 이 정도 믿음을 가지고 있었는지 어쨌는지는 알지 못한다. 그러나 다른 어떤 열정으로도 떼어 놓을 수 없을 만큼 그는 과학적인 연구에 깊이 빠져 있었다. 젊은 아내에 대한 그의 사랑이 아마도 더 강하긴 했을 것이다. 그러나 그것은 오직 아내에 대한 사랑을 과학에 대한 사랑과 한데 엮어서 과학에 대한 사랑의 힘을 자신의 힘과 결합시킬 때만 가능했을 것이다.

그래서 그러한 결합이 실제로 일어나 참으로 눈여겨 볼 만한 결과와 감명 깊은 가르침을 주었다. 그들이 결혼한 지 얼마 되지 않은 어느 날, 에일머는 걱정스러운 표정으로 아내를 바라보며 앉아 있었다. 얼굴 표정에 걱정스러운 빛이 점차 뚜렷하더니 이윽고 그가 말문을 열었다.

"조지아나, 당신 뺨에 있는 그 점을 없앨 수 있을 거라는 생각을 해본 적이 있어요?"

"아뇨!" 그녀는 미소를 지으며 말했다. 그러나 남편의 진지한 표정을 보자 그녀 얼굴이 붉게 달아올랐다. "사실은 사람들이 그 점이 매력이라고들 해서 그저 그런 줄만 알고 그다지 신경을 안 썼죠."

"글쎄, 다른 사람의 얼굴에서는 그럴지 모르겠지만 당신 얼굴에서는 안 그렇소. 사랑하는 조지아나, 당신은 자연의 손으로부터 거의 완벽하게 빚어졌기에 이 조그만 흠이, 글쎄 그걸 흠이라고 불러야 할지 아름다움이라고 불러야 할지는 잘 모르겠소만, 아무튼 그것이 이 세상의 불완전함을 상징하듯 나에게 충격을 주는구려."

"아니 충격을 주다니요!" 조지아나는 몹시 마음이 상하여 물었다. 처음에는 순간적인 분노로 얼굴이 달아올랐지만 곧 울음을 터뜨리고 말았다. "그렇다면 저와 왜 결혼하셨어요! 충격을 주는 사람을 어떻게 사랑할 수 있겠어요!"

두 사람이 주고받는 이 대화를 설명하기 위해서는 조지아나의 왼쪽 뺨 한가운데에 피부결과 속살에 깊게 짜 넣어져 있는 것처럼 보이는 이상한 얼룩점이 있다는 사실을 먼저 말해야 할 것 같다. 연하긴 하지만 건강한 홍조를 띤 그녀의 보통 얼굴 상태에서 그 얼룩점은 주위의 장밋빛 홍조 때문에 뚜렷하게 드러나지 않는, 얼굴색보다 좀 더 짙은 진홍색을 나타낸다. 그러나 그녀의 얼굴이 달아오르면 그 얼룩 얼룩점은 더 분명하지 못하여 마침내 온 뺨을 환히 빛나게 물들이는 의기양양한 피의 흐름 속에서 완전히 사라져버린다. 하지만 어떤 충동적인 변화가 얼굴을 핼쑥하게 만들면 그 얼룩점이 흰 눈 위의 진홍빛 얼룩처럼 선명하게 나타나 에일머는 때로 그것을 끔찍한 뚜렷함이라고 생각했던 것이다. 얼룩점은 아주 작고 사람 손 모양과 아주 비슷했다. 그래서 조지아나를 사랑하는 사람들은 그녀가 태어난 시간에 한 요정이 나타나 아기 뺨에 그 조그만 손을 얹고는 그녀에게 모든 사람들의 마음을 사로잡는 마력을 부여한 표시로 손 모양의 흔적을 남긴 것이라고들 말했다. 조지아나로 인해 상사병을 앓은 수많은 총각들은 그 신비스러운 조그만 손에 키스할 수 있는 특권을 얻기 위해서라면 목숨까지도 아까워하지 않았을 것이다. 그러나 요정의 손 모양이 주는 인상은 그것을 보는 사람의 기분이나 기질에 따라 아주 달랐다. 예컨대 성격이 까다롭고 유난히 깨끗한 것을 좋아하는 사람들은—모두 여자이긴 했지만—그들이 즐겨 부르듯 그 '핏빛 손'이 조지아나의 아름다움이 지닌 효과를 완전히 망가뜨려서 그녀 얼굴을 심지어 끔찍하게 보이게끔 한다고 주장하는 것이었다. 그러나 아주 순수한 대리석 조각물에서도 때로 나타나는 아주 조그만 푸른 흠이 파워스의 '이브' 같은 아름다운 모습을 괴물로 바꾸어버릴 수도 있다고 말하는 것이 마땅하리라. 남자들의 경우는 비록 얼룩점이 조지아나에 대한 그들의 선망을 더 높여주지는 않았다 하더라도, 이 세상에 흠 같은 것이 전혀 없는 이상적인 아름다움의 살아 있는 한 본보기를 보여줄 수 있도록 얼룩점이 없어지기를 바라는 정도였다. 결혼 후—그전에는 그 문제에 대해 거의 생각해 본 적이 없으므로—에일머는 자신이 바로 그런 경우라는 것을 깨달았다.

만일 그녀가 덜 아름다웠더라면, 그래서 질투가 스스로 비웃을 다른 대상을 찾을 수 있었더라면, 그는 아마도 그녀의 가슴속에서 감정의 맥박이 뛸 때마다 어렴풋한 모습으로 보이다 없어지기도 하고 다시 또 슬그머니 나타나서 아른거리는, 손같이 생긴 아름다운 모양의 얼룩점에 그의 애정이 북돋워지는 것을 느낄 수 있었을 것이다. 그러나 그 얼룩점만 아니라면 그녀의 아름다움이 완벽할 것이라고 생각했기 때문에 그는 이 하나의 흠이 결혼생활이 진행되어 가는 매 순간마다 점점 더 견디기 어려워졌다. 그것은 자연이 어떤 형태로든 자신의 모든 창조물에 지울 수 없게 찍어서 그것들이 일시적이고 유한한 것임을 알리거나 그것들의 완전함은 오직 고통스러운 수고에 의해서만 가능한 것임을 암시하는, 어떤 낙인 같은 치명적인 흠이었던 것이다. 에일머에게 그 진홍빛 손은 인간의 유한함이 이 세상에서 빚은 가장 고귀하고 순수한 것들을 꼭 붙들고 그것들을 가장 저열한, 심지어 짐승 같은 비열한 것들로 타락시켜 마침내는 그들의 모습을 흙으로 돌아가게 만들고 마는, 피할 수 없는 인간의 한계를 상징하는 것이었다. 이와 같이 얼룩 얼룩점을 아내의 죄와 슬픔과 쇠락과 죽음 성향의 상징으로 인식함으로써 에일머의 우울한 상상력은 오래지 않아 그 얼룩점을 공포의 대상으로, 영적인 것이든 감성적인 것이든 조지아나의 아름다움이 그에게 주었던 기쁨보다도 이제 더 많은 불안과 두려움을 느끼게 하는 끔찍한 것으로 변해버렸다.

가장 행복한 시간이 되었어야 할 때마다 그는 항상 결코 의도하지 않았는데도, 아니 오히려 그 반대의 노력에도 불구하고, 하나의 불행한 생각으로 되돌아오고 마는 것이었다. 처음엔 그것이 하찮은 일인 것처럼 보였지만 여러 가지 생각과 느낌이 뒤섞이면서 이제 모든 일 가운데 가장 큰 비중을 차지하게 되어버렸다. 그는 희끄무레한 새벽 빛에 눈을 뜨자마자 아내의 얼굴에 눈길을 보내 그 불완전함의 상징을 확인했다. 저녁에 난롯가에 함께 앉아 있을 때면 그의 눈길은 몰래 그녀의 뺨을 향해 떠돌며 난로 불빛에 명멸하는, 그가 기꺼이 흠모했을 그 얼굴에 죽음의 운명을 써넣고 있는, 그 끔찍한 손의 모습을 보았다. 조지아나도 곧 남편의 그런 눈길에 몸서리를 쳤다. 남편이 이따금 이상한 표정으로 보기만 해도 그녀 뺨의 장밋빛은 백지장처럼 핼쑥하게 바뀌었고, 그럴 때면 진홍빛 손은 마치 새하얀 대리석에 루비로 양각을 한 조각물처럼 아주 뚜렷하게 드러나 보였다.

어느 날 늦은 밤에, 불빛이 아주 흐릿해져서 불쌍한 아내 뺨 위의 얼룩이 잘 보이지 않게 되었을 때 처음으로 그녀 자신이 스스로 나서서 그 이야기를 화제에 올렸다.

"당신, 생각나요? 어젯밤 이 흉측한 손에 대한 꿈, 뭐 생각나는 게 없어요?" 그녀는 미소를 지어 보이려 약간 애쓰며 물었다.

"아니, 전혀." 에일머는 깜짝 놀라며 말했다. 그러나 곧 진짜 감정을 숨기기 위해 일부러 태연한 말투로 덧붙여 말했다. "하기야 꿈을 꾸었을지도 모르지. 잠들기 전에 그 손이 내 생각을 사로잡고 있었으니까."

"그러면 꿈을 꾸신 거군요?" 조지아나는 얼른 말을 계속했다. 갑자기 울음이 터져 나와 그녀가 진정으로 해야 할 말을 가로막지나 않을까 두려웠기 때문이었다. "끔찍한 꿈이었죠? 당신도 잊을 수 없을 거예요. '이게 그녀의 심장 안에 들어 있군. 우리는 이걸 꺼내야 해!'라고 당신이 한 말을 어떻게 잊을 수 있겠어요? 잘 생각해 보세요. 어떻게 해서든 당신이 그 꿈을 기억해 내게 만들겠어요."

모든 것을 감싸는 잠이 자신의 흐릿한 영역에 망령들을 가두어두지 못하고 밖으로 풀려나오도록 해서, 어쩌면 그것들이 보다 더 깊은 삶의 비밀로 이 실제 세상의 삶을 놀라게 할 때 사람들의 마음은 슬픈 탄식에 잠기게 된다. 에일머는 그가 꾼 꿈이 생각났다. 하인인 아미나다브와 함께 아내의 얼룩점을 없애는 수술을 시도하는 장면을 상상해 본 것이었다. 하지만 칼이 더 깊이 들어갈수록 손 모양의 얼룩점도 더 깊이 가라앉아 마침내 그 조그만 손이 조지아나의 심장을 붙들고 있는 것처럼 보이는 곳까지 이르렀다. 그러나 에일머는 그것을 잘라내어 떼어버리기로 모질게 마음먹었던 것이다.

그 꿈이 기억 속에서 완전한 모양을 갖추어가자 에일머는 아내와 함께 앉아 있으면서 어떤 죄의식에 사로잡혔다. 진실은 때로 잠의 옷에 싸인 채 갇힌 우리 마음으로 그 통로를 찾아 들어가, 우리가 깨어 있는 동안 무의식적인 자기기만으로 호도하는 것들에 대해 사실대로 정직하게 이야기해 주는 법이다. 지금까지 그는 어떤 한 생각이 마음에 얼마나 강력한 영향을 미칠 수 있는가에 대해, 그리고 마음의 평화를 얻기 위하여 얼마큼의 노력을 기울여야 하는가에 대해 잘 알지 못했다.

"에일머!" 조지아나가 엄숙하게 다시 말을 꺼냈다. "전 이 끔찍한 얼룩점을 없애는 데 우리 둘이 바쳐야 할 대가가 어떤 것이 될지 잘 몰라요. 어쩌면 이것을 없애려다가 치유할 수 없는 불구로 만들지도 모르지요. 아니면 이 얼룩점이 생명체처럼 깊이 뿌리를 내리고 있을지도 몰라요. 하지만 아시다시피 제가 이 세상에 나오기 전에 이미 제 몸에 생긴 이 꼭 쥐고 있는 손을 펼 가능성이 조금이라도 있는 건가요?"

"사랑하는 조지아나, 그 문제에 대해 많이 생각해 보았소." 에일머가 서둘러 말을 받았다. "난 그걸 완전히 없앨 수 있다고 굳게 믿고 있소."

"만일 조금이라도 가능성이 있다면 어떤 위험을 무릅쓰고라도 시도해봐요. 위험 따위는 제게 아무 문제도 안 돼요. 이 흉측한 얼룩이 당신의 두려움과 증오의 대상이 되는 한 제겐 기꺼이 내던져버리고 싶은 짐에 불과하니까요. 이 흉측한 손을 없애버리든지 제 끔찍한 삶을 앗아가 버리든지 하세요! 당신은 과학적으로 깊은 지식을 가지고 계시잖아요? 세상 모든 사람들이 증인이지요. 당신은 기적같이 위대한 일들을 이룬 분이에요. 그런 당신이 제 두 손가락 끝으로 다 가려버릴 수 있는 이 조그만 얼룩점 하나 없애지 못하겠어요? 당신 스스로 마음의 평화를 위해서, 그리고 당신의 불쌍한 아내를 광기에서 구해 내기 위해서 이런 일 정도 못 해내시겠어요?"

"아, 사랑스럽고 소중하고 고귀한 나의 아내, 내 능력을 의심하지 마시오." 에일머는 흥분에 들떠 어쩔 줄 모르며 소리쳤다. "난 이 일에 대해 이미 깊이 생각해봤소. 당신에 버금가는 그런 존재를 만들어낼 능력을 가질 수 있을 정도로 말이오. 조지아나! 당신은 그 어느 때보다도 더 깊이 나를 과학의 심장부로 이끌었소. 이 귀여운 뺨을 다른 쪽 뺨과 마찬가지로 흠 하나 없이 완벽하게 만들 자신이 있소. 그리고 여보! 자연이 자신의 가장 아름다운 작품에 남긴 불완전함을 내가 바로잡았을 때, 그때 내가 느낄 승리감이 어떻겠소. 자신이 조각한 여인이 생명체로 살아났을 때 피그말리온이 느꼈을 황홀감도 내 황홀감만큼 크지는 못할 것이오."

"그러면 이제 결정난 거예요." 조지아나는 아리송한 미소를 지으며 말했다. "그리고 에일머! 만일 그 얼룩점이 결국 내 심장을 피난처로 삼고 있는 것을 알아낸다 해도 그 일을 그만두지 마세요."

남편은 진홍빛 낙인이 찍히지 않은 그녀의 오른쪽 뺨에 다정하게 입을 맞추었다.

다음날 에일머는 아내에게 자신이 짠 계획의 일정을 말해주었다. 그는 계획한 일정에 따라 수술에 필요한 철저한 검토와 지속적 관찰 기회를 가질 예정이었고, 조지아나 역시 그동안 수술의 성공에 반드시 필요한 절대 안정을 취하기로 되어 있었다. 그들은 에일머가 실험실로 사용하는 아파트를 거처 삼아 수술이 끝날 때까지 그곳에만 머무르기로 마음먹었다. 그곳은 에일머가 연구에 흠뻑 빠져 있던 젊은 시절, 자연력에 관한 놀라운 발견들을 발표해서 유럽의 모든 학술 단체나 학회의 경탄을 자아내게 한 산실이었다. 이 핼쑥한 철학자는 실험실에 조용히 앉아서 가장 높은 구름층과 가장 깊은 광맥의 비밀을 조사했고, 화산 작용을 촉발하고 지속시키는 원인들을 밝혀내어 만족을 얻기도 했다. 또한 어찌해서 어떤 샘들은 맑고 순수하게, 어떤 샘들은 깊은 땅속으로부터 풍부한 약효를 지닌 채 솟아오르는가 하는 등의 샘의 신비함을 설명하기도 했다. 그리고 좀 더 젊은 시절에는 이곳에서 인간 체격의 신비를 탐구하며 자연의 최대 걸작인 인간을 창조하고 가꾸기 위해 자연이 어떤 절차를 거쳐 흙과 기와 정신 세계로부터 값진 영향력을 융합시키고 있는지 밝혀보려고 애쓰기도 했다. 그러나 에일머는 그 시도를 오래전에 그만두었다. 자연의 신비를 탐구하는 모든 사람들이 조만간에 부딪치게 마련인 진리, 즉 우리의 위대한 창조주가 밝은 햇빛 속에서 작업하면서 우리를 즐겁게 해주는 듯하면서도 자신의 비밀을 지키기 위해 몹시 신경쓰며, 밖으로 다 내보이는 듯하면서도 우리에게 오직 결과만을 보여준다는 그 진리를 어쩔 수 없이 깨달아야 했으므로. 정말이지 창조주는 우리에게 망가뜨리는 것은 쉽게 허락하면서도 고치는 것은 좀처럼 허락하지 않는 것이다. 질투심 많은 특허권자처럼 이렇다 할 뚜렷한 이유도 없이. 그러나 에일머는 이제 반쯤 잊고 있던 이런 연구들을 다시 시작했다. 물론 처음에 그 연구를 시도하게 한 그런 희망을 가지고서가 아니었다. 지난날 연구들이 생리학적 진리를 많이 포함하고 있으므로 조지아나의 치료에 대한 그의 계획과 궤를 같이하는 것이었기 때문이었다.

에일머가 조지아나를 실험실 입구로 안내했을 때 그녀는 냉기를 느끼며 몸서리를 쳤다. 에일머는 그녀를 안심시키려고 일부러 밝은 표정으로 그녀의 얼굴을 바라보았다. 그러나 그녀의 하얀 뺨에 불붙듯 달아오른 그 얼룩점의 강렬한 색깔에 어찌나 놀랐던지 그는 참지 못하고 발작처럼 몸서리를 쳤다. 그러자 아내가 기절을 했다.

"아미나다브! 아미나다브!" 에일머는 격렬하게 발을 구르며 소리쳤다.

그러자 아파트 안쪽에서 키는 작달막하지만 몸집이 큰 한 남자가 화로의 증기에 더러워진 얼굴 위로 덥수룩한 머리를 내려뜨린 채 나타났다. 그로 말하자면 과학자로서의 에일머의 삶을 줄곧 보필해 온 하인으로서 기계를 다루는 뛰어난 재주와 원리 자체는 전혀 이해하지 못하면서도 주인이 하는 실험의 세부 사항을 실행하는 탁월한 솜씨로 조수 일에 아주 어울리는 사람이었다. 아주 센 힘과 덥수룩한 머리, 그을린 모습과 그를 에워싸고 있는 표현하기 어려운 어떤 세속적 분위기로 그는 인간의 육체적 본질의 화신처럼 보였다. 반면 에일머의 가냘픈 체격과 핼쑥하고 지적인 얼굴은 그에 못지않게 에일머라는 인간을 정신적 존재의 한 본보기처럼 보이게 했다.

"아미나다브, 얼른 내실 문을 열어라. 그리고 선향을 태우도록 해라." 에일머가 말했다.

"네, 주인님!" 아미나다브는 정신을 잃은 조지아나의 모습을 지켜보면서 말했다. 그러고는 혼자 속으로 중얼거렸다. "저 여자가 만일 내 아내라면 난 절대로 저 얼룩점을 없애려 들지 않을 거야."

조지아나가 정신을 차렸을 때 그녀는 자신이 마시고 있는 공기에 향기가 스며 있는 것을 느꼈다. 그 향기의 부드러운 효능이 그녀를 죽음 같은 기절

상태에서 깨운 것이다. 그녀 주변은 뭔가 마술에 걸려 있는 듯했다. 에일머는 자신이 심오한 과학적 연구로 가장 화려한 시절을 보냈던, 연기에 그을린 더럽고 어두운 방을 아름다운 여자가 은거할 거처로서 손색없는 아름다운 방으로 바꾸어놓은 것이다. 벽에는 화려한 커튼이 드리워져 다른 장식으로는 이룰 수 없는 화려함과 우아함이 합쳐진 분위기를 자아내고 있었다. 커튼이 천장에서 마루로 내려오면서 그 풍요롭고 묵직한 주름들은 벽의 모든 각진 부분과 직선 부분을 감추어 마치 방 너머 끝없는 공간을 가리고 있는 것 같았다. 조지아나에게는 아무래도 그것이 구름 사이에 떠 있는 정자 같기만 했다. 에일머는 화학처리 과정을 방해할 수도 있을 햇빛을 막고 그 대신 여러 가지 빛깔의 불꽃을 피우면서도 자주색 부드러운 불빛으로 합쳐지는 향불 램프를 설치해 놓았다. 이제 그는 아내 옆에 무릎 꿇고 앉아 심각하지만 차분히 그녀를 살펴보고 있었다. 그는 자신의 과학에 대한 뚜렷한 믿음을 가지고 있었고 그래서 그녀 주위로 어떤 악도 침범할 수 없는 마술적인 원을 그어놓을 수 있다고 여겼기 때문이다.

"제가 지금 어디 있는 거죠? 아, 이제 생각이 나네요." 조지아나는 흐릿한 목소리로 말했다. 그러고는 남편의 눈으로부터 그 끔찍한 얼룩점을 감추기 위해 손으로 뺨을 가렸다.

"여보, 두려워하지 말아요! 나를 그렇게 피하려고 하지 말아요!" 에일머가 소리쳤다. "나를 믿어요, 조지아나! 이 불완전한 흠으로 인해 나는 기쁘기까지 하오. 그 점을 없애는 게 얼마나 큰 기쁨을 줄까를 생각하면 말이오."

"오, 제발, 제발, 그걸 다시 보지 말아줘요! 당신이 경련을 일으키듯 몸서리치던 그 모습을 영원히 잊을 수가 없을 거예요." 아내는 슬픈 목소리로 외쳤다.

조지아나의 마음을 달래주고 현실의 부담으로부터 그녀 마음을 해방시켜주기 위해, 에일머는 과학의 심오한 지식 가운데 그가 배운 가볍고 장난삼아 즐길 만한 비법 몇 가지를 행해 보였다. 공기처럼 가벼운 형태들이, 형체가 없는 생각들이, 그리고 실체가 없는 아름다움의 형상들이 그녀 앞으로 날아와 춤을 추며 그들의 덧없는 발자취를 빛줄기 위에 남겼다. 그녀는 이러한 시각 현상의 이론에 대하여 뭔가 어렴풋이 알고 있었지만 그 환영은 남편이 정신세계에 대한 통제력을 가지고 있다는 믿음을 보증해 줄 만큼 거의 완벽했다. 그래서 다시 그녀가 은둔 장소로부터 밖을 내다보고 싶다고 느꼈을 때, 그녀의 생각에 답이라도 하듯 즉시 외적 존재의 행렬이 스크린 위를 퍼뜩 스쳐 지나가는 것이었다. 그러나 실제 세계의 광경과 형체들이 완벽하게 재현되어 보이긴 했지만 그것은 항상 본디 모양보다 훨씬 더 근사한 그림이나 이미지나 환영을 만들어내는, 뭐라고 말하기 어려운 마술 같은 특성을 띠고 있었다. 이 놀이에 싫증이 나자 에일머는 흙이 담긴 그릇 하나를 가리키며 조지아나에게 그것을 살펴보라고 말했다. 그녀는 처음에는 별 관심 없이 시키는 대로 그릇에 시선을 돌렸다. 그러나 박 하나가 흙에서 솟아나오는 것을 보고 그녀는 깜짝 놀랐다. 곧이어 박에서 가는 줄기가 나오고 잎사귀가 점점 펼쳐지면서 그 한가운데에 완벽한 모습의 아름다운 꽃 한송이가 피어나는 것이었다.

"마술이네요! 저 꽃엔 감히 손대지 못하겠어요." 조지아나가 외쳤다. "아니 괜찮아요, 꺾어봐요." 에일머가 대답했다. "꺾어서 그 향기를 맘껏 마셔봐요. 꽃은 곧 시들고 갈색 씨방만 남을 거요. 하지만 그 씨방에서 그처럼 덧없는 하루살이 종자도 계속 이어지는 거라오."

그러나 조지아나가 그 꽃을 만지는 순간 나무 전체가 갑자기 시들면서 잎사귀들이 불에 타듯 새까맣게 변했다.

"자극이 너무 강했던 모양이군." 에일머는 생각에 잠겨 말했다.

이 실험의 실패를 보상하기 위하여 그는 자신이 생각해낸 과학적 방법으로 그녀의 초상화를 만들어보겠노라고 제안했다. 그것은 반들반들한 금속판에 방사선 빛을 강력하게 쏘이는 방법을 이용한 것이었다. 조지아나는 남편의 제안을 따랐다. 그러나 그 결과를 보고 소스라치게 놀랐다. 초상화의 모습은 뿌옇고 불분명한데 뺨이 있어야 할 자리에 조그만 손 모양만 나타나 있었기 때문이다. 에일머는 금속판을 얼른 낚아채서 부식제가 담긴 통 속으로 던져버렸다.

그러나 그는 이 굴욕적인 실패들에 대해 곧 잊어버렸다. 연구와 화학적 실험을 계속하는 틈틈이 그는 들뜨고 지친 모습으로 그녀에게 오곤 했으나 그녀와 함께 있음으로 해서 곧 기운을 되찾는 것 같았다. 그는 자신의 과학적 기술의 자원에 대하여 열심히 이야기했다. 모든 열등하고 하찮은 물질들로부터 황금 원리를 이끌어낼 수 있는 만능 용매(溶媒)를 찾아 그토록 오랜 세월을 바쳐온 역대 연금술사들의 기나긴 역사도 말해주었다. 에일머는 그처럼 오랜 세월 동안 추구해 온 용매를 찾아내는 것이 아주 간단한 과학적 논리에 의해 충분히 가능하다고 믿는 듯했다.

"하지만," 그는 덧붙여 말했다. "그 힘을 손에 넣을 만큼 깊은 경지에 들어간 철학자는 그 힘을 구사하려고 몸을 굽히기에는 너무 높은 경지의 지혜에 이르러 있을 것이오."

불로불사의 영약이라는 것에 대해서도 그의 주장에는 남다른 것이 있었다. 몇 년씩 어쩌면 영원히 삶을 연장할 수 있는 용액을 만들어 내는 일은 자신의 선택에 달렸으나, 그렇게 되면 자연에 어떤 부조화가 생겨날 것이라고 공언하다시피 했다. 온 세상 사람들, 특히 그 불멸의 만병통치약을 마신 사람들이 저주할 만한 부조화가 말이다.

"에일머, 당신 지금 참말로 하는 이야기예요?" 조지아나는 놀라움과 두려움이 담긴 표정으로 그를 바라보며 물었다. "그런 힘을 갖는다는 것은, 아니 그런 힘을 가질 꿈을 꾼다는 것만도 끔찍해요."

"여보, 두려워할 것 없어요." 에일머가 말했다. "우리 삶에 그런 부조화의 힘을 사용해서 당신이나 나 자신을 해롭게 할 생각은 조금도 없소. 다만 이 조그만 손을 없애는 데 필요한 기술이 그런 힘과 견주면 아주 하찮다는 것을 당신이 이해하게 하려는 것일 뿐이오."

얼룩점에 대한 언급에 조지아나는 평소와 마찬가지로 마치 벌겋게 단 인두가 뺨에 닿기라도 하는 듯 몸을 움츠렸다.

에일머는 다시 일에 빠져들었다. 화로가 있는 멀리 떨어진 방에서 아미나다브에게 지시를 내리는 에일머의 목소리와 그 지시에 응답하는 아미나다브의 거칠고 투박하고 듣기 흉한 말소리가 조지아나의 귀에 들려왔다. 그 목소리는 사람의 목소리라기보다는 짐승의 신음이나 으르렁거리는 소리에 더 가까웠다. 몇 시간이 지난 뒤 에일머가 다시 나타나 조지아나에게 화학 약품들과 귀중한 천연 물질들이 들어 있는 자신의 진열장을 살펴보지 않겠느냐고 권했다. 화학 약품들 중에서 에일머는 조그만 약병 하나를 그녀에게 보여주었다. 그 약병 속에는 한 왕국을 가로질러 부는 모든 바람에 스며들게 할 수 있는, 부드럽지만 매우 강한 향기가 들어 있다고 했다. 그는 그 조그만 약병에 들어 있는 내용물이 값을 매길 수 없을 만큼 귀한 것이라고 말하면서 그것을 공중에 조금 뿌렸는데 방 안은 금방 산뜻하고 상쾌함으로 가득 찼다.

"이건 뭐예요?" 조지아나는 황금색 용액이 들어 있는 공 모양의 조그만 크리스털 병을 가리키며 물었다. "보기에 하도 아름다워서 생명의 영약이 아닌가 생각되네요."

"어떤 의미에서는 그렇다오. 하지만 불멸의 영약이라고 부르는 것이 더 옳을 것이오." 에일머가 대답했다. "그건 이 세상에서 지금까지 만들어진 것 중 가장 귀한 독약이오. 그 약의 도움으로 나는 당신이 손가락으로 가리키는 어떤 사람의 수명도 나눌 수 있소. 투약의 강도에 따라 몇 년을 더 버티게 할 것인가 또는 숨쉬는 도중에 갑자기 죽게 할 것인가 결정되니 말이오. 아무리 호위가 든든한 옥좌 위의 왕이라도 내가 만일 이 실험실에서 몇 백만 백성의 복지를 위해 그의 목숨을 빼앗는 것이 정당화될 수 있다고 생각하면 그 왕은 목숨을 부지할 수 없게 되는 거라오."

"그런 끔찍한 약을 왜 가지고 계시는 거예요?" 조지아나는 공포에 질려 말했다.

"여보, 나를 그렇게 의심하지 마오." 남편은 웃으며 대답했다. "그 약의 해로운 효과보다는 이로운 효험이 훨씬 더 크다고 봐요! 여기 또 강력한 화장수가 있는데 물병에 이걸 한두 방울만 섞으면 주근깨 따위는 씻은 듯이 쉽게 지워진다오. 강도를 좀 더 높이면 볼에서 피를 없애서 장밋빛 아름다움을 핼쑥한 유령의 모습으로 바꿔버릴 수도 있지!"

"그럼 이 화장수로 제 뺨을 적시려는 건가요?" 조지아나가 걱정스러운 표정으로 물었다.

"아, 아니오!" 남편이 서둘러 대답했다. "이건 초보적인 것에 지나지 않아요. 당신 경우는 좀 더 본격적인 치료법이 필요하지."

조지아나와 이야기를 나누면서 에일머는 그녀의 감각 상태, 방의 밀폐 상태와 실내 온도가 알맞은가 하는 일반적 사항에 관해 자세하게 물었다. 이런 질문들은 어떤 특정한 방향을 따르고 있는 듯해서 조지아나는 자신이 향기로운 공기나 음식을 통해 이미 육체적으로 어떤 영향을 받고 있다고 추측하기 시작했다. 또한 자신의 신체적 체계를 휘젓는 어떤 변화가 일어나고 있으며, 뭔가 분명치 않은 이상한 감각이 혈관을 타고 흘러들어와 반쯤은 고통스럽게 반쯤은 쾌감을 주며 심장을 따끔거리게 하고 있다고 상상하기도 했다. 그것은 완전히 환상이었는지도 모른다. 그러나 그녀가 감히 거울 속을 들여다볼 때마다 거기에는 여전히 흰 장미처럼 핼쑥한 자신 모습과 그녀 뺨에 박힌 진홍빛 얼룩점이 있었다. 이제는 에일머까지도 그 얼룩점을 그녀 자신처럼 증오하지는 않았다.

　남편이 실험실에서 배합과 분석 과정에 바쳐야 하는 오랜 시간 동안 지루함을 쫓기 위해 조지아나는 남편의 과학 서적들을 뒤적였다. 수많은 칙칙한 옛날책들 속에서 그녀는 로맨스와 시가 가득 담긴 부분들을 우연히 발견하기도 했다. 그것들은 앨 버투스 마그누스, 코넬리우스 아그리파, 파라셀서스, 예언하는 놋쇠 머리를 만들어낸 이름난 수도사 같은 중세 철학자들 작품이었다. 이 옛 철학자들은 모두 시대에 앞서 있었지만 뭔가를 쉽게 믿는 경향들이 있었다. 그래서 사람들은 그들이 자연에 대한 탐구로부터 자연을 뛰어넘는 힘을, 물질세계로부터 정신적 세계에 대한 통제력을 얻은 것이라 믿었고 그들 또한 그렇게 생각하는 것 같았다. 영국 왕립과학원의 초기 보고서들도 그에 못지않은 호기심과 상상력을 담고 있었는데, 그 보고서에서 과학원 회원들은 자연이 얼마큼의 가능성을 지녔는지 그 한계를 거의 의식하지 않고, 계속 경이적인 발견과 실험 결과 따위를 기록하거나 그런 것을 가능하게 하는 방법들을 내보이고 있었다.

　다른 무엇보다 조지아나의 관심을 가장 끈 것은 남편이 몸소 쓴 큰 2절판 책이었다. 그는 거기에다 자신이 시행한 모든 실험들에 대해 그 본디 목표, 진행을 위해 채택한 실험 방법들, 실험의 성공과 실패, 그리고 성공과 실패의 원인이 된 여러 가지 상황들을 모두 기록해 놓았다. 사실 이 책은, 그의 열정적이고 야심차고 상상력이 넘치면서도 현실적이고 근면으로 이어진 삶의 역사이자 상징이었다. 그는 자연 세계의 세부 사항들을 그 이상 아무것도 존재하지 않는 것처럼 그 자체만을 다루면서도, 모든 사항들에 정신적 의미를 가지게 하고, 끝없는 세계를 향한 강하고 진지한 열망을 지님으로써 물질주의로부터 자신을 구해 낼 수 있었다. 에일머의 손아귀 안에서는 한 덩이 흙조차도 영혼을 지니게 되는 것이었다. 남편의 책을 읽으면서 조지아나는 그 어느 때보다도 에일머에 대하여 더 깊은 존경과 사랑을 느꼈다. 하지만 그의 판단에 대해서는 이전처럼 그렇게 전적으로 의존할 수는 없을 것 같았다. 그가 이룩해낸 일은 많았지만 가장 화려한 성공이라는 것들은 그가 내세운 이상적인 목표와 견주어 보면 거의 예외없이 실패작이라고 할 수 있기 때문이다. 예컨대 그의 가장 화려한 다이아몬드라는 것은 그의 팔이 닿지 않는 곳에 숨겨져 있는 고귀한 보석들과 비교해 보면 자갈에 지나지 않았고 그 자신도 그렇게 느끼고 있었던 것이다. 또한 지은이에게 명성을 가져다 준 여러 업적들을 풍부하게 담고 있는 그 책도 사실 인간이 쓴 가장 우울한 기록에 지나지 않았다. 그 책은 정신이 육체의 짐을 지고 물질 속에서 일해야 하는 복합적인 상황에 처한 인간의 약점과, 속세적인 것에 비참하게 좌절당하는 고상한 본성을 날카롭게 비판하는 절망감에 대한 슬픈 고백이자 끊임없는 예증인 셈이었다. 어떤 분야에서든 천재성을 지닌 모든 사람들은 아마 에일머의 기록에서 자기 자신이 겪었던 이미지를 확인할 수 있었으리라.

이런 생각들은 조지아나에게 깊은 감명을 주어 그녀는 그 열린 책장에 얼굴을 묻고 울음을 터뜨렸다. 바로 이런 때 남편이 돌아왔다.

"마술사의 책만 읽는 건 위험해요." 그는 어색하고 불쾌한 표정이었지만 미소를 지으며 말했다. "조지아나, 그 책 속에는 내가 훑어보면서 제정신을 잃을 수 있는 페이지도 있소. 당신에게 해로울 수 있으니 조심해요."

"이걸 읽고 어느 때보다도 더 당신을 존경하게 됐어요." 그녀가 말했다.

"아니, 이번 일이 성공할 때까지 기다려요. 그때 가서 존경하고 싶으면 그렇게 하구려. 나 자신도 존경받을 만하다고 생각하게 될지 모르지. 아무튼 당신 그 아름다운 목소리를 듣고 싶었소. 자, 나에게 노래를 좀 불러주구려."

그래서 조지아나는 그의 정신적 갈증을 해소해 주기 위해 샘솟듯 맑은 목소리로 음악을 쏟아냈다. 노래가 끝나자 에일머는 어린애처럼 아주 즐거운 기분으로 자리를 뜨면서 이제 조금만 더 참으면 된다고, 결과는 이미 분명해졌다고 그녀를 안심시켰다. 그가 떠나자마자 조지아나는 그를 따라가고 싶은 강한 충동을 느꼈다. 그녀는 두세 시간 전부터 그녀를 자극하는 어떤 증상을 에일머에게 알리려는 것을 잊어버렸던 것이다. 그것은 얼룩점에서 느껴지는 이상한 감각인데 고통스럽지는 않았지만 몸 전체에 어떤 불안감을 일으키고 있는 것이었다. 황급히 남편 뒤를 쫓아가다가 그녀는 처음으로 실험실 안으로 들어섰다.

맨 처음 그녀의 시선을 강하게 사로잡은 것은 세찬 불빛을 내면서 뜨겁게 열심히 작동되고 있는 화로였다. 위쪽에 검은 그을음이 잔뜩 끼어 그것은 아주 오랜 세월을 그렇게 계속 타오르고 있는 것처럼 보였다. 증류 장치가 모두 가동되고 있었고 방 주위로는 증류기, 시험관, 실린더, 도가니, 그리고 다른 화학 실험 기구들이 널려 있었으며 전기 기구가 곧 사용될 상태로 준비되어 있었다. 방 안 공기는 꼭 막혀진 것처럼 답답하게 느껴졌고 여러 실험 과정에서 생겨난 가스 냄새 같은 것으로 더럽혀져 있었다. 자신이 묵고 있는 방의 환상적이고 우아한 분위기에 익숙해진 조지아나에게, 벽도 바르지 않고 바닥도 벽돌로 깐 실험실의 거칠고 수수한 단순함은 이상하게 보였다. 그러나 무엇보다도 그녀의 관심을 끈 것은, 아니 거의 유일한 관심은 에일머의 모습이었다. 그는 시체처럼 핼쑥해진 얼굴로 걱정스럽게, 온 정신을 기울여 화로를 지켜보고 있었다. 마치 화로가 증류해 내고 있는 액체가 영원한 행복을 안겨주는 액체가 될지 불행을 가져올 액체가 될지는 그의 철저한 감시 여하에 달려 있다는 듯이. 조지아나의 기운을 북돋아 주기 위하여 그가 취했던 쾌활하고 즐거운 태도와 얼마나 다른가!

"자, 조심스럽게, 아미나다브, 조심스럽게. 흙으로 빚은 인간 기계여." 에일머는 조수에게라기보다는 자기 스스로에게 혼잣말처럼 중얼거렸다. "자, 이제 생각이 너무 많이 담겨도 너무 적게 담겨도, 모든 것이 끝장이다."

"오호! 보세요, 주인님! 저기 보세요." 아미나다브가 중얼거렸다.

에일머는 얼른 시선을 들어올렸다. 조지아나를 보자 처음에는 얼굴이 벌게지더니 이윽고 백지장처럼 창백해졌다. 그는 조지아나에게 달려가 손가락 자국이 남을 만큼 그녀의 팔을 강하게 움켜쥐었다.

"여기 왜 왔소? 남편을 그렇게 못 믿는단 말이오?" 그는 격렬하게 소리쳤다. "그 치명적인 얼룩점의 어두운 그늘을 내 작업에 씌우려는 거요? 이건 아주 잘못하는 것이오. 돌아가시오! 몰래 엿보다니! 어서 가시오!"

"아니, 에일머!" 조지아나는 타고난 차분한 태도로 말했다. "불평해야 할 사람은 당신이 아니에요. 당신은 당신 아내를 불신하고 있어요. 당신은 이 실험이 진행되는 과정을 불안스럽게 지켜보면서도 그걸 숨겨왔어요. 여보, 나를 그처럼 하찮게 생각하지 말아요. 우리가 각오해야 할 모든 위험에 대해 제게 이야기해 주세요. 제가 물러설까봐 두려워하지 마세요. 이번 위험에서 제 몫은 당신 몫보다 훨씬 적으니까요."

"아니오, 조지아나! 그렇지 않아요." 에일머는 안절부절못하며 말했다.

"전 각오가 되어 있어요." 그녀는 침착하게 말을 받았다. "에일머, 전 당신이 제게 가져오는 것이면 뭐든지 마시겠어요. 당신이 주는 것이면 독약이라도 마시겠다는 믿음으로 그렇게 하겠어요."

"당신은 정말 훌륭한 아내요." 에일머는 깊은 감동을 느끼며 말했다. "지금까지 난 당신의 높고 깊은 성품을 잘 알지 못했소. 이제 아무것도 숨기지 않으리다. 사실 이 진홍빛 손은 보기엔 대단치 않은 것 같지만 내가 생각했던 것보다 훨씬 더 강한 힘으로 당신 몸을 움켜쥐고 있소. 그래서 당신의 육체적인 체계 전체를 바꾸는 일만 빼고는 무슨 작용이라도 일으킬 수 있을 만큼 강력한 약제를 이미 투여한 것이오. 이제 시험할 게 딱 한 가지만 남아 있소. 만일 그게 실패하면 우린 끝장이오."

"왜 그런 이야기를 저한테 해주는 걸 망설이셨어요?" 조지아나가 물었다.

"그건 위험이 따르기 때문이었소, 조지아나!" 에일머는 낮은 목소리로 대답했다.

"위험이라구요? 딱 한 가지 위험이 있을 뿐이지요. 이 끔찍한 낙인이 제 뺨에 계속 남아 있을 위험 말이에요!" 조지아나가 소리쳤다. "그 대가가 무엇이든 상관없어요. 제발, 제발 이 낙인을 없애주세요! 안 그러면 우리 둘 다 미치고 말 거예요!"

"그래요, 구구절절 다 옳은 말이오." 에일머는 슬픈 말투로 말했다. "자, 이제 방으로 돌아가요, 조지아나. 조금 있으면 모든 시험이 다 끝나게 된다오."

그는 조지아나를 방으로 이끈 뒤 엄숙하면서도 부드러운 표정으로 그녀와 인사를 나눈 뒤 헤어졌다. 이 일의 성패에 얼마나 많은 것이 걸려 있는지 몇 마디 말보다 훨씬 더 잘 전하는 표정이었다. 그가 떠난 뒤 조지아나는 깊은 생각에 잠겼다. 그녀는 에일머의 성격에 대해 곰곰 생각해 보면서 어느 때보다 그의 성격을 더 정당하게 평가하고 있었다. 그의 고상한 사랑을 생각하며 그녀의 가슴은 한편으로는 떨리면서도 다른 한편으로는 기쁨을 느꼈다. 그의 사랑은 완벽함에 이르지 못한 어떤 것도 받아들이지 않으며, 자신이 꿈꾸었던 것보다 더 세속적인 것에 결코 초라하게 만족하지 않을 만큼 높고 순수한 것이었다. 조지아나는 이런 사랑의 감정이 그녀를 위해 불완전한 것을 그대로 참고, 완전한 이상을 현실 수준으로 낮춤으로써, 성스러운 사랑을 배반하는 죄를 저지르는 하찮은 사랑의 감성보다 훨씬 더 고귀한 것이라고 느꼈다. 그녀는 단 한순간이라도 그의 높고 깊은 사랑의 감정을 충족시켜 줄 수 있기를 온 정신을 모아 기도드렸다. 하지만 그런 충족 상태는 한순간에 불과할 것이라는, 오래 지속될 수는 없으리라는 것을 잘 알고 있었다. 왜냐하면 에일머의 정신은 계속 앞으로 나아가고 계속 위로 오름으로써 순간순간마다 이전 상태를 넘어서는 어떤 것을 요구했기 때문이다.

남편 발소리에 그녀는 깊은 생각에서 깨어났다. 그는 물처럼 투명하지만 불멸의 생수에 어울릴 만큼 빛나는 액체가 담긴 크리스털 잔을 들고 있었다. 에일머의 얼굴은 핼쑥했다. 그러나 그 핼쑥함은 두려움이나 의심에서 온 것이기보다는 고도로 빚어진 마음과 정신의 긴장 상태에서 비롯된 것 같았다.

"이 용액은 완벽하게 만들어졌소." 조지아나의 눈길에 대한 답으로 그는 그렇게 말했다. "만일 내 모든 과학이 나를 저버리지 않는다면 이 약은 실패할 수가 없소."

"사랑하는 에일머! 당신을 위해서가 아니라면 전 다른 방법보다 필멸의 운명 자체를 받아들여 이 필멸의 얼룩점을 없애버리고 싶어요. 지금 저처럼 어중간한 정신적 성숙 단계에 이른 사람들에게 삶이란 슬픈 소유물에 지나지 않아요. 차라리 제가 더 약하거나 더 맹목적이라면 삶은 행복일 수 있겠죠. 제가 만일 더 강하다면 삶을 희망적으로 견뎌낼 수 있을 거예요. 하지만 지금 제 상태는 죽기에 가장 알맞은 것 같아요."

"당신은 죽음을 당할 필요가 없는 천국에나 어울리는 사람이오!" 남편이 말했다. "그런데 우리가 왜 죽음 이야기를 하고 있지? 이 약은 결코 실패할 리가 없어요. 자, 이 약이 식물에 미치는 효과를 봐요."

창문 앞 오목한 공간에는 온 잎사귀에 누런 얼룩이 퍼져 병들어 있는 제라늄 화분 하나가 놓여 있었는데 에일머는 제라늄이 자라고 있는 흙 위에 그 용액을 약간 부었다. 잠시 뒤 식물 뿌리가 용액을 흡수하자 보기에 흉측하던 누런 얼룩들이 다 없어지고 싱싱한 초록색으로 되살아나는 것이었다.

"증명해 보일 필요 없어요." 조지아나가 침착하게 말했다. "그 잔을 주세요. 당신 말에 기꺼이 모든 걸 맡기겠어요."

"자, 그럼 마셔요. 당신은 정말 훌륭하오!" 에일머는 참으로 감탄하며 외치듯 말했다. "당신 정신에는 아무런 불완전한 흠이 없어요. 이제 당신 육체도 곧 완전해질 것이오."

그녀는 약을 단숨에 마시고 남편 손에 잔을 돌려주었다.

"아주 기분이 좋군요." 그녀는 차분한 미소를 띠며 말했다. "천국의 샘물 같아요. 뭔가 알 수 없는 역겹지 않은 향기와 상큼한 맛이 담겨 있군요. 오랫동안 목 타게 했던 뜨거운 갈증을 가라앉혀 주네요. 여보! 이제 잠 좀 자야겠어요. 마치 해질녘에 장미꽃 한가운데로 꽃잎들이 오므라지듯이 제 정신 위로 제 육체적인 감각들이 오므라져 덮이는 것 같아요."

그녀는 마지막 몇 마디를 마치 아련하게 우물거리며 발음하는 것도 힘겨운 듯 간신히 말했다. 그 몇 마디 말이 그녀의 입술 속에서 우물우물 사라져가자마자 그녀는 잠에 빠져들었다. 에일머는 아내 옆에 앉아, 절박한 심정으로 그녀의 모습을 지켜보았다. 그러나 이런 감정에 과학자 특유의 철학적 탐구 정신이 섞여 있었다. 그래서 그는 아주 미세한 증상까지 놓치지 않고 자세히 살피고 있었던 것이다. 짙어지는 뺨의 홍조, 약간 불규칙한 호흡, 눈꺼풀의 경련, 몸 전체의 미세한 떨림, 이런 자세한 내용을 그는 그 순간이 지날 때마다 그의 2절판 책에 기록했다. 책 페이지마다 깊은 생각의 표적이 잘 나타나 있었지만 오랜 세월에 걸친 그의 모든 생각들은 바로 이 마지막 페이지에 집중된 것이었다.

관찰과 기록을 계속하면서도 그는 이따금 그 치명적인 얼룩점을 응시하며 몸을 떨었다. 하지만 한번은 뭐라고 설명할 수 없는 이상한 충동으로 그 얼룩점에 입술을 갖다 대었다. 그러나 바로 그 행동에 그의 정신은 움찔하고 뒤로 물러났다. 그러자 조지아나는 깊은 잠 속에서도 불편한 듯 몸을 뒤척이며 항의를 하듯 뭐라고 중얼거렸다. 에일머는 관찰을 계속했다. 그리고 그 관찰은 보람이 있었다. 처음에는 대리석처럼 핼쑥했던 조지아나의 뺨에서 그 진홍빛 손이 진하게 보였지만 이제 그 윤곽이 점점 흐려져 가고 있었던 것이다. 그녀의 얼굴은 여전히 핏기가 없고 파리했다. 그러나 얼룩점은 호흡이 계속될 때마다 점차 흐릿해져가고 있었다. 뺨 위의 얼룩점은 끔찍했지만 얼룩점이 사라져가는 모습은 더욱 참혹했다. 무지개 흔적이 하늘에서 사라져가는 것을 지켜본 사람은 그 신비스러운 상징물이 어떻게 사라져 없어지는지 알 것이다.

"아! 거의 사라졌구나." 에일머는 억누르기 어려운 기쁨을 느끼며 혼자 말했다. "이제는 거의 그 흔적을 찾아볼 수가 없군. 성공이다! 성공이야! 이제 아주 연한 장밋빛 같구나. 뺨이 조금이라도 홍조를 띠면 완전히 감추어지겠어. 하지만 얼굴이 왜 저리 핏기가 없지."

그는 창문 커튼을 열어젖히고 낮의 밝은 빛이 방 안으로 들어와 그녀의 뺨에 머물도록 했다. 바로 그 순간 상스럽고 거친 웃음소리가 들려왔다. 하인인 아미나다브가 즐거움을 표시할 때 터뜨리는, 그가 오래도록 익히 알고 있던 웃음소리였다.

"아, 저 흙덩이! 온통 흙으로 빚은 인간! 그래, 너도 참 수고가 많았다! 물질과 정신이, 땅과 하늘이, 이 일에 다 한몫을 한 거지. 감각덩어리 아미나다브야, 그래, 웃어라! 충분히 웃을 권리가 있지."

에일머 자신도 열정에 들떠 웃으며 소리쳤다. 이 소란스러운 외침 소리에 조지아나가 잠에서 깨어났다. 그녀는 천천히 눈을 뜨고는 남편이 보라고 들고 있는 거울 속을 찬찬히 들여다보았다. 한때 파멸의 붉은빛으로 타오르며 그들의 모든 행복을 겁주어 쫓아버렸던 그 진홍빛 손이 거의 보이지 않게 된 것을 확인했을 때 그녀 입술 위로 어렴풋한 미소가 스쳐갔다. 그러나 그녀의 눈은 에일머가 도저히 설명할 수 없는 불안과 고통스러움을 담고 그를 찾고 있었다.

"아, 불쌍한 에일머!" 그녀가 중얼거렸다.

"불쌍하다구? 아니, 이젠 가장 행복하고 가장 넉넉한 행운아가 되지 않았소? 비할 데 없는 나의 신부여! 대성공이라구! 이제 당신은 완전해진 거요!" 그는 소리쳤다.

"아, 불쌍한 에일머." 그녀는 인간의 부드러움 그 이상의 것이 담긴 말투로 되풀이했다. "당신의 목표는 높았고, 당신은 그 목표를 훌륭히 이루었어요. 그러니 그런 고상하고 순수한 감정으로, 이 땅이 당신에게 줄 수 있는 최상의 것을 거부했다고 해서 결코 후회하지 마세요. 에일머, 사랑하는 에일머, 난 지금 죽어가고 있어요!"

아아, 그건 사실이었다! 그 숙명적인 진홍빛 손은 삶의 신비를 풀어보려고 몸부림쳤고 마침내는 천사의 정신과 인간의 육체를 하나로 묶는 결속의 역할을 한 것이었다. 인간의 불완전함을 상징하는 얼룩점의 마지막 진홍빛이 그녀 뺨에서 사라졌을 때 이제 완전해진 그녀의 마지막 숨결이 공기 속으로 사라져갔고, 그녀의 영혼은 남편 곁에서 잠깐 머뭇거리다 이윽고 하늘로 날아갔다.

그때 껄껄거리는 거친 웃음소리가 다시 들려왔다! 완전히 성숙치 못한 이 희미한 인간 세계에서, 보다 높은 상태의 완전함을 요구하는 불멸의 요소는 번번이 거친 지상의 숙명에 패배하고, 거친 지상의 숙명은 그처럼 승리의 웃음을 터뜨린다. 하지만 에일머가 좀 더 깊은 지혜에 이르렀더라면 지상의 삶과 천상의 삶을 같은 천으로 얽어 짜줄 수 있었을 행복을 그처럼 내던져버릴 필요가 없었을 것이다. 이 허무한 환경은 그에게 너무나 힘겨웠다. 그래서 시간의 그늘진 부분 그 너머를 보지 못했고 오직 영원 속에서만 삶으로써 현재 속에서 완전한 미래를 내다보는 일에 실패한 것이었다.

Rappaccini's Daughter
라파치니의 딸
오베핀 작품에 관하여

우리는 오베핀 씨 작품의 번역본을 본 기억이 없다. 그의 이름이 외국 문학을 공부하는 학생에게만이 아니라 본국의 많은 사람들에게도 잘 알려져 있지 않기 때문에 별로 놀랄 일은 아니다. 작가로서 그는, 초월론자들(이런저런 이름으로 거의 모든 현대 세계문학에 공헌하고 있는)과 일반 대중의 지성과 감성을 겨냥하는 많은 대중작가들 사이에서 불행한 위치에 처해 있는 듯하다. 오베핀 씨의 서술 양식은 후자의 취향에 맞추기에는 그다지 세련됐다고 볼 수 없다 해도 어쨌든 너무 이질적이고 어두우며 실체가 없어 보인다. 한편, 전자의 정신적 혹은 형이상학적 요구를 충족시키기에는 지나치게 대중적이어서 그에게는 이런저런 개인이나 소외계층 몇몇 사람 말고는 독자가 적을 수밖에 없다. 그의 작품을 정당하게 평가하자면, 결코 상상력이나 독창성이 부족한 작품은 아니다. 어쩌면 알레고리에 대한 고질적 선호만 아니었으면 그에게 더 큰 명성을 가져다줄 수도 있었을 것이다. 그러나 그 알레고리적 특성은 작품 구성과 인물에 구름 속에 들어 있는 듯한 모호함을 주어서 그의 생각들로부터 인간의 체온을 앗아가는 경향이 있다. 그의 소설들은 때로는 역사적이고 때로는 현대를 배경으로 하고 있으며 때로는 시간이나 공간에 구애받지 않는다. 어느 경우든, 그는 외적 삶의 관습에 대한 약간의 장식과 실제 삶에 대한 약간의 모방에 대체로 만족하고, 어떤 주제의 다소 모호한 특성으로 독자의 흥미를 불러일으키려고 노력한다. 이따금 그의 환상적인 이미지 속에는 자연의 숨결, 애수와 정감의 빗방울, 또는 해학의 희미한 불빛이 스며들어, 결국 우리가 지상에서의 삶의 한계에 머물러 있는 것 같은 느낌을 갖게 한다. 만일 독자들이 적절한 관점으로 오베핀 씨 작품을 읽게 된다면 더 훌륭한 작가들의 작품 못지않게 여가를 즐기게 해줄 수 있을 것이라는 소박한 주장을 덧붙이고 싶다. 그렇지 않다면 그의 작품들은 무의미한 허튼 소리로 보일 가능성이 많기 때문이다.

우리의 이 작가는 많은 작품을 발표했다. 그는 자신의 노력이 외젠 쉬처럼 화려한 성공으로 정당하게 보상받을 수 있을 것처럼 열심히, 지루할 정도로 끈질기게 계속 작품을 쓰고 발표한 것이다. 그의 첫 작품집은 《다시 듣는 이야기》라는 제목으로 단편 소설들을 모은 것이다. 더 최근 작품으로 기억나는 것은 다음과 같다. 《천국행 열차》(3권, 1938), 《새로운 아버지 아담과 새로운 어머니 이브》(2권, 1939), 《로더릭, 혹은 뱃속의 뱀》(2권, 1940), 《불의 숭배》(옛날 페르시아 신도들의 종교와 의식을 깊이 연구한 2절판, 1841), 《스페인 성의 저녁》(1권, 8절판, 1842), 《미를 추구하는 예술가, 혹은 기계 나비》(5권, 4절판, 1843. 3). 지루할 정도로 작품들 목록을 살펴 나열하다 보니 오베핀 씨에 대해 존경까지는 아니더라도 어떤 개인적인 애정과 공감을 느끼게 된다. 그래서 우리 힘이 닿는 한 그를 미국 일반 독자들에게 호의적으로 소개하고 싶다. 다음 이야기는 최근 〈앙티아리스토크라티크 리뷔〉에 실린 그의 '베아트리체, 혹은 아름다운 독살자'를 번역한 것이다. 베아르아벵 백작이 편집 책임자인 이 잡지는 모든 사람들의 찬사를 받을 만큼 지난 수년 동안 자유라는 원칙과 대중의 권익 옹호 임무를 성실하고 훌륭하게 수행해 오고 있다.

라파치니의 딸

아주 오래전 조반니 구아스콘티라는 젊은이가 파두아 대학에서 공부를 계속하기 위해 이탈리아 남부 지방에서 올라왔다. 경제적인 여유가 별로 없었기 때문에 조반니는 한 밝은 건물의 음울해 보이는 꼭대기 방을 숙소로 정했다. 그러나 그 건물은 한때 파두아 귀족의 궁으로 쓰였던 터라 겉보기에 손색없었고, 실제로 입구 위쪽에는 오래전 사라진 한 귀족 가문의 문장이 남아 있었다. 자기 나라의 위대한 시에 대해 잘 알고 있었던 이 젊은이는 이 가문의 한 조상이 어쩌면 바로 이 저택 주인이었을지도 모를 그 조상이, 단테에 의해 지옥의 영원한 고통을 당하고 있는 사람 중 하나로 그려져 있다는 사실을 떠올렸다. 이러한 음울한 생각이 고향을 처음으로 떠나온 젊은이가 당연히 느낄 만한 슬픔과 섞여 조반니는 황량하고 허술한 방을 돌아보면서 깊은 한숨을 내쉬었다.

"아이구, 젊은이!" 젊은이의 아름다운 모습이 마음에 들어 그 방을 사람이 살 만한 모습을 갖추도록 친절히 도와주고 있던 늙은 리자베타 부인이 큰 소리로 말했다.

"젊은 사람의 가슴에서 무슨 그런 한숨이 나오나요! 이 낡은 저택이 우울해 보여요? 자, 그렇다면 머리를 창문 밖으로 내밀어 봐요. 나폴리에 남겨두고 온 햇빛 못지않게 밝은 햇빛을 볼 수 있을 테니."

구아스콘티는 기계적으로 리자베타 부인이 권하는 대로 했지만 파두아의 햇빛이 남부 이탈리아만큼 기분 좋다는 그녀 말에는 동의할 수 없었다. 그러나 그처럼 밝지는 않았어도 햇빛은 창문 아래쪽 정원을 비추며 아주 정성들여 가꾼 듯이 보이는 여러 식물을 보살피기라도 하듯 그 위로 길게 뻗어 있었다.

"저 정원은 이 집에 딸린 건가요?" 조반니가 물었다.

"아니요. 하지만 이 집 정원에는 저기서 자라고 있는 식물보다 더 좋은 식용 채소가 많아요." 리자베타 부인이 말했다. "저 정원은 틀림없이 나폴리까지도 명성이 알려졌을 유명한 자코모 라파치니 박사님이 손수 가꾼 정원이랍니다. 사람들이 그러는데 박사님이 이 식물들의 정수를 증류해서 마력적인 효능이 있는 약을 만들어낸다지요, 아마. 가끔 박사님 딸이 정원에서 자라는 이상한 꽃들을 따는 모습도 볼 수 있을 거예요."

늙은 부인은 자신의 힘이 닿는 데까지 방 모양을 갖추는 일을 돕고는 신의 가호가 있기를 바란다는 말을 남기고 방을 나갔다.

조반니는 마땅히 할 일이 없어 계속 창문 아래쪽에 있는 정원을 내려다보았다. 외견상으로 판단하건대 그 정원은 이탈리아의 다른 곳이나 세계 어느 곳보다도 더 일찍 파두아에 만들어진 옛날 식물원 중 하나쯤 되는 것 같았다. 혹은 한때 아주 부유한 가문의 휴양지였을지도 모른다. 정원 한가운데 보기 흉할 정도로 무너져 내려 어지럽게 널린 조각들로부터 본디 모양을 추적하기는 불가능하지만, 희귀한 기술로 우아하게 조각된 대리석 분수대의 잔해가 남아 있었기 때문이다. 그러나 그 잔해로부터 물이 계속 솟아오르며 햇빛에 아주 유쾌하게 반짝거리고 있었다. 물이 콸콸 흐르는 소리가 젊은이의 창문에까지 들려와 샘물이 마치 불멸의 정령처럼 느껴졌다. 그 샘물은 한 세기가 대리석의 모습으로 자신을 구현하고 또 다른 세기가 흙 위에 부서져 내리는 장식물을 흩뿌리는 사이에도 주위의 영고성쇠(榮古盛衰)에 전혀 개의치 않으며 한결같이 자신의 노래를 부르고 있는 듯했다. 물이 흘러내려 이룬 웅덩이 주위로는 온갖 식물들이 자라고 있었는데, 커다란 잎사귀들과 화려하고 장려한 꽃들에 자양을 공급하기 위해 많은 양의 수분이 필요한 것 같았다. 그중 웅덩이 한복판의 대리석 항아리 안에 심어진 보라색 꽃들을 풍요롭게 피우고 있는 떨기나무 하나가 유난히 눈에 띄었다. 꽃 송이송이 보석 같은 색깔과 화려함을 지니고 있었으며 온 꽃송이가 함께 어우러져 어찌나 찬란한 빛을 발하는지 햇빛이 없다 해도 정원을 다 밝힐 수 있을 것 같았다. 흙이 있는 곳마다 여러 가지 식물과 풀들이 자라고 있었다. 그것들을 기르는 과학자가 저마다의 효능을 모두 알고 있어 보기에 덜 아름다워도 정성스레 보살핌을 받고 있는 것이 분명했다. 어떤 것들은 화려하게 조각된 고풍스러운 단지 안에, 어떤 것들은 보통 정원용 화분 안에 들어 있었고, 또 어떤 것들은 마치 뱀처럼 땅을 기거나 오를 수 있는 수단을 가리지 않고 마구 위로 뻗어 있었다. 한 식물은 베르툼누스 신의 입상을 화환처럼 장식하며 휘장처럼 늘어진 잎사귀로 주위를 둘러, 조각가에게 연구거리를 줄 수 있을 만큼 근사했다.

조반니가 그렇게 창문에 서 있는데 나뭇잎 뒤쪽에서 바스락거리는 소리가 나 그는 누군가가 정원에서 일하고 있다는 것을 알게 되었다. 이윽고 한 사람의 모습이 나타났다. 보통 일꾼 모습이 아니라 키가 크고 말랐으며 병들어 보이는 창백한 얼굴에, 학자처럼 검은 옷차림을 한 모습이었다. 머리와 가는 수염이 희끗희끗한 중년을 넘어선 남자로, 얼굴에 지성과 교양이 묘하게 배어 있었지만 젊었을 때조차도 따뜻한 마음 한 번 표현해 본 적 없을 것 같은 표정이었다.

이 과학자 정원사가 모든 나무 하나하나를 꼼꼼히 점검하는 그 진지함은 어디에도 견줄 수가 없었다. 마치 나무들의 내밀한 본성을 살피며 그들의 창조적 본질과 관련된 관찰을 하고, 왜 어떤 잎은 이런 모양으로 자라고 어떤 잎은 다른 모양으로 자라는가, 왜 어떤 꽃들은 같은 종자임에도 색깔과 향기가 다른가 하는 것들을 발견해 내고 있는 것 같았다. 그러나 이런 깊은 이해력에도 불구하고 그와 이 식물들 사이에 친근감이 있어 보이지는 않았다. 오히려 그는 식물들과 직접 접촉한다든가 향기를 직접 맡는 것을 조심스럽게 피했다. 강한 인상을 준 과학자의 그런 태도가 조반니에겐 기분 나쁘게 느껴졌다. 그 태도는 한순간이라도 방심하면 그에게 치명상을 줄 수 있을 사나운 짐승이나 독사나 악령 같은 악의로 가득한 장소를 경계하며 걸어가는 사람의 태도였기 때문이다. 타락하기 전 인간 조상의 즐거운 노동이었으며 가장 단순하고 순수한 인간의 노동이어야 할 정원 일을 하는 사람에게서 이런 불안한 태도를 보는 것은 젊은이의 상상력에 이상한 공포감을 몰고 왔다. 그렇다면 이 정원은 오늘날의 에덴이란 말인가? 그리고 자신의 손으로 가꾼 것들에게서 해로움을 감지하는 이 사람은 오늘날의 아담이란 말인가?

 태도에 불신이 담긴 그 정원사는 죽은 가지를 꺾어내고 너무 무성히 자란 나뭇잎과 가지들을 다듬는 동안 두꺼운 장갑을 끼어 손을 보호하고 있었다. 방어물은 장갑만이 아니었다. 정원을 걷다가 대리석 분수대 밑 보랏빛 보석 같은 꽃들을 드리우고 있는 화려한 나무에 이르렀을 때 그는 이 모든 아름다움이 치명적인 악의를 감추고 있기라도 하듯 입과 코 위에 마스크 같은 것을 걸쳤다. 그러나 자신의 작업이 아직도 너무 위험하다고 생각되었는지 그는 주춤 물러서서 마스크를 벗고는 큰 소리로, 그러나 속병을 앓고 있는 사람처럼 허약한 목소리로 사람을 불렀다. "베아트리체! 베아트리체!"

 "여기 있어요, 아버지. 왜 그러세요?" 맞은편 집 창문에서 젊고 그윽한 목소리가 들려왔다. 열대 지방의 황혼빛처럼 그윽한 그 목소리를 들으면서 조반니는 왠지 모르게 보라색이나 진홍빛 같은 짙은 색깔과 독할 정도로 강한 향기를 연상했다. "정원에 계세요?"

 "그래, 베아트리체. 네 도움이 필요하구나." 정원사가 대답했다.

 조각 장식을 한 현관 입구 아래로 곧 한 젊은 아가씨의 모습이 나타났다. 가장 화려한 꽃처럼 다채로운 취향의 옷차림을 한 그 아가씨는 환한 낮처럼 아름다웠고, 조금만 더 진해도 너무 지나칠 만큼 짙고 싱싱하게 활짝 피어오른 꽃 같았다. 그녀는 생동감과 건강과 힘이 넘쳐 보였다. 이 모든 속성이 그녀의 허리띠로, 말하자면 화려함 속에 단단히 매어 있는 듯했다. 그러나 조반니가 정원을 내려다보고 있는 사이 그의 상상력은 병적으로 되어가고 있었음에 틀림없었다. 그 아름다운 아가씨가 마치 꽃들의 자매나 되는 것처럼 예쁘게, 아니 그 꽃들 중 가장 화려한 꽃보다 더 아름답게 느껴지면서도 오직 장갑을 끼어야만 만질 수 있고 마스크를 쓰고서만 접근할 수 있을 듯했기 때문이다. 베아트리체는 정원길을 따라 걸어오면서 그녀의 아버지가 조심스럽게 피했던 나무들을 아무렇지도 않게 만지고 나무들의 향기를 들이마셨다.

"여기야, 베아트리체." 아버지가 말했다. "이 보물 나무에 얼마나 많은 손질이 필요한지 알겠지? 내 몸이 이제 많이 쇠약해졌다만 필요하다면 목숨을 걸고라도 이 나무에 가까이 다가가야 할지 몰라. 그러니 이제부터 이 나무 관리를 네가 전적으로 맡아주어야 할 것 같은데 어떠냐."

"기꺼이 제가 맡을게요." 젊은 아가씨는 다시 한 번 그윽한 목소리로 대답하며 그 화려한 나무 쪽으로 몸을 굽히고 마치 안기라도 하듯 두 팔을 벌렸다.

"그래, 내 아름다운 나의 동생. 이제 이 베아트리체가 너를 가꾸고 보살펴줄게. 너의 키스와 향기로운 숨결로 내게 보답해야지. 너의 그 향기로운 숨결이 나에겐 생명의 숨결이니까."

그러고는 그녀 말에서 그처럼 강렬하게 표현된 대로 그녀는 아주 부드러운 태도와 몸짓으로 그 나무가 필요로 하는 듯한 일들에 열심히 몰두했다. 조반니는 창문에 기대서서 눈을 비비며 내려다보았는데, 한 아가씨가 꽃을 돌보고 있는 건지 두 자매가 서로 애정을 나누고 있는 건지 거의 분간할 수가 없었다. 그 장면은 곧 끝났다. 라파치니 박사가 정원 일을 끝마쳤는지 아니면 주의 깊은 눈길이 낯선 사람 얼굴을 포착했는지, 딸의 팔을 끼고 집안으로 들어가 버린 것이다. 벌써 밤이 다가오고 정원의 꽃들로부터 발산되는 강렬한 향기가 열린 창문으로 스며 올라오는 것 같았다. 조반니는 창문을 닫고 소파로 가서 풍성한 꽃과 아름다운 아가씨에 대하여 꿈을 꾸었다. 꽃과 아가씨는 다르기도 했고 같기도 했으며, 두 모습 안에 이상한 위험이 도사리고 있는 듯도 했다.

그러나 아침의 밝은 햇빛 안에는, 해가 진 뒤나 밤의 어둠 속에서 또는 음울한 달빛 속에서 우리가 일으킬 수 있는 그릇된 환상이나 잘못된 판단을 바로잡아 주는 묘한 영향력이 있다. 잠에서 깨어난 조반니가 처음 한 일은 창문을 열어젖히고 그의 꿈을 그처럼 신비로 가득 차게 했던 정원을 내려다보는 것이었다. 그러나 정원이 아침 첫 햇살 속에서 얼마나 일상적이고 현실적인 모습을 하고 있는지 확인하자 조반니는 놀랍기도 하고 부끄럽기도 했다. 아침 햇살은 잎사귀와 꽃들에 맺힌 이슬방울들을 금빛으로 반짝이게 하고, 희귀한 여러 꽃들의 아름다움을 더 밝게 하면서 주위 모든 것들을 일상적인 경험의 경계 안으로 불러들이고 있었다. 젊은이는 메마른 도시 한복판에서 이처럼 아름답고 화려한 식물들로 가득 찬 정원을 내려볼 수 있는 특권을 누리는 것이 몹시 기뻤다. 그는 이 정원이 하나의 상징적 언어로써 그를 자연과 계속 교감할 수 있도록 해줄 것이라고 생각했다. 병약하고 생각으로 지친 듯한 자코모 라파치니 박사와 그의 화려한 딸도 지금은 보이지 않았다. 그래서 조반니는 두 사람에 대하여 그가 생각했던 기이함의 얼마큼이 실제로 그들의 특질에서 온 것이고, 얼마큼이 자기의 환상적인 상상에서 비롯된 것인지 결정할 수가 없었다. 어찌됐든 그는 그 모든 것에 대해 이성적이고 합리적인 판단을 하고 싶었다.

낮 동안에 그는 자신의 소개장을 제출해야 할 대학의 의학 교수이자 명성 높은 탁월한 의사인 피에트로 발리오니 교수를 찾아가 인사를 드렸다. 발리오니 교수는 나이가 지긋한 분으로 유쾌하다고 할 수 있을 만큼 친절한 성격과 상냥한 태도를 지닌 사람이었다. 그는 젊은이에게 식사 대접까지 해주었으며 특히 토스카나 산 포도주 한두 병으로 취기가 돌자 자유롭고 쾌활하게 이야기하면서 아주 상냥하게 대해 주었다. 조반니는 같은 도시에 사는 과학자로서 틀림없이 서로 가까이 지내는 사이일 거라고 생각하며 기회를 보아 라파치니 박사에 대해서 물었다. 그러나 그가 예상했던 것과는 달리 발리오니 교수의 반응은 그다지 따뜻하지 않았다.

"라파치니처럼 탁월한 기술을 가진 의사에게 그가 마땅히 받을 만한 찬사를 보내지 않는 것은 신성한 의술을 가르치는 선생으로서 온당한 일이 아니겠지." 피에트로 발리오니 교수는 조반니의 물음에 답하며 이렇게 덧붙였다. "하지만 내 옛 친구 아들이기도 한 자네 같은 훌륭한 젊은이가 앞으로 자네 운명을 손 안에 쥘 수도 있을 사람에 대해 부정확한 생각을 가지도록 내버려 둔다면 그건 내 양심에 너무 인색하게 구는 게 될 걸세. 사실 라파치니 박사는 우리 대학 어느 교수 못지않게 과학 지식을 많이 갖추고 있고 파두아에서 아니 이탈리아 전체에서도 가장 뛰어난 예외적 인물이라고 말할 수 있지. 하지만 그는 직업상 성격에 아주 심각한 문제점이 있어."

"그 문제점이라는 게 뭔데요?" 젊은이가 물었다.

"의사들에 대해서 그처럼 꼬치꼬치 캐묻는 걸 보니 자네 몸이나 가슴에 무슨 병이 있는 건가?" 발리오니 교수는 미소 지으며 말했다. "라파치니에 대해 사람들은 그가 인간보다 과학에 훨씬 더 강한 애정과 관심을 보인다고 말하는데, 그를 잘 알고 있는 나로서도 그 말이 옳다고 생각하네. 그의 환자들은 오직 새로운 실험 대상으로서만 그에게 흥미를 주는 거지. 그가 엄청나게 쌓아올린 지식에 겨자씨 한 알만큼의 지식을 더 보태기 위해서 그는 인간의 생명과 자신의 안락을, 아니 자기에게 가장 소중한 것까지도 희생할 수 있는 사람이네."

"정말 무서운 분 같군요." 차갑고 철저하게 지적인 라파치니의 모습을 머릿속에 떠올리며 조반니가 말했다. "하지만 교수님, 그건 고매한 정신 아닌가요? 과학을 그토록 강렬하게 정신적으로 사랑할 수 있는 사람이 그렇게 흔할까요?"

"물론 그렇지 않지. 하지만 적어도 다른 의사들은 라파치니보다 치료에 대한 생각들이 건전하다네." 발리오니 교수는 약간 퉁명스럽게 대답했다. "라파치니의 이론은, 모든 의약적 효능은 우리가 식물적 독성이라고 부르는 물질에 함유되어 있다는 거야. 그는 손수 이 물질들을 개발하고 있는데, 자연이 이 학자의 도움 없이 자신의 능력만으로 이 세계를 고통에 빠뜨릴 수 있을 독보다 훨씬 더 끔찍한 새로운 종류의 독을 만들어내기까지 했다고 사람들은 말하고 있지. 라파치니 박사가 그처럼 위험한 물질로 예상될 수 있는 어떤 해로운 일을 하고 있지 않다는 것은 부인할 수 없는 사실이네. 이따금 아주 놀랄 만한 치료에 성공하거나 성공한 것처럼 보이는 것도 인정해야지. 하지만 조반니 군, 내 솔직히 말하건대 어쩌면 우연히 그렇게 된 몇 가지 성공 사례 때문에 그가 명성을 얻게 되어서는 안 되네. 오히려 자업자득이 될 수밖에 없는 그 실패 사례들에 대해 엄격히 책임을 추궁해야 한다고 생각하네."

만일 그 젊은이가 발리오니 교수와 라파치니 박사 사이에 오래전부터 직업상 불화가 계속되어 왔으며 라파치니 박사가 대체로 더 우세하다고 여겨진다는 사실을 알았더라면 그는 발리오니 교수의 의견을 상당히 참작해서 받아들였을 것이다. 독자들도 스스로 판단해 보고 싶다면 파두아 대학 의학과에 보존되어 있는 두 사람의 소책자와 논문들을 참고해 보기 바란다.

"학식 있는 교수들이 어떤지 잘 모르겠습니다만." 오직 과학에만 열정을 쏟는다는 라파치니의 이야기를 음미해본 뒤 조반니가 다시 말했다. "이 라파치니라는 분이 자신의 의술을 얼마나 소중하게 사랑하는지는 잘 모르겠습니다만, 분명 그분에게 더 소중한 것이 하나 있는 것 같습니다. 그분 딸 말인데요."

"아하, 이제야 우리 친구 조반니의 비밀이 드러나는군!" 발리오니 교수는 웃으며 큰 소리로 말했다. "파두아의 모든 젊은이들이 열광하지만 그 얼굴을 볼 만큼 운 좋은 사람이 대여섯도 안 되는 그 아가씨 이야기를 들어본 게로군. 라파치니가 딸한테 그의 과학 지식을 상당히 깊게 가르쳤다는 것과 젊고 아름답다고 소문이 났으면서도 그녀가 이미 교수 자리에 들어설 자격을 갖추고 있다는 사실 말고는 베아트리체 아가씨에 대해 아는 게 별로 없네. 어쩌면 그녀의 아버지가 딸을 내 자리에 앉히려고 할지도 모르지! 다른 이상한 소문들도 떠돌지만 이야기하거나 귀 기울일 가치가 별로 없는 것들이야. 자, 조반니 군, 자네 라크리마 잔을 마저 비우게."

조반니는 그가 마신 포도주로 약간 취기가 달아오른 채 숙소로 돌아왔다. 술기운에다 라파치니 박사와 아름다운 베아트리체에 관한 이상한 환상으로 머리가 빙빙 도는 듯했다. 집에 오는 길에 그는 우연히 꽃가게를 지나게 되어 싱싱한 꽃다발을 하나 샀다.

방으로 올라가서 그는 창문 가까이, 그러나 들키지 않고 정원을 내려다볼 수 있도록 벽 깊숙한 곳에 드리워진 그늘 속에 자리를 잡고 앉았다. 눈 아래로는 오직 정적만이 깔려 있었다. 이상한 식물들이 햇볕을 나른히 쬐면서 이따금 마치 동족 간의 공감을 확인하고 인정하기라도 하듯 서로 조용히 머리를 끄덕이고 있었다. 조각이 무너져 내린 분수대 옆 한복판에는 보랏빛 보석들로 온몸을 두른 화려한 떨기나무가 자라고 있었다. 보석 같은 그 꽃들은 공중에서 타오르면서 웅덩이 깊은 곳으로부터 되비치기도 했고, 그 웅덩이는 거기에 선명하게 투영된 화려한 광채로 넘쳐흐르는 것 같았다. 우리가 이야기한 것처럼 처음엔 정원에 정적만이 깔려 있었다. 그러나 조반니가 한편으로는 그러기를 바라면서 한편으로는 그럴까봐 두려워한 대로 고풍스럽게 조각된 현관 입구 아래로 곧이어 한 여자의 모습이 나타났다. 그녀는 식물들이 줄지어 서 있는 사이를 걸어 내려오면서 마치 옛 동화 속에 나오는 달콤한 향기를 먹고 사는 요정처럼 여러 식물들의 향기를 들이마시고 있었다. 베아트리체를 다시 보면서 젊은이는 자신이 기억하고 있는 것보다 그녀가 훨씬 더 아름답다는 것을 깨닫고 깜짝 놀랐다. 그녀의 아름다움은 아주 밝고 싱싱해서 햇빛 속에서 타오르는 듯했고, 조반니가 혼잣말을 중얼거리고 있을 때 정원 사이사이의 그늘진 길들을 실제로 환히 밝혀주고 있는 것 같았다. 그녀의 얼굴은 지난번보다 더 잘 드러나 보였는데, 그는 꾸밈없고 상큼한 그 표정에 다시 한 번 놀랐다. 그 표정의 특징은 자신이 생각한 그녀의 특성과 잘 맞지 않아 그로 하여금 그녀가 어떤 종류의 인간일지 다시 한 번 생각해 보게 만들었다. 그는 또한 그 아름다운 아가씨와 분수대 위로 보석 같은 꽃을 늘어뜨리고 있는 화려한 떨기나무 사이에 비슷한 점이 있음을 느끼고 그것에 대해 곰곰 생각해 보았다. 베아트리체는 자신이 고른 옷차림과 옷 색깔로 환상적인 분위기를 고조시키면서 그녀와 그 나무가 서로 닮았음을 유난히 강조하고 있는 것 같았기 때문이다.

그 나무로 다가가면서 그녀는 아주 열정적인 몸짓으로 두 팔을 벌려 가지들을 끌어안았다. 그 포옹이 하도 정다워서 그녀 얼굴은 잎들 속에 묻히고 반들거리는 곱슬머리는 온통 꽃들과 뒤섞일 정도였다.

"내 동생아, 나에게 네 숨결을 뿜어주렴." 베아트리체가 소리쳤다. "보통 공기는 답답해서 그래. 그리고 이 꽃도 주지 않겠니? 줄기에서 아주 부드럽게 따낼게. 내 가슴 가까운 곳에 그걸 달아놓고 싶어."

이렇게 말하면서 라파치니의 아름다운 딸은 가장 화려한 꽃 한 송이를 꺾어 가슴에 막 달려고 했다. 그러나 그 순간, 조반니의 술기운이 그의 감각을 혼란시킨 게 아니라면, 아주 이상한 사건이 일어난 것이다. 도마뱀이나 카멜레온 종류의 주황빛 조그만 파충류 동물 한 마리가 마침 길을 따라 기어오다가 베아트리체의 발치께 이르러 있었다. 그런데—조반니가 보고 있는 거리가 너무 멀어서 아주 세세한 것까지 다 보기는 어려웠지만—그때, 꺾인 꽃의 줄기에서 물방울이 한두 개 도마뱀 머리 위로 떨어지는 것처럼 보였다. 그 순간 도마뱀은 심하게 경련을 일으키더니 이내 축 늘어져 햇빛 속에서 꼼짝 않았다. 베아트리체는 이 희한한 광경을 보더니 슬픈 표정이지만 놀라는 기색 없이 가슴에 성호를 그었다. 그러고는 망설임 없이 그 치명적인 꽃을 가슴에 달았다. 꽃은 베아트리체의 가슴 위에서 값진 보석처럼 눈부신 빛을 발하며 발그레 피어오르면서 그녀의 옷과 모습에 이 세상의 어떤 것도 줄 수 없는 아주 잘 어울리는 매력을 부여하고 있었다. 그러나 조반니는 창문 그늘 진 곳에서 몸을 내밀었다가 다시 움츠리며 부들부들 떨었다. 그러고는 중얼거렸다.

"내가 지금 깨어 있는 것인가? 감각이 제대로 있는 것인가? 베아트리체의 존재가 무엇인가? 그녀를 아름답다고 불러야 할 것인가 아니면 형언할 수 없을 만큼 끔찍하다고 불러야 할 것인가?"

베아트리체는 정원 속을 이리저리 헤매듯 돌아다니다 이제 조반니의 창문 아래에 가까이 이르렀다. 그래서 조반니는 그녀가 불러일으킨 강하고 고통스러운 호기심을 충족시키기 위해 숨어 있던 곳으로부터 머리를 밖으로 내밀지 않을 수 없었다. 바로 그 순간 아름다운 곤충 한 마리가 정원 벽을 넘어왔다. 아마 사람들이 자주 찾던 도시의 옛 건물들 사이에서 꽃이나 파릇한 초목을 아무것도 찾지 못해 시내를 떠돌다가 라파치니 박사 정원의 짙은 향기에 이끌려 멀리서부터 이곳까지 날아온 것 같았다. 이 화려한 날개의 곤충은 베아트리체에게 끌린 듯 다른 꽃들에 내려앉지 않고 공중에 머물며 그녀 머리 주위에서 펄럭였다. 그런데 그때 조반니 구아스콘티의 눈이 그를 속였다고 볼 수밖에 없을 것 같은 일이 벌어졌다. 사실이 어찌되었건 그는 베아트리체가 어린애처럼 기뻐하며 그 곤충을 쳐다보고 있는 동안 그것이 점점 힘을 잃어가더니 그녀의 발밑으로 떨어져 화려한 날개를 파르르 떨다가 죽어버리는 것을 분명 본 것이었다. 베아트리체의 입김이 아니라면 그 죽음의 원인이 무엇일지 그는 전혀 짐작할 수가 없었다. 베아트리체는 다시 가슴에 성호를 긋고 죽은 곤충을 내려다보며 무거운 한숨을 내쉬었다.

조반니의 움찔거리는 동작에 그녀 눈길이 창문을 향했다. 거기서 그녀는 젊은이의 아름다운 머리 모양을 보았다. 이탈리아인이라기보다는 그리스인에 더 가까운 머리에 준수한 용모와 반짝이는 금빛 곱슬머리를 한 젊은이가 공중에 떠도는 존재처럼 위에서 그녀를 내려다보고 있었던 것이다. 조반니는 얼떨결에 손에 들고 있던 꽃다발을 그녀에게 던지며 말했다.

"아가씨, 맑고 싱싱한 꽃입니다. 조반니 구아스콘티를 위해서 받아주십시오."

"고마워요." 베아트리체가 그윽한 목소리로 대답했다. 반은 어린애 같고 반은 성숙한 여인 같은 그 목소리는 즐거움의 표현을 담고 마치 음악처럼 쏟아져 나왔다. "선물 잘 받을게요. 저도 이 귀한 보랏빛 꽃을 선물로 드리고 싶지만 여기서 던지면 거기까지 닿지 않겠군요. 그러니 제 감사 인사로 만족해 주세요, 구아스콘티 씨."

그녀는 땅에서 꽃다발을 집어 들고는 처녀의 자세에서 벗어나 낯선 남자의 인사에 쉽게 응한 것이 마음속으로 부끄럽기라도 하듯 빠른 걸음으로 집 쪽으로 향했다. 그러나 짧은 순간이긴 하지만 조반니에게는 그녀가 조각이 새겨진 현관 입구 아래로 막 사라지려고 할 때, 그의 아름다운 꽃다발이 그녀 손 안에서 이미 시들기 시작하고 있는 것처럼 보였다. 그것은 아마도 근거 없는 생각이었으리라. 그처럼 먼 거리에서 시든 꽃과 싱싱한 꽃을 구분하기란 불가능했을 것이기 때문이다.

이 사건이 있은 뒤 여러 날 동안 젊은이는 라파치니 박사의 정원이 보이는 창문을 일부러 피했다. 만일 자기도 모르게 정원에 눈길을 주다가는 추악하고 기괴스러운 어떤 광경이 그의 시야를 망쳐버릴지 알 수 없을 것 같아서였다. 그는 베아트리체와 인사를 나눔으로써 알 수 없는 어떤 힘의 영향에 자신이 이미 어느 정도 빠져든 것을 의식하고 있었다. 그의 마음이 진정 어떤 위험에 처했음을 느꼈다면 가장 현명한 길은 즉시 그의 숙소와 파두아를 떠나는 것이었으리라. 그게 아니라면 가능한 한 스스로를 베아트리체에 대한 밝고 친근한 생각에 익숙하게 함으로써 의식적으로 엄격하게 그녀와의 관계를 일상적인 차원에 머무르게 하는 것이다. 그녀와 마주치는 것을 피하면서도 이 이상한 여자와 그처럼 가까운 거리에 계속 머무는 것은 최악의 길인 셈이었다. 그녀와 가까이 있으며 그녀와 접촉할 수 있다는 사실이, 그의 상상력이 계속 제멋대로 만들어내는 엉뚱한 환상들에 그럴듯한 현실감을 부여하고 있었던 것이다. 구아스콘티는 속이 깊은 사람이 아니었다. 어쨌든 지금 그 마음의 깊이를 측정할 수는 없었다. 그러나 그는 어느 순간에라도 격정적인 상태에 이를 수 있는 열정적인 남부사람 기질과 풍부한 상상력을 가지고 있었다. 베아트리체가 그 끔찍한 특질들, 예컨대 치명적인 숨결이라든가 조반니가 직접 목격한 바 있는 그 아름답고 치명적인 꽃과의 유사성을 실제로 가지고 있든 그렇지 않든 그녀는 적어도 이미 조반니 몸 안에 강렬하면서도 섬세한 독을 주입시킨 것이다. 그녀의 다채로운 아름다움이 그를 사로잡은 건 사실이지만 그것은 사랑이 아니었고, 그녀 정신이 그녀 육체에 퍼져 있는 것처럼 보이는 독성에 젖어 있다고 생각해도 그것은 공포가 아니었다. 그것은 사랑처럼 타오르기도 하고 공포처럼 떨기도 하는, 사랑과 공포 사이에서 태어난 자식이었다. 조반니는 무엇을 두려워해야 할지 알지 못했고 무엇을 희망해야 할지는 더더욱 알지 못했다. 그러면서도 희망과 두려움이 그의 가슴속에서 계속 다투어 한쪽이 이겼다가는 다시 다른 쪽이 이기고, 새로이 싸움을 시작하는 것이었다. 모든 단순한 감정은 어두운 것이든 밝은 것이든 다 축복받은 것이다! 지옥의 벌건 불길을 만들어내는 것은 밝음과 어둠의 무시무시한 혼합이 아니던가.

때때로 그는 파두아 거리나 성문 너머까지 빠른 걸음으로 걸으면서 열에 들뜬 정신을 가라앉히려고 애썼다. 그럴 때면 그의 발걸음은 머릿속 박동과 박자에 맞추어 달리는 것처럼 빨라지기 일쑤였다. 어느 날 그런 그의 발걸음이 제지당했다. 한 뚱뚱한 사람이 젊은이를 알아보고 헐떡거리며 뒤를 쫓아와 그의 팔을 붙든 것이다.

"조반니 군! 잠깐 멈추게!" 그가 소리쳤다. "날 잊었나? 내가 만일 자네만큼 많이 변했다면 그럴 만도 하겠군."

그 사람은 발리오니 교수였다. 조반니는 그의 약은 듯한 현명함이 자신의 비밀을 깊이 꿰뚫어보고 있는 것 같은 의심이 들어 처음 만난 이후로 그를 피하던 터였다. 마음을 가라앉히려고 애쓰면서 그는 내면 세계로부터 외부 세계를 혼란스러운 눈길로 바라보며 마치 꿈을 꾸고 있는 사람처럼 말했다.

"네, 전 조반니 구아스콘티입니다. 선생님은 피에트로 발리오니 교수님이시구요. 이제 가게 해주십시오!"

"아니, 아직 안 되네, 조반니 구아스콘티 군." 발리오니 교수는 미소 지으면서도 젊은이를 진지한 시선으로 찬찬히 살피며 말했다. "아니, 내가 자네 아버지랑 어려서부터 함께 자란 친구인데 그런 친구의 아들을 이 파두아의 옛 거리에서 낯선 사람처럼 지나가게 내버려둘 수야 있나! 잠깐 그대로 있게, 조반니 군. 헤어지기 전에 한두 마디 해야겠네."

"그렇다면 빨리 말씀하시지요, 교수님." 조반니는 열에 들떠 조급하게 말했다. "제가 지금 바쁜 걸 보시면 아실 텐데요."

그가 이야기하고 있을 때 검은 옷차림의 한 남자가 길을 따라 걸어왔다. 그 사람은 건강이 안 좋은 사람처럼 구부정한 자세로 힘없이 걷고 있었다. 그의 얼굴은 누르스름하게 병색이 완연했지만 표정이 아주 강하고 날카로우며 지적이어서 사람들 눈에는 그의 허약한 육체적 특질보다 놀랄 만큼 강해 보이는 지적인 모습이 더 눈에 띄었을 것 같았다. 이 사람은 그들 옆을 지나가면서 발리오니와 냉랭한 인사를 주고받았다. 그러나 그의 시선은, 조반니 안에 있는 필요한 것이라면 뭐든지 다 끌어낼 수 있을 듯이 뚫어져라 조반니를 향하고 있었다. 그러면서도 그 시선에는 젊은이에 대한 인간적인 관심이 아니라 단순히 이성적인 관심을 보이듯 묘한 차분함이 담겨 있었다.

"저 사람이 바로 라파치니 박사일세!" 그 낯선 사람이 지나간 후에 발리오니 교수가 속삭였다. "저 양반이 전에 자네 얼굴을 본 적 있나?"

"제가 알기론 없는데요." 조반니는 라파치니라는 이름에 깜짝 놀라며 대답했다.

"아니 자네를 본 거야! 자네를 본 적이 있음에 틀림없어!" 발리오니 교수가 조급하게 말했다. "무슨 목적으로 그러는지는 모르지만 그 과학자는 지금 자네를 연구 대상으로 삼고 있네. 그의 표정을 보면 알지. 무슨 실험을 위해서 꽃 향기로 죽이는 실험용 새나 쥐나 나비를 들여다볼 때 차게 빛나는 바로 그 표정이야. 그 표정은 자연처럼 깊지만 자연의 따뜻한 사랑이 빠져 있지. 내 목숨을 걸고 단언하건대 자넨 지금 라파치니의 실험 대상이 되어 있네!"

"저를 놀리시는 겁니까?" 조반니가 격해서 말했다. "그것 참 괴상한 실험이겠군요, 교수님."

"진정하게! 진정해!" 발리오니 교수가 차분하게 말을 받았다. "불쌍한 조반니, 분명히 말하지만 라파치니는 지금 자네에게 과학적인 흥미를 가지고 있네. 자넨 지금 무서운 손에 빠져들고 있는 거라구! 그리고 베아트리체 양 말인데, 이 이상한 일에서 그녀가 하는 역할이 뭔가?"

그러나 구아스콘티는 발리오니 교수의 집요함을 더 이상 견딜 수 없어 그를 뿌리치고는 그가 자신의 팔을 다시 붙들기 전에 그 자리를 떠났다. 발리오니는 젊은이의 뒷모습을 지켜보며 고개를 설레설레 흔들었다.
"그래서는 안 되지." 발리오니는 혼자 중얼거렸다. "저 젊은이는 내 옛 친구의 아들인데 의학의 비결로 보호할 수밖에 없는 해를 당하게 해선 안 돼. 더욱이 라파치니가 저 애를 내 손에서 낚아채 악마 같은 실험에 이용하려고 하는 것은 도저히 참을 수 없는 무례한 짓이란 말이야. 라파치니의 딸도 문제야! 조심해야지. 학식이 높다는 라파치니, 자네가 전혀 생각지 않은 곳에서 어쩌면 자네에게 좌절과 실패를 맛보게 해줄 수 있을지 모르겠네!"

한편 조반니는 우회로를 돌아 숙소 문 앞에 이르렀다. 현관을 가로질러 가다가 그는 리자베타 부인을 만났다. 그녀는 희죽희죽 웃으며 젊은이의 주의를 끌려고 하는 게 분명했지만 성공을 거두지 못했다. 그의 분출된 감정이 잠시 그를 차고 무감각한 허탈감에 빠져들게 했기 때문이다. 그는 웃음으로 오므라드는 그녀의 주름진 얼굴에 정면으로 눈길을 주면서도 그녀의 그런 바람을 눈치채지 못한 것 같았다. 그래서 그 노부인은 젊은이의 망토를 붙들었다.

"젊은이! 젊은이!" 그녀는 온 얼굴에 웃음을 띠며 속삭였는데 그 모습은 오랜 세월에 칙칙해진 괴기스러운 나무 조각품 같아 보였다. "들어봐요, 젊은이! 저 정원으로 통하는 비밀 입구가 있어요!"

"뭐라고요?" 조반니는 무생물이 갑자기 열띤 생명체로 살아나듯 몸을 홱 돌리며 외쳤다.

"라파치니 박사 댁 정원으로 통하는 비밀 입구가 있다고요?"

"쉿! 그렇게 큰소리로 이야기하지 말아요!" 리자베타 부인이 그의 입을 손으로 막으며 속삭였다. "그래요. 별의별 훌륭한 떨기나무를 다 볼 수 있는 그 유명한 박사님 댁 정원으로 통하는 입구 말이에요. 수많은 파두아 젊은이들이 그 꽃들을 볼 수만 있다면 금도 아까워하지 않을 거예요."

조반니는 금화 한 닢을 그녀 손에 쥐어주었다.

"입구를 좀 가르쳐주시죠."

아마도 발리오니 교수와의 대화에 자극받은 탓이겠지만, 리자베타 부인의 이 중재가 어떤 성질의 것이든 간에 라파치니 박사가 그를 연루시키고 있다고 발리오니 교수가 믿고 있는 어떤 음모와 어쩌면 관계가 있을지도 모르겠다는 생각이 그의 머리를 스치고 지나갔다. 그러나 그런 의심이 그를 불안하게 만드는 것은 사실이었지만 그를 제지할 정도는 되지 못했다. 베아트리체에게 접근할 수 있는 가능성을 알게 된 순간 그녀에게 접근하는 일은 그가 반드시 해야 할 일처럼 생각된 것이었다. 그녀가 천사건 악마건 그것은 문제가 아니었다. 그는 이제 돌이킬 수 없이 그녀의 영향권에 들어서서, 점점 더 원을 좁혀가며 그를 계속 앞으로 세차게 몰아가는 절대적인 힘에 복종하는 수밖에 없었다. 그것이 어떤 결과를 향한 것인지 그는 예측해 보려고 시도하지도 않았다. 그러나 이상한 일이지만 그 순간 갑작스러운 의심이 그의 머리를 스쳤다. 자신의 이 깊은 관심이 하나의 망상이 아닌가, 자신을 이처럼 가늠할 수 없는 상태로 몰아붙이는 것을 스스로에게 정당해줄 수 있을 만큼 그 관심이 그렇게 깊고 확실한 성질의 것인가, 그것이 그의 가슴과 별 관계가 없거나 전혀 관계가 없는 젊은이의 들뜬 환상에 지나지 않는 것이 아닌가 하는 의문이었다.

그는 잠시 멈춰 서서 망설이며 몸을 반쯤 돌리기도 했지만 결국은 다시 그녀의 뒤를 따라갔다. 그 늙은 안내인은 알 수 없는 이상한 길들을 따라 이리저리 그를 인도하더니 마침내 한 문을 열었다. 문이 열리자 살랑거리는 나뭇잎들의 소리와 함께 그 모습이 보이고 잎 사이로 햇빛이 희미하게 스며들며 반짝거렸다. 조반니는 열린 문을 통해 비밀 입구 위로 덩굴손을 휘감고 있는 떨기나무의 엉킨 가지들을 비집고 나가 라파치니 박사의 정원이 열리는 자신의 방 창문 바로 아래에 이르렀다. 불가능한 일들이 실제로 일어나고 꿈의 뿌연 환영이 뚜렷한 현실로 선명히 뒤바뀔 때, 그런 일이 일어난다는 것을 상상하면 기뻐 날뛰거나 비탄에 빠질 것 같은 상황에서 오히려 침착해지고 냉정해지는 경우를 우리는 얼마나 자주 경험하는가! 운명은 우리를 그처럼 어긋나게 하면서 쾌감을 느낀다. 또한 열정은 제 마음대로 자신이 원하는 시간에 왈칵 달려들면서도 정작 적절한 상황이, 그가 나타나기를 바라는 때에는 뒤에서 미적거리며 게으름을 피운다. 지금 조반니의 경우가 바로 그랬다. 베아트리체를 만나 바로 이 정원에서, 동양의 햇빛 같은 그녀의 아름다움을 쬐며 서로 마주보고 선 채 자기 삶의 수수께끼 같은 신비를 그녀 눈빛에서 캐내는 실현 불가능해 보이는 생각에 그의 가슴은 매일매일 뜨거운 피로 고동쳤다. 그러나 막상 지금 그의 가슴은 때맞지 않은 이상한 평온을 유지하고 있었다. 그는 베아트리체나 그녀의 아버지가 혹시 나와 있지 않나 보려고 정원 주위를 돌아보았다. 그러나 그곳에 자기 혼자만 있다는 사실을 확인하고는 정원에 있는 식물들을 자세히 살펴보기 시작했다.

그것들은 하나같이 모두 마음에 들지 않았다. 그들의 화려함은 너무 강하고 지나치게 열정적이라 부자연스럽기까지 했다. 숲속을 헤매다가 그런 나무들이 야생으로 자란 것을 보았다면 무시무시한 얼굴이 덤불 속에서 노려보고 있는 것처럼 하나같이 우리를 깜짝 놀라게 했을 것이다. 또한 어떤 것들은 여러 가지 다른 식물을 마치 간통을 시키다시피 심하게 혼합해서 더 이상 신의 창조물이 아니라 오직 아름다움의 사악한 모방인, 인간의 타락한 상상력이 만들어낸 괴기스러운 작품처럼 보였다. 섬세한 본능과 감성을 가진 사람이라면 그 조작적인 모습 때문에 충격을 받았을 것이다. 그것들의 한두 가지는, 어쩌면 각각 아름답고 예쁜 식물들을 하나로 혼합해서 정원 전체의 특징인 그 알 수 없는 기괴함을 부여하려는 실험의 성공적 결과였을지도 모른다. 결국 그중에서 조반니가 알아볼 수 있는 식물은 독성이 있는 것으로서 그가 잘 알고 있는 종류의 식물 두세 개뿐이었다. 이처럼 식물들을 살펴보고 있는데 어디선가 비단옷 같은 것이 스치는 소리가 들렸다. 소리가 나는 쪽으로 몸을 돌리자 베아트리체가 조각이 새겨진 현관 입구 밑에서 나오는 모습이 보였다.

조반니는 자신이 어떤 태도를 취해야 할지, 정원에 침입한 사실에 대해 사과를 해야 할지, 아니면 그가 원해서가 아니라 하더라도 자신이 라파치니 박사나 그의 딸과 은연중에 어떤 공감을 나누고 있는 척해야 할지 아무 생각도 하지 않고 서 있었다. 그러나 베아트리체의 자연스러운 태도는 자신이 어떻게 이곳에 들어올 수 있었는가 하는 의문을 풀어주지는 못했지만 그의 마음을 편하게 해주었다. 그녀는 가벼운 발걸음으로 정원 길을 따라 걸어와 무너져 내린 그 분수대 옆에서 그와 마주섰다. 그녀 얼굴은 놀라움을 담고 있었지만 천진스럽고 친절한 기쁜 표정으로 환하게 피어 있었다.

"꽃에 대해 잘 아시는가 보군요." 베아트리체가 미소를 띠면서 말했다. 그가 창문에서 던져준 그 꽃다발을 두고 하는 이야기였다. "그러니 제 아버지의 희귀한 꽃들이 더 가까이 보고 싶게끔 당신을 유혹했다 해도 놀랄 일이 아니겠지요. 만일 아버지가 여기 계셨더라면 이 떨기나무들의 성질이나 습관에 대해 이상하고 재미있는 사실들을 많이 이야기해 주셨을 거예요. 아버지는 일생을 그런 연구로 보내셨고 이 정원은 아버지의 온 세계인 셈이죠."

"소문이 사실이라면 아가씨 자신도 이 화려한 꽃들과 강렬한 향기가 나타내는 특질들에 대해 깊은 지식을 가지고 있는 것으로 아는데요." 조반니가 말했다. "제 선생이 되어주실 수 있다면 라파치니 박사님에게서 배울 때보다 더 훌륭한 학생이 되어 보이겠습니다."

"그런 근거 없는 소문이 도나요?" 베아트리체는 음악소리같이 웃으며 물었다. "제가 아버지만큼 식물학 지식을 가지고 있다고 사람들이 말하던가요? 정말 실없는 농담이네요! 그렇지 않아요. 비록 이 꽃들 속에서 자라났지만 그 색깔이나 향기 같은 것 외에는 아는 게 없어요. 때로는 그 얼마 안 되는 지식마저도 저에게서 없애버리고 싶은걸요. 이 정원엔 제 눈과 마주치면 저를 놀라게 하고 기분 상하게 하는 조금도 아름다워 보이지 않는 꽃들도 많아요. 하지만 제발 제 과학 지식에 대한 이야기는 믿지 말아주세요. 당신의 눈으로 직접 보시는 것 말고는 저에 관한 이야기를 아무것도 믿지 마세요."

"그러면 제 눈으로 본 것은 다 믿어야 합니까?" 그는 자신을 움츠리게 만들었던 지난번 그 장면들을 떠올리며 뼈 있는 말을 던졌다. "아가씨의 요구는 너무 사소하군요. 아가씨의 입에서 나온 말 외에는 아무것도 믿지 말라고 제게 부탁하시지요."

베아트리체는 그의 말이 무슨 뜻인지 알아들은 것 같았다. 그녀의 뺨은 붉게 물들었다. 그러나 그녀는 조반니의 눈을 똑바로 쳐다보며 그의 불안한 의심이 담긴 눈길에 여왕과 같은 기품을 보이며 말했다.

"그럼 그렇게 부탁을 드리겠어요." 그녀는 말을 이었다. "저에 대해 어떤 공상을 하셨다면 다 잊어주세요. 외부적인 감각으로는 사실인 것도 그 근본에서는 사실이 아닐 수도 있지요. 하지만 베아트리체 라파치니의 입에서 나온 말은 가슴 깊숙한 곳으로부터 밖으로 나온 진실이에요. 그 말은 믿으셔도 돼요."

그녀의 온몸에서 열기 같은 것이 피어오르면서 진실 자체의 빛인 것처럼 조반니의 의식을 비춰주었다. 그러나 그녀가 이야기하는 사이 그녀 주위로 잠깐 스치듯 그윽하고 달콤한 향기가 퍼졌는데 조반니는 뭐라고 설명할 수 없는 거부감을 느끼며 그 향기를 자신의 폐 속으로 들이마시는 것을 피했다.

그것은 꽃 향기였을지도 모른다. 아니면 그녀 말을 그녀 가슴에 담아 그렇게 하듯 야릇한 풍요로움으로 향기롭게 만든 그녀의 숨결이었을까? 현기증 같은 것이 그림자처럼 조반니의 머리를 스쳤다가 사라졌다. 그는 아름다운 아가씨의 눈을 통해 그녀의 투명한 영혼을 환히 들여다보듯 더 이상 의심이나 두려움을 느끼지 않았다.

베아트리체의 태도를 물들였던 열정의 색깔은 사라지고 그녀는 이제 쾌활해졌다. 마치 외딴섬 처녀가 문명 세계에서 온 여행객과 이야기를 나누면서 그렇듯 그녀는 이 젊은이와의 친교에서 진정으로 순수한 기쁨과 즐거움을 느끼는 것 같았다. 그녀의 경험은 그 정원의 한계에 국한되어 있는 게 분명해 보였다. 그녀는 햇빛이나 여름날 구름 같은 단순한 것들에 대해 이야기하기도 했고 도시니, 조반니의 고향이니, 그의 친구, 어머니, 자매들에 대한 질문들을 하기도 했다. 그런 질문들은 그녀가 얼마나 사람들과 격리된 은둔적인 삶을 살고 있는지, 일상적인 생활양식이나 관습에 얼마나 익숙지 않는지 잘 보여주어서, 조반니는 마치 어린아이에게 하듯 그 질문들에 자상하게 답해주었다. 그녀의 정신은 처음으로 햇빛을 보고 그의 가슴에 비치는 땅과 하늘의 영상에 놀라워하는 신선한 개울물처럼 조반니 앞으로 콸콸 쏟아져 나왔다. 또한 콸콸 흐르는 물 위로 마치 다이아몬드와 루비가 반짝이며 솟아오르듯, 깊은 곳에서 보석처럼 빛나는 환상적인 생각들이 솟아나오기도 했다. 이따금 조반니는 그의 상상력을 그처럼 자극하고, 그가 그처럼 강한 공포의 색깔로 그려보고, 그처럼 끔찍한 특질을 가지고 있다고 확신한 존재와 자신이 정말 나란히 함께 걷고 있는가, 그리고 자신이 베아트리체와 마치 남매처럼 이야기를 나누고 정말 그녀를 인간처럼 처녀처럼 생각하고 있는가, 의아한 생각이 들곤 했다. 그러나 그런 생각은 순간적일 따름이었다. 그녀의 성격이 주는 효과는 아주 현실적이어서 그녀와 곧 친근감을 느끼게 해주기 때문이었다.

이처럼 자유롭게 정원을 함께 거닐며 여러 굽이의 샛길을 돌다가 그들은 이제 보물처럼 환히 빛나는 꽃들이 매달린 화려한 떨기나무가 자라고 있는, 무너져 내린 분수대 앞에 이르렀다. 나무에서 퍼져 나오는 향기는 조반니가 베아트리체의 숨결이라고 생각했던 것과 같은 향기였지만 비교가 되지 않을 만큼 훨씬 더 강했다. 그녀의 눈길이 나무에 머물 때, 마치 심장이 갑작스레 고통스럽게 뛰기라도 하듯 그녀가 손으로 가슴을 누르는 것을 조반니는 지켜보았다.

"내 생애에 처음으로 너를 잊고 있었구나." 그녀는 나무를 향해 중얼거렸다.

"아가씨, 지난번에 용감하게도 제가 아가씨에게 던진 꽃다발에 대한 답례로 이 보석 같은 꽃을 주겠다고 약속하신 생각이 나는군요. 오늘 이 만남의 기념으로 저 꽃을 꺾도록 허락해 주시죠."

조반니는 그렇게 말하면서 그 나무를 향해 발걸음을 옮기며 손을 내밀었다. 그러자 베아트리체가 갑자기 앞으로 튀어나오면서 마치 단검으로 그의 가슴을 찌르듯 날카로운 비명을 질렀다. 그녀는 그의 손을 붙잡더니 그 가녀린 몸으로 있는 힘을 다해서 끌어당겼다. 조반니는 그녀의 촉감이 몸의 온 조직을 타고 찌르르 떨려오는 것을 느꼈다.

"손대지 마세요!" 그녀가 고통스러운 목소리로 외쳤다. "위험해요! 치명적이에요!"

그러더니 그녀는 얼굴을 감싸고 그로부터 달아나 조각이 새겨진 현관 입구 아래로 사라졌다. 조반니는 눈으로 그녀의 뒷모습을 쫓다가 라파치니 박사의 쇠약한 모습과 창백하고 지적인 얼굴과 마주쳤다. 언제부터인지 몰라도 그는 정원 입구 그늘 속에서 그 장면을 지켜보고 있었던 것이다.

방으로 돌아와 혼자 있게 되자 조반니의 열에 들뜬 머리에 곧 베아트리체의 모습이 되살아났고, 그녀를 처음 본 이후 그녀 주변에서 일어난 모든 마력적인 사건들이 떠올랐으며, 그녀의 소녀다운 여성적인 부드러움과 따뜻함이 되살아나기도 했다. 그녀는 분명 인간적이었다. 그녀의 본성은 부드럽고 여성적인 모든 특질을 다 지니고 있었고, 흠모의 대상이 될 만한 점을 모두 갖추고 있었으며, 우아하고 고결한 사랑을 할 수 있는 능력을 분명히 가지고 있었다. 지금까지 그녀의 육체적 도덕적 체계에 대한 무시무시한 괴기스러움의 증거라고 생각해 왔던 여러 징표들은 이제 잊혔거나, 열정의 미묘한 궤변에 의해 매혹의 화려한 왕관으로 바뀌며 오히려 베아트리체의 독특함이 더해질수록 그녀를 더욱 더 경탄의 대상으로 만들었다. 전에는 추악해 보였던 모든 것들이 이제는 다 아름다워 보였다. 아니면 그런 변화가 불가능하다 하더라도 적어도 그 추악한 것들은, 우리 의식이 완전히 깨어 있는 대낮을 넘어선 으스름한 저녁 영역으로 몰려드는, 형체가 분명치 않은 생각들 속으로 슬그머니 자취를 감추어 버린 것이다. 그렇게 그는 그날 밤을 지새웠다. 새벽이 라파치니 박사의 정원에 잠들어 있는 꽃들을 깨우기 시작한 다음에야 그는 어렴풋이 잠이 들었다. 조반니의 꿈은 틀림없이 그를 그 정원으로 인도했을 것이다. 아침이 되어 해가 떠오르며 젊은이의 눈꺼풀에 햇빛을 던지자 그는 고통스럽게 눈을 떴다. 잠에서 완전히 깨어났을 때 그는 오른손에 화끈거리고 욱신거리는 통증을 느꼈다. 그가 보석 같은 꽃을 막 꺾으려는 순간 베아트리체가 그녀 손으로 꼭 쥐었던 바로 그 손이었다. 손등에 네 개의 조그만 손가락 자국이 보랏빛으로 남아 있었고 팔목에도 조그만 엄지손가락 모양의 자국이 배어 있었다.

아, 사랑이란—상상 속에서만 타오르고 가슴속 깊은 곳에는 뿌리내리지 못한 사랑이라도—믿음이 운명적으로 희미한 안개 속으로 사라지게 되는 순간이 올 때까지 얼마나 집요하게 그 믿음을 붙들고 매달리는가! 조반니는 손 주위를 손수건으로 싸매며 무슨 못된 벌레가 그의 손을 쏘았나 의아해했다. 그러고는 베아트리체에 대한 공상 속에서 통증을 곧 잊어 버렸다.

첫 만남 뒤 두 번째 만남은 이른바 운명의 불가피한 과정이었다. 세 번째 만남, 네 번째 만남이 계속되었고 이제 정원에서 베아트리체와 만나는 것은 더 이상 조반니의 일상 속 한 사건이 아니라 그의 삶을 이루는 온 공간이었다. 베아트리체와의 황홀한 시간에 대한 기대와 기억이 그녀와 만나지 않을 때의 모든 시간을 차지하고 있었기 때문이다. 라파치니의 딸도 마찬가지였다. 그녀는 젊은이가 나타나기를 기다렸다가 마치 어린 시절부터 소꿉친구였고 지금도 여전히 그런 사이인 것처럼 조금도 숨김없는 믿음의 표정으로 그에게 뛰어갔다. 어쩌다가 무슨 일로 그가 정해진 시간에 오지 못할 때 그녀는 창문 아래에 서서 달콤하고 그윽한 목소리로 그를 불렀고, 그 소리는 방 속으로 들어와 그의 주위를 감싸고 흐르며 온 가슴에 메아리쳤다. "조반니! 조반니! 왜 꾸물대요? 어서 내려와요!" 그러면 조반니는 독 꽃들이 가득한 그 정원으로 서둘러 내려가곤 했다.

그러나 이런 친밀함에도 불구하고 베아트리체의 태도는 여전히 뭔가를 숨기고 있는 듯했다. 그런 태도는 아주 한결같아 조반니에게는 그것을 침해한다는 생각이 좀처럼 떠오르지 않았다. 모든 징후로 판단하건대 그들은 사랑하고 있는 게 분명했다. 그들은 하나의 깊은 영혼으로부터 다른 또 하나의 깊은 영혼에 성스러운 비밀을 전하는 눈으로 사랑을 보았다. 사랑이란 말로 속삭이기에는 너무 성스러운 것처럼, 그들은 사랑을 말로써가 아니라 그들의 정신이 오래 감추어온 불꽃의 혓바닥처럼 분명한 숨결로 쏟아져나올 때와 같은 열정의 분출로 나타냈다. 그러나 그들 사이에는 손을 꼭 쥔다거나 입을 맞춘다거나 사랑이 요구하고 신성시하는 애무 행위 같은 것이 전혀 없었다. 그는 그녀의 빛나는 곱슬머리 다발 한 가닥도 만져보지 않았고, 그들 사이의 육체적 장벽이 워낙 분명해서 그녀 옷자락이 미풍에라도 그의 몸을 스친 적이 없었다. 한두 번 조반니가 그 경계선을 넘고 싶은 유혹을 받은 것처럼 보였을 때 베아트리체는 슬프고 굳어진 모습으로 스스로에게 몸서리치는 황량한 단절의 표정까지 띠었기에, 그를 거부하는 말을 한마디도 할 필요가 없을 정도였다. 그런 때면 조반니는 그의 가슴속 깊은 곳에서 괴물처럼 내다보며 그를 빤히 쳐다보는 그 끔찍한 의심들에 깜짝 놀라곤 했다. 그리고 그 순간 그의 사랑은 아침 안개처럼 여리고 희미해지며 의심들만이 실체처럼 느껴졌다. 그러나 베아트리체의 얼굴이 잠시 어둠에서 벗어나 다시 환히 밝아질 때면 그녀는 그가 조금 전 두려움과 공포의 눈길로 지켜보던 그 알 수 없는 의문스러운 존재로부터 금방 바뀌어, 다시 그의 정신이 모든 지식을 초월하여 확신하는 아름답고 순진무구한 소녀가 되는 것이었다.

  조반니가 발리오니 교수와 마지막으로 만난 뒤 많은 시간이 지난 어느 날 아침, 발리오니 교수가 잡자기 그를 방문했을 때 그는 놀라움과 불쾌감을 동시에 느꼈다. 그는 그 동안 발리오니 교수에 대해 거의 생각해 본 적이 없었고 더 오래도록 기꺼이 그를 잊고 있을 터였다. 그는 오랫동안 격정 상태에 깊이 빠져 있었기 때문에 자신의 지금 기분 상태에 완전히 공감할 수 있는 사람이 아니라면 누구와도 친교 맺는 것을 견딜 수 없을 것 같았다. 발리오니 교수로부터 그런 완전한 공감을 기대할 수 없음은 물론이었다.

  그 방문객은 잠시 동안 파두아 시와 파두아 대학에 관한 이런저런 이야기들을 잡담처럼 늘어놓더니 다른 화제로 말머리를 돌렸다.

  "얼마 전 옛날 고전 작품을 읽다가 묘하게 내 관심을 끄는 한 이야기와 마주치게 되었네. 자네도 어쩌면 기억할지 모르겠군. 한 아름다운 여자를 알렉산더 대왕에게 선물로 보낸 인도 왕자에 관한 이야기인데 말이야. 그 여자는 새벽처럼 사랑스럽고 황혼처럼 화려했다네. 하지만 그녀의 독특한 특징은 페르시아의 장미 정원보다 더 그윽한 그녀 숨결에 담긴 향기였네. 젊은 정복자답게 알렉산더 대왕은 첫눈에 이 화려한 여자와 사랑에 빠져들었지. 하지만 한 현명한 의사가 우연히 그 자리에 있다가 그 여자의 끔찍한 비밀을 발견했어."

"그게 뭐였는데요?" 조반니는 발리오니 교수와 눈이 마주치는 것을 피하려고 시선을 아래로 깐 채 물었다.

"그건 이 아름다운 여자가 말일세." 발리오니는 또박또박 강조하며 말을 이었다. "태어날 때부터 죽 독을 자양으로 해서 자라왔기에 결국 독이 되어 버린 거야. 독이 그녀 삶의 요소가 된 거지. 자기 숨결의 그윽한 향기로 그녀는 공기 자체를 시들게 만들었네. 그녀의 사랑은 바로 독이고 그녀의 포옹은 죽음이 되는 것이지. 어때, 믿을 수 없는 기이한 이야기가 아닌가?"

"유치한 이야기로군요." 조반니는 신경질적으로 의자에서 벌떡 일어나며 대답했다. "중요한 연구로 바쁘실 텐데 어떻게 그런 말도 안 되는 허튼 이야기를 읽을 시간이 있으신지 놀랍군요."

"그런데, 자네 방에서 나는 이 이상한 향기는 뭐지?" 발리오니 교수는 불안한 표정으로 주위를 둘러보며 물었다. "자네 장갑에서 나는 향긴가? 약하긴 해도 달콤하군. 하지만 결코 좋은 향이라고 할 수는 없군그래. 이 향기를 오래 맡으면 몸에 안 좋을 것 같아. 꽃향기 같은데, 방 안에 꽃은 안 보이는군."

"제 방엔 꽃이 없습니다." 발리오니 교수의 말에 조반니가 창백한 얼굴로 말했다. "제 생각엔 무슨 향기가 난다고 교수님께서 상상을 하고 계신 것 같습니다. 냄새란 감각적인 것과 정신적인 것의 일종의 혼합 상태로 이루어지는 것이기 때문에 그런 식으로 착각을 일으키기 쉽죠. 어떤 향기에 대한 회상이라든가 그 향기에 대한 생각만으로도 실제로 향기가 난다고 잘못 생각할 수가 있죠."

"아니야, 내 멀쩡한 상상력이 그런 장난질을 치는 적은 거의 없어." 발리오니 교수가 대답했다. "그리고 만일 내가 무슨 냄새가 난다고 상상을 한다면 그건 내 손가락에 스며들었을 가능성이 많은 어떤 고약한 약냄새일걸세. 내가 들은 대로 우리 존경하는 친구 라파치니는 그의 약들에 아라비아 향보다 더 강한 향기를 주입시키니까. 마찬가지로 아름답고 과학적인 지식이 풍부한 베아트리체 아가씨도 틀림없이 그녀의 환자들을 처녀의 숨결처럼 달콤한 약으로 돌보려들겠지. 하지만 그 약을 마시는 사람은 재앙을 면할 수 없을 걸세!"

조반니의 얼굴에는 여러 가지 감정이 엉켜들었다. 발리오니 교수가 순결하고 사랑스러운 라파치니의 딸을 빗대어 말할 때의 야릇한 어조는 그의 영혼을 몹시 고통스럽게 했다. 베아트리체에 대한 자신의 생각과 정반대가 되는 발리오니 교수의 암시는 여러 가지 희미한 의심들을 갑자기 선명하게 부각시켜, 그 의심들이 마치 악마처럼 그를 보고 히죽거리는 것 같았다. 그러나 그는 그런 의심들을 애써 누르며 진정한 연인의 절대적인 믿음을 가지고 발리오니에게 응수하려고 애썼다.

"교수님, 교수님은 제 아버지 친구이십니다." 그가 말했다. "그래서 아마도 친구 아들에게 친절을 베푸시려는 것이겠지요. 저도 교수님에 대해 존경과 경의 외에 다른 감정은 전혀 없습니다. 하지만 교수님, 교수님과 제가 이야기하지 말아야 할 것이 한 가지 있다는 걸 제발 이해해 주시기 바랍니다. 교수님은 베아트리체를 잘 모르십니다. 그래서 가볍게 해로운 말을 한마디 함으로써 그녀에게 얼마나 부당한 상처를 주는지—저는 그걸 그녀에 대한 모독이라고까지 생각합니다만—잘 깨닫지 못하고 계시는 겁니다."

"조반니! 불쌍한 조반니!" 발리오니 교수는 차분한 연민의 표정으로 말했다. "난 이 비참한 아가씨를 자네보다 훨씬 더 잘 알고 있어. 자넨 독술가인 라파치니와 그의 독에 물든 딸에 대한 진실을 들어야 해. 그녀의 아름다움이 강한 것만큼 독성도 강하지. 내 말을 듣게. 자네가 이 늙은이에게 폭력을 휘두른다 해도 말해야겠네. 인도 여자에 관한 그 옛날 우화가 라파치니의 깊고 치명적인 과학 지식에 의하여 사랑스러운 베아트리체 몸 안에서 현실로 나타난 것일세."

조반니는 신음을 하며 얼굴을 감쌌다. 발리오니는 말을 계속했다.

"그녀의 아버지는 본능적인 부모의 애정도 저버리고 이처럼 끔찍한 방법으로 자기 아이를 과학에 대한 광적인 열정의 희생물로 바친 걸세. 그를 정당하게 평가하자면, 자기 자신의 가슴을 증류기에 넣고 증류시킬 만큼 그는 진정한 과학자라고 말할 수 있겠지. 하지만 자네 운명은 어찌 되는 건가? 의심할 여지없이 자네는 그의 어떤 새로운 실험재료로 선택된 거네. 어쩌면 그 결과가 죽음일지도 몰라. 더 끔찍한 운명일지도 모르지. 라파치니는 눈앞에 과학적 관심의 대상이 보이면 아무런 주저도 하지 않는 사람이야."

"이건 꿈이에요." 조반니는 혼자서 중얼거렸다. "꿈이 분명해요."

"하지만 기운을 내게, 조반니." 발리오니 교수가 다시 말했다. "아직도 늦지 않았어. 어쩌면 이 불쌍한 아이를 아버지의 광기가 소외시킨 그 일상적인 본성의 한계 안으로 되돌아오게 할 수 있을 걸세. 이 조그만 은병을 보게. 이건 그 유명한 벤베누토 첼리니의 손으로 만든 것인데 이탈리아에서 가장 아름다운 아가씨에게 사랑의 선물로 줄 가치가 충분한 거지. 하지만 그 안에 든 내용물이야말로 값을 헤아릴 수 없을 만큼 정말 귀한 거라네. 이 해독제를 조금만 마셔도 악명 높은 보르지아 가문의 가장 강한 독도 무해하게 만들 수 있을 걸세. 이 약이 라파치니의 약 못지않게 그것을 물리칠 강한 효능을 가지고 있다고 믿네. 이 병과 안에 든 귀한 용액을 자네의 베아트리체에게 주게. 그리고 희망을 가지고 결과를 지켜보게."

발리오니는 아주 정교하게 만든 조그만 약병을 식탁 위에 내려놓고 그가 한 말이 젊은이 마음에 영향을 미치도록 내버려 둔 채 자리를 떴다.

베아트리체와 사귀는 동안 우리가 이미 이야기한 대로 조반니는 이따금 그녀의 본성에 대한 음울한 추측에 시달린 때도 있었다. 그러나 이제 그녀와 사귀면서 그녀가 단순하고 자연스러우며 아주 정답고 꾸밈없는 존재라는 것을 확신하게 되어, 발리오니 교수가 그녀에 대해 보여준 이미지는 마치 자신의 본디 생각과 일치하지 않기라도 한 것처럼 아주 이상하고 믿을 수 없게 느껴졌다. 물론 이 아름다운 아가씨를 처음 보았을 때와 연관된 불쾌한 기억들이 완전히 사라진 것은 아니다. 베아트리체의 손 안에서 시들던 꽃다발이며 그녀의 입김 말고는 표면상으로 아무런 이유 없이 맑은 공기에서 갑자기 죽어가던 곤충을 깨끗이 잊을 수는 없었다. 그러나 이 사건들은 그녀의 본성의 순수한 빛에 다 녹아들어 더 이상 구체적인 사실로 느껴지지 않았고 어떤 감각적 증거로도 사실처럼 증명될 듯한 잘못된 환상 같았다. 우리가 직접 눈으로 보고 손가락으로 만질 수 있는 것보다 더 사실적이고 진실에 가까운 것들이 있지 않은가. 베아트리체에 대한 그의 믿음은 바로 그처럼 훨씬 더 견고한 증거에 기초한 것이었다. 그 자신의 깊고 관대한 믿음보다는 그녀의 고아한 성품의 필연적인 힘에 의해서이긴 했지만 말이다. 그러나 이제 그의 정신은 이전의 뜨거운 열정이 올려놓은 그 높이에 계속 머물러 있을 수가 없었다. 그는 그 높은 곳에서 떨어져 세속적인 의심들 사이를 기어 다니며 베아트리체의 순결하고 하얀 이미지를 더럽히고 있었다. 그는 베아트리체를 포기한 것이 아니라 단지 믿음을 잃은 것이었다. 그는 베아트리체의 육체적 본성에, 그에 상응하는 영혼의 기괴함 없이는 존재할 수 없을 듯한 끔찍한 기이함이 있는지 없는지 그에게 확인시켜 줄 수 있는 결정적인 시험을 해보기로 결심했다. 멀리서 내려다보면서 그 도마뱀과 곤충과 꽃들에 대해 그의 눈이 착각을 일으켰을 수도 있으리라. 그러나 싱싱하고 건강한 꽃이 베아트리체의 손 안에서 갑자기 시든 것을 아주 가까운 거리에서 목격할 수 있다면 더 이상 의문의 여지가 없을 것이었다. 이런 생각을 하며 그는 얼른 꽃가게로 가 아침 이슬방울이 아직도 보석처럼 맺혀 있는 싱싱한 꽃다발을 샀다.

 베아트리체와 매일 만나는 시간이 되었다. 정원으로 내려가기 전 조반니는 거울 보는 일을 잊지 않았다. 그것은 잘생긴 젊은이에게 있을 수 있는 자연스러운 허영 같은 것이었지만, 그처럼 불안하고 격정적인 순간에 나타나는 태도는 천박한 감정이나 불성실한 성격을 드러내는 것처럼 보였다. 그러나 그는 거울에 비친 자신의 모습을 자세히 보며, 그의 얼굴이 어느 때보다 더 건강한 우아함을 띠고, 눈도 생기가 넘치고, 뺨도 건강이 넘치는 훈훈한 색깔을 띠고 있다고 생각했다.

 "적어도 그녀의 독이 아직 내 몸 조직 안으로 스며들지는 않았군. 난 그녀의 손 안에서 시들 꽃은 아니지." 그는 속으로 혼잣말을 했다.

 그런 생각을 하면서 그는 손에 줄곧 들고 있던 꽃다발로 눈길을 돌렸다. 그 순간 이슬을 머금은 꽃들이 이미 축 처지기 시작하는 모습을 보고 그는 자신의 몸으로 뭐라고 표현할 수 없는 공포의 전율 같은 것이 스치고 지나가는 것을 느꼈다. 그 꽃들은 전날에는 싱싱하고 아름다웠을 모습을 하고 있었다. 조반니의 얼굴이 대리석처럼 창백해졌다. 그는 거울 앞에 꼼짝 않고 서서 무슨 끔찍한 물건을 보듯 자기 모습을 바라보았다. 그는 방 안에 무슨 향기가 퍼져 있는 것 같다던 발리오니 교수 말을 떠올렸다. 그렇다면 그건 그의 숨결에 담긴 독임에 틀림없는 것이었다! 그는 자기 자신에 대해서 몸서리를 쳤다. 멍한 상태에서 다시 깨어나 그는 방 천장에 매달려 거미줄을 늘어뜨리며 부지런히 움직이고 있는 거미 한 마리를 호기심어린 눈으로 관찰하기 시작했다. 거미는 낡은 천장에 매달려 있으면서도 정교하게 엮은 거미줄 망을 활기차게 왔다갔다하고 있었다. 조반니는 거미를 향해 몸을 구부리며 숨을 깊고 길게 내뿜었다. 거미는 갑자기 작업하던 움직임을 멈추었다. 이 조그만 직공의 몸에서 비롯된 진동이 거미줄을 떨리게 했다. 조반니는 다시 그의 가슴으로부터 더 깊고 더 긴, 독이 배어 있는 듯싶은 숨을 내뿜었다. 그는 자신이 사악한 것인지 그저 절망 상태에 빠져 있는 것인지 알 수 없었다. 거미는 발작하는 것처럼 다리를 움켜쥐더니 창문으로 축 늘어져 죽었다.

"아, 저주를 받았구나! 저주를 받았어!" 조반니는 스스로에게 중얼거렸다. "그처럼 독성이 강해져서 네 숨결에 이 거미가 죽었단 말이냐?"

그 순간 정원으로부터 달콤하고 그윽한 목소리가 퍼져 올라왔다.

"조반니! 조반니! 시간이 지났어요! 왜 꾸물대는 거예요? 어서 내려오세요!"

"그래, 그녀만이 나의 숨결에 죽지 않을 유일한 존재로구나! 아, 내 숨결이 그녀를 차라리 죽였으면!" 조반니는 다시 혼자 중얼거렸다.

그는 정원으로 뛰어 내려가 곧 베아트리체의 밝고 사랑스러운 눈앞에 마주섰다. 조금 전만 해도 분노와 절망감이 너무도 격렬하여 그녀에게 오직 저주의 눈길을 퍼붓고 싶을 뿐이었다. 그러나 막상 그녀와 이렇게 마주하고 보니 떨쳐버리기에는 너무 생생한 영향력에 그는 어찌할 수가 없었다. 때로 그를 종교적 차분함으로 감싸주던 그녀의 여성적이며 섬세하고 온화한 힘에 대한 기억들, 순수한 샘물이 깊은 곳으로부터 솟아올라 그의 정신적 눈에 투명하게 비치며 그녀의 가슴으로부터 분출할 때의 그 성스러운 열정에 대한 기억들, 조반니가 그 귀중함을 알았더라면 이 모든 추악한 신비가 세속적인 환영에 지나지 않으며 그녀 주위를 어떤 악한 안개가 감싸더라도 베아트리체의 참 모습은 천국의 천사라고 그를 확신시켜 주었을 여러 기억들이 떠오르는 것이었다. 그런 높고 강한 믿음이 이제 조반니에게 불가능하긴 했지만, 베아트리체와 함께 있다는 것은 아직도 그 마력을 완전히 잃지 않고 있는 증거였다. 조반니의 분노는 우울한 무감각 상태로 가라앉았다. 베아트리체는 그들 사이에 그녀 자신이나 이미 넘어설 수 없는 검은 심연이 깊이 패어 있음을 직감했다. 그들은 말없이 슬픔에 잠겨 함께 걸었다. 그렇게 해서 그들은 보석 같은 꽃들이 매달린 떨기나무가 한복판에서 자라고 있는 대리석 분수대와 물 웅덩이에 이르렀다. 조반니는 자신이 그 꽃들의 향기를 열심히 즐기며—마치 왕성한 식욕을 느끼듯—들이마시고 있는 사실을 깨닫고 두려움에 떨었다.

"베아트리체, 이 나무는 어디서 가져온 거죠?" 그가 불쑥 물었다.

"제 아버지가 만들어내신 거예요." 그녀는 아무렇지 않게 대답했다.

"만들었다구요! 만들어냈다구요!" 조반니는 같은 말을 반복했다. "아니 그게 무슨 뜻이오, 베아트리체?"

"아버지는 자연의 비밀들을 무서울 만큼 잘 알고 계시는 분이에요." 베아트리체가 대답했다. "그래서 내가 첫 숨을 내쉴 때 이 나무가 땅에서 솟아난 거예요. 내가 자연에서 태어난 아버지의 자식이라면 이 나무는 아버지의 과학이자 아버지가 가진 지식의 자식인 셈이죠. 너무 가까이 가지 말아요!" 조반니가 떨기나무에 가까이 다가가는 것을 공포가 담긴 눈으로 바라보며 그녀는 말을 계속했다. "그 나무는 당신이 상상도 하지 못할 특성들을 가지고 있어요. 하지만 조반니, 난, 난 그 나무와 함께 자라고 꽃피우고 그 숨결을 양분으로 성장했어요. 그래서 그 나무는 내 동생이고 난 그 나무를 인간의 애정으로 사랑하고 있어요. 왜냐하면, 아!—그런 의심이 들지 않던가요?—그건 끔찍한 숙명이기 때문이에요."

베아트리체의 이 말을 들을 때 조반니의 찡그린 얼굴이 너무 음울해서 그녀는 말을 멈추고 몸을 떨었다. 그러나 그의 부드러운 마음에 대한 그녀의 믿음이 되살아나자 잠시나마 그를 의심했다는 자책감에 얼굴이 붉어졌다.

"끔찍한 숙명이죠." 그녀는 계속했다. "저를 세상으로부터 격리시킨, 아버지의 치명적인 그 과학에 대한 사랑의 결과지요. 사랑하는 조반니, 하늘이 조반니를 보내줄 때까지 이 가련한 베아트리체가 얼마나 외로웠는지 아세요!"

"그게 가혹한 숙명인가요?" 조반니는 그녀를 빤히 바라보며 물었다.

"최근에 와서야 그것이 얼마나 가혹한 숙명인지 알았어요." 그녀는 부드럽게 대답했다. "그래요. 하지만 제 가슴은 덤덤해져서 차분해요."

그 순간 조반니의 분노가, 마치 어두운 구름으로부터 터져 나오는 번갯불처럼 음울한 불쾌감으로부터 갑자기 터져 나왔다.

"저주받은 인간!" 그는 악의에 찬 경멸과 분노의 표정으로 소리쳤다. "당신의 고독이 지겨워지니까, 나를 당신과 마찬가지로 모든 따뜻한 삶으로부터 격리시켜서 그 끔찍한 공포의 세계로 나를 유혹한 거지!"

"조반니!" 베아트리체는 그녀의 밝고 큰 눈을 그의 얼굴로 향하며 외쳤다. 조반니가 한 말의 영향이 아직 그녀 마음속까지 이르진 않아서 그녀는 날벼락을 맞은 것처럼 그저 멍하니 서 있었다.

"그래, 당신은 유독한 인간이오!" 조반니는 격정에 사로잡힌 듯이 소리쳤다. "당신이 그렇게 한 거야! 당신이 나를 망친 거라구! 당신이 내 혈관을 독으로 채운 거지! 당신이 나를 당신처럼 추하고, 역겹고, 가증스럽고, 치명적인 존재로, 모든 사람들이 놀랄 끔찍한 괴물로 만든 거야! 자, 이제 만일 우리 입김이 다행히 다른 사람들에게처럼 우리 자신에게도 치명적이라면, 어떻게 말로 표현할 수 없는 그 증오의 키스로 우리 입술을 합치고는 함께 죽어버립시다!"

"아, 이게 어찌된 운명인가?" 베아트리체는 가슴속에서 터져 나오는 낮은 신음소리를 내며 중얼거렸다. "오, 성모 마리아여, 이 가슴 찢긴 가련한 아이를 불쌍히 여기소서!"

"당신, 당신 지금 기도했소?" 조반니는 여전히 잔혹한 경멸의 표정을 띤 채 소리쳤다. "당신의 바로 그 기도가 당신의 입술에서 나오는 순간 공기를 죽음으로 오염시키고 있소. 그래, 좋소. 우리 기도하지! 우리 교회에 가서 입구의 성수(聖水)에 우리 손가락을 담급시다! 우리 뒤에 오는 사람들은 역병에 걸린 것처럼 죽겠지! 우리 공중에 성호를 그읍시다! 그러면 성스러운 상징처럼 저주를 퍼뜨리며 퍼져 나가겠지!"

"조반니!" 베아트리체가 침착하게 말했다. 그녀의 슬픔은 격정의 한계를 넘어 있었다. "왜 그 끔찍한 말들 속에 당신 자신을 나와 함께 묶어넣는 거예요? 당신이 이야기한 대로 난 끔찍한 존재인 게 틀림없어요. 하지만 당신은, 내 끔찍한 비참한 모습에 몸서리를 한번 치고, 정원 밖으로 나가 다른 사람들과 어울리면서, 이 땅에 불쌍한 베아트리체 같은 괴물이 기어다녔다는 사실을 곧 잊어버리기만 하면 되는 걸 왜 그러세요?"

"아니, 당신 지금 모른 척하는 거요?" 조반니는 그녀를 노려보며 물었다. "보시오! 라파치니의 순결한 딸로부터 내가 얻은 이 힘을 말이오."

그때 마침, 정원의 꽃향기가 약속하는 식량을 찾아 한 떼의 여름 벌레들이 공중을 날아다니고 있었다. 벌레들은 조반니의 머리 주위를 빙빙 돌고 있었다. 잠시 몇몇 나무들에 이끌렸던 것과 마찬가지로 그에게도 이끌린 게 분명해 보였다. 그는 벌레들을 향하여 숨을 내뿜었다. 그러고는 적어도 이 십여 마리의 벌레들이 땅에 떨어져 죽는 것을 보며 베아트리체에게 씁쓸한 미소를 보냈다.

"아! 아!" 베아트리체가 비명을 질렀다. "제 아버지의 치명적인 과학의 힘이에요! 조반니! 내가 아니에요! 아니에요! 절대 아니에요! 나는 다만 당신을 사랑하고 잠시 함께 있기를 꿈꾸었을 뿐이에요. 그 뒤 당신을 떠나보내고 내 가슴속에 당신의 모습을 영원히 간직하고 싶었던 것뿐이에요. 날 믿어줘요, 조반니. 내 몸은 비록 독으로 자랐지만 내 정신은 신의 창조물이에요. 그래서 그 양식으로 사랑을 갈구한 거예요. 하지만 제 아버지는—우리를 이 끔찍한 인연으로 결합시킨 거지요. 그래요! 날 걷어차고, 날 짓밟고, 날 죽여줘요! 아, 당신에게 그런 말을 듣고 난 지금 죽음이 내게 무슨 문젠가요? 하지만 당신을 이렇게 만든 건 내가 아니에요. 맹세코 그럴 리가 없어요."

조반니의 열정은 그의 입으로부터 마구 쏟아져 나와 고갈된 듯싶었다. 이제 그에게는 베아트리체와 자신 사이의 애처로우면서도 부드러움이 가시지 않은 그 야릇한 밀착 관계에 대한 생각이 다시 엄습해 왔다. 그들은 말하자면 절대 고독 속에, 넘치는 군중들의 삶 속에서도 조금도 덜어지지 않을 짙은 고독 속에 서 있었다. 그렇다면 그들을 에워싸고 있는 인간성이 제거된 이 황량한 사막은 고립된 이 한 쌍의 인간을 더욱 가깝게 밀착시켜야 하지 않겠는가? 그들이 서로 잔인하게 대한다면 누가 그들에게 친절을 베풀 것인가? 게다가—조반니는 생각했다—그가 일상적 세계의 경계 안으로 돌아갈, 그리고 구원받은 베아트리체의 손을 붙들고 그곳으로 인도할 희망이 아직도 남아 있지 않은가? 베아트리체의 사랑 같은 깊은 사랑을 그처럼 혹독한 말로 무참히 짓밟아버리고, 다시 세속적인 결합과 세속적인 행복이 가능하리라고 꿈꾸다니. 아, 얼마나 박약하고 이기적이고 비열한 정신인가! 결코, 결코, 그 희망은 이루어질 수 없으리라. 그녀는 상처받은 가슴을 안고 무거운 발걸음으로 시간의 경계선을 넘어, 어느 낙원의 샘물에 그녀의 상처를 씻고, 불멸의 빛 속에서 그녀의 슬픔을 잊고, 거기서 영원히 평화롭게 살리라.
그러나 조반니는 그것을 알지 못했다.
"베아트리체." 그는 베아트리체에 다가가며 말했다. 조반니가 가까이 다가올 때면 항상 그랬듯이 그녀는 몸을 약간 움츠렸지만 지금은 전과는 다른 충격으로 몸을 움츠렸다. "사랑하는 베아트리체, 우리 운명이 아직 그처럼 절망적인 것은 아니오. 이걸 봐요! 한 현명한 의사가 나에게 보장해 준 건데 효능이 아주 강하고 탁월한 약이라오. 이 약은 당신 아버지가 당신과 나에게 재앙을 가져온 그 약 성분에 정반대가 되는 성분으로 조제된 것이오. 아주 귀한 약초의 정수를 뽑아 증류한 것이라오. 우리 이 약을 함께 마시고 독으로부터 정화되도록 합시다."
"그 약을 이리 주세요!" 베아트리체는 조반니가 가슴에서 꺼낸 그 조그만 은병을 받으려고 손을 내뻗으며 말했다. 그리고 특별히 강조해서 한 마디 덧붙였다. "제가 먼저 마실게요. 당신은 결과를 지켜보세요."
그녀는 발리오니의 해독제를 입술로 가져갔다. 바로 그 순간 라파치니의 모습이 현관 입구로부터 나타나더니 대리석 분수 쪽으로 천천히 다가왔다. 더 가까이 다가오면서 창백한 얼굴의 과학자는 아름다운 두 남녀의 모습을 승리감에 넘치는 표정으로 바라보는 듯했다. 그 표정은 일생에 걸쳐 한 그림이나 조각품을 완성해낸 예술가가 마침내 자신이 이룬 성공에 만족해하는 표정이었다. 그는 발걸음을 멈추고 굽은 몸을 일부러 힘들여 곧추세웠다. 그는 자식들에게 축복을 간구하는 아버지의 태도로 그들 위로 두 손을 내뻗었다. 그러나 그 손은 그들 삶에 독을 뿌린 바로 그 손이었다. 조반니는 몸을 떨었다. 베아트리체는 경련이 일듯 몸서리치며 손으로 가슴을 눌렀다.
"내 딸아." 라파치니가 말했다. "넌 이 세상에서 더 이상 외롭지 않아. 네 동생 나무에서 보석 같은 귀한 꽃을 꺾어 네 신랑더러 그 꽃을 가슴에 달게 하려무나. 이제 그를 해롭게 하지 않을 게다. 나의 과학과 네 둘 사이의 공감이 그의 몸 안에 작용해서 그는 이제 보통 남자들과는 다른 종류의 남자가 되었어. 내 기쁨이자 자랑인 네가 보통 여자들과는 다른 종류의 여자이듯이. 자, 이제 서로에게는 가장 소중한 사랑의 대상으로, 다른 사람들에게는 두려움의 대상으로, 이 세상을 살아가거라!"
"아버지." 베아트리체가 아직도 손을 가슴에 댄 채 희미한 목소리로 말했다. "아버지는 무엇 때문에 자기 자식에게 이런 비참한 운명을 안겨주신 건가요?"

"비참하다니!" 라파치니가 외쳤다. "어리석게도 그게 무슨 말이냐? 어떤 힘도 대적할 수 없는 그런 놀랄 만한 능력을 부여받았는데도 그게 비참하단 말이냐? 아무리 힘센 자라도 숨결 하나로 제압할 수 있고, 그처럼 아름다우면서도 그처럼 무서울 수도 있는 게 비참하다니? 그렇다면 넌 모든 악을 당하기만 하고 행할 수는 없는 약한 여자가 되길 바란 게야?"

"전 두려움의 대상이 아니라 사랑의 대상이 되고 싶었어요." 베아트리체는 땅 위로 주저앉으며 중얼거렸다. "하지만 이젠 상관없어요. 아버지, 전 아버지가 제 존재와 섞으려고 그렇게 애쓰신 그 악이 꿈처럼 사라져갈 곳으로 가고 있어요—에덴 동산의 꽃들 속에서는 더 이상 내 숨결을 오염시키지 않을 이 독 꽃들 향기처럼 말이에요. 조반니, 잘 있어요. 당신의 증오에 찬 말들은 내 가슴속에 납처럼 무겁게 남아 있어요. 하지만 그 말들도 내가 천국으로 오를 때 다 사라져갈 거예요. 아, 처음부터 내 본성보다는 당신 본성에 더 많은 독이 담겨 있었던 게 아닐까요?"

자연으로부터 받은 체질이 라파치니의 과학적 기술로 그처럼 철저히 바뀌어버린 베아트리체에게 독이 바로 생명이었듯 그 독에 대한 강력한 해독제는 곧 죽음이었던 것이다. 그리하여 인간의 교묘한 재주와, 방해당한 인간의 본성과, 모든 왜곡된 지혜의 노력에 수반되는 치명적 운명을 가진 불쌍한 희생자는 그녀의 아버지와 조반니 앞에서 죽어갔다. 바로 그 순간 피에트로 발리오니 교수가 창문에서 내려다보며 벼락에 맞은 듯 굳어버린 그 과학자를 향해 승리감과 공포감이 섞인 목소리로 크게 외쳤다.

"라파치니! 라파치니! '이게' 자네 실험의 결말인가?"

The Celestial Railroad
천국행 철도

얼마 전 나는 꿈의 대문을 지나 그 유명한 '멸망의 도시'가 있는 지역을 방문한 적이 있다. 일부 시민들의 공공심으로 최근 사람들로 북적대고 번창한 이 도시와 '천국의 도시' 사이에 철도가 개설되었다는 소식은 아주 흥미로웠다. 시간 여유도 있고 해서 나는 자유로운 호기심을 충족시키기 위해 '천국의 도시'로 기차 여행을 시도해 보기로 마음먹었다. 어느 맑은 날 아침, 호텔 숙박료를 지불하고 호텔 보이에게 뒤쪽에 짐을 싣도록 한 뒤 승합마차를 타고 기차역으로 향했다. 나는 운 좋게도 '수월' 씨라는 신사와 동행을 하게 되었는데 그 양반으로 말하자면 이 도시 태생으로 '천국의 도시'에 직접 가보진 않았지만 그곳의 법률, 관습, 정책 및 여러 가지 통계 자료들을 '멸망의 도시'의 그것들 못지않게 잘 알고 있었다. 더구나 그는 철도 회사 이사인 데다 그 회사 주식을 가장 많이 소유하고 있는 주주 가운데 한 사람이어서 훌륭한 사업에 필요한 모든 정보를 내게 제공해 줄 수 있는 위치에 있었다.

우리가 탄 승합마차는 덜컹거리며 도시를 벗어났고 교외를 조금 지나서, 보기엔 우아하지만 무거운 중량을 지탱하기에는 너무 약해 보이는 다리 하나를 건넜다. 다리 양쪽으로는 수렁이 길게 뻗쳐 있었는데 지상의 모든 하수구가 오염 물질을 그곳에 쏟아부었다 해도 그처럼 보기에 흉하고 더러운 냄새가 나지는 않을 것 같았다.

"이게 그 유명한 '절망의 늪'입니다." '수월' 씨가 말했다. "온 인근 지역의 치욕이지요. 단단한 땅으로 쉽게 바꿀 수도 있는데 이 모양이니 더 치욕적이지요."

"아주 옛날 태곳적부터 그런 노력을 해온 것으로 아는데요." 내가 대꾸했다. "마차 이만 대 분 이상의 건전한 교훈을 이곳에 쏟아 부었는데도 아무

효과가 없었다고 버니언이 이야기하고 있지 않습니까."

"당연히 그럴 만하지요! 그런 실속 없는 것으로부터 어떤 효과를 기대할 수 있겠습니까?" '수월' 씨가 큰 소리로 말했다. "이 편안한 다리를 보십시오. 우리는 수렁에다가 도덕에 관한 책들, 프랑스 철학과 독일 합리주의에 관한 책들, 종교 책자, 설교문, 현대 성직자들의 글, 플라톤, 공자, 여러 힌두 현인들의 발췌문들, 그리고 성서에 대한 기발한 논평들을 쏟아부어 다리에 충분한 기초를 다졌는데, 이 모든 재료들이 어떤 과학적인 과정을 거쳐 화강암 덩어리 같은 것으로 바뀐 거지요. 이 수렁 전체가 그 비슷한 물질들로 채워질 수 있을 겁니다."

하지만 그 다리는 아주 위태롭게 흔들리며 오르내리는 것처럼 느껴졌다. 그래서 다리의 기초가 튼튼하다는 '수월' 씨의 증언에도 불구하고, 사람들이 꽉 들어찬 데다 모든 승객이 그 신사나 나처럼 무거운 짐을 싣고 가는 상태로 승합마차를 타고 그 다리를 건너는 것이 썩 마음에 내키지 않았다. 어쨌든 우리는 사고 없이 다리를 건너 곧 기차역에 도착했다. 깨끗하고 널찍한 역사는 조그만 '좁은 문'이 있던 자리에 세워져 있었다. 옛날 순례자들은 다 기억하겠지만 그 좁은 문은 예전엔 큰길 바로 건너편에 서 있었고, 불편하게 좁아서 자유로운 마음의 여행자들이나 배가 뚱뚱한 여행자들에게 큰 장애가 되었었다. 존 버니언의 글을 읽은 사람들은 모든 순례자들에게 신비한 두루마리를 나누어주던 '크리스천'의 옛 친구 '전도사'가 이제 매표소 일을 맡아보고 있다는 사실을 알면 반가워할 것이다. 그러나 악의적인 몇몇 사람들은 이 점잖은 사람이 옛날 그 '전도사'와 같은 사람이 아니라고 주장하는데 심지어 사기꾼이라는 확실한 증거를 댈 수 있을 것처럼 말하기도 했다. 나는 그 논쟁에 끼어들 생각은 없고 다만 내 경험에 비추어보건대 지금 승객들에게 나누어주는 네모나고 두꺼운 종잇조각이 옛날 그 양피지 두루마리보다 여행하는 데 훨씬 더 편리하고 유용하다는 이야기만 하겠다. 이 종잇조각들이 '천국의 도시'의 대문에서 아무 일 없이 잘 받아들여질는지에 대해서는 내 의견을 말하고 싶지 않다.

기차역에는 많은 승객들이 이미 도착해서 기차가 떠나기를 기다리고 있었다. 이 사람들의 모습과 행동을 보건대 천국 순례에 대해 이곳 주민들의 감정이 매우 호의적으로 바뀌었음을 쉽게 알 수 있었다. 버니언이 이 모습을 보았더라면 아주 기분 좋았을 것이다. 온 시민들의 야유를 들으며 등에 무거운 짐을 잔뜩 지고 슬픔에 잠겨 터덜터덜 걸어가던 남루한 차림의 그 외로운 '크리스천' 대신에 이제 인근의 부유하고 점잖은 상류층 사람들이 무리지어 마치 그 순례가 여름날 소풍이나 되듯 즐거운 기분으로 '천국의 도시'를 향하고 있었다. 순례자들 중에는 훌륭한 명사들, 치안 판사, 정치가, 재벌들이 포함되어 있어 그들보다 못한 하류층 형제들에게 종교를 강력히 권장하는 본보기가 되는 셈이었다. 여자 칸에서 '천국의 도시'의 가장 높은 사교계를 장식하기에 아주 알맞은, 이 도시 사교계의 꽃이라 할 만한 여인들의 모습을 볼 수 있는 것은 큰 즐거움이었다. 종교가 가장 핵심적인 문제임은 의심할 여지가 없었지만 그들은 종교 문제를 품위 있게 잠시 뒷전으로 미루어놓고 그날의 새로운 소식과 사업, 정치, 가벼운 오락에 관한 이야기를 화제 삼아 즐거운 대화를 나누고 있었다. 그러나 이교도들은 이 대화 중에서 그들 감성에 충격을 줄 만한 아무런 내용도 들을 수 없었을 것이다.

이런 새로운 순례 방법이 아주 편한 점 한 가지를 잊지 않고 이야기해야겠다. 그것은 우리의 무거운 짐을 이전 관습처럼 어깨에 메는 대신 화물칸 안에 잘 보관했다가 여행이 끝나면 저마다 자기 짐을 되돌려 받게 되어 있다는 점이다. 자애로운 독자라면 기꺼워할 또 한 가지 좋은 점이 있다. 기억하다시피 왕 바알세불과 '좁은 문' 관리인은 오래전부터 서로 불화상태라 정직한 순례자들이 좁은 문을 두드릴 때면 왕의 추종자들이 으레 순례자들을 향해 치명적인 화살을 쏘아댔다. 이러한 분쟁이 위에서 언급한 유명한 군주 왕 바알세불과 철도 회사의 훌륭한 이사들의 공로로 서로 타협한다는 원칙 아래 평화롭게 조정된 것이다. 왕의 부하들 상당수가 이제 역사 주변에 고용되어 화물 관리라든가 연료 운반이라든가 기관차에 대한 연료 공급이라든가 하는 일들에 종사하고 있었다. 사실대로 말하건대 어떤 철도 회사에서도 그들만큼 열심히 일하고, 기꺼이 여객들의 편의를 봐주고, 여객들에게 상냥하게 대하는 직원들을 찾아보기가 쉽지 않을 것이다. 마음이 선량한 사람이면 누구나 그렇게도 오래된 어려움을 그처럼 만족스럽게 조정한 사실에 기쁨을 느끼지 않을 수 없을 것이었다.

"'담대' 씨는 어디 있죠?" 내가 물었다. "틀림없이 철도 회사 이사분들이 그 유명한 전사를 주기관사로 고용했을 텐데 말이죠."

"아니, 그렇게 되지 않았어요." '수월' 씨는 마른 기침을 하며 대답했다. "그 양반한테는 제동수 자리를 부탁했었죠. 하지만 사실 '담대' 씨는 늙어가면서 아주 딱딱하고 편협해졌어요. 그 양반은 순례자들을 길 너머로 도보 안내를 해왔기 때문에 다른 방법으로 여행하는 것은 죄악이라고 생각하고 있지요. 게다가 바알세불 왕과의 오랜 불화상태에서 벗어나려는 마음이 전혀 없고, 왕의 부하들과 계속 주먹다짐을 하거나 욕지거리를 주고받으려 해서 우리를 새로운 분쟁에 휘말리게 했어요. 그래서 '담대' 씨가 발끈해서 '천국의 도시'로 떠나버린 뒤 우리 마음대로 더 어울리고 협조적인 사람을 골랐을 때 우리는 별로 유감스럽게 생각하지 않았지요. 저기 기관사가 오는군요. 아마도 금방 알아볼 수 있는 사람일 겁니다."

바로 그 순간 기관차가 객차들 앞에 자리를 잡았는데 고백컨대 그 모습은 우리를 '천국의 도시'로 순조롭게 안내할 찬양할 만한 고안품이라기보다는, 우리를 지옥으로 휘몰아갈 악마의 기계에 훨씬 더 가까워 보였다. 기관차 꼭대기에는 연기와 불길에 거의 싸인 채 한 사람이 앉아 있었다. 그런데 그 연기와 불길은—독자들을 놀라게 하려는 게 아니다—기관차의 놋쇠로 만든 복부에서뿐만 아니라 그 사람 자신의 입과 배로부터 쏟아져 나오고 있는 것 같았다.

"아니 제가 뭔가 잘못 본 게 아닙니까?" 나는 놀라 소리를 질렀다. "이게 도대체 뭔가요? 살아 있는 생명체란 말입니까? 만일 그렇다면 바로 그가 타고 있는 기관차의 형제로군요!"

"허허, 꽤나 둔하시군요!" '수월' 씨는 맘껏 웃으면서 말했다. "아니, '크리스천'이 '겸손의 골짜기'에서 격렬한 싸움을 벌였던, '크리스천'의 옛 적 아바돈을 모르신단 말입니까? 기관차를 운전하는 사람이 바로 그 아폴리온입니다. 우리가 중재해서 그로 하여금 순례의 관습을 따르게 했고 그를 주기관사로 고용한 것이지요."

"거 참, 훌륭하군요." 나는 억누를 수 없는 열정을 느끼며 외쳤다. "이 시대의 관대함을 잘 보여주는 일이에요. 모든 케케묵은 편견들이 없어져 갈 가능성을 잘 보여주는 거지요. 옛 시절의 이런 행복한 변신 소식을 들으면 '크리스천'이 얼마나 기뻐하겠습니까! '천국의 도시'에 도착하면 그에게 이 소식을 알리는 큰 기쁨을 누려야겠습니다.

승객들이 모두 편안히 자리를 잡자 기차는 곧 덜커덩거리며 즐겁게 달려갔다. 기차는 겨우 십 분 만에, '크리스천'이 터덕터덕 걷는 걸음으로는 하루가 걸렸을 거리보다 더 멀리 달렸다. 마치 번개 꼬리 같은 열차를 따라 눈길을 주다가 우리는 먼지를 뒤집어쓴 채 걸어오고 있는 두 명의 도보 여행자를 보았다. 이날 순례자 옷차림에 조가비를 두른 모자를 쓰고 지팡이를 들고, 손에는 신비로운 양피지 두루마리를 쥐고 어깨에는 견디기 힘들 만큼 무거워 보이는 짐을 진 그들 모습을 우리는 재미있게 구경했다. 발달된 현대 문명의 이기를 거부하고, 신음하며 넘어지면서도 힘든 흙길 걷기를 고수하는 이 정직한 사람들의 어리석기 짝이 없는 고집은 현명한 우리 형제들에게 큰 웃음거리를 주었다. 그래서 우리는 두 순례자에게 악의 없는 조롱과 폭소로 인사를 대신했다. 그러자 그들은 아주 슬픈, 그리고 어울리지 않게 아주 동정적인 얼굴로 우리를 빤히 바라보았는데 그 모습에 우리는 더욱더 재미있어하며 법석을 떨었다. 아바돈도 우리의 놀이에 열심히 끼어들어 기관차 연기와 화염을 순례자의 얼굴에 내뿜는 장난질을 하면서 그들을 뜨거운 수증기로 감싸버렸다. 조금 지나친 이런 장난들은 우리를 무척 즐겁게 했고 순례자들에게는 분명 스스로를 순교자로 생각하는 만족감을 주었을 것이다.

'수월' 씨는 철로에서 약간 떨어진 곳에 서 있는 커다란 옛 건물을 가리켰다. 그 건물은 오래된 여인숙으로 첫날에 순례자들이 묵어가던 유명한 곳이라 했다. 버니언의 도로 안내서에는 그 건물이 '해설자의 집'으로 언급되어 있다.

"저 옛날 건물을 방문해 보고 싶은 호기심을 오래전부터 가지고 있었죠." 내가 말했다.

"보시다시피 그곳엔 정거장이 없습니다." 나의 여행 친구가 말을 받았다. "주인이 철도 회사 측에 강력히 반대했어요. 당연히 그럴 만했지요. 철로가 그 집을 한쪽으로 비껴가서 점잖은 손님들이 다 떨어져버릴 게 뻔했으니까요. 하지만 아직도 길이 그 집 앞을 지나고 있어서 늙은 주인은 이따금 일반 여행 손님을 받고 자신이 먹는 것과 같은 옛날식 음식으로 손님들을 대접하고 있습니다."

이 화제를 둘러싼 우리 이야기가 채 끝나기 전에 우리는 옛날 '크리스천'이 십자가를 보고 그의 어깨에서 짐을 떨어뜨렸던 곳을 획 지나갔다. 그러자

'수월' 씨, '속세적 삶' 씨, '가슴속에 죄 감추기' 씨, '더러운 양심' 씨, 그리고 '후회 안하기' 마을에서 온 한 무리의 사람들은 화제를 바꾸어 우리 짐을 그처럼 안전하게 보관할 수 있다는 엄청난 이점에 대해 이야기들을 나누었다. 나와 모든 승객들은 그들의 말에 전적으로 동감했다. 우리 짐 속에는 세상에서 값지다고 할 만한 갖가지 것들이 잔뜩 들어 있었고, 특히 모두들 '천국의 도시'의 점잖은 사교계에서 결코 유행에 뒤지지 않으리라 생각되는 다양한 옷들을 그 속에 가지고 있었기 때문이었다. 그런 갖가지 값진 물건들이 바위 아래 무덤으로 굴러떨어지는 것을 본다면 정말 가슴 아픈 광경이 될 것이다. 과거 순례자들이나 좁은 소견을 가진 오늘의 순례자들 처지와 비교해 볼 때 우리는 얼마나 편하고 순조롭게 여행하고 있는지 즐겁게 이야기 나누는 사이 우리는 어느새 '고난의 산' 기슭에 이르러 있었다. 이 바위산 한가운데로 터널이 뚫려 있었는데 그 터널은 높은 아치와 넓은 복선 철로를 갖춘 아주 훌륭한 건조물이어서 흙이나 바위가 무너져 내리지만 않는다면 시공자의 기술과 업적이 영원한 기념비로 남을 만했다. '고난의 산' 한가운데서 파낸 흙과 돌들로 '겸손의 골짜기'를 메운 것은 부수적으로 얻은 것이긴 하지만 대단한 이득이었다. 그 덕분에 기분 나쁘고 몸에 해로운 분지로 내려가야 하는 수고를 덜었기 때문이었다.

"정말 대단한 발전이군요." 내가 말했다. "하지만 '아름다움의 집'을 방문해서 순례자들을 친절하게 맞아주는 '신중' 양, '경건' 양, '자선' 양 등 아름다운 젊은 아가씨들을 만나볼 수 있는 기회가 없어 아쉽습니다."

"젊은 아가씨들이라구요!" '수월' 씨는 그 말을 듣고 한참 웃다가 가까스로 웃음을 멈추고 큰 소리로 말했다. "그리고 아름다운 아가씨들이라구요! 이제는 모두 노처녀가 되어버렸어요. 새침하고 딱딱하고 메마르고 앙상하게 말입니다. 한마디 더하자면 '크리스쳔'의 순례 시절 이후로 지금까지 그들 모두 가운 모양 하나 바꾸질 않았어요."

"아, 그렇군요. 그렇다면 안 만나 봐도 괜찮습니다." 나는 적이 위안을 느끼며 말했다.

아바돈은 자신이 불운하게 '크리스쳔'과 만났던 그 장소에 얽힌 불쾌한 기억을 떨쳐버리기라도 하듯, 이제 기관차를 전속력으로 몰아가고 있었다. 버니언 씨의 안내서를 참고하면서 나는 우리가 '죽음의 그늘 골짜기'에 아주 가까이 다가가고 있음을 알 수 있었는데, 그 속도로라면 그 침울한 곳 속으로 너무 빨리 빠져들어가고 있는 게 아닌가 하는 느낌이 들었다. 나는 사실 한쪽은 도랑이고 다른 한쪽은 수렁인 사이를 빠져나가야 하리라 각오하고 있었다. 그런 걱정을 '수월' 씨에게 이야기하자 그는 이 지역을 통과하기가 어렵다는 이야기들이―아무리 최악의 상태라 하더라도―아주 과장되어 있으며 지금의 개선된 상태에서는 기독교국 어느 철도를 탈 때 못지않게 안전하다고 생각해도 좋다고 안심시켰다.

우리가 이야기를 나누고 있는 사이에도 기차는 그 끔찍한 골짜기 속으로 쏜살같이 빠져들고 있었다. 골짜기에 만들어진 둑길 위로 기차가 마구 내달릴 때 죄책감으로 내 가슴은 바보같이 줄곧 두근거렸지만, 그렇다고 둑길을 만든 과감하고 독창적인 발상과 그것을 실현한 정교함에 대한 찬사를 보내지 않는 것은 옳지 않았다. 또한 그 골짜기의 영원한 음울함을 걷어내고, 단 한 줄기 빛도 스며들지 않으며 밝은 햇빛이 완전히 차단된 골짜기의 어둠을 메우기 위해 얼마나 많은 노력을 기울였는지 눈여겨보는 것은 참으로 흐뭇한 일이었다. 이 목적을 위해 땅으로부터 풍부하게 스며 나오는 가연성 가스를 파이프로 모아서, 골짜기를 통과하는 모든 철로에 설치한 네 줄의 램프들로 보내고 있었다. 그리하여 골짜기 위에 영원히 내려앉아 있는 유황 불길의 저주에서도 어떤 광휘가 피어오르는 것 같았다. 그러나 그 광휘는 눈에 해로웠고, 승객들 얼굴에 일으키는 변화로 보건대 뭔가 사람을 당혹스럽게 하는 것이 있었다. 이런 점으로 미루어 그 광휘를 자연의 빛과 비교해 보면 거기에는 진실과 허위를 비교해 볼 때와 같은 차이가 있었다. 하지만 만약에 독자들이 '음산한 골짜기'를 여행해 본 적이 있다면, 머리 위의 하늘에서가 아니라 생명체라고는 찾아볼 수 없는 발밑의 땅에서 불빛을 얻을 수만 있다면 그것으로 고마움을 느낄 수 있었으리라. 이 램프들의 붉은 광휘는 매우 밝아서, 램프들이 마치 철로 양쪽에 불벽을 세우고 있는 듯했고 그 사이로 우리는 번갯불처럼 내달리면서 온 골짜기를 천둥 같은 소리로 메아리치게 했다. 만에 하나 기관차가 선로를 벗어난다면―충분히 있을 수 있는 재앙이라고들 수군댔다―그 끝없는 지옥의 나락이 (정말 그런 곳이 있다면) 분명 우리를 몽땅 삼켜버렸을 것이다. 이런 무시무시하고 엉뚱한 생각에 가슴을 떨고 있을 때 마치 천 마리나 되는 악마들이 한꺼번에 내지르는 듯한 엄청난 고함소리가 골짜기를 따라 퍼져나갔다. 그러나 그 소리는 다음 정거장에 도착했다는 것을 알리는 기관차 기적소리에 불과했다는 것이 곧 드러났다.

우리가 잠시 멈춰 선 곳은 우리 친구 버니언이—진실하긴 하지만 다분히 환상적인 생각에 젖어 있는—나조차 그렇게 쓰고 싶지 않은 평범한 표현으로 '지옥의 입구'라고 이름 지은 곳이었다. 그러나 '수월' 씨의 말을 따르면 그건 잘못된 것이 틀림없었다. 연기가 솟고 무시무시한 붉은 빛이 도는 동굴에서 우리가 멈춰 있는 사이, '수월' 씨는 '도벳'이라는 지옥이 비유적으로도 존재하지 않는 곳이라고 똑똑히 말했다. 그리고 이곳은 반쯤 죽은 화산의 분화구에 지나지 않으며 철로용 철을 제조하기 위하여 철도 회사 이사들이 이곳에 용광로를 설치하게 한 것이라고 우리를 확신시켰다. 이곳에서는 또 기관차에 필요한 연료를 충분히 구할 수 있다고 했다. 이따금 칙칙한 불길의 검은 혀가 널름대는 넓은 동굴 입구에서 으스스한 어둠을 들여다본 사람들, 연기가 그 안으로 휘감겨 들어간 듯한 이상한 모양의 괴물 같은 형상과 끔찍스럽게 기괴한 얼굴들의 환영을 지켜본 사람들, 무시무시한 중얼거림과 비명 같은 소리와 때때로 알아들을 수 있는 말처럼 들리는 거센 바람의 깊게 떨리는 속삭임을 들어본 사람들, 그런 사람들은 우리가 모두 그랬듯이 누구나 '수월' 씨의 설명에 매달려 위로를 얻고 싶을 것이다. 더욱이 이 동굴의 주민들 얼굴은 연기에 그을려 칙칙하고 보기 흉했으며 다리는 뒤틀려 있었다. 그리고 마치 가슴속에 타오르는 불길이 창 위로 새어나오듯 눈에는 광채가 담겨 있었다. 용광로에서 일하는 일꾼들과 기관차에 연료를 공급하는 인부들이 가쁜 숨을 내쉴 때 그들 입과 콧구멍에서 실제로 연기가 나오는 괴상한 모습은 나에게 강한 인상을 남겼다.

기차 주변에서 빈둥거리며 거의가 분화구의 불길로 불을 붙여 여송연을 피우고 있는 사람들 가운데, 분명 '천국의 도시'로 이미 기차 여행을 떠난 것으로 알고 있는 사람들이 끼여 있는 것을 보고 나는 어리둥절했다. 그들은 정말이지 이곳 원주민들과 묘하게 닮아 어둡고 거칠고 연기에 그을린 듯 보였다. 또한 그들처럼 악의적인 조롱과 조소를 즐기는 기분 나쁜 버릇이 있었는데 그런 버릇이 그들의 얼굴에 뒤틀린 표정을 굳혀 놓고 있었다. 이들 중 한 사람으로서 별로 쓸모가 없는 게으름뱅이인 '만사 태평'이라는 사람과 나는 서로 이야기를 하고 지내던 사이라 그를 불러 여기서 무얼 하고 있는지 물어보았다.

"'천국의 도시'로 떠나지 않으셨던가요?" 내가 물었다.

"그랬었죠." '만사 태평' 씨는 조심성 없이 내 눈쪽으로 담배 연기를 내뿜으며 말했다.

"하지만 듣자하니 영 좋지 않은 이야기뿐이어서 그 도시가 서 있다는 높은 언덕은 아예 오르지 않았소. 할 일도 없고, 재미있는 일도 없고, 마실 것도 없고, 담배도 못 피우게 하고, 아침부터 밤까지 교회 음악만 연주한다지 뭡니까! 숙식을 무료로 제공한다 해도 그런 곳에서는 살 수 없어요."

"하지만 '만사 태평' 씨, 다른 곳 다 놔두고 왜 하필이면 이곳에 자리를 잡으셨습니까?"

"아, 우선 이곳은 아주 따뜻하고, 옛날 친구들도 많이 만날 수 있고, 두루두루 내게 잘 맞아서지요." 그 게으름뱅이는 히쭉 웃으며 대답했다. "다시 돌아와 여기서 만나길 바랍니다. 여행 잘 다녀오십시오."

그가 말하는 사이 기관차의 종이 울렸고, 몇몇 승객만 내리고 새 승객은 전혀 오르지 않은 채 우리는 계속 내달렸다. 골짜기 사이로 덜커덩거리며 돌진해 가는 사이 강렬히 비치는 가스 램프 불빛 때문에 전처럼 눈이 부셨다. 그러나 때때로 강렬한 불빛 너머 어둠 속에서 저마다 죄와 사악한 열정의 표정을 담은 음험한 얼굴들이 우리들을 노려보며 불빛 베일을 통해 그 모습을 드러내면서, 마치 우리 진로를 방해하려는 듯 커다란 검은 손을 내뻗고 있는 것 같았다. 그 모습들은 내 자신의 죄의 모습들처럼 느껴져 나를 오싹하게 만들었다. 이런 생각이나 느낌은 스스로 부끄럽게 생각해야 할 망상에 지나지 않고 상상의 변덕스러운 장난 그 이상의 무엇도 아닌 게 분명했다. 그럼에도 '음산한 골짜기'를 통과하는 동안 나는 같은 종류의 백일몽으로 고통과 괴로움과 슬픈 당혹감을 줄곧 느껴야 했다. 아마 악취를 풍기는 그 지역의 여러 가지 가스들이 뇌를 마취시킨 탓이었을 것이다. 그러나 자연의 어스름이 램프 등불과 경쟁을 벌이기 시작하면서 이 망상 같은 것들은 점점 생기를 잃어갔고, '죽음의 그늘 골짜기'로부터 우리의 도피를 환영하는 첫 햇살이 비치자 완전히 사라져버렸다. 1마일을 채 더 못 가서 나는 그곳을 지나치는 동안의 음울함이 한낱 꿈에 지나지 않았다고 단언할 수 있을 것 같았다.

골짜기 끝에는 존 버니언이 말한 대로 동굴이 하나 있는데 버니언 시대에는 그곳에서 두 잔혹한 거인인 '교황'과 '이교도'가 살면서 동굴 주변 땅에 학살당한 순례자들의 뼈를 잔뜩 뿌려 놓았었다. 그 고약한 두 늙은 은둔자는 이제 없지만 그들이 떠난 동굴에 다른 끔찍한 거인이 비집고 들어서 정직한 여행객들을 붙잡아 연기와 안개와 달빛과 생감자와 톱밥으로 된 푸짐한 음식으로 그들을 살찌우는 일을 하고 있었다. 그는 독일 태생으로 이름은 '초월주의자 거인'이라 했다. 그러나 그의 형체나 얼굴 모습이나 실체나 일반적인 본성에 대해 말하자면, 그 자신이나 다른 사람들이 그에 대해서 도무지 묘사할 수 없다는 점이 이 거인 악당의 가장 중요한 특징이었다. 동굴 입구를 지나 돌진해 갈 때 우리는 뭐랄까 균형 잡히지 않은 사람 모습 같기도 하면서 오히려 무슨 안개나 땅거미에 더 가까워 보이는 그의 모습을 흘깃 바라보았다. 그는 우리를 보고 무슨 뜻인지 알 수 없는, 우리를 격려하는 것인지 겁주려는 것인지조차 알 수 없는 이상한 말로 뭐라고 소리쳤다.

    기차가 천둥소리를 내며 옛 '허영의 도시'로 들어선 것은 오후 늦은 시간이었다. 그곳에서는 '허영의 시장'이 아직 한창으로, 이 세상 모든 빛나고 화려하고 황홀한 것들의 줄인 그림 하나를 전시하고 있었다. 나는 이곳에서 제법 오래 머무를 예정이었으므로 옛날에 이곳 주민들이 '크리스천' 박해와 '믿음'의 순교 같은 아주 잘못된 조치를 취하게 만들었던, 순례자들과 이곳 주민들 사이의 불화가 이제 사라졌다는 사실을 알고 매우 기뻤다. 오히려 이제는 새 철도가 개통되면서 교역이 활발히 이루어지고 사람들이 끊임없이 밀려들어 '허영의 시장'의 영주 자신이 철도를 가장 애용하는 후원자가 되었고, 철도 회사의 가장 큰 주주 가운데에는 그 도시의 자본가들이 많이 끼여 있었다. 많은 승객들이 '천국의 도시'로 계속 여행하는 대신 즐거운 시간을 보내거나 '허영의 시장'에서 이득을 보려고 이곳에 멈추는 게 보통이었다. 사실 이 도시는 대단한 매력을 지니고 있어 사람들은 이따금 이 도시가 진정 유일한 천국이라 단언하며, 다른 천국은 없을뿐더러 더 이상 천국을 찾는 사람들은 몽상가일 따름이라 했다. 그리고 전설 같은 '천국의 도시'의 밝은 빛이 '허영의 도시'와 1마일밖에 떨어져 있지 않다 해도 그들은 그곳을 찾아갈 바보들이 아니라고 강력하게 주장했다. 아마 지나치게 과장되었을 이런 찬사에 동의하지는 않지만 솔직히 말해 이 도시는 살기 좋은 곳이었고 이곳 주민들과 어울리는 것은 즐겁고 유익했다.

근본적으로 진지한 기질을 타고난 나는 이곳을 찾는 거의 모든 방문객들의 주요 목적인 말초적인 즐거움보다는 이곳에 거주함으로써 얻을 수 있는 보다 실속 있는 이득에 더 관심 있었다. 버니언 시대 이후 이 도시에 관한 기록을 본 적 없는 기독교도 독자들은, 이 도시의 거의 모든 거리마다 교회가 들어서고 성직자들이 '허영의 시장'에서 가장 존경을 받는다는 사실을 알면 깜짝 놀랄 것이다. 사실 그들은 그런 높은 평가와 존경을 받을 만했다. 왜냐하면 그들의 입에서 나오는 지혜와 미덕에 관한 금언들은 옛날 현명한 철학자들처럼 깊은 정신적 원천으로부터 나온 것이고 우리를 높은 종교적 목표로 이끌었기 때문이다. 이 높은 칭송을 정당화하기 위해서는 몇몇 목사들, 즉 '얄팍한 깊이 목사, '진리를 떠듬거리는' 목사, 아주 훌륭한 노목사로서 곧 그의 설교단을 '내일' 목사에게 물려주기로 되어 있는 '오늘' 목사, '당황' 목사와 '정신 막기' 목사, 마지막으로 가장 위대한 목사인 '교리의 바람' 박사, 이들 이름을 언급하는 것으로 족하리라. 이 탁월한 성직자들의 노고는 수많은 순회 연사들의 도움을 받았는데 이 연사들은 인간계와 천계의 모든 과학적 주제에 관해 아주 넓고 깊은 지식을 나누어 주었기 때문에 누구라도 글 읽기를 배우는 수고조차 할 필요 없이 종합 생산적인 학식을 얻을 수 있다. 그래서 문학은 그 매체로 인간의 음성을 택함으로써 영성화(靈性化)되고, 지식은 모든 무거운 성분들을 침전시키며—물론 금 성분은 제외하고—소리로 발산되어 사람들의 항상 열려 있는 귓속으로 스며들었다. 이런 기발한 방법들은 일종의 기계 장치처럼 되어 있어 누구든지 아무런 불편을 겪지 않고도 수월하게 생각하고 연구도 할 수 있게 된 것이다. 또한 개인 도덕의 대량 생산을 위한 다른 종류의 기계 장치도 있었다. 이런 놀랄 만한 결과는 온갖 도덕적 목적을 위해 설립된 여러 단체들에 의해 이룩된 것인데, 사람들은 이런 단체들과 관련을 맺어 말하자면 자기에게 할당된 몫의 미덕만을 공동 주식에 투자하면 되었다. 그러면 단체장들과 이사들이 그렇게 모인 총자산을 잘 활용하는 관리를 맡았던 것이다. 이러한 발전들과 윤리, 종교, 문학 분야에서의 다른 놀랄 만한 진보에 대해 재치 있는 '수월' 씨는 나에게 아주 이해하기 쉽게 설명해 주었다. 그 결과 나는 '허영의 시장'에 대한 깊은 경탄을 금할 수 없게 되었다.

소책자가 넘치는 이 시대에 인간 사업과 쾌락의 이 위대한 수도에서 내가 관찰한 모든 것을 기록하려고 한다면 책 한 권은 충분히 채우고도 남을 것이다. 이곳에는 각계 권력자들, 현자들, 재기 넘치는 사람들은 물론이요, 왕자들, 회장들, 시인들, 장군들, 예술가들, 배우들, 박애주의자들 같은 사회 각층의 명사들이 있다. 이들은 모두 '허영의 시장'에서 그들 나름의 시장을 형성하고 있었고 그들 마음에 드는 상품에 대해서는 어떤 가격도 터무니없다고 생각하는 일이 없었다. 물건을 사거나 팔 생각이 없다 하더라도 시장 여기저기를 거닐면서 그곳에서 진행되고 있는 다양한 거래를 지켜보는 것은 아주 흥미 있고 보람 있는 일이었다.

 내 생각에 어떤 구매자들은 거래를 아주 잘 못하는 것 같았다. 예컨대 아주 많은 재산을 물려받은 한 젊은이는 병(病)들을 구입하는 데 재산의 상당 부분을 쓰고 결국은 무거운 후회와 넝마 한 벌의 대가로 나머지 돈을 다 써버렸다. 한 아름다운 아가씨는 수정처럼 맑고 그녀의 가장 귀한 자산처럼 보이는 자신의 마음을, 같은 수정이긴 하지만 전혀 가치가 없어 보일 만큼 낡고 파손된 다른 보석과 맞바꾸기도 했다. 또 한 상점에서는 군인들과 작가들과 정치가들과 다른 다양한 계층의 사람들이 잔뜩 쌓여 있는 월계관을 서로 먼저 사려고 떼밀며 아우성이었다. 어떤 사람들은 이 하찮은 화관을 목숨 바쳐 사고, 또 어떤 사람들은 수년에 걸친 고된 노예 생활을 대가로 구입하는데, 많은 사람들은 가장 값진 것을 모조리 희생하고서도 결국 월계관을 구하지 못한 채 도망가듯 슬슬 사라져버렸다. 그곳에서는 '양심'이라는 이름의 일종의 증권이랄까 증서랄까 하는 것으로 거의 모든 물건을 살 수가 있어 많은 사람들이 그것을 필요로 하는 것 같았다. 실제로 이 특정 증권에 많은 액수를 지급하지 않고 귀한 상품들을 구입하기란 거의 불가능했다. 그리고 비축한 '양심' 증권을 정확히 언제 어떤 방식으로 시장에 투자할 것인지 알지 못하면 사업에서 이득을 보기가 어려웠다. 그러나 이 증권만이 영원한 가치를 지니는 유일한 것이기 때문에 증권이 다 떨어진 사람은 결국 손해를 볼 수밖에 없었다. 이곳에서 볼 수 있는 투기나 거래들 중에는 문제가 될 만한 것들이 꽤 있었다. 때때로 국회의원이 그의 선거구민을 팔아 자신의 호주머니를 채우기도 했고 공직자들이 가끔 아주 저렴한 가격으로 나라를 파는 것 같기도 했다. 수많은 사람들이 일시적인 기분을 위해 그들 행복을 팔았다. 또 도금한 목걸이 수요가 아주 높아 무슨 희생을 치르고서라도 그것을 구입하려 했다. 정말이지 옛날 격언대로, 노래 한 가락 듣기 위해 모든 값진 것을 다 팔려는 사람들은 '허영의 시장' 어디에서나 거래 상대를 찾을 수 있었다. 또한 장자 상속권을 팔아서 사먹으려는 사람들을 위하여 그릇에 담긴 뜨끈뜨끈한 팥죽이 수없이 널려 있었다. 그러나 '허영의 시장'에서 몇몇 상품은 진짜를 찾을 수가 없었다. 만일 손님이 젊음의 자산을 재계약하기를 바랄 때, 상인은 의치 한 벌이나 적갈색 가발을 내놓고, 마음의 평화를 요구할 경우 아편이나 브랜디 술병을 권하는 것이었다.

가끔 '천국의 도시'에 있는 광활한 땅과 훌륭한 저택이 아주 불리한 조건으로 '허영의 시장'의 조그맣고 음침하고 불편한 셋집의 이삼 년 정도의 임대와 교환 거래될 때도 있었다. 이런 거래에서 바알세불 왕은 큰 이익을 챙겼고 때때로 생색을 내며 더 사소한 거래에도 끼어들었다. 한번은 운 좋게도 그가 한 수전노와 영혼을 가지고 거래하는 것을 본 적이 있었는데 서로 머리를 써가며 한참을 실랑이한 끝에 결국 바알세불 왕이 6펜스 정도의 값으로 그 수전노의 영혼을 사는 데 성공했다. 그러나 왕은 미소를 띤 채 그 거래에서 자기가 손해 보았다고 말하는 것이었다.

여러 날 '허영의 도시'의 이 거리 저 거리를 걸어다니는 동안 내 태도와 거동이 주민들과 점점 더 닮아갔다. 그곳이 고향처럼 느껴지기 시작했고 '천국의 도시'로 여행을 계속해야 한다는 생각이 머리에서 거의 잊혀가고 있었다. 그러다가 우리가 여행을 시작할 무렵 아바돈이 그들 얼굴에 연기와 수증기를 덮어씌워 모두가 즐겁게 웃었던, 바로 그 검소한 차림의 두 순례자 모습을 보고서야 천국행 여행이 다시 떠올랐다. 상인들이 그들에게 자줏빛 고운 아마천과 보석들을 사라고 권하고, 재치와 유머가 풍부한 사람들이 그들을 놀려대고, 아름다운 두 아가씨가 그들에게 추파를 던지고, 자애로운 '수월' 씨가 그들에게 바싹 다가가 지혜로운 말들을 속삭이는 '허영의 시장'의 이 북새통 한가운데에 그들은 서 있었다. 그러나 이 훌륭한 바보들은 '허영의 시장'의 모든 상거래와 쾌락에 참여하는 것을 완강하게 거부하는 것만으로 그 모습을 황량하고 기괴하게 보이도록 만들었다.

그들 중 한 사람이—이름은 '옳은 일 고수하기'—이 실용적인 두 사람에 대해 내가 어쩔 수 없이 느끼면서 나 자신도 몹시 놀라워한 공감이랄까 존경이랄까 하는 감정을 아마도 내 얼굴에서 읽어낸 것 같았다. 그는 내게 말을 걸어왔다.

"저, 선생께서는 자신을 순례자라고 부르십니까?" 그는 슬픈 어조가 담긴, 그러나 온화하고 친절한 목소리로 물었다.

"그렇습니다." 내가 답했다. "당연히 그렇게 불릴 만한 권리가 있다고 생각하죠. 새 철도를 이용해서 '천국의 도시'로 가는 길에 이곳 '허영의 시장'에 잠깐 묵고 있을 따름입니다."

"아하, 친구여." '옳은 일 고수하기' 씨가 말을 받았다. "그 모든 생각은 한낱 물거품 같은 것일 뿐이라고 분명히 말씀드리고 싶습니다. 부디 내 말이 진실이라는 것을 믿어주십시오. 수천 년을 살면서 일생 동안 내내 그 여행을 계속하실 수 있을지는 모르지요. 그러나 결코 이 '허영의 시장' 경계 밖으로 나가지는 못할 것입니다. 그렇습니다. 선생께서 '축복받은 도시'의 문에 들어섰다고 스스로 생각하시더라도 그것은 가련한 상상에 지나지 않는 것입니다."

"'천국의 도시' 주인께서는 이 철도 법인조직의 법안 인준을 거부하셨고 또 영원히 거부하실 것입니다." 이름이 '천국으로 걷기' 씨인 다른 순례자가 거들며 말했다. "그 인준을 얻지 못하면 어떤 승객도 그분의 영역에 들어가길 바랄 수 없습니다. 따라서 차표를 산 모든 사람들은 자신의 영혼 값이라 할 수 있는 그 구입 대금을 잃은 것으로 생각해야 하지요."

"허어, 말도 안 되는 소리!" '수월' 씨가 내 팔을 붙잡고 그들로부터 나를 떼어 내면서 말했다. "저 친구들은 명예훼손죄로 고발해야 할 사람들입니다. '허영의 시장' 옛날 법에 따르면 감옥의 쇠창살 사이로 이를 드러내고 있는 저 친구들의 모습을 볼 수 있을 텐데 말입니다."

이 사건은 내 마음에 매우 강한 인상을 남겨, 나로 하여금 '허영의 도시'에서 영원히 살기를 꺼리게 하는 데 적지 않은 기여를 했다. 물론 기차로 안락하고 편리하게 여행을 하려는 본디 계획을 포기할 만큼 생각이 단순하지는 않았다. 그럼에도 이곳을 떠나고 싶은 생각이 점점 강해져 갔다. 이곳에 머무는 동안 나를 불안하게 하는 이상한 사실이 한 가지 있었다. 그것은 '허영의 시장'의 갖가지 일상적인 일이나 놀이들 따위 못지않게 흔히 경험할 수 있는 일이다. 연회나 극장이나 교회에서, 또는 부와 명예를 위한 거래를 하든 무엇을 하든 아무리 시기적으로 적절치 않아 보일 때도 갑자기 사람이 마치 비누 거품처럼 사라져 버리고 다시는 사람들 앞에 그 모습을 보이지 않는다는 것이다. 사람들도 그런 조그만 사건들에 아주 익숙해져서 마치 아무 일도 일어나지 않은 듯 차분히 그들 일을 계속할 따름이었다.

'허영의 시장'에서 한참을 그렇게 머문 뒤, 드디어 나는 여전히 '수월' 씨의 옆자리에 앉아 '천국의 도시'로의 여행을 계속했다. '허영의 도시'의 교외를 지나 얼마 안 가서 우리는 데마가 처음 발견했다는, 지금은 세계의 거의 모든 주화를 공급하면서 아주 유익하게 경영되고 있는 오래된 은 광산을 지나쳤다. 그곳에서 좀 더 나아가자 롯의 아내가 소금 기둥 모양으로 오랜 세월을 서 있었던 장소가 나타났다. 그러나 호기심 많은 여행객들이 조금씩 뜯어가서 그 형체는 오래전에 사라지고 없었다. 만일 모든 후회스러운 생각과 행동이 이 불쌍한 여자처럼 엄하게 처벌받았다면, '허영의 시장'의 즐거움을 떠나온 데 대한 아쉬움과 즐거움에 대한 그리움 역시, 나의 육체에 그와 비슷한 변화를 일으켜 미래의 순례자들에게 하나의 경고로서 내 변화된 모습을 그대로 남겨두었을 것이다.

다음으로 나타난 주목할 만한 볼거리는 이끼 덮인 돌로 지어졌으나 현대적인 날렵한 건축 양식의 큰 건물이었다. 기관차는 건물 가까이 이르러 그 엄청난 고함 같은 기적을 울리며 잠시 멈춰섰다.

"이 건물이 옛날 그 무시무시한 거인인 '절망'이 살던 성이지요." '수월' 씨가 말했다. "하지만 그 거인이 죽은 후로 '얄팍한 믿음' 씨가 집을 수리해서 지금은 아주 훌륭한 접대소로 운영하고 있답니다. 우리 기차가 정거하는 곳 중 하나지요."

"건물이 아주 엉성하게 짜 맞추어진 것 같군요." 약하면서도 무거워 보이는 벽들을 보면서 내가 말했다. "'얄팍한 믿음' 씨의 저 집이 전혀 부럽지 않네요. 언젠가는 사람들 머리 위로 폭삭 내려앉을 것만 같아요."

"어쨌든 우리는 그 위험을 피할 수 있게 되어 다행입니다. 아바돈이 기관차를 다시 움직이기 시작했으니 말입니다." '수월' 씨가 대꾸했다.

철로는 '기쁨의 산'의 협곡 속으로 빠져들었다가 옛날에 맹인들이 무덤 사이를 헤매며 걸려 넘어졌다는 그 들판을 가로질러 갔다. 어떤 못된 사람이 옛날 묘비들 중 하나를 철로에 가로질러 놓아 기차가 그 위를 지날 때면 심하게 요동쳤다. 울퉁불퉁한 산등성이 저 위로 녹슨 철문이 하나 보였는데 그 철문은 덤불과 덩굴들로 반쯤 가려져 있고 문틈으로는 연기가 새어나오고 있었다.

"저 산허리에 있는 문이 목자들이 '크리스천'에게 지옥에 이르는 샛길 입구라고 일러준 바로 그 문인가요?" 내가 물었다.

"목자들이 장난으로 한 말이었죠." '수월' 씨가 미소를 띠며 대답했다. "그 문은 어느 동굴의 입구일 따름입니다. 사람들이 양고기 햄을 마련하는 훈제소로 사용하고 있지요."

잠시 여행에 대한 기억이 흐릿하고 혼란스러웠다. 공기가 잠을 불러들이는 '마법의 땅'을 지나온 탓에 이상야릇한 졸음이 쏟아졌기 때문일 것이다. 그러나 쾌적한 뿔라 땅의 경계를 건너자 나는 곧 졸음에서 깨어났다. 승객들은 모두 눈을 비비며 서로 시계를 맞추어보고, 그처럼 순조롭게 여행이 끝나가는 것에 대해 서로 축하의 말을 나누고 있었다. 쾌적한 땅의 향기로운 산들바람이 우리들 코에 싱그럽게 불어 들었다. 은빛 샘물이 가물가물 솟아오르는 것이 보였고 그 위로는 천국 동산에서 접목하여 번식한 나무들이 아름다운 잎들과 맛있는 과일들을 매달고 있었다. 한번은 우리가 태풍처럼 내달려갈 때 날개를 퍼덕이는 소리가 들리며 하늘에서 한 천사가 눈부시게 나타나더니 천국의 무슨 임무를 수행하는지 재빠르게 날아가는 것이 보였다. 기관차는 마지막으로 끔찍한 비명 같은 기적을 한번 울림으로써 이제 종착역에 가까이 이르렀음을 알렸다. 그 기적소리는 온갖 비탄과 슬픔의 울부짖음, 격렬한 분노의 외침, 악마나 미치광이의 거친 웃음소리가 따로따로 분명히 들리면서도 마구 뒤섞여 있는 듯했다. 여행하는 내내 아바돈은 정거장에 멈출 때마다 교묘한 재주를 부려 기적으로부터 아주 불쾌한 소리를 쥐어짜냈다. 그러나 이 마지막 기회에 그는 그 어느 때보다 더 교묘한 재주를 발휘하여 뿔라 주민들의 평화로움을 깨뜨릴 뿐만 아니라 틀림없이 천국의 문에까지도 그 불협화음을 이르게 했을 흉악한 소리를 만들어 낸 것이었다. 끔찍한 기적소리가 아직도 우리 귀에서 울리고 있는 동안 어디선가 기쁨에 넘쳐 터져 나오는 듯한 음악소리가 들려왔다. 높고 깊고 달콤하면서도 부드럽고 씩씩한 소리의 수많은 악기들이 조화롭게 울려 퍼지며, 마치 훌륭한 싸움을 치러 영광스러운 승리를 쟁취한 뒤 격전에 찌그러진 무기를 영원히 치워버리고 돌아온 훌륭한 영웅을 영접하려는 것처럼 들렸다. 열차에서 내리며 이 즐겁고 조화로운 음악소리가 어디서 들려오는지 확인하려고 시선을 돌리다 나는 지금 막 강 아래쪽에서 나타나는 초라한 두 순례자를 맞이하기 위해 강 저 건너편에 한 무리의 '빛나는 사람들'이 모여 있는 광경을 보았다. 그 두 사람은 여행 초에 아바돈과 우리가 비웃고 조롱하며 수증기를 씌웠던, 그리고 '허영의 시장'의 방종한 사람들 가운데서 세속에 물들지 않은 모습과 인상적인 말로 내 양심을 동요케 했던 바로 그 순례자들이었다.

"저 사람들, 정말로 훌륭하게 해냈군요! 우리도 저 사람들처럼 환대를 받을 수 있다면 얼마나 좋을까요." 나는 '수월' 씨에게 외치듯 말했다.

"걱정 마십시오! 걱정하지 마세요! 자! 서두르십시오! 배가 곧 떠납니다. 삼 분 후면 강 저쪽에 도착하지요. 틀림없이 도시 문까지 태워다줄 마차가 있을 겁니다." '수월' 씨가 대답했다.

이 중요한 여행의 마지막을 장식하는 신식 증기선이 출발이 임박했음을 알리는 온갖 불쾌한 소리를 푹푹 씩씩 내뱉으며 강기슭 나루터에 떠 있었다. 나는 다른 승객들과 함께 서둘러 배에 올랐다. 승객들은 대부분 당황해하며 혼란에 빠져들었다. 어떤 사람들은 짐을 찾느라 아우성이고, 어떤 사람들은 머리를 쥐어뜯으며 배가 곧 폭발하거나 가라앉아버릴 것 같다고 소리를 지르고, 어떤 사람들은 물결의 흔들림에 벌써 얼굴이 핼쑥해지고, 어떤 사람들은 키잡이의 흉한 모습을 겁에 질린 표정으로 바라보고 있고, 또 어떤 사람들은 아직도 '마법의 땅' 졸음의 영향에서 벗어나지 못한 채 몽롱한 얼굴을 하고 있었다. 강기슭 쪽을 돌아보다가 나는 '수월' 씨가 작별의 표시로 손을 흔들고 있는 모습을 확인하고 깜짝 놀랐다!

"아니, '천국의 도시'까지 가시는 게 아닙니까?" 내가 소리쳤다.

"오, 아닙니다." 그는 야릇한 미소를 짓고 '음산한 골짜기' 주민들에게서 보았던 불쾌하게 찡그리는 표정을 지으며 답했다. "난 안 갑니다. 단지 여행 벗이 되어주려고 여기까지 온 겁니다. 자, 잘 가시오! 다시 만납시다."

말을 마치더니 나의 훌륭한 친구인 '수월' 씨는 마구 웃음을 터뜨렸다. 그가 껄껄대고 웃자 입과 콧구멍에서 연기가 소용돌이쳐 나오며 번쩍거리는 붉은 화염이 그의 두 눈에서 뿜어져 나왔다. 그의 가슴이 온통 벌겋게 타오르고 있는 게 분명했다. 저런 뻔뻔한 악마 같으니라구! 지옥의 뜨거운 고통이 가슴속에서 저렇게 광란을 일으키는데도 지옥의 존재를 부인하다니! 나는 강기슭으로 몸을 던지려고 뱃전으로 뛰어갔다. 그러자 배의 타륜이 돌기 시작하면서 내 온몸에 차디찬 물보라를 끼얹었다. '죽음'이 자신의 강에 빠져죽을 때까지는 가시지 않을 듯한 냉기로 물은 어찌나 찼던지 나는 심장이 요동치듯 온몸을 마구 떨며 퍼뜩 깨어났다. 아, 고마워라, 그것은 꿈이었다.

Ethan Brand
이선 브랜드
미완성 로맨스의 한 장(章)

어느 날 해질녘에 거칠고 둔해 보이는 석회공 바트람은 숯검정이 묻은 얼굴로 그의 가마를 지켜보며 앉아 있었고, 그의 어린 아들은 여기저기 흩어져 있는 대리석 조각들로 집짓기 놀이를 하고 있었다. 그때 아래쪽 산허리에서 웃음소리가 크게 들려왔다. 그러나 그 웃음소리는 즐거운 웃음소리가 아니라 천천히, 숲속 나뭇가지를 흔들고 지나가는 바람처럼 엄숙하게 들리는 웃음소리였다.

"아빠, 저게 무슨 소리야?" 어린아이는 놀이를 멈추고 아버지 무릎 사이로 파고들며 물었다.

"어떤 주정뱅이겠지. 저 마을 술집 안에서는 지붕이 날아갈까 봐 감히 큰 소리로 웃지 못하다가 이 그레이록 산기슭에 와서야 마음껏 즐겁게 웃어젖히는 주정뱅이 말이다."

"하지만 아빠, 저건 즐겁게 웃는 소리가 아니잖아. 무서운걸!" 둔해 보이는 그 중년 촌사람보다 더 민감한 아이가 말했다.

"바보처럼 굴긴!" 아버지는 큰 소리로 퉁명스럽게 말했다. "넌 사내대장부가 되긴 글렀구나. 네 어미를 너무 많이 닮았어. 넌 나뭇잎만 바스락거려도 놀라잖아. 들어봐! 기분 좋게 거나해진 사람이 이제 올 거야. 아무 탈도 없을 테니 두고 보렴."

그렇게 말하면서 바트람과 어린 아들은 석회 가마를 지켜보며 앉아 있었다. 그 가마는 이선 브랜드가 '용서받지 못할 죄'를 찾아 나서기 전 혼자 명상에 잠겨 바라보며 살아온 바로 그 가마였다. 이선 브랜드에게 그런 생각이 떠오른 불길한 밤 이후 많은 세월이 흘렀다. 그러나 산허리의 그 가마는, 이선 브랜드가 그의 어두운 생각들을 가마 속 강렬한 불길 속에 던져서 그의 삶을 사로잡은 한 가지 생각으로 녹여버린 그날 뒤로, 변함없이 옛 모습 그대로 서 있었다. 가마는 거친 돌로 지은 이십 피트 정도 높이의 조잡한 둥근 탑 모양 건조물이었는데, 위쪽 대부분을 흙더미로 쌓아올려 대리석 덩어리와 조각들을 수레로 끌고 와 위쪽에서 던져 넣을 수 있게 만들어져 있었다. 탑 모양 건물의 맨 아래 쪽에는 화덕 구멍 같긴 하지만 한 사람이 몸을 구부리고 들어갈 만한 크기의 입구가 있었고, 그 입구에는 무거운 철문이 달려 있었다. 산허리에 이르는 입구처럼 보이는 이 문의 갈라진 틈 사이로는 화염과 연기가 뿜어져 나와 마치 '기쁨의 산'의 목자들이 순례자들에게 으레 보여주며 경고하던 바로 그 지옥의 비밀 입구 같았다.

그 지역 주변에는 그런 석회 가마가 많이 있었는데 부근 산들 대부분을 이루고 있는 흰 대리석을 깨내어 굽기 위해서였다. 그 가마들 가운데 몇몇은 아주 오래전에 지어지고 또 버려진 지 오래된 것들로, 하늘이 훤히 보이는 안쪽 둥그런 빈터엔 잡초가 무성하고 돌 틈새로는 풀과 들꽃들이 뿌리를 뻗어 자라고 있어, 이미 오래된 유적지처럼 보였고 앞으로 몇 백 년이 지나면 아마도 온갖 이끼로 뒤덮일 것처럼 보였다. 아직도 석회공이 밤낮으로 불을 때고 있는 다른 몇몇 가마들은 산속을 여행하는 나그네들에게 흥미를 주었으며, 그들은 통나무나 대리석 조각 위에 앉아 외로운 석회공과 잡담을 나누곤 했다. 아주 고독한 사색을 즐기는 기질의 사람에게 석회를 굽는 일은 깊은 상념에 빠져들기 쉽게 하는 작업이었다. 이선 브랜드가 바로 그런 경우여서 오래전 바로 이 가마의 불꽃이 타고 있는 동안 그는 묘한 명상에 깊이 빠져들었다.

지금 이 가마의 불꽃을 지켜보고 있는 사람은 자기 직업에 필요한 몇 가지 생각 외에 쓸데없는 상념으로 골머리를 앓는 일이 전혀 없는 아주 다른 종류의 사람이었다. 그는 자주 쩔그럭거리는 쇠문을 열고 강한 불빛에서 얼굴을 돌린 채 큰 참나무 더미를 밀어 넣기도 하고 긴 막대기로 엄청난 양의 불더미를 휘젓기도 했다. 화로 안에서는 맹렬히 휘감기며 타오르는 불길과 그 강한 열에 거의 녹으며 타 내리는 대리석이 보였다. 한편 밖에서는 불꽃이 되비치어 숲을 둘러싸고 있는 어둠 위로 너울대고, 그 불빛 앞쪽으로는 오두막집과 문 옆 샘, 숯검정이 묻은 건장한 석회공 모습, 아버지의 그늘로 피하듯 움츠러들어간 겁먹은 아이 모습이 불그레 빛나는 한 폭의 그림처럼 드러나 보였다. 가마의 쇠문이 닫히자 반달의 은은한 빛이 다시 나타나서 주위 산들의 어렴풋한 모습을 밝혀 보려 했지만 헛일이었다. 골짜기 아래는 햇빛이 사라진 지 오래지만 위쪽 하늘에는 장밋빛 황혼에 아직 희미하게 물들어 있는 구름 한 떼가 흘러가고 있었다.

산비탈을 올라오는 발소리가 들리고 큰 나무들 밑 덤불숲을 제치는 사람 모습이 보이자 어린아이는 아버지 쪽으로 더 바싹 다가붙었다.

"어이! 거 뉘시오?" 석회공은 아이의 소심함에 화가 나면서도 한편으로는 자신도 그 영향을 받아 큰 소리로 외쳤다.

"이리 나와서 남자답게 얼굴을 보이시오. 안 그러면 이 대리석 덩어리를 머리에 던지겠소."

"환영치곤 너무 거칠군." 낯선 사람이 다가오며 음울한 목소리로 대꾸했다. "하지만 화롯가라 하더라도 더 친절한 환영을 바라지도 요구하지도 않겠소."

바트람이 그의 모습을 더 자세히 보려고 가마의 쇠문을 열자 강렬한 불빛이 왈칵 몰려나오면서 그 낯선 사람의 얼굴과 모습에 정면으로 쏟아졌다. 무심코 보면 그 사람 모습에는 별로 두드러져 보이는 점이 없었다. 그는 시골서 만든 거친 갈색 양복차림에 키가 크고 마른 편이었고, 나그네에게 어울리는 무거운 신발에 지팡이를 들고 있었다. 그는 다가오면서 난로의 밝은 불빛을 유난히 반짝이는 눈으로 뚫어지게 바라보았다. 그 시선은 마치 그가 난로 불빛 안에서 뭔가 주목할 만한 중요한 것을 보았거나 보기를 기대하는 듯한 시선이었다.

"안녕하시오. 그런데 이 늦은 시간에 어디서 오시는 거요?" 바트람이 물었다.

"탐색의 길에서 돌아오는 중이오. 드디어 탐색이 다 끝나서 말이오." 나그네가 대답했다.

'취했군! 아니면 미쳤거나! 이 친구 때문에 골치 좀 썩겠는데. 빨리 쫓아 보내는 게 좋겠어.' 바트람은 혼자 속으로 중얼거렸다.

어린아이는 무서워서 부들부들 떨며 불빛이 너무 많이 새어나오지 않도록 가마 문을 제발 닫아달라고 아버지에게 속삭였다. 나그네 얼굴에는 보기가 두려우면서도 눈을 돌릴 수 없는 무엇인가가 담겨 있었기 때문이다. 사실 감각이 둔한 석회공조차 희끗희끗한 머리가 헝클어져 있는 나그네의 마르고 거칠지만 깊은 생각에 잠긴 듯한 얼굴과 마치 신비한 동굴 입구에서 비치는 불빛 같은 푹 꺼진 눈의 광채에서, 뭐라고 표현하기 어려운 이상한 어떤 것을 느끼기 시작했다. 그러나 그가 가마 문을 닫자 나그네는 그를 향해 아주 차분하고 친근한 태도로 말을 걸어와 바트람은 그가 제정신을 가진 정상적인 사람이라고 다시 느꼈다.

"당신 작업이 이제 끝나가는구려. 보아하니 이 대리석은 벌써 삼 일이나 구워져서 몇 시간만 더 지나면 곧 석회로 바뀌겠구먼." 나그네가 말했다.

"아니, 당신은 뉘시오? 이 일을 나만큼이나 잘 알고 있는 것 같은데." 석회공이 놀라서 외쳤다.

"당연히 그럴 만하지요." 나그네는 말했다. "아주 오랫동안 여기, 바로 이 자리에서 같은 일을 했으니까. 하지만 당신은 이 지방에 새로 온 사람 같구려. 이선 브랜드라는 사람에 대해서 들어봤소?"

"'용서받지 못할 죄'인가 뭔가 찾아나섰다는 사람 말이오?" 바트람이 웃으며 물었다.

"맞소." 나그네는 대답했다. "그가 찾던 것을 찾아내서 이제 다시 돌아온 것이오."

"아니 그럼! 당신이 이선 브랜드란 말이오?" 석회공이 놀라 소리 질렀다.

"이야기하신 대로 나는 이 고장에 새로 온 사람인데 사람들 말이 당신이 그레이록을 떠난 지 십팔 년이 되었다더군요. 하지만 아직까지도 저 아래 동네 사람들은 이선 브랜드에 대해 이야기하면서 그를 석회 가마에서 떠나게 한 그 묘한 탐색 작업인가 뭔가에 대해 말들을 하죠. 그래, 그 '용서받지 못할 죄'라는 걸 찾아냈다구요?"

"그렇소!" 나그네는 차분하게 말했다.

"글쎄 그게 정상적인 이야기인지는 모르겠소만 도대체 그게 어디 있다는 말입니까?" 바트람이 계속 물었다.

이선 브랜드는 손가락으로 자기 가슴을 짚으면서 대답했다.

"바로 여기지요!"

그러고는 전혀 즐거움이 담기지 않은 얼굴로 스스로를 조롱하는 웃음을 터뜨렸다. 자기에게 가장 가까이 있는 것을 찾아 온 세상을 헤매며 자신이 아닌 다른 사람 가슴속에 숨겨져 있는 비밀만을 찾아내려 애썼던, 그 어리석은 모순에 대한 내키지 않은 깨달음에 허탈감을 느낀 듯했다. 그 웃음소리는 나그네가 다가오는 것을 알리면서 그 석회공을 약간 놀라게 한, 천천히 무겁게 들리던 바로 그 웃음소리였다.

그 웃음소리에 쓸쓸한 산허리가 더 음산해지는 것 같았다. 웃음이란 적절치 않은 장소에서 적절치 않은 시간에, 또는 흐트러진 감정 상태에서 터져나올 때 인간의 가장 무서운 목소리가 될 수 있는 것이다. 자면서 웃는 웃음소리―비록 어린아이일지라 하더라도―미친 사람 웃음소리, 바보 천치가 흥분해서 내지르는 웃음소리들은 들으면 때로 소름이 끼치고 항상 잊고 싶은 소리들이다. 그래서 시인들은 악마나 도깨비가 내는 소리 가운데 공포감을 가장 알맞게 나타내는 소리가 웃음소리라고 상상해 온 것이다. 둔감한 석회공까지도 이 이상한 사람이 자신의 가슴을 들여다보며 밤으로 굴러 나가 산 속으로 희미하게 울려 퍼지는 웃음을 터뜨렸을 때 그의 온 신경이 흔들리는 것을 느꼈다.

그는 어린 아들에게 일렀다. "조, 얼른 마을 주막에 뛰어가서 거기 있는 사람들한테 이선 브랜드가 돌아왔다고, '용서받지 못할 죄'라는 걸 찾았다더라고 전해라."

아이는 곧 뛰어나갔다. 이선 브랜드는 아버지의 심부름에 반대하지 않았다. 그 말에 별로 신경을 쓰는 것 같지도 않았다. 그는 통나무에 앉아서 가마의 쇠문을 줄곧 바라보고 있었다. 아이 모습이 시야에서 사라지고 처음에는 낙엽을, 다음에는 돌 자갈길을 밟고 가는 아이의 빠르고 경쾌한 발소리가 들리지 않게 되자 석회공은 아이를 보낸 걸 곧 후회하기 시작했다. 그는 어린아이의 존재가 나그네와 자기 사이에 장벽 역할을 해주었음을, 그래서 하늘이 자비를 베풀 수 없는 유일한 죄악을 자신이 범했노라고 고백하는 이 사람과 이제 가슴과 가슴을 마주하고 직접 대면해야 함을 느꼈다. 그 죄악이라는 것이 불분명한 어둠으로 그에게 그늘을 드리우는 듯했다. 석회공은 자신이 범한 죄들이 마음속에서 일어나면서 사악한 여러 가지 모습으로 기억을 혼란스럽게 만들었는데 그 악한 모습들은 그것이 무엇이든 간에 인간의 타락한 천성이 생각해 내고 품을 수 있는 대죄와 자신들이 동족임을 주장하고 있었다. 그 죄악들은 결국 모두 한 뿌리에서 나온 것이었다. 그래서 그것들은 그의 가슴과 이선 브랜드의 가슴 사이를 왔다갔다하며 서로 어두운 인사를 나누고 있었다.

그때 바트람의 머릿속에는, 밤 그림자처럼 갑자기 나타나 죽어서 묻힌 지 여러 해 된 사람들이 자신보다 오히려 더 정든 곳에서 편안함을 느낄 권리를 주장할 수 있을 정도로 오랜 세월이 지난 뒤 옛날에 살던 곳으로 돌아와서 마치 고향에 돌아온 듯한 편안함을 느끼고 있는, 이 이상한 사람에 대해 전설처럼 전해 오는 이야기들이 떠올랐다. 사람들 말로는 이선 브랜드는 바로 이 가마의 타오르는 불길 속 사탄과 이야기를 나누었다는 것이다. 여태까지 그 전설은 재미있는 이야기로 들렸지만 지금은 소름 끼치는 무시무시한 이야기처럼 생각되었다. 그 이야기에 따르면 이선 브랜드가 탐색의 길에 나서기 전 밤마다 석회 가마의 뜨거운 화로에서 악마를 불러내어 '용서받지 못할 죄'에 관하여 의견을 나누었다고 한다. 그와 악마는 속죄할 수 없거나 용서받을 수 없는 죄악의 모습을 그려보려고 서로 애쓰다가, 산마루에 첫 아침햇살이 비치면 악마는 쇠문 안으로 기어들어가서 그 뜨거운 불길을 견뎌내고는 밤이면 다시 불려나와 하늘의 무한한 자비의 범위를 넘는, 인간의 가능한 죄를 따져보는 끔찍한 작업을 그와 함께 계속했다는 것이었다.

석회공이 이런 무서운 생각들과 씨름하고 있는 사이 이선 브랜드는 통나무에서 일어나 가마 문을 활짝 열어젖혔다. 그의 행동은 바트람 마음속에서 일어나고 있는 생각과 그대로 들어맞는 것이어서 맹렬히 타오르는 뜨거운 빨간 불길 속에서 악마가 튀어나오는 모습이 보일 것만 같았다.

"잠깐! 멈춰요!" 그는 떨리는 목소리로 외치며 짐짓 웃어 보려 애썼다. 두려움에 압도되어 있었지만 자신의 두려움이 창피해서였다. "제발 지금 당신의 악마를 불러내지 말아요!"

"이보시오! 악마가 왜 필요하겠소?" 이선 브랜드가 엄숙하게 대답했다. "악마는 오는 길에 남겨두고 왔소. 악마가 상대하느라 바쁜 것은 당신 같은 얼치기 죄인 때문이라오. 내가 가마 문을 연다고 겁낼 건 없소! 그저 옛날 습관대로 그런 거니까. 한때의 석회공답게 당신 불을 좀 손봐 드리지."

그는 많은 양의 석탄을 휘저으며 나무를 더 집어넣고는 그의 얼굴에 강렬한 불빛이 비치는 것에 아랑곳하지 않고 깊은 화로 안을 들여다보려고 몸을 앞으로 구부렸다. 바트람은 앉아서 그를 지켜보면서 이 이상한 손님이 악마를 불러들이려는 것은 아니라 해도 적어도 이 불길에 뛰어들어 사람의 시야로부터 사라져버리려는 것은 아닌가 하는 의심이 들었다. 그러나 이선 브랜드는 차분히 다시 물러나면서 가마 문을 닫으며 말했다.

"저 불로 뜨겁게 달아오른 화로보다 죄악의 열정으로 일곱 배나 더 뜨겁게 달아오른 인간의 가슴들을 나는 많이 들여다보았소. 그래도 내가 찾는 걸 발견하지 못했다오. 그 '용서받지 못할 죄' 말이오!"

"그 '용서받지 못할 죄'라는 게 뭡니까?" 석회공은 그렇게 묻고서는 답을 듣기가 두려워 떨면서 그로부터 움칫 물러섰다.

"그것은 내 자신의 가슴속에서 자라고 있던 죄요." 이선 브랜드는 그와 같은 열정적인 사람들의 특징인 자만스러운 태도에 똑바른 자세로 서서 대답했다. "딴 데서 자란 죄가 아니오 그건! 인간에 대한 우애와 신에 대한 존경의 업을 물리쳐 이기고 자신의 강력한 요구에 모든 것을 희생시키는 지적 죄악이 바로 그것이오. 영원한 고뇌의 응보를 받아 마땅한 유일한 죄악이지! 다시 또 그렇게 된다 해도 난 그 죄를 거침없이 범할 것이오. 그리고 그 응보를 당당히 받아들일 것이오!"

"이 사람 머리가 돌았군." 바트람은 혼자 중얼거렸다. "우리보다 더할 것도 없고, 그저 우리 모두와 마찬가지로 아마도 죄인이겠지. 하지만 분명 이 사람은 미친 사람이야."

그래도 그는 이 황량한 산허리에서 이선 브랜드와 단 둘이만 이렇게 있다는 사실에 불안감을 느꼈다. 그래서 뭐라고 웅얼거리는 사람들의 말소리와 자갈길을 비틀거리며 지나 덤불숲 속을 바스락거리며 다가오는 제법 많은 사람들의 발소리가 들리자 몹시 반가웠다. 곧이어 마을 술집에 늘 죽치고 앉아 있는 게으른 사람들 한 떼가 나타났는데 그중에는 이선 브랜드가 떠난 이후 겨울철 내내 술집 난롯가에 앉아 플립 칵테일을 마시고, 여름철 내내 현관 아래쪽에 앉아 파이프 담배를 피우며 지내온 서너 사람이 포함되어 있었다. 큰 소리로 웃음을 터뜨리고 허물없이 이런저런 말들을 주고받으면서 그들은 석회 가마 앞 공터를 밝혀주고 있는 가늘게 새어나오는 불빛과 달빛 속으로 그들의 모습을 한꺼번에 드러냈다. 바트람은 모든 사람들이 이선 브랜드를 잘 보도록 그리고 이선 브랜드도 그들을 잘 보도록 가마 문을 약간 열어 공터로 불빛이 흘러나오게 했다.

옛날에 알던 사람들 중에는, 한때 모르는 사람이 없을 정도였지만 이제는 거의 잊혀진, 옛날 전국의 번창하는 마을의 호텔에서 어김없이 만날 수 있었던 한 사람이 있었다. 바로 역마차 사무관이었다. 이제 그는 아주 짧게 마름질해 자른 놋쇠 단추가 달린 갈색 코트 차림에 시들고 담배에 절었으며 발간 코에 주름투성이인 노인이었다. 기억할 수 없을 만큼 오랜 세월 동안 술집 구석에 자리를 잡고 앉아 이십 년 전에 불을 붙인 여송연을 아직도 피우고 있는 것 같았다. 그는 한때 시침을 떼고 농담을 잘하는 사람으로 소문나 있었는데 타고난 유머 감각 때문이라기보다는 그의 몸뿐만이 아니라 그의 모든 생각과 표정에까지 온통 배어버린 그 담배 연기와 브랜드 토디 칵테일의 향 때문인 듯했다. 얼굴이 묘하게 변해 버리긴 했지만 아직도 생생히 기억나는 또 한 사람은 사람들이 예의상 여전히 그렇게 부르고 있는 자일스 변호사로, 때 묻은 셔츠 소매에 삼베 바지를 걸친 허름한 차림의 꽤 나이가 든 사람이었다. 이 가련한 사람은 그래도 이른바 한창때는 동네의 송사를 맡아 훌륭히 처리하는 변호사로 이름이 높았다. 하지만 아침이고 낮이고 밤이고 할 것 없이 플립이니 토디니 온갖 칵테일 술에 빠져 지적인 노동으로부터 여러 질 낮은 육체적 노동으로 전락하여, 그의 표현을 빌리면 결국 비누통 속으로 미끄러져 내린 것이다. 다시 말해 그는 이제 조그만 규모의 비누 제조업자이다. 더욱이 그는 발의 한 부분이 도끼에 잘려나가고 한 손이 끔찍한 기관차 바퀴에 완전히 떨어져나간 불구의 몸이었다. 그러나 육체적 손은 사라졌지만 정신적 손은 그대로 남아 있어 손이 잘린 팔을 내뻗을 때 손이 잘리기 전과 마찬가지로 보이지 않는 엄지와 다른 손가락들의 감각을 그대로 생생히 느낄 수 있다고 늘 주장했다. 불구의 비참한 사람이 되긴 했지만 지금 이 상태나 그 전 불행한 상태에 처해 있는 그를 아무도 짓밟거나 경멸할 수는 없었다. 그는 여전히 사나이로서 용기와 기백을 잃지 않아 남에게 자비를 구하는 일이 없었고 그의 한 팔로, 더구나 왼쪽 한 팔로 궁핍과 역경에 맞서 힘겨운 싸움을 벌여왔기 때문이다.

그들 중에는 자일스 변호사와 비슷한 점이 있지만 다른 점이 더 많은 또 한 사람이 있었다. 그는 나이가 오십쯤 된 동네 의사인데 옛날 동네 사람들이 이선 브랜드가 돌았다고 생각했을 적에 그를 진찰해 보도록 부탁받았던 사람이었다. 그는 이제 검붉은 얼굴에 거칠고 야만스러워 보이긴 하지만 어딘가 신사다운 모습을 지니고 있었고, 그의 말이나 여러 가지 몸짓이나 태도에는 뭔가 거칠고 황량하고 자포자기적인 데가 있어 보였다. 이 사람도 브랜디 술이 그를 악령처럼 사로잡아 짐승처럼 뚱하고 야만스럽게, 영혼을 잃어버린 비참한 사람으로 만들어버린 것이다. 그러나 그는 일반 의학이 제공할 수 없는 탁월한 기술과 병을 고치는 타고난 재능을 가지고 있다고 생각하여 사람들이 그를 계속 붙잡아 둠으로써 그들의 한계 밖으로 가라앉아가는 것을 막고 있는 셈이었다. 그래서 말을 타고 건들거리고 환자의 병상에서는 뭐라고 거칠게 투덜댔지만 그는 수 마일에 걸친 산골 여러 동네의 환자 집으로 왕진다니면서, 때로는 죽어가는 사람을 기적처럼 살려내기도 하고 때로는 의심할 여지없이 환자를 여러 해 앞당겨 무덤으로 보내기도 했다. 의사는 입에 늘 파이프 담배를 물고 있었는데 누군가가 그의 욕지거리하는 습관에 빗대어 말했듯이 그 파이프 안에는 늘 지옥의 불이 담겨 있는 것 같았다.

이 세 양반이 앞으로 밀치고 나와 저마다 자기 식으로 이선 브랜드에게 인사하고는 검은 병 안에 든 것을 마시라고 그에게 열심히 권했다. 그들은 그 병 안에서 '용서받지 못할 죄'보다 훨씬 더 찾을 만한 가치 있는 것을 발견하게 되리라 단언했다. 강렬하고 고독한 오랜 명상을 통해 높은 경지의 열정 상태에 이른 정신이 지금 이선 브랜드가 맞닥뜨린 낮고 천박한 생각이나 느낌과의 접촉을 견뎌내기는 불가능했다. 그는 자신이 정말 '용서받지 못할 죄'를 발견한 것인지, 그것을 정말 자기 안에서 발견한 것인지 의문스러웠다. 그리고 이상하게 들릴지 모르지만 그 의문은 아주 고통스러운 것이었다. 그의 삶을, 아니 삶 이상의 것을 거기에 바친 모든 문제가 하나의 망상처럼 느껴지는 것이었다.

"날 좀 내버려둬, 이 짐승 같은 작자들아!" 그는 냉혹하게 말했다. "자네들은 그 독주로 자네들 영혼을 찌그러뜨려서 짐승이 돼버린 거야! 자네들하고는 이미 끝났어. 오래오래 전에 자네들 가슴속을 다 뒤져보고 거기서 내가 찾던 것을 발견하지 못했었지. 다들 사라져버려!"

"아니, 이런 무례한 불한당을 봤나!" 포악한 모습의 의사가 소리쳤다.

"그게 친한 친구들의 친절에 대한 네 인사법이냐? 그렇다면 사실을 이야기해 주지. 넌 저기 저 조라는 애나 마찬가지로 '용서받지 못할 죄'를 아직도 못 찾은 거야. 넌 미치광이야. 이십 년 전에도 내 그렇게 말했지. 미치광이 그 이상도 그 이하도 아니야, 넌. 여기 이 험프리 노인 친구로나 꼭 알맞지!"

그렇게 말하면서 그는 허름한 옷차림에 긴 흰머리와 마른 얼굴, 그리고 불안한 시선의 눈을 가진 노인을 가리켰다. 지난 여러 해 동안 이 늙은이는 만나는 사람마다 붙들고 그의 딸에 대해 물으면서 산골 여기저기를 헤매 다니고 있었다. 그 소녀는 아마도 곡마단 사람들을 따라 떠나버린 것 같았는데 이따금 그녀 소식이 마을에 전해지면서 그녀가 화려한 모습으로 원 안에서 말을 타고 달리기도 하고 놀라운 줄타기 묘기도 보여주더라는 이야기들이 나돌았다.

그 흰머리 노인이 이제 이선 브랜드 가까이 다가오면서 그의 얼굴을 불안한 눈길로 들여다보았다.

"사람들이 그러는데 당신은 이 세상 안 가본 곳이 없다더군요." 그 노인은 열심히 손을 꽉 쥐며 말했다. "그렇다면 내 딸을 틀림없이 보셨을 것 같은데요. 내 딸애가 아주 성공을 해서 다들 그 앨 구경하러 간다니 말이에요. 혹시 늙은 아버지한테 전해 달라는 무슨 말이나 언제 돌아오겠다는 이야기는 없던가요?"

이선 브랜드의 눈은 노인의 눈 아래서 움찔거렸다. 노인이 그처럼 안타깝게 소식을 듣고 싶어 하는 그 딸은 바로 이선 브랜드가 냉혹하고 무자비한 목적을 위해 심리적 실험 대상으로 삼아, 그 실험 과정에서 영혼을 빼앗고 피폐케 하고 어쩌면 완전히 파괴해버린 에스터라는 소녀였기 때문이다.

"그래 맞아, 그건 망상이 아니야. '용서받지 못할 죄'가 이렇게 있지 않은가!" 그는 백발의 나그네로부터 시선을 돌리며 중얼거렸다.

이런 일이 일어나고 있는 사이 오두막집 대문 앞 샘 옆의 불빛이 환히 비치는 곳에서는 재미있는 장면이 벌어지고 있었다. 마을의 많은 젊은 남녀들이 어렸을 적 아주 친숙했던 여러 전설의 주인공인 이선 브랜드를 보고 싶은 호기심에 끌려 산허리까지 서둘러 올라온 것이었다. 그러나 평범한 옷차림에 먼지 덮인 신발을 신고 석탄 더미 속에서 마치 어떤 그림들을 상상해 보는 것처럼 불 속을 들여다보며 앉아 있는, 햇볕에 그을린 나그네 행색 말고는 그의 모습에서 별다른 독특함을 느낄 수가 없었기에 젊은이들은 그를 관찰하는 데에 곧 싫증을 느꼈다. 그때 마침 다른 구경거리가 생겼다. 한 독일계 유태인 노인이 등에 요지경을 메고 산길을 따라 마을 쪽으로 내려가다가 한 떼의 사람들이 마을에서 올라오는 것을 보고는 혹시 그날 벌이를 한 푼이라도 더 보탤까 하는 희망으로 사람들을 따라 이 석회 가마까지 온 것이다.

"이봐요, 독일 할아버지! 정말 볼 가치가 있다고 보장하실 수 있다면 그 그림들 좀 보여주세요." 한 젊은이가 소리쳤다.

"암, 보장하고말고요, 대장님." 그 유태인 노인은 얼른 대답했다. 공손해서 그러는 건지 하나의 술책으로 그러는 건지 그는 아무에게나 대장님이라고 불렀다. "정말 아주 근사한 그림들을 보여드리지요!"

그렇게 말하면서 그는 상자를 적당한 자리에 고정시키고 젊은이들에게 와서 기계의 유리 구멍들을 통해 그림들을 보라고 권했다. 그리고는 대표적인 예술품들이라며 형편없이 긁히고 더러워진 그림들을 계속 보여주었는데 어떤 떠돌이 흥행사도 이처럼 뻔뻔스럽게 주위의 구경꾼들에게 이런 그림들을 보라고 강요할 수는 없을 정도였다. 더구나 그림들은 너무 낡아 째진 틀과 주름들로 누더기가 되다시피 했고 담배 연기에 그을려 더러워진 데다 전체적으로 형편없는 상태였다. 어떤 그림들은 여러 도시들, 공공건물들, 유럽의 폐허가 된 성들이라는 것이었고 어떤 그림들은 나폴레옹의 전투 장면과 넬슨의 해전 장면이라는 것이었다. 이 그림들 한가운데에서는 털이 난 거대한 갈색 손이 계속 보였는데 운명의 손으로 오해될 만한 그 손은 사실 여러 전쟁 장면을 가리키며 역사적 해설을 덧붙이는 흥행사의 손이었다. 그처럼 형편없이 빈약한 구경거리로도 모두들 아주 즐거워했다. 그 흥행 관람이 끝나자 독일 노인은 어린 조더러 머리를 상자 속에 넣어보라고 했다. 확대경을 통해서 보이는 그 아이의 둥근 장밋빛 얼굴은 거대한 타이탄 아이의 기묘하기 짝이 없는 모습이었는데 입은 활짝 웃고 있고 눈과 얼굴의 다른 부분은 모두 그 장난을 아주 재미있어하는 모습이었다. 그러나 그 즐거워하던 얼굴이 갑자기 창백해지며 공포에 질린 표정으로 바뀌었다. 이 민감하고 쉽게 흥분하는 아이가 유리를 통해 이선 브랜드의 눈이 자신을 계속 쳐다보고 있다는 것을 느꼈기 때문이다.

"이 아이한테 겁을 주시는군요, 대장님." 그 독일 유태인은 구부리고 있던 자세에서 어둡고 윤곽이 억센 그의 얼굴을 들어 올리며 말했다. "다시 한 번 보시지요. 어쩌면 아주 근사한 것을 보실 수 있을 겁니다. 제 말을 믿으세요!"

이선 브랜드는 잠시 그 상자 안을 들여다보더니 놀라서 움칫 물러서며 그 독일인을 뚫어지게 바라보았다. 그가 무엇을 본 것일까? 겉보기엔 그 안에 아무것도 없었던 것 같았다. 한 호기심 많은 젊은이가 거의 동시에 그 안을 들여다보았는데 빈 화폭밖에 볼 수 없었기 때문이다.

"이제 당신 생각이 나오." 이선 브랜드가 그 흥행사에게 중얼거리듯 말했다.

"오, 대장님." 뉘른베르크의 그 유태인은 어두운 미소를 머금은 채 속삭였다. "이 상자 속에 넣어가지고 다니기는 너무 무겁지요! 이 '용서 받지 못할 죄'라는 놈 말입니다! 정말이지 하루 종일 이 놈을 메고 산을 올라왔더니 어깨가 녹초가 돼버렸어요, 대장님."

"조용히 해! 저 화로 속으로 꺼져버리든지!" 이선 브랜드가 근엄하게 말했다.

유태인의 흥행 관람이 막 끝나자 어디선가 커다란 늙은 개가 나타나서 이제 자신이 사람들의 관심의 대상이 되어야겠다고 생각하는 듯했다. 그 개를 자기 개리고 주정하는 사람이 아무도 없는 걸 보면 아마도 주인이 없는 개 같았다. 그때까지 그 개는 아주 차분하고 유순한 늙은 개처럼 이 사람 저 사람 사이로 돌아다니면서 머리를 쓰다듬어 주는 수고를 아끼지 않는 친절한 사람들 손에 친근감의 표시로 거친 머리를 내밀고 있었다. 그러더니 갑자기 이 차분하고 점잖던 네발짐승은 아무도 시키지 않았는데 완전히 자의로 자기 꼬리를 쫓아 돌기 시작했다. 그런데 그 꼬리는 이 우스꽝스러운 동작을 강조해 보이기라도 하듯 보통 개의 꼬리보다 훨씬 더 짧았다. 도저히 다다를 수 없는 목표물을 그처럼 열심히 뒤쫓는 모습은 일찍이 아무도 본 적이 없었다. 마치 그 짐승의 한쪽 끝이 다른 쪽 끝 부분과 도저히 용서할 수 없는 철천지원수 사이라도 되는 것처럼 그토록 무섭게 으르렁거리고 짖어대고 갑자기 괴성을 질러대는 소리 역시 아무도 들어본 적이 없었던 것이다. 개는 점점 더 빨리 빙글빙글 돌고 도저히 닿을 수 없는 짧은 꼬리는 점점 더 빨리 달아나고 있어 분노와 적의에 가득 찬 그 소리는 점점 더 크고 사나워져 갔다. 결국 완전히 녹초가 되고 목표물은 더 멀어진 상태로 그 어리석은 늙은 개는 처음 시작할 때와 마찬가지로 아주 갑작스레 동작을 멈추었다. 다음 순간 개는 처음에 사람들과 친근하게 어울릴 때처럼 차분하고 유순하면서도 뭔가를 의식하는 듯 점잖은 모습으로 되돌아갔다.

쉽게 상상할 수 있듯이 그 구경거리에 사람들은 온통 웃고 박수를 치고 재청을 외쳤고, 개 연기자는 별로 흔들 것도 없는 짧은 꼬리를 흔들며 환호에 답했지만 구경꾼들을 즐겁게 할 그의 성공적인 노력을 반복할 능력은 완전히 상실한 것 같았다.

그러는 사이 이선 브랜드는 통나무 위에 다시 자리 잡고 앉아 자신의 경우와 제 자신을 쫓는 그 개 사이의 유사성을 깨달으면서 그 으스스한 웃음을 다시 터뜨렸다. 그 웃음소리는 다른 어떤 것보다도 그의 내적 존재의 상태를 잘 표현해 주는 듯했다. 그 순간부터 사람들의 즐거움은 끝났다. 사람들은 그 불길한 웃음소리가 지평선 주위로 울려 퍼지고 산들이 그 소리를 천둥소리처럼 크게 되울려 그 공포스러운 소리가 그들의 귀에 계속 울리지나 않을까 두려워 겁에 질린 모습으로 서 있었다. 이윽고 그들은 달도 거의 기울고 팔월 밤이 이제 쌀쌀해지는 늦은 시간이 되었다고 서로 속삭이면서, 석회공과 어린 조만을 달갑지 않은 그들 손님과 함께 남겨두고 서둘러 집으로 돌아갔다. 이 세 인간을 제외하고는 산허리의 열린 공간은 거대한 숲의 고독한 어둠 속에 잠겨 있었다. 어슴푸레한 가장자리 너머로, 소나무들의 웅대한 몸통과 거뭇거뭇한 솔잎들이 어린 참나무며 단풍나무며 포플러나무들의 좀 더 밝은 초록색과 뒤섞여 있는 모습, 여기저기 낙엽에 덮인 흙 위에서 썩어가고 있는 거대한 죽은 나무들의 잔해가 가마 불빛에 희미하게 드러나 보였다. 겁이 많고 상상력이 풍부한 아이 조에게는 마치 무슨 끔찍한 일이 일어날 때까지 그 고요한 숲이 숨을 죽이고 있는 것처럼 느껴졌다.

이선 브랜드는 불 속으로 나무더미를 더 집어넣고 가마 문을 닫았다. 그러고는 어깨 너머로 석회공과 그의 아들을 돌아보며 그만 가서 쉬라고, 권하기보다는 명령하는 듯한 어조로 말했다.

"난 어차피 잠이 올 것 같지 않소. 좀 깊이 생각해 봐야 할 문제도 있고. 옛날에 하던 식으로 내가 불을 봐주겠소."

"그러면서 불에서 악마를 불러내서 말벗 삼으시려는 거겠지." 앞서 말한 그 검은 병에 담긴 술을 계속 마시고 있던 바트람이 중얼거렸다. "하지만 원하신다면 불을 봐줘도 좋고 악마들을 얼마든지 불러내도 좋소! 나야 한숨 붙일 수 있으면 아무래도 괜찮지. 조, 가자!"

아이는 아버지를 따라 오두막집으로 들어가면서 나그네를 돌아다보았다. 아이 눈에는 눈물이 고였다. 이 사람이 스스로 자신을 가두고 있는 황량하고 끔찍스러운 고독을 여린 마음에 직감적으로 느꼈기 때문이었다.

그들이 사라지자 이선 브랜드는 불붙은 나무더미가 튀며 타는 소리를 들으면서 문틈으로 새어 뿜어져 나오는 작은 불길을 바라보았다. 그러나 한때 그처럼 익숙했던 이런 사소한 일들은 이제 그의 주의를 거의 끌지 못했고, 자신을 온통 바쳤던 그 탐색 작업이 그에게 가져온, 서서히 이루어졌으나 엄청나게 달라진 그 변화를 마음속 깊이 되새겨보고 있었다. 아주 옛날 그가 소박하고 다정한 사람으로 가마 불을 피우고 불이 타는 동안 명상을 즐기던 시절, 밤이슬이 내리던 일이며 어두운 숲이 속삭이던 일이며 별빛이 그에게 쏟아지던 일들이 생각났다. 후에 삶의 영감이 된 그 생각들에 대한 깊은 명상에 빠져들기 시작했을 때 그가 지니고 있던 부드러움, 인간에 대한 사랑과 연민의 정, 인간의 죄와 슬픔에 대한 동정심도 생각이 났다. 그리고 그때는 인간의 가슴을 근원적으로 성스러운 신전 같은 것으로, 아무리 세속적으로 타락한다 해도 형제애로서 신성하게 생각해야 할 것으로 보면서 얼마나한 경외감을 가지고 인간의 가슴을 들여다보았던가, 얼마나 강렬한 두려움을 느끼며 탐색의 성공을 후회하고 제발 '용서받지 못할 죄'가 그에게 드러나 보이지 않기를 기도했던가 하는 생각들도 떠올랐다. 그 과정에서 그의 정신과 가슴 사이의 균형을 무너뜨린 커다간 지적 발전 단계가 뒤따른 것이었다. 그의 삶을 사로잡은 그 한 가지 생각은 그에게 하나의 교육적인 수단으로 작용했다. 그래서 그의 힘을 계속 최대한으로 개발했고, 그를 무식한 노동자 수준에서 대학에서 학문적 지식을 갖춘 이 지상의 철학자들도 아무리 그를 따라 오르려 해도 오를 수 없는 높은 경지로 끌어올린 것이었다. 그의 지적인 힘에 대해서는 이 정도만 이야기하자! 그러면 그의 가슴은 어떻게 되었는가? 그의 가슴은 말라 시들고, 오그라들고, 굳어지고, 그래서 결국 죽어버렸다! 그의 가슴은 모든 사람들의 맥박과 함께 뛰기를 멈추고, 자석처럼 서로 달라붙어 있는 인간성의 고리를 놓쳤다. 그는 더 이상 우리 인간의 공통된 본성의 방이나 감방을 성스러운 공감의 열쇠로, 그 모든 비밀을 함께 나눠 가질 권리를 우리에게 주는 그 열쇠로 열 수 있는 형제가 아니었다. 그는 이제 인간을 실험 대상으로 삼고 마침내 인간을 꼭두각시로 만들어 자신의 연구에 필요한 정도의 죄악을 범하도록 줄을 당겨 조종하는 냉혹한 관찰자가 되어버린 것이다.

그리하여 이선 브랜드는 악마가 되었다. 도덕적인 본성이 지적인 힘과 같은 보조로 발전해 가기를 그친 순간부터 그는 악마가 된 것이다. 그리고 이제 지고한 노력과 그에 따른 필연적 발전의 결과로, 일생의 작업의 밝고 화려한 꽃, 그 풍부하고 향기로운 열매로, 그는 '용서받지 못할 죄'를 만들어낸 것이었다!

"이제 더 찾을 게 뭐가 있는가? 더 이룰 게 뭐가 있는가? 내 작업은 이제 끝났다. 성공적으로 끝난 거지!" 이선 브랜드는 스스로에게 말했다.

앉아 있던 통나무에서 경쾌한 마음으로 일어난 그는 석회 가마의 돌 주위로 쌓아올린 흙더미 둔덕을 올라 그 건조물 꼭대기에 이르렀다. 꼭대기 부분은 이쪽 끝에서 저쪽 끝까지 십 피트 정도 공간이 있었는데 가마에 쌓인 많은 양의 대리석 조각들의 윗부분이 보였다. 그 수많은 대리석 덩어리와 조각들은 불길에 벌겋게 달아올라 푸른 불꽃을 마구 뿜어내고 있었다. 그 화염들은 마치 마술의 원 안에서 그러듯이 높이 치솟아 떨고 미친 듯 춤을 추면서 계속되는 다양한 동작으로 가라앉았다가는 다시 솟아오르곤 했다. 그 고독한 사나이가 이 끔찍한 불더미 위로 몸을 굽혀 내밀자 강한 열기가 단숨에 그를 태워 바스러뜨릴 것 같은 소리를 내며 그의 몸 쪽으로 치솟았다.

이선 브랜드는 곧은 자세로 서서 그의 두 팔을 높이 들어 올렸다. 푸른 불꽃이 얼굴 위로 너울대면서 황량하고 무시무시한 빛을 던졌는데 그 무시무시한 빛이 그 얼굴의 표정에 아주 잘 어울렸다. 그 표정은 극심한 고통의 심연으로 막 뛰어들려는 악마의 표정이었기 때문이었다.

"오, 더 이상 나의 어머니가 아니요, 그 가슴속으로 이 몸이 영원히 녹아들 수 없는 어머니 대지여!" 그는 큰 소리로 외쳤다. "오, 그대의 형제애를 내던져버리고 그대의 가슴을 이 발로 짓밟아버린 인류여! 오, 나의 길을 앞으로 그리고 위로 밝혀 인도하듯 옛날에 나를 비추었던 하늘의 별들이여! 모두들 잘 있어라, 영원히. 자 오너라, 이제부터 내 친구가 될 죽음의 불길이여! 내가 너를 안듯이 나를 안아다오!"

그날 밤 무시무시하게 울려 퍼지는 웃음소리가 석회공과 어린 아들의 잠속으로 무겁게 스며들어왔다. 그리고 공포와 고뇌의 여러 희미한 모습들이 그들 꿈에 나타나 아침 햇살에 그들이 눈을 떴을 때도 여전히 그 오두막에 남아 있는 듯했다.

"애야, 일어나, 어서!" 석회공은 주위를 두리번거리며 말했다. "고맙게도 결국 밤이 지나갔구나. 그런 고통스러운 밤을 하루 더 지내느니 한 해 동안 깨어 있는 상태로 가마 불을 지켜보는 게 낫겠다. 그 이선 브랜드란 사람, '용서받지 못할 죄'니 뭐니 허튼 소리나 하고 내 일을 대신 봐준다면서 별로 도움 준 것도 없고."

그는 오두막집을 나섰다. 어린 조도 아버지 손을 꼭 붙들고 아버지를 따라 갔다. 산꼭대기에는 이른 아침 햇살이 이미 황금빛으로 쏟아지고 있었고 골짜기는 아직 그늘에 잠겨 있었지만 곧 밝아올 햇살을 기다리며 즐겁게 미소를 머금고 있는 듯했다. 마을은 주위에 완만하게 솟아오르고 내린 산들로 완전히 둘러싸여 있어 마치 신의 커다란 손 오목한 곳에 평화롭게 자리잡고 있는 것 같았다. 모든 집들이 또렷하게 보였다. 두 교회의 조그만 첨탑이 위로 치솟아 있었고, 도금한 풍향계 위 황금빛으로 물든 하늘에서 쏟아지는 밝은 햇살에 반짝이고 있었다. 술집은 벌써 활기를 띠어, 입에 여송연을 물고 있는 담배에 전 늙은 역마차 사무관 모습이 현관 입구 아래쪽에 보였다. 그레이록 산은 머리에 황금빛 구름을 두르고 영광스러운 자태를 뽐내고 있었다. 주위 산들의 가슴에도 환상적인 모습으로 여기저기 하얀 안개구름이 쌓여 있었는데 어떤 것들은 계곡 저 아래로, 어떤 것들은 산꼭대기를 향해 위로, 그리고 안개 같기도 하고 구름 같기도 한 어떤 것들은 더 위쪽 하늘의 찬란한 황금빛 속에서 떠돌고 있었다. 산 위에 걸려 있는 구름들을 여기서 저기로 옮겨 밟으며 더 높이 하늘에 떠 있는 구름까지 올라가면 사람도 천국으로 올라갈 수 있을 것 같았다. 땅과 하늘이 그처럼 신비롭게 섞여 있는 모습을 보는 것은 대낮에 꿈을 꾸는 느낌이었다.

자연이 으레 그렇듯 이런 장면에 친숙하게 등장하는, 자연스러운 것들의 매력을 더해 주려는 듯 역마차가 덜커덕거리며 산길을 내려오고 있었다. 마부가 뿔 나팔 경적을 울리자 그 소리가 메아리쳐 여러 소리가 되고 그 소리들이 서로 섞이며 풍성하고 다양하고 정교한 화음을 이루어, 마부는 그 소리가 자신이 먼저 낸 소리라고 도저히 주장할 수가 없을 정도였다. 거대한 산들이 저마다 경쾌하고 아름다운 선율을 제공하며 함께 협주곡을 연주하고 있는 것이었다.

어린 조의 얼굴이 금세 밝아졌다.

"아빠, 그 이상한 사람이 떠나고 나니까 하늘과 산들이 다 즐거워하는 것 같아!" 아이가 즐겁게 이리저리 깡충깡충 뛰면서 소리쳤다.

"네 말이 맞다. 하지만 그가 불을 꺼놨어. 오백 부셸 정도의 대리석은 그런 대로 망치지 않았지만 그놈한테 고마워할 게 전혀 없어. 이 근처에서 그놈을 붙잡기만 하면 화로 속에 집어던져버릴까 보다!"

석회공은 그렇게 저주를 퍼부으며 으르렁댔다.

그는 손에 긴 막대기를 들고 가마 꼭대기 쪽으로 올라갔다. 잠시 후 그는 그의 아들을 불렀다.

"조, 이리 올라와 봐!"

어린 조는 둔덕으로 뛰어올라가 아버지 옆에 섰다. 대리석은 다 타서 눈처럼 흰 완벽한 석회가 되어 있었다. 그러나 그 원 표면 한가운데에는 마찬가지로 눈처럼 하얗게 완전히 석회가 된 사람의 해골이 마치 오랜 고생 끝에 오래도록 쉬려고 누운 사람 자세로 놓여 있었다. 이상하게 들리겠지만 갈비뼈 안쪽에는 인간의 심장 모양이 남아 있었다.

"이놈 심장은 대리석으로 만들어졌단 말인가?" 그 이상한 현상에 어리둥절해진 바트람이 말했다. "어쨌든 특별히 좋아 보이는 양질의 석회로 타버렸군. 뼈를 다 합치면 반 부셸 정도는 될 테니 이 친구 덕에 그만큼 더 득을 봤군."

그렇게 말하면서 그 거친 석회공은 막대기를 들어 해골 위로 떨어뜨렸다. 이선 브랜드의 잔해는 그리하여 산산조각으로 부서졌다.

Earth's Holocaust
대지의 홀로코스트

어느 때인가—그것이 과거의 이야기인지 앞으로의 이야기일지는 그다지 중요하지 않다—세월에 찌든 쓰레기가 이 넓은 세상에 너무 많이 쌓이자, 이 땅의 주민들은 큰불을 내 쓰레기를 태워 없애기로 했다. 장소는 보험회사로부터 요청도 있었던 데다 다른 어떤 곳보다 지구 한가운데에 위치한다는 이유로 서부 대평원의 한 곳으로 정해졌다. 거기라면 인가에 불이 옮겨 붙을 위험도 없었고, 많은 구경꾼이 모여서 여유롭게 그 장관을 감상할 수 있을 것이라 생각했기 때문이다. 나는 이런 종류의 구경거리를 좋아하는 데다 한편으로는 불이 지금까지 안개나 어둠에 감추어져 드러나지 않았던 어떤 심오한 정신적 진실을 보여 주리라는 기대를 가지고 짬을 내어 현장을 지켜보러 갔다. 도착해 보니 폐기처분될 쓰레기 더미는 아직 그다지 크지 않았지만 이미 불이 붙어 있었다. 저녁 어스름이 내린 끝없는 평원 가운데서 희미한 빛이 창공에 홀로 뜬 별처럼 어렴풋이 보였다. 거기서 그토록 강렬한 불길이 일어나리라고는 아무도 예상하지 못했을 것이다. 시간이 지나면서 구경꾼들은 점점 늘어났다. 걸어서 오는 사람, 앞치마로 손을 감싼 여인, 말 탄 남자, 수레, 느릿느릿한 짐마차, 불태우려는 물건들을 가득 실은 크고 작은 운반 기구가 멀거나 가까운 곳에서 다가왔다.

"불은 무엇으로 붙였습니까?" 나는 이 일이 어떻게 진행되는지 처음부터 끝까지 알고 싶었기 때문에 한 구경꾼에게 물었다.

그는 쉰 살쯤 되는 엄숙해 보이는 남자로, 분명 구경하기 위해 여기까지 온 것처럼 보였다. 한눈에도 인생의 진정한 가치를 스스로 생각해온, 그래서 세상 사람들의 평가 따위에는 관심을 갖지 않으리라는 인상을 받았다. 그는 내 질문에 답하기 전 커지는 불빛에 비친 내 얼굴을 정면으로 바라보았다.

"그래요, 뭔지 모르겠지만 바짝 말라서 태우기 쉬운 것이었소. 어제 신문,

지난 달 잡지, 작년 낙엽 같은 것들입니다. 여기 대팻밥처럼 불길을 일으킬 해묵은 쓰레기가 한 가득 오는군요." 그가 대답했다.

마침 그때 인상이 거친 남자 몇 명이 불 가장자리로 다가가서 문장원(紋章院)에서 나온 온갖 쓰레기를 던져 넣었다. 암흑시대의 안개 속을 광선처럼 거슬러 올라가는 방패 문장, 유력 가문의 문양, 족보와 더불어 별 모양의 훈장, 가터 훈장, 자수 놓은 목 장식 훈장 등. 모르는 눈에는 하찮고도 쓸데없는 것들에 불과하지만, 한때는 엄청나게 중요했고 아직도 화려한 과거를 숭상하는 자들에게는 정신적으로나 물질적으로 더없이 소중한 물건들이었다. 한 무더기씩 불길 속에 던져지는 이 잡동사니들과 함께 유럽 군주가 붙이고 있던 휘장, 나폴레옹의 레지옹 도뇌르 훈장과 셀 수 없이 많은 계급장이 섞여 있었다. 레지옹 도뇌르 훈장의 리본에는 그 옛날 성(聖) 루이 9세의 십자군 기사단 리본이 뒤엉킨 채 들어갔다. 우리 신시내티 훈장도 함께 들어갔는데, 역사가 일러 주는 바에 따르면 이 메달로 인해 우리나라에서도 독립 전쟁 때 영국왕 격퇴군 중에서 세습 귀족이 탄생할 뻔했다. 거기다 독일 백작과 남작, 스페인 대공, 영국 귀족임을 증명하는 칙서이기도 했다. 멀게는 정복자 윌리엄이 서명한 벌레 먹은 고문서부터 가깝게는 빅토리아 여왕이 섬섬옥수로 건넨 귀족의 최신 양피지까지 있었다.

이토록 거대하게 쌓인 지상의 영예 더미에서 짙은 연기와 선명한 불꽃이 뒤섞여 솟구치며 소용돌이치는 모습에 구경하던 수많은 평민들은 환호와 박수로 창공을 울렸다. 같은 흙으로 빚어지고 같은 정신적인 약점을 지녔음에도 하늘의 총애를 받았다는 이유만으로 타고난 특권이 있는 사람들에게 그들이 오랜 뒤에 마침내 거두게 된 승리였다. 그런데 이때 머리가 반백인 당당한 체구의 늙은 남자가 불붙은 더미를 향해 달려갔다. 남자가 입은 코트에는 가슴팍에 신분을 나타내는 표장이나 별이 강제로 뜯겨 나간 흔적이 있었다. 그의 얼굴에 지성의 징표는 없었지만, 그 태도에는 태어나면서부터 사회적으로 우월한 존재이며, 그 순간까지도 그 사실을 의심한 적 없는 자의 오랜 습관과 타고난 위엄이 깃들어 있었다.

"여러분." 그는 큰 소리로 외쳤다. 가장 소중한 것들이 재가 되어 가는 것을 보는 눈에는 슬픔과 놀란 기색이 역력했다. 그러나 어느 정도 위엄을 유지하고 있었다. "여러분, 이게 무슨 일입니까? 이 불은 여러분이 야만스러운 생활에서 벗어났음을 증명해 주는, 아니면 다시 그리로 떨어지는 걸 막아 줄 모든 것을 태워 없애고 있습니다. 특권층으로 태어난 우리 같은 사람은 세대를 거듭해서 기사도 정신과 품격 있고 관대한 사고, 고상하고 순수하고 세련되고 섬세한 인생을 지켜왔습니다. 귀족뿐이 아닙니다. 시인도 화가도 조각가도—모든 아름다운 예술을 말살하고 있는 것입니다. 우리가 예술을 후원하고 예술을 꽃 피울 환경을 만들었기 때문입니다. 위신 있는 귀족계급을 없애면 사회는 품위뿐 아니라 기반까지 잃게 됩니다⋯⋯."

아마 그는 더 말하고 싶었을 것이다. 하지만 여기저기서 경멸과 분노에 찬 야유가 터져 나와 몰락한 귀족의 호소를 묻어 버렸다. 그는 결국 반쯤 탄 자신의 족보를 절망스럽게 바라보고는 군중 속으로 숨어들었다. 비천한 사람들이었으나 그 안에 기꺼이 몸을 숨긴 것이다.

"제 놈 가슴에 붙은 훈장하고 같이 불에 던져 넣지 않은 걸 운명의 별에 감사하라고 그래!" 한 사나운 남자가 꺼져 가는 불을 걷어차며 소리쳤다. "그리고 앞으로는 감히 누구도 곰팡내 나는 양피지를 내세워 남들 위에 서겠다고 할 수 없어. 팔 힘이 상한 사람은 인정하지. 그것도 한 가지 우월함이니까. 재치 있고 현명하고 도량 있고 기력도 있다면야 그걸로 덕을 볼 수는 있겠지. 하지만 앞으로는 어떤 인간도 조상의 썩은 뼈를 내세우며 지위가 높다는 둥 경의를 표하라는 둥, 그런 걸 절대 요구할 수 없어. 그런 헛소리는 끝났다는 말씀이야."

"그럴 때가 되었지요." 내 옆에 선 진지한 표정의 구경꾼이 덧붙였지만 그 목소리는 크지 않았다. "더 형편없는 헛소리가 그 자리를 차지하지 않는다면 말이외다. 하지만 어쨌건 이런 헛소리는 이제 생명을 다했소."

이런 유서 깊은 쓰레기를 앞에 두고 묵상하거나 도덕을 생각할 겨를은 없었다. 쓰레기들이 절반도 타기 전에 바다 건너에서 또 다른 쓰레기가 잔뜩 왔기 때문이다. 왕가를 상징하는 자색 예복과 황제와 왕들의 왕관, 보주(寶珠), 홀(笏) 등이었다. 이런 것들은 모두 쓸모없는 잡동사니이고, 기껏해야 세상의 유년기에나 어울릴 장난감 또는 그런 유치한 세상을 가르치고 훈계할 회초리에 지나지 않으며, 성숙한 보편적 인류는 더 이상 그런 것에 모욕당하지 않을 터였다. 이런 왕가의 표지들이 어찌나 심하게 경멸을 받았는지, 드루어리 레인 극장에서 왕 역할을 했던 배우가 걸친 도금 왕관과 천박하게 번쩍거리는 조복도 불 속으로 함께 던져졌다. 그것은 의심할 바 없이 세상이라는 더 큰 무대에서 왕 역할을 연기하는 동료 배우들을 조롱하는 의미였다. 영국의 제관식에서 쓰이던, 왕관을 장식하고 있는 보석이 불길 속에서 너울거리며 찬란하게 빛나는 광경은 신비롭기까지 했다. 그 일부는 색슨족 통치 시대부터 전해 내려온 것이고, 또 다른 것들은 막대한 국가예산을 쏟아부어 사들였거나 힌두스탄 소국 군주들의 죽은 이마에서 약탈한 것이었다. 마치 유성이 떨어져 산산조각 나 흩어지듯, 이 모든 것이 저마다 빛을 발하며 타올랐다. 무너져 내린 군주의 위광을 빛나게 하는 것은 무엇 하나 없었고 그저 알지 못할 귀중한 보석들만이 빛을 내뿜고 있었다. 이 이야기는 이 정도로 충분하리라. 오스트리아 황제의 망토가 불쏘시개가 되고, 프랑스 옥좌의 기둥들이 목탄 더미가 되어 다른 나무들과 구별조차 할 수 없게 되는 과정을 설명하는 것도 지루할 뿐이다. 다만 폴란드 망명객 한 명이 러시아 차르의 홀로 불을 휘젓다가 잠시 뒤에 불길 속으로 던져 넣더라는 이야기만은 덧붙여 둔다.

"옷 타는 냄새는 참을 수가 없군요." 산들바람이 우리를 왕가의 의복 연기로 휘감자 나의 새 친구가 말했다. "바람 저 편으로 가서 불 맞은편에서는 어떤 일이 벌어지는지 봅시다."

그리하여 우리는 주변을 돌아다니다가 마침 지금 막 도착해 자신들을 워싱턴 사람들이라 말하는 금주주의자들의 긴 행렬과 마주쳤다. 그 뒤에는 위대한 매슈 신부가 아일랜드 제자 수천 명을 거느리고 오고 있었다. 그들은 풍성한 땔감을 가지고 왔다. 다름 아닌 세상의 모든 술통을 굴리며 평원을 건너온 것이다.

"여러분." 불 가장자리에 이르자 매슈 신부가 소리쳤다. "이제 한 번만 더 밀면 끝납니다. 그리고 조금 떨어져 악마가 자신의 술을 어떻게 다루는지 봅시다."

그 말에 따라 행렬은 나무 술통을 불길이 뻗는 자리까지 밀어 넣고 안전한 곳으로 물러섰다. 갑자기 술통이 폭발했다. 불꽃이 구름까지 닿을 듯 치솟아 하늘까지 타는 것 같았다. 그것은 당연한 일이었다. 지금 여기 모인 전 세계의 증류주는 지난날처럼 술꾼의 눈에 광기 어린 불꽃을 붙이는 대신 하늘로 솟구쳐 인류를 놀라게 할 빛을 뿜었기 때문이다. 그러지 않았으면 수백만의 가슴을 그을렸을 불꽃이었다. 셀 수 없이 많은 고급 술병이 불꽃을 향해 날아들고 불길은 음미하듯 병을 핥았는데, 불꽃 역시 술꾼들처럼 술을 삼킬수록 더 유쾌하고 격렬해졌다. 그 불꽃 악마의 지독한 갈증이 그처럼 원 없이 채워지는 일은 두 번 다시 없을 것이다. 거기에는 명성 높은 애주가들의 보물이 있었다. 바다를 건너와 햇빛에 익힌 뒤 후미진 땅속에 저장해 온 술들. 가장 까다로운 포도밭에서 나온 희고 누르고 붉은 액체들—토케이산 최상급 포도주 모두—싸구려 선술집의 값싼 술들과 섞여 하나의 불꽃을 키웠다. 그 불기둥이 거대한 용트림으로 변해 하늘로 솟구쳐 별빛과 어우러지는 사이, 군중은 넓은 대지가 오랜 저주에서 벗어남을 자축하는 환호성을 질러대고 있었다.

하지만 기뻐하는 사람만 있는 것은 아니었다. 많은 사람이 이 한순간 타오르는 불꽃이 꺼지고 나면 인생은 전에 없이 어두워지리라 여겼다. 개혁가들의 시도가 이어지는 동안, 몇몇 버젓한 신사—딸기코에다 통풍으로 발을 끌고 있는—가 작은 소리로 훈계를 중얼거리는 소리가 들렸다. 불 꺼진 난로 같은 얼굴에 남루한 신사가 공공연하게 쌓이고 쌓인 불만을 터트리기 시작한 것이다.

"이 세상이 다 뭐야?" '최후의 주정뱅이'가 말했다. "더 이상 즐거움을 누릴 수가 없는데? 가난한 사람은 이 세상 근심을 어떻게 해결하라는 거지? 이렇게 쓸쓸한 세상 찬바람에 맞서 어떻게 마음의 온기를 유지하겠어? 내게서 위안거리를 빼앗는 대신 나한테 뭘 줄 거지? 난롯가에 앉아 옛 동지들하고 한잔하고 싶은데 어쩌란 말이야? 개혁 따위 다 망해버려라! 말귀를 알아먹는 사람이 다 사라진다면 서글픈 세상, 냉혹한 세상, 이기적인 세상, 한심한 세상, 정직한 사람이 살아갈 가치가 없는 세상이 되는 거야!"

이런 열변은 주변 구경꾼들을 들끓게 했다. 말은 바보 같았지만, 나는 이 '최후의 주정뱅이'가 내뱉는 절망에 동정하지 않을 수 없었다. 술친구들이 어느새 곁을 떠나버려, 가련한 이 남자는 함께 술잔을 기울일 사람도 없었고 마실 술도 없었다. 아니, 이 표현은 바르지 않다. 내가 그를 이렇게 생각하는 동안 그가 불가에 나동그라져 있는 25도 브랜디를 주워들어 주머니에 넣는 모습이 보였기 때문이다.

증류주와 발효주가 그렇게 사라지자, 사회개혁가의 열정은 불길을 유지하기 위해 온 세계의 차 상자와 커피 자루를 불에 던져 넣기 시작했다. 이어 버지니아 주의 농장주들이 담배 작물을 가지고 왔다. 그것을 더하자 쓰레기 더미는 산처럼 솟아올랐고, 대기는 담배 냄새로 자욱해져 앞으로 다시는 신선한 공기를 들이쉬지 못하게 될 것만 같았다. 이번 희생제물은 애연가들에게 지금껏 목격한 어떤 것보다 큰 충격을 준 듯했다.

"아, 이것으로 내 파이프 불도 꺼졌어." 한 노신사가 얼굴을 찌푸린 채 파이프를 불길 속에 던지며 말했다. "세상이 어떻게 되는 거야? 삶의 양념이 되는 풍부하고 강렬한 풍미는 전부 쓸모없다고 선고받을 거야. 불이 지펴졌으니, 거기에 이 어처구니없는 개혁가들이 몸을 던지면 좋으련만! 그러면 만사가 좋아질 게 아닌가?"

"참아요. 결국은 그렇게 될 겁니다. 개혁가들은 먼저 우리를 던져 넣고, 마지막엔 스스로 몸을 던질 거예요." 한 확고한 보수주의자가 말했다.

이제 나는 포괄적이고도 체계적인 개혁 조치에서 눈을 돌려 이 기념할 만한 불에 개인들이 던져 넣는 물품을 살펴본다. 아주 재미있는 것이 많았다. 빈 지갑을 던져 넣는 가난뱅이가 있었고, 다른 한 남자는 위조되거나 쓸 수 없는 수표 다발을 던졌다. 세련되게 차려 입은 여자들이 철 지난 보닛과 함께 리본과 노란 레이스, 케케묵은 머리장식 따위를 허다하게 던졌고, 그것들은 불길 속에서 유행보다 더 빠른 속도로 사라졌다. 수많은 애인들—버림받은 아가씨와 총각들, 권태기의 부부들—이 향수 뿌린 편지와 사랑의 시 다발을 던졌다. 직업을 잃어 먹을 빵조차 없는 늙은 정치가는 쓸모없어진 틀니를 던져 넣었다. 시드니 스미스 목사—그는 이 목적 하나로 대서양을 건넜다—는 쓴웃음을 지으며 불가에 다가가 주권국의 큼직한 보증 인장이 찍혔으나 지금 의무가 사라진 채권들을 던져 넣었다. 다섯 살짜리 사내아이가 이 시대의 조숙한 아이답게 마치 어른이라도 된 듯 장난감을 던져 넣었다. 대학생은 졸업장을, 예방접종 때문에 망한 약제사는 모든 재고 약품을, 의사는 서재의 의학서를, 목사는 자신의 설교 모음집을, 전통 있는 학교의 훌륭한 교사는 다음 세대를 위해 집필한 예절 규범을 던져 넣었다. 재혼을 결심한 과부는 죽은 남편의 작은 초상화를 슬그머니 던져 넣었다. 애인에게 차인 청년은 절망에 찬 심장을 불꽃 속에 던져 넣고 싶었지만, 그것을 가슴 밖으로 빼낼 방도가 없었다. 대중에게 인정받지 못한 미국 작가는 펜과 종이를 불에 던져 넣고는 전망 있는 직업을 찾았다. 매우 교양 있는 모습을 한 여인들이 드레스와 속치마를 불길 속에 던져 넣고 앞으로는 남성차림을 함과 더불어 남성적 태도와 의무와 직업과 책임도 갖겠다고 말하는 것이 놀라웠다.

사람들이 이런 제안에 얼마큼 호의를 보였는지는 알 수 없다. 내 관심이 남자에게 버림받아 반미치광이가 된 가여운 처녀에게 쏠렸기 때문이다. 정신이 반쯤 나간 그 처녀는 산 자와 죽은 자를 통틀어 자신이 가장 쓸모없는 존재라며 부서지고 망가진 온 세상의 잡동사니가 타오르는 불길 속으로 뛰어들려 했다. 하지만 선량한 남자 한 명이 달려가 그녀를 구했다.

"침착해요, 아가씨!" 남자가 파멸 천사의 무시무시한 품에서 처녀를 떼어내며 말했다. "침착해요. 그리고 하늘의 뜻에 따라요. 아가씨 영혼이 살아 있다면 모든 것이 처음의 깨끗한 상태로 돌아갈 수 있어요. 이런 인간 환상이 빚어낸 창조물들은 자기 날들이 지나면 태울 일밖에 없어요. 하지만 아가씨의 날들은 영원해요."

"그래요." 불쌍한 처녀가 말했다. "그럴 거예요. 하지만 더는 따스한 햇살이 닐 비추지 않을 거예요!"

이제 구경꾼들 사이에는 폭약을 뺀 무기와 군수품이 모조리 불에 던져질 거라는 소문이 돌았다. 하지만 폭약만큼은 세상에 있는 모든 재고품을 이미 가장 안전한 처리방법으로 바다에 던져 넣었다고 했다. 이 정보는 찬반양론을 이끌어냈다. 희망에 찬 박애주의자들은 그것을 천년 왕국이 도래했다는 신호로 여겼다. 인류를 불도그와 같은 종족으로 보는 사람들은 이제 예전 같은 용기, 열정, 고귀함, 관대함, 배짱이 모두 사라질 것이며, 그런 성질을 키우는 데는 반드시 피가 필요하다고 말했다. 하지만 그들은 잠시라도 전쟁을 없애기는 절대 불가능하다는 믿음으로 위안을 삼았다.

그 이야기는 잠시 놔두고 어쨌건 오랫동안 전장을 쩌렁쩌렁 울리던 수많은 대포—스페인 무적함대의 화포, 말버러내전 때의 공성포, 서로 맞선 나폴레옹과 웰링턴의 대포—가 불길 속으로 밀려들어갔다. 마른 가연성 물질이 계속 더해지면서 불길이 어찌나 거세졌는지 이제 놋쇠도 철도 못 견딜 정도가 되었다. 무시무시한 살상 무기들이 마치 장난감처럼 녹아 없어지는 모습에 허탈감을 느꼈다. 그 뒤 지상군이 군악대의 개선 행진곡 속에 거대한 용광로로 변한 불 주위를 돌아서 오더니, 총과 검을 던져 넣었다. 기수들이 총탄에 너덜너덜해진, 승전지 이름이 적힌 깃발을 한 번 올려다보고 마지막으로 바람에 휘둘러 본 뒤 불길 속으로 내리자 불길이 구름을 향해 솟아오르면서 눈 깜짝할 사이에 태워버렸다. 이 의식이 끝나자 세상에는 무기가 한 점도 남지 않았고, 예외가 있다면 아마 옛 왕의 무기와 녹슨 검, 우리 주 방위군 훈련소에 있는 독립전쟁 시대 전승 기념품 정도일 것이다. 이제 북소리와 나팔 소리가 함께 울리며 전 세계에 영원한 평화가 찾아왔다는 선포와, 더 이상 피로 얻는 영광은 없을 것이며 앞으로는 인류 최대의 행복을 위해 협력하는 기쁨이 있을 것이고, 그런 덕행은 훗날 용맹하다는 칭찬을 들으리라는 선언이 이어졌다. 이런 복된 소식이 널리 퍼지면서 전쟁의 공포와 부조리에 치를 떨던 많은 사람들에게 큰 기쁨을 안겨 주었다.

하지만 나는 위엄 있는 한 노사령관의 상흔 있는 얼굴에 스치는 냉소를 보았다. 전쟁에 지친 모습과 화려한 군복을 보면 나폴레옹의 유명 원수 가운데 한 명 같기도 했다. 그는 전 세계 모든 군인과 마찬가지로 지난 50년간 오른손에 더 없이 익숙했던 검을 던져 버리고 낮은 목소리로 말했다.

"그래! 그래! 좋을 대로 하라고 그래. 하지만 결국 이 바보짓 때문에 무기 제작자와 대포 주조자의 일거리만 더 늘게 될 거야."

"왜요?" 내가 놀라서 소리쳤다. "인류가 다시 검을 만들고 대포를 만드는 광기 어린 과거로 돌아갈 거라고 생각하십니까?"

"그럴 필요도 없소." 자비를 엿볼 수도 없고 자비 같은 것은 생각해 본 적도 없는 남자가 비웃으며 말했다. "카인이 동생을 죽이려고 했을 때 무기가 없어 곤란을 겪지는 않았으니까."

"두고 보면 알 거요." 노사령관이 대답했다. "내가 착각한 거라면 차라리 그게 더 나을 테지. 하지만 굳이 복잡하게 말하지 않아도 내가 볼 때 전쟁은 저 순수한 신사분들 생각보다 뿌리가 훨씬 깊어요! 개인의 사소한 분쟁을 모두 수용할 수 있소? 국민의 어려움을 해결할 대법정이 있소? 전장이야말로 그런 소송을 처리 내는 유일한 법정이오."

"당신은 잊은 게 있습니다." 내가 반박했다. "이처럼 문명이 발전해 준다면 이성과 박애주의가 하나로 결합해서 그런 법정 역할을 할 거라는 점입니다."

"아, 그렇구려! 그런 건 옛날에 잊어버렸소." 노병은 그렇게 말하고 다른 곳으로 절뚝거리며 갔다.

이제 불은 이미 소각해 버린 전쟁의 탄약보다 사회의 안녕에 훨씬 중요하게 여겨졌던 것들로 채워질 예정이었다. 개혁가들이 세계 각지를 돌아다니며 여러 나라에서 쓰이던 사형 집행 도구를 찾아 가져왔다. 이 섬뜩한 상징물들이 앞으로 끌려 나오자 사람들은 공포에 떨었다. 심지어 불길마저 도구들의 모양과 목숨을 끊는 장치를 보여 주며 잠시 움츠러들었다. 그것만 봐도 인간 법률의 유구하고도 치명적인 실수를 충분히 자각할 수 있었다. 저 오랜 잔학무도한 도구들, 저 끔찍한 괴물 같은 기계들. 인간의 본성보다 더 사악한 종류가 아니고서는 필요로 할 수 없을 듯하며, 옛 감옥의 어두운 구석에 웅크리고 있던 고안품들. 그 섬뜩한 전설 속 물건들이 이제 사람들 눈앞에 굴러 왔다. 높으신 귀족과 왕족의 피로 녹슨 망나니의 도끼가 비천한 평민들의 숨을 끊은 수많은 교수형 밧줄과 함께 불길 속에 던져졌다. 피로 물든 파리 거리를 굴러다닌 단두대가 나타나자 커다란 함성이 일었다. 하지만 교수대가 나타났을 때 환호는 더 커지고 마침내 하늘에 세상이 완벽하게 속죄했음을 알렸다. 그런데 그때 험상궂게 생긴 한 남자가 달려 나오더니 고함을 지르며 개혁가들을 가로막고 전진을 방해했다.

교수형 집행인이 자신보다 고귀한 이들에게 죽음을 안김으로써 자기 생계를 유지시켜 준 기계를 지키려 하는 일은 별로 놀랍지 않다. 하지만 전혀 다른 영역의 사람들, 심지어 이 세상이 선행을 행하도록 인도하는 신성한 계급을 가진 사람들까지 사형 집행자와 같은 생각을 갖고 있다는 점은 특별히 주목할 필요가 있다.

"멈추시오, 나의 형제여!" 한 성직자가 소리쳤다. "이것은 잘못된 박애주의요. 당신들은 이게 무슨 일인지 모르오. 교수대는 하늘이 정한 도구요. 그러니 경건하게 원래 장소에 갖다 놓으시오. 안 그러면 세상은 순식간에 황폐해질 거요!"

"앞으로! 앞으로!" 개혁 지도자가 소리쳤다. "인간의 잔혹한 정책이 낳은 도구 따위는 불길 속으로 던져라! 교수대를 주요 상징으로 내세우고서 법률이 어떻게 사랑과 선행을 가르치겠습니까? 여러분, 이제 한 번만 더 밀면 세상은 최대의 오류에서 벗어납니다."

거기 손을 대기조차 끔찍해하는 수천 개의 손이 힘을 모아 그 불길한 장치를 용광로 속으로 깊숙이 밀어 넣었다. 교수대의 불길하고 음험한 검은색 몸체는 석탄처럼 빨갛게 타오르다가 마침내 재로 스러졌다.

"성공이다!" 나는 큰 소리로 외쳤다.

"분명히 대성공이오." 기대만큼 열광적인 목소리는 아니었지만, 대답한 사람은 그 사려 깊은 구경꾼이었다. "세상이 그만큼의 가치가 있다면야 분명 성공이라 할 수 있겠지. 하지만 사형은 순수했던 인류가 원시시대부터 한 바퀴 돌아 새로이 되찾을 순수하고 완벽한 시대까지 어떤 상황에서도 쉽게 없앨 수 있는 생각이 아니오. 하지만 어쨌건 이런 실험을 해보는 것도 나쁘지는 않겠지."

"더 태워요! 더 태워!" 이런 성과 속에서 열렬한 젊은 지도자가 조바심을 내며 말했다. "우리의 지성뿐 아니라 심장도 목소리를 내게 합시다. 그리고 성숙에 대해, 진보에 대해, 인류가 언제든 그때까지 얻은 가장 높고 친절하고 고귀한 일을 하게 합시다. 그 일은 절대 틀리지도 때에 어긋나지도 않을 겁니다."

그것을 들은 사람들이 흥분한 탓인지 불을 둘러싼 선량한 사람들이 정말로 매순간 계몽되어서인지는 알 수 없지만 사람들이 어찌나 열렬하게 거기에 동참하는지 곁에 계속 있을 수가 없었다. 예를 들면 어떤 이들은 결혼 증명서를 불길 속에 던지고, 태초 이래 지속된 혼인보다 한층 높고 신성하고 포괄적인 계약을 하겠다고 선언했다. 다른 이들은 은행 금고로 달려가 부자들의 돈궤—이런 운명의 사건이 닥치자 달려온 사람들에게 훌렁훌렁 문을 연—로 가서, 지폐 뭉텅이를 모조리 가져다가 불길을 키우고 몇 톤의 동전을 녹였다. 그들은 이제 위조되지 않고 아무리 써도 다하지 않는 인류 공통의 선(善)이 세계에서 통용될 금화가 될 것이라고 했다. 이 정보에 은행가와 주식 투자자들은 창백해졌고, 군중 속에서 풍성한 수확을 거둬들이던 소매치기가 발작하며 쓰러졌다. 사업가 몇 명이 거래 장부와 회계장부, 채무 증서, 그 밖에 여러 가지 빚의 증거를 태웠다. 그러는 동안 더 많은 사람들이 빚과 관련된 불편한 기억을 모두 불태워 개혁의 열정을 채웠다. 그런 뒤 모든 부동산 권리 증서를 태우고, 부당하게 빼앗아 개인에게 불평등하게 분배한 공공의 땅을 다시 돌려주어야 한다는 외침이 나왔다. 또 한 집단은 모든 성문 헌법과 통치 형태, 법령, 규정집 및 인간이 자의적으로 법의 도장을 찍은 모든 것을 즉시 파기해서 완성된 세상에서는 태초의 인간처럼 자유로워져야 한다고 주장했다.

나는 이런 제안과 관련해서 어떤 결정적 행위가 있었는지 모른다. 바로 그때 내 연민을 좀 더 자극하는 일이 일어났기 때문이다.

"여길 좀 봐요! 책과 팸플릿이 산더미야! 불길이 더 커질 거야!" 별로 책을 좋아하지 않을 듯한 친구가 소리쳤다.

"맞아요!" 현대 철학자가 말했다. "지금껏 살아 있는 지성을 무겁게 짓눌러서 우리 주장을 제대로 못 펴게 한 죽은 자들의 사상은 이제 떨쳐 버려야 해요. 잘했어, 친구들! 모두 불 속에 처넣으시오! 이제부터는 당신들이 세상을 계몽하는 거요!"

"하지만 그러면 내 직업은 어떻게 되는 거죠?" 책장수가 당황해서 소리쳤다.

"당연히 자기가 팔던 물건을 따라가야죠." 작가가 냉정하게 말했다. "화장용 땔감으로 아주 훌륭할 거요!"

이제 인류는 이전 시대에 드높은 지혜와 재치를 뽐내던 자들조차 꿈꾸지 못한 단계에 이르러서, 더 이상 지구에 보잘것없는 저술 따위를 쌓아 두는 건 명백한 바보짓이 된 것이다. 이에 따라 서점, 가판대, 도서관과 서재를 비롯해서 시골집 난로 앞 작은 책 선반까지 샅샅이 수색되었고, 전 세계 모든 양장본이건 낱장이건 가리지 않고 끌려와서 이미 산더미가 된 불을 더욱 키웠다. 사전 연구자, 주석가, 백과사전 저자들의 노동이 담긴 두껍고 무거운 책들이 불 속으로 묵직한 소리를 내며 떨어지더니 썩은 나무 같은 연기를 내며 재가 되었다. 수백 권에 이르는 볼테르의 책을 비롯해 프랑스에서 출판된 화려한 금박의 조그만 책들은 빛나는 폭죽처럼 불꽃을 피우며 불길 속에서 스러져갔다. 프랑스 현대문학도 붉고 푸르게 타올랐고, 그 불길이 내뿜는 지옥 빛에 구경꾼들의 얼굴은 알록달록한 악마처럼 변했다. 독일 동화집에서는 유황 냄새가 났다. 영국 고전 작가들이 쓴 책은 훌륭한 연료로 대개 참나무와 비슷한 특징을 보였다. 특히 밀턴의 작품은 강력한 불꽃을 쏘아 올리고 서서히 빨간 숯으로 변한 뒤 다른 재료보다 오래 탈 것을 기약했다. 셰익스피어에서는 믿을 수 없을 정도로 눈부신 불길이 솟아오르는 바람에 사람들은 정오의 태양 같은 광채를 피해 눈을 가렸다. 심지어 그에 대한 논문집들이 그 위로 던져졌을 때에도 그는 그 숙고의 더미에 깔린 채 계속 황홀한 빛을 뿜어냈다. 개인적으로 나는 그가 지금도 변함없이 열렬하게 타오르고 있으리라 믿는다.

"시인이 저 영광의 불길로 램프를 밝힌다면 그 램프 불빛 아래서 아주 훌륭한 작품이 나올 텐데." 내가 말했다.

"그건 많은 현대 시인이 자주 한, 적어도 시도는 해본 일입니다." 비평가가 대답했다. "지난 시대 문학을 모두 태워버리는 이런 화염의 최고 이점은 두말할 필요 없이 작가들이 이제 햇빛이나 별빛으로 램프 불을 붙여야 한다는 점이지요."

"그렇게 높이까지 닿을 수 있다면 그렇겠지요." 내가 말했다. "하지만 그러려면 거인이 필요해요. 열등한 인간에게 불을 나눠 줄 거인이요. 모든 사람이 프로메테우스처럼 하늘에서 불을 훔칠 수는 없죠. 하지만 그는 그 불로 천 개의 난로에 불을 지폈습니다."

특정 작가가 쓴 작품의 분량과 연소 시간 사이의 관계가 아주 모호하다는 사실은 정말로 놀라웠다. 그 점에서는 지난 세기—뿐만 아니라 현 세기도 포함해서—의 4절판 책 가운데 〈마더 구스 노래〉가 담긴 금박 표지의 작은 아동서와 겨룰 수 있는 것이 한 권도 없었다. 〈엄지손가락 톰〉은 말버러 공작[*1]의 전기보다 오래갔다. 한 서사시, 아니 열두 편의 서사시는 종이 한 장에 적힌 옛 시가 절반도 타기 전에 흰 재로 사라졌다. 또한 많은 칭송을 들은 시집들이 자욱한 연기밖에 못 만든다는 사실이 밝혀졌을 때, 무명 시인의 무시 받은 소품—아마도 신문 한 귀퉁이에 실린—이 별을 향해 솟구쳐서 별만큼이나 밝게 빛난 경우도 여럿이었다. 불길의 특징에 대해 말하자면, 셸리의 시는 당대의 다른 어떤 작품보다 순수한 빛을 쏘며, 바이런 경의 작품이 내뿜는 변덕스럽고 음울한 빛과 뭉클대는 검은 연기와 아름다운 대조를 이루었다. 토머스 무어[*2]는 운문 일부가 향 같은 냄새를 피웠다.

나는 미국 작가들의 작품에 특별히 관심이 있었고, 그들 조악한 도서가 형체 없는 재가 되기까지 한시도 놓치지 않고 자세히 관찰했다. 하지만 이 두려운 비밀을 밝히는 일은 위험하지는 않다 해도 어쨌거나 그리 유쾌한 일은 아니다. 그래서 사람들 입에 가장 자주 오르내린 작가가 불 속에서 가장 화

---

*1 존 처칠 말버러. 1650~1722. 영국의 장군이자 정치가.
*2 토머스 무어. 1779~1852. 아일랜드의 시인.

려한 모습은 아니더라는 정도만 말하겠다. 특히 채닝의 얇은 시집들이 타지 않고 꿋꿋하게 버티던 것은 지금도 잊을 수 없다. 물론 사실을 말하자면 "슈슈, 푸푸"하는 아주 불쾌한 소리를 내기도 했다. 국내 및 해외 할 것 없이 작가 몇 명은 아주 특이한 현상을 보였다. 그들의 아주 존경할 만한 책은 불길로 일어나거나 연기 속에 타는 대신 얼음처럼 한순간에 녹아내렸다.

내 작품에 대해 언급하는 것이 교만의 소치가 아니라면, 여기서 이것만큼은 고백해야겠다. 나는 내 작품을 아버지 같은 심정으로 찾아보았지만 실패했다. 아마도 십중팔구 열기에 닿자마자 증기로 변했으리라. 그것들이 그처럼 조용한 방식으로나마 그날 저녁의 영광에 희미한 불꽃 한두 점을 보탰기를 바란다.

"아, 안타깝도다!" 녹색 안경을 쓴 신사가 침통한 표정으로 한탄했다. "세상은 완전히 파괴되었고, 더 이상 살아갈 목적이 없어졌구나. 나는 인생의 의미를 빼앗겼어. 제아무리 용을 써본들 책 한 권 가질 수 없으니!"

"저 사람은 책벌레요." 내 옆에 있던 침착한 구경꾼이 말했다. "죽은 생각들을 갉아먹으려고 태어난 그런 사람이오. 보시오. 저자의 옷은 도서관의 먼지로 덮여 있소. 내면에는 생각의 원천이 따로 없지. 쌓아 둔 책들이 사라졌으니 저 불쌍한 친구가 어찌 될지 진정 모르겠소이다. 혹시 선생은 저자를 달랠 말이 없소?"

"여보십시오." 내가 절망에 빠진 책벌레에게 말했다. "자연이 책보다 멋지지 않습니까? 그 어떤 철학 체계보다 인간의 감정이 더 심오하지 않습니까? 인생에는 지난날의 작가들이 적어 둔 금언보다 더 많은 가르침이 있지 않습니까? 기운을 내십시오. 시간이라는 위대한 책은 아직도 우리 앞에 펼쳐져 있고, 제대로 읽기만 하면 영원한 진리의 책이 될 것입니다."

"아아, 나의 책들아, 나의 책들아. 내 소중한 인쇄본들아!" 절망한 책벌레는 되풀이해 말했다. "내 유일한 현실은 장정된 책이었어. 그런데 이제는 얇은 팸플릿 하나 남지 않았어!"

실제로 지난 시대 저술의 마지막 유물은 이제 신세계의 인쇄기가 찍어낸 팸플릿 구름의 형태로 불더미 위로 떨어지고 있었다. 그것들 역시 눈 깜짝할 사이에 사라져서 카드무스 시절 이후 처음으로 글의 폐해를 없애주었다. 후대 작가들에게 아주 바람직한 상황이다.

"이제 더 할 일이 남았나요?" 내가 약간 불안해하며 물었다. "지구를 불 태우고 저 끝없는 우주로 날아오르지 않는다면, 더 이상은 개혁을 할 수 없을 듯한데요."

"아니, 그건 큰 착각이오." 내 곁에 있던 구경꾼이 말했다. "이 불은 예상 치 못한 연료까지 잡아먹어서, 여기까지 오는 데 흔쾌히 힘을 보탠 많은 사 람을 놀라게 만들지 않고는 사그라지지 않을 거요."

하지만 잠시 소강상태가 되었는데, 아마 그동안 운동의 지도자들이 다음 에는 무엇을 할지 생각하고 있었던 것 같다. 그 사이에 한 철학자가 자신의 이론을 불길에 던져 넣었다. 그 가치를 아는 사람들은, 그것이 그때까지 벌 어진 일 가운데 가장 주목할 만한 희생이었다. 하지만 연소는 전혀 빛나지 않았다. 기운 넘치는 일부 사람들은 이런 시간 낭비를 비난하며 숲에 뒹구는 낙엽과 떨어진 가지를 모아서 불을 전에 없이 높게 피웠다. 하지만 그건 부 차적인 일이었다.

"내가 말한 새로운 연료가 오는군." 내 말벗이 말했다.

놀랍게도 사람들은 지금 산더미 같은 불 주변으로 백의를 비롯한 각종 사 제복, 주교관, 구교와 개신교의 상징물을 뒤섞어서 가지고 왔다. 그들은 그 것으로 크나큰 믿음을 완성하려는 듯했다. 옛 성당 첨탑에서 떼어낸 십자가 들은 수 세기 동안 기나긴 경배 행렬이 그 아래를 지나가며 성스럽게 우러러 본 적이 없다는 듯 가차 없이 불더미에 던져졌다. 아이들을 신에게 바치던 세례반, 신자들이 경건하게 성수를 받던 신성한 제기들 역시 파괴되었다. 하 지만 이 모든 성물들 가운데 내 마음 가장 깊은 곳을 건드린 것은 뉴잉글랜 드 지역 예배당들에서 들어온 게 분명한 소박한 성찬 탁자 파편들과 장식 없 는 연단이었다. 성 베드로의 거대한 건축물은 이 끔찍한 희생의 불에 수많은 전리품을 보냈지만, 뉴잉글랜드의 단순한 건물들은 청교도 건설자가 만든 성스러운 장식들을 그대로 간직하도록 허락받을 수 있었을지도 모른다. 그 러나 나는 이것들이 종교의 껍데기일 뿐, 그 깊은 의미를 아는 영혼들은 이 미 마음속으로 준비하고 있었을 거라고 느꼈다.

"잘된 거예요." 내가 유쾌하게 말했다. "숲길이 성당 복도가 되고, 하늘이 지붕이 될 거예요. 신과 그 종들 사이에 지상의 지붕이 무슨 필요가 있겠어 요? 가장 신앙심 깊은 사람들마저 두르고 있던 믿음의 장식은 없어도 그만

이에요. 오히려 단순함 속에서 더 장엄해질 겁니다."

"맞소." 내 이웃이 말했다. "하지만 이 일이 여기서 멈추겠소?"

그 질문에 담긴 의심에는 나름대로 이유가 있었다. 아까 말한 대대적인 책 처분 때 인류의 다른 모든 문헌과는 구별되지만, 어떤 의미로는 그 꼭대기 자리에 있는 성스러운 책 한 권이 살아남았다. 하지만 혁신에 들뜬 거인—천사와 악마의 성격을 동시에 지니고, 양쪽 모두에 어울리는 행동을 할 수 있는—은 처음에는 세상의 낡고 썩은 것들만을 흔들었지만, 이제 우리의 도덕적이고 영적인 건물을 떠받치는 기둥들까지 그 무시무시한 손을 뻗치고 있다. 지상의 주민들은 이제 계몽 수준이 너무도 높아졌기 때문에 말로써 신앙을 규정하거나 영적인 것을 물질적인 유추로 한정지을 수 없었다. 하늘 앞에서 몸을 떠는 진실들은 이제 세계의 유년기에 있었던 우화에 지나지 않았다. 그러므로 인간 오류의 마지막 제물로 무서운 불더미에 던져 넣을 것이 그 책, 지난 시대에는 천상의 계시였지만 오늘날에는 차원 낮은 목소리에 지나지 않는 그 책 말고 또 무엇이 있겠는가? 일은 이루어졌다! 오류와 낡은 진리—지상에 필요한 적 없었거나 이제 필요하지 않게 되었거나 어린애처럼 싫증을 느낀—의 불더미 속으로 교회의 묵직한 성서가 떨어졌다. 연단 쿠션 위에 너무나 오래 놓여 있었고, 안식일에는 목사의 엄숙한 목소리로 성스러운 말씀을 전한 책이다. 더불어 오래전에 죽어 땅에 묻힌 가부장이 자녀들에게 읽어 주고—즐거울 때나 슬플 때나 난로 앞에서나 여름날 나무 그늘 아래서—가보로 대대로 물려준 책이다. 가슴에 품은 성서, 힘겨운 고난을 겪은 어떤 흙의 아이가 영혼의 동반자로 삼고 용기를 얻은 작은 책—삶과 죽음 어느 쪽의 고난이건 불멸에 대한 믿음으로 맞선—도 떨어졌.

이 모두가 사납게 날뛰는 불길 속으로 날아들었고, 평원 저편에서 거대한 바람이 천국의 빛을 잃은 지구가 내지르는 성난 탄식처럼 구슬프게 울부짖으며 달려왔다. 바람이 거대한 화염 피라미드를 흔들어서 반쯤 탄 혐오의 재를 구경꾼들에게 흩뿌렸다.

"끔찍하군요!" 나는 내 볼이 창백해진 것을 알았다. 주변 사람들도 비슷한 표정으로 변했다.

"겁내선 안 돼요." 나와 지금까지 계속 이야기를 나눈 이웃이 말했다. 그는 자신이 그저 구경꾼에 지나지 않는다는 듯 더없이 차분한 태도로 이 모든 광경을 바라보았다. "겁내선 안 돼요. 그러나 너무 기뻐하지도 마시오. 이 불은 좋은 방향이건 나쁜 방향이건 사람들이 믿지 못할 정도로 별다른 영향을 미치지 못할 테니까."

"어떻게 그렇죠?" 내가 안절부절못하며 물었다. "다 태운 게 아닌가요? 우리가 이승에서 지닌 인간적이거나 신성한 부속물 가운데 저 불이 삼키거나 녹여 버리지 않은 것이 있나요? 내일 아침이 되면 타다 만 깜부기불과 잿더미 말고 좋은 것이건 나쁜 것이건 남은 게 있을까요?"

"분명히 있소이다." 나의 심각한 친구가 말했다. "내일 아침에 오시오. 아니면 이 더미가 모조리 타버렸을 때도 좋소. 그러면 사람들이 불길에 던져 넣은 물건들 가운데 진짜로 귀중한 것을 모두 찾을 수 있을 거요. 장담하건대 내일의 세계는 오늘의 세계가 던져 버린 황금과 다이아몬드를 다시 쌓을 거요. 그 어떤 진실도 다시 캐낼 수 없을 만큼 철저하게 파괴되거나 깊이 묻히지 않았소이다."

그것은 이상한 안도였지만, 나는 그 말을 믿고 싶었다. 특히 너울대는 불길 속에서 성서 한 권이 검은 숯이 되지 않고 불완전한 인간의 손자국을 정화하듯 눈부신 흰빛을 띠었을 때 더욱 그랬다. 가장자리에 적힌 몇몇 주석과 해설은 뜨거운 시험의 불길 속에서 무너졌지만, 신에게 감화된 펜에서 타오른 음절들은 전혀 손상되지 않았다.

"그래요, 그 말의 증거가 있네요." 나는 구경꾼을 돌아보며 대답했다. "하지만 사악한 것들이 불에 스러질 수만 있다면 저 화염은 무한한 가치가 있어요. 어쨌거나 내가 제대로 이해한 거라면, 당신은 저걸로 세상의 기대가 실현되리라는 데 의문을 품은 것 같습니다만."

"저 사람들이 하는 말을 들어 봐요. 어쩌면 저들이 자기도 모르는 사이에 당신에게 유용한 걸 일러 줄지도 몰라요." 그렇게 말하며 그는 타오르는 더미 앞에 있는 한 집단을 가리켰다.

그가 가리킨 무리는 교수대 앞을 막아섰던 사납고 촌스러운 자—그러니까 교수형 집행인—와 마지막 도둑, 마지막 살인자였고 그 셋은 마지막 술꾼 주변에 모여 있었다. 술꾼은 포도주와 증류주의 대량 파괴에서 건져낸 술을 그들에게 너그럽게 돌렸다. 이 작은 환락의 무리는 암담한 절망의 늪에 빠진 것 같았다. 새롭게 정화된 세계는 이제까지 그들이 알던 세상과 전혀 다르

대지의 홀로코스트 457

고, 당연히 그들 같은 부류의 신사에게는 기이하고도 적막한 장소가 될 터였기 때문이다.

교수형 집행인이 말했다. "우리에게 가장 권할 만한 일은 술병을 비우자마자 내가 자네들을 근처 나무에 편안하게 목매달아 주고, 그다음에 나 역시 같은 나무에 목을 매는 거야. 여기는 우리가 살아갈 세상이 아니야."

"이런, 친구들!" 새롭게 이 무리에 섞인 남자가 말했다. 그는 얼굴이 놀랍도록 검었고, 눈은 불보다 더 붉게 빛났다. "낙심할 거 없어. 앞으로 좋은 시절이 올 거야. 저 헛똑똑이들이 깜박 잊고 불에 던져 넣지 않은 게 있어. 그게 없으면 저 화염은 아무것도 아니야. 온 지구가 재로 사라져도 말이야."

"그게 뭔데?" 마지막 살인자가 흥분해서 물었다.

"바로 인간의 심장이지." 검은 얼굴을 한 낯선 자가 의미심장하게 웃으면서 말했다. "저들이 그 음험한 동굴을 정화할 방법을 못 찾는다면, 이렇게 엄청난 수고를 다해 태운 모든 잘못과 불행이 그 동굴에서 다시 나올 거야. 예전과 똑같거나 더 나쁜 형태로. 나는 오늘 밤 내내 여기 서서 이 일을 지켜보면서 미소를 지었어. 장담하는데 다시 옛날 같은 세상이 될 거야!"

이 짧은 대화는 많은 생각을 안겨 주었다. 그게 진실이라면, 완벽해지려는 인간의 오랜 노력이 근원의 치명적인 오류로 인해 스스로를 악의 조롱거리로 만들 뿐이라는 사실이 얼마나 슬픈가! 심장, 심장, 그 작지만 끝없는 공간 안에 근원적 부조리가 있고, 바깥세상의 범죄와 불행은 그것이 겉으로 드러난 것에 지나지 않는다. 그 내부를 정화하면, 바깥세상에 붙어살면서 인간의 유일한 현실처럼 보이던 수많은 악이 희미한 그림자가 되어 저절로 사라질 것이다. 하지만 우리가 지성이라는 그 미약한 수단만으로 잘못이 무엇인지 구별하고 교정하려 한다면, 우리의 모든 성취는 한낱 꿈이 될 것이다. 그리 된다면 지금껏 내가 열심히 묘사한 불이 우리 손가락을 지지는 진짜 불길이건 아니면 그저 실체가 없는 도깨비불이건, 또는 내 머릿속에서 탄생한 한 편의 이야기이건 아무런 문제도 되지 않을 것이다.

The Artist of the Beautiful
미를 추구하는 예술가

 한 노인이 아름다운 딸과 팔짱을 끼고 길을 따라 걷고 있었다. 그들은 구름이 덮여 어두워진 저녁 거리로부터 걸어나와 조그만 가게 창문에서 불빛이 보도를 가로질러 비치고 있는 밝은 곳에 이르렀다. 가게 창문은 밖으로 약간 튀어나와 있었는데 창문 안쪽에는 금색동이나 금은으로 만든 갖가지 시계들이 마치 몇 시쯤 되었는지 알고 싶어 하는 나그네에게 인색하게 굴기라도 하듯 모두 가게 안쪽을 향해 걸려 있었다. 가게 안 창문 옆쪽으로는 한 젊은이가 앉아 있는 모습이 보였다. 얼굴이 창백한 젊은이는 갓을 씌운 램프 불빛이 집중된 곳에 아주 섬세해 보이는 기계 조각 같은 물건을 놓고 고개를 숙인 채 정신을 쏟고 있었다.

 "오웬 월랜드가 뭘 하고 있는 거지?" 은퇴한 시계 제조공이자, 지금 무슨 일을 하고 있는지 궁금해 하는 바로 그 젊은이의 옛 주인이기도 한 피터 호벤든 영감이 중얼거렸다. "저 친구가 도대체 뭘 하는 걸까? 지난 반년 동안 이 가게 앞을 지날 때마다 항상 저 일에 몰두해 있더란 말이야. 영원히 움직이는 어떤 것을 만들어보겠다는 바보짓에서 한술 더 뜨는 것 같은데. 내 지식과 경험으로 미루어봐서 저 친구 지금 열심히 하고 있는 일이 시계 장치와는 상관없는 일이 분명해."

 "오웬이 새로운 종류의 시계를 고안해 내는 중인가 보죠, 아버지. 그만한 창의력이 있잖아요?" 애니가 그 일에 별 관심이 없다는 듯 말했다.

 "허어, 얘야. 저 친구 창의력이라는 건 장난감 정도 만들어 내는 게 고작일 게다." 오웬 월랜드의 비정상적인 묘한 재능 때문에 속을 많이 태웠던 그녀의 아버지가 대답했다. "그런 창의력은 골칫거리일 뿐이지! 그 창의력의 결과가 뭐였니? 내 가게의 제일 좋은 시계들을 다 망쳐놓은 것이었잖아. 조금 전에 말한 대로 만일 저 친구 창의력이 아이들 장난감보다 더 큰 무언가를 만들어낼 수 있다면 저 친구는 태양을 궤도에서 이탈시켜 모든 시간의 흐름을 뒤죽박죽으로 만들어놓으려고 할 거다!"

"쉿, 조용히 하세요, 아버지! 다 듣겠어요!" 애니는 아버지의 팔을 누르며 속삭였다. "오웬의 귀는 그의 감정만큼이나 예민하잖아요. 조그만 소리에도 방해를 받는 걸 아버지도 잘 아시면서 그래요. 자 어서 가요, 아버지."

그리하여 피터 호벤든과 그의 딸 애니는 더 이상 아무 말 하지 않고 터덕터덕 걸어갔다. 그들의 발길은 뒷골목 대장간 열린 문 앞에 이르렀다. 대장간 안 화덕에서는 풀무의 큰 가죽 주머니가 바람을 들이마셨다 내뿜었다 할 때마다 불길이 벌겋게 치솟으며 어둡고 높은 지붕을 환히 비추기도 하고 다시 불길이 잦아지며 석탄이 뿌려진 바닥의 좁은 공간만을 비추기도 했다. 불이 환히 비칠 동안에는 대장간의 구석구석에 있는 물건들이며 벽에 걸린 편자들이 다 드러나 보였지만 불길이 잦아들 때면 불빛은 광막한 공간 한가운데서 가물대고 있는 것처럼 보였다. 이런 벌건 불빛과 어둠이 교차하는 사이로 대장장이가 움직이고 있는 모습이 보였는데 마치 밝은 불빛과 어두운 밤이 서로 당당한 힘을 빼앗으려고 싸우는 듯 빛과 어둠이 얽힌 한 폭의 그림을 돋보이게 하는 모습이었다. 이윽고 대장장이는 석탄불에서 하얗게 달아오른 쇠막대기를 끄집어내 모루 위에 놓고 힘센 팔뚝을 들어올려 망치로 내리쳤다. 그러자 불똥들이 그의 몸 주변으로 무수히 흩어졌다.

"자, 봐라, 얼마나 보기 좋은 모습이냐." 늙은 시계 제조공이 말했다. "금 가지고 하는 일은 내 잘 알지. 하지만 결국 다 해보고 나면 쇠 가지고 하는 일이 더 좋더구나. 대장장이는 현실에, 실체에 힘을 쏟는 것 아니냐. 애니, 네 생각은 어떠냐?"

"제발 그렇게 큰소리로 이야기하지 마세요, 아버지. 로버트 댄포스가 듣겠어요." 애니가 속삭였다. "들으면 어떠냐? 다시 말하지만 자신의 힘과 현실에 의존하는 건 아주 건강하고 좋은 일이야. 대장장이처럼 자신의 튼튼한 맨팔로 벌어먹고 사는 게 얼마나 좋으냐. 시계 제조공은 시계 태엽 안에 휘말리듯 머리가 혼란스러워지고, 나처럼 건강과 그 좋던 시력을 잃어서 중년만 좀 지나도 일을 못하는 무용지물이 되고 말지. 그렇다고 편안히 먹고살 만큼 벌어놓지도 못했는데 말이다. 그래서 또 이야기하는 건데 자기 힘으로 벌어먹고 사는 게 좋단다. 그렇게 되면 쓸데없는 생각 따원 다 사라지고 말

테니까! 대장장이가 오웬 월랜드처럼 이상한 바보짓 한다는 말 들어본 적 있니?"

"말씀 잘 하셨습니다. 호벤든 아저씨!" 로버트 댄포스가 지붕까지 쩌렁쩌렁 울릴 만큼 크고 깊고 명랑한 소리로 화덕 앞에서 소리쳤다. "그 말씀에 대해 애니 양은 어떻게 생각하나요? 아마 편자나 석쇠를 달구어 만드는 일보다 숙녀용 시계를 만들어내는 일을 더 점잖게 생각할 테지요."

애니는 대답하지 않고 아버지를 끌어당겨 그 자리를 떠났다.

그러나 우리는 오웬 월랜드의 가게로 돌아가, 그의 과거와 성격에 대하여 더 오랜 시간 생각해 보아야 할 것 같다. 피터 호벤든이나 어쩌면 그의 딸 애니, 오웬의 옛 동창생인 로버트 댄포스까지도 그런 사소한 문제에 할애하기에 적당하다고 생각하는 것보다 조금 더 오랜 시간을 말이다. 그의 조그만 손가락이 가까스로 주머니칼을 쥘 수 있게 된 아주 어린 시절부터 오웬은 깜짝 놀랄 만큼 섬세한 재능을 발휘하여 때로는 꽃이나 새 모양의 아름다운 목각품을 만들어내기도 했고, 때로는 알 수 없는 신비로운 기계 장치를 만들어 내려고 애쓰기도 했다. 그러나 그는 유용한 물건을 흉내 내어 만들려고 한 적은 한 번도 없었고 항상 우아한 아름다움 그 자체를 목표로 삼는 듯했다. 그는 다른 아이들처럼 창고 모퉁이에 조그만 풍차를 짓거나 동네 개울을 가로질러 물레방아를 만들어 세우지 않았다. 그의 독특한 재능을 발견하고 그를 유심히 관찰해 본 사람들은 그 아이가 새들이 나는 모양이나 조그만 동물들의 동작에서 나타나는 자연의 아름다운 움직임을 모방하려고 애쓴다는 사실을 알 수 있었다. 사실 그것은 아름다움에 대한 사랑 표현의 새로운 시도라 할 만한 것으로 그를 시인이나 화가나 조각가로 만들 수도 있었을 특성이었다. 그리고 그것은 그림이나 조각에서 가능한 모든 실용적인 조악함으로부터 완전히 정제된 순수한 것이었다. 그는 일반적인 기계 장치의 딱딱하고 규칙적인 동작에 이상한 혐오감을 가지고 있었다. 한번은 기계 원리에 대한 그의 직관적인 이해력을 충족시켜 줄 수 있으리라 생각하고 사람들이 그를 데려가서 기관차를 보여준 적이 있었는데, 그때 그는 마치 흉악한 괴물이라도 본 것처럼 얼굴이 창백해지고 구역질을 일으켰다. 그때의 공포는 쇳덩어리 기관차의 엄청난 크기와 힘 때문이기도 했을 것이다. 왜냐하면 오웬의 정신적 특성은 그의 조그만 체구와 조그만 손의 섬세한 힘에 걸맞게 세세한 것에 강하게 이끌리는 성향을 지닌 미시적인 것이었기 때문이다. 그렇다고 해서 그의 미적 감각이 아름다움에 대한 감각으로 축소된 것은 결코 아니었다. 미의식이란 크기와 상관없이 무지개의 원호로 측정해야 할 광활한 수평선에서나, 현미경으로 들여다보아야 할 아주 작은 공간에서나 마찬가지로 완전히 표현될 수 있는 것이다. 그러나 어쨌든 목표나 성취 면에서 그의 천재성은 특유의 섬세함 때문에 정당하게 인정받지 못했다. 그래서 친척들은 그의 이상한 창의성이 통제되어 실용적인 목적에 활용될 수 있기를 바라면서 그를 시계 제조공의 견습생으로 보내는 것이 가장 좋은 방법이라고 생각했다—아마도 그건 사실이었을 것이다.

이 견습생에 대한 피터 호벤든의 생각은 이미 이야기한 바 있다. 호벤든은 그 젊은이를 어떻게 해볼 수가 없었다. 시계 제조의 비밀에 대한 오웬의 이해력은 상상할 수 없을 정도로 빠른 게 사실이었다. 그러나 시계 제조라는 직업의 가장 중요한 목적을 그는 완전히 잊어버리거나 무시했고, 시간이 영겁으로 합쳐지기라도 한 것처럼 시간 측정에 대해 무관심했다. 하지만 오웬은 강한 기질의 성격이 아니어서 늙은 선생의 지도를 받을 때에는 엄격한 지시와 철저한 감독으로 그의 괴팍한 창의력을 일정한 한계 안에 머물도록 할 수가 있었다. 그러나 견습생 기간이 끝나고 피터 호벤든이 나빠진 시력 때문에 인계할 수밖에 없게 된 그 조그만 가게를 물려받게 되었을 때, 사람들은 '시간'이라는 '눈먼 아버지'를 매일매일 인도해 가기에 오웬 월랜드가 얼마나 부적절한 인물인지 깨닫게 되었다. 그의 가장 합리적인 계획 가운데 하나는 삶의 모든 거친 불협화음이 음악적인 것이 되고, 덧없이 지나가는 순간순간이 아름다운 화음의 방울이 되어 과거라는 심연으로 떨어져 내릴 수 있도록 음악적인 조작과 시계의 기계 장치를 연결하는 것이었다. 누군가 가정용 시계를—여러 세대에 걸쳐 수많은 사람들의 인생을 측정함으로써 인간 본성과 거의 유사하게 된 아주 오래된 큰 시계 같은—고쳐달라고 그에게 맡기면 그는 엄숙한 시계판에 열두 개의 경쾌한 모양으로 즐거운 무도회장을 차리거나, 열 두 개의 우울한 모양으로 음울한 장례 행렬을 마련했다. 이런 엉뚱한 행위가 거듭됨에 따라 그들은 시간을 이 세상에서의 번영과 발전의 매체로 보든 내세를 준비하기 위한 매체로 보든 결코 가볍게 다루어서는 안 된다고 굳게 믿는 사람들이었다. 오웬은 한결같이 사무적인 사람들에게 시계 제조공으로서의 신용을 완전히 잃어버리게 되었다. 그렇게 해서 그의 고객은 급격히 줄어들었다. 그러나 오웬 월랜드는 그런 불행을 아마도 다행스러운 불행이라고 생각했을 것이다. 이제 그는 자신의 모든 과학적 지식과 손재주를 끌어들인 비밀스러운 작업에 더욱더 몰두하고 특유의 천재적인 성향을 최대한으로 발휘할 수 있게 되었기 때문이다. 그런 작업은 벌써 여러 달째 계속되었다.

 늙은 시계 제조공과 그의 아름다운 딸이 거리의 어둠 속에서 그를 지켜보다 사라진 뒤 오웬 월랜드는 가슴이 뛰고 온 신경이 펄떡거려 일을 계속할 수 없었다. 그가 하고 있는 그런 섬세한 작업을 계속하기에는 그의 손이 너무 심하게 떨렸던 것이다.

 "바로 애니였잖아!" 그는 중얼거렸다. "그녀 아버지의 목소리를 듣기 전에도 이 뛰는 가슴으로 그녀라는 걸 알았어야 했는데. 아, 가슴이 너무 뛰는구나! 오늘 밤엔 이 일을 계속할 수가 없을 것 같군. 애니! 사랑하는 애니! 당신은 내 가슴과 손을 꼭 붙들어줘야 하오. 이렇게 마구 흔들지 말고. 내가 아름다움의 정신 바로 그것을 형태로 만들어 움직이게 하려는 것은 오직 당신을 위해서라오. 오, 뛰는 가슴아, 진정해 다오! 내 작업이 이렇게 어긋나면 오늘 밤 몽롱하고 어수선한 꿈을 꾸게 될 것이고, 그러면 내일은 정신을 차릴 수가 없을 테니까."

 그가 애써 마음을 가다듬고 다시 일을 시작하려 했을 때 가게 문이 열리더니 건장한 체구의 한 사나이가 들어섰다. 대장간의 빛과 어둠 속에서 움직이는 모습을 보고 피터 호벤든이 탄복해 마지않던 바로 그 대장장이 로버트 댄포스였다. 댄포스는 오웬이 최근에 제작을 주문해서 자신이 직접 만든 기묘한 모양의 조그만 모루를 가져온 것이었다. 오웬은 그 물건을 찬찬히 살펴보더니 자신이 원한 대로 잘 만들어졌노라고 말했다.

 "그렇겠지. 대장장이로서는 무슨 일이든지 해낼 수 있다고 자부하고 있네. 이런 손 가지고 자네가 하는 그런 일엔 젬병이겠지만 말이야."

 로버트 댄포스는 베이스 비올라 같은 강한 목소리로 가게를 가득 채우며 말했다. 그는 자신의 커다란 손을 오웬의 섬세하고 조그만 손 옆에 나란히 놓아보고는 웃으며 덧붙였다.

 "하지만 그러면 어떤가? 자네가 견습기간이 끝난 뒤 쏟아부은 모든 힘보

미를 추구하는 예술가 463

다 내가 망치로 한 번 내리칠 때 쓰는 힘이 더 클 텐데 말이야. 안 그런가?"
"아마 그렇겠지." 오웬이 여린 목소리로 나직이 말했다. "힘이란 세속적인 괴물 같은 거지. 난 힘 있는 체하고 싶지 않아. 나에게 만일 힘이 있다면 그건 완전히 정신적인 거지."

"그런데, 오웬. 자네 뭘하고 있는 건가?" 그의 옛 동창생인 댄포스가 여전히 기운찬 목소리로 물었다. 그 목소리가 너무 기운차서, 더욱이 그 질문이 자신의 상상력을 사로잡고 있는 꿈과 같은 신성한 문제에 관한 것이어서 오웬을 움찔하게 했다. "사람들이 그러는데 영원한 움직임인가 뭔가를 발견해내려고 한다며?"

"영원한 움직임이라구? 말도 안 되는 소리!" 오웬 월랜드는 혐오감을 나타내듯 몸을 움츠리며 대답했다. 그는 아주 민감하게 감정을 표현하는 편이었다. "그건 결코 발견될 수 없어. 그건 물질에 정신이 혼미해진 사람들을 현혹하는 하나의 꿈이야. 난 그런 꿈에 현혹되지 않아. 게다가 그런 발견이 가능하다 하더라도, 그 비밀을 증기니 수력이니 하는 것들로 달성되고 있는 실용적 목적을 위해 활용하려고 한다면 그런 발견은 시도할 가치가 없는 거지. 난 새로운 방적 기계를 만들어낸 아버지로 존경받고 싶은 야망이 없는 사람일세."

"자네가 그렇게 되면 정말 재미있겠군!" 대장장이는 그렇게 말하면서 어찌나 큰소리로 웃음을 터뜨렸는지, 오웬과 작업대 위에 놓여 있는 종 모양의 유리 그릇들이 함께 떨릴 정도였다. "하지만 걱정 말게, 오웬! 자네 아이들이 쇠 관절과 쇠 근육을 타고나지는 않을 테니까. 자, 이제 자네를 더 방해하고 싶지 않네. 잘 있게, 오웬. 성공을 비네. 만일 모루를 망치로 내리치는 그런 도움이 필요하거든 언제든지 부탁하게. 기꺼이 돕겠네."

그러고는 다시 한 번 웃으면서 힘센 사나이는 가게를 떠났다.

"참으로 이상하네." 오웬 월랜드는 손으로 머리를 괴고는 혼자 중얼거렸다. "나의 모든 생각들, 나의 목적들, 아름다움에 대한 나의 열정, 아름다움을 창조할 수 있는 힘—이 속세의 거인은 이해할 수 없을 만큼 훨씬 섬세하고 영묘한 그 힘에 대한 내 의식, 이 모든 것들이 로버트 댄포스와 마주치기만 하면 공허하고 하찮게 보이니 말이야. 댄포스를 자주 만나야 한다면 난 미쳐버릴지도 몰라. 그의 강하고 무자비한 힘이 내 안에 있는 정신적 요소를 어둡게 하고 혼란스럽게 만드는 거야. 하지만 나도 내 나름대로 강해져야지. 결코 댄포스에게 굴복하지 않을 거야."

그는 유리판 아래서 아주 조그만 기계 장치를 꺼내 램프 불빛을 한곳으로 모은 곳에 놓았다. 그러고는 확대경을 통해 그 기계 장치를 자세히 들여다보면서 아주 섬세한 강철 도구를 사용하여 작업을 계속했다. 그러나 다음 순간 그는 의자에 털썩 주저앉으며 두 손을 꽉 쥐었다. 그의 조그만 얼굴을 거인 못지않게 인상적으로 보이게 하는 공포에 질린 표정이 그의 얼굴에 확 번졌다.

"맙소사! 내가 무슨 짓을 한 거지?" 그는 외쳤다. "그 부질없는 공상, 무자비한 힘의 영향이 나를 혼란에 빠뜨려 내 지각을 흐려놓은 거야. 처음부터 내가 두려워했던 바로 그 일격을, 치명적인 일격을 당한 거야. 이젠 다 끝났어. 몇 달에 걸친 노고도 내 삶의 목표도 모두 끝났어. 아, 이젠 파멸이로구나!"

미를 추구하는 예술가는 램프 불빛이 차츰 가물거리다가 그를 어둠 속에 남겨둘 때까지 이상한 절망감에 빠진 채 그렇게 앉아 있었다.

이렇듯 상상의 세계 속에서 자라나 그처럼 아름다워 보이고 이 세상 그 무엇보다도 값져 보이던 생각들이 현실에 노출되고 부딪혀 산산조각이 났다. 생각의 표현을 추구하는 예술가는 그 섬세함과는 같이하기 어려워 보이는 강한 힘을 소유해야 한다. 좀처럼 믿으려들지 않는 세상 사람들이 그들의 철저한 불신을 무기로 공격해 올 때 그는 자신에 대한 확고한 믿음을 지켜야 하며, 스스로 자기 재능과 그 재능이 지향하는 목표의 철저한 추종자가 되어 인류 전체에라도 맞서야 하는 것이다.

오웬 월랜드는 이 가혹하고도 불가피한 시련에 얼마 동안 굴복하고 말았다. 계속 손으로 턱을 받친 채 몇 주일을 실의에 빠져 있어서 마을 사람들은 그의 얼굴을 보기조차 힘들었다. 마침내 그의 얼굴이 밝은 햇빛을 우러렀을 때 그 얼굴에는 뭐라고 표현하기 어려운 차고 둔감한 변화가 나타나 있었다. 하지만 피터 호벤든의 의견이나, 인생이란 시계처럼 무거운 추의 움직임으로 통제되어야 한다고 생각하는 현명한 사람들의 의견에 따르면 그 변화는 전적으로 바람직한 것이었다. 실제로 오웬은 이제 시계 제조 일에 열심히 몰두했다. 그가 무감각하고 엄숙한 표정으로 낡은 은시계의 톱니바퀴들을 열

미를 추구하는 예술가 465

심히 들여다보고 있는 모습은 보기에 참으로 이상했다. 그러나 그렇게 함으로써, 그 시계를 자기 삶의 한 부분처럼 주머니에 넣고 다니며 아껴서 남에게 맡기는 것조차 꺼려하는 시계 주인의 마음을 흐뭇하게 할 수 있었다. 이처럼 좋은 평판을 얻게 된 덕분에 오웬 월랜드는 마을 교회의 첨탑 시계를 손질해 달라는 부탁까지 받게 되었다. 그는 모든 사람의 공익을 위한 이 일을 아주 훌륭히 해내서 상인들은 퉁명스럽게나마 자기들의 거래에 도움을 주는 그의 공을 인정하게 되었고, 간호원들은 병실에서 환자에게 정확한 시간에 약을 먹이며 그를 칭찬했고, 연인들은 정확한 시간에 만날 수 있어서 그를 축복했으며, 마을 사람들은 정확한 저녁 식사 시간을 지킬 수 있어서 그에게 감사해했다. 한마디로 말하면 그의 영혼을 누르고 있는 커다란 무게는 자신의 세계 속에서뿐 아니라 교회 시계 쇠종소리가 들리는 어느 곳에서라도 모든 것에 질서를 부여하고 있었다. 은수저에 이름이나 머리글자를 새겨달라는 부탁을 받으면 그는 여태까지 이런 경우에 그의 두드러진 특징이었던 다양한 환상적인 장식을 일체 생략하고 필요한 글자만을 가장 평범한 스타일로 써넣었는데, 이런 변화는 사소해 보이긴 하지만 그의 현재 상태를 가장 특징적으로 보여주는 것이었다.

이런 다행스러운 변화 상태가 계속되던 어느 날 피터 호벤든 영감이 그의 옛 견습생을 찾아왔다.

그가 말했다. "오웬, 사방에서 자네 칭찬하는 소리를 들으니 기쁘네. 특히 자네를 칭찬하며 매시간 하루 스물네 번 울리는 저 마을 시계 소리를 들으면 아주 기분이 좋네. 나뿐만이 아니라 누구라도, 게다가 자네 자신까지도 이해할 수 없는, 아름다움에 대한 그 엉뚱한 바보 같은 생각만 없애버리면, 그 생각에서 자네 자신을 해방시킬 수만 있으면, 자네 인생은 저 대낮 햇빛처럼 성공이 보장된 거지. 이런 식으로 계속 해나간다면 내 귀한 이 옛날 시계를, 내 딸 애니만을 빼놓고 이 세상에서 나에게 가장 값진 이 시계를 자네한테 손봐 달라고 부탁할 수도 있네."

"제가 감히 그 시계에 손을 댈 수 있겠습니까, 선생님." 오웬은 의기소침한 목소리로 대답했다. 옛 스승과 이렇게 다시 함께 있는 것이 몹시 부담스러웠기 때문이다.

"이제 곧, 이제 곧 그렇게 될 수 있을 걸세!" 옛 스승이 말했다.

늙은 시계 제조공은 옛 스승으로서 자연스러운 태도로 오웬이 지금 하고 있는 일이며 진행 중인 다른 일들을 자유롭게 살펴보았다. 그러는 사이 젊은 예술가는 고개를 거의 숙이고 있었다. 이 노인의 차갑고 현실적인 지혜만큼 그의 성격과 맞지 않는 것은 없었다. 그 지혜와 마주치기만 하면 물리적 세계의 아주 견고한 물질만을 제외하고 모든 것이 한낱 꿈으로 변하고 마는 것이었다. 오웬의 정신은 신음하며 그에게서 해방되기만을 간절히 바라고 있었다.

"아니, 이게 뭐지?" 피터 호벤든이 먼지 낀 종 모양의 유리 그릇을 들어 올리며 갑자기 소리쳤다. 유리 그릇 아래로는 나비의 해부도 모형처럼 아주 조그맣고 섬세한 기계 같은 것이 보였다.

"여기 있는 게 뭔가? 오, 오웬! 이 조그만 고리들과 바퀴들과 주걱들에는 마술이 담겨 있는 게 아닌가. 이보게! 내 손가락으로 이것들을 으깨서 자네를 마술의 위험으로부터 구해야겠네."

"제발, 절 미치게 하고 싶지 않으시면 그걸 건드리지 마십시오!" 오웬 월랜드는 놀랄 만큼 힘차게 벌떡 일어서며 고함을 질렀다. "조금이라도 손가락으로 누르시면 전 영원히 파멸입니다!"

"오호, 젊은이! 그게 정말인가?" 늙은 시계 제조공은 세속적인 통렬한 비판으로 오웬의 영혼에 고통을 가할, 꿰뚫는 듯한 날카로운 시선으로 그를 바라보며 말했다. "그렇다면 자네 마음대로 하게나. 하지만 다시 한 번 경고하는데 이 조그만 기계 속에는 자네의 악령이 살아 있네. 그 악령을 내가 쫓아내주면 안 되겠나?"

"제 악령은 바로 당신입니다." 오웬이 몹시 흥분해서 말했다. "당신과 이 거칠고 가혹한 세상 말입니다! 당신이 나에게 씌운 무거운 생각들과 절망감이 바로 내 장애물이었습니다. 그 장애물만 아니었으면 내가 해야 할 일을 오래전에 성취할 수 있었을 겁니다."

피터 호벤든은 경멸과 분노가 섞인 표정으로 고개를 흔들었다. 사람들은 큰길을 따라 널려 있는 평범한 것들이 아닌, 어떤 색다른 목표물을 구하려는 사람들을 바보라고 부르며 그들에 대하여 경멸과 분노를 느끼는 것을 당연하다고 생각하는 듯한데 피터 호벤든도 예외가 아니었다. 그는 어쩔 수 없다는 듯 손가락을 치켜들어 보이고 얼굴에는 비웃음을 띠며 가게를 나갔다. 그 비웃음은 그 뒤 여러 날 밤마다 오웬의 꿈에 악몽처럼 나타났다. 옛 스승이 찾아왔을 때 오웬은 아마도 그 사이 포기하고 있었던 작업을 막 다시 시작하려던 참이었을 것이다. 그러나 이 불길한 사건으로 그는 서서히 벗어나기 시작했던 이전 상태로 다시 주저앉고 말았다.

하지만 타고난 그의 정신적 성향은 겉으로는 의기소침해 보이면서도 새로운 힘을 서서히 쌓아올리고 있었다. 여름이 깊어가면서 그는 일을 완전히 포기하다시피 했다. 회중시계나 벽시계로 표시되는 '시간'이라는 노신사는 그가 인간의 삶 속에서 이리저리 방황하며 어수선한 시간의 흐름 가운데 계속 혼란을 일으키도록 내버려두었다. 그는 숲과 들과 개울둑을 따라 헤매며, 사람들 말을 따르자면 햇빛을 낭비하고 다녔다. 자연 속에서 그는 아이처럼 나비를 쫓거나 물벌레들의 움직임을 지켜보면서 즐거움을 느꼈다. 이 살아 있는 생물들이 실바람에 유희하는 모습을 바라보거나 그가 잡은 화려한 곤충의 구조를 살필 때, 그 일에 철저히 몰두하는 그의 진지한 모습에는 진정 알 수 없는 무엇인가가 담겨 있었다. 나비를 쫓는 일은 그 많은 소중한 시간을 쏟아 이상을 추구하는 그를 적절히 나타내는 하나의 상징적 행위였다. 그러나 그 아름다운 이상이 그것을 상징하는 나비처럼 그의 손 안에 결국 들어올 수 있을 것인가? 분명 이런 나날들은 달콤했고 그 예술가의 영혼을 편안케 해주었을 것이다. 그 나날은 마치 나비가 하늘에서 반짝거리며 날듯 그의 지적인 세계를 반짝거리며 나는 밝은 생각들로 가득 넘치게 했다. 그런 순간의 생각들이, 그것들을 감각적인 눈에 보이도록 만들려는 노고와, 그런 시도에 따르는 당혹감과 좌절감 없이도 아주 생생하게 현실처럼 느껴지는 것이었다. 시인이든 다른 매체를 사용하는 예술가든 아름다움을 내면적으로 즐기는 것에 만족하지 못하고, 순식간에 사라져버리는 그 신비를 영적 영역의 경계 너머까지 쫓아가, 가녀린 신비를 육체적인 힘으로 움켜쥐어 결국 찌그러뜨려야만 하는 것은 얼마나 슬픈 일인가!

그들의 풍요로운 환영을 만족스럽게 재현하지 못해서 더 흐리고 어렴풋한 아름다움 속에 이 세계를 장식할 수밖에 없었던 많은 시인들과 화가들이 그랬듯, 오웬 월랜드도 그의 생각을 외적인 실체로 표현하고 싶은 충동을 억누를 수 없었다. 밤은 이제 그의 모든 지적 활동이 추구하는 하나의 생각을 재창조해내는 점진적인 작업시간이었다. 언제나 땅거미 질 무렵이면 그는 마을로 몰래 나와 가게 속에 틀어박힌 채 몇 시간이고 그 섬세한 작업을 참을성 있게 계속했다. 때때로 그는 야경꾼이 문을 두드리는 소리에 깜짝 놀라곤 했다. 야경꾼은 마을 사람들이 모두 잠든 시간에 오웬 월랜드의 가게 가리개 문 틈으로 램프 불빛이 희미하게 새어나오는 것을 이상히 여겨 문을 두드린 것이었다. 오웬의 지나치게 민감한 정신은 낮의 햇빛을 그의 작업을 방해하는 장애물처럼 느꼈다. 그래서 구름이 덮이고 날씨가 험한 날은 손으로 턱을 괴고 앉은 채 그의 예민한 머리를 뿌옇고 불분명한 여러 명상으로 채우며 보냈다. 밤의 고된 작업 시간 내내 그의 생각들을 정확하고 분명하게 가다듬어야 할 부담에서 잠시 벗어나는 것은 적지 않은 도움을 주었기 때문이다.

어느 날 오웬은 애니 호벤든의 방문으로 이런 멍한 상태에서 깨어났다. 그녀는 손님으로서 자유롭게, 그리고 어릴 적부터 친구라는 친근감을 가지고 가게를 찾아온 것이다. 그녀는 자신의 은 골무가 달아서 구멍이 났다고 손질해달라고 했다.

"이런 일도 해줄 수 있을지 모르겠네요. 기계에 영혼을 불어넣는 일로 바쁜 모양인데." 애니가 웃으며 말했다.

"아니, 어째서 그렇게 생각하게 되었소, 애니?" 오웬은 깜짝 놀라며 물었다.

"그저 그런 생각이 들어서요." 애니가 대답했다. "그리고 오래전 당신이 어린 소년이었고 내가 어린아이였을 때 당신이 그 비슷한 말을 했던 기억이 나기도 하구요. 그건 그렇고, 이 골무 고쳐줄 수 있겠어요?"

"당신을 위해서라면 뭐든지 하지요, 애니. 로버트 댄포스의 대장간에서 해야 할 일이라도 말이오." 오웬 월랜드가 말했다.

"참 멋진 광경이겠네요!" 애니는 그렇게 대꾸하면서 그 예술가의 조그맣고 가녀린 체구를 약간 얕잡아보는 듯한 시선으로 힐끗 바라보았다. "자, 골무 여기 있어요."

"하지만 물질에 영혼을 불어넣는다는 그 생각은 아주 묘하군요." 오웬이 말했다.

이 젊은 아가씨가 이 세상 어느 누구보다 자신을 더 잘 이해할 수 있을 것 같은 생각이 오웬의 마음속으로 밀려왔다. 만일 자신이 사랑하는 유일한 사람의 공감과 이해를 얻을 수 있다면 그가 외롭고 힘겹게 추구하는 삶에 얼마나 큰 도움과 힘이 될까! 일상적인 삶으로부터 격리된 어떤 목표를 추구하는 사람들, 인류를 앞서가는 선각자나 인류로부터 소외된 사람들, 이들은 때로 얼어붙은 고독한 극지(極地)에서처럼 그들의 정신을 떨게 만드는 도덕적 냉기를 느끼기 마련이다. 예언자, 시인, 개혁자, 범죄자, 또는 인간적인 열망을 지니고 있지만 야릇한 운명 때문에 고립된 사람들이 느끼는 그런 소외감을 오웬 월랜드는 지금 느끼고 있는 것이었다.

"애니." 그런 생각에 백지장처럼 창백해진 얼굴로 오웬이 외치듯 말했다. "내가 하고 있는 일의 비밀을 당신에게는 기꺼이 이야기할 수 있소! 당신은 제대로 이해해 줄 수 있을 것 같아. 이 거친 물질적인 세상으로부터 기대할 수 없는 그런 진지한 태도로 내 이야기를 들어줄 수 있으리라 믿소."

"그럼요. 물론 그렇게 하지요."

애니 호벤든은 살며시 웃으며 대꾸했다. "어서 설명해 주세요. 요정 여왕 맵의 장난감으로나 어울릴 이 정교하게 만든 조그만 회전목마가 뭘 뜻하는지요. 보세요! 내가 이걸 움직여 볼게요."

"안 돼! 멈춰요!" 오웬이 소리 질렀다.

앞에서 여러 번 언급한 복잡하고 정교한 기계 장치의 한 부분을 애니가 바늘 끝으로 살짝 건드리자 오웬은 애니가 비명을 지를 만큼 강한 힘으로 그녀의 팔을 와락 붙들었다. 그녀는 그의 얼굴 위로 꿈틀거리는 짙은 분노와 고뇌의 일그러진 표정에 두려움을 느꼈다. 다음 순간 그는 두 손에 얼굴을 파묻었다.

"가요, 애니." 오웬이 중얼거렸다. "내가 망상에 빠진 거요. 벌 받아 마땅하지. 나는 누군가의 이해와 공감을 간절히 바랐소. 당신으로부터 그걸 얻을 수 있으리라 생각하고, 상상하고, 또 꿈꾸었지. 하지만 당신은 나의 비밀을 공유할 그런 영감 따위를 가지고 있지 못하군. 그걸 잠깐 건드리는 바람에 지난 몇 달 동안의 내 노고와 일생에 걸친 생각이 허사가 되고 말았소! 그건 당신 잘못이 아니지. 하지만 당신은 나를 파멸시킨 것이오!"

아, 가련한 오웬 월랜드! 그는 분명 잘못 생각한 것이었다. 그러나 그의 생각은 충분히 이해할 만하다. 만일 그가 그처럼 신성하게 생각하는 작업 과정을 진정으로 존중할 수 있는 인간 정신이 있다면 그것은 분명 여성의 정신이었을 테니까. 애니 호벤든도 만일 사랑의 깊은 힘에 감화되었더라면 오웬을 그처럼 실망시키지 않았을지도 모를 일이다.

그해 겨울 그 예술가는, 사실상 그가 세상에 쓸모없고 불운한 사람으로 어쩔 수 없이 운명 지어진 것이라 생각하는 사람들을 만족시켜 주기라도 하듯 방탕하게 보냈다. 한 친척의 죽음으로 약간의 유산을 물려받아 힘든 시계방 일로부터 해방될 수 있게 된 데다 적어도 그에게는 아주 중요했던 그 목적의 집요한 영향도 이제 없어진 상태였다. 그는 사람들이 그의 가녀린 체격 때문에 아마도 깊이 빠져들지는 않을 거라고 생각했을 나쁜 습관에 자신을 내던져버렸다. 그러나 천재적인 인간은 영적인 부분이 흐려지면 세속적인 부분이 더욱더 걷잡을 수 없이 영향력을 발휘하는 법이다. 평범한 사람들과는 달리, 신이 특별히 아주 정교하게 조정해 놓은 예민한 균형 상태에 있던 인격이 와르르 무너져 내리기 때문이다. 오웬 월랜드는 방탕 속에서 찾을 수 있는 모든 즐거움을 시험해 보았다. 그는 술이라는 황금 매체를 통해 세상을 보고, 술잔 가득 유쾌하게 넘쳐 오르며 즐거운 광란의 모습으로 공기를 채우는 환영들을 눈여겨보기도 했다. 그러나 그 즐거운 광란의 모습들은 곧 유령처럼 고독한 모습으로 변하고 말았다. 이런 음울하고 불가피한 변화가 일어난다 해도, 그리고 그 환상이 삶을 어둠속에 싸버린 뒤 자신을 조롱하는 유령들로 그 어둠속을 가득 채운다 해도, 그 젊은이는 여전히 매혹의 술잔을 거푸 들이켰다. 그러는 사이에도 그는 아주 역겨운 어떤 정신 상태를 강하게 의식하고 있었다. 그 역겨움은 현실이었기 때문에 술이 불러일으킬 수 있는 환상적인 공포와 절망감보다 더 견디기 어려웠다. 술에 취해 있을 때는 고통 속에서도 모든 것이 하나의 환상일 뿐이라는 것을 알 수 있었지만 그 역겨운 정신 상태에서는 무거운 고뇌가 바로 실제 삶이었기 때문이다.

이런 위태로운 상태로부터 그를 구한 것은 한 조그만 사건이었다. 여러 사람이 그 사건을 목격했지만 가장 똑똑하다는 사람도 그 사건이 오웬 월랜드의 마음에 어떤 작용을 일으켰는지 설명하거나 헤아릴 수 없었다. 그 사건은 아주 단순한 것이었다. 어느 따뜻한 봄날 오후 오웬이 술친구들과 함께 술잔을 나누고 있을 때, 열린 창문으로 화려한 나비 한 마리가 날아 들어와 그의 머리 주위를 훨훨 날았다.

"오, 태양의 아이, 여름날 산들바람의 놀이 친구!" 술이 거나해진 오웬이 소리쳤다. "겨울의 음산한 잠에서 깨어나 다시 살아났구나. 그렇다면 이제 나도 일을 시작할 때가 되었지."

그렇게 말하면서 그는 채 비우지 않은 술잔을 탁자 위에 그대로 놓아둔 채 자리를 떠났다. 그리고 다시는 술을 한 방울도 마시지 않았다.

그는 다시 숲과 들을 헤매고 돌아다니기 시작했다. 오웬이 천박한 술꾼들과 함께 어울려 앉아 있을 때 마치 정령처럼 창문으로 날아들어온 그 화려한 나비는 오웬을 영적인 사람으로 만들었던 순수하고 이상적인 삶으로 다시 불러들이려 찾아온 진짜 정령인지도 모른다. 그리고 오웬은 바로 그 정령을 찾아 햇빛 속을 헤매고 다니는지도 모른다. 지난해 여름에 그랬던 것처럼 그는 나비가 내려앉는 곳이면 어디든 조심스럽게 다가가 정신없이 들여다보았다. 나비가 날아오를 때면 그 방향이 마치 천국에 이르는 길을 보여주기라도 하듯 그의 시선은 나비의 날갯짓을 뒤쫓았다. 그리하여 야경꾼은 오웬 월랜드의 가게 가리개문 틈으로 새어나오는 램프 불빛을 다시 볼 수 있게 된 것이다. 그러나 다시 시작된 이 때 아닌 노고의 목적은 도대체 무엇이었을까? 마을 사람들은 이 모든 괴팍한 행위를 한마디로 종합해서 설명했다. 즉 오웬 월랜드가 돌았다는 것이다! 세상의 가장 평범한 한계를 벗어나는 모든 것에 대한 설명으로 이 쉬운 방법은 얼마나 효과적인가! 또한 편협함과 아둔함으로 상처받은 감정에 얼마나 만족스러운 위안을 주는가! 사도 바울 시절부터 우리의 가련한 '미를 추구하는 예술가' 시대에 이르기까지, 너무 현명하거나 훌륭하게 말하고 행동한 사람들의 언행에 담긴 모든 신비를 설명하는 데는 바로 이러한 부적이 쓰여 왔다. 오웬 월랜드의 경우 마을 사람들의 판단이 옳은지도 몰랐다. 어쩌면 오웬은 미쳐 있었을지도 모른다. 이해와 공감의 부족, 규범을 깬 그와 이웃 사람들 간의 괴리는 그를 미치게 하기에 충분했을 것이다. 아니면 그가 영혼의 빛나는 광채를 너무 많이 받아 그것이 보통 햇빛과 섞임으로써 그를 세속적 의미에 혼란에 빠지게 했는지도 모를 일이었다.

어느 날 저녁 오웬이 여느 때처럼 밖을 헤매다 돌아와, 그토록 자주 중단되었지만 마치 자기 운명이 그 기계 장치에 체현된 것처럼 또다시 계속할 수밖에 없게 된 작업을 위해 램프 불빛을 섬세한 그 기계 조각에 막 비추고 있는데 피터 호벤든 영감이 가게 안으로 들어서서 그는 몹시 놀랐다. 오웬은 피터 호벤든만 보면 가슴이 오그라들었다. 보이는 것은 분명하게 보고 보이지 않는 것은 철저하게 불신하는 그의 날카로운 지력 때문에 이 세상의 모든 사람들 가운데 그가 가장 두려웠다. 그러나 오늘 그는 자비로운 몇 마디 말을 전하러 온 것이었다.
 그가 말했다. "여보게, 오웬. 내일 밤 우리 집에 놀러오게나."
 오웬은 무슨 핑계를 대려고 더듬거렸다.
 "아니 꼭 와줘야겠네. 가족처럼 함께 지내던 때를 생각해서도 말이네." 피터 호벤든이 계속 말했다. "아니, 자네, 내 딸 애니가 로버트 댄포스와 약혼한 걸 모르나? 그저 간단히 축하 자리를 마련하려는 것이네."
 "오!"
 그 한 음절의 말이 그가 말한 모든 것이었다. 피터 호벤든 같은 사람 귀에는 그 어조가 차고 무관심한 것처럼 들렸으리라. 그러나 그 한 음절에는 가련한 예술가의 가슴에서 터져나오는 억눌린 울부짖음이 담겨 있었다. 그는 사람들이 악령을 누르듯 울부짖음을 그의 가슴속에 억누르고 있었던 것이다. 늙은 시계 제조공은 눈치채지 못했지만 오웬은 잠깐 자신의 감정이 터져나가는 것을 허용하고 말았다. 막 작업을 시작하려고 들어 올리던 도구를 그 조그만 기계 장치 위로 떨어뜨린 것이다. 여러 달 동안 생각과 노고를 공들여 바친 그 기계 장치는 그리하여 또다시 산산조각 나버렸다!
 만일 그를 방해하는 여러 영향력 가운데 사랑이 그의 손으로부터 재주를 훔쳐가는 방해를 하지 않았더라면, 오웬 월랜드의 이야기는 미를 창조하려는 예술가들의 고통스러운 삶에 대한 그럴듯한 상징적 이야기가 될 수 없었을 것이다. 겉으로 보기에 그는 열정적이거나 적극적인 연인이 되지 못했다. 그의 열정적 삶은 격동과 변화무쌍함을 모두 상상 세계 속에 가두고 있었으므로 애니조차 그의 사랑을 여자의 직관적인 본능으로 어렴풋이 느낄 수 있을 따름이었다. 그러나 오웬은 그녀에 대한 사랑이 그의 모든 삶을 지배하고 있다고 생각했다. 그녀가 그에게 깊은 이해와 공감을 줄 수 없음을 보여준 사실도 잊어버린 채 그는 줄곧 예술적 성공에 대한 모든 꿈을 애니의 이미지와 연결지었다. 그녀는 그가 숭배하는 정신적 힘이 눈에 보이는 하나의 실체였고, 그가 값진 공물을 바치기를 바라는 제단의 주인이자 분명한 존재였다. 물론 그는 착각에 빠져 있었다. 애니 호벤든은 실제로 그의 상상력이 그녀에게 부여하는 속성을 가지고 있지 못했다. 그의 내적 환영에 나타나는 그녀 모습은 신비로운 기계 장치가 완성될 때와 마찬가지로 자기 자신이 만들어낸 하나의 창조물이었다. 만일 그가 사랑의 성공을 통하여 자신의 착각을 확인하게 되었다면—그가 애니를 가슴에 품는 데 성공해서 그녀가 천사에서 보통 여자로 바뀌어가는 것을 보게 되었다면—그 실망감은 오히려 그로 하여금 유일하게 남은 목표물에 모든 힘을 쏟아붓게 했을 것이다. 반면 애니가 자신이 상상했던 대로의 여자라는 것을 확인하게 되었다면, 그의 운명은 아름다움으로 풍요로워져 그 풍요로움으로부터 추구해온 것보다 더 가치 있는 여러 형태의 아름다움을 창조해낼 수 있었으리라. 그러나 이렇게 갑작스레 그에게 들이닥친 슬픈 충격, 그리고 그의 인생의 천사가 귀한 도움을 필요로 하지도 않고 고맙게 여길 줄도 모르는 흙과 쇳덩어리로 만들어진 상스러운 남자에게 낚여 갔다는 느낌은, 그로 하여금 인간의 삶을 희망이나 두려움의 무대가 되기에는 너무 어리석고 모순된 것으로 보이게 하는 운명의 심술을 절감케 했다. 오웬 월랜드는 얼이 빠진 사람처럼 그렇게 멍하니 앉아 있을 수밖에 없었다.

 그는 몹시 앓았다. 건강이 회복된 뒤 그의 조그맣고 가녀린 몸에 둔해 보일 정도로 살이 오르기 시작했다. 그가 그처럼 살이 쪄보기는 처음이었다. 홀쭉했던 뺨이 동글해지고 요정의 일이나 하도록 타고난 듯 조그맣고 섬세한 손도 무럭무럭 자라나는 아이 손처럼 포동포동해졌다. 그의 모습은 어린애 같아져서 낯선 사람이 그를 보면 참 이상한 아이도 있구나 하고 의아해하면서도 그의 머리를 쓰다듬어주고 싶어 했을 것이다. 마치 정신이 몸에서 빠져나가 버리고 육체만 남아 식물처럼 무성히 자라고 있는 듯했다. 그렇다고 오웬 월랜드가 바보처럼 된 것은 아니다. 그는 조리 있게 분명히 말했다. 정말이지 사람들이 그를 수다쟁이처럼 생각하기 시작할 정도였다. 그는 여러 책에서 읽었으나 나중에 완전히 황당한 것임을 알게 된, 기계에 관한 여러 가지 놀랄 만한 이야기들을 지루할 만큼 길게 늘어놓았다. 그중에는 알 버투스 마그누스가 만든 놋쇠 인간이라든가, 베이컨 수도사가 만들었다는 예언하는 놋쇠 머리라든가, 더 최근에는 프랑스의 황태자를 위해 만들었다는 조그만 마차와 말의 자동인형이라든가, 마치 살아 있는 파리처럼 귀 주위로 윙윙거리고 다니지만 실은 조그만 쇠용수철로 만든 곤충에 관한 이야기들이 포함되어 있었다. 실제로 뒤뚱뒤뚱 걷고 꽥꽥거리고 먹이도 먹지만 만일 저녁거리로 쓰려고 그 오리를 봤다면 오리 모양으로 만든 기계에 속았음을 알게 될, 그런 오리에 관한 이야기도 들려주었다.

474 호손 짧은 이야기

"하지만 이 모든 이야기는 이제 생각해 보면 다 속임수에 지나지 않아요." 오웬 월랜드는 말했다.

그러고는 아주 이상한 태도로, 한때는 그렇지 않다고 생각했었노라 고백했다. 게으르게 몽상에 잠겨 있던 시절, 그는 어떤 의미로는 기계에 영혼을 불어넣어 새로운 종류의 생명과 움직임을 생각했다는 것이다. 그리하여 자연이 모든 창조물에게 그 가능성을 주었지만 실현하려 애쓰지 않은 이상을 이룰 아름다움을 빚어낼 수 있으리라고 말이다. 그러나 이런 목적을 성취하는 과정이나 계획 자체에 대해 분명한 인식을 가지고 있는 것 같지는 않았다.

"그런 생각은 이제 다 집어치워 버렸습니다." 그는 그렇게 말했다. "젊은 사람들이 항상 스스로를 미혹하는 그런 꿈이지요. 이제 철이 들어 생각하니 우습군요."

아, 파멸해 버린 가련한 오웬 월랜드여! 이런 태도는 그가 이제 우리 주위에 보이지 않게 존재하는 더욱 훌륭한 세계의 주민이 아니라는 것을 보여주는 징후였다. 그는 보이지 않는 것들에 대한 신념을 잃어버리고, 그런 불행한 사람들이 으레 그렇듯 그의 눈으로 볼 수 있는 많은 것들까지도 거부해 버리는 지혜를 자랑스럽게 생각하며 오직 그의 손으로 확인할 수 있는 것만을 철저히 믿게 되었다. 이는 정신적인 고귀한 부분이 사라져버리고 천박한 이해로 인식할 수 있는 것들에만 점점 더 동화되어 가는 사람들의 불행이다. 그러나 오웬 월랜드의 정신은 완전히 죽거나 사라지지는 않았고 오직 잠들어 있을 뿐이었다.

그 정신이 어떻게 다시 깨어났는지는 분명히 알 수가 없다. 어쩌면 몽롱한 동면 상태가 발작적인 고통 때문에 깨진 것인지도 모른다. 아니면 지난번처럼 나비가 날아와 그의 머리 주위를 떠돌면서—정말이지 이 햇빛의 정령은 늘 예술가를 위한 어떤 신비로운 임무를 띠고 있으니까—그의 이전에 갖고 있던 삶의 목적을 다시 일깨웠는지도 모른다. 그의 혈관으로 짜릿하게 퍼져 온 것이 고통이었건 행복감이었건 간에 그가 처음 충동처럼 느낀 것은 자신을 생각과 상상력과 예민한 감수성을 지닌 인간으로 되돌아오게 해준 데 대해 하늘에 감사드리고 싶은 마음이었다.

"내가 할 일에 대해서 지금처럼 이렇게 강한 의욕을 느낀 적은 없었지." 그는 혼자 생각했다. 그러나 스스로 건강하다고 느끼기는 하면서도 한참

일하는 도중에 갑자기 죽음이 닥쳐들지나 않을까 하는 불안감 때문에 그는 더욱더 열심히 일에 몰두하게 되었다. 아마도 이러한 불안감은 자신들의 생각에 아주 높은 목표를 세우고 오직 그 목표 달성 여부에 인생의 중요성이 달려 있다고 생각하는 모든 사람들에게 공통되는 느낌이었을 것이다. 인생을 그 자체로 사랑하는 한 우리는 인생을 잃게 될까 별로 두려워하지 않는다. 하지만 어떤 목적 달성을 위해 삶을 희구할 때 우리는 삶의 결이 아주 연약한 것임을 깨닫게 된다. 그러나 신의 섭리에 따라 우리에게 지정된 것 같으며 성취되지 않으면 세상이 비탄 속에 빠질 듯한 일에 우리가 몰두할 때 이러한 불안감과 죽음의 화살이 우리를 공격하지 못하리라는 강한 신념을 동시에 갖게 된다. 인류를 개혁할 수 있는 중요한 생각에 대한 영감으로 고취되어 있는 철학자가 광명의 말을 전하려고 막 숨을 고르고 있는 바로 그 순간에 자신이 이 중요한 삶으로부터 불려가게 되리라고 생각할 수 있겠는가? 만일 그렇게 죽는다면 다른 현인이 나타나 그때 설파되었을 진리의 말을 다시 찾아낼 때까지 오랜 세월이 지루하게 흘러야 될지 모른다—세상의 모든 삶이 모래처럼 한 줌 한 줌 다 떨어져 내릴 만큼. 그러나 역사는 아주 고귀한 정신이 어떤 시기에 인간 형태로 나타났다가, 인간의 판단으로 볼 때 이 지상에서 자신의 임무를 수행할 수 있는 충분한 시간을 허락받지 못하고 일찍 죽어간 예를 허다하게 보여준다. 예언자는 죽어가고 둔한 가슴과 멍한 머리를 가진 사람은 살아남는다. 시인은 그의 노래를 채 끝내지 못하거나 인간의 귀에는 들리지 않는 천국의 합창으로 그것을 완성하기도 한다. 또한 화가는—앨스톤이 그랬듯이—그의 생각을 화폭에 다 담지 못한 채 이 세상을 떠나 그 불완전한 아름다움으로 우리를 슬프게 하고—이렇게 말하는 게 불경스럽지 않다면—천국의 색깔로 그 그림을 완성하려고 할 것이다. 그러나 이 세상에서 이루지 못한 그런 계획들은 결국 어느 곳에서도 완전히 이루어질 수 없으리라. 이처럼 자주 좌절하는 인간의 고귀한 계획들은 이 지상에서의 행위가 아무리 경건함이나 재능으로 영묘해진다 하더라도 오직 정신의 훈련이나 발로로써 가치가 있을 뿐임을 증명하려 할 것이다. 천국에서는 모든 평범한 생각들도 밀턴의 노래보다 우아하고 아름답다고들 한다. 그렇다면 밀턴이 지상에서 채 끝내지 못한 노래에 한 절을 더 보태어 그것을 완성하려고 하겠는가?

이제 오웬 월랜드에게로 다시 돌아가 보자. 좋건 나쁘건 그의 삶의 목적을 이루는 것이 그의 운명이었다. 오랜 시간에 걸친 생각의 집중, 피나는 노력, 정교한 작업, 애타는 걱정, 그리고 뒤이은 고독한 승리의 순간, 이 모든 과정은 상상에 맡기고 건너뛰자. 그러면 우리는 어느 겨울 저녁 로버트 댄포스의 화롯가를 찾아가는 그 예술가를 만나게 된다. 댄포스의 집에서 그는 거대한 육체덩어리인 철의 사나이가 가정의 영향으로 아주 온화하게 잘 다듬어져 있는 모습을 볼 수 있었다. 애니 역시 주부 티가 나면서 남편의 소탈하고 투박한 성품의 영향을 많이 받은 듯했다. 그러나 오웬 월랜드가 그렇게 믿고 있듯이 그녀는 아직도 고상한 품위를 지니고 있어서 힘과 아름다움 사이에서 통역관 노릇을 할 수 있을 것 같았다. 마침 피터 호벤든 영감도 그날 저녁 딸네 집에 손님으로 와 있었는데 오웬의 눈길에 처음 마주친 것은 여전히 날카롭고 차가운 비판의 표정이었다.

"오랜만일세, 오웬!" 로버트 댄포스는 자리에서 벌떡 일어나며 쇠막대기를 쥐는 데 익숙한 우람한 손으로 예술가의 가녀린 손가락을 쥐며 큰 소리로 말했다. "드디어 이렇게 찾아와 주니 반갑고 고맙네. 난 자네가 그 영원한 움직임인가 뭔가에 넋을 빼앗겨 옛일을 다 잊어버렸나 걱정했지."

"정말 반가워요." 주부 티가 나는 얼굴을 약간 붉히며 애니가 말했다. "그토록 오랫동안 아무 연락도 없다니 섭섭했어요."

"그래, 그 아름다움이라는 거 어떻게 되어가나, 오웬? 드디어 만들어 냈나?" 늙은 시계 제조공이 물었다.

오웬은 바로 대답하지 않았다. 양탄자 위에서 이리저리 뒹굴며 놀고 있는 어린아이 모습에 깜짝 놀랐기 때문이다. 그 아이는 무한으로부터 신비스럽게 태어난 존재이면서도 이 세상의 가장 견고한 물질로 빚어진 듯 몸 구조가 아주 튼튼하고 단단한 실체처럼 느껴졌다. 이 튼튼한 아이는 낯선 손님을 향해 기어와 로버트 댄포스가 곧추선 것이라 표현하는 그런 자세로 오웬을 아주 영리한 표정으로 빤히 쳐다보았다. 그 영리한 표정이 대견스러워서 어머니는 남편과 자랑스러운 눈길을 주고받지 않을 수 없었다. 그러나 오웬은 아이 표정이 피터 호벤든의 평소 표정을 닮았다고 생각하면서 그 표정에 마음이 산란해지는 것을 느꼈다. 그는 늙은 시계 제조공이 이 아이 모습을 두르고 아이 눈을 통해 내다보면서 악의에 찬 질문을 다시 반복하는 것만 같았다. "오웬! 그 아름다움 말일세. 어떻게 되어가고 있나? 아름다움을 만들어내는 데 성공했나?"

"네, 성공했습니다." 예술가는 잠시 의기양양한 눈빛과 밝은 미소를 띠며 대답했다. 그러나 그 모습은 깊은 생각에 젖어 있어 오히려 슬퍼 보였다. "네, 사실입니다. 여러분. 성공했습니다."

"어머, 정말이에요?" 애니가 얼굴에 소녀처럼 유쾌한 표정을 띠며 소리쳤다. "그렇담, 이제 그 비밀에 대해 물어봐도 괜찮겠네요."

"물론이죠. 바로 그 비밀을 알려주려고 오늘 저녁 이렇게 온 것입니다." 오웬 윌랜드가 대답했다. "그 비밀을 알 뿐만 아니라 보고 만지고 소유하게 될 겁니다. 왜냐하면 애니,—옛날 친구로 이렇게 불러도 되겠지요—이 영혼을 불어넣은 기계, 이 조화로운 율동, 이 아름다움의 신비를 애니의 결혼 선물로 만든 것이니까요. 선물이 너무 늦은 건 사실이에요. 하지만 우리가 세상을 살아가는 동안 사물들이 신선한 빛을 잃고 우리 영혼이 섬세한 지각을 상실해 가기 시작할 때, 바로 그런 때 아름다움의 정신이 필요하지요. 용서해 줘요, 애니. 하지만 이 선물의 가치를 인정해 줄 수만 있다면 선물이 너무 늦은 건 아니겠지요."

그렇게 말하면서 그는 보석 상자 같은 것을 꺼냈다. 자신의 손으로 직접 화려하게 조각한 흑단 상자에는 나비를 쫓는 한 소년 모습이 환상적인 진주 세공으로 박혀 있었다. 나비는 어디선가 날개 달린 정령이 되어 하늘을 향해 날아가고 있고 한 소년인지 젊은이인지는 그 아름다움을 얻으려는 강렬한 열망으로 땅에서 구름으로, 구름에서 다시 천국으로 오르고 있는 모습이었다. 오웬은 이 흑단 상자를 열면서 애니더러 한쪽 끝에 손가락을 대어보라고 했다. 애니가 시키는 대로 손가락을 대자 나비 한 마리가 팔랑대며 날아올라 그녀는 깜짝 놀라 소리를 지를 뻔했다. 나비는 그녀 손가락 끝에 내려앉아 다시 날 준비를 하듯이 보랏빛과 금색 점이 박힌 넓은 날개를 너울거리고 있었다. 이 아름다운 물건 속으로 부드럽게 스며들어간 영광과 장려함과 정교한 화려함은 말로 표현할 수가 없었다. 자연의 이상적인 나비가 완벽한 모습으로 여기 구현되어 있는 것이다. 이 땅의 꽃들 사이로 펄럭대며 나는 빛바랜 곤충이 아니라 천국의 초원을 날며 아기 천사나 죽은 아기들의 영혼과 즐겁게 노니는 나비 모습으로. 날개 위 풍요로운 잔털이 보이고 눈빛은 영혼의 광채로 넘치는 것 같았다. 촛불이 나비 위로 비치며 그 주위로 불빛이 어른거렸다. 그러나 나비 자체가 빛을 발하고 있는 듯했다. 나비는 자신이 내려앉은 손가락과 내뻗은 손을 보석 같은 하얀 광채로 비추고 있었다. 그 완벽한 아름다움 때문에 크기에 대한 생각은 완전히 잊혀졌다. 날개가 하늘을 온통 덮을 만큼 컸다 해도 충만감이나 만족감이 더 이상 클 수는 없었을 것이다.

"아름다워요! 정말 아름다워요! 이게 살아 있는 건가요? 정말 살아 있는 거예요?" 애니가 외쳤다.

"살아 있느냐고? 물론 살아 있지." 그녀 남편이 대답했다. "나비를 만들어낼 만한 기술을 가진 사람이 이 세상에 있으리라고 생각하오? 설령 그렇다 하더라도 여름날 오후 한나절이면 어린애도 몇 십 마리씩 잡아올 수 있는 나비를 애써 만들려고 하는 사람이 도대체 어디 있겠소? 살아 있느냐고? 물론이지! 하지만 이 아름다운 상자는 우리 친구 오웬이 만든 것임에 틀림없군. 정말 잘 만들었는데."

이 순간 나비가 정말 살아 있는 듯한 동작으로 날개를 다시 펄럭여서 애니는 깜짝 놀라며 두려움을 느끼기까지 했다. 남편의 의견을 들었음에도 나비가 정말 살아 있는 생물인지 아니면 놀라운 기계 조각인지 분명히 알 수가 없었기 때문이다.

"이게 살아 있는 거예요?" 애니는 전보다 더 진지하게 같은 질문을 반복했다.

"직접 판단해 봐요." 그녀 얼굴을 주의 깊게 지켜보고 서 있던 오웬 월랜드가 대답했다.

나비는 이제 공중으로 날아올라 애니 머리 주변으로 펄럭이더니 응접실 먼 곳으로 솟아올랐다. 아주 먼 거리였지만 날갯짓을 감싸고 있는 별빛 같은 광채 때문에 여전히 눈에 띄었다. 마루에서 뒹굴던 아이는 영리한 작은 눈으로 나비의 모습을 계속 뒤쫓고 있었다. 방 주위를 한번 날더니 나비는 나선형 곡선을 그리며 돌아와 애니의 손가락 위에 다시 앉았다.

"아니, 정말 살아 있는 건가요?" 그녀는 다시 외쳤다. 화려하고 신비로운 나비가 내려앉은 손가락이 너무나 떨려서 나비는 두 날개로 균형을 잡아야 할 정도였다. "이게 정말 살아 있는 건지 아니면 만들어내신 건지 말해 주세요."

미를 추구하는 예술가 479

"그것이 그처럼 아름답다면 누가 그것을 만들어냈는지 알아서 뭐합니까?" 오웬 월랜드가 대답했다. "살아 있냐구요? 그래요, 살아 있어요, 애니. 생명을 가지고 있다고 말할 수 있지요. 내 자신의 모든 것이 그 안에 다 들어 있으니까. 그 나비의 비밀 안에. 그리고 그 아름다움 속에—겉모습만이 아니라 그 모든 조직 속 깊이—미를 추구하는 한 예술가의 지성과 상상력과 감성과 영혼이 모두 들어 있소! 그렇소. 내가 그걸 창조해 낸 것이오. 하지만," 여기서 그의 얼굴빛이 약간 변했다. "하지만 이 나비는 이제 나에게 옛날 젊은 시절 몽상 속에서 멀리 날아가는 것을 바라보던 때의 그 나비가 아니오."

"어찌되었든 간에 참 예쁜 장난감이로군." 대장장이는 어린애처럼 즐겁게 웃으며 말했다. "내 손가락처럼 이렇게 둔하고 못생긴 손가락에도 앉을는지 모르겠군. 이리 좀 줘 봐요, 애니."

오웬의 지시에 따라 애니는 그녀 손가락 끝을 남편 손가락에 갖다 대었다. 그러자 나비는 잠시 머뭇거리더니 그쪽으로 펄럭이며 옮겨앉았다. 나비는 첫 실험 때와 비슷하지만 똑같지는 않은 날갯짓으로 너울거리며 두 번째 비상(飛翔)을 준비했다. 그러다 이윽고 대장장이의 건장한 손가락으로부터 점점 더 큰 곡선을 그리며 천장으로 날아올라 방을 넓게 한 바퀴 빙 돌더니 파들대며 다시 대장장이의 손가락으로 돌아와 앉았다.

"거 참, 진짜보다 더 낫군!" 로버트 댄포스는 그가 표현할 수 있는 최대의 찬사를 보내며 큰소리로 말했다. 사실 더 말을 잘하고 더 훌륭한 지각을 가진 사람이라도 그 이상 더 할 말이 없었을 것이다. "솔직히 나로서는 상상할 수가 없을 정도로군. 하지만 그래서 어쨌다는 건가? 우리 친구 오웬이 이 나비에 쏟아부은 오 년 동안의 노고보다 내가 쇠망치를 한번 내려치는 게 더 실용적인 쓸모가 있지 않나 말이야."

그 순간 아기가 손뼉을 치면서 알아들을 수 없는 말로 뭐라고 계속 재잘댔는데 아마도 장난감으로 가지고 놀게 나비를 달라는 것 같았다.

그러는 동안 오웬 월랜드는 아름다운 것과 실용적인 것의 상대적 가치에 대한 남편의 평가에 그녀가 공감하는지 알아보려고 애니를 곁눈으로 지켜보았다. 자신에 대한 그녀의 친절함, 자기 손으로 만들어낸 생각의 구현체인 그 놀라운 물건을 바라볼 때 경이로움과 감탄이 어린 그녀의 표정, 이 모든 것에도 불구하고 그는 그녀 얼굴에 뭔가 경멸감 같은 것이 숨어 있음을 느꼈다. 그 경멸감은 아주 깊숙이 숨어 있어 어쩌면 그녀 자신도 의식하지 못하고 예술가의 직관적인 눈에만 감지될 수 있는 것 같았다. 그러나 오웬은 이제 그가 추구하는 과정에서 이런 발견이 고통을 줄 단계는 벗어나 있었다. 그는 애니로 대표되는 세상 사람들이 아무리 찬사를 보낸다 하더라도, 하찮은 물질로 고상한 정신을 상징하고 세속적인 것을 정신적인 황금으로 바꿈으로써 아름다움을 창조물로 승화시키는 예술가에게 완전한 보상을 줄 만큼 알맞은 표현을 말하고 알맞은 감정을 느낄 수 없다는 것을 잘 알고 있었다. 이 마지막 순간에 이르러서야 모든 고상한 정신적 행위의 보상이란 다른 데서 구할 수 없고 오직 그 자체 안에서만 찾을 수 있다는 사실을 새삼 깨달을 것도 없다. 그러나 애니와 그녀의 남편, 피터 호벤든까지도 충분히 이해할 수 있었을, 그리고 그들로 하여금 오 년간의 노고가 값진 것이었다고 생각하게 할 수 있었을 그런 설명이 불가능했던 것은 아니다. 예컨대 오웬 월랜드는, 가난한 시계 제조공이 대장장이의 아내에게 주는 결혼 선물인 이 장난감 같은 나비가 사실은 한 제왕이 수많은 재물과 명예를 바쳐 구해서 그 왕국의 모든 보석 가운데 가장 값지고 훌륭한 보물로 소중히 간직했을 고귀한 보석 같은 것이라고 그들에게 설명해 줄 수도 있었다. 그러나 오웬은 미소를 띠고 그런 생각은 혼자서만 간직했다.

"아버지, 이리 오셔서 이 예쁜 나비 좀 보세요." 애니는 늙은 시계 제조공이 건네는 한마디 찬사가 예전의 견습생을 기쁘게 해줄 수 있으리라 생각하며 말했다.

"어디 좀 보자꾸나." 피터 호벤든은 자기 자신처럼 사람들이 물질적인 실체가 아닌 어떤 것도 의심하게 만드는 조소어린 표정을 짓고 의자에서 일어나며 말했다. "자, 내 손가락에 앉게 해보지. 한번 만져보면 금방 알 수 있을게다."

그러나 아직도 나비가 앉아 쉬고 있는 남편 손가락 끝에 아버지 손가락 끝이 닿자 나비는 곧 날개를 축 늘어뜨리고 마루 위로 떨어지려 해서 애니는 깜짝 놀랐다. 만일 그녀 눈이 잘못 본 것이 아니라면 날개와 몸통 위의 밝은 황금빛 점도 흐려지고 빛나던 보랏빛은 어두운 색깔로 변하고 대장장이의 손 주위를 뽀얗게 밝히던 별빛 같은 광채도 희미해지며 사라져가는 것이었다.

"나비가 죽어가요! 나비가 죽어가요!" 애니가 놀라서 소리쳤다.

"이 나비는 아주 섬세하게 만들어진 겁니다." 오웬이 차분하게 말했다. "내가 말한 대로 그건 자력(磁力)이랄까 영적인 정수를 흡수한 거지요. 의심받고 조롱받는 분위기 속에서는 그 정묘한 감수성이 심한 고통을 받게 됩니다. 자신에게 삶을 불어넣은 사람의 영혼이 그러하듯 말입니다. 이 나비는 이미 그 아름다움을 잃어버렸어요. 조금만 더 지나면 기계 장치가 돌이킬 수 없이 손상되고 말 거예요."

"손을 떼세요, 아버지!" 애니가 창백해진 얼굴로 애원하다시피 말했다. "여기 아기가 있어요. 아기의 천진한 손에서 쉬게 해요. 어쩌면 생명이 되살아나고 색깔도 더 밝아질 거예요."

그녀의 아버지는 쓸쓸한 미소를 지으며 손을 치웠다. 그러자 나비는 스스로 움직이는 힘을 회복하는 것 같았고 본디 색깔도 많이 되찾은 듯했으며 가장 영적인 특질인 그 별빛 같은 뽀얀 광채도 다시 나비 주위로 후광을 펼치기 시작했다. 나비가 로버트 댄포스 손에서 아기의 조그만 손으로 옮겨갈 때 처음에는 이 광채가 아주 강해져서 벽에 아기 그림자를 드리울 정도였다. 그러는 동안 아기는 아버지와 어머니가 한 것을 본 대로 통통한 팔을 내뻗으며 아기다운 즐거운 표정으로 나비가 너울너울 날갯짓하는 것을 지켜보고 있었다. 그러나 아기 얼굴에는 오웬 월랜드로 하여금 마치 피터 호벤든 영감의 견고한 회의가 부분적으로 순화된 것처럼 느끼게 하는 야릇하고 영리한 표정이 담겨 있었다.

"저 조그만 녀석 영리해 보이는 것 좀 봐!" 로버트 댄포스가 아내에게 속삭였다.

"아이 얼굴에서 저런 표정을 보기는 처음이에요." 애니는 예술품 나비보다 자신의 아기에 더 감탄하며 대답했다. 그녀로서는 그럴 만도 했다. "저 애가 나비의 비밀에 대해 우리보다 더 많은 것을 알고 있는 것 같네요."

나비는 그 예술가처럼 아이의 본성에서 마음에 맞지 않는 무엇을 의식하기라도 한 듯이 밝게 빛나다가는 다시 흐려지곤 했다. 마침내 나비는 저절로 위로 떠오르는 듯한 동작으로 아이의 조그만 손으로부터 날아올랐다. 마치 주인의 정신이, 그것에 부여한 영묘한 본능이, 그 아름다운 모습을 저절로 더 높은 곳으로 오르게 하는 것 같았다. 만일 장애물이 없었더라면 그것은 하늘 높이 솟아올라 불멸의 삶을 얻었으리라. 그러나 나비의 광채는 천장에 막혀 그 주위를 비추고 정교한 결의 날개는 지상의 매개물인 천장에 닿아 퍼덕였다. 그러자 별가루처럼 반짝거리는 것이 한두 조각 떨어져 양탄자 위로 내려앉으며 주위를 뽀얗게 밝혔다. 나비도 펄럭이며 내려왔다. 그러나 아기에게 다시 돌아가지 않고 그 예술가의 손에 끌리듯 그쪽을 향해 날갯짓했다.

"안 돼! 그러면 안 돼!" 오웬 월랜드는 자신의 창조물이 그의 말을 알아듣기라도 하듯 중얼거렸다. "넌 주인의 가슴에서 떠난 거야. 다시 돌아올 수 없어."

나비는 떨리는 빛을 발하며 머뭇머뭇 아기 쪽을 향해 애써 날아가 아기 손가락 위에 막 앉으려고 했다. 그러나 나비가 아직 공중에서 머뭇거리고 있을 때 외할아버지의 날카롭고 영리한 표정을 담은 힘세고 튼튼한 아이가 그 놀라운 곤충을 잡아채서 손 안에 꼭 쥐었다. 애니는 비명을 질렀다. 피터 호벤든 영감은 싸늘하고 경멸에 찬 웃음을 터뜨렸다. 대장장이는 힘주어 아이 손을 폈다. 아이 손바닥에는 반짝거리는 금속 조각들만 쌓여 있을 뿐 아름다움의 신비는 영원히 사라지고 말았다. 오웬 월랜드는 그의 일생에 걸친 노고의 파멸 같기도 한, 그러나 결코 파멸만은 아닌 이 광경을 차분한 표정으로 바라보았다. 그는 이 나비보다 더 멀리 나는 다른 나비를 붙잡은 것이다. 예술가가 진실로 아름다움을 성취할 만큼 높은 경지에 이르면 사람들이 아름다움을 느낄 수 있도록 만드는 상징물 자체에는 큰 관심을 보이지 않는다. 그의 정신은 상징물이 아닌 실체 자체를 즐기게 되니까.

The Great Stone Face
큰바위 얼굴

  해거름이 내려앉기 시작한 어느 날 오후, 어린 사내아이와 어머니가 아담한 집 문간에 앉아 큰바위 얼굴 이야기를 하고 있었다. 멀리 떨어져 있었지만 눈을 들면 햇빛을 받아 눈코가 또렷하게 바위 얼굴을 바라볼 수 있었다.
  그런데 큰바위 얼굴이란 도대체 무엇일까?
  몇 겹으로 이어지는 높은 산맥으로 둘러싸인 골짜기가 펼쳐져 있었다. 아주 큰 골짜기였으므로 그곳에는 많은 사람들이 살았다. 이 선량한 사람들 가운데 어떤 사람은 울창한 숲으로 뒤덮인 험한 산허리에 통나무로 오두막을 지어 살고, 또 어떤 사람은 살기 편한 농장 안에 삶의 터전을 마련하여 기름지고 완만하게 기운 땅이나 평지에 밭을 일구며 살았다. 그리고 또 다른 사람들은 집들이 밀집한 마을에 모여 살고 있었다. 마을에는 고지대에만 산골에서 흘러내리기 시작한 거센 물줄기가 흘러들었는데 인간의 얕은꾀로 실 뽑는 공장의 기계를 돌리는 처지가 되고 말았다. 말하자면 이 골짜기에는 많은 주민이 살고 있었고 살아가는 모습도 가지각색이었다. 그러나 어른 아이 할 것 없이 그 큰바위 얼굴에는 친근감 같은 것을 느끼고 있었다. 그 가운데 몇 사람은 이 장대한 자연의 기적을 예민하게 느낄 수 있었다.
  큰바위 얼굴은 자연이 엄청나게 강한 의지로 만들어낸 것이었다. 깎아지른 벼랑의 거대한 암반으로 만들어진 그 작품은, 적당한 거리에서 바라보면 인간의 얼굴을 빼닮았다. 터무니없이 큰 거인, 타이탄일족이 자신의 모습을 절벽에 새긴 것처럼 보였다. 아치 모양의 준수한 이마는 높이 100피트에 이르고, 콧날은 오뚝하며, 입술은 폭이 넓어 만일 말이라도 한다면 그 목소리는 천둥처럼 골짜기 구석구석까지 울려 퍼졌을 것이다. 하지만 너무 지나치게 가까이 다가가면 거인이 지닌 이마의 윤곽은 사라지고, 오직 무겁고 거대한 바위가 무질서하고 황량하게 겹쳐져 있을 뿐이다. 그러나 다시 뒤로 물러나 바라보면 또다시 그 놀라운 얼굴모습이 나타나고, 한 걸음 한 걸음 멀어져감에 따라 더욱더 고스란히 사람의 얼굴로 보였다. 사람 얼굴이라고는 하지만 태곳적 사람이 신을 모방해 만들어졌을 때의 모습처럼 원시 그대로의 성스러움이 깃들어 있다. 더 멀리 벗어나 큰바위 얼굴이 저 멀리 아득하게 보일 정도가 되면, 그 주위에는 산허리에 길게 낀 구름과 반짝이는 안개가 두둥실 걸려 마치 생명을 지니고 있는 것처럼 느껴졌다.

아이들이 큰바위 얼굴을 바라보면서 어른으로 자라는 것은 행복한 일이었다. 그것은 얼굴모습이 어디까지나 기품이 있고 표정에는 우아함과 위엄이 고루 갖추어져 있으며, 마치 넓고 따뜻한 마음이 그 애정으로 온 인류를 감싸주고도 남을 것 같이 생각되었기 때문이다. 보는 것만으로도 훌륭한 교육이었다. 많은 사람들이 믿는 바에 따르면 골짜기가 비옥한 것은 거의 이 자애로움이 넘치는 눈길 덕분이었다. 그 눈길은 언제나 골짜기를 향해 미소를 보내고, 구름을 비추고, 햇빛에 부드러움을 불어넣어주었다.

이야기는 처음으로 돌아가는데, 어린 사내아이와 엄마가 아담한 집 문간에 앉아 큰바위 얼굴을 바라보면서 이야기를 하고 있었다. 아들의 이름은 어니스트(진실한 사람)라고 했다.

"그런데, 엄마." 사내아이가 말했다. 그 사이에도 거인의 얼굴은 미소를 보내고 있었다. "말을 할 수 있으면 좋을 텐데. 저렇게 상냥하게 보이니까 목소리도 틀림없이 즐거운 목소릴 거야. 저렇게 생긴 사람을 만나면 틀림없이 나도 아주 좋아하게 될 거야."

"옛날 예언이 정말로 들어맞는다면, 언젠가는 똑같은 분을 만나게 되겠지." 어머니는 말했다.

"예언이 뭐예요?" 어니스트는 궁금해서 물었다. "제발, 가르쳐 주세요!"

그래서 그녀는 자기가 어니스트보다도 더 어렸을 적에 어머니로부터 전해 들은 이야기를 들려주었다. 그것은 옛날에 있었던 일이 아니라 앞으로 일어날 일에 대한 이야기였다. 그러나 아주아주 오래전부터 전해져온 것이고, 일찍이 그 고장에 살았던 인디언도 조상으로부터 전해 듣고, 그 조상은—그들이 딱 잘라 말한 바에 따르면—골짜기의 시냇물소리에서 조금 배우고, 나무들 가지 끝을 빠져나가는 바람이 속삭여준 것이다. 그 이야기는 다음과 같다. 앞으로 언젠가 이 마을에서 태어난 아이 가운데 이 세상에서 가장 위대하고 고귀한 인물이 탄생하고, 그 아이는 성인이 되면 얼굴이 큰바위 얼굴을 닮는다는 것이다. 옛 사람은 적지 않게, 그리고 젊은이들도 마찬가지로 예언이 실현될 것이라는 열렬한 희망을 안고 있는 나머지, 이렇듯 오래도록 전해 내려오는 이야기를 굳게 믿고 있었다. 그러나 다른 사람들—세상을 더욱 잘 알고 기다림에 지칠 정도로 주의를 하고 있었음에도 이제껏 그런 얼굴의 인물이나 특별히 위대하고 고귀한 인물을 만난 적 없는 사람들은 이것을 아무런 근거 없는 일이라 결론지었다. 어쨌든 예언이 말해주는 위대한 인물은 아직 나타나지 않았다.

"엄마, 엄마." 어니스트는 머리 위로 손뼉을 치며 큰 소리로 말했다. "나는 오래오래 살아서 그 사람을 꼭 만나고 싶어요."

어머니는 애정이 많고 사려 깊었기에 어린 아들의 순진무구한 소망을 꺾는 것은 현명한 일이 아니라고 생각했다. 그래서 이렇게 말했을 뿐이다. "아마도 꼭 만날 수 있을 거야."

그 뒤, 어니스트는 엄마가 들려준 이야기를 잊지 않았다. 큰바위 얼굴을 올려다볼 때마다 그 이야기를 생각했다. 그는 자신이 태어난 통나무집에서 무럭무럭 자라 여러모로 어머니를 돕는 착한 아이가 되었다. 어린 팔로 어머니 일을 도왔으며, 그 이상으로 어머니를 생각하는 착한 마음은 그녀에게 큰 힘이 되어주었다. 때로는 깊은 생각에 잠기기도 하며 행복한 유년시절을 보낸 사내아이는 순진하고 조신한 소년으로 성장해갔다. 농사일로 몸은 까맣게 탔지만 유명한 학교에서 배우는 젊은이보다도 지성으로 반짝이는 생김새를 지니고 있었다. 하지만 어니스트에게 스승은 한 사람도 없었다. 단지 사람의 얼굴을 한 큰바위 얼굴만이 유일한 스승이었다. 하루 노동이 끝나면 그는 몇 시간이고 그 얼굴을 바라보았다. 마침내 그 큰바위 얼굴이 어니스트의 존재를 깨닫고, 그가 보내는 숭배의 눈길에 대한 화답으로 용기를 북돋우려 미소를 보내주는 것처럼 생각할 정도까지 되었다. 그런 일은 절대 있을 수 없다고 잘라 말하지는 못하겠지만, 큰바위 얼굴이 어니스트에게 다른 사람보다 상냥한 미소를 보내는 일도 없었으리라. 오로지 소년의 민감하고 믿기 쉬운 소박한 마음이 다른 사람들은 빠뜨리고 있는 것을 알아차릴 수 있기에 본디 만인에게 주어지는 애정을 특히 그에게만 쏟는 것처럼 느끼게 된 것일

뿐이다.

  그 무렵 골짜기 일대에 한 소문이 퍼지고 있었다. 아득히 먼 옛날부터 예언되었던 인물, 큰바위 얼굴을 빼닮은 사내가 드디어 나타났다는 것이다. 그것은 아무래도 이와 같은 일인 듯하다. 지금으로부터 몇 년 전, 한 젊은이가 골짜기를 떠나 머나먼 항구도시로 나가 살았다. 그리고 그 도시에서 돈을 모아 가게를 하나 차려 장사를 시작했다. 그 젊은이 이름은—본명인지, 아니면 평소 습관이나 출세로 붙여진 또 다른 이름인지는 알 수 없지만—개더골드(금화 모으기)라고 했다. 사내는 빈틈없이 정력적으로 일한데다 이른바 행운과, 세상 사람들이 흔히 말하는 불가사의한 천부적 재능을 지니고 있었다. 그 덕에 대단한 부자 상인이 되어 함대라고 할 만큼 많은 배들, 게다가 짐을 가득 실은 상선의 주인이기도 했다. 마치 지구상 모든 나라가 손에 손 잡고, 그의 부(富)를 잇따라 늘려 산처럼 쌓아올리고 있는 것만 같았다. 어스레하고 음울한 북극권에 가까운 북쪽 지방은 사내에게 모피를 공물로 보냈다. 더위가 심한 아프리카는 사내를 위해 강에서 사금을 걸러내고, 숲에서 상아를 모아 주었다. 동양의 나라들은 사치스러운 어깨걸이나 향료, 차, 반짝이는 다이아몬드, 맑게 빛나는 커다란 진주를 가져왔다. 바다도 뭍에 질세라 거대한 고래를 넘겨주고, 개더골드 씨가 기름을 팔아 한밑천 잡도록 기회를 제공했다. 본디 모습이 무엇이건 모든 것은 그의 수중에 재화가 되어 들어왔다. 미다스왕의 전설처럼 그의 손에 닿는 것은 순식간에 반짝이기 시작해 황금색 순금으로 바뀌었다. 그에게 걸맞은 말로 표현하자면 금화의 산으로 바뀌었다 해도 될 정도였다. 재산을 헤아리는 것만으로도 100년은 걸릴 것이라고 할 만큼 부자가 되었을 때, 그는 고향의 골짜기를 떠올리고 그곳으로 돌아가 태어난 곳에 뼈를 묻기로 마음먹었다. 이를 위해 유능한 건축가를 보내 엄청난 부를 지닌 인물이 살기에 알맞은 궁궐 같은 집을 짓기로 했다.

  앞에서 말한 바와 같이 이 무렵에 이미 개더골드 씨야말로 오랫동안 기다리던 예언 속 인물이라는 소문이 골짜기 일대에 퍼져 있었다. 그의 얼굴이 큰바위 얼굴을 빼닮아 아무도 부정할 수 없다는 것이 이유였다. 그의 부친의 낡고 비바람에 다 쓰러지게 된 농가가 있던 자리에 마치 마법처럼 웅장하고 아름다운 저택이 세워진 것을 보았을 때, 사람들은 이 소문이 사실임을 확신했다. 저택 바깥쪽은 대리석으로 만들어져 눈이 부실 정도로 희게 반짝이고 있었다. 손에 닿는 것 모두를 금으로 바꾸는 재능이 아직 나타나지 않았던 개구쟁이 어린 시절, 그가 곧잘 눈을 뭉쳐 만들어 놀던 그 눈 집처럼 저택은 햇빛 속에 녹아내릴 것만 같았다. 정면 현관은 높은 기둥으로 받쳐진 복도로 되어 있고 호화롭게 장식되어 있었다. 높은 문에는 은 손잡이가 달려 있었는데, 멀리 바다 건너 쪽에서 운반해온 모자이크 모양의 목재로 만들어져 있었다. 웅장하고 아름다운 각 방에는 바닥에서 천장까지 닿는 창이 있고, 창에는 제각기 커다란 투명유리가 한 장씩 끼워져 있었다. 유리는 티 하나 없이 완전히 투명했다. 그 때문에 유리를 끼우기 전보다 더욱 뚜렷하게 보인다는 소문까지 있었다. 이 궁전의 내부를 볼 수 있는 사람은 거의 없었다. 단지 전해지는 바에 따르면—과연 있을 법한 일인데—안은 바깥보다 훨씬 호화롭고, 다른 집이라면 쇠나 놋쇠를 사용할 곳을 여기에서는 은이나 금을 사용하고 있을 정도라는 것이다. 특히 개더골드 씨의 침실은 눈부시게 반짝여 보통 사람이라면 눈을 감을 수 없을 것이란 말이 전해지고 있었다. 하지만 보물에 익숙해져 있는 개더골드 씨는 어쩌면 눈꺼풀 너머 금은의 반짝임이 없는 곳에서는 눈을 감을 수 없을지도 모른다.

이윽고 저택이 완성되었다. 다음으로 가구 상인이 호화로운 가구를 운반해왔다. 그 다음에 한 무리의 백인, 흑인 하인들이 찾아와 주인이 온다는 것을 알리는 선도가 되었다. 개더골드 씨는 위풍당당하게 저녁에 도착할 예정이었다. 그러는 사이 어니스트는 위대한 인물, 기품 있는 사내, 예언 속 사람이 몇 년이나 기다린 끝에 마침내 그가 태어난 골짜기에 나타난다는 생각에 마음이 설렜다. 아직 어렸지만 개더골드 씨가 많은 재산으로 착한 천사 같은 사람이 되어, 큰바위 얼굴의 미소와 같은 자비로운 마음을 모든 사람에게 베풀고자 한다면, 그 방법은 얼마든지 있다는 것을 어니스트는 알고 있었다. 신뢰와 희망으로 가슴이 부풀어 있었기 때문에 그는 사람들의 말이 사실인지 아닌지, 산비탈의 그 불가사의한 얼굴을 꼭 빼닮은 인물을 정말로 만날 수 있을는지에 대해서는 조금도 의심하지 않았다. 소년이 골짜기 위쪽을 올려다보니 큰바위 얼굴이 대답이라도 하듯 부드럽게 쳐다보고 있다는 생각을 여느 때처럼 하고 있는데, 덜커덩거리는 바퀴 소리가 구불구불 구부러진 길을 따라 점점 다가왔다.

"드디어 도착하셨다!" 그 인물의 도착을 자기 눈으로 확인하려고 모여든 군중이 외쳤다. "위대하신 개더골드 님이 도착하셨다!"
 네 마리 말이 끄는 마차가 빠른 속도로 길모퉁이를 돌았다. 마차 안에는 얼굴을 반쯤 창밖으로 내민 마른 노인이 타고 있었다. 노인의 피부는 미다스 왕의 손이 닿기만 하면 그리 될 것처럼 아주 노랬다. 노인의 이마는 좁고, 눈은 작은 데다가 눈언저리는 몇 겹으로 주름져 있었으며, 입술은 아주 얇았다. 게다가 입을 꼭 다물고 있어 더더욱 얇게 보였다.
 "큰바위 얼굴을 빼닮았다!" 사람들은 외쳤다. "생각했던 대로 예언은 사실이었던 거야. 바로 그 위대한 사내가 드디어 온 거야!"
 어니스트를 몹시 당황하게 한 것은 사람들이 눈앞에 있는 개더골드를 그들이 말하는 꼭 빼닮은 사람이라고 정말로 믿고 있는 것이었다. 때마침 길가에 멀리서 흘러들어온 할머니 거지와 두 거지 아이가 있었다. 거지는 마차로 다가가 두 손을 내밀어 애처로운 목소리로 자비를 베풀어주길 원했다. 그러자 노란 갈고리 같은 손을, 굉장한 부를 거머쥔 바로 그 손을 수레의 창밖으로 불쑥 내밀고는 땅바닥에 동전 몇 닢을 떨어뜨렸다. 이 위대한 사내의 이름은 개더골드(금화 모으기)인 것 같은 데 오히려 스캐터코퍼(동전 살포)란 이름으로 부르는 것이 꼭 들어맞을지도 모른다. 하지만 그런데도 사람들은 진지하게, 전과 다름없이 아무런 의심도 없다는 듯 큰 소리로 외치고 있었다. "이분이야말로 큰바위 얼굴을 빼닮았다!"
 하지만 어니스트는 이 매력 없고 주름투성이인 교활한 얼굴에서 시선을 돌려 침통한 마음으로 골짜기 위를 올려다보았다. 그곳에는 여느 때와 다름없는 기품 있는 얼굴이 있었다. 어니스트의 마음에 새겨진 그 얼굴이 때마침 내리기 시작한 안개 속에 떠올라 석양빛에 금빛으로 물들어가고 있었다. 그 표정은 그에게 용기를 주었다. 그 자애로운 입술은 도대체 무엇을 말하고 있는 것일까?
 "그분은 꼭 오실 거야. 실망해서는 안 돼, 어니스트. 그 분은 틀림없이 오실 테니까."
 세월이 흘러 어니스트는 이제 소년에서 어엿한 젊은이로 성장했다. 그에게 골짜기 주민의 주목을 끌 만한 것은 거의 없었다. 눈에 띌 만큼 두드러진 변화가 없었기 때문이다. 하루의 노동이 끝나면 사람들 사이에서 벗어나 큰바위 얼굴을 바라보며 생각에 잠기곤 하는 습관은 계속되고 있었다. 사람들이 보기에 그것은 확실히 바보 같은 행동이었다. 그러나 어니스트는 근면하고 성실한 데다가 붙임성이 좋았고, 자신의 이런 습관 때문에 의무를 게을리하는 일은 없었기에 꾸지람을 듣지도 않았다. 사람들은 큰바위 얼굴이 어니스트의 스승이고, 그 얼굴에 나타나 있는 정감이 이 젊은이를 대범하게 하며, 다른 누구보다 넓고 깊게 배려하는 마음을 갖게 한다는 것을 알지 못했다. 그들은 책에서 배우는 것 이상의 지혜를 큰바위 얼굴에서 얻고 있다는 것, 다른 사람의 조금 때 묻은 인생을 본받기보다 더 훌륭한 삶의 방식을 깨닫게 된다는 것도 알지 못했다. 어니스트는 밭이나 화롯가, 그가 생각에 잠기는 곳 어디든 자연히 샘솟는 자신의 사고나 감정이 다른 사람들에 비해 훨씬 기품 있다는 것을 생각해보지 못했다. 소박한 영혼으로—처음 어머니로부터 오랜 예언을 들었을 때 그대로의 소박한 영혼으로—기적의 큰바위 얼굴이 골짜기를 내려다보고 있는 것을 바라보며 그와 빼닮은 인물이 좀처럼 나타나지 않는 것을 여전히 이상하게 생각하고 있었다.

이 무렵 가련한 개더골드 씨는 이미 이 세상 사람이 아니었다. 참으로 기이하게도 육체로나 정신으로나 그의 것이었던 재산이 그가 살아있을 때부터 없어져, 늙은 그 사람에게는 주름투성이의 누런 가죽으로 뒤덮인 자신의 산해골 외에 아무것도 남지 않게 되었다. 그의 황금이 녹아버리듯 사라진 뒤, 사람들은 이 파산한 상인의 천한 얼굴과 그 산허리에 떠 있는 장엄한 얼굴 사이에는 결국 닮은 것이 하나도 없었다며 이제까지의 잘못을 인정하게 되었다. 그는 이미 살아있을 때부터 모두에게 존경심을 잃고 죽은 뒤에는 빠르게 망각의 강 저편으로 흘러가버리고 말았다. 다만 고인이 세운 장엄한 궁전 때문에 드물게 그 이름을 떠올릴 때는 있었다. 저택은 그 유명한 자연의 놀라움, 큰바위 얼굴을 보기 위해 해마다 여름에 찾아오는 많은 관광객의 편의를 위해 오래전 호텔로 개조되었다. 그리하여 개더골드 씨의 권위가 떨어지고 어둠 속에 묻혀버렸기 때문에, 예언 속 인물의 도래는 또다시 앞으로의 일로 남게 되었다.

그즈음 이 골짜기 출신 사내 가운데 이미 몇 년 전 병사가 되어 많은 공훈을 세운 끝에 유명한 사령관이 된 인물이 있었다. 역사상 이 사내가 어떤 이름으로 불리고 있었는지 알 수는 없지만 진영이나 싸움터에서는 늙은 블러드앤드선더(유혈장군)란 별명으로 알려져 있었다. 싸움에 지친 이 노병은 늙어가는 나이와 싸움터에서 입은 상처로 몸이 쇠약해지고, 군대 생활의 격무에도 지쳤으며, 여러 해 귓전을 울리던 북소리나 나팔소리에도 싫증이 나, 태어난 고향인 골짜기로 돌아가 옛날에 버리고 온 평온을 그곳에서 찾을 생각이라고 사람들에게 알렸다. 골짜기 주민들은—지난날 이웃이나 성인이 된 아이들은—명성 높은 이 군인을 축포를 쏘고 공식 만찬회를 열어 환영하기로 했다. 더구나 군인이 큰바위 얼굴과 빼닮았다는 이야기가 퍼져서 마중 나온 사람들의 열광은 더욱 대단했다. 이 골짜기까지 달려온 장군의 부관이 장군과 큰바위 얼굴이 닮았다고 했다는 것이다. 더욱이 장군의 어릴 적 친구와 동창들은 기억을 더듬어, 그러고 보니 어린 시절부터 이미 장군은 그 장엄한 모습과 매우 닮았었다고 자진해서 증언했다. 그 무렵에는 그런 일을 생각조차 하지 않았는데도 말이다. 골짜기의 흥분은 대단했다. 이미 오랫동안 큰바위 얼굴 따위는 보려고도 하지 않았던 많은 사람들이 블러드앤드선더 장군이 어떤 모습일지 알기 위해 이제는 앞다투어 몇 시간이고 큰바위 얼굴을 바라보는 것이었다.

　대축제가 열리던 그날, 어니스트는 골짜기 주민들과 함께 일하던 손을 멈추고 향연이 열리는 숲으로 향했다. 숲이 가까워지자 배틀블라스트(폭전법) 목사가 축복을 내리고 있는 목소리가 들려왔다. 목사는 눈앞에 차려놓은 성찬에 기도를 바치고 사람들이 그 명예를 축하하기 위해 모여 있는 이 저명한 평화의 벗에게 신의 은총이 내리길 기도하고 있었다. 연회 테이블은 숲을 없앤 공터에 설치되고 주위를 나무들이 둘러싸고 있었다. 단지 동쪽 방향만은 눈앞을 가로막는 것이 없어 저 멀리 큰바위 얼굴을 바라볼 수 있었다. 워싱턴 집에서 가지고 온 장군의 의자가 놓이고, 그 위에는 월계수가 많이 섞인 푸른 가지들이 아치처럼 늘어지고, 또 그 위에는 장군이 많은 공을 세웠을 때 우러러본 것과 똑같은 국기가 바람에 나부끼고 있었다. 이 저명한 손님을 한 번 보기 위해 우리의 벗 어니스트는 까치발로 서서 등을 곧추세웠다. 테이블 주위에는 군중이 모여들어 건배 소리와 연설, 이에 화답하는 장군의 목소리를 한 마디도 놓치지 않으려고 기를 쓰고 있었다. 게다가 경호를 맡은 위용군 한 무리가 한쪽에서 군중 속의 온순한 사람들을 총검으로 유난히 거칠게 다루고 있었다. 이 때문에 나서기를 싫어하는 어니스트는 완전히 뒤로 밀려나고 말았다. 블러드앤드선더 장군은 마치 지금도 전장에서 용감하게 싸우고 있는 듯 그 모습을 볼 수 없었다. 어쩔 수 없이 허전한 마음을 달래기 위해 큰바위 얼굴로 시선을 돌리자 큰바위 얼굴은 언제까지나 마음이 변하지 않는 성실한 친구처럼 숲의 나무들 사이에서 미소로 화답해주었다. 그러는 사이에도 여러 사람들이 이 영웅의 얼굴과 저 멀리 산비탈에 있는 얼굴을 비교하며 외치고 있는 목소리가 들려왔다.

"머리카락 한 올까지 빼닮았어!" 뛸 듯이 기뻐하면서 한 사내가 외쳤다.

"이상할 정도로 빼닮았어!" 또 한 사내가 말했다.

"닮았다기보다는 산의 얼굴이 바로 엄청나게 큰 거울에 비친 늙은 블러드앤드선더 장군 자체라고 하는 게 좋을걸. 안 그런가?" 세 번째 사내가 외쳤다. "이분은 세상에서 가장 아니, 과거와 미래를 통틀어 가장 위대한 인물이야, 정말로."

이 세 사내가 동시에 외쳤기 때문에 그 소리가 전기처럼 군중에게 전해져 천 명이 외쳐대는 대합창이 되었다. 합창은 큰바위 얼굴이 천둥과도 같은 입김을 불어넣은 것이라 여겨질 만큼 산속을 몇 마일이나 메아리쳤다. 이와 같은 웅성거림과 엄청난 열광 탓에 우리의 친구 어니스트의 마음은 더더욱 설렜고, 산의 얼굴을 빼닮은 인간을 발견했다는 것에 전혀 의심을 갖지 않았다. 확실히 이제까지 어니스트가 고대하고 있었던 인물은 평화의 벗이라는 형태로 나타난다는 것이다. 평화의 벗이 예지(叡智)를 역설하고, 선을 행하고, 사람들을 행복하게 해줄 터였다. 그러나 여느 때와 다름없이 넓은 시야에서 소박한 마음으로 그는 지금 이렇게 스스로 깨달았다. 신은 인간을 축복하려 할 때 독자적인 방법을 취하신다. 그러므로 인류를 축복하는 것이 비록 피로 물든 군인의 검일지라도 신의 깊으신 뜻으로 그렇게 정했다면 충분히 사명을 감당할 수 있을 것이라고.

"장군! 장군!" 연호가 일었다. "조용히! 정숙하게! 늙은 블러드앤드선더 장군께서 인사를 하신다."

사실이었다. 식탁보가 걷히고 건강을 축하하는 큰 갈채 속에 건배가 이루어지자 장군은 사람들에게 인사하기 위해 일어섰다. 어니스트는 그를 보았다! 그곳에 군중보다 더 높이 선 그가 있었다. 번쩍이는 견장과 깃에 단 장식이 보이고 월계수가 섞인 푸른 가지의 아치 밑에 국기가 햇빛을 가리며 그림자를 드리우고 있는 곳, 그곳에 그가 있었던 것이다. 그리고 그곳에서는 숲의 나무들 사이로 큰바위 얼굴도 보였다. 두 얼굴은 군중이 증언한 것처럼 빼닮았을까? 아, 안타깝게도 어니스트는 도저히 그렇게 생각할 수 없었다. 그곳에서 본 것은 싸움에 지치고 세월의 나이테가 새겨져 있음에도, 힘이 넘치고 무쇠와도 같은 의지를 보여주는 얼굴이었다. 늙은 블러드앤드선더 장군 얼굴에서는 온화한 예지와 깊고, 넓고, 따뜻한 배려를 하나도 찾아볼 수 없었다. 비록 큰바위 얼굴이 엄한 명령을 내리는 표정이었다고 해도 온화한 사람이었기에 표정은 더 부드러웠으리라.

"이 사람은 예언한 인물이 아니야." 어니스트는 군중 속을 헤치고 떠나면서 한숨지으며 말했다. "이제 또다시 얼마나 더 오랜 시간을 기다려야 하나."

먼 산 봉우리마다 안개가 자욱하게 끼고 그 가운데 큰바위 얼굴이 웅대하고 장엄한 모습을 드러냈다. 그 모습에는 자애가 넘치기도 했다. 마치 거대한 천사가 산에 둘러싸여 금빛이나 보랏빛 구름옷에 몸을 감싸고 앉아 있는 듯이 보였다. 입술을 움직인 것도 아닌데 아직 빛이 남아 있는 얼굴에 한 줄기 미소가 스쳐 지나가는 것처럼 보였다. 아마도 그와 그가 보고 있는 것 사이에 감도는 옅은 저녁 안개에 황혼빛이 비쳤기 때문이리라. 하지만 여느 때처럼 어니스트는 이 멋진 벗의 표정에서 희망을 얻었다. 마치 이제까지 한 번도 배신당한 적 없는 자가 갖게 되는 그런 희망을.

'걱정하지 않아도 돼, 어니스트.' 어니스트는 마음속으로 되뇌었다. 그것은 큰바위 얼굴이 말하는 것 같기도 했다. '걱정하지 않아도 돼. 그 사람은 틀림없이 올 거야.'

세월이 빠르고도 조용히 흘러갔다. 어니스트는 여전히 태어나서 자란 골짜기에 살고 있었는데 그는 이제 중년의 사내가 되어 있었다. 그리고 조금씩 조금씩 모르는 사이에 사람들에게 알려지게 되었다. 그러나 옛날과 똑같이 이마에 땀을 흘리면서 일하고 옛날과 다름없는 소박한 마음을 지니고 있었다. 또한 깊이 생각하고 섬세하게 느끼는 나날을 보내며 인류의 커다란 행복을 위해서 공헌하고 싶다는 순수한 소망도 여전히 가지고 있었다. 그 때문에 마치 천사와 대화를 나누고, 자기도 모르는 사이 천사의 지혜를 몸 안 가득히 받아들이는 것 같았다. 온화한 가운데 깊은 사색에 잠기고, 선행 넘치는 나날 속에—강기슭으로 짙푸른 초록 물결을 보내며 고요하게 흘러가는 강물 같은 일상 속에—천사로부터 받은 지혜를 확실하게 알아차렸다. 어니스트는 가난한 한 사내에 지나지 않았지만, 그가 살아있는 덕분에 세상은 날로 좋아졌다. 그는 자기 분수를 잘 지키고 도리에서 벗어나지 않았으나 이웃을 축복하기 위해 언제나 그 손을 내밀고 있었다. 그리고 알게 모르게 목사처럼 설교도 하게 되었다. 순수하고 기품 있지만 소박한 사고는 그의 손으로 이루어지는 선행의 형태로 나타났으며 그가 역설하는 말 속에서도 흘러나왔다. 그가 진실을 말할 때, 그 말을 듣는 자에게 깊은 감화를 주고 그들의 인생을 잘 이끌었다. 물론 청중은 자신들의 이웃이며 친한 벗인 어니스트가 보통사람 이상의 존재라고 생각하지는 않았다. 어니스트 자신도 그런 것은 꿈에도 생각지 않았다. 하지만 흐르는 시냇물의 속삭임처럼 그의 입에서는 다른 인간이 말한 적도 없는 사상이 자연스레 넘쳐났다.

이윽고 사람들이 냉정을 되찾자 늙은 블러드앤선더의 호전적 인상과 산허리의 온화한 얼굴이 빼닮았다고 생각한 것은 잘못이었다고 주민들 스스로 인정하게 되었다. 그런데 이번에는 큰바위 얼굴을 빼닮은 얼굴이 저명한 정치가의 넓은 어깨 위에 구현되었다는 소문이 퍼져 신문기사가 나기도 했다. 이 인물도 개더골드나 늙은 블러드앤선더와 마찬가지로 이 골짜기에서 태어났는데 어릴 적에 고향을 뒤로하고 법률과 정치의 길을 걷고 있었다. 부자의 재산이나 군인의 검 대신 이 사내가 지니고 있는 것은 세 치 혀뿐이었다. 그러나 그 혀는 재산이나 검을 합친 것보다도 강했다. 그는 놀라우리만치 언변이 유창한 사람이었기 때문에 그가 말하려는 것은 어떤 일이건 믿지 않을 수 없었다. 청중은 결국 악을 선으로, 선을 악으로 믿게 되었다. 그것은 이 사내가 그럴 생각만 있으면, 단 한 번의 입김으로 번쩍이는 안개를 만들어 내는가 하면 햇빛을 흐리게도 할 수 있었기 때문이다. 정말로 그의 혀는 마법의 지팡이었다. 때로는 천둥처럼 울리고, 때로는 오묘한 음악의 리듬처럼 지껄이는가 하면, 싸움터의 폭음이 되고, 평화의 노랫소리가 되었다. 진심 따위는 하나도 없을 때조차 진심이 있는 것처럼 보여줄 수도 있었다. 확실히 이 사내는 알 수 없는 인물이었다. 그의 혀가 온갖 성공을 거두고, 그의 목소리가 주 의회의 의사당에서나 왕후와 군주가 줄지어 있는 궁정에서 들리고, 이르는 곳마다 울려 퍼져 온 세상에 알려지게 되었을 때, 그 목소리는 드디어 그의 동향사람들에게 자신을 대통령후보자로 선출해주도록 설득하기에 이르렀다. 이보다 앞서—정확하게 말해 그가 유명해지기 시작한 뒤 바로—숭배자들은 그와 큰바위 얼굴이 빼닮은 것을 깨달았다. 그 유사함이 대단히 큰 감명을 주었기 때문에 이 유명한 사내는 스토니피즈(돌 같은 얼굴) 대 선생이라는 이름으로 온 나라에 알려지게 되었다. 이 이름은 그의 정치적 생명에 크게 기여하리라 생각되었다. 로마교황이 본명 말고 다른 이름으로 불리듯 대통령이 되는 자는 본명 이외에 또 하나의 이름을 갖게 되기 때문이다.

 숭배자들이 그를 대통령으로 만들기 위해 최선을 다하고 있을 때, 스토니피즈 선생이란 이름으로 알려진 이 인물은 태어난 고향을 방문하기 위해 떠났다. 물론 그에게는 동향사람과 반갑게 악수하는 일 외에 다른 의도는 없었다. 고향으로 향하는 것이 선거에 유리하게 작용할 것이라고는 생각하지 않았고 그런 일에 신경을 쓰지도 않았다. 이 저명한 정치가를 맞을 준비는 대대적으로 이루어졌다. 주의 경계까지 그를 맞이하기 위해 기마대가 출발했다. 사람들은 모두 하던 일을 멈추고 그를 보기 위해 거리로 나섰고 마침내 길을 메워버렸다. 그 가운데에는 어니스트도 섞여 있었다. 이제까지 보아 온 것처럼 그는 한두 번도 아니고 여러 번 실망했지만 본디 희망을 버리지 않고 잘 믿는 성품이었기에 아름다운 것, 선한 것으로 생각되는 것은 무엇이든 기꺼이 받아들였다. 그의 마음은 언제나 크게 열려 있었고 축복받을 일이 있으면 아무리 높은 하늘로부터 내리는 축복일지라도 반드시 받아낼 수 있었다. 그와 같은 이유로 또다시 설레는 마음을 안고 큰바위 얼굴을 빼닮은 모습을 보기 위해 길을 나섰다.

 기마대 일행이 요란한 말발굽 소리와 함께 위풍당당하게 거리를 달려오고 있었다. 그 뒤에는 자욱한 흙먼지가 일고 산허리의 얼굴은 어느 샌가 어니스트의 시야에서 완전히 사라지고 말았다. 이웃의 훌륭한 분들은 모두 말을 타고 왔다. 군복을 입은 민병 사관들, 주 의회 의원들, 군 보안관, 신문사 편집장들이 모여들었다. 농민들도 화려한 나들이옷을 입고, 평소에는 밭에서 묵묵히 일하는 말을 타고 왔다. 행렬은 화려한 볼거리였다. 특히 기병대 위에 헤아릴 수 없을 정도로 많은 깃발이 펄럭이고 있는 것은 그야말로 장관이었다. 깃발 가운데에는 저명한 정치가와 큰바위 얼굴을 빼닮은 그림이 크게 그려져 있는 것도 보였다. 빼닮은 두 그림은 마치 형제처럼 미소를 짓고 있었다. 만일 그 그림을 신뢰할 수 있다면 두 사람은 놀랄 만큼 닮았다고 고백하지 않을 수 없다. 또한 악대를 잊어서는 안 된다. 악대가 연주하는 개선 가락은 산속을 메아리쳐 울려 퍼졌다. 들뜬 마음, 떨리는 음색은 모든 고지대와 저지대에서 울려 퍼져 마치 고향의 골짜기 구석구석까지 소리 높여 이 유명한 손님을 환영하고 있는 듯했다. 그러나 음향효과가 가장 컸던 것은 건너편 절벽이 악대의 가락을 메아리쳤을 때였다. 그때야말로 예언의 사내가 드디어 방문했다는 것을 큰바위 얼굴이 인정하고 환희의 합창에 동참한 것처럼 느껴졌기 때문이다.

그동안 사람들은 모자를 높이 던져 올리며 소리높여 열광했다. 열광은 순식간에 어니스트의 마음에도 전해져 그도 모자를 높이 던져 올리며 남보다 배로 소리높이 외쳤다. "위대한 사내, 만세! 스토니피즈 선생 만세!" 그러나 그는 아직 자기 눈으로 그 사내를 보지 못했다.

"야, 드디어 왔다!" 어니스트 곁에 서 있던 사람들이 외쳤다. "저기야! 스토니피즈 선생의 얼굴을 보자! 그리고 저 산의 얼굴도 보자! 둘이 쌍둥이처럼 닮았는지 어디 보자!"

이 아름다운 행렬 한 가운데에 네 마리 백마가 끄는 4륜 포장마차가 지나가고 있었다. 마차 안에서 모자를 벗고 앉아있는 머리가 큰 인물은 그 유명한 정치가, 바로 스토니피즈 선생이었다.

"어떤가? 큰바위 얼굴이 드디어 빼닮은 사람을 발견했군!" 어니스트 곁에 있던 사내가 말했다.

확실히 이것만은 말해두어야 한다. 네 마리 말이 끄는 마차 안에서 상냥하게 인사를 하고 있는 얼굴을 보고 어니스트는 그 얼굴과 산허리의 그리운 얼굴이 닮았다는 생각을 한 것이다. 과연 당당하고 준수한 이마를 비롯해서 사내의 얼굴 하나하나 뜯어보면 모두 장부다운 늠름함이 느껴져 거인 타이탄 일족의 용모에 비길 만한 영웅의 얼굴 그 이상이었다. 하지만 산허리 얼굴의 반짝임, 단순한 바윗덩어리에 영기를 불어넣은 듯한 숭고함이나 장대함, 즉 신의 마음이라고도 할 수 있는 장중한 표정은 전혀 찾아볼 수 없었다. 무언가가 처음부터 빠져 있었거나 또는 잃어버리고 만 것이다. 그 때문에 이 뛰어난 재능을 가진 정치가는 언제나 눈동자 밑에 권태의 그림자를 드리우고 있었다. 마치 장남감이 성에 차지 않은 아이 같기도 하고, 어쩌면 뛰어난 재능이 있는데도 작은 목표밖에 갖지 않은 사람 같기도 했다. 만일 숭고한 목적이 있으면 활기차고 현실감이 넘치는 인생을 보낼 수 있는데 그것을 갖지 못했기 때문에 훌륭한 업적에 비하면 공허한 생활밖에 할 수 없는 인간처럼 보였다.

그런데도 어니스트의 곁에 있었던 사내는 팔꿈치로 옆구리를 치고는 그에게 대답을 요구했다.

"자, 어때요? 이분은 당신과 친숙한 저 큰바위 얼굴을 빼닮지 않았소?"

"어림도 없습니다!" 어니스트는 무뚝뚝하게 말했다. "닮은 곳이라고는 조금도 없습니다!"

"큰바위 얼굴에게는 딱하게 됐군!" 그의 이웃은 이렇게 말한 뒤 다시 스토니피즈 선생을 향해 환성을 질렀다.

그러나 어니스트는 무거운 마음으로 거의 실망한 듯 무리들 가운데서 벗어났다. 예언을 이루어주리라 생각했던 인물에게 그런 의지가 전혀 없다는 것을 아는 것이 그에게는 무엇보다도 마음 쓰리고 실망스러운 일이었기 때문이다. 그러는 사이 기마대 일행이나 깃발, 음악, 마차가 잇따라 그의 앞을 지나 저마다 외치고 있는 군중을 뒤로한 채 멀어져갔다. 자욱한 흙먼지도 차츰 가라앉고 있었다. 그러자 큰바위 얼굴이 오랜 세월 변함없는 그 장엄한 모습을 드러내기 시작했다.

"이봐 어니스트, 나는 여기에 있어!" 부드러운 입술은 그렇게 말하고 있는 듯했다. "나는 너보다 훨씬 오래 기다리고 있지만 기다림에 지치거나 하지는 않아. 걱정할 것 없어. 그 사람은 반드시 올 테니까."

한 해가 지나면 또 한 해가 지나가듯이 세월은 빠르게 흘러갔다. 흐르는 세월은 흰 머리카락을 날라와 어니스트의 머리 위에 얹었다. 이마에는 주름을, 볼에는 깊은 도랑을 새겼다. 그는 나이를 먹고 있었다. 하지만 허무하게 늙어가지는 않았다. 머리에 백발이 느는 것 이상으로 마음에는 현인의 사상이 늘어갔다. 주름은 시간이 새겨 넣은 비문(碑文)이며 그곳에 쓰인 것은 인생의 행로에서 진가가 인정된 지혜의 이야기였다. 어니스트는 이제 무명 인사가 아니었다. 요구하지도 바라지도 않았음에도 많은 인간이 원하는 명성을 얻고, 그 명성은 소리 없이 조용히 사는 골짜기를 벗어나 널리 온 세상에 알려지게 되었다. 대학 교수나 도시 사업가들까지도 멀리서 일부러 찾아왔다. 이 소박한 한 농부가 다른 인간이 지닐 수 없는 사상을 지니고 있고,

더구나 그 사상은 서책에서 얻은 것보다 훨씬 고매한 것이라는 소문이 널리 퍼졌기 때문이다. 마치 천사와 교제하며 대화를 나누는 사람에게서 태어난 사상처럼 그 안에는 조용하고도 친숙한 위엄이 있었다. 찾아오는 사람이 지식인이건, 정치가이건, 자선가이건, 어니스트는 어릴 적부터 본디 지니고 있던 성실함으로 맞았으며, 마음에 떠오르는 일들이나 자신의 마음, 대화 상대의 마음속 깊이 잠재한 것들에 대해 솔직하게 이야기했다. 이야기를 할 때 어니스트의 얼굴은 자연스러운 빛을 발하기 시작했다. 그 빛은 부드러운 저녁노을처럼 듣는 자 위를 비추었다. 대화를 충분히 나누고 사려가 깊어진 손님들은 인사를 하고 돌아갔다. 그리고 골짜기를 오르면서 잠시 걸음을 멈추고는 큰바위 얼굴을 우러러보고 그것과 빼닮은 사람을 전에 만난 것 같은 생각을 했다. 하지만 어디서 만났는지는 도저히 생각해내지 못했다.

 어니스트가 성장하고 나이가 들어가는 사이에 아낌없이 주시는 신은 이 세상에 새로운 시인 한 사람을 주셨다. 시인도 또 골짜기 태생이었다. 그러나 인생의 대부분을 이 시정(詩情)이 넘치는 지방에서 멀리 벗어난 곳에서 지내고 시끄럽고 복잡한 도시 안에서 오묘한 가락을 읊었다. 하지만 어릴 적에 친숙한 산들은 맑고 깨끗한 그의 시 속에 눈으로 뒤덮인 봉우리들로 종종 등장했다. 큰바위 얼굴도 그를 잊지 않았다. 시인이 큰바위 얼굴에게 송가를 바쳐 찬양했기 때문이다. 그 노래는 큰바위 얼굴 자체의 장엄한 입술에서 나온 것이라 생각될 만큼 장중했다. 시에 재능이 넘치는 이 사내는 대단한 천성을 받고 하늘로부터 내려왔다고 여겨졌다. 그가 산의 노래를 부르면 사람들은 모두 이제까지 현실의 산에서는 본 적도 없는 웅대함이 시로 읊어진 산의 가슴에 깃들고 그 봉우리로 높이 날아오르는 것처럼 느꼈다. 그가 아름다운 호수를 노래하면 지상의 것으로는 생각할 수 없는 해맑은 미소가 호수에 반짝이고, 앞으로 영원히 수면에 반짝일 것 같은 생각이 들었다. 태곳적부터 양양하게 넓은 바다, 무한한 깊이를 간직한 대양을 노래하면 노래의 정서에 마음이 흔들리는 것처럼 푸른 바다가 여느 때보다 크게 물결치는 듯했다. 이처럼 시인이 확실한 눈으로 찬미의 노래를 부름에 따라 이 세상은 새롭고 보다 아름다운 모습을 드러내기 시작했다. 조물주이신 신은 스스로 만든 작품에 마지막으로 최상의 마무리로서 이 시인을 보낸 것이다. 신의 작품은 시인이 그것을 읊어 완벽하게 만들고서야 비로소 완성된다고 말할 수 있는 것이다.

주제가 그의 동포인 인간일 때에도 시의 기품, 아름다움은 자연을 주제로 했을 때와 비교해 결코 뒤지지 않았다. 속세의 티끌로 때 묻고 인생의 샛길에서 시인과 스치고 지나가는 사내나 여인, 또 그 샛길에서 노는 어린아이도 시심이 넘치는 사내가 한 번 바라보면 신의 영광으로 밝게 비쳐졌다. 그는 사람들과 천사를 잇는 큰 고리를 보여주었다. 인간이 천사와 같은 피로 맺어져 있는 증거인 탄생의 비밀을, 지상에서는 가려져 보이지 않게 된 천계에서의 탄생비밀을 생생하게 보여주었다. 사람들 가운데에는 자연의 아름다움과 장엄함은 오직 시인의 종잡을 수 없는 공상 속에서만 존재하는 것이라고 주장해 자신들이 지닌 양식의 건전함을 과시하려 하는 자도 있었다. 하지만 그런 자들에게는 멋대로 자기변명을 하게 하면 된다. 어차피 그들은 자연이 몹시 불쾌한 경멸로 낳은 것, 어쩌면 돼지를 만든 뒤의 쓰레기로 반죽을 해 만들어낸 것에 지나지 않기 때문이다. 다른 모든 점에 대해서도 시인의 이상은 틀림없는 진실이었다.

이 시인의 노래는 멀리 어니스트에게까지 전해졌다. 하루 일과가 끝나면 작은 오두막 문간에 둔 의자에 앉아 시인의 노래를 읽기 시작했다. 이 장소는 이미 오랫동안 큰바위 얼굴을 바라보고 생각에 잠기면서 편안한 시간을 보내는 곳이었다. 지금도 시를 읽으면서 몸 안에 기분 좋은 전율이 이는 것을 느끼고 문득 고개를 들면 큰바위 얼굴이 자애로운 미소를 그에게 보내고 있었다.

"오오, 고귀한 친구여." 그는 큰바위에 말을 걸듯이 중얼거렸다. "이 시인은 당신을 빼닮기에 걸맞은 인물입니까?"

큰바위 얼굴은 빙그레 웃은 것처럼 보였지만, 아무런 대답도 해주지 않았다.

한편 멀리 떨어져 살고 있는데도 시인은 우연한 기회에 어니스트에 대한 이야기를 들었을 뿐만 아니라 그의 사람 됨됨이에 대해 이런저런 생각을 하게 되었다. 이윽고 누구에게 배운 것도 아닌 지혜가 고귀하고 소박한 삶과 보조를 같이하고 있는 어니스트란 인물을 알려면 실제로 만나보는 것이 좋으리라는 생각을 했다. 그리하여 어느 여름날 아침, 그는 기차를 타고 출발해 오후가 지나 해가 기울 무렵 어니스트의 오두막에서 그리 멀지 않은 역에서 내렸다. 전에 개더골드의 궁전이었던 큰 호텔이 바로 가까이에 세워져 있었지만 시인은 한 손에 여행 가방을 든 채 어니스트가 어디에 살고 있는지 묻고는 그곳에서 묵기로 작정했다.

오두막 문 앞에 다가가자 책을 손에 든 노인이 앉아 있는 것이 보였다. 노인은 책을 읽다가 페이지 사이에 손가락을 끼우고서 그리운 듯이 큰바위 얼굴을 바라보고는 또 책으로 시선을 돌리는 일을 반복하고 있었다.

"안녕하세요." 시인은 말했다. "나그네입니다만 하룻밤 묵을 수 있겠습니까?"

"물론입니다. 어서 오십시오." 어니스트는 대답하며 상냥하게 덧붙였다. "큰바위 얼굴이 나그네를 이렇게 환영한 것은 처음인 것 같습니다."

시인이 노인 곁에 앉고, 두 사람은 대화를 나누었다. 그는 이제껏 세상의 재인(才人), 현인으로 불리는 사람과 종종 대화를 나눈 적이 있었다. 하지만 어니스트와 같은 인물은 처음이었다. 어니스트에게서는 사색이나 따뜻한 사랑이 자연스럽게 넘쳐났으며, 위대한 진실도 그의 말을 통해 들으면 아주 친근하게 느껴졌다. 이전에 가끔 들었던 것처럼 천사가 그와 함께 밭에서 일하고 화롯가에서 그의 곁에 앉아 있는 듯했다. 천사와 둘도 없는 친구처럼 사이좋게 살면서 숭고한 생각을 하며 거기에 사려 깊고 즐거운 일상의 언어를 불어넣고 있었다. 시인에게는 그렇게 생각되었다. 한편 어니스트 쪽은 시인의 정신에서 눈부시게 태어나는 생생한 환상이 오두막 주위의 대기를 쾌활함과 깊은 사색이 뒤섞인 아름다움으로 다양하게 채워가는 것에 몹시 감동하고 흥분했다. 두 사람은 서로에게 느끼는 그 공감을 통해 틀림없이 어느 한 쪽만으로는 얻을 수 없는 깊은 인식을 배워나갔다. 그들은 같은 하나의 실로 공명하고 어느 쪽의 것이라 말할 수 없는, 어디부터 어디까지가 자신의 것인지도 알 수 없는 편안한 음악을 연주하고 있었다. 두 사람은 서로를 이끌어, 이제까지 들어간 적이 없을 정도로 멀고 희미하게만 보였지만 언제나 그 안에 있기를 원했던 고귀한 사색의 전당에 들어가 있었던 것이다.

시인의 이야기에 귀를 기울이면서 어니스트는 큰바위 얼굴도 그것을 들으려고 다가앉는 것처럼 느꼈다. 그는 시인의 반짝이는 눈동자를 진지하게 보았다.

"도대체 당신은 누구십니까? 불가사의하리만치 재능을 지니신 손님." 그는 이렇게 물었다.

시인은 어니스트가 읽고 있던 책에 손을 놓았다.

"당신은 이 시집을 읽고 있었군요." 그가 말했다. "그렇다면 당신은 날 아실 겁니다. 내가 이 책을 썼으니까."

다시, 어니스트는 전보다도 더 진지하게 시인의 얼굴을 바라보았다. 그리고 큰바위 얼굴 쪽을 보았다. 그리고 또, 아무래도 납득이 안 된다는 표정으로 손님을 다시 보았다. 그의 얼굴은 흐려지고 고개를 가로저으며 한숨을 내쉬었다.

"왜 그렇게 슬픈 표정을 짓습니까?" 시인이 물었다.

어니스트는 대답했다. "나는 이제까지 계속 어떤 예언이 실현될 날을 기다리고 있었습니다. 이 시집을 읽었을 때 당신이야말로 예언을 이루어줄 인물이라고 생각한 것입니다."

시인은 힘없이 미소를 지으면서 말했다. "내게서 큰바위 얼굴을 빼닮은 모습을 발견할 수 있다고 생각하셨군요. 그래서 당신은 실망하셨군요. 마치 개더골드나 늙은 블러드앤드선더나 스토니피즈 선생에게 실망한 것처럼. 그렇습니다, 어니스트 씨. 이것이 제 운명입니다. 그 유명한 세 사람의 이름에 내 이름을 더하고 당신의 기대가 또다시 배신당한 것을 기록해야 합니다. 이렇게 말씀드리기도 부끄럽고 슬픈 일이지만 나는 저 자애와 위엄으로 가득 찬 모습과 같은 용모를 지닐 정도의 인물이 아닙니다."

"이유가 무엇입니까?" 어니스트는 책을 가리키면서 물었다. "이 안에 쓰여 있는 사상은 신의 뜻이 아니라는 겁니까?"

"사상은 신의 말씀입니다." 시인이 말했다. "그렇기 때문에 그 안에서 천상의 노래인 아득히 먼 곳의 울림을 들을 수 있는 것입니다. 그러나 내 인생은 말이죠, 어니스트 씨. 나의 사상과 일치한 것은 아니었습니다. 나는 장대한 꿈을 보았습니다. 그러나 꿈은 어차피 꿈에 지나지 않았습니다. 나는 가난하고 천한 현실의 한가운데서 살아왔습니다. 그것도 내가 원해서 그렇게 한 것이지요. 더욱 말하기 어려운 것은 자연이나 인간의 생활을 묘사해 나의 펜이 표현했다고 하는 장대함이나 미, 선이라는 것을—누구보다도 더 내가 확실하게 묘사했다고 하는 것을—실은 나 자신이 조금도 믿지 않았던 때조차 더러 있었습니다. 그런데 어떻게 선과 진실과 순수함을 가진 구도자인 당신이 내 안에 아득히 먼 곳에 계신 신을 빼닮은 모습을 기대할 수 있겠습니까?"

 슬픈 듯이 이렇게 말한 시인의 눈은 눈물로 흐려져 있었다. 어니스트도 마찬가지였다.
 이제 오랫동안 이어진 습관으로 해가 지면 언제나 밖에 모인 이웃들과 담화를 나누게 되어 있었다. 오늘 그는 시인과 함께 그곳으로 갔다. 가는 도중 두 사람은 손을 맞잡고 서로 대화를 나누었다. 그곳은 산으로 둘러싸인 작은 저지대로 뒤쪽으로는 잿빛의 깎아지른 벼랑이 우뚝 솟아 있었다. 벼랑에는 많은 담쟁이넝쿨의 푸른 잎이 뒤덮여 있고 울퉁불퉁한 바위표면에 꽃무늬처럼 줄기를 늘어뜨리고 있었다. 마치 험한 바위표면을 부드럽게 하려고 바위를 뒤덮은 태피스트리 같았다. 벼랑 아래쪽, 지면에서 조금 위에 무성하게 자란 푸른 잎으로 테를 두른 듯이 패인 곳이 있었다. 그곳은 사람들이 들어갈 수 있을 정도의 크기였다. 그곳에 들어간 사람이 진지하게 생각한 사상이나 진심에서 우러나온 감정을 표현하려고 저도 모르는 사이에 움직임이 커진다고 해도 손발이 벽에 부딪는 일은 없었다. 어니스트는 자연스럽게 생긴 이 설교단에 올라 친밀감이 담긴 시선으로 청중을 바라보았다. 청중은 서거나 앉거나 풀숲에 누운 채 모두 저마다 다른 모습으로 듣고 있었다. 해는 그들 위에 기울고 그 부드럽고 기분 좋은 빛은 태곳적 숲의 장엄함과 뒤섞여 있었다. 금빛 햇살이 숲의 나무들 밑, 가지들 사이를 지나 퍼지고 있었던 것이다. 다른 방향에서는 큰바위 얼굴이 자애로운 표정 속에 똑같은 장엄함과 기분 좋은 빛을 띠고 있었다.
 어니스트는 말하기 시작했다. 그는 마음속이나 머릿속에 떠오른 것을 사람들에게 전하고 있었다. 그의 언어는 그의 사상과 조화를 이루었기 때문에 힘차게 울리고 있었다. 또 그의 사상은 그가 살아온 인생에 완전히 화합하고 있었기에 깊은 진실을 간직하고 있었다. 그것은 설교사의 입에서 나오는 단순한 목소리가 아니었다. 선한 행위와 기품 있는 사랑으로 가득 찬 인생이 스며들고 있는 생명의 언어였다. 맑고 귀중한 진주가 이 존귀한 음료, 어니스트의 언어 속에 녹아들고 있었던 것이다. 귀를 기울이던 시인은 어니스트의 존재, 사람 됨됨이야말로 자신이 이제까지 쓴 어떤 시보다도 고귀한 한 편의 시임을 느꼈다. 눈물로 반짝이는 눈으로 그는 덕망 있는 사람을 공손히 바라보며 마음속으로 중얼거렸다. 거룩한 백발을 흩날리는 저 온화하고 부드럽고 사려 깊은 얼굴이야말로 예언자, 성자로 불리기에 가장 걸맞은 얼굴이 아닐까 생각한 것이다. 저 멀리 지는 해의 황금빛을 받아 큰바위 얼굴이 또렷하게 보였다. 어니스트의 이마를 장식하는 백발과도 같은 흰 저녁안개가 그 얼굴에 길게 끼어 있었다. 깊은 자애로 가득한 표정은 세상 모두를 가슴에 안고 있는 것 같았다.

 바로 그 순간 어니스트의 얼굴이 말하려는 사상과 어우러져 숭고한 표정이 되었다. 자애로 넘친 그 표정을 보고 시인은 자신도 모르게 두 손을 높이 쳐들고 외쳤다. "보라! 어니스트야말로 큰바위 얼굴을 빼닮았다!"

 사람들은 모두가 눈을 들어 통찰력을 지닌 시인의 말이 사실임을 깨달았다. 예언은 이루어진 것이다. 그러나 어니스트는 자신의 이야기가 끝나자 시인의 팔을 잡고 조용히 돌아갔다. 그는 자신보다 현명하고 훌륭한 인간, 큰바위 얼굴과 빼닮은 인간이 앞으로 틀림없이 나타나기를 여전히 기다렸다.

너대니얼 호손 생애와 문학

1

　너대니얼 호손은 1804년 7월 4일, 매사추세츠 주 세일럼에서 아버지 너대니얼과 어머니 엘리자베스의 둘째 아들로 태어났다. 아버지는 평범한 무역선 선장이었지만, 혈통을 살펴보면 1630년에 윈스롭 총독과 함께 세일럼에 상륙한 매사추세츠 만 식민지의 유력한 청교도인 윌리엄 호손과 1692년에 세일럼 마녀재판의 판사로 후세에 악명을 떨친 존 호손의 후손인 명문 출신이다. 어머니 엘리자베스도 1679년에 세일럼으로 이주하여 번영한 유서 있는 매닝 집안 출신이다. 따라서 작가 너대니얼 호손은 유명한 청교도 조상을 두었지만 그 뒤 훌륭한 인물을 배출하지 못해 쇠락해 가는 가문의 이름을, 청교도를 비판적으로 묘사한 문학으로 되살린 제6대 자손인 셈이다.
　호손이 태어난 1804년 미국에서는 제3대 대통령 제퍼슨이 재선에 성공했고, 유럽에서는 나폴레옹이 황제에 즉위했다. 오늘날 《스케치북》(1819～1820)으로 유명한 어빙은 스물한 살인 신출내기 작가였으며, 고명한 에머슨은 아직 갓난아기에 지나지 않았다. 또한 포, 멜빌, 휘트먼 같은 미국 르네상스를 이끈 주역들은 아직 세상에 태어나기도 전이었다.
　1808년, 호손의 아버지가 항해 도중에 황열병에 걸려 남미에서 객사한다. 그때 호손은 네 살, 누나 엘리자베스는 여섯 살, 여동생 루이자는 젖먹이였으며, 빚을 갚고 난 뒤 어머니에게 남겨진 재산은 269달러 21센트뿐이었다. 하지만 살 길이 막막하지는 않았다. 어머니 엘리자베스의 아버지가 아직 건재했으므로 호손 가족은 하버드 거리 12번지에 있는 외할아버지 집에서 살게 되었다. 그러나 매닝 집안에는 이미 노부부 말고도 세 딸과 다섯 아들이 살고 있었다. 거기에 호손 식구 넷까지 끼어서 모두 14명이 한집에서 살았다. 외가에 얹혀사는 의존적인 관계는 호손이 결혼하여 자립한 1842년까지 삼십여 년에 걸쳐 이어졌다. 이러한 환경이 호손의 유아기 인격형성과 그 뒤의 성장과정에 큰 영향을 끼쳤음은 말할 나위도 없다.

매닝 집도 14명이 함께 살기에는 비좁았으므로, 가장이 아닌 남자들은 모두 한방에서 자야 했다. 네 살인 호손은 스물네 살인 첫째 외삼촌 로버트와 한 침대에서 잤다. 이러한 동거생활은 1816년 외삼촌들이 결혼하여 저마다 메인 주의 레이몬드로 땅을 찾아 이주할 때까지 이어졌다. 그들은 1818년에야 호손 가족에게 독립된 집을 마련해

호손(1804~1864)

주었다. 그 집 덕분에 호손 가족은 숲과 호수로 둘러싸인 메인 주에서 오랜만에 가족끼리 단란하게 살 수 있었지만 그 생활은 그다지 오래가지 않았다. 1818년 말에 호손은 가족들과 떨어져 대학 입시를 준비하기 위해 세일럼으로 돌아와야 했다.

1821년, 호손은 메인 주 사립대학인 보든에 입학한다. 호손 집안은 물론 매닝 집안에서도 이제까지 대학교육을 받은 사람은 아무도 없었으나, 호손을 대학에 보내자고 제안하고 학비까지 대준 사람은 매닝 집안사람들이었다. 1821년 보든 대학 입학생은 겨우 38명이었지만, 같은 학년에서 상원의원 한 사람(호라시오 브리지)과 하원의원 셋, 고명한 목사 한 사람, 국민시인(롱펠로)과 세계적인 작가(호손)를 배출했을 뿐만 아니라 한 학년 위에서는 대통령(프랭클린 피어스)까지 나왔다. 이 대학에서 호손은 평범한 학창 시절을 보내며 브리지나 롱펠로, 피어스 같은 유익한 친구들을 많이 사귀었다.

1825년, 대학을 졸업한 호손은 곧바로 어머니와 누이, 이모들을 데리고 세일럼의 하버드 거리에 있는 집으로 돌아와 십여 년 동안 세상과 담을 쌓은 채 주로 다락방에 틀어박혀 생활하였다. 이 시기를 두고 어느 비평가는 "대학을 졸업하자마자 호손은 마치 우물 안에 빠진 돌멩이처럼 세상에서 모습

을 감추었다"고 말했다. 호손 스스로도 이 시기를 '오랜 은둔생활'이라고 일컬었으며, 1837년 호라시오 브리지의 주선으로 《트와이스톨드 테일스 Twice-Told Tales》를 출판하며 세상과 다시 관계맺기 시작한 직후 롱펠로에게 이렇게 써서 보냈다.

'나는 올빼미처럼 어두워진 뒤가 아니면 거의 밖으로 나오지 않았네……지난 십 년 동안 나는 살아 있었다기보다는 살아가는 꿈을 꾸고 있었을 뿐이라네.'

물론 호손은 '꿈을 꾸고' 있었을 뿐만 아니라 '올빼미 둥지'인 다락방에서 부지런히 작가로서 글을 쓰고 공부에 힘썼다. 그렇지 않았다면 《판쇼》(1828)라는 고딕소설을 익명으로 출판하거나 그동안 신문과 잡지에 발표했던 작품 18편을 엮어 만든 첫 단편집을 십 년 뒤에 발표하지 못했을 것이다.

그러나 창작활동처럼 확실하게 추측할 수 있는 사실 말고는 호손의 실제 생활에 대해 거의 알려진 바가 없다. 그래서 호손의 아들 줄리안이 부모의 전기 《너대니얼 호손과 그의 아내》(1885)를 쓴 뒤로 전기 작가들이 호손의 '비밀'을 추측한 글들이 끊임없이 쏟아져 나왔다. 미국의 비평가 필립 영은 《호손의 비밀—알려지지 않은 이야기》(1945)에서 그 '비밀'이 누나 엘리자베스와의 근친상간이라고 주장하며 그 패륜적 관계가 바로 《주홍글자》의 숨은 주제라고 설명했다. 이처럼 호손이 대학을 졸업한 뒤 십 년 동안의 생활은 비밀의 장막에 감싸여 있지만, 이 시기뿐 아니라 호손은 언제나 마음속 진실을 장막 뒤에 꼭꼭 숨겨 둔 인물이었다.

2

호손이 지닌 비밀이 무엇이건 간에 그 자신에게는 예삿일이 아니었을 것이며, 그 영향은 작품에도 드러났으리라. 인디언과 싸우다가 부상당한 동료를 황야에 버려두고 온 젊은이가 사실을 숨긴 채 죽은 동료의 딸과 결혼하여 아들을 낳은 뒤 동료를 버린 장소 근처에서 아들을 사슴으로 착각해 쏘아 죽인다는 이야기 〈로저 맬빈의 매장〉, 시장임이 틀림없는 친척을 찾아 보스턴으로 상경한 소년이 반란을 일으킨 시민에게 몰매를 맞는 시장을 보고 자립하기로 결심하는 성장 이야기 〈나의 친척, 몰리네 소령〉, 어느 밤 숲에서 거행된 흑미사에 참석한 뒤로 일생이 검게 물들어 버린 새신랑 이야기 〈젊은

위: 낡은 목사관. 콩코드에 있는 건물로, 호손은 소피아 피바디와 결혼한 뒤 1842년부터 46년까지 이곳에서 살았다. 이 시기에 쓴 단편은 《낡은 목사관의 이끼》에 수록됐는데, 첫머리에 실린 〈낡은 목사관〉은 이 지방을 주제로 한 신변잡기 수필이다.

위: 세일럼의 마녀 박물관. 17세기 말 세일럼에서 집단 신경증적 사회 현상인 끔찍한 마녀재판이 발생했다. 호손은 선조가 이 재판에 가담했다는 사실을 똑바로 직시했으며, 작품 속에서 깊은 심리적·사회적 고찰로서 이것을 반영했다.

왼쪽: 《일곱 박공의 집》의 모델이 된 건물. 유일하게 현존하는 뉴잉글랜드의 박공지붕 건물. 세일럼 관광 명소. 이 소설(1851년)은 마녀재판에서 착상을 얻은 것이다.

아래: 세일럼 세관. 호손은 1846년부터 49년까지 이 세관에서 근무했다. 정치적 변화로 인해 세관 관리 자리를 잃어버린 호손은 이제까지 쓰던 단편 집필을 중단하고 첫 장편 《주홍글자》에 도전하여 성공을 거뒀다.

너대니얼 호손 생애와 문학 507

시골신사 브라운〉, 어느 날 문득 집을 나와 바로 이웃 거리에서 20년 동안 하숙한 뒤 아무 일도 없었다는 듯이 아내 곁으로 돌아오는 사내의 이야기 〈웨이크필드〉, 어느 안식일에 검은 베일로 얼굴을 가리고 설교단에 선 뒤로 죽을 때까지 그 베일을 벗지 않은 목사의 우화적 이야기 〈목사의 검은 베일〉 등 감명 깊은 이 작품들 모두 그가 은둔하던 십 년 사이에 쓰였다.

작품마다 일관되게 흐르는 어떤 야릇한 분위기는 《주홍글자》를 포함한 그 뒤의 모든 작품처럼 호손의 '비밀'과 무관하지 않을 것이다. 위에서 말한 작품들 말고도 이 책에는 탐정소설의 발명자 에드거 앨런 포보다 4년이나 앞서 탐정물 장치와 놀라움을 예고한 〈히긴보텀 씨의 참사〉, 여섯 살 때 처음 읽은 존 버니언의 《천로역정》을 패러디한 〈천국행 철도〉, 친구들인 뉴잉글랜드 초월론자들의 신비로운 사색과 일치하는 〈대지의 홀로코스트〉, 인간의 상상력 속에 되풀이되어 나타나는 주제인 분신을 독창적인 방법으로 다루는 〈큰바위 얼굴〉 등 주옥같은 단편작품을 함께 실었다.

호손은 첫 단편집을 발표한 이듬해 1838년 소피아 피바디와 약혼하고, 1839년에 결혼자금을 벌기 위해 보스턴 세관에 취직하여 연봉으로 1천5백 달러를 받는다. 1841년 초에 정변으로 실직하자, 신혼집을 꾸릴 생각으로 보스턴 교외에 있는 유토피아적 농촌 공동체인 브룩 농장에 참가하지만 반년 만에 환멸을 느끼고 농장에서 나온다. 그리고 1842년에야 간신히 결혼하여 매사추세츠 주 콩코드의 구목사관에서 신혼생활을 시작하는데 그때 호손은 서른여덟, 소피아는 서른하나였다. 1844년에 맏딸 유나가 태어난다. 1845년 10월에는 다시 세일럼의 하버드 거리 12번지 집으로 돌아와 1846년 4월 9일에 세일럼 세관 최고행정관으로 취임한다. 그해 6월, 맏아들 줄리안이 태어난 뒤 7월에 체스트넛 거리의 작은 집으로 옮기고, 이듬해 9월에는 몰 거리의 3층짜리 집으로 이사하여 1850년 5월까지 그 집에서 산다. 또한 같은 해 6월에 〈몽〉, 〈라파치니의 딸〉, 〈미를 추구하는 예술가〉 등을 실은 단편집 《낡은 목사관의 이끼》를 출판한다.

3

1849년 6월에 정변으로 호손은 다시 세관일을 잃으며, 그해 7월 어머니 엘리자베스를 여의고 경제상황이 어려워진다. 호손은 어머니가 죽은 직후부터 《주홍글자》 집필에 착수하여 이듬해 1850년 2월 초순에 완성하고 3월에 출판한다. 초판 2500부가 이틀 만에 동이 났으나 호손에게 돌아온 인세는 450달러밖에 되지 않았으므로 경제사정은 조금도 나아지지 않았다. 5월 하순, 호손 내외는 두 아이를 데리고 매사추세츠 주 버크셔 지방의 레녹스에 있는 '붉은 오두막'으로 이사한다. 여기서 호손은 근처 피츠필드에 사는 15년 아래 허먼 멜빌과 알게 된다.

《주홍글자》(1850)

호손이 《주홍글자》를 출판한 1850년은 어떤 시기였는가. 대서양과 태평양의 양쪽 연안을 한꺼번에 시야에 넣고 역사적 관점에서 바라보면, 이 시기가 미국 문학계 전체에서 얼마나 중요한 시기였는지 알 수 있다. 그 2년 전인 1848년에는 에드거 앨런 포가 산문시와 우주 재구상을 시도한 《유레카》를 발표하고 그 이듬해에 숨을 거뒀다. 《주홍글자》와 함께 세계 10대 소설로 꼽히는 멜빌의 《모비 딕》이 나온 것은 1851년이다. 호손의 《일곱 박공의 집》도 이해에 출판되었다. 1852년에는 호손이 브룩 농장 체험을 바탕으로 쓴 《블라이스데일 로맨스》와 대통령 선거운동용 전기 《프랭클린 피어스 전기》, 멜빌의 근친상간 이야기인 《피에르》, 해리엇 비처 스토가 쓴 《톰 아저씨의 오두막》이 나왔다. 소로의 《월든》은 1854년, 휘트먼의 《풀잎》은 1855년에 나왔다. 한편 유럽 프랑스에서는 1857년에 보들레르의 《악의 꽃》과 플로베르의 《보바리 부인》이 출판되었다. 느긋한 마음으로 자연과 인간의 생명을 노래한 미국의 '풀잎'과 퇴폐적인 인생의 권태를 노래한 프랑스의 '꽃'은 얼마나 이질적인가. 그리고 평범한 꿈을 가진 부르주아 여인이 불륜을 거듭해 가는 과정을 묘사한 프랑스의 '간통소설'과, 간통이 끝난 시점부터 시작되는 미국의 '간통 로맨스'는 얼마나 대조적인가. 이처럼 역사의 시간축 위에 몇 가지 사실을 나란히 놓고 보면 《주홍글자》의 미국적인 특성이 저절로 드러난다.

4

《주홍글자》만큼 해설하기 어려운 문학작품은 없다. 작품이 해설을 거부한다고 해도 좋을 것이다. 작품 자체에 해설이 포함되어 있기 때문이다. 《주홍글자》에 부록으로 달린 〈세관〉이라는 긴 서장이 그렇다. 이 글은 작가의 세관 체험을 바탕으로 한 자서전으로 시작된다. 《주홍글자》의 저자인 자기소개, 즉 자신에 대한 일종의 해설이지만 내용이 단순하지는 않다. 자서전처럼 보이는 〈세관〉은 점차 동료들을 통렬하게 비꼬는 풍자문학으로 바뀐다. 그리고 화자가 세관 2층에서 헤스터 프린에 관한 문서와 붉은 헝겊을 발견하는 대목부터는 《주홍글자》라는 픽션에 대한 픽션, 즉 메타픽션으로 탈바꿈한다. 호손은 문서와 헝겊을 발견한다는 픽션을 만들어냄으로써 《주홍글자》의 기원을 설명하는 척하며 진짜 기원을 은폐하는 셈이다. 그 때문에 《주홍글자》가 조금 읽기 어려워지긴 했지만, 그러한 픽션의 발명이 《주홍글자》의 허구성을 부각시킨다는 점을 부정할 수 없다. 만약 〈세관〉이 없었다면 《주홍글자》는 지금의 《주홍글자》가 아니었을 것이다.

화자는 '퓨 씨의 망령'에게 헤스터 프린의 이야기를 쓰라는 명령을 받은 뒤부터 세관 관리로서의 의무는 까맣게 잊어버리고, 세관 건물을 끝에서 끝까지 왔다 갔다 하며 이야기의 주제에만 골몰한다. 그의 발소리에 낮잠을 방해받은 동료들은 '저녁식사 때 식욕이 나게 하려는 모양'이라고 생각할 뿐이다. 앞부분에서 자기가 풍자한 사람들과 같은 수준으로 전락한 것이다. 그러나 화자 호손이 동료들과 다른 점은 그가 세관 직원에서 작가가 되어 가는 점이다. 화자는 점차 작가로서의 천성을 드러내며 말한다.

"우리의 친숙한 방바닥은 현실 세계와 공상 세계의 어느 중간에 위치한 중립지대가 된다. 그곳에서는 실제적인 것과 상상적인 것이 뒤섞여 서로 상대의 본질에 물들어 버리는지도 모른다."

이런 식으로 호손은 세관 관리인 자신의 '현실'을 비현실화하여, 〈세관〉이라는 글을 '현실'과 '과거', '현실'과 '공상'이 서로 침투하는 '중립지대'로 바꾸고 《주홍글자》에 딱 맞게 붙이려 했다. 더불어 호손은 세관이라는 고수익 직종에 미련을 버리지 못하는 자신까지도 가차 없이 풍자 대상으로 삼았으며, 이는 동료들 풍자보다 더욱 이야기를 재미있게 만든다. 이를테면 화자인 '나'는 정권이 교체되어 자신의 지위가 위험하다는 현실을 바로 꿰뚫어 보지 못한다. 그런 기만적인 '나'는 보기 좋게 웃음거리가 된다.

《주홍글자》 삽화

"나처럼 조용한 사람을 해고하는 것은 관청의 정책 원리에 어긋나며, 또 공직에 있는 관리가 스스로 사임하는 경우는 거의 없다는 점이었다. 따라서 내 진짜 고민은 검사관직에 계속 머무르다가 백발 늙은이가 되어 그 늙은 감독관처럼 짐승 수준으로 전락할지도 모른다는 것이었다."

그러나 예상이 빗나가고 맨 먼저 목이 잘린 '나'는 이렇게 말한다.

"나는 오래전부터 공직생활에 염증을 느끼고 막연히 그만둘 뜻을 품고 있었으므로, 내 운명은 자살을 생각하고 있는데 뜻밖에도 남의 손에 살해당하는 행운을 누린 사람과 어딘가 비슷했다."

이런 이상한 표현은, 자신을 포함한 인간이 처한 우스꽝스러운 상황을 딱히 절망하지도 않고 냉소하지도 않으며, 높은 곳에서 무심한 듯 내려다볼 수 있는 여유에서 나오는 듯하다. 인간의 어리석음은 어리석음으로서, 어둠은 어둠으로서, 세상의 무서움은 무서움으로서, 부조리는 부조리로서 모두 있는 그대로 받아들이는 점에 호손의 '참된 유쾌함'이 있지 않을까.

'참된 유쾌함'이란 호손이 '제2판 서문'에서 〈세관〉의 특징을 언급하며 쓴 표현이다.

"이 스케치의 두드러진 특징은, 거짓 없는 참된 유쾌함과 글에 등장한 여러 인물의 인상을 묘사한 필치가 대체로 정확하다는 점 정도이다."

마땅한 경계는 필요하겠지만 호손의 글은 대체로 진실하다고 보아도 좋다. 호손과 직접 교류했던 멜빌도 〈호손과 그 이끼〉(1850)라는 글에서 이렇게 말했다.

"호손의 어두운 면만 보는 것은 바람직하지 않으며, 그 점에서 세상은 그를 오해하고 있다."

다만 멜빌은 이런 말도 했다.

"호손은 평범한 비평가의 잣대로는 그 깊이를 헤아릴 수 없으므로 이 작품의 대부분은 단지 종이 겉면을 읽을 뿐인 독자를 기만하기 위해—아주 통렬히 기만하기 위해—계산하여 쓰인 것이다."

호손을 읽을 때는 충분한 주의를 기울여야 한다는 말이다. 또한 《호손》(1879)을 쓴 미국 소설가 헨리 제임스 역시 호손을 염세주의자라고 생각하는 것은 크나큰 착각이며, 그가 어두운 소재를 즐겨 다룬 것은 그쪽이 더 깊이가 있고 재미있기 때문으로, '호손은 상당히 신랄한 풍자객이지만 이 점은 그의 매력과 쾌활한 성격의 일부일 뿐'이라고 썼다. 우리도 호손의 어두움보다는 밝음에, 야유보다는 유머에 더 초점을 맞추어야 할 것이다.

5

〈세관〉을 나서면 이제 《주홍글자》에 이른다. 우리는 느닷없이 1642년 6월, 청교도들의 수도 보스턴 감옥 앞으로 던져진다. 감옥 문 앞에는 '충충한 잿빛 옷에 끝이 뾰족한 모자를 쓴 남자들'과 '두건을 쓴 여자며 맨머리로 나온 여자들'이 모여 있다. 이윽고 감옥 문에서 가슴에 불의를 저지른 표시인 A 글자를 단 채 불의의 산물인 아기를 안고 나올 헤스터 프린을 구경하기 위해 기다리고 있는 것이다. 군중이 아닌 다른 것에 대한 묘사로는, 감옥 문이 '튼튼한 참나무'로 만들어졌으며 '쇠못'이 줄줄이 박혀 있다는 표현이 있을 뿐이다. 이 첫 단락에는 다른 묘사가 전혀 없다. 아니, 그것을 일반적으로 말하는 묘사라고 할 수 있을지도 의문이다. 사람들 저마다의 얼굴이나 모습이 보이지 않기 때문이다. 호손은 모자를 모자로, 문을 문으로 그리지 않았다. 미국의 호손학자 와고너는 《호손 연구》(1955)에서 '칙칙한 색'이나 '잿빛'은 '종교와 법률이 일치되어' 있던 청교도 사회의 어두움을, '참나무'와

'쇠'는 사회의 완고함을, '끝이 뾰족한 모자'는 하늘에 대한 소원을 나타낸다고 지적했다. 타당한 분석이다. 그렇다면 호손은 《주홍글자》 첫머리에서 사람과 사물을 묘사했다기보다는 시대의 관념과 분위기를 묘사한 것이다.

그런데 두 번째 단락에서 글의 성격이 크게 변한다. 작가의 진짜 목소리로 말하는 에세이처럼, 이주민들이 신대륙에서 제일 먼저 해야 했던 일은 무덤과 감옥을 만드는 일이라고 말한다. 무덤과 감

《주홍글자》 삽화

옥은 인간이 인간으로 존재하는 한, 인간이 '문명'을 수호하고자 하는 한 없어서는 안 된다는 말은 마땅한 지적이다. 이 심상치 않은 설명은 굳이 로맨스 소설 첫머리에서 할 필요가 없는 것처럼 보이지만 실은 작품에 역사적인 틀을 부여하는 작가의 치밀한 계산에 따른 것이다. 이야기는 무덤 다음 감옥으로, 감옥을 다루면서 청교도들이 잔뜩 모여 있는 감옥 문 앞으로 자연스럽게 흘러간다. 그리고 문 앞의 풀밭을 언급하며, 문턱 근처에 자리 잡고 있는 찔레나무를 언급한다.

"이 찔레나무는 이상한 인연으로 역사의 눈바람을 견디고 살아남게 되었다. 그러나 과연 이 찔레나무가, 그 위에 그림자를 드리우고 있던 거대한 소나무나 참나무가 베어지고 나서 훨씬 뒤까지도 이 나무가 황량한 원시 들판에 그저 살아남은 데 불과한 것인지, 아니면 성자(聖者)로 추앙받은 앤 허친슨이 감옥 문으로 들어설 때 발밑에서 솟아난 것인지(그렇게 믿을 만한 근거가 충분하다 하더라도)는 여기서 단정 짓지 말기로 하자."

이 부분에서 호손의 장기인 모호한 다항선택형 기술이 발휘된다. 어떤 해석을 선택할지는 독자들의 몫이다. 작가는 의미를 제한하지 않음으로써 독

자에게 해석의 다양성을 요구한다. 그리고 이어서 작가 자신의 목소리로 찔레꽃 한 송이를 꺾어 독자에게 주고 싶다며 이렇게 이야기한다.

"그 꽃이 이야기의 진행과 함께 떠오를 부드러운 미덕의 꽃을 상징하든가, 아니면 인간의 나약함과 슬픔이 수반되는 이야기의 암담한 결말을 조금이라도 누그러지게 해주었으면 하는 간절한 바람이다."

작가의 해설에 따르면, 《주홍글자》는 인간의 나약함과 슬픔이 수반되는 이야기이며 그 결말은 암담하기만 하다. 암담하지만 독자의 참여에 따라 얼마쯤 누그러지기를 바라고, 그 찔레꽃이 부드러운 미덕의 꽃을 상징하면 좋겠다고 작가는 희망한다.

독자는 반드시 작가가 가리키는 방향에 맞춰 작품을 읽을 필요가 없으며 작가의 희망을 이루어주어야 할 의무도 없다. 그러나 여기서는 작가가 왜 일부러 그런 모호한 태도를 보이는지 근본부터 파헤친 뒤 독자들이 원하는 선택을 하기 바란다. 호손이 명확한 방향을 가리키지 않은 까닭은 그가 우유부단해서가 아니라, 그 반대로 세상과 인간이 어둡고 끝이 안 보이는 두려운 존재라고 단정할 수 없다는 확고한 신념을 가지고 있기 때문이다. 또한 인간이 무슨 일을 하건 우주는 미동도 하지 않는다는 당연한 사실을 당연하게 받아들이는 사람이기 때문이다. 그의 유머도 이와 같은 흔들림 없는 신념에서 비롯된다.

6

고전소설이 편한 점은 실제로 읽지 않아도 언제 어디선가 읽은 듯하며 그 줄거리를 알고 있다는 점이다. 따라서 줄거리는 되도록 생략하고 먼저 이 작품의 전체적인 구조를 훑어본 뒤 작품 한가운데에 위치하는 제13장 '헤스터의 또 다른 모습'을 살펴보겠으며, 이어서 제24장 '뒷이야기'를 조금 자세히 검토함으로써 《주홍글자》 전체를 해설하고자 한다. 즉 머리와 꼬리로 전체를 살펴볼 셈이다.

이런 방법이 가능한 까닭은 《주홍글자》가 끝손질이 완벽하고 구조가 튼튼한 작품이기 때문이다. 그러나 그렇기에 더욱 이 구조에 대한 이론이 많다. 어느 비평가는 《주홍글자》를 네 부분으로 나누어 제1부(1~8장)에서는 사회, 제2부(9~13장)에서는 칠링워스, 제3부(13~19장)에서는 헤스터, 제4부(20~24

장)에서는 딤스데일을 다루었다고 보았다. 또 다른 비평가는 작품의 전체 24장을 반으로 나누어 전반부는 '하강선'을, 후반부는 '상승선'을 그리는 구조라고 설명하고, 그 주제를 세 가지 '서사시적 탐구'로 나누어 딤스데일은 '신의 승리(구제)'를, 칠링워스는 '복수'를, 펄은 '하느님 아버지'를 추구한다고 보았다. 전체를 셋으로 나누어 제1부는 헤스터의 향상, 제2부는 죄의 무게와 위치, 제3부는 딤스데일의 향상을 다루었다고 주장한 비평가도 있다. 《주홍글자》를 딤스데일의 이야기라고 보는 어느 비평가는 '준비'(1~16장),

《주홍글자》 삽화

'전달'(17~19장), '변화'(20~22장), '탄로'(23장)의 네 가지로 나누었다. 또한 어느 고명한 비평가는 작품을 어두운 정념으로 만들어진 5막극으로 보았다. 다른 이는, 이 작품을 서장 〈세관〉까지 포함시켜 전체로 보고, '세관'과 마지막 장 '뒷이야기'는 테두리 또는 액자 틀이며 그 내용은 세 번의 처형대 장면을 중심으로 펼쳐진다고 설명했다.

《주홍글자》가 이런 다양한 해체작업을 견딜 수 있다는 것은 작품이 견고하게 구축되어 있는 데다 여러 해석을 허용한다는 증거이다.

7

제24장 '뒷이야기'는 "며칠이 지난 뒤, 앞에서 이야기한 광경에 대하여 사람들이 의견을 정리하기에 충분한 시간적 여유가 생기자 처형대에서 목격한 일을 해석한 온갖 설이 나돌았다"라는 문장으로 시작하여 "목격자 대부분은 불행한 목사의 가슴에 주홍글자가…… 새겨져 있는 것을 보았다고 증언했다"고 말한 뒤 그 유래에 대한 여러 설을 설명한다. 분분한 해설을 하나하나

나열한 뒤, 호손은 "이러한 여러 의견 가운데 어느 하나를 택하건 그것은 독자의 마음"이라며 우리에게 모든 판단을 맡긴다. 호손의 모호한 다항선택형적 특징이 다시 나타난다.

그러나 "그 자리에서 처음부터 끝까지 목격했고 한순간도 딤스데일 목사에게서 눈을 뗀 일이 없다고 말하는 일부 사람들이, 목사의 가슴에는 갓난아기의 가슴처럼 아무 표시도 없었다고 주장"하는 부분에서는 독자에게 판단을 맡기지 않았다. 오히려 헤스터와 딤스데일은 결코 수상한 관계가 아니며, 죽음을 깨달은 목사가 "그 타락한 여인의 팔에 안겨 숨을 거둠으로써 인간의 정의는 제아무리 훌륭하다 해도 아무 가치가 없다는 것을 세상 사람들에게 나타내려 했다"는 설을 단호하게 비판한다.

"딤스데일 목사 사건에 대한 이러한 해석은 다름 아닌 죽은 동료를 감싸주려는 우정으로 이해해야 할 것이다. 친구, 특히 목사의 친구는 주홍글자를 환히 비추었던 한낮의 햇빛만큼이나 뚜렷한 증거로, 목사가 허위와 죄악으로 더럽혀진 흙으로 돌아갈 인간이란 사실이 입증된 경우에도 끝까지 그의 성품을 옹호하려 들기 때문이다."

호손이 언제나 모호하기만 한 것은 아니었다. 게다가 호손은 '진실함'이 《주홍글자》를 읽는 독자가 갖춰야 할 자격이라도 되는 것처럼 이런 교훈까지 덧붙였다.

"진실하라! 진실하라! 진실하라! 최악의 모습이 아닐지라도 최악의 모습을 알 수 있는 성질을 숨기지 말고 세상에 드러내라!"

그 뒤에는 칠링워스가 죽으면서 펄에게 유산을 남겼으며 헤스터와 펄이 한동안 보스턴에서 모습을 감춘 일, 나중에 헤스터가 혼자 돌아와 허름한 오두막에 살면서 그럴 필요가 없는데도 스스로 가슴에 주홍글자를 단 채 사람들을 위해 헌신적으로 봉사한 일을 이야기했다. 그리하여 "주홍글자는 세상 사람들의 모욕과 비난을 자아내는 낙인이 아니라, 두려움과 존경어린 눈으로 쳐다보는 눈물겨운 상징으로 변했다."

헤스터가 가슴에 단 글자 A는 무슨 뜻인가. 그 의미는 학자와 비평가를 포함한 《주홍글자》 독자가 마음대로 생각해도 좋은데, 전체적으로 보면 헤스터의 삶은 주홍글자에 담긴 의미를 다양한 뜻으로 바꾸는 과정이었다. 그 글자는 아서 딤스데일의 머리글자인 A일지도 모르고, 미국 여성을 뜻하는 A일지도 모른다. 그러나 이 문제는 호손이 제13장 '헤스터의 또 다른 모습'에서 한 문장으로 분명하게 이야기하고 있다.

"주홍글자는 그 역할을 이행하지 못했던 것이다."

이 문장이 《주홍글자》에 대해 작가로서 할 수 있는 최선의 해설이 아니겠는가. 어쩌면 《주홍글자》를 가장 올바르게 읽는 방법은 독자 스스로 나름의 타당한 해설이나 해석을 작품 속에서 찾아가며 읽는 것인지도 모르겠다.

호손 묘비

8

1853년, 호손은 대통령으로 당선된 프랭클린 피어스 덕분에 리버풀 영사 자격으로 4년 동안 영국에 머문다. 그동안 3만 달러를 저축했다고 하며 영사로서는 유능했지만 창작활동은 부진했다. 1857년 8월, 피어스가 대통령직을 사임할 때 호손도 같이 영사직에서 물러나, 그 뒤 1860년 6월에 미국으로 돌아올 때까지 3년 정도 가족과 함께 영국과 유럽 각지를 여행했다. 또한 그해에는 이탈리아를 배경으로 한 소설을 영국에서는 《변신》이라는 제목으로, 미국에서는 《대리석 목신상》이라는 제목으로 출판했다. 1861년 미국에서 남북전쟁이 발발하고, 호손의 건강과 창작능력은 차츰 쇠퇴하기 시작한다. 그리고 1864년 5월, 호손은 프랭클린 피어스와 함께 뉴햄프셔를 여행하는 도중 플리머드에서 60세의 나이로 영원히 눈을 감는다.

텍스트는, 너대니얼 호손이 세상을 떠난 100주년 기념으로 오하이오 대학에서 기획 편찬한 전20권의 *The Centenary Edition of the Works of Nathaniel Hawthorne*. 20 vols., Ohio State UP, 1962~1988('센테너리 판' 또는 '오하이오 판')을 사용했다.

너대니얼 호손 연보

1804년	7월 4일, 미국 매사추세츠 주 세일럼 시 유니온 거리 27번지에서 선장(船長)인 아버지 너대니얼 호손과 어머니 엘리자베스 클라크 매닝 호손 사이에서 태어남
1808년(4세)	아버지 너대니얼 호손이 수리남에서 황열병으로 죽음
1809년(5세)	어머니, 누나와 동생과 함께 외숙부 로버트 매닝이 사는 세일럼 시 허버트 거리로 옮겨감
1813년(9세)	다리를 다쳐 1년 넘게 병상에 누워 지내면서 놀이 대신 독서에 열중함. 이 병으로 발을 조금 절게 되어 더욱더 내성적인 성격이 됨
1815년(11세)	외숙부인 리처드와 로버트 매닝이 사는 메인 주 산골 레이먼드에 가족과 함께 자주 찾아감. 이 무렵부터 셰익스피어, 밀턴, 포프, 버넌 등의 작품을 읽기 시작함
1818년(14세)	11월 외가를 나와서 가족과 레이먼드의 새집으로 옮겨감. 12월 15일 메인 주 포틀랜드 근처 스트라우드워터에 있는 브래들리 목사의 학교를 다님
1819년(15세)	2월 중순께 스트라우드워터에서 레이먼드로 돌아옴. 6월 23일, 대학 진학 준비를 위해 세일럼에 있는 새뮤얼 아처의 학교를 다니기로 결정하고 레이먼드에 가족을 남겨둔 채 혼자 세일럼으로 돌아옴. 가족과 멀리 떨어져 향수병으로 마음고생을 하는 가운데 수필과 시, 청춘기 유머를 담은 신문을 직접 만들어 작가로서의 소질을 계발함
1821년(17세)	외숙부의 재정 지원을 받아 메인 주 브런즈윅에 있는 보든 대학에 진학함. 대학 재학 중에 프랭클린 피어스와 헨리 워즈워스 롱펠로, 호레이쇼 브리지 등을 만나면서 작가가 될

	결심을 하고 소설을 쓰기 시작함
1825년(21세)	보든 대학을 졸업하고 세일럼으로 돌아감(어머니는 1822년 다시 세일럼으로 돌아와 살고 있었음)
1828년(24세)	첫 장편소설 작품으로 대학 생활을 소재로 한 《팬쇼 Fanshawe》를 익명으로 자비출판하나 주목을 받지 못해 팔리지 않은 책들은 모두 파기함. 그러나 이를 계기로 출판업자인 새뮤얼 굿리치와 친구가 됨(《팬쇼》보다 먼저 썼던 단편소설 모음집인 《내 고향의 일곱 가지 이야기 Seven Tales of My Native Land》는 출판사가 출판을 거부해 원고를 불태움)
1830년(26세)	습작 단편 《첨탑에서 본 풍경 Sights from a Steeple》을 10월 〈더 토큰〉에 익명으로 발표함. 첫 단편 소설 《세 언덕의 분지(盆地) The Hollow of the Three Hills》를 11월 〈세일럼 가제트〉에 발표함(1839년까지 70편 넘는 단편들을 여러 잡지에 발표함)
1831년(27세)	〈더 토큰〉에 《나의 친척, 몰리네 소령 My Kinsman, Major Molineux》《로저 맬빈의 매장 Roser Malvin's Burial》《점잖은 아이 The Gentle Boy》를 발표함
1834년(30세)	액자소설 《이야기꾼 The Story Teller》 원고를 끝냈으나 출판사의 거부로 출판되지 못함(작품 몇 편이 나중에 여러 잡지와 작품집에 실렸으나 원고는 잃어버림)
1835년(31세)	〈뉴잉글랜드 매거진〉에 단편소설 《젊은 시골신사 브라운 Young Goodman Brown》을 발표함
1836년(32세)	3월부터 8월까지 보스턴에서 〈아메리칸 매거진 오브 유스풀 앤드 엔터테이닝 날리지〉 편집자 겸 작가로 활동함
1837년(33세)	잡지에 발표했던 단편소설 작품 18편을 모아서 3월 6일 《오래전부터 해 온 이야기 Twice-told Tales》라는 작품집으로 펴냄(호손 자신의 본명으로 펴낸 첫 작품집으로 출판비용은 벗인 호레이쇼 브리지가 모두 부담했으나 호손은 그 사실을 몰랐음). 11월 11일 누이들과 함께 세일럼의 차터 거리에 있는 피바디 집안을 방문함. 이를 계기로 소피아 피바디와 만남

1838년(34세) 소피아 피바디와 약혼함. 1월 세일럼 바닷가에서의 산책을 묘사한 《바닷가의 발자국 Footprints on the Seashore》을 〈데모크래틱 리뷰〉지에 발표함

1839년(35세) 1월 11일 엘리자베스 피바디의 도움으로 연봉 1500달러의 보스턴 세관직 제안을 받아들임. 10월 말 힐라즈네와 함께 보스턴 핑크니 거리 54번지에 입주하였다가 서머싯 플레이스 8번지로 옮겨감

1840년(36세) 어린이용 책 《유명한 옛 사람들 Famous old people》《자유의 나무 Liberty Tree》《할아버지의 의자 Grandfather's Chair》를 펴냄. 3월 말(또는 4월 초) 보스턴 세관직을 그만둠

1841년(37세) 4월부터 11월까지 매사추세츠 주 웨스트록스버리에 있는 초월론자들의 유토피아적 공동체 브룩팜(Brook Farm)에서 지냄. 그곳의 유토피아적 이상, 자유로운 개념의 리더십과 공동체 생활을 받아들이지 못하고 실망해서 11월에 공동체를 나옴

1842년(38세) 7월 9일 보스턴 시 웨스턴 거리에 있는 피바디 집안 거실에서 소피아 피바디와 결혼식을 올림. 결혼 뒤 매사추세츠 콩코드에 있는 옛 목사관으로 옮겨가 살며 단편집《옛 목사관의 이끼 Mosses from the Old Manse》를 쓰기 시작함. 그밖에 뉴턴과 프랭클린 등 저명인사들의 어린 시절을 다룬 《전기 Biography》, 《오래전부터 해 온 이야기들》 증보판도 펴냄

1844년(40세) 3월 맏딸 유나 태어남. 《라파치니의 딸 Rappacini's Daughter》을 〈데모크래틱 리뷰〉에 발표함. 이즈음부터 원고료를 제때 받지 못하여 경제적으로 궁핍해짐

1845년(41세) 10월 2월 콩코드에 있는 옛 목사관을 나와 세일럼의 어머니 댁으로 돌아와서 어머니와 누이들과 함께 삶

1846년(42세) 4월 연봉 1200달러의 세일럼과 비벌리 지역 조사관 겸 세일럼 세관 세입 감독관에 임명됨. 6월 5일 《옛 목사관의 이끼》를 펴냄. 6월 22일 맏아들 줄리언 호손이 태어남

1847년(43세) 가족 모두가 세일럼 시 체스넛 거리 18번지로 옮겨갔다가 두

	달 뒤 몰 거리 14번지로 다시 옮겨감. 그리스 로마 신화를 어린이들이 읽을 수 있도록 《원더북 *A Wonder Book for Girls and Boys*》을 쓰기 시작함
1849년 (45세)	6월 7일 반대당(휘그당)의 재커리 테일러가 제12대 미국 대통령이 되면서 조사관 겸 감독관 자리에서 물러남. 7월 31일 어머니 죽음. 9월부터 《주홍글자 *The Scarlet Letter*》를 쓰기 시작함
1850년 (46세)	3월 16일 《주홍글자》 펴냄. 3월 매사추세츠 주 레녹스에서 가까운 농장으로 가족 모두가 옮겨감
1851년 (47세)	《페더톱 *Feathertop*》을 쓰기 시작함. 매사추세츠 주 웨스트 뉴턴에 살던 호레이스 만네 집으로 가족 모두가 옮겨가서 1852년 5월까지 지냄. 4월 《일곱 박공의 집 *The House of the Seven Gables*》을 펴냄. 5월 20일 막내딸 로즈 호손 래스롭 태어남. 11월 《원더북》을, 12월 《눈 형상과 오래전부터 해온 나머지 이야기들 *The Snow Image, and Other Tales*》 등을 펴냄
1852년 (48세)	누이 루이자 호손이 뉴욕 주 허드슨 강에서 기선(汽船) 폭발 사고로 죽음. 6월 브론슨 올컷으로부터 사들인 웨이사이드(길갓집)로 가족들과 함께 옮겨와서 지냄. 7월 브룩팜 공동체에서의 경험을 바탕으로 공동체를 비판하고 그 위험성을 분석한 《블라이드데일 로맨스 *Blithedale Romance*》를 펴냄. 9월 대통령 선거에 출마한 대학 친구 프랭클린 피어스를 돕기 위해서 그의 전기 《프랭클린 피어스의 생애 *The Life of Franklin Pierce*》를 펴냄(피어스는 대통령 선거에 당선됨)
1853년 (49세)	1월 11일 장모 엘리자베스 피바디 웨스트 뉴턴 죽음. 3월 친구이자 미국 11대 대통령인 프랭클린 피어스에 의해 영국 리버풀 주재 미합중국 영사(領事)에 임명됨. 7월 가족과 다 함께 콩코드에서 영국 리버풀로 옮겨감. 9월 《원더북》 속편이자 단편소설 모음집인 《탱글우드 이야기들 *Tanglewood Tales for Boys and Girls*》을 펴냄

1854년(50세)	10월 28일 《옛 목사관의 이끼 Mosses from the Old Manse》 제2판을 펴냄
1857년(53세)	10월 친구이자 현직 대통령인 프랭클린 피어스가 차기 대통령 후보 지명을 받지 못하면서 영사직에서 물러남
1858년(54세)	1월 5일부터 17일까지 가족들과 함께 프랑스를 여행하고, 1월 17일부터 5월까지 로마에서 지냄. 5월부터 10월까지 피렌체에서 지내면서 이탈리아에서의 경험을 글로 기록함. 이탈리아를 배경으로 한 장편소설이자 마지막 완성작인 《대리석 목신상 The Marble Faun: Or, the Romance of Monte Beni》을 쓰기 시작함
1859년(55세)	6월 가족과 다시 영국으로 가서 《대리석 목신상》 원고 쓰기를 끝냄
1860년(56세)	《대리석 목신상》을 펴냄. 미국으로 돌아와 콩코드의 웨이사이드로 돌아감. 4월 호레이쇼 브리지와 함께 하원의원 에이브러햄 링컨을 만남
1862년(58세)	3월 10일 출판업자 윌리엄 티크노어와 호레이쇼 브리지를 만났으며, 18일에는 호레이쇼 브리지의 주선으로 대통령 에이브러햄 링컨을 만남. 5월 9일 폐결핵으로 죽은 헨리 데이비스 소로 장례식에 참석함. 7월 링컨을 만난 경험을 바탕으로 남북전쟁을 소재로 한 에세이 〈전쟁이라는 문제에 대한 중요한 이야기〉를 펴냄
1863년(59세)	9월 영국에서의 경험을 소재로 쓴 에세이 모음집 《우리 옛집 Our Old Home》을 책의 판매부수가 떨어질지도 모른다는 출판업자 제임스 필즈의 반대에도 아랑곳하지 않고 친구이자 전직 대통령인 프랭클린 피어스에게 헌정함
1864년(60세)	위통으로 괴로워하면서도 프랭클린 피어스와 여행을 떠남. 뉴 햄프셔 주 화이트 마운틴 국립공원을 여행하던 중 5월 18일(또는 19일) 플리머스에서 잠을 자다가 세상을 떠남. 5월 23일 매사추세츠 주 콩코드에 있는 슬리피 할로우 공동묘지 '작가의 묘지'에 묻힘

김병철(金秉喆)

중국 중앙대학원을 졸업하다. 중앙대학교에서 문학박사 학위를 받다. 중앙대 교수·명예교수 역임. 지은책 《헤밍웨이문학의 연구》《미국문학사》《한국근대번역문학사연구》《한국근대서양문학이입사연구》 옮긴책 호메로스《일리아드 오디세이》스타인 벡《분노의 포도》드라이저《아메리카의 비극》헤밍웨이《무기여 잘 있거라》《노인과 바다》웰렉·워렌《문학의 이론》등이 있다.

200

Nathaniel Hawthorne
THE SCARLET LETTER/THE GREAT STONE FACE
주홍글자/큰바위 얼굴
N. 호손/김병철 옮김
1판 1쇄 발행/1987. 7. 1
2판 1쇄 발행/2012. 8. 15
발행인 고정일
발행처 동서문화사
창업 1956. 12. 12. 등록 16-3799
서울 강남구 도산대로 163 (신사동, 1층)
☎ 546-0331~6 (FAX) 545-0331
www.dongsuhbook.com

*

이 책은 저작권법(5015호) 부칙 제4조 회복저작물 이용권에 의해 중판발행합니다.
이 책의 한국어 문장권 의장권 편집권은 저작권법에 의해 보호받으므로
무단전재 무단복제 무단표절 할 수 없습니다.
이 책의 법적문제는 「하재홍법률사무소 jhha@naralaw.net」에서 전담합니다.

*

사업자등록번호 211-87-75330
ISBN 978-89-497-0761-7 04080
ISBN 978-89-497-0382-4 (세트)